順治 — 嘉慶朝

清實錄經濟史資料

國家財政編·叁

《〈清實錄〉經濟史資料》課題組成員：

陳振漢　熊正文　蕭國亮

李　湛　殷漢章　葉明勇

武玉梅　羅熙寧

北京大學出版社
PEKING UNIVERSITY PRESS

第三節　官糧、官物的徵購、運儲

一、清制錢的發行

（一）採買

　　（康熙一三、二、辛酉）諭戶部：蜀地人民稀少，大兵所至，艱於供億。陝西與四川接壤，饋運爲便，令陝西總督、巡撫與四川總督協理供應。（聖祖四六、一四）

　　（康熙三六、六、己巳）諭兵部：漢軍兵內劣奴甚多，安肯勤養馬匹？朕行軍以來，知滿兵精銳，臨陳驍勇，較漢軍相去遠矣。應將漢軍鳥槍兵裁革，滿洲鳥槍兵增補，其官馬俱撥給滿洲旗分。（聖祖一八四、五）

　　（康熙二九、四、己卯）戶部議覆：奉天將軍公綽克託等疏言，盛京錦州、開元、遼陽、蓋州諸處，應積蓄米穀。將奉天、錦州二府地丁錢糧，每年存剩銀五千餘兩，解交盛京戶部，轉發錦州等處城守尉，酌量米價賤時，陸續採買。其部員所收牛馬稅銀三千餘兩，交與倉官，亦酌量買米收貯。盛京倉內出陳易新，交與奉天將軍管理。得旨：倉糧關係緊要，著盛京戶部侍郎，稽察收貯米穀。每年仍將出入數目報部。（聖祖一四五、一七）

　　（康熙五三、七、丁卯）戶部等衙門遵旨議覆：查豫省漕糧例，每石折徵銀六錢五分，該撫委官就近淤衛輝府水次採買。今據該撫題報，豫省開封、河南、彰德、懷慶等府屬二十州縣各被災六七分不等，衛輝府屬六縣被災七八分不等，本年漕糧二十三萬三千餘石，若仍於被災衛輝水次採買，恐秋冬之間米價騰貴，臣等議將豫省康熙五十三年分漕糧暫行停買，令其於康熙五十四、五、六等年分買補運。從之。（聖祖二五九、二〇）

　　（雍正一、六、丁丑）諭戶部：朕去年親閱京通各倉，雖有積貯，但京師人民聚集，食指浩繁，米糧儲備，不可不裕。查有漕各省，惟湖廣、江西產米最廣，近年盛京年歲豐收，米價亦賤，此三處酌量動正項錢糧，採買數十萬石，僱募民船，運送京師，大有裨益。著怡親王隆科多會同詳議具奏。（世宗八、二一）

　　（雍正一、七、乙酉）戶部遵旨議覆：遣官往盛京、江西、湖廣採買米糧。得旨：南方差漢御史、或給事中一員前往，動正項錢糧，照時價買米，僱覓民船，即行起運，趕上漕船。可以先到即先來，如其不能，在何處遇見糧船，即隨便同行。此係官買之米，若交與地方官，恐派累小民，亦未可定。不必交與地方官運送。著派同知、通判等官一員，協同買米之員，管運到京。武職內派守備一員押運，到淮之日，總漕處派守備一員更換。盛京差滿官一員前往。近據內府佐領等奏稱，現今莊頭等將窖米一十一萬五千四百八十四石糶賣一半，其餘一半米石，暫行存貯，俟得新糧，於次年糶賣。再庫內現存銀內留下七千五百餘兩，其十萬兩交與何處，請旨等語。此派去之員，一到盛京，將錦州等處將軍、府尹及內府佐領所屬現存米石，查看總數，於近海口處，兌十萬石，即將內府佐領等所存庫銀動用，僱覓民船裝運。如倉內現存米石數目不敷，動盛京錢糧買米運送。再天津衛係總會之所，理應修建倉厫。其應建幾倉之處，八月間送梓宮時，爾等面傳諭旨與直隸巡撫，著直隸巡撫會同天津總兵官，定議具題建造。（世宗九、六）

（**雍正三、一二、戊寅**）諭戶部：湖廣爲產米之鄉，穀石最宜多貯，將來運往別省，皆爲近便。今查湖廣通省存倉之穀，只數十萬石，爲數無多。今歲湖廣收成豐稔，著即行文該省督撫，令其動支庫銀十餘萬兩，遴委賢員，採買穀石，於省倉及府州縣應貯之處，加謹收貯。此時只宜陸續辦理，不可因有官價一時採買，致令穀價騰貴。設若民間穀價稍昂，即便停止，俟明年再行採買。江南、浙江今歲俱獲豐收，著各該撫就近商酌，若亦可動項採買穀石，著即一面定數奏聞，一面採買。（世宗三九、一九）

（**雍正三、一二、辛卯**）提督山西學政右庶子劉於義奏言：山右當豐亨之時，宜豫籌積貯。或動正項錢糧，或從公費中，每年將銀四萬兩，發太原、平陽、潞安、大同四府，建倉積貯，以備各州縣需用。選擇州縣或府佐貳官廉潔有才者，專董其事，如能實心辦理，三年准其議敘；如有那移虧空，嚴加處分。每歲於青黃不接時出糶，秋收時買補。其間小歉平糶、中歉出借、大歉賑濟，務完章程，以垂永久。得旨：劉於義所奏常平積貯事宜，甚爲有益，著交與山西總督伊都立就近酌量，一面定數具奏，一面舉行。從來積貯米穀，自督撫以及州縣，皆耽延瞻顧，苟且塞責，此弊務須痛革，實心奉行。（世宗三九、三六）

（**雍正四、四、辛未**）戶部議覆：山西總督管理巡撫事務伊都立疏言，積貯倉糧，必須就近收貯，庶緩急足恃。請於陽曲等州縣增建倉厫，每年動銀四萬兩，採買穀石，以備接濟。遇青黃不接時，酌量糶賣還項。應如所請。從之。（世宗四三、七）

（**雍正四、七、丁未**）戶部議覆：山東巡撫陳世倌疏言，東省倉穀未經買足者，應令各州縣乘二麥豐收時糶麥貯倉，其民欠米穀；並准交麥，俟秋收後，易穀還倉。應如所請。從之。（世宗四六、二三）

（雍正七、二、丁丑）福建南澳總兵官許良彬疏言：南澳爲閩粵要區，地懸海島，產米有限，全賴於內地買運入澳，接濟兵食。臣所轄親標，右營屬於廣東，已經督臣孔毓珣發銀一千二百兩，買穀二千石，備借給兵丁之用，左營屬於福建，尚未舉行。臣思兩營兵丁，自應一體籌畫。請將臣之俸金及隨丁項下銀兩，捐買穀二千石，並建設倉厫，發交左營將備收貯。青黃不接，借給兵丁。散餉領銀，仍令照數買補，概免利息，於兵丁大有裨益。得旨：南澳遠隔海島，自應預籌積貯，今許良彬奏請捐俸買穀，伊所有俸金，原以供其食用，何能辦理公事？著動支閩省藩庫銀一千二百兩，買貯穀石，以備左營兵丁借給之用。一切經管盤查之處，悉照右營之例行。（世宗七八、二）

（雍正九、二、乙未）諭內閣：山東濟南、兗州、東昌三府，從前積穀甚多，因去年水災之後，朕特命大臣動發倉糧賑濟，用穀一百八十餘萬石；又念今春二三月間青黃不接，小民粒食維艱，再發倉穀二十萬石，截留漕米二十萬石，重賑兩月。是三府各州縣存倉穀石，俱作賑濟之用。雖登、萊、青三府尚有存倉之穀百餘萬石，而轉運甚難，與濟、兗、東三府無益。況天時不可預必，自宜早爲籌畫積貯之計。查去歲直隸收成頗豐，目今米價亦平，或從直隸採買米石，令回空糧船運至東省，或將南漕截留數十萬石，分貯水次州縣，爾等詳悉查議。再，德州現有駐防兵丁，應否於德州照天津建倉之例，起建倉厫，以備每年截留存貯。儻河南、山東有需用米石之時，則一水可通，似屬有益。爾等一并確議具奏。尋議：通倉現存新收粟米十八萬石，請動撥十五萬石，再支戶部庫銀，往通州、天津等處，照時價採買粟米五萬石，分交回空糧船帶往山東，暫於德州、臨清二處收貯。並著該督撫將二處倉厫酌量添蓋。再令奉天將軍等動撥米二十萬石，於五月內運至天津大沽口，天津總兵等接運至德州，交與山東巡撫，酌量分撥。其東昌以下近水州縣，應截留湖廣、江西漕糧三十萬石，轉運存貯。俟今年秋收後，將存貯之米或全行易穀，或一半易穀，令該撫酌量辦理。其應補穀八十萬石，於壬子、癸丑兩年採買完補。從之。（世宗一〇三、一）

（雍正九、七、庚寅）大學士等遵旨議奏四川總督黃廷桂等奏請開捐積穀一疏。查川省產米之鄉，應遵諭旨，毋庸捐納。但通省積穀僅四十餘萬石，爲數實少。酌於現存米穀雜糧外，再買六十萬石，共計有百萬之蓄，庶足備用。請分作三年，隨民間穀價貴賤，約計每年買穀二十萬石，每石約價三錢，動支夔關及鹽茶盈餘銀六萬兩，分發州縣，總期三年內買足。至各府州縣衝僻繁簡不等，其大縣應貯若干、中縣若干、小縣若干、府倉若干，倉廠作何先期添造，或該地方應貯蓄稗雜糧之處，令該督撫分別酌議辦理。得旨：所議甚屬周詳妥協，依議速行。但每年穀價貴賤不等，如畫定三錢，恐價貴時或至抑勒強買，價賤時不免侵漁冒銷，著再行詳議具奏。尋議：四川穀石價值，雖以三錢為率，每年貴賤不等，應隨時斟酌。如遇價賤不及三錢，即可過於二十萬石之數，或價值甚賤之州縣，應及時採買，詳請量加銀兩；儻遇價值不止三錢，亦可不及二十萬石之數，或價值甚貴之州縣，應停止採買，以待來歲秋成。總於三年內通融籌畫，買足六十萬石之數。買貯之後，照定例存七糶三，以免紅腐。從之。(世宗一〇八、四〇)

(雍正一三、七、壬寅) 辦理軍機大臣等議覆：署陝西總督劉於義等奏言，沙州歷年採買糧石，本年正屆收穫之期。臣查截留哈密、橋灣、布隆吉爾軍糧雖多，但沙州現無收貯糧石，應仍採買各色糧一萬石，多貯備用。應如所請。從之。(世宗一五八、三)

(雍正一三、一一、乙丑) 陝西巡撫碩色奏：酌請積糧，以裕邊備。得旨：採買穀麥以裕倉儲，自是地方要務。但勿因辦理不善，以致市價昂貴，有妨民食。總在汝督率屬員，酌量本地情形而為之。(高宗七、四三)

(乾隆一、八、壬午) 江西巡撫俞兆岳奏：江右今歲豐收，請再買穀十萬餘石，分貯各府州縣，以備凶荒。得旨：允行。下部知之。(高宗二五、九)

(乾隆二、閏九、甲申) 湖北布政使安圖奏：查雍正十一年議將墾荒銀兩，攤抵重丁一項案內，積有江陵、監利二縣民戶溢完銀一千二百七十餘兩，原令領回，迄今數載，無人請領。未便久貯縣庫，應令該縣買穀貯各鄉社倉，聽民借放。得旨：如此辦理甚好。(高宗五三、一八)

(乾隆二、閏九、甲申) 署理廣東巡撫王謩奏：粵東地廣人稠，山多田少，倉儲最為急務。現應買還倉穀，為數繁多，須於粵西產米之區，委員購買。但收買官穀，若咨明該省，恐聞風昂價，不若責成幹員，照商購買，較為妥便。又如湖南之衡州、湘潭等處，皆稱產米之鄉，亦經委員購買。至潮州一府，山路崎嶇，輓運不易，惟與閩省之臺灣，航海數日可至。彼處產穀甚多，擬將潮屬應買之穀，委員赴臺採買。謹將辦理緣由，繕摺奏明。得旨：如此辦理，具見留心地方，嘉悅覽焉。(高宗五三、二〇)

(乾隆二、一〇、乙未) 戶部議覆：甘肅巡撫宗室德沛疏稱，甘省民鮮蓋藏，其每歲額徵，除兵糧外，所餘無幾，自應於豐收之歲，預先買貯。請於河東平涼、慶陽、臨洮、鞏昌四府，並直隸秦州屬之兩當縣，河西甘州、涼州、寧夏、西寧四府，並直隸、肅州屬之高臺縣及沙州衛，分別地方小

大，戶口多寡，酌量採買。共貯糧一十七萬石，以備應用。應如所請。從之。(高宗五四、一〇)

（**乾隆二、一二、戊戌**）［戶部等部］又議覆：郝玉麟疏稱，福建福寧府兵民輻輳，生齒浩繁，又兼崇山峻嶺，米販不通，全藉本處米糧接濟。請買穀三萬石，積貯府倉備用，應如所請。從之。(高宗五八、二四)

（**乾隆二、一二、辛丑**）［戶部］又議覆：河南巡撫尹會一疏稱，河南永城等七州縣，存穀未敷，共應買補、增置三萬二千七百四十二石。應如所請。從之。(高宗五九、四)

（**乾隆二、一二、壬寅**）戶部議覆：貴州總督張廣泗疏稱，貴陽、安順地方，兵民雜處，存米不敷，委員赴楚，採買二萬石，交安順、普定兩倉收貯，以實倉儲。應如所請。從之。(高宗五九、七)

（**乾隆三、六、癸未**）調任陝西巡撫崔紀奏：陝省常平倉糧，視州縣之大、中、小、各分繁簡二等酌貯。如漢中、興安等州縣，毋庸議買。惟渭南等三十七州縣，共應買京斗穀四十萬三千石。將捐監之例，移於本省，以本地之粟穀，實本地之倉儲，實與民生有益。下部議行。(高宗七〇、八)

（**乾隆三、六、己丑**）戶部議奏：四川巡撫碩色疏言，採買倉穀，原應因地制宜，酉陽州並秀山縣，山多田少，產稻有限，且舟楫不通，穀價倍貴，若依川省通行之例，積貯稻穀，價定三錢，實難購辦；應請稻粟兼貯，所需價值，俱照時價採買。以乾隆三年爲始，分限三年，於秋收價賤時買足，據實報銷。且酉陽州議貯四千石，應分貯二千石於龍潭鎮地方，便民借食。應如所請。從之。(高宗七〇、一七)

（**乾隆三、九、己卯**）［湖廣總督宗室德沛］又奏：湖南各屬豐稔，米價甚平，請動帑採買，以爲通省加貯倉穀。如蘇省採買人員艱於購買，即可酌量碾兌。得旨：覽奏具見卿等留心民瘼，體貼地方情形。辦理得宜之處，甚屬可嘉。著照所請行。(高宗七七、二一)

（**乾隆四、六、甲辰**）湖廣總督宗室德沛奏：湖北貯穀無多，請委員赴湖南等省採買二十萬石，以備本省鄰封緩急之用。得旨：知道了，應如此辦理者也。(高宗九五、一九)

（**乾隆四、七、己未**）兩江總督那蘇圖、安徽巡撫孫國璽、蘇州巡撫張渠奏覆：戶部咨開，湖南買穀二十萬石，分撥上下兩江，爲將來備貯。今安省秋成可望，似應令全數撥給下江。欽奉諭旨，此項穀石，如何撥用分貯之處，命臣等酌量緩急，妥協奏辦。伏查上下兩江，上年被旱各屬，賑濟平糶，倉儲在在缺少，現在年歲豐歉，難以預定。湖南買貯穀二十萬石，已於下江委員買穀時，撥用二萬石，止有穀十八萬石。應請下江委員，分運穀十萬石，上江委員，分運穀八萬石，各於倉貯最少之處，分撥備貯。得旨：如所議行。（高宗九六、一六）

（**乾隆四、八、甲辰**）湖南巡撫馮光裕奏：請買穀五十萬石，備本省積貯、隣省協濟。并稱江蘇、湖北現委員赴江西、四川、湖南三處採買，恐民間聞風踴貴，如委員到時，先儘採買，不致價昂。得旨：此奏實屬可嘉，著照所請行。（高宗九九、三二）

（**乾隆四、一〇、癸未**）陝西巡撫張楷奏：陝省今歲豐收，穀價甚賤。請動司庫銀二十萬兩，乘時採買。不但備本省民食，兼可資甘省、晉省之用。得旨：如所請行。（高宗一〇二、一二）

（**乾隆五、二、庚寅**）大學士鄂爾泰等議覆：貴州道監察御史徐以升奏稱，積貯缺額，必須向隣省買補者，須咨商該省督撫，通融打算，作何陸續買補之法，庶產米之地，販米之商，交受其惠。查官運商販，均關民食，是以臣等於馬蘭口總兵官布蘭泰條奏停止採買案內，議以從前題定分貯省分，行文各該督撫，視民有餘粟，官爲收買；如市價增長，官即停糴。又先於浙江巡撫盧焯條奏官商採買米石案內，議令江廣督撫，將官運商販，並行不悖，妥協辦理。俱經准行在案。應再通行各該督撫，將應買米穀，因地因時，設法陸續採買，務使倉貯不致虛懸，商賈亦無雍滯，國儲民食，兩有裨益。從之。（高宗一一一、二）

（**乾隆五、三、庚午**）署理福建巡撫、布政使王士任奏：閩省上年豐收，各屬採買入倉穀二十萬四千石，連去冬共買補穀五十五萬四千石，俱實貯在倉，可以有備無患。得旨：知道了，閩省去年有收，此未買之穀，易爲補足也。（高宗一一三、一四）

（**乾隆五、四、己亥**）[河南巡撫雅爾圖]又奏：豫省自上年大加賑濟後，倉廩空虛。今二麥指日豐收，復經申嚴麴禁，麥石別無銷耗，撥發司庫正項銀二十餘萬兩，分發採購，以實倉儲，俟秋後易穀還倉，於倉儲民用，均有裨益。且以往年耗廢於躍麴之麥，收之於官，亦不致有昂價病民之事。得旨：所見甚是，知道了。（高宗一一五、三八）

（**乾隆五、五、戊午**）諭軍機大臣等：畿輔地方，雖陸續奏報得雨，但恐多寡不同，麥收分數不一，河南今年麥收大稔，彼地與畿輔接壤，舟楫可通。若直隸麥收，不足以供本地之食用，著孫嘉淦寄信與雅爾圖熟商，發價糴買，運至直隸，以爲裒多益寡之計。如此辦理，則直隸民倉充裕，而豫省之麥，又不能耗費於燒鍋造麴無益之地，似爲兩便。爾等可密寄信去。（高

宗一一七、五）

（**乾隆五、六、戊戌**）［河南巡撫雅爾圖］又奏：請於彰衛等府屬附近水次之處，如遇麥價大減之時，借動司庫銀，買麥十萬石貯倉。直隷、山東等省，將來儻有需麥之處，舟楫可通，輓運甚易。得旨：所見甚是。知道了。（高宗一一九、二九）

（**乾隆五、七、戊戌**）安徽巡撫陳大受奏：今年安省各屬，在在豐收，應採買穀石以實倉儲。請先動支藩庫銀十萬兩，委員採買，俟各屬捐監銀兩解齊，歸還原款。得旨：所見甚是。有秋之年，益當撙節，則可以有備無患矣。（高宗一二三、二九）

（**乾隆五、一二、丁巳**）大學士等議覆：蘇州巡撫徐士林奏稱，州縣採買時價，向例止取具賣穀地方官印結，開載數目價值，申報查驗，立法尚未周詳。請嗣後在本省採買者，先將赴買地方、數目報明督撫，督撫行令買穀地方，該管府州，確查採買處所穀價，照依漕斛核算，分別月分，並穀色上中下三等價值，結報藩司查考，如係隔省，即據報咨會彼省，飭查咨覆。俟運穀到倉，即飭該管道府親驗穀色結報，並取具該州縣採買地方穀數，起止月日確册，以憑查核等語。查採買難容冒銷，稽查不厭詳審，若祇取具賣穀地方官印結，或有不肖州縣，多開價值數目，混報米穀成色，希圖侵冒，俱未可定。應如該撫所奏辦理。從之。（高宗一三三、七）

（**乾隆六、七、庚午**）［户部］又議准：署江西巡撫包括奏稱，江省常平倉穀，於乾隆三、四兩年，先後撥運閩省，並碾米協濟江南，共五十一萬八千八百一十八石。除於乾隆四年分，買補二十萬石外，所有未補完穀石，請動支乾隆五年地丁銀九萬兩，分發附近水濱之南昌等縣，並瑞州府屬，照依時價，買穀二十萬石補倉。從之。（高宗一四六、二〇）

（**乾隆六、七、甲戌**）［户部］又議覆：給事中朱鳳英奏請，各省積貯事宜案內，將採買常平倉糧運脚照例開銷一摺。嗣後各省採買撥運常平米穀，除收捐折色、買補本色者，原議照捐折定價，儘數買補，毋庸另開運費外，其春間出糶、秋成仍動本欵買補者，照例於糶買贏餘項下開銷。至賑濟缺額，酌動另欵買補，及本地倉糧，協撥鄰省者，應於耗羨存公項下動支報銷。倘有不敷，准於正項銀內，奏明動用。其一應脚價多寡，應行令各直省督撫，詳細區別，酌定成規。從之。（高宗一四六、二九）

（**乾隆六、八、丁酉**）山西巡撫喀爾吉善奏：晉省各屬，共應積貯穀三百四萬石，除原貯一百五十五萬石外，餘穀於捐監案內補足。今開捐多年，而收穀有限，填補無期，莫若併事採買，易見充盈。請動公項銀，分屬買補，其穀價尚貴等府州，暫行緩買。大同府應買穀四萬石，平陽府、朔平府，各應買穀三萬石，寧武府、澤州府、蒲州府、平定州、解州、絳州各應買穀二萬石，忻州、代州各應買穀一萬石，吉州、隰州各應買穀五千石，歸化、綏遠二城，除應買米穀，另案議辦外，應各買豆一萬石，大同、朔平二府，應各買豆五千石，通共買穀二十五萬石，豆三萬石。得旨允行。下部知之。（高宗一四八、一〇）

（**乾隆六、八、壬戌**）左都御史、管廣東巡撫王安國奏：從前粵東吏治，務尚粉飾，乾隆四、五兩年，各屬所報民間積貯，幾至三百萬石，今夏米貴州縣，究皆仰資倉穀，請酌動庫項，委員前往湖南、廣西採買穀石，運回分別存貯。得旨：所奏俱悉。謂向多粉飾之政，固是。尤在知彼之非而改爲之。（高宗一四九、一九）

（**乾隆六、八、壬戌**）護理甘肅巡撫、布政使徐杞奏：寧夏需糧緊要，亟宜採買，以備緩急。得旨：應如是辦理者也。（高宗一四九、一九）

（**乾隆六、九、辛卯**）直隸總督孫嘉淦奏：各屬州縣，牽勻計算，共少均貯穀一十二萬八千七百一十石，應乘此大有之年，令各州縣買補。查司庫各屬共有剩存銀二十五萬兩，少半即可買足。得旨：所辦甚是，如所議行。（高宗一五一、一九）

（**乾隆六、一〇、辛酉**）河南巡撫雅爾圖奏：安徽撫臣委員來豫，採買冬春籽種之紅麥、秈麥，臣前奏明買補備撥之倉糧，係穀、麥、雜種兼收，紅秈二麥，不敷撥運，應聽其在民間自行採買，檄飭各屬，不必拘定原議備撥州縣，凡委員所到之處，不論常平、社倉、寄倉全數撥給，務期不分疆域，有濟民食。又臣勸諭民間寄貯糧食，已有十萬餘石，即間有需用，不致匱乏。得旨：如此辦理，具見實心，斯可嘉也。（高宗一五三、二六）

（**乾隆七、二、戊午**）諭曰：從前廷臣議准張渠買補倉穀一事，以本歲之贏餘，爲本邑之撥補，其他州縣，不得通融；如歲歉穀價昂貴，不敷採買，准其展限。朕思積穀原以備民間緩急之需，必及時買足，方於蓄儲有益，若一概不許通融，而無贏餘之州縣，或又值歲歉價昂，咨部展限，則倉儲必致久懸，非濟民利用之道也。嗣後如該州縣，當秋成之時，穀價高昂，不能買補，而該處存倉穀石，尚可接濟者，照例詳請展限，於次年買補；倘穀價既屬不敷，而貯倉穀石，又係不足者，准其詳明上司，以別州縣穀價之贏餘，添補採買，爲酌盈濟虛、挹彼注茲之計。該管督撫不時查察，一面辦理，一面奏聞。又從前張渠奏請減價糶穀，於成熟之年，每一石照市價核減五分；米貴之年，每一石照市價核減一錢。此蓋欲杜奸民賤糴貴糶之弊也。

但思尋常出陳易新之際，自應遵此例行；假若荒歉之歲，穀價甚昂，止照例減價一錢，則窮民得米，仍屬艱難，不能大沾恩澤。嗣後著該督撫臨時酌量情形，將應減若干之處，豫行奏聞請旨。如有奸民賤糶貴糶之弊，嚴拏究治。目今江南督撫，即同欽差，遵照此旨，一面辦理，一面具奏。(高宗一六一、一二)

（乾隆七、二、己未）署陝西巡撫岱奇奏：通省常平社穀，徵收買補，共九十二萬一千餘石，尾欠暫停催徵，以紓民力。得旨：所辦甚妥。知道了。(高宗一六一、二一)

（乾隆七、三、己丑）湖北巡撫范璨奏：兩江總督那蘇圖委員齎銀糶穀，楚北上年有收，不藉倉穀平糶，安省急資接濟，已飭近省各府，照價糶給，交員趕運。得旨：辦理甚妥。知道了。(高宗一六三、二一)

（乾隆七、四、乙未）户部議准：臣部尚書陳悳華奏稱，廬、鳳、潁、泗四府州，疊被災祲，飢民流離異地，需動項遣歸。安徽實存數目，尚未造報，約略亦屬無多。請將兩淮今春撥存課銀内動用，即以在部捐監銀扣抵等語。查安徽上年秋撥册報，尚有備公銀三十餘萬兩，應令該撫確實查明，倘有必需，即於前項鹽課銀内動撥，一面奏聞，一面辦理，仍報部以便扣抵。又稱，此數府州給賑甚多，倉穀動用無存。先經總督那蘇圖奏准動銀十萬兩，赴楚採買米穀，而湖北、湖南尚俟江督知會，並未撥運等語。應如所奏，行令該督轉飭委員，並咨湖廣督撫，星速買運。並酌量於十萬石外，再爲多撥，分貯廬、鳳等屬備糶。又稱，江督奏請以銀十萬兩，約買米十萬石，價值不敷，應令核照時價採買等語。查安省應買米石，既經湖南巡撫奏照原價買運，自應飭照辦理。穀價隨時長落，亦當量爲變通。應令查明買運十萬石外，仍有急需，而楚省現存不敷撥運，即咨商鄰省，確訪時價，一面奏報，一面購買。得旨：依議速行。(高宗一六四、一九)

（乾隆七、五、辛巳）户部議准：署兩廣總督慶復等疏稱，粵西僻處邊徼，通省社穀無多。現有追貯應給墾户工本銀一萬二千四百八十兩零。請於秋收後採買穀石，分貯各州縣社倉，以備民間貸借。從之。(高宗一六七、一五)

（乾隆七、九、乙酉）甘肅巡撫黃廷桂奏：甘省所需糧石，比他省實增數倍，倉儲之蓄，尤不可不充，採買之法，更不可不講。今歲收成豐稔，糧價平減，通查各屬應共採買糧五十二萬一千餘石。查從前採買之弊，縣異而州不同，有弊在於官者，有弊在於吏者，有弊在於鄉保富户者。法應通變。其幅幀寬大、產糧甚多之州縣，委佐雜一員，於市集上，俟百姓交易完畢，所餘糧石，現價收買；倘市值稍昂，即行暫停。其地方褊小、市集糧少之州縣，不論富戶、貧民，石斛升斗，情願赴倉求售者，即刻兌發銀兩，數給錢文，不令守候。既無庸按戶分派，自不必差檄追呼。凡一切書役、鄉保、豪強之輩，皆不經其手，亦無從作弊。復令司道、府、州，不時嚴查，如有尅扣浮收及抑勒強買，或令守候誤時等弊，官則糾參，役則重處。一月來民情踴躍，糶賣稱便。得旨：是，積貯爲民命所關，應如是料理者也。（高宗一七五、三四）

（乾隆七、九、乙酉）[甘肅巡撫黃廷桂]又奏：甘省倉儲不足者，固以積貯爲要，而有餘者，又當通融酌辦，庶免紅朽之虞。查河西之西寧、甘肅等處，每歲需糧甚多，全資採辦，今秋成大熟，糧價平減，應請將秦州等處，共存平糶糧價銀三萬五千六百四十餘兩，酌量分發於西寧等屬，添補採買。以此之有餘，濟彼之不足，方爲裒多益寡之計。得旨：好。應如是者。（高宗一七五、三五）

（乾隆七、一〇、丁亥）又議覆：署直隸總督史貽直奏稱，各屬現存穀一百七十一萬九千三百餘石，其糶借各案並均貯案內，共應買補三十六萬七千餘石，現飭採買還倉。前奉諭旨，購米運往江南濟賑。查各屬雖有現存米石，但分頭派撥，時日有稽。應令山東、河南各撥來年運通漕米五萬石運江，仍於直隸司庫動項，赴古北口外，照數採買運通，以補東、豫漕額。應如所請，撥運濟賑，並動項買補，如市穀仍前充裕，價值無昂，再酌量多買，以裕積貯。得旨：依議速行。（高宗一七六、二）

（乾隆七、一〇、壬寅）大學士等議覆：河南巡撫雅爾圖奏稱，嗣後賑濟動用倉穀，應令該督撫於收成後，察核各屬糧價，與向日不甚相懸，即將應行買補緣由，價值數目，預行題明。一面發帑採買，買竣責成該督撫出具印結保題，准予開銷等語。查米糧價值，不時消長，未必盡如題明之數。臣等酌議，嗣後各省，於本境採買賑穀，令該督撫將買補緣由，及應動銀款總數，先期題明。收成後，酌量採買；不必復將價值，臨時題明立案。仍轉飭各該上司，不時查察。買竣之日，俱令各屬造具按日採買價值清冊；該督撫取具承辦官，及各該上司印結，核實加結保題，以憑部核。倘有浮多，該督撫未經查出，仍駁令核實，另換冊結保題。至准銷糧價各屬員內，有以侵冒事發者，該督撫與司、道、府各上司，一併參處。從之。（高宗一七七、一）

（乾隆七、一〇、乙卯）江西布政使彭家屏奏：通省平糶，及撥運米石，本年應行買補，共三十七萬六千五百七石零。惟時價日昂，若聽州縣官畏難不買，則倉穀空虛，若必令照先年定價，則實屬不足，累官必致累民。惟飭

令斟酌時價，據實從公，與民間交易，務期官民兩全，儲貯充實。得旨：所見甚是。妥協爲之。(高宗一七七、二四)

（**乾隆七、一〇、乙卯**）福建布政使張嗣昌奏：福、興、泉、漳四府，上年暨本年平糶，未經買補各穀，約共四十六萬五千九百餘石，現在設法買補，尚缺二十萬石有奇。然明春青黃不接之時，尚可稍資接濟。得旨：所奏俱悉。地方有司，視積穀爲畏途，若汝等再不留心，則倉穀無足額之日矣。(高宗一七七、二五)

（**乾隆七、一〇、乙卯**）山西巡撫喀爾吉善奏：晉省舟楫不通，今值豐收，應廣爲儲備。現共添買加買穀一十七萬石，於節年耗羨項下動給。得旨：所奏俱悉。應如是留心者。(高宗一七七、二八)

（**乾隆七、一〇、乙卯**）護理西安巡撫、署布政使帥念祖奏：延安豐收糧賤，應及時採買。其餘各府州所屬，收成八分以上者，如有舊欠倉糧及應採買糧石，即催買完備。其收成五六分者，均請暫緩，俟來歲麥熟後，酌量催徵採買。得旨：所奏俱悉。(高宗一七七、二八)

（**乾隆七、一一、乙酉**）山西布政使嚴瑞龍奏：通省常平社倉，實存穀、米、莜麥一百七十六萬六百餘石，合計似有餘，分貯實不足。今歲收成，統計九分有餘，應廣爲採買，以實倉儲；倘市集價昂，即停止。再晉省地方官，向來有徵糧重耗，及收受陋規，並買取貨物，賒欠短價，種種情弊。自上年五月內，蒙特旨誥誡，寬其既往，嚴禁將來。現在留心密訪，如有違犯，立即題參。得旨：所奏俱悉，勉力爲之。(高宗一七九、三三)

（**乾隆八、四、癸巳**）戶部議准：前護理山西巡撫印務布政使嚴瑞龍奏稱，岢嵐、太平、汾西、壺關、臨縣、石樓、應州、大同、懷仁、山陰、靈邱、廣靈、陽高、天鎮、朔州、右玉、馬邑、左雲、平魯、寧武、神池、五寨、臨晉、萬泉、榮河、榆社、和順、平樂、平陸、芮城、吉州、鄉寧、大寧、蒲縣、永和等三十五州縣，土瘠民貧，急需社穀接濟。存倉多者數百石，少者數十石，每遇青黃不接時，缺乏糧種。查司庫存有長餘民欠一萬五千七百八十二兩零，原充公用，請以買穀分貯社倉，照通省條規，按時斂散。從之。(高宗一八八、一四)

（**乾隆八、六、甲子**）戶部等部議准：湖南按察使明德奏稱，買補倉穀，如果一時購難足數，本地有穀之家，情願出售於官者，見穀交銀，官爲經理。毋得豫發價銀，强行派買。亦不得勒令賣戶上倉交納，致啟愆期捏報，並擾累等弊。至將來如有未進倉穀，混行入册捏報者，照捏報未完錢糧例革職。其上司知而徇隱者，降三級調用。失於覺察者，罰俸一年。從之。(高

宗一九四、二二)

　　(乾隆八、七、辛卯) 戶部議覆：直隸總督高斌奏稱，副都統達勒黨阿原奏，請於古北等口外，買米建倉運貯，遇青黃不接時，照本價糶賣一摺。查古北等口，素稱產米之區，近年屢經採買，運內地接濟兵民，今年古北一帶，既係秋成有望，而天津、河間等處，需米賑濟，應如所請，即於九月底動支司庫銀，會同提督保祝委員分買，并令熱河道協查，浮冒題參。隨買隨運通倉，由水路轉運天津，分發各州縣賑濟。所需車腳、口袋等費，照例辦理。事竣分晰題銷。第口外收成，現在尚無確數，前項米石，可否買至二三十萬之多，不致價昂妨民，令該督臨時確訪民情酌辦。至達勒黨阿原奏，請嗣後每年秋成，動帑採買，運貯遵、薊二倉，供應陵寢之需，餘俱運至通倉備用，原屬酌盈濟虛。第年歲豐歉，時價長落不齊，必須臨時酌量民情，奏請辦理，毋庸豫定。其豫、東二省應運陵糈，原係漕項，應運通倉，緣陵工俸餉之需，故每年截撥。若將陵糈議於口外買運，則此項應運之米，自應仍運通倉備用，不便截留天津。至奏稱八溝、鞍匠屯爲各蒙古米糧總匯之區，官民於此二處收買，各宜添建倉厫存貯，以便轉運。八溝倉厫應交八溝同知監管，鞍匠屯倉厫交承德通判監管。應如所請，酌量添建。得旨：依議速行。(高宗一九六、一六)

　　(乾隆八、七、庚戌) ［江蘇巡撫陳大受］又奏酌籌買補糶缺倉穀。擬俟新穀登場，先將糶存價值，量就本處及附近地方購買，酌定價值，以爲準則。查江蘇等屬，向來平價米每石一兩二錢、穀六錢，如市價在此數以內，即令買補；如市價長至此數，即行停止。所買之數，各照該州縣現缺常平額數，買至十分之五而止。如缺米一千石者，本年先買補五百石；缺六千石者，買補三千石；缺六千石以上者，亦以買補三千石爲止。餘俟下年陸續再買。至本境採買，如有短發勒派，責成該管道府，嚴察請參。得旨：是。應如是辦理者。(高宗一九七、二二)

　　(乾隆八、七、庚戌) ［江西巡撫陳宏謀］又奏籌畫補倉事宜。查江西產米之鄉，每年秋後，民間多有糶賣米穀、輸納條丁者。臣擬暫爲變通，除已有納穀捐監者，即以監穀補倉；米多價平、可供採買者，即以採買補倉。此外偶有捐監無人，而又難於採買之縣，如願將穀石就近納官者，准抵作條丁。俟秋後照該處時價酌定，每石約在六錢內外。凡就近而有穀者，聽以穀代銀，即將平糶之價，抵還地丁；其不願納穀者，仍聽便，是亦補倉之一策。得旨：捐監之例，江西未停；且停止採買，原指米貴之處而言，江西今歲有收，原可補足倉額。若照所奏，恐滋紛擾，不必。(高宗一九七、二三)

（**乾隆八、八、己卯**）湖北巡撫晏斯盛奏：湖北現存穀數，僅三十一萬五千餘石，應乘秋成，在本省產米價平、民有餘糧之所，分途購買。得旨：所見甚是。妥協爲之。（高宗一九九、一四）

（**乾隆八、九、己酉**）安徽巡撫范璨奏：鳳陽、潁州二府民俗，食麥者十之二三，食秋秫者十之七八，稻米非所急需。災祲之餘，似應稍爲變通。現飭各屬按本年糶數，糴買秋秫等雜糧補倉。得旨：是，妥協辦理可也。（高宗二〇一、三五）

（**乾隆八、一〇、壬子**）河南巡撫碩色奏：豫省倉糧匱缺，儲備虛懸，通省計存倉糧僅一百五萬有奇。本年祥符等縣，偶被偏災，各邑倉儲即已不敷動賑，現在又需賑卹，若再停買數年，必至積貯全空。今歲彰德、南陽、歸、陳、光、許一帶，均尚有秋，應即酌量採買。又恐糧價漸昂，有妨民食。請將運江未補穀三十三萬餘石，上年永城等州縣賑穀九萬餘石，及平糶常平積穀一十六萬八千餘石內，有被災州縣應買一萬八千五百餘石，又平糶漕穀四萬五百餘石內，有被災州縣應買七千六百餘石，俱緩俟來年麥熟買補。其餘平糶常平積穀一十四萬九千五百餘石，漕穀三萬二千九百餘石、社穀二千六百餘石，及撥協永城等縣賑穀三萬六千石，又乾隆六年買補賑穀案內未買四萬二千餘石，俱乘此新穀出糶之候，公平採買。得旨允行。（高宗二〇二、一七）

（**乾隆八、一〇、庚申**）四川提督鄭文煥奏：江南提督吳進義請暫停採買一摺，經户部咨行到臣。川省比歲屢豐，糧價平減，秋後採買兵穀，爲數無多，不礙民食。若照例暫停，留銀給兵，令其自行零糴，則臣所駐省會地方，民商輻輳，又於青黃不接之時，添數千兵入市，購取升斗，轉致市價昂貴，兵民均有未便。應請照常買貯。得旨允行。（高宗二〇二、二八）

（**乾隆九、一、壬寅**）諭：積貯民食所關，從前各省倉儲，務令足額，原爲地方偶有水旱，得資接濟，是以常平之外，復許捐貯，多方儲蓄，無非爲百姓計。後因糴買太多，市價日昂，誠恐有妨民食，因降旨暫停採買，俾民間米穀自相流通，價值平減，亦無非爲百姓計也。乃近聞各省大吏，竟以停止採買爲省事，州縣等官，又多素畏積穀之累，因而倉貯缺少。不思常平之設，不特以備荒歉，即豐稔之年，當青黃不接之時，亦得藉以平糶，於民食甚有關係。從前所降諭旨，總在督撫大吏奉行之時，將實在情形，籌酌妥辦，其間因時制宜，原不可執一定之見。今因有停止採買之令，遂任倉穀缺少，置而不理。一處如此，各處效尤，將來必致糶借無資，又似昔年倉穀，有名無實。如此因循，固非設立常平本旨，又詎朕停止採買之本意乎？用是特頒諭旨，曉諭各省督撫，務須斟酌地方情形，留心辦理，應買則買，應停則停，總在相機籌畫，不可膠執定見，希圖省事，以副朕軫念民食之至意。(高宗二〇九、八)

(**乾隆九、六、癸丑**) 河南巡撫碩色奏：節年平糶、撥協及動賑、運江等項穀石，從前未及買補，虛懸甚多，若令驟行採買，恐妨民食。應除平糶、撥協及上年被災州縣緩買之糶穀，乘此新麥登場買抵，秋後易穀還倉外，所有運江一項及七年分被災賑穀，均俟秋成後議買。得旨：所奏俱悉。但此意不可使州縣知之。彼皆以倉儲為累，若知此，必借端延挨，倉穀無足額之日矣。(高宗二一八、七)

(**乾隆九、九、癸卯**) [署閩浙總督、福建巡撫周學健] 又奏：閩省福、興、泉、漳地窄人稠，民食官儲，內地則賴上游延、建、邵三府所餘，外地則藉臺郡所產，邇年動撥平糶，未經買補甚多。今歲早稻豐收，晚禾亦皆暢茂，正可乘此秋成，採買補足。現撥司庫銀兩，分發臺郡各廳縣，收穫後，即照市價平買，毋累農民。得旨：所辦甚妥。知道了。(高宗二二五、二六)

(**乾隆九、九、癸卯**) 署廣東巡撫、廣州將軍策楞奏：粵東商販鮮通，產米亦少，每遇青黃不接，無不仰給官倉。查各屬倉儲，自歷年平糶，存價未補者甚多。今歲幸遇豐收，現督同藩司，分別地方之繁簡，水次之遠近，出產之有無，價值之貴賤，發價酌買，漸次彌補。得旨：所見甚是。妥協為之。(高宗二二五、三〇)

(**乾隆九、一〇、癸酉**) 巡視臺灣給事中六十七等奏：福、興、泉、漳四府連歲歉收，經撫臣議撥銀五萬兩來臺，糶買穀十萬石，運送內地。其所撥之銀，尚未到臺，臣先與道府按產穀處所多寡情形，豫定派買數目，一面豫備船隻，酌定運送章程，使內地倉儲，不致久懸，臺地船戶商民，亦無絲毫貽累。得旨：所奏俱悉。(高宗二二七、二〇)

(**乾隆一〇、八、己巳**) [山東巡撫喀爾吉善] 又奏：各省額貯倉穀，現經奉到部咨，停其買補。但查東省倉貯，本不敷額，幸今歲大勢豐收，似宜相時採辦。請將濟、兗、東、武、青、登、萊七府屬缺額較多之州縣，動項酌買，以足原額。其泰、沂、曹缺額無多，即令停買。得旨：所奏俱悉。(高宗二四七、一八)

(**乾隆一〇、一一、己巳**) 河南巡撫碩色復奏：採運黑豆情形，豫屬祥符、中牟、陽武、封邱、汲縣、新鄉、輝縣、獲嘉、原武等九縣，豆價既平，兼近水次，合計買運價費，到京在一兩以內。現分派各該縣，令共買豆四萬石。但辦齊時，正值河凍難運。查本年豫省漕糧項下，有黑豆九萬九千三百餘石，來春抵通，足資動撥。此項採買豆石，統限十一月內採辦，運赴水次收貯。來歲春融，委員押運；令於三月抵通，兌交倉場侍郎，代收轉運。得旨：著照所請行。該部知道。（高宗二五二、五）

（乾隆一一、五、乙巳）戶部議覆：盛京戶部侍郎宗室蘊著奏稱，奉屬旗倉米石，於乾隆三年，直隸省奏准採買五千七百餘石，共價銀三千一百四十兩零。於乾隆四年、十年兩次買補米一千二百餘石，仍未買補米四千四百餘石。又乾隆六年，因義倉存米變色，咨部照時價糶賣二千四百餘石，共價銀七百七十餘兩。節年米價昂貴，未經買補。去年奉天收成豐稔，米價平賤，請將前二項庫存銀，照時價採買米石，各按原數還倉。應如所請辦理。又盛京內倉收貯米石，連義倉現存，及應買之米，共二萬六千餘石，不敷兵丁三年之食。請動用節年糶賣米豆等項價銀一萬三千餘兩，陸續購買米二萬六千餘石，連次年應收米共得六萬餘石，以足倉儲，於地方久遠有濟。查從前原任侍郎雙喜，以內倉添支文員俸米，所收糧石，不敷支放，奏准將遼陽、開原、廣寧三城地畝，各移三萬晌，共交內倉米二千三百餘石。今內倉酌請購買米石，與其動項採買，莫若仿照改撥遼陽等處地米之例，就近在三城餘剩米內，酌量分撥，以免此糶彼糶之煩。但移撥祇為一時之計，其內倉每年餘剩及義倉應徵外，實需添貯若干，應令該侍郎通盤查核，定議奏辦。從之。（高宗二六六、一五）

（乾隆一一、七、癸卯）諭軍機大臣等：據陳大受奏稱，上年淮、徐、海三屬，夏秋被災，倉儲動用多缺，統計三屬所存，不過二十七萬餘石，徐、海二屬，所缺尤多，自應豫為籌備。查該三屬現存歷年糶價十四萬兩，似應通融酌撥徐、海二屬，令該府州督率所屬，毋拘本境鄰封，購麥存貯等語。淮、徐、海三屬連年被災，自應早為籌劃，陸續購買，以裕倉儲，何以糶價積至十四萬兩之多，而不補足乎？況此三屬，今歲又複被水，若在本境購買，是以災地之麥接濟災民，徒增時價，有何裨益？今年江南豐收之處甚多，何不委員於麥價平減之地，酌量購買？陳大受辦理此事，識見未能周到，可傳旨訓諭，令其委員於所屬豐稔地方採買，或麥或穀，以足三屬倉儲缺額。並將辦理之處，具摺奏聞。尋陳大受奏覆：淮、海、徐三屬倉穀，緣夏秋雨災，廣為平糶，價銀存至十四萬。現遵旨委員齎價前赴上江米糧聚集處，擇價平者酌買。惟是淮、徐、海一帶賑需緊急，現存倉穀二十七萬餘石，又江南倉穀陸續撥運二十萬石，共計四十七萬餘石，目下撫賑，搭銀兼放，差足敷應，將來豫備儲蓄，俟買回運貯後，酌量緩急，隨時查辦。得旨：覽奏俱悉。（高宗二七〇、一三）

（乾隆一一、七、癸亥）福建巡撫周學健奏：臺灣土地膏腴，一歲數穫，餘粟足供福、興、漳、泉盤運，近歲商船運糶内地者漸少，每發價赴臺採買，經年不能買足。臣再四密訪，知臺郡採買官價，發於有田業戶，所發之價，祇令一半穀石歸公，爲奉文采買之數，餘並不令繳穀，至次年青黃不接時，按時值繳價還官，獲利加倍。以故各官私買之穀，轉多於公買，私買既多，遂置公買於緩圖。此節年相沿陋弊，臣訪知即應奏革除。但臺郡遠隔重洋，各官幕賓脩脯，以及巡臺供應，費倍内地，是以各官惟藉此以補養廉不敷。若驟革除，恐官員不給，即生無窮弊端。是以於本年奏准，採買餘粟二十萬石，遴選妥員赴臺，發價採買。一則杜地方官乘機私買之弊，一則即令該員將臺郡採買積弊，並革除後不至掣肘之處訪實，再行斟酌具奏。得旨：所奏奉公除弊之中，而復情理允當。嘉許之外，無可批諭，酌量妥爲之可也。（高宗二七一、三六）

（乾隆一二、二、甲子）户部議覆福建巡撫陳大受奏稱，前撫臣周學健請於臺郡採買米穀二十萬石。查臺郡晚稻收成，只有七分，市價較定價昂貴，且該郡從前豐收之年，採買不過十萬石，今收成未爲豐稔，請先買十萬石，餘俟秋成後買貯。應如所請籌辦。得旨：依議速行。（高宗二八四、六）

（乾隆一二、二、乙丑）諭軍機大臣等：户部議覆陳大受奏臺郡採買米穀一摺，朕已批依議速行。但從前周學健曾奏臺郡採買之弊，由地方官私買射利，朕已降旨訓飭，並令陳大受知其情弊，以便妥辦。臺郡採買米穀，地方官向來視爲利藪。陳大受尚未奉到朕旨，且蒞任未久，此難於採買之説，即係臺郡地方官射利之私意。正周學健所指之積弊也。可傳諭陳大受，令其加意體察，務除前弊。（高宗二八四、七）

（乾隆一二、八、癸未）户部議覆：安徽巡撫潘思榘奏稱，上年鳳、潁、泗三府州屬被災。所有賑缺米穀及撥缺沿江各屬倉儲，前奏准於本省監穀内，並俟秋成時，酌量採買補足。查各屬投捐人數，多少不一，請將安、池等屬撥缺米十萬二百餘石，以一半捐補，一半採買。其鳳、潁、泗等屬賑缺，撥缺米七萬八千六百餘石，應及時採買。如有投捐監穀，即於買數内扣除。均應如所請。從之。（高宗二九七、一二）

（乾隆一二、九、丁巳）甘肅巡撫黃廷桂覆奏，甘省河西各郡豐收，應乘時採買。現在安西、甘州、西寧、肅州等處，倉穀較少，酌買十萬石，分貯各倉，如價稍昂即停。下部知之。（高宗二九九、二六）

（乾隆一二、九、丁巳）［甘肅巡撫黃廷桂］又覆奏：臣前所奏被旱地方，係寧夏、涼州一帶，已將採買停止。安西、西寧、甘州、肅州等府州，夏收既稔，秋收又豐，即提督永常所請採買地方，已擬定於各該處採買穀十萬石，現動項辦理。得旨：覽奏已俱悉。（高宗二九九、二六）

（**乾隆一二、一一、甲午**）［大學士等］又議覆：兩淮鹽政吉慶奏稱，鹽義倉穀，現在缺額，請動項分給各商，擇豐收價平地方採買等語。查該處潮災後，現在減價平糶，若即令各商領銀採買，恐滋弊端。應令該鹽政於平糶後，隨時酌量買補。得旨：依議速行。（高宗三○二、一三）

（**乾隆一三、一、壬辰**）大學士等議覆：江蘇巡撫安寧奏稱，淮、徐、海三屬倉儲缺額，前後動支司庫銀十五萬六千餘兩，發蘇、松、常、鎮各屬採買，其價應照乾隆六年以前奏准之例，米一石在一兩二錢以內，穀一石在六錢以內。查前項銷數，原因災歉實非尋常可比，未便援以為例。所有淮、徐、海三屬採買價，仍照原議，米一石一兩，穀減半銷算。得旨：此案採買腳價，固應照例報銷。但朕念上年江省潮災，非尋常可比，鄰屬毗連地方，雖獲豐收，多因災地採買過多，不無昂貴。此次淮、徐、海買補倉穀，著照所請，准其照依六年以前奏銷之數，每米一石，價銀一兩二錢，每穀一石，價銀六錢，水腳亦在內銷算。後不為例。（高宗三○六、一四）

（**乾隆一三、六、壬午**）潘思榘又奏：閩省所需米穀，不通外省商販，青黃不接，必藉官糶，並疏通鄰近商運。近因採買及投捐監穀，致價日昂。現計倉貯二百三十萬餘石，應酌停官買，以捐穀抵充。所存糶價，撥給兵餉。得旨：俟彙議。（高宗三一七、二九）

（**乾隆一三、閏七、丁卯**）又諭：據安寧奏稱，江省倉貯空虛，現在飭令各屬探價平處所，將節年所存，及今歲現糶之價，按數買補，並令通盤籌酌，將糶價有餘之州縣，撥補不足之州縣，倉儲俱得有備等語。籌補倉儲，自本計所重。但朕因近年米價日昂，再三籌畫，以生穀止有此數，聚之官者多，則留之民者必少，不得不將直省常平穀數，斟酌變通，准康熙、雍正間舊額。已經降旨通行。又經派撥江西米十萬石，運蘇接濟。近又據楊錫紱奏請，買穀二十萬石，令江蘇委員赴長沙接運。更有開泰奏請，備撥穀二十萬石。現在降旨，令該督撫等會同妥議。似豫籌之處，已為有備，且今歲江蘇秋成豐稔，民食有資，稍寬軫念。若遽行買補，或致市儈居奇，價值驟長，是於有秋之年，仍受貴糶之累矣。可傳諭尹繼善、安寧酌量所屬收成光景，詳悉查明。若舊額已足，即可不必採買，為閭閻留有餘之粟，以裕倉箱。庶可望價值漸平，倘於舊額實係未敷，必應補足，仍須照例採買，亦當斟酌籌畫，期於妥協，勿致張皇，以昂市價。該督撫等，悉心會酌奏聞。（高宗三二○、二八）

（乾隆一三、閏七、辛巳）兩江總督尹繼善奏覆：江蘇各屬存貯倉穀約計五十四萬餘石，此外尚有糶借撥抵買備等項，共計穀一百二十六萬餘石，較原定之額，僅少二十五萬餘石。曾經撫臣安寧，先令各州縣動支平糶價銀十七萬餘兩，前往江廣等處按照時價，採買補足，均已先後起程前往，將來存倉額穀，自可望有盈無絀。得旨：該部知道。（高宗三二一、四一）

（乾隆一三、八、乙巳）諭：據舒輅奏稱，上江各屬存貯節年未買糧價，及本年平糶銀二十七萬餘兩，一時不能採買，而頻年存貯州縣庫中，將來恐不免於侵挪。現在籌酌，如倉額未足與存價少者，俱令將價先行解貯該管府州之庫，俟秋後領銀酌量採買。其存價甚多，倉穀未充，一時不能買足者，分別酌留應買之數外，餘價俱行提解司庫等語。舒輅如此辦理，較爲妥協。朕前降旨各省倉穀，俱照康熙、雍正年間舊額，其餘皆停止採買。則所存穀價銀兩，與其存留各州縣，以啓侵挪之弊，不如令解藩庫，以備臨時動撥。可傳諭各省督撫，將所有未買糧價，及平糶價銀，可否照舒輅所奏，提解司庫，將來各州縣即有應用，再從司庫請撥，亦爲妥便。如康熙、雍正年間舊額之內，應行買補者，其穀價仍存州縣，以備酌量買補。若舊額之外，所餘糧價銀兩，有必應需用之處，准其分別酌留，其餘悉令解司。該督撫等就各省情形，悉心查辦。仍遵前旨，一面將康熙、雍正年間額數，及現年實存糶借等項數目，速行具奏，應否撥動之處，聽軍機大臣等會議。此旨已經逾月，各督撫多未奏到，甚屬遲延，著傳諭，令其速行奏聞。（高宗三二三、一五）

（乾隆一三、九、癸丑）戶部議准：福建巡撫潘思榘疏稱，福、興、漳、泉四府，產米不敷民食，全賴上游及臺郡販運接濟。前經委員赴臺，採買十四萬石。應於此內撥十萬石，運赴四府屬分貯。從之。（高宗三二四、七）

（乾隆一四、一〇、丁丑）諭軍機大臣等：軍機處議覆蔣溥所奏，將常平溢額穀石，暫存倉貯一摺，朕已降旨允行。但內稱酌減之額，仍須存七糶三，糶出之數，應行買補，倘一時價昂難買，即將溢穀抽撥等語。是乃隱啓不肖有司欺冒之一法也。此項借補溢額之穀，原因恐採買時穀價昂貴，是以議令權宜借補，但不得因此議，恃溢額之可補，於應行糶三之數，任意賤價糶出。使果有益百姓，國家亦何必較此錙銖？但恐百姓受惠處少，不肖有司，從中取利者多。此項溢額穀石，向來俱係貴價採買，即欲糶賣，必應於原價無虧。今若因借補糶項，轉致有虧原價，亦非慎帑項之意。可傳諭各省督撫，轉飭所屬，斟酌辦理。俾此等穀石，既可補糶三之數，亦不虧原買之價，方爲妥協。（高宗三五〇、二）

(乾隆一四、一一、甲戌）福建巡撫潘思榘奏：臺灣共應採買穀十四萬二千八百餘石，今歲豐收。本應買補，但該郡連年歉薄，戶鮮蓋藏，市價亦未遽平，而內地九府二州俱豐登，漳、泉等府復蒙截漕備貯，沿海盡有豫備。請將在臺平糶及領價採買穀三萬八千三百餘石，於本年先行買補，其應運補內地兵眷穀十萬四千三百餘石，緩至來歲籌辦。報聞。（高宗三五三、一六）

(乾隆一五、三、壬申）陝西巡撫陳宏謀奏：陝省常平缺額穀，前奏准買補。查應買補之咸寧等州縣內，有因屯更民欠足抵額數，暫停採買。其已領銀採買各屬，共先買穀一十六萬四千八百五十一石有奇，每石價銀，自三錢七分至六錢七分五釐不等；又共買米一千三百八十六石，每石價銀，自八錢七分二釐至九錢六分九釐不等。尚有缺額未買穀二十萬餘石，徐籌補足，另行妥酌請旨。得旨：趁此豐年穀賤，亟應補足，何必日引月長，令其缺不及額乎？（高宗三六一、二二）

(乾隆一六、七、丙子）諭軍機大臣等：據楊錫紱摺奏，湖南備貯穀三十萬石，部議無庸買補。但湖南產米之鄉，各省每資接濟，如本省或有賑濟及額穀價昂，均可於此內動支撥給。請於各屬買補平糶額穀外，再行酌買備貯等語。該撫此奏，亦先事籌畫之道。前因浙東天時亢旱，安徽米價亦昂，降旨令楚省酌量撥米十五萬石運至浙江，五萬石運至安徽，以資調劑。今湖南各屬，雨澤多未霑足，將來自有需用之處，即浙省現在藉資楚米接濟之處，自應豫爲籌辦，俾不至臨時拮据。朕已經降旨川督策楞，豫備米數十萬石，分運南北二省，復令流通商販，源源相接，亦恐該處接濟鄰省稍多，轉致有缺乏之虞也。但從前降旨停買溢額穀石，蓋因官買過多，市價不無騰涌；今該省既需採買，務宜於穀賤之地，從容買補，不得一任屬員，但圖近便，或於價貴處所，按數蠆買，使米價頓昂，轉失調劑之道。著傳諭該撫，令其酌量情形，妥協辦理。至所請令安省解還運往平糶價值之處，已傳諭張師載矣。一并諭令知之。（高宗三九四、一八）

(乾隆一六、八、壬寅）諭：上年天津府屬，偶被水災，所有存倉穀石，動撥甚多。今歲直隸各屬收成豐稔，天津一府雖獲有秋，較之他處，尚爲稍薄。若因倉儲亟須買補，即於該處購覓，轉恐市價漸昂，殊於民食無益。現在奉天所屬豐收，又與天津一水可通，著該督方觀承酌動帑項，委員前往買米十萬石，由海運津，查明缺額各州縣，分撥存貯，以實倉儲。該部即行文盛京將軍府尹等知之。（高宗三九六、一三）

(乾隆一六、一〇、癸亥）江西布政使王興吾奏：本年春夏米貴，倉穀糶借兼行,共四十三萬石,來春尚需接濟。及此新穀登場,飭州縣採買,各府十日一報。約十一月初旬可以買足。並密令各府查禁短發浮收等弊。得旨嘉獎。(高宗四〇一、二二)

(乾隆一七、五、己丑)山東巡撫鄂容安奏:東省倉穀,民借未還,賑糶未補者甚多,今年麥已有收,民間還補倉項,賣麥買穀,輾轉受虧。查從前徵麥,曾有一麥抵二穀之例,請照此通行各屬,有願以麥抵穀還倉者,聽。餘則秋後徵穀,民力亦得寬舒。再於司庫糶存穀價內,發價平州縣,買麥十萬石,抵穀二十萬貯倉。此外尚應買補者,若秋後一時買足,誠恐市價驟昂,請量為分別,數在一萬石內者,本年買足;其一萬石外者,分作二年,價昂即暫停。再賑濟動用之穀,照定例每石五錢發買,近年穀貴,實多不敷。惟有上年勸捐穀石,除動用賑卹外,尚存七十餘萬石,用以添補今年買價之不足,則士民急公所出,仍充本地倉儲,亦屬以公濟公。得旨允行。(高宗四一五、二七)

(乾隆一八、九、戊午)又諭曰:喀爾吉善等奏分別採買倉穀一摺,所辦非是。該省從前擇穀多之家,豫先給價,冬成交穀還倉。辦理原屬錯誤,蓋給價時,願領者未必即係穀多之家。貧民冒領價值,隨意花銷,必致逋負。迨積欠累累,追呼滋擾,此與青苗弊政何異?今倉貯既多缺額,即勒限完納,著落分賠,亦終成紙上空言而已,於倉貯有何裨益?該省本非產米之區,該督自應於臺灣及暹羅採買兩處之米。如尚不足,亦應照例於豐收州縣買補足額。至臺穀原定價值,設於該處現在情形,實有不敷,自不妨據實聲明,量為增價。今乃奏請依內地時價酌量買補,是全無限制,徒資胥吏侵蝕,殊非調劑倉貯之道。不但部臣按例議駁,即特行陳奏,朕亦不能從也。將此諭令喀爾吉善等知之。(高宗四四六、三)

(乾隆一八、一二、乙酉)軍機大臣等議覆:閩浙總督喀爾吉善等奏買補倉儲一摺。查閩省環山濱海,產穀無多;臺灣素係積米之區,挹注較易。今該督等以臺郡戶口日繁,倉欠亦多,請就近買補。俟臺穀補足,遇內地歉收,再赴臺買補。應如所請。又稱:臺穀每石例價不敷採買,請酌量加增。並暹羅每年餘米多寡難定,應聽商自販。均應如所請。至所稱採買穀石,於秋成後,照市價給發,限歲內交倉,易滋情弊。應行令該督等,轉飭地方官,隨買隨交,無庸豫給。從之。(高宗四五二、六)

(乾隆二一、六、丙寅)湖南巡撫陳宏謀奏:今歲秋收後應買補倉穀,請令地方官於本地多穀之家酌為採買,以省糜費。穀價務照時估,並不短少。仍出示通曉士民,使胥役不得需索賣放,庶小戶無派買之累,豪戶無多買之累。臣當與司道層層防範，毋使地方官稍有刁難扣剋等弊。得旨：所定已詳，而行之則仍在得人，與汝實力稽察耳。(高宗五一五、一九)

（乾隆二一、九、乙未）署陝西巡撫盧焯奏：現在成熟，請於司庫內動銀十萬兩，於各處採買穀、米、麥，以足倉儲。得旨：如所議行。但嚴察於中取利者可耳。(高宗五二一、一五)

（乾隆二二、八、壬戌）諭軍機大臣等：據開泰奏報，川省今年秋收，乃數年以來所僅見。披閱深爲欣慰。但穀太賤則傷農，亦不可不爲調劑。且今歲豫東下江等省，皆被災祲，全賴米糧流通，以資接濟。向來川省商販由川江販運至楚，甚屬便益，朕意乘此豐收，糧價平減之時，官爲採買，運至湖廣水次，先期知會該省督撫，委員兌收存貯，以備他省撥運，實爲兩有裨益。其採買數目，或二、三十萬石或三、四十萬石，酌量地方情形，分派採買。仍隨時察看，毋令市價翔踴，致妨本地民食。開泰其善爲經理，即將酌買糧數，具摺奏聞。尋奏：臣因今歲秋禾大熟，先經通飭各地方官乘時購補常平積貯，正在分頭催辦，若再另行採買，誠恐市儈居奇。且川江灘險，船宜略小，穀多則需船亦多，計其腳費，倍於運米。現將沿江路通水次各屬存倉穀，飭令碾米十五萬石，各赴水次彙交，陸續起運。腳費及官役飯食，照乾隆十八年運米赴江南例給發。擬俟各屬額穀購補，仍就沿江一帶碾米五萬石，運往湖廣備用。得旨：甚妥。(高宗五四四、五)

（乾隆二二、八、丙子）又諭：據蔣炳奏稱，湖南省各州縣應買穀約十萬石，本年早、中、晚三禾豐稔，買補甚易。請仍照乾隆二十年以前原定章程，總以現銀收買，不得按田、按糧先行發價，致有滋擾等語。該省秋成豐稔，穀價平賤，自當及時採買足額。即於應補額穀之外，酌量廣爲購備數十萬石，以裕儲蓄，尤屬多多益善。但不得因官買數多，轉致市價騰踴，有妨民食。該撫宜察看情形，隨時隨地妥協辦理。著將此傳諭蔣炳知之。(高宗五四五、二)

（乾隆二二、八、己丑）是月，安徽巡撫高晉奏，安省各屬常平倉糧，除陸續買補外，尚存糴價未買穀二十五萬一千餘石，應乘時買補，查上年酌定。徽州府屬山多田少，所產不敷民食，准赴鄰境購買在案。應照此例，價腳並算，每石以一兩二錢爲率，以節年存貯糴價牽算，不足一兩二錢，照例以近年平糶盈餘通融撥補。得旨：甚好。(高宗五四五、二九)

（乾隆二二、一〇、庚辰）又諭：據李侍堯奏廣東各州縣買補倉穀，多有家人吏役從中作弊，將上中下三等穀色兼買充數，混開上穀價值報銷。至借糶時，則於應碾米者用上穀，而於應借糶穀者用中下之穀等語。所奏深悉情弊，上中下三穀碾米多寡迥殊，若聽其將中下穀石混開價値，而以借糶爲銷穀地步，僕役之獲利愈多而窮民之受虧益甚。此皆由該管道府，盤查止按倉額無虧，而穀石之上中下概置不問，以致家人吏役得售其奸。廣東既有此弊，他省諒亦不能盡無。著傳諭各督撫，嗣後買補倉穀當嚴飭州縣，親自碾試，務得上穀。其該管官盤查，並當一體碾試，不得徒以額貯數符，遽行出結。倘有徇隱，即令分賠。庶倉儲不致有名無實。其勿視爲具文。（高宗五四九、一〇）

（乾隆二三、五、甲寅）署貴州巡撫周人驥奏覆：黔省常平積貯，乾隆十四年定額，應存米一百萬石。因向無協濟鄰封災賑撥用，每歲出陳易新，通省不過數萬石。至買補之際，緣無行市馬頭聚米，止可發價里民運納，道路險遠，亦難多購。計自乾隆十七年至二十二年，共未買補平糶米八萬六百二十七石。上年奉旨後，催令各屬採買，及以秋糧米抵撥，共已有六萬七千六百石。餘數無多，今歲即可買足。得旨：覽奏俱悉。（高宗五六三、二三）

（乾隆二三、九、癸丑）安徽巡撫高晉奏：安省上年鳳、潁、泗各災屬賑撥沿江州縣倉糧，共缺穀三十五萬六千餘石，非收捐貢監本色所能補足。現秋收豐稔，正宜捐買並行。請動項就各本境採買，以節運費。其糧少價貴處，撥糧多價平處通融購辦，價昂即止。得旨：如所議行。（高宗五七一、三七）

（乾隆二四、二、庚辰）署四川總督提督岳鍾璜奏：川省上年秋收豐稔，米價平減，酌動司庫鹽茶耗羨一項銀內，飭沿江州縣採買，另款存貯。現據各屬申報，每石價自三錢三、五分至四錢不等，已足十萬石。得旨嘉獎。（高宗五八一、三八）

（乾隆二四、六、甲寅）又諭：據阿爾泰奏，東省沂州府屬蘭鄒一帶，本年麥收豐稔，價値漸減，請採買新麥四、五萬石，或爲本省接濟，或爲直隸協濟一摺。先事豫籌，深爲可嘉，已於摺內批諭矣。現在直隸近京各屬，未沛甘霖，民間食用所需，正宜多方儲備，除京師發倉平糶，不限時日數目。及水次截漕八十萬石，米糧頗爲充裕，其麥石一項，若再加補苴調劑，尤於閭閻有裨。著傳諭阿爾泰，令其即於沂州等府麥石豐收處所，採買四、五萬石，留貯備用。如日內近京得霑渥澤，大田可望有收，可以無需撥運，則此項麥石即可留佐該省倉儲。倘直屬有必須接濟之處，運河一水可通，臨時候旨運赴直隸，以贍民食，尤爲妥便。（高宗五八八、九）

（乾隆二四、閏六、己丑）又諭曰：楊應琚奏，請添撥司庫銀二十萬兩，採買寧夏府屬麥豆米穀備用。此舉若因甘省歉收，籌辦賑卹，自屬應行。如謂阿克蘇等處，仍須籌備軍糧，則正可不必，蓋大兵現在起程進勦，可以計日成功。又據永貴等奏，軍營糧餉，已由闢展輓運。加以屯田收穫，回人輸助，自可源源接濟。著傳諭該督，所糴糧石，應酌量賑務需用情形，妥協辦理。並曉示商民，俾知採買穀石，原以供本地之用，非爲籌辦軍糧起見。庶庸愚無識之人不至張皇傳說。永貴摺，並著錄寄閱看。(高宗五九〇、一二)

(乾隆二四、七、丁丑) 湖南布政使許松佶奏：湖南十三府州屬及苗疆三廳，地方遼闊，統計倉穀不過一百四十餘萬石，未爲充裕。本年秋收豐稔，請動用帑銀，分作一二年採買穀二三十萬石，分貯附近水次各州縣備用。得旨：自係應行者，但不致價湧可耳。(高宗五九三、三四)

(乾隆二六、二、己亥) 戶部議准：山西巡撫鄂弼疏稱，綏遠城搭放兵糧，積年借動城倉豫備軍需穀四萬八千九百餘石，均未買補。目下市價漸平，請動支地丁銀，給該同知於歸化城及薩拉齊地方，乘時買補。從之。(高宗六三一、二二)

(乾隆二七、九、己丑) 山西巡撫明德奏：歸化城五廳地方，土肥田廣，糧裕價賤，如購買積貯，內地遇有需用，可就近撥濟。除托克托城已買貯軍需外，歸化城、和林格爾、薩拉齊、清水河四廳，請每處添設常平倉穀三萬石。得旨：如所議行。(高宗六七一、二一)

(乾隆二八、四、己亥) 諭軍機大臣等：上年因直隸近京窪地秋霖過多，一切平糶借種常平倉穀，應行採買補額者頗多。現在麥田，未得透雨，應多方先事豫籌，以資儲撥之用。奉天、山東、河南三省，收成俱屬豐稔，米石必當饒裕。著傳諭該將軍、府尹、及該撫等，奉天購辦米四十萬石，山東、河南每處各購辦米二十萬石。各就本處糧價，酌量覈定，先行知會方觀承，通融計算。直隸糧價，自屬寬餘，除抵給該處市值之外，兼可協濟運腳，挹注尤爲便利。所有委員彼此遞運接收事宜，俱特派大員，並彼此移咨，妥協經理。仍將所派之員，即行奏聞，迅速辦理。(高宗六八四、二二)

(乾隆二八、五、癸亥) 又諭：前經降旨，於奉天、山東、河南等省購辦米石，運赴直省備用。今京師暨直隸各屬，陸續已得透雨，麥秋仍可有收。大田亦俱布種，民食得以漸次接濟。前項麥石，自可不必速運。頃聞直隸因接運各省糧石，封掌船隻，恐商販聞風，裹足不前，致市販不得流通，轉於民食有礙。其天津等處船隻，毋庸豫備之處，已令阿桂、裘曰修於查辦事件之便，面諭方觀承妥協經理。並著傳諭奉天將軍等，及山東、河南巡撫，將前項購辦糧石，暫停輓運。并諭商民等不得却顧觀望，務使市舶遄行，源源不絕，以裨閭閻食用。(高宗六八六、七)

（乾隆二八、七、甲申）河南巡撫葉存仁奏：豫省自乾隆二十六年祥符等州縣災賑，將常社義等倉穀撥運動支，共缺額穀一十六萬六千餘石。今歲豫省秋收豐稔，趁此價平之時，查明市穀，每石在七錢以內者，各按缺額，照時價公平收買補倉。或遇市價稍昂，即行停止。得旨：好。（高宗六九一、三〇）

（乾隆三〇、一〇、辛未）[直隸總督方觀承]又奏：山海關駐防官兵歲需米一萬三千二百石，按年採買支放，仍另行常貯一年米備用。除明歲應用米石，業經動項買足外，今年豐米賤，應請添買一年米常貯，於兵民均有裨益。報聞。（高宗七四七、二〇）

（乾隆三一、七、壬申）諭：陝甘捐監事例，原因籌補倉儲，以備緩急賑恤之需。行之有年，倉穀尚未能充裕。聞近日漸至捐本色者少，而折色者多，遇有需用穀石之處，仍不敷支給；且以本地折色，即向民間採買，恐不免勒派滋累。而承辦官吏，那移侵蝕之弊，亦難保其必無，於積貯實政、閭閻生計，均無裨益。現今降旨發庫帑三百萬兩，存留甘省備用，如遇年穀順成，米值平減之時，著即於此項銀兩內，酌撥採買，陸續購補足數。則當歲收豐稔，既無慮穀賤傷農，即或偶有歉收，亦復足資賑糶。如庫項買穀，間有不足之處，並著該督隨時奏聞，再行撥給。該督等其實心經理，飭屬妥辦，務使積貯裕如，帑歸實用。所有陝、甘兩省現在捐監之例，均著停止；如該省有願捐貢監者，准其赴部報捐。（高宗七六四、六）

（乾隆三一、九、丙申）陝甘總督吳達善奏：奉諭甘省撥發庫帑三百萬兩，留備採買糧穀以充積貯。查甘省本年夏秋田禾，雖間有偏被旱雹之處，其餘收成俱屬豐稔，將來民有餘粟，市糶必廣。謹於撥到銀兩，先買糧一百萬石，如糧廣價平，再請續買，漸補常平定額。倘市值稍昂，即行停止。得旨嘉獎。（高宗七六九、二一）

（乾隆三二、一〇、庚寅）安徽巡撫馮鈐奏：常平倉額貯穀，遇有動用，例應隨時買補。安徽一省，額貯倉穀，自乾隆二十六年後，節次災賑動用，及蠲免民欠籽種口糧，共缺額穀六十七萬八千零。除業經買補外，尚缺穀五十一萬八千零。本年潁州府屬，秋收豐稔，已撥司庫銀分發各州採買。查本年安省沿江地方，間成偏災，未經被水各屬，仍屬豐收。現在含山縣之運漕、桐城縣之棕陽、舒城縣之三河各鎮，米穀聚集，價值平減，未便因偶有成災處所，致使倉額久缺，拘泥停買。得旨嘉獎。（高宗七九七、一七）

（乾隆三二、一一、庚申）陝甘總督吳達善奏，哈密為新疆總滙之區，一切過往差馬，並軍臺馬匹，歲需料豆，向由安西府屬淵泉各縣運供，每年約計六千餘石。除採買豆價外，歲需運腳銀二萬五千餘兩。查哈密節年豆料，每石需銀五六兩不等，今歲收成豐稔，現據哈密廳詳報，每豆一石，需價銀三兩三錢，乘時收買，既免淵泉等縣運轉之勞，運腳亦可全省。請動支藩庫銀兩，飭發該廳採買貯用。得旨：如所議行。（高宗七九九、二三）

（乾隆三三、三、丁巳）四川總督阿爾泰奏：松潘、雜谷、打箭鑪三廳，兵民雜處，食指浩繁，雖該處俱設有倉儲，但所存無幾，每遇糧少價昂，殊難接濟，似宜籌酌儲備。查錢局鼓鑄餘息犒賞番屯項下，現積存銀六萬兩，並無動用之處，擬於此項內先撥五千兩，分貯松茂、建昌道庫，遇糧價平減之後，松潘廳發銀二千兩，雜谷、打箭鑪兩廳各發一千五百兩，即就本地酌量採買貯倉。如行之有效，再覈定章程，隨時酌辦。得旨：如所議行。（高宗八〇七、一九）

（乾隆三三、七、乙卯）[協辦大學士公副將軍署雲貴總督阿里袞、雲南巡撫明德] 又奏：滇省撥運軍糧，動缺常平倉穀三十餘萬石，亟宜籌補。但買補倉穀，每石例給銀五錢，價殊不敷。請照現在採買軍糧之例，依時價購買。得旨：如所議行。（高宗八一五、六五）

（乾隆三五、三、乙未）諭軍機大臣等：巴彥弼等奏稱，採買糧石，豫籌積貯一摺，所辦未為妥協。前據永寧奏，以該處年歲豐稔，糧價平減，請動公項，乘時收買麥穀一萬石備用，尚屬隨時調劑之道，是以允行。但買貯一萬石，已足敷户民春借籽種之需，若又多買，轉恐日久有黴浥之虞。況各兵屯田所得之糧，儘足供其食用，不藉官為籌畫，而各城屯種豐收，情形大略相同，無須運往他處接濟。且自新疆底定以來，並無用兵之事，又無庸儲偫糧糈，是多買糧石，徒費公項而鮮實濟，久且歸於無用，甚覺非宜。或聽內地人民，前往耕種，俾資地利而自食其力，不致人稀穀賤，尚為有益。所有採買糧石，著妥協收貯備用，嗣後遇有採買之時，著酌量應用數目買備，不必多為購買。將此諭令知之。（高宗八五五、七）

（乾隆三五、七、丙辰）户部奏：江南省節年採買米麥穀石，腳價銀浮多，應著承辦各員，按數追完歸款。得旨：依議。所有應賠覈減銀兩，若在承辦各員名下追賠，歷年既久，未免查辦紛繁，且於接任之員無涉。著於從前題銷此案之巡撫及覈轉之布政使名下分賠，以昭平允。（高宗八六四、二九）

（乾隆三五、七、癸酉）湖廣總督吳達善、湖北巡撫梁國治奏：湖北省額設常平倉穀一百二十餘萬石，近年糶賑兼施，缺額穀五十餘萬石。糶缺之穀，照市價銷銀六錢五六分至七錢不等；賑缺之穀，每石例給五錢。現在糶缺未買之穀，止五萬餘石，而賑缺未買之穀，積至四十八萬餘石之多。查賑缺之穀，自乾隆七年，部定每石給銀五錢，至今幾及三十載，穀價情形不同。現飭買補賑缺各州縣，每石不得逾五錢六分之數。其開銷正項，仍以五錢爲率，此外應補銀兩，即以糶價盈餘銀一萬餘兩，先行撥補，如有不敷，准其於續收盈餘，找撥清款。並請嗣後每逢平糶，覈計上年買補原價，於酌減之外，每石盈餘銀一錢。在小民買食，已比市價較減，而穀價盈餘，較前更爲覈實。不三四年，撥補漸清，倉儲可以足額。得旨嘉獎。（高宗八六五、二九）

（乾隆三五、九、壬申）兩江總督高晉等奏：本年上下兩江豐稔，江蘇省積年動缺穀，並應買平糶補額穀，共計六十九萬餘石，應及時買補。照現在穀價六錢八分，每石量加銀八分，以爲搬運水腳。現飭司動支庫銀二十萬兩，發屬買補。得旨：好。如所議行。（高宗八六九、一五）

（乾隆三五、一〇、壬寅）陝甘總督明山奏：甘省土瘠民貧，一遇荒歉，全藉官倉，明春籽種口糧，在所必需。查被災州縣，倉儲既少，撥運又艱，今覈各屬收成六分有餘者，糧價亦屬中平，豫行採買，庶倉儲得裕，民借有資。報聞。（高宗八七一、三七）

（乾隆三五、一一、壬申）陝甘總督明山奏：甘省每年春耕之際，民皆仰給官倉。常平倉貯，雖連年買補，頻買頻支，所餘無幾。明春籽種口糧，自宜早爲籌辦。查通省收成六分有餘，並七八分之户，皆負載市集出售，請乘此市有餘糧，採買六十萬石。仍令各州縣於被災較輕，與未經被災各處，及時採買，以裕邊儲。得旨：如所議行。（高宗八七三、一七）

（乾隆三六、一、癸丑）諭：上年直隸武清等十六州縣被災稍重，曾加恩先後動撥部庫銀八十萬兩，又撥通倉及截留漕米六十四萬石，令該督率屬加意賑卹，並於新正降旨，再行加賑一月，俾方春東作之際，貧民口食有資。今據楊廷璋奏稱，從前奉撥部庫銀兩，除給各屬急賑摘賑大賑之外，所餘無多，其所撥通漕薊糧等米，亦經領運散賑無存，懇恩再賞撥銀米，以濟賑需等語。著照所請，再於部庫內撥銀二十萬兩，通倉內撥米十七萬石，交與該督楊廷璋，董率所屬，查明應賑數目，據實速爲支發，妥協經理，務令窮簷悉被恩膏，副朕有加無已至意。該部即遵諭行。（高宗八七六、一〇；東二七、一）

（乾隆三七、八、壬辰）[山東巡撫徐績]又奏：通省常平倉穀，民欠七十萬七千餘石，當此豐年，應上緊徵收，以清宿逋。但民間雜糧並種，若令易穀還倉，未免周折。應請兼收雜糧，其應買平糶缺額穀，現儘原存之價，餉屬採買，毋許延玩。至近年賑卹，動缺穀三十萬八千餘石，應動地丁銀買補。本年普免錢糧，無項可動，且現在徵買等穀，爲數已多，如一併飭買，恐妨民食。請俟來歲秋熟後，動帑買足。得旨：嘉獎。（高宗九一五、二一）

（乾隆三七、九、辛酉）［直隸總督周元理］又奏：直屬常平倉儲，應買補節年糶缺穀二十一萬石，又賑撥缺額三十三萬餘石，如同時採買，恐妨民食。現酌量缺額之多寡，並地方採買之難易，除糶缺存有原價者，全數買補外，其賑缺穀，請動司庫銀，先買十萬石，緩急已爲有備。得旨：如所議行。（高宗九一七、二四）

（乾隆三七、九、辛酉）［安徽巡撫裴宗錫］又奏：安省額儲倉穀，通計止二百萬石，先後賑缺一百三十六萬餘石。今歲夏秋豐稔，各屬所報穀價，六錢以內者甚多，乘此價平，正宜多爲儲備。於採買缺額外，請再撥銀十二萬，分發近水次各屬，先時購辦，以備鄰近緩急。得旨：嘉獎。（高宗九一七、二六）

（乾隆三七、九、辛酉）陝甘總督勒爾謹奏：甘省土瘠民貧，仰賴官倉接濟，現各屬常平額儲，所存無幾。本年夏禾，統計六分至七八分不等。市價尚平，請於司庫借款，採買六十萬石，以備來春借糶之用。其價請大路衝途，上色粟米、小麥、豌豆，定每石二兩，下色青稞、大豆，一兩二錢。偏僻處，上色一兩七錢，下色一兩二錢，以杜捏飾冒銷之弊。報聞。（高宗九一七、二七）

（乾隆四一、九、戊戌）山東巡撫楊景素奏：查通省中，鄒平等處常平倉穀，現在額貯，共缺穀八萬三千三百二十七石零，係歷年賑撥，並本年蠲免之項，應以各屬溢穀糶價買補。因各屬豐收穀賤，尚未全糶，除將現存糶價發買外，餘於四十一年地丁銀內，先動支買補足數。其各屬溢穀，飭令來年青黃不接時出糶，將價解司。得旨：好。知道了（高宗一〇一七、二〇）

（乾隆四四、六、壬午）是月，安徽巡撫閔鶚元奏：上年鳳、潁兩屬，水旱交乘，動撥常平倉米八萬餘石，裕備倉麥十七萬餘石，倉儲空乏，應及時購買。惟是災歉之後，實與平時採買不同，請於部價一兩之外，每石連脚價增銀二錢，此後不得援以爲例。得旨：著照所請行，該部知道。（高宗一〇八五、三〇）

（乾隆四四、七、甲申）安徽巡撫閔鶚元奏：安省鳳陽、潁、泗等處，民食重麥，上年水旱成災，動缺常平倉穀八萬餘石，裕備倉麥十七萬餘石。本年除亳州、蒙城被水外，均屬有收，請通融買麥補足，照部價每石一兩外，連脚價增銀二錢，合之以一麥抵二穀，每穀二石，准銷銀一兩二錢，尚

屬無浮。得旨允行，下部知之。（高宗一〇八六、二）

（乾隆四四、七、辛亥）湖南巡撫李湖奏：本省常平額穀，上年長、岳、常、澧等屬，旱歉糶動，須於今歲買補。查前撫臣陳宏謀奏明，州縣採買倉穀，令按本境糧册計田，大户每百畝約收租穀百石，買官穀四石，田多以次遞加。價照時值，糧户自運上倉，平斛響擡，按程給予腳價，閭閻稱便。現照舊辦理，如有田少買多及賄隱囤户等弊，飭地方官隨時稽查。得旨：有治人，無治法，爾實力妥慎爲之可也。（高宗一〇八七、二七）

（乾隆四五、六、戊辰）湖廣總督富勒渾等奏：遵查湖北各屬，乾隆三十五年賑缺未買之穀，積至四十八萬餘石，經前督臣吳達善等，請撥司庫銀二十萬兩，分發各屬購買。又以糶價盈餘撥補，尚不敷銀二萬五千三百九十餘兩，借三十六年秋撥銀兩支給。復因平糶無多，正項久懸，又經前撫臣陳輝祖於耗羨銀内，改撥歸款，現收貯司庫餘銀一千八百五十餘兩，尚不敷歸還耗羨之數，不能遽照閩省辦理。報聞。（高宗一一〇九、九）

（乾隆四六、一二、戊辰）署福建巡撫楊魁奏：閩省倉穀，自乾隆四十二年至四十五等年，各屬平糶尚未買補者計十七萬六千五百餘石。本年夏間，各屬平糶倉穀共二十七萬八千六百餘石。現在晚稻收成豐稔，自應乘時買補。惟新舊糶穀，爲數過多，並買恐妨民食。現通飭各屬，將乾隆四十二至四十五等年平糶未買穀，統於冬季全數買補還倉。至本年平糶穀，查明該州縣如無應買積年平糶額穀者，即於冬季全數買補。如有積年平糶穀應行買補，而本年又有糶穀者，飭將積年儘數買完還倉，其本年糶穀，俟來歲早稻收成後再買。得旨嘉獎。（高宗一一四五、二五）

（乾隆四七、一一、癸丑）諭軍機大臣等：前因豫省黑豆，價值平減，曾經傳諭李世傑，查照向例，購買二、三萬石，由水路運送至京。並傳諭盛京將軍、府尹等，將奉天應行運京黑豆，照常年例，止須採買一半，儲備明歲秋間之用。今據李世傑奏，於附近水次之開封等府屬，採買黑豆三萬石，分爲兩次運送等語，京師既有此三萬石黑豆，則奉天黑豆，即可照數減省採買三萬石，俾民間豆石寬裕、市價平減，明年秋間巡幸奉天，於扈從人等，均有裨益。將此傳諭盛京將軍永瑋、府尹伯興等，遵照辦理。（高宗一一六九、七）

（乾隆四七、一二、壬辰）陝西巡撫畢沅奏：西安修理城工，各項匠人衆多，聚集省會，食指浩繁。而此項工程，趕辦亦須三年完竣，其間倘遇市糧稀少，或青黃不接之時，價值增昂，勢俱不免，於工夫日用，更屬不敷。查陝省西同鳳乾等屬，歲慶屢豐，時價甚爲平減。臣酌擬於應發城工銀兩内，酌量動支，在附近市集，購買麥二、三萬石，運貯省城，俟將來開工後，倘遇市糧稀少及青黃不接、糧價增長之時，即將此項麥石，照依原價，支給匠工人等，實屬大有裨益。得旨嘉獎。(高宗一一七一、二五)

(乾隆四八、七、辛亥) 戶部議准：江寧布政使劉塪奏稱：徐州府屬沛縣，常平倉缺額穀石，請於江寧省倉貯南屯等米積剩項下，照依市價出糶一萬石，將價銀發交沛縣，於鄰境豐收地方採買，補貯新倉，以實儲備。又嗣後江寧省倉餘存米石，如積至二萬石上下，即詳明督撫，酌量撥補州縣，以抵採買還倉之數，將存價解司或就近在省糶易銀，隨時報部撥用。得旨：依議速行。(高宗一一八五、八)

(乾隆四九、八、壬子) 是月，直隸總督劉峩奏：直屬常平未買平糶穀石，值今歲豐收，應乘時採買。因思粟穀與高粱，價值相倣，且高粱一項，直省種植較多，各屬採買，若專取粟穀，恐市價昂貴，應請粟穀、高粱，酌量兼買。明春出借，先盡高粱，秋後以穀徵還，不過一年，仍可易貯粟穀。得旨：知道了。(高宗一二一三、二一)

(乾隆五〇、三、乙丑) 又諭：現因豫省河北一帶，連年旱暵，已降旨截留米豆三十萬石，以資賑貸。京畿麥穀，均屬充裕，惟黑豆一項，恐有短缺，市價不無昂貴。盛京去年豐收，今春雨澤霑渥。著傳諭盛京將軍永瑋等，即在該處採買黑豆三萬石，照例派員運京，以備應用。恐致彼處豆價昂貴，即二萬石亦可。(高宗一一二七、三)

(乾隆五〇、一一、庚戌) 諭：向來京師需用麥石，俱藉豫、東二省接濟，本年春夏之間，該二省雨澤短少，收成歉薄，未必更有寬餘以資商販糶運。恐京中麥石入市稀少，價值或致昂貴，不可不豫為調劑。今歲奏天各屬雨水調勻，麥收豐稔，著永瑋、鄂寶等查照向例，採買麥二萬石，委員運京，以備支放糶糴之用。(高宗一二四二、二；東三九、一八)

(乾隆五〇、一一、乙亥) 山西巡撫伊桑阿奏：晉省常平倉應買缺額穀三十五萬三千四百餘石。查本年平陽等府屬夏麥歉收，秋間忻、代等州被水，若將倉穀買補，糧價必致騰貴，應請緩至五十一年秋成後如數糶買歸倉。得旨：如所議行。(高宗一二四三、二〇)

(乾隆五一、四、辛巳) 又諭，據李世傑奏：楚省採買官米之委員袁純德等，先後抵川，現在承領腳價，受兌開行一摺，所辦尚好。又據另片奏稱，楚商自潘乾順領買後，續有羅隆盛一名領買官米一千石，嚴飭司道等訪查，如有官吏勒掯刁難之弊，當即嚴參等語，所奏似略遲。川省碾動官米，豫備楚商採買，接濟民食，前經降旨，令該督等妥協經理，毋使胥役從中舞弊掯勒，以致楚商裹足不前。茲據李世傑覆奏，楚省委員，現已受兌米石，換船裝載開行。李世傑經理尚屬妥協。著傳諭保寧，嗣後如有楚商赴川請買倉米之處，保寧務須遵照李世傑現辦章程，督飭所屬妥爲照料，並嚴密訪察，如有官吏胥役藉端勒掯刁難情事，立即據實嚴參，毋稍徇庇，俾楚省商民聞風，踴躍糴販，以濟民食。將此由四百里傳諭保寧，並諭李世傑知之。（高宗一二五二、一三）

（乾隆五一、八、庚午）四川總督保寧奏：川省產米較饒，外來商販，常年動計數百萬石，間遇他省災賑，又需協濟，而通省一百三十餘廳州縣，額貯穀共止二百八萬餘石。應乘今歲年豐穀賤，於附近水次州縣，分買穀三十萬石，照例每石不得過五錢九分，設遇撥濟鄰封，即可碾運。而本省額儲不減，仍足以備不虞。得旨：好。妥實爲之。（高宗一二六三、二九）

（乾隆五一、一一、己亥）山西巡撫勒保奏：晉省產穀有限，節年平糶，應買補之數太多，同時採買，糧價必昂，省會尤甚。請令陽曲縣先買補一萬五千餘石，各屬分買二十三萬八千餘石，餘俟明年併買足額。得旨允行。（高宗一二六九、二五）

（乾隆五二、四、丙寅）[河南巡撫畢沅]又覆奏：豫省連年麥收豐稔，所有酌買運京麥五萬石，從容易辦。又前歲歸德一帶，截漕賑濟，應採買補運京倉。請一體買麥抵米，俟今冬糧船起運時，附搭運通。得旨：甚好，速行妥辦。（高宗一二七九、二八）

（乾隆五二、五、丁卯朔）諭：前因豫省上年麥收豐稔，今春復兩水調勻，麥價平減，曾經諭令畢沅採買運京，以資民食。業據該撫奏明，買運京麥五萬石，並前歲該省截留漕米，買麥抵補，亦即運送京倉。昨金簡由通州回京覆奏，詢據各鋪戶等，聞德州一帶，現有河南、山東各商販運麥二十餘萬石，因東省糧船正在起撥，若將麥船一併封雇，恐抵通稍遲，當即令劉秉恬、梁肯堂前赴德州一帶催查，俾前項麥石得以遄行無阻。茲據長麟奏稱該省東昌等處，亦有麥船三百餘隻等語。此項麥船，著蘭第錫飭令管閘各官，不必俟南漕到閘，即令各商麥船，一齊過閘，並派委員弁上緊催趲前進，抵德州時，仍著劉秉恬、梁肯堂一體催令迅速抵通，俾麥石源源接濟，以期民食益臻充裕，市價大加平減，仰副朕恤民便商之至意。（高宗一二八〇、一）

（乾隆五三、一、庚寅）江蘇巡撫閔鶚元奏：江蘇兩藩司所屬，額貯常平倉穀，節年因災協濟及碾運軍糈等項，計動缺倉穀三十餘萬石，急應動項採買。查上年江省收成尚稔，請於司庫正項內照每石六錢定價，動撥買補。臣率同道府等查察，如有延宕抑勒等弊，即行參處，報聞。（高宗一二九七、

三一)

（**乾隆五三、三、丁丑**）陝西巡撫覺羅巴延三奏：潼關廳常平倉，節年動缺穀一萬五千四百餘石，屢催買補，但該處產糧無多，現在修城工匠，需食浩繁，若責令一時足額，恐妨民食。查潼關協營兵馬，節奉裁移，該廳額徵屯糧，供支歲有餘剩，現計存米麥豆三折，合京斗穀二萬三千石有奇，紅腐堪虞，請即將此項撥補常平原額。並嗣後每逢兵丁借支，及間需估撥，均請由支剩兵糧項下動給。得旨：自屬應行。（高宗一三〇〇、三四）

（**乾隆五三、四、癸丑**）又諭：據畢沅奏河北現在情形，並豫買麥石一摺。內稱，河北衛輝、懷慶、彰德三府屬，得雨未能霑足，已飭河北道察看情形，將倉穀分別糶借。今接奉諭旨，擬於附近水次，動項採買十萬石，暫爲存貯。現在河北一帶，麥收牽算可得五分有餘，如該處需糧接濟，再行運往減價平糶，尚即日獲霑優霖，無須協濟，即以此項麥石，留爲撥補缺額倉穀等語。前因京城得雨尚未深透，春寒日長，麥收無望，恐將來市價不免昂貴。曾經降旨，令該撫酌量情形，除所有麥石足敷接濟河北三府屬外，如麥石實在充裕，即採買數萬石，陸續運京，以資接濟。此旨該撫自尚未接到，京師現在雖未得兩，麥收失望，但上年尚有平糶存倉之麥四萬餘石，先經降旨早已平糶，計可糶至七月，此外尚有河南本年額運麥四萬六千石，將來運到，自可源源接濟，不慮市價增昂。所有豫省現在採買麥十萬石，著畢沅察看情形，如河北續獲甘霖，無須協濟，或即留本省撥補缺額倉穀，如尚有多餘麥石，再行運京備用，俱無不可，不必拘泥前旨辦理。再山東省前亦有旨，令將本省麥石足敷泰安以北各府接濟外，一體採買麥數萬石運京。但前因東省兗、沂、登、萊各府，麥收較稔，已令該撫先行採買，運至缺雨處所，減價平糶，經長麟覆奏，業已遵照辦理。今思東省迤南各屬，麥收雖屬豐稔，民間自有蓋藏，但該省亦係歉收之後，今歲泰安以北，雨水短缺，現在採買本省麥石，接濟缺雨處所，恐該省麥石，已未必能有贏餘。若因有續降之旨，復行採買運京，或致糧賤之處，因採買過多，市價轉致加增，於民食仍屬無益。況京師現存及續運麥石，足敷平糶接濟之需。並著傳諭長麟，詳加察看，如本省之有餘止足敷接濟本省之不足，則採買運京，本非急需之事，亦不必拘泥前旨辦理也。（高宗一三〇三、一五）

（**乾隆五三、一二、癸巳**）諭軍機大臣等：據琅玕奏，浙省各屬虧缺穀石，前經奏明，統限五年，自五十一年起扣至五十五年，買補歸倉。因本年米糧充盈，價值亦俱平減，請乘時趕緊采買；並上年運交閩省軍需米十萬石，計動各屬倉穀二十萬石，亦可趁此豐稔之時，一併買足等語。所辦好。

本年浙省年歲豐稔，米價平減，各屬未經買補倉穀，自應乘此穀賤上緊採買。在倉貯既得早爲充足，以符原額，而民間糧石亦得及時售賣，不至有穀賤妨農之慮，自屬一舉兩得。因思各省倉儲穀石，應行買補者，自亦不少，凡有價值平減之處，自當照浙省乘時採買，以期早實倉貯。但各處收成豐歉情形不一，米糧價值不齊，又不可拘泥辦理，動項多買，轉致穀價增昂，有妨民食。著傳諭各該督撫，留心察訪，遵照酌辦，務其倉貯民食，兩有裨益，方爲妥善，不可拘泥也。（高宗一三一八、一一）

（乾隆五三、一二、丁巳）是月，直隸總督劉峩奏：上年參革延慶州知州紀聞歌虧缺存倉米穀黑豆二萬餘石，前經奏明於今年秋後買補，查該州境山路崎嶇，商販稀少，本年秋收雖有九分，而上年宣化一帶，均係被旱災區，該州與災地毗連，民間鮮有蓋藏，若將前項米穀全數採買，市價增昂，且妨民食。請先照依市價採買一萬石，餘俟明秋買補。得旨：如議行。（高宗一三一九、三六）

（乾隆五四、五、戊午）軍機大臣議准，四川總督李世傑奏：前奉諭於打箭鑪、察木多二處，酌貯糧儲，惟是口外山路修阻，轉輸米石每石須腳價十五兩有零，所費過當。查口外地方稞麥較多，秋收時頗可採買。先經飭員就近試買，每麥一石，價不過四五兩之間，每稞一石，較麥價約賤二三錢，覈之運米每石十五兩之價實多節省，請於每歲秋收後，買足三千石，稞、麥各半，建倉收貯。定價不得過四兩，買足時照新疆屯防例存七易三，借與本臺商民僧番，秋後每石加耗一升繳還。從之。（高宗一三二八、二）

（乾隆五五、五、己酉）陝西巡撫秦承恩奏：陝省各屬倉儲，因節次豁免、賑濟，皆有缺額。今歲麥收豐稔，現除延、榆、綏三府州地居邊徼，產麥無多，另籌採買外，其咸寧等三十三廳州縣，共缺額穀九萬三千餘石。請照一麥二穀例，按部價每石一兩二錢，動項買補。倘市價稍昂，即飭停止，毋致有妨民食。得旨嘉獎。（高宗一三五五、三一）

（乾隆五五、九、乙酉）和闐辦事大臣李侍政、錦格等奏：和闐回民安居樂業，今歲穀石較往年尤爲豐收，但其間無業人等，俱賴傭工度日，而各色穀價不一，多有未便。今查和闐普爾錢，除支放官兵鹽菜、羊隻外，每年尚餘七百六十九串有奇，請於此項贏餘內，動支一百五十六串，按時價將麥、黍、高粱各買三百石，存貯空廒，遇青黃不接、穀價昂貴時，酌價減糶。其所賣之錢，仍歸原支項下入官，以備覈報。嗣後每秋即以此爲例，動款辦理，於回民生計，尤爲裕如。得旨允行。（高宗一三六二、二二）

（乾隆五五、九、甲辰）盛京將軍宗室嵩椿等奏：盛京所屬各城、旗倉原貯額穀二十萬石，民倉原貯額穀五十二萬石。近年該處歉收，除賑貸並節年蠲緩，共計旗倉現存米二萬四千石有奇，民倉二十八萬一千石有奇，缺額甚多，不足以資緩急，今歲瀕河窪地，雖間被淹浸，其餘高阜地畝均屬豐收，應及時買補，以足原額，但缺額過多，恐一時全行購買，米價驟昂。請今年於盛京户部庫項內，支給旗倉先買三萬石，於州縣徵收地丁銀兩內，支給民倉先買五萬石，各按市價，均限冬季內買補還倉，其餘缺額俟來秋再行採買。報聞。(高宗一三六三、三六)

（**乾隆五六、九、辛丑**）陝甘總督勒保奏：甘省地處邊陲，駐劄滿漢重兵，每歲估撥兵糧及供支料豆，需用浩繁。加以地方賑借等項，皆取給於倉儲，必須積貯充盈，方可有備無患。甘肅各屬常平原額，不敷供支，節次奏請買補。惟因缺數過多，隨時採買，又必須俟豐收之年，始可辦理，是以歷年未能照額買足。查現在各屬常平，實貯倉斗糧止二百六十餘萬石，已缺原額糧一百五十餘萬石，加以本年應支各項，及估撥來歲兵糈，又約需六十餘萬石。統計常平倉貯共不及二百萬石，僅存原額之半，若再有動用，愈覺不敷。本年甘省夏秋收成並有九分，自應乘此時採買。惟查各屬缺額倉糧，為數尚多，若全行買補，有妨民食，此時請先採買一百萬石。擬即由司分飭各廳州縣領價採買，其價值仍照從前節次奏定章程，如果時價稍昂，即令報明停止。至所需銀兩，應先於司庫酌款動支。報聞。(高宗一三八七、三二)

（**乾隆五七、一二、甲午**）山西巡撫蔣兆奎奏：平陽等府州屬被旱，前經奏准出糶常平倉穀十萬八千餘石，例應秋後買補。查平蒲各府，秋收僅止六七分不等，市糧稀少，應請將臨汾等三十九州縣平糶穀石，緩至五十八年後買補還倉。得旨：知道了。摺內稱，誠恐糧價增長，有礙民食。批：此雖固然，若遇豐而價平，亦不買補，此即虧倉穀之弊，不可不慎。(高宗一四一九、二五)

（**乾隆五八、九、甲寅**）諭：河南省節年平糶，倉穀缺額。本年大河南北，麥禾均屬稔收，若不及時買補，既慮穀賤傷農，且倉稟何由充實？自應照數買補歸倉，以足額貯。但採買一事，最易滋弊，若不嚴行督察，實力妥辦，或不肖州縣及胥役等，有藉詞勒買，短發價值等事。是非所以卹農，而適足以病民，轉為地方之害。該撫務須督同司道等，嚴行查察，按價給值，俾小民均霑樂歲之利，毋許官役短價勒買，致滋擾累。倘有此等弊端，一經查出，除將不肖州縣，從重治罪外，該撫亦不能辭其咎也。(高宗一四三七、一一)

（**乾隆六〇、八、己丑**）又諭：據普福奏，喀喇沙爾兵丁等所種地畝，每遇歉收，即至不能接續，請動用庫項採買土爾扈特、和碩特等所餘米糧一二千石，貯倉備用等語。喀喇沙爾屯田官兵所種糧穀，必每歲豐收，始敷支放。若遇歉收，即至不能接續，著照所請，動用庫項採買貯倉。但土爾扈特、和碩特等，俱係新降，今採買伊等糧米，務給公平時價，斷不可勒買，以致擾累，亦不可任屬員賤買報貴，從中侵漁。將此交普福留心妥辦。（高宗一四八四、二一）

（乾隆六〇、八、戊申）是月，浙江巡撫覺羅吉慶奏，浙省本年動碾各屬倉穀二十萬石，運閩協濟，嗣准閩省知會停止。查此項米石，已運抵閩省者，應聽閩省查辦。其未出境者，現飭紹台各府截留，分貯各縣，分別留撥兵餉及糶賣變價歸款。惟各州縣動碾前項穀石，爲數較多，本年浙省早稻豐稔，外江各省亦皆有秋，杭、嘉、湖三府屬，應赴外江買運。現飭該州縣先動支徵存地丁照數買足，浙東各府屬，即令在本地購買。其動支地丁，即以截留運閩米石撥給兵糧糶買之項提劃還款。再浙省尚有未買乾隆五十八九兩年平糶各穀石，均應一併買足。得旨：好。詳妥爲之。（高宗一四八五、二七）

（乾隆六〇、九、丁丑）諭軍機大臣等，據陳淮奏請乘時採買穀石，以實倉儲一摺。本年江西年歲豐稔，市糧充裕，且有運閩米石應買補還倉，自宜趁此新穀登場，價值較賤之時，儘數買補，以歸實貯。同日又據畢沅等奏，楚省一歲三登，收成豐稔，穀多之家，多欲以日食所餘，出易銀兩，請官爲收買，以備軍粽之用等語。此次逆苗滋事，湖南地方碾運食穀不下數十萬石，現大功即日告竣，官兵應用糧石，尤須多多貯備。該督等奏請於糧多穀賤之時，多爲收買，自應如此辦理。但該省現在需用較多，大兵凱旋後，所有撫卹難民，支給口糧等項，在在需用，一切碾動米石，均須按數撥還。恐湖南一省採買，尚有不敷。江西與楚省接壤，舟楫相通，儘可通融籌運。著傳諭畢沅、姜晟、陳淮彼此咨商，或楚省採買穀石尚有不敷，即於江西再爲採買數萬石，一面奏聞，一面遴委幹員由水路運往楚省，以濟軍粽而充積貯。倘湖南本年收成豐稔，該省糧價較賤，採買充裕，毋庸借資江省，亦即據實奏明。不必因有此旨，稍爲遷就也。（高宗一四八七、三〇）

（乾隆六〇、一〇、甲午）諭軍機大臣曰：秦承恩奏請採買皋蘭、固原二州縣常平倉糧，以備供支一摺。據稱，現在市價中平，應飭皋蘭縣照額採買糧十萬石，固原州採買糧八萬石。並照向定章程，上色不得過二兩，下色不得過一兩二錢，責成本管道府，照依時價購買等語。所奏殊屬自相矛盾。……著該署督查明該處倉糧現在存貯若干，倘實在不敷，亦應酌量一兩年應需數目，動價買補。或仍仿照五十六年之數，亦可有盈無絀，毋得輕聽屬員一面之詞，採買過多，致有從中侵肥、勒派累民等事，並將既照時價購買，何以又定二兩及一兩二錢數目之處，據實覆奏。至五十六年採買倉糧，係勒保任內具奏辦理，彼時購買，自即照此次定價采辦；若時價平減，動項必有贏餘，又歸何處？否則必係減價勒買。其從前如何辦理之處，並著勒保一併據實覆奏，毋得稍存迴護。（高宗一四八九、一）

（**乾隆六〇、一〇、丁未**）是月，護安徽巡撫、江蘇布政使張誠基奏，安省各屬常平倉貯，歷年因災蠲賞口糧、籽種，共缺額二十二萬五千餘石。現秋收豐稔，又奉旨普免天下漕糧，安省輪值今歲，民間蓋藏饒裕，糧價逾平。請照原額，各按稻、麥、雜糧本色買補足數。得旨嘉獎。（高宗一四八九、四一）

（**嘉慶二、七、己卯**）諭內閣：據長麟等奏，喀什噶爾、英吉沙爾二城，因倉貯無多，請動用庫存銀兩普爾錢，買糧一萬石存貯等語。回部地方，種地不專賴雨水，是以數年來並無旱潦之災。今請存貯糧石，以備荒年，尚屬可行。但二年之間，若即採買萬石，則恐糧價轉昂，著長麟等分作三年陸續採買，務須留心妥辦，毋致所屬之人侵漁，擾累貧回。（仁宗二〇、一〇）

（**嘉慶四、八、壬寅**）諭內閣：光祿寺少卿戴均元條奏各省倉儲乘時買補、以歸實貯一摺，內稱外省州縣，設立常平倉穀，原恐民間偶有荒歉，為賑卹平糶之用。近年以來，多有缺額，或因公動用，尚未買補，或有司虧缺，未經交代，多半按照部價，將銀兩存貯庫內，輾轉流抵，以圖省便。其照額實貯在倉者，十無二三。每遇秋收，上司間亦催令領價買補，而各州縣多以糧石短少，恐妨民食為詞。實則因領價之時，上司衙門書吏人等，剋扣使費，必致穀價不敷，是以視買補為畏途，等語，所奏深中時弊。國家設立常平倉穀，原備民間緩急之需。若不照額存貯，僅將穀價貯庫，猝遇需米之時，豈銀兩所能濟用？日久挪移，並有穀價亦屬懸宕者，有名無實，均屬不成事體。且當軍務轉輸，鄰省均須協撥米石，每遇奉文碾運，往往周章失措，所關尤為緊要。著通諭直省各督撫，通行所屬，一體稽查，據實具報。如有缺額，及存貯穀價之處，以本年秋收為期，除被災州縣，酌量情形另行勒限買補外，其餘各州縣，務令及此豐收，買補實貯。不得仍前僅存穀價，或恐市價增昂，惟當臨時調劑，不得藉詞搪塞。並嚴禁各衙門書吏剋扣抑勒諸弊。儻敢虛應故事，並不實力整飭，一經發覺，必將各督撫及原虧各員，分別治罪，勿謂誥誡之不豫也。將此通諭知之。（仁宗五〇、一〇）

（**嘉慶五、三、癸酉**）又諭：前因劉權之條奏，地方官在本地派買倉穀，往往有短發價值，勒具領票，及繳價飛灑等弊，曾行通諭各督撫，飭屬在鄰封採買。續經奏覆，即有言其不便者。茲據胡季堂奏，直隸省州縣，多有不通水道之區，應買穀石，購自鄰封，道路相隔數十里至數百里不等，輓運之資，有時轉浮於買穀之價，既未便作正開銷，如責令墊辦，不肖州縣或藉詞運費不敷，派斂錢文，轉滋弊竇。再宣化、承德二府，地居口外，並無鄰封，尤難搬運，請嗣後仍在本地採買等語。採買一事，遠赴鄰封，自需運腳，若地方官以運費無出為詞，因之派累閭閻，巧為朘削，是便民而轉致累民。胡季堂所奏，自係實在情形，著照所請行。嗣後除各省附近水次，舟楫可通地方，著即於鄰境採買外，其不通水路者，仍准其在本地採買，不必遠赴鄰封。該督撫等惟當督飭所屬公平採買，以期民無擾累，而倉歸實貯。儻有短發價值，以及勒派折收等弊，經朕訪聞，或科道糾參，則惟該督撫等是問。（仁宗六二、五）

（**嘉慶六、一一、庚辰**）諭軍機大臣等：吳熊光、全保議覆孫玉庭奏請將動缺倉穀仍循舊例向本地富戶採買一摺，前此劉權之奏請飭禁本地採買，原恐地方官有短價勒揹等弊，是以飭令在鄰近省分採買。今吳熊光等公同籌議，以遠赴鄰封採買，不特正價縣殊，即腳價亦屬不敷，仍請在本地買補。並因此次動缺穀數過多，請分三年勻買，連腳價按六錢五分一石發交有穀大戶採辦等語，自係實在情形，即著照所請辦理。（仁宗九〇、九）

（**嘉慶九、一一、癸丑**）諭軍機大臣等：漕糧為天庾正供，積貯本宜寬裕。朕因本年江浙等省各有蠲緩漕米，諭令戶部查明來年支放數目，是否敷用。據戶部查覈具奏，現在各倉存貯米石，可以支放至明年六七月。江南河口業已通暢，明春新漕重運，銜尾北來，足資接續。惟明歲新漕，因災蠲緩共有一百餘萬石，其實在抵通者，計算祇敷支放至嘉慶十一年三月之用。而是年糧船到通，總須在五六月間，此數月內，俸米甲米必須百餘萬石，方足以供支放。亟應早為籌備，以免臨時缺誤。本年四川、湖南收成均屬豐稔，四川本係產米之鄉，著傳諭該督，通計所屬收成分數，共可採買米幾十萬石，由水路運至湖北或交湖北軍船灑帶，或由漢口換船裝載，徑行運送通州。其湖南除收兌本年漕糧外，著該撫酌量，仍可採買若干石，如能於本年糧船未經開行之先，採辦齊備，即交令均勻搭運，最為妥協，否則隨後雇覓船隻，接運來京。至江蘇、浙江、江西、安徽、湖北雖各該省間有被水州縣，嗣據該撫等具奏，晚稻均各豐收。並聞浙江因商販雲集，尚有囤積糧石，著各該督撫悉心體察，各省除交兌新漕，此外每省尚可收買米石若干，以備京倉之用。不可因辦理稍難，意存推諉，亦不可令地方官減價抑派，致令米價勝貴，有妨民食。該督撫等，各按地方情形酌定數目，即各先行由驛具奏。並將如何解運之處，籌劃周妥，一併奏明。一面動用正項銀款，妥速購辦，能於明年八九月以前，陸續解運抵通，即可不誤。其河南、山東二省漕船，向係小米麥豆等項，除本年被災各州縣，此外豐收之處尚多，並著酌量採買若干石，就近解通，亦足以資搭放。現在各省正當收兌新漕，再加此項採買，設爲數過多，恐有穀貴傷民之弊。各省均有常平倉貯，或先於此內碾動成數，如期解京，該省再陸續分限補額，亦無不可。各督撫皆係受恩深重之人，此事當密誌於衷，盡心妥辦，不可宣揚，既須於國家倉儲有裨，又須於閭閻民食無虧。其糧石之多寡、及運解如何妥速之處，朕亦不爲懸定，務各籌畫盡善，迅速奏明辦理。將此各傳諭知之。(仁宗一三七、二五)

（嘉慶一〇、一、丁未）諭軍機大臣等，前因勒保奏，於川省採辦米六十萬石運通，爲數過多，令酌量停截。茲據奏湊足三十萬石，其未經碾運者，概行停止，所辦俱妥。至所稱川省歷來辦米，皆係運至江南，未有運京成案，自係實在情形。現在東、豫、江、浙等省，採買運通之米，已不下百萬石，足敷應用。此次川省所辦之三十萬石，著吉綸與江省督撫商酌，運至瓜洲，就近交與水次州縣兌收，於明年漕船北上時，灑帶運通備用。(仁宗一三九、一〇)

（嘉慶二〇、一〇、己卯）諭軍機大臣等：本日據巡視東漕御史蘇繹奏稱，本年東省米價較往歲減至過半，民樂輸將，並據父老僉稱，今歲東省普熟情形，爲二十年來所未有等語。各省缺額倉穀，應趁年豐穀賤，及時買補以歸實貯。前據陳預奏到東省採買倉穀章程，以該省缺額倉穀爲數較多，擬分限八年買補，每年採買十三萬六千餘石。已批令覈實妥辦。昨方受疇奏，豫省秋成豐稔，所屬各州縣約可買補七十四萬四千餘石。本年豫省俱屬豐收，雖東省稍次於豫省，然穀價如此平減，僅買十三萬六千餘石，似覺太少，自尚可多爲買補。著陳預再督同藩司，悉心籌酌。趁此稔歲，將倉糧實心經理，加增採買，以廣儲備。將此諭令知之。(仁宗三一一、二三)

（嘉慶二〇、一一、庚戌）諭內閣：戶部議覆那彥成奏酌定買補缺額倉穀各款一摺。直隸省各州縣常平倉穀，缺額至一百五十餘萬石，自應趁此年歲豐稔、糧價平減之時分別買補。其採買價值，除旗租不准動用外，准其按照例價，將賑缺、豁缺、撥缺穀石，在於司庫地糧並恩賞經費及當雜稅等項銀內動用，虧缺穀石，在司庫追存穀價本款銀內撥給，糶缺穀石在糶存原價內撥給。至籌酌採買、收貯、盤驗、稽察各款，俱照該督所奏辦理。惟立法既詳，總須行之以實，不得徒託空言。該督即督率藩司道府等，責令各州縣認真經理，務俾實貯倉廒。如有短買虛報及勒派病民等弊，查出嚴行參辦。該省自嘉慶三年至十二年，節經奏報，買補穀五十七萬餘石。今復奏請買補穀一百五十餘萬石，係因何案續行動缺？著該督查明舊缺若干、續缺若干，分別報部查覈。其出糶穀價，例應解存司庫。今該省有糶存各府州縣銀二萬餘兩，錢二萬二千餘串，易啟挪移之弊。並著查明，各該處除應留買補穀價外，其餘概行提解司庫，以杜侵欺。再十二年該省奏報，買補穀十五萬餘石，迄今已閱八年，尚未報銷，疲玩已極。著迅速查明，報部覈銷，毋得新舊牽混，致滋弊竇。(仁宗三一二、三六)

（嘉慶二一、一、壬辰）諭軍機大臣等：慶保奏，查明粵西各屬未經買補倉穀實在情形，懇請分限買補一摺。粵西通省動缺未買倉穀，共四十餘萬石，倉儲爲國用攸關，豈容絲毫短絀？該撫將此項未買穀石，責成各州縣先行買補十五萬石。現已收倉過半，餘亦陸續報收。此後如值上歲，仍可買補十餘萬石，中歲亦可買補七、八萬石，務於四年之內全數買足還倉。該撫即督率藩司等，認真經理，如有延不買補及買不足數，或多買短發、浮收勒索等弊，一經查出，即將該州縣據實嚴參。並將督催不力之府州一併參處。其以穀價及民欠留於後任作抵之弊，著永行禁革。如陽奉陰違，查出一併嚴參著賠。將此諭令知之。(仁宗三一五、八)

（嘉慶二一、九、甲戌）諭內閣：陳預奏買補動缺倉穀一摺。東省連歲豐稔，糧價平減，所有缺額倉穀，自應及時賞補。該撫所奏於本年採買穀二十萬一千二百餘石，並動支例價，及酌加津貼之處，俱著照所請辦理。惟此事總在行之以實，俾顆粒均歸倉貯。該撫務督率該司道等實力稽查，如有不肖州縣侵吞穀價，虛報採買及勒掯派累情弊，即據實嚴參懲辦，毋稍姑息。(仁宗三二二、一五)

（嘉慶二三、三、戊申）又諭：御史馮清聘奏，各省常平倉穀出糶、買補，請恪遵定例，禁止勒派一摺。直省各州縣常平倉穀，定例平糶時減銀出糶，買補時不准豫發價直，強行派買。原恐以便民之政，轉致病民。今該御史奏稱，近日外省並不遵例辦理。著各督撫申明定例，嚴飭所屬州縣，務各實力奉行。如有照市價出糶，並將例價豫發有穀之家，強行派買，或勒令懦户買穀交倉，仍繳還例價，朘削閭閻者，一經查出，立即據實嚴參懲辦，毋稍徇縱。(仁宗三四〇、一〇)

（嘉慶二五、五、甲子）諭內閣：御史楊騰達奏請禁州縣濫行採買及民間私用小錢一摺。直省州縣倉儲穀石，如因賑卹散放缺額，准其詳明買補，以足原數，乃地方官往往藉買補爲名，派買折價，朘削民膏，以肥己橐，大爲閭閻之害。著各督撫嚴行查察，如有不行詳明私自採買，及詳少買多，擅在本境勒派折收者，立即嚴參究辦，以儆貪墨。(仁宗三七〇、一一)

(二) 運儲

(**康熙**三一、一〇、**己卯**) 陝西巡撫布喀疏言：寧夏等處米石，臣親身催運。查原撥糧十萬石，內除寧糧虧短，及原參咸陽縣知縣顧梅、糧道郝惟諤缺額外，於九月十一日實運到西安糧九萬二千二百石。得旨：這欠缺米石，責令布喀於限內運完，如稍有遲悞，即照前旨治罪。屢旨甚明，今既經限滿，尚欠七千餘石，乃支飾報完，顯屬巧辭，希圖卸罪，著交部嚴察議奏。尋議覆：布喀革巡撫任，交刑部差官拏解來京，從重治罪。得旨：布喀著革任，遣一等侍衛佟昌嚴拏來京。(聖祖一五七、二)

(**康熙**三二、八、**庚子**) 內閣學士德珠疏言：陝西流民已復，田皆耕種收穫，米價平賤，百姓得所。應交陝西督撫十萬石之米，現在陸續起運外，其先運到龍駒寨、西安糶賣之米，今既無人糴買，應歸入現運十萬石數內，亦交與陝西督撫。得旨：運米著停止，其運到龍駒寨、西安之米，著交與該督撫收貯。(聖祖宗一六〇、六)

(**康熙**三二、一二、**戊子**) 山西巡撫噶爾圖疏言，輓運湖灘河朔米石，應否暫行停止。得旨：今陝西米石充足，此米若仍輓運，必致勞民。朕問總督佛倫，亦云輓運湖灘河朔米石，百姓勞苦。此所運之米，令其停止，將船隻送至歸化城等處，加意收管。(聖祖一六一、一四)

(**康熙**三三、八、**己亥**) 山東巡撫桑額疏言，登州等處米，請從天津運至盛京三岔口。上曰：運米至盛京，實屬善政。先所運米，大有裨益。學士陶岱現在天津，此本著交陶岱，將天津現存米五萬石，從天津海口運至三岔口之處，會同地方官員議奏。(聖祖一六四、一四)

(**康熙**三三、九、**癸酉**) 戶部題：內閣學士陶岱等遵旨會議，天津現存米不足五萬石之數，應將直隸近河州縣米撥足五萬石，俟來春，自天津運至盛京三岔口。應如所請。上曰：直隸近河州縣之米，著停止起運，俟來春河南、山東運米過天津，截留五萬石，從天津海口運往。(聖祖一六八、一)

(**康熙**三三、九、**乙酉**) 九卿議奏，革職陝西巡撫布喀，身任封疆，於甘肅巡撫任內，並不遵旨運糧，以濟兵民。將寧夏等處現運之糧停止，擅動西安所屬長武等州縣之糧私行輓運，又以運糧遲延之罪俱委於西安所屬官員。及至調補西安巡撫，復請令甘肅巡撫，將寧夏之糧輓運。又以遲誤之罪，卸委他人。罔惜軍民乏食，貽誤邊疆重事，應將布喀擬斬立決，其布喀

所參巡撫吳赫，將伊誣陷，係吳赫參後，布喀仇參，應無庸議。得旨：布喀著改爲應斬監候，秋後處決。餘依議。（聖祖一六五、六）

（康熙五六、四、乙未）諭大學士、九卿、倉場總督等曰：邇年以來通倉積米甚多，著分運直隸各府州縣存貯預備，於民甚有裨益。每府或貯萬石，每州縣或貯數千石。附近通州河道者，交與倉場總督等運送，其餘府州縣所運米石，速行文直隸總督，派地方官乘未雨之先輓運。值此青黃不接之時，於各府州縣平糶，亦大有益於百姓。其江南、浙江，如有應行截留漕糧若干之處，爾等一并速議具奏。（聖祖二七二、四）

（康熙五六、四、丁酉）又諭曰：現今通倉米石甚多，應運送之州縣，即當運送。去年皇莊米石，俱交州縣積貯，但倉中未必實有其數。畿南、廣平、大名等府，有水路可通，應交直隸總督，作何運送。至密雲、古北口，去年曾運通倉米，每處各一萬石，亦甚易，或仍交倉場總督運送。爾等速議具奏。（聖祖二七二、七）

（康熙六〇、七、癸巳）先是，户部議河南省運米陝西，其存倉之米止餘十七萬石，恐不足用，應將湖廣起運之梭米，截留二十萬石，運送河南，分貯開封等府，以資備用。奉有依議之旨。至是，河南巡撫楊宗義疏言：湖廣梭米，運至河南，需運費銀十二萬兩，且梭米貯倉易至浥爛，請停止撥運。即以本省六十一年分起運漕米截留二十萬石，每米一石，請易穀二石貯倉，可免浥爛之虞。下部議行。（聖祖二九三、一六）

（雍正三、七、癸亥）又諭：歸化城土默特地方，年來五穀豐登，米價甚賤。查黃河自陝西黃甫川界入口，河之兩岸，一屬山西，一屬陝西，應自歸化城購買米石，從黃甫川界黃河運至内地，到土拉庫處修建倉廠收貯。其歸化城大青山黃河岸口亦建一倉，買米存貯，以便由黃甫川界運至土拉庫處。再修造船隻，運至陝西潼關地方。其修倉、修船、往來挽運，所費錢糧諒亦無多。刑部員外郎覺羅明壽，係朕深知之人，再著理藩院遴選謹慎、篤實、賢能司官一員，同伊馳驛速往，會同山西巡撫伊都立、歸化城都統丹晉等，將查倉、修船、挽運水手及需用等項，詳議具奏。若此事易辦，則外而蒙古、内而百姓，大有裨益。（世宗三四、二一）

（雍正五、五、己卯）户部遵旨議覆廣東巡撫楊文乾條奏廣東事宜三款，一、請廣積貯。查粵省倉穀見存一百六十餘萬石，又去冬奉旨令廣西運穀三十萬石，已足備用。嶺南潮濕之地，倉穀不便多貯，惟惠、潮、瓊三府僻處海隅，產米甚少，請酌增穀石，分貯各屬縣。應如所請。……一、請開捐例。查捐穀事例，本因積貯起見，今廣東增貯倉穀爲數無多，應無庸議。從

之。(世宗五七、一六)

（**雍正八、六、戊戌朔**）户部議覆：署直隸總督唐執玉疏言，永平府屬喜峰口倉，存貯灤州、盧龍、遷安、撫寧、昌黎、樂亭等州縣並永軍廳分運米石，各州縣應賠虧折米二千五百餘石，請照通州中西二倉例，一體豁免。查歷年奏册，俱稱實在存倉，應著落接受交代之員賠補。得旨：喜峰口倉糧積貯年久，難免蒸變折耗，況歷任各官，更換多人，更難責令賠補。所有未完米石，著從寬豁免。(世宗九五、一)

（**雍正一一、七、辛卯**）户部議覆：貴州巡撫元展成疏言，黔省新闢苗疆，安設重鎮，亟宜預籌積貯。查古州之都江河直達廣西，轉運甚便。請將廣西潯州沿河等倉撥穀五萬石，分運古州都江。古州建倉六十間，貯穀三萬石，都江建倉四十間，貯穀二萬石，於青黃不接時，減價出糶，秋成買補還項。應如所請。從之。(世宗一三三、一四)

（**乾隆一、六、壬辰**）户部尚書署湖廣總督史貽直、湖南巡撫鍾保奏：酌撥湖北武漢等屬倉貯捐穀，碾米五萬石，湖南常、衡等屬倉貯捐穀，碾米五萬石，運至常德，轉運沅州，俟黔省需米，即差員轉運，似屬捷近。得旨：辦理甚屬妥協。(高宗二一、三〇)

（**乾隆二、二、戊子**）江南總督趙宏恩、兩淮鹽政尹會一奏：揚州鹽義倉及泰州、通州、海州、如皋、鹽城、板浦、石港、東臺、阜寧等處鹽義倉，貯穀過多，恐積久霉朽。臣等酌議，揚州倉存穀八萬石，泰州倉六萬石，尚餘四十萬餘石，請撥貯各處。得旨：如此通融辦理，頗是。但楊、泰二倉，六萬、八萬之數，可以不必拘定，譬如今日之可以通融，非前此多貯之益歟？但不可使之陳陳相因，終於霉浥可耳。再與慶復商酌辦理。(高宗三七、一九)

（**乾隆二、七、癸丑**）總理事務王大臣等議覆：直隸按察使多綸奏豫籌積貯事宜。直隸統轄一百四十五州縣衛，積穀僅一百四十餘萬石，遇荒不敷糶濟。請動帑糶麥糶穀，併聲明麥不耐久，請陸續以麥易穀，貯倉備用。應如所奏，准其動帑糶貯。但州縣大小，收成豐歉不同，若一概定以應糶成數，計以年限，似未盡善，應令直督李衛酌量情形，確查詳議，題明存案，俟豐年價賤，即行動帑採糶。其所稱麥性不耐久貯，自應陸續出糶，即將糶價買穀還倉。又所稱糶價，向係提貯府庫，至發領之時易換銀錢，多有折耗，且滋輾轉解領之繁等語。應令該督轉飭，毋庸提解，仍委員不時盤查，又所稱需用倉廒，應令該督酌請修建；其貯穀之倉底鋪板一節，豫防霉變，甚爲有益。但地方燥濕不齊，產木之遠近、購木之難易不一，應飭各督撫各

按情形，詳查題覆再議。從之。（高宗四七、二五）

（**乾隆四、四、乙巳**）湖北巡撫崔紀奏清查通省各州縣常平倉、社倉實存穀數。得旨：知道了。一省之大，且素稱魚米之鄉，所儲不過五十餘萬，亦不爲多，尚當留意積貯爲要。（高宗九一、二一）

（**乾隆四、五、丁未**）諭：據閩浙總督郝玉麟奏報，上年運閩備用之穀二十萬石，已於本年三月初八日，運送到閩等語。此次運閩穀石，江南蘇松水師總兵陳倫炯，自請親往督運，今糧艘到閩，諸事辦理妥協，甚屬可嘉。陳倫炯著交部議敘具奏。（高宗九二、三）

（**乾隆五、三、庚午**）［河南巡撫雅爾圖］又奏：儲備之法，莫善於社倉。但竭力勸諭，捐輸多不踴躍。伏讀朱子社倉奏本內稱，其富民情願出米作本者聽便；息米及本米即行撥還等語。臣請仿其法而推廣之。除好義之人，仍勸其照常捐輸外，如有小民情願出穀作本，貯倉收息者，另立印簿，不拘多寡，悉登簿內。至青黃不接之時，與社倉之穀，一體聽人借領，每石亦照例收息穀一斗。以五升歸公，爲修倉、鋪墊之用，以五升給與原寄之人；如原寄之人不願收回，仍存倉爲次年本穀出借。倘遇水旱之年，本人願領出自食，或願周濟親鄰，悉聽其便。並許其子孫源源收息，每歲地方官一體查覈。如此，則小民既有利息可圖，必所樂從。凡好義之人與趨利之人，社倉並受其益。得旨：此見亦屬妥協，酌量地方情形爲之。（高宗一一三、一七）

（**乾隆五、八、丁未**）户部議覆甘肅巡撫元展成奏，寧夏府屬各倉，存貯無多。請將平涼、慶陽二府並秦州所屬捐監糧石，酌撥十萬石，以備緩急之用。先撥五萬石，運貯夏、朔二縣，接濟通府，俟秋收之後，再行全數撥運。應如所請。從之。（高宗一二四、一四）

（**乾隆五、一〇、辛亥**）户部議覆：署廣東巡撫王謩疏稱，瓊州府委員赴廉州府領運監穀，因在洋遭風，沉失穀三百九十四石零，應准豁免。從之。（高宗一二八、一七）

（**乾隆六、三、甲午**）閩浙總督宗室德沛等奏：汀州府屬之永定縣舊存倉穀，因上年散賑，餘貯無多，汀府有實存監穀，可酌撥協濟。惟是永定處萬山中，不通舟楫，陸運腳費繁重，碾米運往，則費省，而到縣即可平糶。第彈丸之地，全數撥運，一時不能糶完，餘米轉致黴浥。議自本年始，分三年碾運，每二三月間運往接濟。每石定價銀一兩二錢二分，以一兩作買穀二石價值，於秋收時採買貯倉，餘作爲腳費，扣還汀庫。得旨：所奏甚妥。知道了。（高宗一三九、三四）

（**乾隆七、二、癸卯**）戶部等部議准：黑龍江將軍博第等奏，呼蘭官莊糧石，原以備黑龍江等處兵丁接濟。今黑龍江倉貯不敷，於呼蘭撥穀一萬二千五百石運貯。從之。（高宗一六〇、八）

（**乾隆七、一〇、戊子**）［戶部］又議准：湖南巡撫許容奏稱，常平倉穀氣頭廒底，應量予開報，以免賠補。請將地氣潮溼之湘陰等三十二府州縣衛廳貯穀三年以上未經出糶者，每萬石准開氣頭四十石、廒底十石；地方尤溼之龍陽等四縣貯穀三年以上未經出糶者，每萬石准開氣頭六十石、廒底十二石。其氣頭、廒底穀，遇盤查開報時，委員驗明成色，減價發糶，秋成買補。如價平減，即將原價買還；倘不敷，即於盈餘穀價內，通融辦理。如無盈餘，動支公項湊買足數。從之。（高宗一七六、四）

（**乾隆七、一〇、癸丑**）戶部議准：閩浙總督那蘇圖奏稱，近年臺灣米貴，又遇偏災，從前題定每年撥運金、廈、漳、泉米一十六萬餘石，遞年壓欠，積二十餘萬石。業經奏准分三年運足。實緣內地需米孔殷，撥協必不可少。今給事中楊二酉奏先實臺倉，俟臺倉既盈，再買運內地，將兵糈民食，無從措辦，應仍照前撥運。毋庸更改。從之。（高宗一七七、一七）

（**乾隆七、一二、癸巳**）河南巡撫雅爾圖奏稱：前准部咨，撥運江南倉糧二十萬石，已全數運完，不日可抵江省。惟運費一項，在未奉部文以前，已照豫省舊例，每石每百里給銀二分。蓋緣上江需米孔殷，刻難延緩，且需用船隻甚多，俱從遠處雇募，尤難較量錙銖，致誤公事，故照舊例給發。此時既不便向船戶追還，又難令承辦各員賠補。懇將此次運腳在豫省境內者，仍准照舊例銷算。將來另有撥運，再照部議查辦。得旨：如所請行。該部知道。（高宗一八〇、一一）

（**乾隆八、三、乙丑**）戶部議覆：前任兩江總督宗室德沛疏陳，撥江西省倉穀四十萬石，碾米二十萬石，運送揚州濟賑事宜。一、派員押運，應如所議，委總運二員、協運五員。一、由江西省城運送揚州水程，共一十五站，每石每站請給運費五釐零。查撥運腳費，先經咨令各督撫，按地方情形，分晰酌定，報部查核。嗣據江撫陳宏謀開報浮多，復令確核。應俟該撫酌定之日，畫一造報。一、江船水手，須豫為雇募。其開運之前，應如所議，按名日給食米一升，照時價折給。一、運員隨從僕役，由開運以至交卸，應如所議，每名日給工食銀六分。回時給搭船費一兩五錢。一、䑛夫工食，請每米一石給銀二分。各府州縣短運匯總處所腳費，請不拘何項，先為墊用。俱應如所議。至短運腳費，每石每百里給銀一分，與挑米上船，每石每里給銀三釐，各屬水次遠近，加減扣算，俱應令江撫陳宏謀分晰酌定，造報核銷。一、各府州縣短運匯總處所，遇灘淺盤剝，請照湖南運閩穀例，每石每百里給銀一分；若湖中阻淺，惟平坦淤沙，且多漁舟帶剝，每石每站給銀三釐。應俟議准該省報部脚費之案，查造核銷。一、船隻應納關料，如民間裝運貨物，每於水脚內包算另封，客爲收掌，臨關給船户上納。今運米係論石給銀，並無水脚在內，固不能責船户自爲上納，仍應於司庫內爲之豫備。在關在司，同屬公帑，應請免徵。如不可免，其各船樑頭丈尺，應納若干及抽單整料之分，均難豫爲估帶。賑務緊急，并不便在關守候，請令各關於船到之日，即丈量放行，隨再關咨藩司，候部議辦理。查乾隆七年十一月內，據江西布政使彭家屏奏運揚米船情形，臣部覆令江撫會同管關監督，詳查覆奏。此次酌辦關料之處，應俟彼案奏到再議。從之。（高宗一八六、一二）

（乾隆八、八、庚申）奉天將軍爾圖奏：奉天所屬圍場地方，沿途雖有買賣，但奸人謀利者多，米價未免昂貴。查開原旗民貯倉米現有三四萬石，請將此項動支十分之三，酌量定價，運至克爾蘇門糶賣，於隨駕人等有益。但旗倉係盛京户部管理，民倉係府尹管理，臣未敢擅便。一面奏聞，一面遣協領前往開原，令該城守尉會同知縣作速辦理，先行運往接濟，恭候命下，即行文侍郎、府尹等一體遵照辦理。得旨：好，速行。（高宗一九八、一七）

（乾隆八、一〇、壬申）户部議覆：江西巡撫陳宏謀疏陳，截漕辦理事宜。一、將截留穀與倉貯穀，按照地方衝僻、户口多寡，酌量分貯，備來歲平糶。一、截米旋收旋糶，應每石加耗三升，於贈軍等米內動支。一、無漕地方，擇水路可通者，撥運各邑，再撥與府倉。一、撥運糧石，大江大湖順水，每石給水脚銀五釐八毫，上水每石按站給銀六釐九毫；險灘上水一分二釐。一、撥運米石，令各府縣自差丁役赴領。一切脚費，由司庫公項支用。均應如所請。從之。（高宗二〇三、一〇）

（乾隆九、三、庚寅）諭軍機大臣等：口外八溝等處，採買米石，原議運貯遵化，後因該州未設倉厫，難以收貯。經提督保祝奏請，改運薊州，朕已降旨允行。今聞遵化州又請仍運該處存貯，就近支放，更爲省便，自應仍照原議，運往遵化，但此項米石，關係陵糈，其應於何處收貯。該督高斌身任地方，久應酌量情形，奏明辦理。乃一任地方官輾轉遲回，至今尚未起運，亦尚未奏聞。爾等可寄信詢問之。尋奏：查遵化、薊州、豐潤三州縣，供應陵糈四萬七千餘石，向經提臣保祝奏請，運貯薊州，奉旨允准。今據遵化州知州嚴文照稟稱，薊州在遵化之西一百二十里，八溝米石，由喜峰口運至薊州，必經遵化州城，若照舊例囤貯，可節省車價五千餘兩，隨行藩司照

議，飛飭辦理。得旨：覽奏俱悉，然殊覺遲緩矣。(高宗二一二、一三)

（乾隆九、三、甲午）大學士鄂爾泰等議覆：甘肅布政使徐杞奏稱，甘省幅帽廣闊，山多路險，輓運維艱，每倉穀一石，每百里給費一錢，實屬不敷，請量增脚費。應如所請，每石每百里以一錢三分給發。從之。(高宗二一三、二)

（乾隆九、四、辛亥）戶部議覆：兩廣總督兼署巡撫策楞疏稱，湖南撥濟粵米十萬石，原應存貯備用，但船載日久，難免潮蒸，且粵東地土卑濕，不便久貯，自應變通出易。應令該署撫俟運到日，撥各州縣，或陸續平糶，或支放兵糧。至所稱糶價銀兩，俟秋成買穀還倉。則有生俊捐穀一項，可以扣抵歸款，毋庸議買。應將糶價解貯司庫，報部查核。得旨：依議速行。(高宗二一四、五)

（乾隆九、四、丁巳）戶部議覆：陞任左都御史、管廣東巡撫王安國疏稱，各屬倉貯穀石，分別州縣大小、戶口繁簡、水次遠近，將舊貯及新捐，共穀三百三十五萬九千七百六十七石，著爲定額。應如所請。至各屬節年平糶未買穀石，請俟價平買補，並糶價請免解司，仍貯各州縣庫，統俟捐穀陸續補足，不必更買。其從前平糶穀價，悉行解貯司庫。從之。(高宗二一四、九)

（乾隆九、七、壬午）戶部議覆：署廣東巡撫策楞疏稱，粵東常平倉穀，除廣州等府屬地勢稍高之各州縣，并額穀不甚多者，三年可出舊易新，均毋庸開報氣頭廒底。至高、雷、瓊三府屬，地雖潮濕，因每年撥給瓊郡兵民日食，亦可無霉變之虞。餘如廣州府屬之南海、番禺、東莞、順德、新會，惠州府屬之歸善、海豐、陸豐，潮州府屬之海陽、潮陽、揭陽、饒平、惠來、澄海，廉州府屬之合浦，並通判經管之省倉，以上各處，沿海最濕，又肇慶府屬之高要，廣州府屬之通判經管三水廣益倉，惠州府屬之河源、博羅、永安，潮州府屬之普寧，嘉應州屬之興寧、長樂，以上各處，地爲次濕，如有二三年未經出易之穀，請於乾隆九年爲始，照廣西例，每千石，以三百石開報氣頭廒底，每百石，氣頭穀一石，廒底穀四斗。其穀照成色減價糶賣，秋後買補不足，於存公項內動支。其未及糶半糶三者，平糶時，已將氣頭量出，以後必復生氣頭，請每千石，以五百石開報氣頭廒底穀七石。應如所請，毋許將新作舊捏報。至未及糶半糶三者，距平糶時未久，濕氣少洩，亦一例以三百石開報。從之。(高宗二二〇、八)

（乾隆九、七、壬寅）[戶部]又覆：福建巡撫周學健疏稱，據布政使高山詳，閩省存貯倉穀，閱三年以外者，爲數既多，氣頭廒底，勢所不免。請定以每石氣頭穀八合、厫底穀二合，碾米減價二錢，糶換好穀補倉；如不敷原數，請酌動贏餘買補。應如所請。從之。（高宗二二一、二四）

（**乾隆九、九、庚辰**）戶部議覆：奉天府府尹霍備疏稱，奉屬各州縣，除民地新收糧石無庸開報氣頭、厫底外，其額存常平米穀，按地方情形，照京通各倉例酌減。每一萬二千石氣頭不得過百石，厫底不得過二十石。並將成色八分者，減價十分之二糶賣；七分以下者，以次遞減。應如所請。奉屬承、遼等十州縣倉儲，如數在四萬以上、米逾五年、穀逾十年者，盤查時准照所議開報。其地勢稍高，或霉變不至此數者，仍令據實估報。再常平倉穀，原有存七糶三之例，數年即可盡易新糧。該府尹所稱，倘穀價平賤，無可出易。再遇五年之期，仍分別開報。恐地方官恃有此例，不能實力奉行，出糶採買，轉與倉儲無益，應無庸議。從之。（高宗二二四、一一）

（**乾隆一〇、五、癸未**）戶部等部議覆：黑龍江將軍傅森等，將禮部會同戶部等部議覆監察御史台柱，條奏黑龍江事宜一案，分晰定議。一、稱該御史請將呼蘭官莊糧石，歲撥一萬石，運至黑龍江存貯。經部議該地方積貯，是否豐足？別城船隻調往是否便利？令臣妥議。查黑龍江倉內，現存米一萬餘石，細糧四萬餘石，足支二年有餘。若撥船運送，徒費兵力、錢糧。再查呼蘭地土肥沃，水路與齊齊哈爾、黑龍江、墨爾根三城相近。前任將軍那蘇圖等，奏設官莊，存貯糧石，原備濟三城之不足。請嗣後何城備貯缺少，即以呼蘭備存糧，撥本屬兵備船運送備貯。……均應如該將軍等所奏辦理。從之。（高宗二四〇、二〇）

（**乾隆一〇、六、丁巳**）戶部題：陞任直隸總督高斌疏稱，奉天西路各營盤，並錦州等城，存貯米豆，經盛京戶部侍郎雙喜奏請一併搭運至津，轉運京倉接濟。查此項粟米，彼時原因京城米貴，故於撥運黑豆之便，一體運京。京城此時，似無藉此四千餘石之粟米，而河間、天津二府屬，乾隆八年旱災之後，倉儲空虛，現奏准赴奉天採買粟米。所有前項粟米四千三百三十三石一斗零，若與採買之米，一并分撥，既於倉儲有益，又可省運京之費。且由海運津，為月已久，恐沾鹹潤。可令州縣乘時借糶，易穀貯倉。所有黑豆四千餘石，仍令運通交納。應如所請。從之。（高宗二四三、一）

（**乾隆一一、三、辛未**）戶部議覆：福建巡撫周學健奏稱，臺灣供粟，自乾隆元年至十年，壓欠穀九十九萬九千餘石，完補無期，另行籌畫各事宜。一、未運內地平糶穀，宜酌變通。查臺運平糶穀，年額徵解一十六萬九千六百七十餘石，自二年至十年未運，是平糶已無藉此。而臺郡積存粟穀，更無可撥。其年額徵收供粟，又僅敷臺、澎內地兵食。嗣後倘有應在臺購買、運補內地平糶之處，隨時酌辦，毋庸定額撥運。一、節年未運補內地兵米穀石，宜分年帶運。查撥運穀係臺廈往來商船，按梁頭搭運，赴內地交收。每船自一百石至三百石而止，從未整船裝運，是以壓欠穀三十四萬九千餘石。應請嗣後隨年額運穀，每年帶運七萬石，自十一年為始，分五年運完。一、嚴定運粟遲延處分。查從前撥運壓欠，固由運額太多，徵買未足，亦任意遲延所致。此後畫清年款，止就實存穀石，按年撥運，自該年正月為始，至歲底通完。倘該廳縣未報通完，或已報通完、而臺防同知，歲內仍不全行配運者，一併報參。一、在洋遭風，宜核實題豁。查船商已至內港，因駕駛不慎漂失穀石，及雖在外洋，而擊碎船隻，無實在形迹可驗者，仍著落行保船户照時價賠補外，其有在外洋遭風船隻，舵、水漂失無跡，及在外洋沖礁擊碎，有實在形跡可驗者，俱切結報部。俟歲底彙案題豁。一、各倉積貯，宜酌定實數，以備撥運。查福、興、漳、泉四府倉儲，不能不仰藉臺郡，然必臺郡積穀先充，方可隨時撥運。應請十一年春間，將司庫現銀撥七八萬，運交臺灣府庫，分發各廳縣，於秋成後向里民收買餘粟二十萬石，分貯各倉；並俟民欠供粟及應買穀石徵完買足後，湊足四十萬石，作為定額，遇有撥發，隨時發價赴臺買補。從之。（高宗二六○、八）

（乾隆一一、四、己卯） 戶部議覆：四川巡撫紀山疏請，資州並資陽縣猝被水災，計淹浸倉穀三千八百七十餘石，俱霉爛無用，請照例豁免。其水浸色變穀共二萬五千四百四十餘石，請減價糶賣；除將糶價銀兩買穀貯倉、抵補原額外，其不敷穀石，亦請一併豁免。均應如所請。從之。（高宗二六四、一九）

（乾隆一一、八、辛巳） 又諭：據那蘇圖奏稱，宣化各屬秋收，約計八九分以上，可分買米五萬石，每石不過一兩，或九錢幾分，張、獨二口外，現在豐收，亦可分買五萬石，共足十萬之數。連腳運每石不過一兩二錢，較之京倉運米十萬石，用腳價銀三萬三千餘兩，可省糜費。所奏原撥通倉粟米，毋庸再為輓運，請動銀十萬兩，並前經動支司庫銀二萬兩，湊為買米之用等語。朕看那蘇圖所奏，原為節省錢糧起見。但通倉撥運，只需腳價三萬餘兩，若就近採買，轉致撥銀至十二萬兩之多，此固係糧運價值俱在其內，然撥運通米原系酌其有餘，以補不足，且省採買之費。國家酌盈劑虛之道，當如是辦理，與商賈懋遷有無者不同。可傳諭那蘇圖，再加籌酌妥議具奏。（高宗二七三、六）

（乾隆一一、一一、丙申） 戶部議覆：直隸總督那蘇圖奏稱，保定府城，密邇京畿，兵民屯聚，商賈往來，倍於他郡，惟縣倉積穀四萬石，與省會之規尚有未備。請於保定建府倉五十間，貯穀四萬石，如遇水旱賑糶等事，就近撥運，常年按糶三之例以平市價等語。應如該督所請。又稱：應貯米石，於天津北倉漕米內撥運，按時出借，俟秋收後照例一米二穀交官，毋庸動項採買等語。查天津北倉，實存漕米三十六萬三千二百餘石。除該督於酌籌通省積貯案內，派撥米一十九萬石，又薊州、玉田約用賑米一萬五千石，其餘米十五萬八千餘石，亦奏准作爲易州陵糈，以及天津、滄州兩年兵米之用。今保定府倉應貯米石，應令該督查明通省州縣內，有派撥溢額之處，如數酌撥，易穀備用。至新建倉廠，該督既稱即交廣盈倉大使監管，增設斗級六名，亦應如所奏辦理。從之。（高宗二七八、六）

（**乾隆一二、二、丙戌**）户部議准盛京户部侍郎藴著疏稱：內倉應貯三年備用米六萬一千四百四十餘石，現貯各項米通計三萬四千三百餘石，尚不敷米二萬七千一百餘石。請將遼陽、開原、廣寧應徵米石，暫行撥入內倉。計一年應徵米五千一百六十餘石，六年可得米六萬一千四百餘石。俟米足日，仍歸各該城交納。從之。（高宗二八五、七）

（**乾隆一二、三、甲午**）諭：據直隸總督那蘇圖奏稱，從前奏請改撥運通米四萬二千石供應陵糈，所有雜費，經部定議，與截漕之例不符，未准支銷。但撥運之米必按季支給，非隨放隨支者可比。其收貯鋪墊諸費，必不可少，請每石按給銀二分等語。此項米石，乃抵撥截漕，爲陵糈之用。所請之費，勢所必需，著准其支給。其他採買之項，不得援以爲例。該部即遵諭行。（高宗二八六、三）

（**乾隆一二、八、甲子**）諭：據那蘇圖奏稱，乾隆二年，霸州等十一州縣領運通倉賑濟米石一案，屢經部駁，但分設四鄉，輾轉分盤，折耗在所不免，每石請銷耗米一升五合等語。著加恩照所請，准其報銷，後不爲例。（高宗二九六、五）

（**乾隆一二、九、辛卯**）户部議准：湖南巡撫楊錫紱奏稱，嗣後各州縣食米，自行置買，不得擅碾倉穀供應。各該督撫不時密查，倘有碾用等弊，委員盤查。查出，將不揭報各上司，一併參處；如已經揭報，而該督撫不即題參者，照例議處。從之。（高宗二九八、九）

（**乾隆一二、一一、癸卯**）户部議准：山東巡撫阿里袞奏稱，奉天運米十萬石，分撥青、萊、武定等府屬，除先運米三萬三千石外，其未運米六萬七千石，現值隆冬，輓運維艱。且青、萊二屬，尚有倉穀漕糧，歲內似可無虞。已咨會奉省，將未運米石，採辦齊全，俟來歲春融，即委員雇船，赴奉領運。一切運米事宜，仍照今歲赴天津截撥漕米成例辦理。從之。（高宗三

○三、三）

（乾隆一三、六、丙寅） 諭：江蘇淮、徐、海三府州屬，頻年災歉，朕多方賑恤，災黎雖獲安全，而元氣終難驟復。且賑糶浩繁，災屬倉儲，一時未能採買足額。所當因時籌辦，俾民力稍舒，積貯有備。所有歷年因災緩徵漕糧，均應今冬徵足，搭運解通。但念此項緩漕，皆係節年災田出辦。今歲秋收，小民既完本年之新糧，復帶辦數年之緩漕，民力未免拮据。著將淮、徐、海三屬災緩漕糧八萬七千餘石，免其搭運。即截留各本處，以爲補倉備賑之用，不拘秋、豆、粟、麥各項雜糧，聽民就便陸續完納。至來年麥熟後，徵足貯倉，以實儲備。該部即遵諭行。（高宗三一六、一八）

（乾隆一三、一〇、癸卯） 又諭：前據喀爾吉善等具奏，漳、泉二府，被旱失收，預籌接濟。朕曾降旨，截留江、浙漕米共十五萬石，令各該督撫會商撥運，以資海疆民食。今復據喀爾吉善等奏稱，臺灣府屬之鳳山、臺灣、彰化三縣，秋雨缺少，收成歉薄，米價昂貴。請將兵糧及平糶應補穀石停買，纍計各廳縣積儲數目，除撥運內地穀十萬石外，通臺存穀二十五萬石，但恐有借撥懸宕之項等語。臺地米穀，向來接濟漳、泉，若臺郡失收，則海外民食，較之內地，尤爲緊要。今通臺存穀既止二十餘萬石，原不爲多，而泉、漳二郡已有截漕之十五萬石，雖該督撫目下尚未接到此旨，而將來可資糶濟，則喀爾吉善等前奏撥運內地之十萬石，自應仍留臺郡，以爲有備無患之計。可傳諭該督撫，如此項穀石，已經起運及半，或二三萬石，其餘即行停止，不必再運。如尚未配船搭運，即全行停止。並酌看泉、漳情形，倘所撥漕米尚有不敷，應速行奏明，候朕於江、浙漕糧內，再爲酌量動撥運濟。本年各省秋成均屬豐稔，縱加撥數萬石，亦無妨礙。總期泉、漳及臺灣，兩處各有儲備，來年青黃不接之時，糶賑充裕，民無艱食，以副朕軫念海疆之意。（高宗三二七、一四）

（乾隆一三、一二、壬辰） 大學士等議覆：奉諭旨，直省常平積穀之數，悉準康熙、雍正年間舊額，或鄰省原額不足，即就近撥運。其如何彼此撥運，並查定原額，及原額存糶之法，令臣等妥議。並諭各該督撫，查明額存及借糶各確數具奏。今據各省督撫陸續奏到，臣等遵查，直省常平倉貯，康熙年未經全數定額，應請照雍正年舊額爲準。惟雲南極邊，不近水次，西安、甘肅沿邊，兼備軍糈。此三省，雍正年亦未定額，應以乾隆年所定額爲準。又福建、廣東、貴州三省，山海之地，商販不通，倉儲宜裕。現較乾隆年定額多不敷，而較雍正舊額則有餘。酌量情形，請即以現存之數爲定額。其餘各省，悉照雍正舊額。通計一十九省，應貯穀三千三百七十九萬二千三百三十石零；較之乾隆年定額，計減一千四百三十一萬八千三百餘石。應令各該督撫，按所屬大小勻貯。其間有轉運之難、出產之寡、地方之緊要，應分別加貯者，業經尚書臣蔣溥奏准，行令各該督撫詳議具奏。俟奏到再議。至各省有餘、不足之數，直隸、江蘇、江西、湖北、湖南、山西、廣西、安徽、山東、四川、雲南、西安、福建、廣東、貴州十五省，皆額外有餘，奉天、浙江、河南、甘肅四省皆額內不足。其有餘省分，應將現在溢額穀，及出借徵還餘穀，以次出糶，將價提貯司庫，報部酌撥。不足省分，現有徵收地米及收捐本色，應漸次補足，毋庸鄰省撥運。至於存糶之法，定例存七糶三。然各省情形不同，應令酌量增減。其每年平糶穀，例於秋後原價買補。然價有平貴。不可一例，應令因時酌辦。再，各省收捐監穀，以實倉儲，今常平既經定額，無庸於額外增貯。除不敷省分，仍收捐補足外，其有餘各省所收本色，應另案存貯。遇賑卹，即於此內撥用，或平糶穀不能買補，即將此項撥抵，糶價造報酌撥。至各省常平倉外，另有倉貯，如河南之漕倉，安徽之江寧省倉，浙江之永濟倉，玉環同知倉，廣東之廣糧通判倉，福建之新設臺灣倉，及各省之社倉、鹽、義等倉，皆不在常平額內，應照舊存貯。從之。（高宗三三〇、三三）

（**乾隆一四、一、戊寅**）諭：據蘇松水師總兵王澄奏稱，押運赴閩米石內，有江省二幫船戶莊順興，裝米一千一百石，於上年十二月初十日，行至浙江寧海鎮屬，西懇山外大洋，遭風擊碎船隻，米石盡沒。臣職司運務，咎難旁貸。請借江南附近海口之州縣倉米，解閩補數，於臣養廉名糧內，按數扣還等語。此項運閩米船，若係水手人等，疏忽懈弛，駕駛不慎，以致沉失米石，在押運官弁、船戶人等，固應治罪追賠，即王澄失於查察，亦當一體按分賠補。如果外洋陡遇颶風，撞礁漂沒，則是人力難施。非在事諸人之咎。著交總督黃廷桂，確實查明奏聞請旨。至所奏附近海口州縣倉米內借出運閩補數之處，可不必行。一併傳諭知之。（高宗三三三、三五）

（**乾隆一四、五、丁巳**）戶部議覆：陞任湖北巡撫彭樹葵奏稱，請將常平倉穀分別府、廳、州、縣、衛，酌派勻貯，應如所請。除鹽驛道、安襄鄖道、荊宜施道，俱與府縣同城，無庸收貯外，其地方最大之江夏等四州縣，各貯一萬石；武昌等二十大州縣，各六千石；咸寧等十二次大州縣，并穀城、東湖二縣，各五千石；崇陽等八中州縣，各四千石；通山等九小州縣，各三千石；長陽等十最小州縣，各二千石；來鳳等三縣，各一千五百石；武昌等十衛所，各五百石；武、漢二府，各四萬石；黃、荊二府，各四萬石；安陸府，二萬石；襄陽府，一萬五千石；德安府，一萬石；鄖、宜二府，各四千五百石；施南府，四千四百三十五石；施南府之分駐同知、通判，各一千五百石；長樂縣分駐之縣丞，一千石。通計派貯額定穀五十二萬九百三十五石。其舊存穀不敷派貯之額，若將穀撥補，徒費運腳，應令逾額之州縣，將本年平糶價銀酌撥，秋成買補足數。從之。(高宗三四〇、二二)

（**乾隆一四、八、戊子**）户部議准：福建巡撫潘思榘疏稱，澎湖孤懸海島，不產米穀，請於諸羅縣倉，撥潮穀二千石，運澎倉貯。青黃不接之時，酌量碾糶。糶價，仍發諸羅縣，照數買補。運費令該縣先行墊給，於糶價內扣還。從之。(高宗三四六、一七)

（**乾隆一四、一一、己酉**）大學士等議准閩浙總督喀爾吉善等奏稱：臺屬番社存穀，共二十萬四千七百四十石零。除留借窮番四千石，仍請存縣，春借秋還外，其餘已糶未買價銀，一體提解，撥充臺營兵餉。剩穀，於明歲青黃不接時，糶解候撥。其借碾南路下淡水兵糧，並撥運內地兵眷米，俟歸補清楚，糶價提解。從之。(高宗三五二、五)

（**乾隆一五、五、辛未**）是月，閩浙總督喀爾吉善、署浙江巡撫永貴，議覆御史陸秩奏：明春聖駕南巡，錢米價昂，議就現在爐座加鑄，並截留十五年分漕米各十萬石，酌備平糶等語。查浙省乾隆十三年條奏添鑄平價案內，經軍機大臣議准，廣買餘銅以資全鑄，是以上年至今，抽買局貯商銅，及買運滇銅，共一百四十餘萬觔，甚為充裕。現在加卯趕鑄，計至明春，照例鑄放兵餉外，約計新舊積存餘錢十萬餘串，儘可為賞賚、充售之用。其爐座現已敷用，無庸再添，至截留漕米，請於仁和、錢塘、新城、於潛四縣留七萬石，秀水、嘉興、石門三縣留三萬石。截留各幫糧船一百一十八隻。其紹興府屬，不通水次，並無漕糧，查有應解省倉兵米，可以割存本地備糶，仍於杭屬七萬石內撥歸省米，以免解運之煩。如有不敷，再動常平穀接濟。得旨：覽奏俱悉。(高宗三六五、三一)

（**乾隆一八、二、甲寅**）户部議覆：原任江西巡撫鄂昌條奏辦理截留漕米事宜。一、此次所截漕米，應照乾隆八年例，正改兌米與副米搭配，共成二十萬石；並照江南之例，旋經放糶者，每石加耗三升。一、截漕原為通省儲備，有漕各縣；應留補者，存留本縣；附郭應撥本府者，撥存本府。至無漕各縣，附近水次與不近水次應撥給者，分別查辦。一、撥運水腳等項查照乾隆八年例辦理。一、撥運腳費，俱於司庫乾隆十六年各屬買穀贏餘銀內支用。一、截留撥運九江、贛州二府米石，應照例會九、贛二關，一體免徵稅料。一、撥米補倉，請以倉穀算法；截留漕糧，以漕糧算法。積零成總。各符二十萬石之數。應如所請。從之。(高宗四三三、一九)

（**乾隆一八、三、癸未**）又議覆：貴州巡撫開泰疏稱，大定府屬威寧州，山多地寒，米穀稀少。近年生齒日繁，銅鉛各廠，人夫叢集，食者益衆，兵丁領支折色，自行買食。每値青黃不接或陰雨綿連，兵民爭糴，往往懸釜待炊。應爲設法籌備。威寧鎮標折色兵糧，請改撥本色支給。所有應支本色及遇閏加支，每年應添撥不敷米三千一十二石七斗五升。除威寧州按年於隣封附近州縣採買一千石外，請將平遠州之時豐、歲稔、崇信三里額徵餘米七百七十四石九斗，撥赴水城廳倉。畢節縣額徵餘米七百九十九石五斗，及備支畢赤營糧米一十一石四斗六升，撥黑章汛。均令威寧州接收運貯。又於大定府屬之悦服里，撥額徵秋糧米四百二十六石八斗九升，貯威寧倉，以抵鎮兵不敷之數。至畢赤營兵丁遇閏應需加支月糧一百九十五石，即於大定府屬之仁育里，應徵秋糧，按年照數撥還。其大定府改撥威寧、畢節兩處米，請於黔西州額徵餘米，按年照數撥還府倉，以補應支額數。又威寧州及黑章汛地方，應建倉廠四間。均應如所請。從之。(高宗四三五、一八)

（**乾隆一八、七、壬戌**）諭：前經降旨截留南漕二十萬石，分貯天津水次各倉備用。但恐該旗丁等以非抵通交納可比，於米色斛面，或至任意攙和短少，希圖朦混兌收。而州縣印官，不能親身經理；胥役人等，又往往藉端勒索，於中漁利。此等弊端，均所不免。著該督方觀承，即飭天津道董承勳，親往監看，嚴加稽察。嗣後如有截漕省分，俱著該督撫等專派就近駐劄之道員監看稽察。不得但委之州縣佐貳，以致滋弊。著爲令。(高宗四四二、九)

（**乾隆一八、一一、庚辰**）署湖南巡撫范時綬奏：辰州府屬之鎮篁鎮，民苗雜處，隸鳳凰廳通判管轄。該廳原貯穀七千石，續於乾隆十四年額增至一萬石。倉廠舊建鎮東南二十餘里石羊哨，山路崎嶇，每遇借糴，附城兵民挑運甚艱。查石羊哨現貯穀較續定額數，尚缺三千石。請以現應買補穀分貯鎮城，以便就近動支。得旨：如所議行。(高宗四五一、三一)

（**乾隆二〇、二、癸亥**）戶部議准：貴州巡撫定長奏，黔省常平倉糧一百萬石，向係糧道經管，但藩司事較簡，應歸藩司。其借糴歲不過五、六萬石，未免紅朽；請將各屬每年收支秋糧等米十五萬四千五百餘石，於常平項內撥給補還。從之。(高宗四八三、六)

（**乾隆二一、六、丙寅**）山西巡撫明德奏：太原理事通判，向於每歲二月開徵，以供撫標、太原城守等營本年兵糧。第時値農忙，青黃不接，若催令里民赴省輸將，殊多未便。請於晉省溢額穀內，酌撥該廳存貯。今歲秋成再添購米豆，以備墊支。嗣後定於秋收後開徵，統歸下年供支。得旨：是。

如所議行。(高宗五一五、二〇)

（乾隆二一、一〇、癸未）黑龍江將軍綽勒多等奏：請將呼蘭地方備貯米穀各三千七十五石，於明歲冰融後，運送黑龍江。其吉林修理黑龍江船隻回空，即由呼蘭帶運黑龍江米穀各三千石。又吉林修理墨爾根船隻回空，亦由呼蘭帶運墨爾根米穀各九百石，存倉備貯。報聞。(高宗五二五、四)

（乾隆二二、三、己亥）吏部議覆：直隸總督方觀承疏稱，宣化府屬之蔚縣與蔚州共處一城，計該州縣幅員衹一百四十里，丁賦非多，事務亦不甚繁。請裁蔚縣，歸併蔚州管轄。蔚州原為疲難中缺，今改為繁疲難要缺，在外調補。其蔚縣常平倉穀，移增蔚州一萬石，餘糶價解司。縣學改編鄉學，額定生童廩貢，均如其舊。應如所請。從之。(高宗五三四、九)

（乾隆二三、三、己丑）戶部議准黑龍江將軍綽勒多奏，齊齊哈爾、黑龍江、墨爾根等處倉糧，上年因災動借，現存無幾，請將呼蘭、吉林兩處倉貯，分運備用，仍於年豐糧價平賤時，酌籌買補。從之。(高宗五五八、五)

（乾隆二三、五、癸巳）又諭：據吳士功奏，買運托克托城穀石，仍由水運抵陝完竣一摺，有較明德原奏實節省運腳銀七千四百八十兩之語，殊不免取巧，已於摺內批示矣。從前明德奏買歸化城穀石，由水路運陝，吳士功為護撫，復奏請改由陸運，朕特准該部議駁，仍由水路運陝，是以運腳止需此數。設使從吳士功之請，雇覓車駝，長途馱載，其費豈僅止此？乃不言較陸運節省若干，而轉言較原奏節省七千餘兩，何其工於藏己之短，又巧於見已之長乎？況明德所奏將榆林糶存之價，酌給歸化城買價每石五錢，其餘所存糶價，作為運費。彼時原未及細覈運腳實在需用若干，不過約略大概，為此籌辦之法，並非謂所餘糶價一萬二千七百餘兩，必儘數作運費也。設明德承辦此事，而所用運費實不需此數，其將以為已經奏准，遂從中乾沒乎？吳士功邃以其所奏作為定額，以見已之節省，殊屬支飾。著傳旨詢問吳士功，如照伊所請陸路駝運，需用運腳幾何？此番仍改由水運，較陸運實在節省幾何？令其據實陳奏，則短長自見。此雖無甚關係，但朕於各督撫辦事，惟期徵實。若故為輕重其詞，有意見長，所不取也。且吳士功甫為巡撫，若諸事如此取巧辦理，其可乎？(高宗五六二、一二)

（乾隆二三、七、癸丑）署兩廣總督李侍堯奏：接准湖南撫臣馮鈐札稱，面奉諭旨：湖南現有溢額穀石，可以撥運廣東。且聞有陡河一道，可通廣東，原糶價銀歸還湖南買補。今歲廣東出糶倉穀，多至一百五萬餘石，擬秋成後本省買補外，再於湖南、廣西添買。茲即知會湖南，撥運溢穀二十萬石，乘陡河之水秋間未涸，作速起運。再廣西今秋豐稔，現更札商撫臣，撥

附近水次各屬倉穀十萬石運東，分派州縣補缺，餘仍於本省體察情形，酌量買補。得旨：覽奏俱悉。（高宗五六七、二七）

（乾隆二三、一〇、丙寅）諭陝省延安、榆林沿邊一帶，米價稍昂，現撥寧夏倉糧以資協濟。而雇車領運，若照定例給以官價，窮民往返，未免拮据。著加恩將靖邊、定邊、榆林、懷遠四縣領運車畜，除官價之外，每石每百里加銀五分，回空仍給半價。其將來寧夏軍需各項運竣，仍令運糧前往協濟，所有車輛牲畜，亦照此例一體賞給腳價，以示優恤邊氓之意。該部即遵諭行。（高宗五七二、二五）

（乾隆二四、三、己酉）[湖南巡撫馮鈐]又奏：湖南省溢額穀二十六萬七千餘石，除近水地方，遇有需用，易於動撥外，其山僻各屬，溢穀在數千以下及數百石者，留貯本處。惟辰州府屬溆浦縣溢穀過多，現飭陸續出糶二萬石，將銀解貯司庫，俟秋成發給近水次之岳州府，買貯所屬巴陵、臨湘各倉。得旨：如所議行。（高宗五八三、三〇）

（乾隆二四、五、癸巳）諭軍機大臣等：前經降旨，將馮鈐所奏擬撥江穀三十萬石，令尹繼善酌量情形，或留用一、二十萬石，或全數運進京。今據尹繼善奏稱，江省連年收成豐稔，現在糧價平減，毋庸平糶接濟，各屬倉糧亦於上冬陸續採買。此項穀石，尚非急需，應遵旨全數運京，於明歲江浙漕船之便搭運等語。江南既無需米石之處，所有湖南撥運穀石，若必運至江省交兌存貯，又於明歲附船搭運進京，殊多輾轉。著傳諭馮鈐，將此項穀石，即於本處碾米，於今冬漕船起運時隨便搭解，並交通倉兌收，自較簡便。並傳諭尹繼善知之。（高宗五八六、二五）

（乾隆二四、六、戊午）陝西巡撫鍾音奏：西、同等屬二麥登場，收成不薄，茲已普得時雨，民心甚安。現在五府州所屬米麥，除撥協外，尚存糧八十四萬餘石，倉儲不為無備。所撥協甘糧石，俱係平常積貯，市價無由加昂。至陝省民情敦樸，鄰省災荒，無不樂於輓輸。況西、同等屬運糧赴涇，而略陽又接收川錢，轉運甘省，相繼接遞，馱腳已屬不貲。若再分運川米，費更繁重。且時屆農忙，轉恐有妨民事。其川米請仍停撥運，至西、同等屬撥缺額穀，俟秋成買補還倉。得旨：如此是朕所願也。如所議行。（高宗五八八、一五）

（乾隆二四、六、丁卯）諭軍機大臣等：馮鈐所奏，湖南運赴江省水次米十五萬石，一切事宜，甚為妥協。至另摺請再撥江南穀二十萬石，明歲搭運赴京。令湖南省於秋成後代為如數買運補倉一事，可以無庸辦理。前因附近京師地方，得雨頗遲，分廠發倉，平糶穀石，備用多多益善，此特先事豫籌之策。時因該撫適有本省常平倉穀可以運送江南之奏，隨令咨商尹繼善，即將此項米石運京備用。迨節屆小暑，連日甘霖大霈，近畿各屬並叨霑渥，大田俱及時耩種，可望秋成。積穀之家出糶者多，又河道水長，估舶亦可源源輻輳，所有直隸節次降旨截留漕糧八十萬石，看來尚可不須全數動用。則該撫祇須將前項十五萬石從容遞運，其續籌運送之項，竟行停止。已於摺內批示，將此並詳悉傳諭知之。（高宗五八九、二）

（乾隆二四、八、己丑）又諭：據方觀承奏，直屬現在需用米糧，欲將銀十萬兩，赴奉天等處採買，由海運直等語。著傳諭清保、通福壽等，令其查明該處各倉內有糧石寬裕、足資協濟之用者，酌量湊撥。一面奏聞，一面知會直督，彼此酌派妥員，運送接收，既於附近水次，由海載運以資接濟。（高宗五九四、一八）

（乾隆二四、九、甲寅）諭：御史袁芳松奏，請外省穀價平減之處，動帑多行採買，以裕儲備一摺，所見非是。今歲惟直隸數屬，夏前得雨稍晚，入秋大田仍獲有收。至江浙、福建、江西、湖廣等省，均屬收成倍稔，民間穀價自必平減。此在各該督撫，就地方情形隨宜酌量，奏請採買，既於民食有裨，亦不致市價翔湧，此皆封疆大臣分所應爲之事。若如該御史所奏，行令各省一例用帑買貯，是閭閻不得豐收之益，而轉受採買之累，其事尚可行乎？至截留漕糧，雖非定例，然朕軫念災歉地方，不惜撫綏接濟，亦何至遂慮及天庾？現在太倉正供，足餘三年之備，衆所共知，而該御史乃以興平倉，已放至二十二年米石，鰓鰓過計，殊不知此一倉特就其分查所偶及，真一隅之見耳，安可據以議漕儲、講積貯耶？所奏俱屬不知事理，原摺著發還。（高宗五九六、一三）

（乾隆二七、一一、庚午）諭軍機大臣等：朝銓奏，奉省採買黑豆五萬石，均已運赴海口，現屆大雪，海口已經冰凍，難以裝運等語。今年諭令奉天撥豆運京備用，乃六月初所降之旨，且經倉場侍郎咨明，務於河水未凍之前抵通，何以延至此時，海口冰凍難行？摺內既稱直隸往運船隻未到，則其貽誤，又似不在奉天。著傳諭方觀承，令將因何不行催督往運緣由，即速查明具奏。朝銓摺並鈔寄，令其閱看。尋奏：接准奉天來咨後，先後雇船八十九隻出口，因水大，兼風信不常阻滯。報聞。（高宗六七四、一八）

（乾隆二八、三、乙亥）山西巡撫明德奏：太原府爲省會，僅陽穀一邑額貯常平穀二萬六千石，不足備用，諸於省南各屬溢穀，撥給二萬四千石，定爲額，現有空倉，添建三間已足。得旨：如所議行。（高宗六八三、四）

（乾隆二九、三、辛巳）山東巡撫崔應階奏：前布政使梁翥鴻以武定府向未設有府倉，請於萊州額貯府穀十萬石內，撥出二萬，貯於武定，仍勻撥各州縣，奉旨交臣議奏。查萊州府倉穀，較青、登兩府已多貯二萬，必須每年出陳易新，買補必須分發所屬。在各屬有本處應買倉穀，又加以府倉穀，採買四出，市價必增，不免累民。今登、萊、青三府均應勻減，請照濟南、東昌二府之數，各貯五萬石。二萬存府，三萬勻撥所屬州縣，即將所減之數，量撥未設倉各府存貯。武定係濱海之區，請如梁鼒鴻所奏，撥穀二萬石。又沂州府界接江南，且地瘠易歉，亦應撥貯二萬石，勻撥所屬州縣。得旨：如所議行。（高宗七〇七、二五）

（乾隆三〇、八、癸酉）湖北巡撫李因培奏：查湖北各府倉，並各首邑倉穀，多寡不等，除將額穀無多處，照部咨改併首邑外，請將武昌府穀十二萬石，酌派首邑江夏及興國、武昌、咸寧、嘉魚五州縣；漢陽府穀十萬三千八百餘石，酌派首邑漢陽及沔陽、漢川三州縣；黃州府穀三萬九千餘石，酌派首邑黃岡及蘄州、蘄水三州縣分貯，各處皆近水次，撥給亦易。得旨：如所議行。下部知之。（高宗七四三、一八）

（乾隆三〇、一〇、戊辰）戶部議准：山東巡撫崔應階奏稱，准部咨，府倉貯穀，改歸首邑管理。查各府倉穀，濟南、東昌二府各五萬石，貯府倉；登、萊、青三府額穀五萬石，貯府倉各二萬石，餘分貯屬縣；曹州府五萬石，武定、沂州二府各二萬石，俱分貯各屬縣。現存府倉者，照部咨辦理，分貯各縣者，搬運腳費繁多，應各循其舊。德州糧道倉貯穀二萬石，應照府倉例，改歸德州管理；至濟南、萊州、青州等府倉大使，應俱裁，現任之員，咨部以相當之缺改補。從之。（高宗七四七、一五）

（乾隆三〇、一一、丙子）[軍機大臣等]又議覆：庫爾喀喇烏蘇辦事大臣伍彌泰奏稱，特訥格爾城，現非衝要，既無過往官兵，商民又少，所貯米穀，每年支給本莊官兵外，所餘尚多，恐致紅朽。查呼圖畢城，係東往瑪納斯、庫爾喀喇烏蘇河、伊犁、雅爾衝途，若在該處添撥屯兵，多貯米穀，可以接濟過往官兵，且令商人販買，所得價銀，作為正項錢糧，亦省內地轉運之費。現特訥格爾駐兵六百，留一百屯田，餘移駐呼圖畢。所遺空房，楊應琚招募遣往一千三百戶民內，令分住八百戶，由彼處貯穀內借給籽種、口糧，餘五百戶令分住羅克倫等處。均應如所請。從之。（高宗七四八、一〇）

（乾隆三九、六、己酉）又諭：據何煟奏，豫省購買麥十二萬石，現已全數運赴水次，並將裝運船隻及押運官員，豫備齊全等語。畿輔一帶，自五月下旬以來，甘霖疊沛，秋田可卜豐收，而前此麥收分數，究屬歉少，自有需麥石接濟之處。今豫省既已採買起運，著傳諭周元理，就近派委道府一員，於天津以南妥便處所，將此項麥石，接收暫貯，酌量分給需麥各地方，

按例平糶，以裕民食，毋庸令其運至通州，致滋遠涉煩費。並將作何辦理之處，即行具奏，並諭何煟知之。（高宗九六一、三一）

（乾隆三九、九、壬子）諭軍機大臣等：據高晉等奏，南岸老壩口黃河漫溢情形一摺。……查此次堤工漫溢，水至板閘，該處長水八、九尺不等，將各城門堵禦。因下注之水，衝開水關，漫入城內。東西北三門，地勢高窪不等，惟南門地勢較高。常平倉及漕倉所貯米穀，在東南二城門樓收貯者，並無損壞，其實貯在倉者，計一萬九千二百餘石，一半漬浸水中，現經設法撈辟。該處因係白日過水，商民知覺者，早已搬移在城居住，並未損傷，唯老弱婦女，間有淹斃，俱已照例撫恤。仍督令府縣，將被水災民，搭棚棲止，設廠煮粥。先將山陽、清河二縣倉糧，分廠平糶，復於附近各州縣撥運。又派員挨查戶口，照例先行撫恤一月口糧。查淮城以內，近日水已消退，惟城外湖嘴地方以至板閘一帶積水，須俟漫口合龍後，始能涸出。其料物人夫齊備，現於初八日進埽，約計十月望前，可以合龍。得旨：覽奏俱悉。又批：若能更早數日，則災黎更早安數日。勉爲之。（高宗九六六、七）

（乾隆四一、一、丙申）諭軍機大臣等：據敦福奏，上年江省間有被災之處，恐致青黃不接時，災地民人有食貴之虞。楚省現有常平溢額，及停運豫省正耗穀，共二十萬一千石，請儘數碾米，運赴江南，聽候分撥平糶，以裕民食等語。適高晉陛見在京，尚未起程回任，當經傳問。據稱，上年江省偶被旱災，節經蠲賑頻施，窮黎已各得所，現又奉旨加賑，所有本省倉穀，儘足敷用。且川省米糧，業已弛禁，商販又源源而至，無需鄰省接濟等語。江省民食，現既不虞匱乏，且川米源源而下，更無藉接濟。此項穀石，自可毋庸碾運，致糜運費。著傳諭敦福知之。（高宗一〇〇一、一四）

（乾隆四一、四、癸亥）豁免江蘇山陽縣乾隆三十九年被淹存倉米穀九千三百六十石有奇。（高宗一〇〇七、一一）

（乾隆四三、閏六、甲申）諭軍機大臣等：據鄭大進奏，接奉諭旨，酌留漕米十萬石，請在山東之臨清州水次交兌，由衛河接運回豫。需用船隻，由豫省雇往，所費較多，若委員赴東省雇覓，誠恐呼應不靈，懇勅下山東撫臣國泰，令東省沿河州縣，代爲雇備，其價值由豫省委員發給等語。此項截留漕米，由臨清水次接運至豫，所需船隻，隔省艱於雇覓，自應東省地方官就近代爲雇備，令豫省委員給價，較爲妥便。著傳諭國泰，即飭令臨清一帶沿河州縣，早爲雇備舟船。齊集水次，以資豫省接運。並通飭所屬，妥協經理，毋令吏胥從中需索滋擾。將此遇國泰、鄭大進奏事之便，一併諭令知之。（高宗一〇六一、一八）

（乾隆四四、一、壬辰）諭軍機大臣等：據畢沅奏，籌辦運京麥石，酌擬在附近水次之藍田、涇陽等各地方，撥常平倉貯。并收捐監生麥五萬石，均勻配載，由渭入河，分起押送，銜尾前進，仍在前次交收之陝州會興頭地方，令豫省委員接收，轉運赴京等語，所辦甚好。著傳諭鄭大進即派委妥員，雇辦車輛船隻，豫備接收，迅速轉運送京，並將應辦事宜，於陳輝祖到任時，詳晰告知，令其妥協辦理。此旨著由五百里發往，至直隸接收轉運諸事，並著周元理循照向例，速籌妥辦，運至通州交倉場侍郎送京，以裕民食，除就近傳知倉場侍郎舒常等，並諭周元理及畢沅知之。（高宗一〇七四、九）

（乾隆四四、五、壬辰）廣西巡撫吳虎炳奏：馬平、象州俱無分貯備東穀石，該二處上年收成稍歉，自應豫籌撥運。查馬平、象州與桂平、武宣、平南三縣相近，且係一水可通，請將武宣備東穀三千五百石、桂平備東穀四千五百石，撥給馬平。再將平南備東穀五千五百石撥給象州。就近委員，協同兵役領運，需用腳價，先於司庫平糶盈餘項下動支。報聞。（高宗一〇八二、一六）

（乾隆四四、七、辛亥）盛京將軍福康安奏：內務府會計司所屬大糧莊頭八十三名，每年交糧二萬四千餘石，除給各項口糧外，餘糧一分入倉，一分入窖，各額貯一萬石，以備撥用。查存倉者，每年支放，出陳易新。其存窖者，分貯各莊頭住處。如有黴爛，著落賠補，並無出陳易新之例，殊難經久，請於新糧入窖時，將舊糧減價出糶，年年抽換，以免陳因之患。得旨嘉獎。（高宗一〇八七、二六）

（乾隆四四、九、甲辰）大學士管閩浙總督三寶奏：閩地西北阻山，東南沿海，隣省倉貯，不能流通，全賴本省調劑。查漳、泉二府，戶密人稠，該處產米無多，藉臺灣一府穀石接濟。常平倉額，尚宜加貯。請照乾隆二十二、三年舊例，於臺郡捐收監穀二十萬石，半貯臺倉，半運貯漳、泉二府，祇許本地民人及在臺灣貿易之閩粵商人報捐，其餘不得濫冒，俟足數即停。報聞。（一〇九一、一二）

（乾隆四四、九、丁酉）豁免河南考城縣乾隆四十三年分被水衝失常社倉穀三萬一千六百石有奇。（高宗一〇九一、七）

（乾隆四五、六、辛亥）護理陝西巡撫尚安奏：遵查陝省常平倉糧，自乾隆三十九年奏准捐監以來，各州縣歲收監穀多寡不等，皆歸入常平倉內，較之原額穀數有餘，即春糶糧石無庸買還。所有糶存銀兩，提貯司庫，遇有州縣動撥額糧，將此項發給買補。與福建辦理大略相同。報聞。（高宗一一〇八、三）

（乾隆四七、一一、丁酉）諭：據英廉奏，直省各倉，因賑卹之後儲穀未能足數，請將天津北倉截存漕米九萬二百三十二石零，賞撥直省，以補缺額等語。著照所請，北倉截存漕米，全數撥給直省缺額州縣各倉存貯。（高宗一一六八、九）

（乾隆四九、一〇、丁亥）諭：據保泰等奏，本年到通漕糧二百四十三萬石，又北倉截留三十二萬餘石，較之上年多收二十二萬石等語。前因漕艘抵通稍遲，將江廣重船於北倉截留，俾得迅速回空。今據查明，本年漕糧較上年尚多收二十餘萬石，所有前項截留米石，現於北倉存貯，著即將多出之二十二萬石存於北倉，作爲直省買補倉糧之用，毋庸運通。（高宗一二一六、一一）

（乾隆五〇、一、庚辰）是月直隸總督劉峩奏：北倉存剩漕米八萬五千餘石，請撥給直隸各州縣，聽其自行雇車運回，以補倉貯。所有該州縣等，每米一石，原存價銀一兩四錢，應請即行提解司庫入撥報部。下部知之。（高宗一二二三、一四）

（乾隆五三、三、壬辰）烏魯木齊都統尚安奏……烏魯木齊所屬迪化、昌吉、阜康、綏來、宜禾、奇台等六州縣，濟木薩、呼圖壁兩處，節年徵收糧及前捐監存貯糧，共計八十八萬八千餘石。每年供支，新糧敷應有餘，倉貯陳積，恐致黴變，但一時全行糶易，秋後買補較難，請分三年出糶，將每年春季所糶銀，即令該州縣秋後買還，倘有延宕，照虧空例參處。得旨：如所議行。（高宗一三〇一、四五）

（乾隆五三、六、庚子）諭軍機大臣等：據長麟奏，山東省自乾隆三十五年起至四十五年止，民借未完常平倉穀及南米社穀共有十九萬餘石，皆由從前承借各州縣，並不按限催納，年久人亡戶改，其中實欠在民固多，亦難保無書役社長人等，影射侵漁情弊。現在徹底清釐，所有四十五年未完各穀，分別著落承借之州縣書役等賠繳；四十六年以後未完各穀，仍分別緩徵、帶徵等語。各省倉穀，春借秋還，例有定限。且四十五年以前，東省歲慶屢豐，所有出借穀石，尤應按限徵還，年清年款，乃未完民欠倉穀，竟不下二十萬石之多，此皆明興在任時因循貽誤。並不實力查催，一任官吏等懸宕所致。今長麟到任甫及年餘，即設法清釐、分別追賠，辦理井井有餘，俾倉儲皆歸有著。明興從前所辦何事？著將長麟奏摺鈔寄閱看。……將此諭令知之。（高宗一三〇六、二二）

（乾隆五四、六、辛巳）軍機大臣等議覆：四川成都將軍鄂輝等條奏收復巴勒布侵佔藏地、設站定界事宜：……一、請於今歲秋收後查明稞麥時值，動項發交該噶布倫等，在附近各處買米稞麥三千石，交駐藏糧員，於扎什倫布城内建倉收貯。俟採買二年後，按年出陳易新，以六千石常貯爲額。至拉里、察木多、巴塘、裏塘四處糧臺，皆有糧員，而察木多尤爲川藏適中之地，亦請一體儲備，……一、聶拉木、濟嚨、絨峽三處，均與巴勒布連界，邇來販運日多，巴勒布馱載貨物來藏貿易者，第巴收稅加至十分之一易致爭執。以後止准減半收取，並令勒碑界所，長遠遵循。一、西藏鹽觔於沙土中刨出，本不潔净，應即於挖出時，交該處第巴查驗鹽觔成色、酌中定價，毋許故昂、任意勒買，……一、從前解赴打箭鑪口外兵餉皆係元寶，迨後祗解碎銀，但自省至藏萬裏崎嶇，倘有碰失，各站易於推卸。況番地買賣交易均以元寶成色爲足，請嗣後仍照舊以元寶起運。一、西藏向有賞需一項，係蒙皇上軫念達木官兵，素無錢糧，將三十九族每年所交例馬銀三百九十餘兩買辦緞布烟茶銀牌，按年獎賞一次，此外並無別款，今既添設唐古忒番兵，按期操演，經駐藏大臣親查，自當照例獎賞。請於川省閒款内，加給銀辦百兩，飭辦緞布烟茶銀牌等項備賞。……得旨：依議速行。（高宗一三三三、二八）

（**乾隆五四、九、己丑**）軍機大臣等議覆：倉場侍郎蘇凌阿等奏稱，奉天錦縣、寧遠、廣寧、義州四州縣額運黑豆四萬二千餘石，向係分起由海運至天津起撥，赴通運京收貯。今初次黑豆海船，已全數進口，抵津後即須起撥，現在挑濬通惠河，勢不能由閘河轉運進京，請將運到黑豆三萬五千餘石，就近收貯通倉，於明歲春季八旗及漢俸應領粟米項下，儘數抵給。應如所奏。從之（高宗一三三八、一〇）

（**乾隆五五、三、壬午**）倉場侍郎蘇凌阿、劉秉恬奏：遵旨查向來南糧撥給直隸賑濟，例用秔米，頭二進江浙各幫，多係粳米，應請於三進湖廣江西各幫，一色秔米内，或以截爲撥，或於尾幫截留三十萬石，以資備貯。得旨：依議。（高宗一三五〇、三）

（**乾隆五六、二、壬子**）雲貴總督富綱奏，雲南永昌府屬騰越州、保山縣、龍陵廳、永平縣，順寧府屬順寧縣、雲州、緬寧通判等，因籌辦邊務，於乾隆三十五、六、七、八等年，奏准加買常平穀石，自十一萬石至六七千石不等。雖照例同原額常平同時出借，但出易無多，黴變堪虞，因邊儲未敢更張。今緬甸歸化，開關通市，此項穀石，若照舊長存，並恐易滋弊端。查騰越、龍陵、保山，額徵秋米，不敷兵食，歲需動銀一萬數千兩，採買供支。莫若以此穀碾放不敷兵米，較爲兩便，再常平爲借濟攸關。各該處原貯過少，地近邊防，年來户口滋繁，亦須酌增存貯。通行覈計，除永平、順寧、雲州、緬寧等，共祗加買四萬六千四百石，應照舊留存外，其騰越現存加買穀，並升息穀，九萬二千九百九十石，撥出三萬石，連原存作爲正額，其餘即碾放該州應買騰越鎮不敷兵米；龍陵現存加買，及升息穀四萬八千四百二十四石零，撥出一萬六千石，連原存作爲正額，其餘碾放該廳應買龍陵協不敷兵米；保山現存加買及升息穀十一萬四千四百五十八石零，撥出三萬石，連原存作爲正額，其餘即碾放該縣應買永昌鎮不敷兵米，逐歲動支，可免紅朽，採買亦歸節省。得旨：如所議行。（高宗一三七二、一七）

（**乾隆五六、一二、丁未**）諭軍機大臣等：……至成德奏籌辦糧餉一事，據稱達賴喇嘛再行備糧數萬石等語，殊可不必。節據孫士毅通籌覈算，藏內現在存貯，及前後採買，已有糧四萬四千餘石，尚有牛羊一萬餘隻，今據成德覈計，共有七萬餘石。是藏內糧石，已極寬然，將來支應之外，盡有多餘，何必再令達賴喇嘛添派此項餘糧，存貯日久，徒致紅朽，且采買過多，於達賴喇嘛商上，多有擾累。著速行停止，以示體恤。（高宗一三九二、八）

（**乾隆五九、六、戊辰**）户部議奏：酌定各倉關米章程：一、每月三旗輪放甲米，無庸倉場坐派廒口，徑由户部按禄米等倉次序，於每月朔日挨定三倉，令該三旗分往關領，或三色米內，間有一色不敷，即按成抵給，不得赴別倉找補。一、每年新漕進倉時，倉場侍郎酌量舊存各色米石，均匀派貯，並豫期造册咨部，以便分別新陳搭放。一、每月部定倉口後，行知都察院簽派滿漢科道各一員，驗封該倉貯米廒座。屆放米時，科道率監督等，眼同領米旗員，揭去氣頭，將應收米石，一律放給，仍令該監督將所領米樣，封送户部，各該旗亦於領米竣日，將米樣送部，以憑覈對。其舊設查倉御史，向係一年更換，嗣後應停奏派，惟所派監放甲米之科道，本衙門別項差使，應令扣除，俾專責成。一、八旗領出米石，本旗都統或副都統，會同查旗御史，赴倉驗明米色米數，籤掣佐領次序，即分給各兵，押同原車交卸。一、各該旗都統，先期覈明所屬各佐領下應領米數若干，人數若干，造册咨部，轉行倉場，俟開倉日，令三旗都統於一月限內，無論滿洲、蒙古、漢軍、包衣分作十五起，並於每起派章京一員，領催二名，及應食米之兵丁三四名，眼同赴領，以防攙雜剋扣等弊，如限內不放竣，監放之都統、副都統，及該科道並監督均罰俸一年。一、各該旗赴倉領米，倘監督與花户人等，有攙和潮米及短米索費等弊，許兵丁等首告。領米旗員等，及稟明各該都統，將監放之科道及監督，一并嚴參，花户等從重究治。一、各倉既派科道稽查，向派都統、副都統查倉之例，應請停止。一、外火器營官兵，坐落藍靛廠，其米石向在海運、北新二倉支領，殊屬窵遠，應與圓明園暨健鋭營一併歸本裕、豐益二倉就近關支，車腳錢文，即照圓明園官兵領米例，一律妥辦。一、文職四品以下，武職三品以下，世職子男以下，春秋二俸，即於祿米等十一倉，分季輪關，屆期行知都察院派滿漢科道各二員，輪赴各倉，率同該監督等照支放甲米之例辦理。一、內務府每年約需白麥四千七百餘石，令倉場於新麥抵通時，逕運交內務府恩豐倉存貯備用。一、八旗官兵幷各項官兵拴養馬匹，及五營差馬等項，每年共應領豆十六萬餘石，請照支放甲米例，令領豆石之人，眼同該監督一律勻放。一、米商鋪戶囤積居奇，應飭步軍統領、順天府及五城出示嚴禁，如鋪戶人等，違禁豫買兵米，除將兵丁責處，仍飭自行赴倉關支，用過鋪戶銀錢，不准償還。奸商等仍敢索討，許兵丁等首告，將索債人從重治罪。從之。（高宗一四五四、三〇）

（嘉慶六、一二、乙酉）又諭：各省州縣設立常平倉，存貯穀石，定有額數，原以備本處水旱偏災、平糶賑濟之用。若倉儲充實，取之裕如，何至民食艱於接濟？總由各州縣平日不能實心經理，或出糶後並未隨時買補還倉，或竟任意侵挪虧缺。以致積貯空虛，猝遇偏災，茫無所措。而該督撫等爲目前補救之策，大率奏請截漕，殊不思京通各倉所貯漕米，以之頒給廩祿、兵糧，無論歲收豐歉，俱應按數支放。即太倉之粟，陳陳相因，亦屬昇平盛事，焉有天庾正供，徒資外省截留之理？即如部庫帑銀，爲每年經費所需，豈以供外省請撥？而各省應存庫項不皆實貯，遇有緩急需用之處，動輒請發內帑。似此積習相沿，則外省所設倉庫，竟係有名無實，豈國家均平賦式之道乎？嗣後各督撫等，總當於各州縣倉庫根本要務，悉心講求，實力整頓，務使倉穀錢糧皆歸實貯，方爲有備無患，勿徒以撥餉截漕爲事。經朕此次訓諭之後，或隔一二年，不拘何時，特派大臣親往盤查，若再有短缺，惟該督撫、藩司是問。將此通諭知之。（仁宗九二、八）

（嘉慶一〇、五、庚戌）諭內閣：據那彥成等奏，籌議廣西備東穀石，及查禁土官阻抑土民向學一摺。廣西撥運東省穀石，原因東省或值穀貴之時，藉資平價，或因糶穀缺額，藉資補足。本係隨時通融辦理，若遽著爲定例，在東省固資挹注，而西省或轉致缺少，於民食、倉儲均有關繫。著照那彥成等所請，嗣後設遇東省糧價騰貴之時，仍查照向辦章程奏明撥運，但不可將常平倉項下穀石，抵撥備東穀數，挪移供運，致令額款紛歧，易滋牽混。（仁宗一四四、二七）

（嘉慶一〇、六、乙丑）諭內閣：奇臣奏，綜覈存倉糧數，請裒多益寡以充倉儲一摺，迪化州地方繁庶，爲烏嚕木齊附郭最要之區，現在存倉額糧，僅有十三萬餘石，爲數未免較少，奇臣既查得昌吉、綏來及濟木薩縣丞、呼圖壁巡檢四處存倉額糧，俱極充裕，自應酌量改撥，以資調劑。但該四處距州遠近不等，車輛載運，需費不貲，著照所請，將該四處倉糧撥出十萬石，按照月報市價，在各該處分糶，即將所糶糧價解收道庫，飭令迪化州，亦照市價，自來歲秋獲後起，分作兩年採買，歸入州倉定額，永遠存貯備用。（仁宗一四五、一五）

（嘉慶一一、二、癸卯）諭內閣：馬慧裕奏請酌量借糶遠年陳穀一摺，據稱，豫省常漕等倉貯穀石，因遵現行事例，凡非災歉之年，一概不准借糶，遂致遞年積壓，漸虞黴變。現據各屬紛紛稟請辦理，請將各屬遠年陳穀，及時借糶，秋後徵買還倉等語。各省倉穀，向例於青黃不接之時，存七糶三，原藉以出陳易新，利民食而免紅朽，嗣緣州縣辦理不善，日久弊生，定爲無災年分不准擅動。雖足以杜藉端盜賣情弊，惟年分久遠，其氣頭廒底必多黴變折耗，轉於積貯無益。是則因噎廢食，殊非愼重倉貯之道。自應隨時酌量調劑，並嚴行剔除諸弊，俾倉儲民食，兩有裨益，方爲妥善。著照該撫所請，查明倉貯年分遠近，覈實借糶，秋後徵還；並著該撫督同藩司，嚴飭該管府州逐廒驗明，將實難存貯陳穀，委員監同借糶，穀價提貯司庫，秋後還倉時，一體委員監收稽察。如有不肖官吏藉端滋弊，即行從嚴究治。（仁宗一五七、二一）

（嘉慶一一、六、庚寅）又諭：阿林保奏，請將停運閩米分別出糶撥貯一摺。湖南預備協濟閩省米石，停止撥運，所有已碾倉穀，難以久貯，著照所請，准其照常年平糶之例，酌減出糶；但平糶米石，原期有裨民食，不可任聽奸商收買囤積，及胥役從中包攬漁利。本年京城設廠平糶，經朕特派部院大員及侍衛等分廠稽查，尚有囤户捏買居奇，當即嚴拏懲治。此次該省出糶米石較多，著護撫韓崶，選派廉能之員，實心經理，嚴杜囤積包攬等弊，俾小民均沾實惠。其糶價提存司庫，俟糧價平減時，照數買補還倉。至採買穀石未經碾動各州縣，即著盤明，另廠封貯，俟該州縣有動缺倉穀，用以抵補，以省疊派採買之煩。（仁宗一六二、三二）

（嘉慶一四、二、丙辰）又諭：德瑛等奏，遵旨親赴六倉查明黴溼米石多係受潮蒸變，各倉米色皆不純淨，而北新一倉尤甚，當即督同司員統行揀驗、分別辦理，並將各米樣包封及各倉造送米色數目開單呈覽，請將倉場侍郎及該監督等分別交議等語。此項米石即因上年南省雨水較多，米質本嫩，但貯倉未及一年，各倉監督果能不時挑晾，即聞有蒸變，何至如許之多？該監督等漫不經心，任其朽爛，所司何事？富新一倉黴變較少，著將該監督交部察議；祿米、南新、海運、興平四倉黴變較多，著將該監督交部議處；北新一倉黴變更甚，該監督辦理尤爲不善，即著革職。至倉場侍郎職司綜覈，既知去年米多遇雨，曾行令各倉挑曬，何以於該監督稟報時並不及早具奏，設法辦理，直至本年開放旬餘，該旗欲行參辦，始以一奏塞責，實屬玩延。達慶、蔣予蒲均著照原參交部嚴加議處，其從前查驗運送之坐糧廳大通橋監督，亦均有應得之咎，著分別交部議處。至此項米石，其原報可以搭放者，即著該監督上緊篩颺，由該侍郎咨部，仍著德瑛等查驗搭放。其餘實不堪用之米，即發交五城作爲土米，循例糶賣，照例價覈算不敷之數，按六倉原貯黴爛數目多寡，著落該侍郎、倉監督及花戶等按照成數賠繳。其由倉出運土米運腳一項，亦著分別賠出，以示懲儆。(仁宗二〇七、三二)

(嘉慶一四、五、庚午) 又諭：福慶等奏，查驗太平倉稄米黴變情形，請旨分別辦理一摺。太平倉所貯稄米，本年三月內，經福慶、許兆椿查驗，係上年由北倉轉運受潮，難以久貯，奏明先行開放，何以甫及兩月，又致黴變不堪食用？茲據福慶、戴均元，會同巡倉御史覆往盤驗黴變屬實。著照所請，將到任已及兩月之漢監督鄭紹鍈解任，同滿監督英林，督率花戶人役，限五日內，逐細盤查，此項米石尚堪食用者若干、實在黴壞者若干，除堪以食用者仍照例搭放外，餘者分別著賠。該監督同花戶等，統俟盤驗完竣，再行奏明覈辦。其鑲白旗五月分應領稄米，交戶部即劄海運倉接放。至上年由北倉轉運米石，總由驗收時，該管坐糧廳及倉場侍郎等，不認真查驗，率將潮溼米石一律斛收，進倉後，該監督又不勤加挑晾。今各倉呈報黴變者不一而足，若不將此項米石分晰查明，不特受潮之米，存貯廠內，恐溼氣熏蒸，致將好米牽連黴變，且恐花戶人等再從中牽混影射，致滋他弊。著倉場侍郎，即詳查上年北倉轉運之米，除已經放出及節次篩颺各廠外，現在尚有若干，均分貯何倉何廠，此內堪用者若干、不堪用者若干，分別應放應賠，確實奏明，請旨辦理。自此次查明之後，不得再將腐朽米石，牽合弊混。(仁宗二一一、一九)

(嘉慶一五、二、壬寅) 又諭：方維甸等奏，節年海洋被劫臺運米穀，懇恩豁免，並另籌彌補一摺。此項臺灣每年應運內地米穀，自乾隆六十年至嘉慶十四年十月，因海洋未靖，商船被劫有一百四十六案，計米三千餘石、穀一萬七千餘石，向來本無著賠之例，經該省自定章程，議令廳縣汛弁以及行保人等，分別賠繳，亦未奏咨著爲定例。今據方維甸等奏，內洋距廳縣甚遠，外洋距汛地更遙，勢難兼顧，且弁弁以及行保人等，類皆無力之人，迄今未能呈繳等語。是著落分賠，亦屬有名無實，現據該督等查有各屬存倉內耗米易穀一項，不在常平額貯之內，堪以撥補，著加恩即照所請，查明各該屬舊存新收確數，可抵若干，咨部辦理，其原議分別著賠之處，均予豁免。

此外有續經查出之案，亦著照此一律辦理。(仁宗二二六、五)

（嘉慶一六、一二、戊午）倉場侍郎榮麟等奏：查出萬安倉黑朽米石。得旨：此案查出萬安倉藏壓黑朽米石，至八千餘石之多，該監督等毫無見聞，如同聾瞽，實屬溺職。齊斌、常泰，均著革職，交刑部審訊。其舞弊漁利之花戶頭役劉元泰，先因另案充徒，著刑部提回歸案審訊。在逃花戶張貴恒、楊廷棟、蘇亮三犯，著交步軍統領衙門，勒限五日拏獲送部，如逾五日不獲一名，自行議罪具奏，五日內三犯全獲，朕必加恩。至萬安倉黴壞豆石甚多，方世德本係該倉花戶頭役，前經犯罪發遣，著一併行提審訊，定擬具奏。所有劉元泰、張貴恒、楊廷棟、蘇亮、方世德五犯家產，著交步軍統領等即行查抄。此項黴壞米石應如何著落追賠之處，著倉場衙門查明議奏。(仁宗二五一、一三)

（嘉慶一八、八、丁酉）諭軍機大臣等：溫承惠奏，奉天省應撥粟米二十萬石，請循照向例，仍由奉省委員押運赴直交兌等語。奉天省每遇撥運米石，皆係奉省委員由海運送，循辦已久，今若令直隸派員前往領兌，事屬創始，所派之員，不能熟悉海運，難期妥協。所有此項粟米，著和寧查照歷辦章程，委員押運赴直交兌。至移居宗室出關後，奉省須派員照料，恐該省人員不敷差遣。著照溫承惠所請，移居宗室出關後，即令直隸所派文員按起徑行送至盛京，奉省無庸另行派員接護，較爲兩便，將此各傳諭知之。(仁宗二七二、七)

（嘉慶二三、一二、丁丑）又諭：長齡奏，甘省下色糧石，請酌量變通一摺。甘省額徵下色糧石，向不估支兵食，每歲積存至二十餘萬石，糧質輕脆，易致黴變，各州縣因有通融抵貯之弊。據該督奏請量爲變通。著照所請，嗣後該省州縣倉貯下色糧石，除搭估馬料外，大缺酌留二萬石，中缺酌留一萬石，小缺酌留五千石，以備荒歉之需。其餘下色糧石，令該州縣詳明糶賣，按照部價，以一抵二，隨時買還上色，歲底造冊。責成該管道、府認真稽查、盤驗、結報，於奏銷時彙冊咨部，即以估支兵食，以歸實用。(仁宗三五一、一六)

二、社倉、義倉

（康熙三一、一、壬子）諭大學士等：去歲陝西西安等處年穀不收，罔有積貯，以至閭閻困苦至極，已遣官賑濟之矣。直隸所轄地方，素有儲蓄，或州縣稍有不登，即以所儲米穀，從均贍給，是以民生獲濟良多。今年豐歉尚未可知，陝西省府州縣見存米穀之數，應行察明，先時預備。至各省府州縣，皆令積貯米穀數千石，則裨益黎庶者大矣。可下各該督撫等，令各府、州、縣積貯米穀，其所積穀數，當逐一繕册報部。(聖祖一五四、二)

(**雍正三、一〇、戊辰**) 户部議覆：雲南巡撫楊名時疏言，滇省社倉捐輸穀石，自雍正二年爲始，其貯穀實數，請於次年歲終具題，嗣後永爲定例，庶每年捐輸穀數，並里民借支穀數，以及有無發賑等項，均得稽核。應如所請。從之。(世宗三七、三)

(**乾隆二、九、乙卯**) [四川巡撫碩色] 又奏：川省自設立社倉以來，惟達州、內江等三十餘州縣，有捐貯穀二萬一千餘石，此外百餘州縣俱無存貯。查川省常平倉每年春糶秋還，多有盈餘，應將各屬盈餘，俱令買入社倉；或盈餘州縣社糧已多，即將此州縣之盈餘，撥買糧少州縣之社倉。俟數年後，皆有積蓄，民自樂捐，積貯有數，再行酌量建倉。得旨：既經周詳籌劃，其次第實力行之，以觀後效。(高宗五一、二九)

(**乾隆六、一、乙未**) 閩浙總督宗室德沛、署福建巡撫廣東布政使王恕奏：閩省常平現在充裕，採買可緩。社穀一項，士庶願輸，但向俱借貯寺廟、民房，未設倉屋，出納不便。議於四鄉村鎮適中處，分建倉房，工費即於社穀數內撥給，俟續收補項。得旨：所奏俱悉。積貯乃有備無患之政。爾等當時刻留心者也。(高宗一三五、一四)

(**乾隆六、三、甲午**) [署福建布政使喬學尹] 又奏：州縣無社倉之處，現將社穀移貯官倉，殊失民捐之意。況離鄉窵遠，捐穀上倉，挑運維艱，守候需時，胥役勒掯，且賑借不便，故捐户逡巡。請在城所捐穀石，即設倉城中；其餘於四鄉市鎮適中之區，建倉一間，約費二三十兩，可貯穀五六百石。視穀數多寡，定倉間大小。其費即於捐穀內抽十分之一易銀，資其工料，俟將來續捐，或借糶餘息，補還原穀。得旨：所辦甚妥。(高宗一三九、三五)

(**乾隆六、四、戊午**) 户部議准河南巡撫雅爾圖奏稱：各省社倉，立有社長，以杜官吏侵蝕。近因日久弊生，州縣不加考核，社長久不更換，致將倉穀花銷虧缺。請定正副社長三年更換之例。從之。(高宗一四一、七)

(**乾隆六、八、丙辰**) 户部議准：署江西巡撫包括奏稱，社倉捐穀，自應各隨力量，不拘石斛升斗，積少成多。嗣後每鄉設立印簿一本，聽願捐之户，不拘米、穀、雜糧，數目多寡，自登姓名捐數於簿，繳官存查。若一人節年報捐，先後併算，數至十石，亦准照例給以花紅；遞年加捐，積至三十石、五十石以上者，照例遞加獎勵。其捐輸雜糧，亦照穀一例計算。從之。(高宗一四九、七)

(乾隆六、一〇、辛丑)户部議覆：原任蘇州巡撫徐士林奏稱，江蘇社倉，定例每年耗穀每石一升，其修倉、挪運、紙張、薪水等項，需用甚多，社長未免賠累。請於息穀內每石准銷耗三升。又向例每倉設看夫一名，今每倉或需看夫一名、二名，悉聽社長議設；每年應給米石，總在耗內等語。查乾隆二年，安省社倉收息議，每年每石准耗穀二升。所有蘇屬社倉，應令照安省例辦理；至設看夫，應聽該撫酌量妥辦。從之。(高宗一五二、一〇)

(乾隆七、二、己未)江西巡撫陳宏謀奏：江西社穀，州縣多少、有無不均，請撥常平倉貯，分作社本貯鄉，令民就近借還，源源生息。得旨：所辦甚屬妥協，知道了。(高宗一六一、一六)

(乾隆八、二、甲寅)[四川巡撫碩色]又奏報：社倉糧石充裕，共實貯糧一十三萬八千二百餘石。得旨：社倉之穀，多多益善，但不可強民耳。(高宗一八五、三二)

(乾隆九、一一、癸卯)河南巡撫碩色奏：豫省社糧，實貯既三十餘萬石，其積欠陸續請還，加以逐年捐貯，爲數益多。若經理不得其人，收貯又不加謹，必致黴變侵蝕。現在各州縣社糧或有收存公所及暫貯寺院者，已飭通行估建社倉，准將所收息穀，變價興工。至經理一切，固應責成正副社長，但糧數漸增，收存必需蓆片鋪墊，出入必需斗級盤量，若責令捐出，未免賠累；而聽其浮收，又致勒派里民。可否於每年所收息穀內，酌留一升，給社民爲雜項之用。得旨：是，知道了。(高宗二二九、二〇)

(乾隆一二、三、壬子)軍機大臣等議奏勸諭義倉一事。據山西巡撫愛必達奏稱，可與直隸、山東一體舉行，而河南、陝西二省俱奏明難與社倉並行。臣等思社倉、義倉，名異實同，全在地方官善於勸諭，乃爲無弊。各省情形不同。應聽各督撫因地制宜，任從民便。其河南、陝西二省，仍無庸仿照舉行。報聞。(高宗二八七、九)

(乾隆一四、一一、甲戌)大學士等議准護理廣西巡撫李錫秦奏稱：粵西常平倉穀，既經定議，照雍正年間舊數爲準，溢額之穀，行令出糶。其應糶外，尚有社倉及額外捐貯穀一十六萬餘石。倉儲已充，所有本省捐穀，應於乾隆十五年停止。從之。(高宗三五三、一五)

(乾隆一六、七、庚午)豁免船廠所屬烏喇、伊爾捫等驛及伊屯邊門、伊爾捫臺、西爾哈臺等處乾隆十五年被水漂沒義倉穀二千一百石有奇。(高宗三九四、一一)

(乾隆一八、二、乙巳)直隸總督方觀承奏：經理各倉告成。現捐貯穀二十八萬餘石。將各州縣村莊里數，繪圖鏤板呈覽。得旨：知道了。圖留

覽。(高宗四三三、六)

(乾隆二一、九、乙未) 湖南巡撫陳宏謀奏：各屬社倉有社本不及千石者，請於常平倉內撥給分貯。查乾州、永綏二廳，華容、永定二縣，止穀一、二百石，請撥借八百石；永順、保靖、桑植、慈利四縣，止五、六百石，請撥借五百石。俟社本充裕，仍歸常平。得旨允行。(高宗五二一、一四)

(乾隆二四、四、己卯) 總督管江蘇巡撫陳宏謀奏：清理社穀事宜。一、社穀無官倉公所，多寄貯社長之家，請於每縣城鄉適中之地建立社倉，每社穀少則二百，多者亦衹以五百為率。編定應借村莊，各社不得互借。一、社長多有賠累。其殷實公正者，多不樂充，每為漁利之徒久充侵虧。請定以一年一換選充。一、社倉費用頗繁，前撫臣徐士林請銷息穀三升，格於部議，用實不敷。請每息穀一石，仍以七升歸倉，三升支用。一、社穀為民備貯，接濟一社緩急。凡一切公事，及隆冬煮賑，不准如前動支社息。一、社穀責州縣稽查，向有入交代之例。近來不入交代，亦不報部，請嗣後令州縣於正項錢糧外，另出社穀一結，本息一併申報，由藩司造冊達部。得旨：覽奏俱悉。實力妥為之。(高宗五八五、二三)

(乾隆二九、七、己卯) 四川總督阿爾泰奏：川省向有社倉，每歲捐輸不過二、三萬石，並未立有義倉。臣自上年八月到任，值秋成豐稔，因率同司、道首先捐穀一千餘石，立為義倉。並通飭各屬量力倡捐，以為紳耆士民勸，俾有力之家，隨宜建倉分貯。擇老成紳耆，推為義正、義副，經理出入。借穀者免息遠倉，米貴時減價出糶。續據各屬冊報，計通省官民共捐穀一十五萬八千餘石。捐穀最多者，分別獎勵。從此再加申勸，積貯漸多，可以源源接濟。得旨：嘉獎。(高宗七一五、二〇)

(乾隆三一、八、戊戌) 河南巡撫阿思哈議奏：河南布政使佛德奏稱，河南通省社穀，截至乾隆三十年歲底，本息共存十五萬六千八百六十石有奇。細查各屬冊報，每屬所貯自二三百石至四萬一千餘石不等，甚至有顆粒無存者，多寡太覺懸殊。總緣勸捐之時，地方官辦理，未能一律妥善。後或因歉年煮賑，及民欠被災豁免，未經陸續補捐，以致不敷。應請飭令地方官，乘此收成豐稔，勸諭紳士商民，毋拘多寡，令其量力捐輸。其每鄉慎選社長，立簿登記，聽捐戶自行交納。及按數遞加獎勵之處，悉照雍正二年原例遵行，不得稍有抑勒，及經由胥役，致滋擾累。其常漕等倉，如有空廒，儘先借貯；如無，暫寄寺院，俟息穀充裕，另行建倉收貯。并令各道府督率各屬，嗣後俟年歲豐稔，方可出示辦理；倘遇收成歉薄，不得一概勸捐。仍

於每年年底,將各屬捐輸社穀數目,具摺奏聞。均應如所請。得旨:如所議行。(高宗七六六、二)

(**乾隆三九、四、庚子**)戶部議覆:總督銜河南巡撫何煟疏稱,浙川縣之李官橋、北馬蹬、杜家巷、下淤村、劉梅集等五處社倉,因上游山水驟發,冲失倉穀八千七百一十一石有奇。題請豁免。俟豐收之後,再行陸續勸捐,以完倉儲。應如所請。從之。(高宗九五七、一一)

(**乾隆四三、二、庚戌**)戶部議駁:山東巡撫國泰奏稱,社倉穀石,其春借秋收,俱交地方官經理,並於歲底令州縣赴四鄉盤查等語。查社倉出納支收,例應社長典司其事,若由地方官經理盤查,難保無累於民。所奏應毋庸議。得旨:部駁甚是,依議。國泰此奏,似是而非。若如國泰所言,收支出納,俱歸有司經理。是在官又添一常平倉矣。從來有治人無治法,即如朱子立法之始,因所居崇安有社倉,與本鄉士人司其斂發。由朱子人本公正,且行之一鄉,故有利無弊。使朱子為郡守,未必能令各縣悉皆實力奉行。況推而行之天下乎?如國泰所陳社長瞻徇侵漁諸弊,原不能免。然因此而官為經管,則胥役地保之藉端勒索,煩擾更甚。是欲除一弊而又滋一弊也。惟當仍照舊定章程,各督撫飭屬實心稽覈,勿使里社侵虧中飽,期得實濟。何必輕事更張耶?將此通諭知之。(高宗一〇五一、一三)

(**乾隆四六、二、癸酉**)湖南巡撫劉墉奏:湖南社倉本息穀,共存五十九萬一千一百餘石,自乾隆二十二年以後,未經捐增。上年通省豐收,當令長沙、善化等二十州縣,循例勸輸,隨經各屬報捐至十六萬石,現已另立倉房社長,分別收貯。至舊存穀,除本穀留貯備借,其歷年收存息穀,請照安徽、江西等省例,變價存司,以為民田水利及隨時撫卹之用。報聞。(高宗一一二五、二五)

(**乾隆四八、六、壬午**)[暫署四川總督成都將軍特成額]又奏:軍需案內,積存士民公捐義穀十四萬九千餘石。查新設馬邊廳,未建常社二倉。鹽源縣產穀稀少,請將此項存穀存貯該廳縣,聽民間夏借秋還,不加息穀,以資接濟。從之。(高宗一一八三、一一)

(**嘉慶三、二、癸卯**)諭內閣:前因吉慶等查奏廣西通省倉穀,並未實貯在倉,輒以穀價抵數,曾經降旨嚴飭。茲據查明,分別參處,設法如數買補,已交軍機大臣會同該部議奏矣。各省額設倉穀,原應如數貯倉,以備緩急之用。乃近來州縣,因買穀例價,較之市價輕減,可有盈餘,在任時,輒將倉穀任意糶賣,私肥囊橐,及交代離任時,僅將例價留抵。日積月累,輾轉因循,以致倉穀空虛,毫無儲備;甚至將所留例價,亦復侵用。迨清查時，豫爲挪借，以圖掩飾目前，事後仍歸無著。至常平及社、義兩倉之設，古人原所以惠民，立法最爲良善。乃近聞出借時，於富戶則抑之使借，而於貧民則靳而不予。且出借之斗斛，任意減少，而還倉之穀石，勒令加增。以致小民不霑實惠，轉或因之受累。是惠民之法，適以資貪官而病民。此等積弊，不獨廣西一省爲然，各直省皆所不免。著通飭各該督撫，隨時留心，嚴行查覈，遇有此等滋弊累民之劣員，即據實嚴參示懲。於各州縣倉穀，必令如數實貯在倉，不許留價作抵；於借糶倉穀，務令出入斗斛，一律均平。俾小民得霑實惠，庶足除積弊而實倉儲，便民食而肅吏治。（仁宗二七、四）

（嘉慶六、三、癸卯）諭內閣：琅玕等奏，查明滇省社倉存欠各數，酌請分別追賠減除一摺。滇省各屬社倉，至嘉慶四年止，額貯穀麥莜青稞等，共計六十萬五千四百四十石零，現在實貯及賠解各項，共抵除穀三十二萬四千九十石零。尚缺穀麥莜二十八萬一千三百四十九石零。著照該督撫所請，將經理不善之地方官，各按銀數，勒限嚴追，儻逾限不完，著照雜項錢糧例參辦。至從前辦理兵差，民間津貼安家一項，以民捐之穀，還充民用。著加恩准其於冊內據實減除，毋庸另行籌補。（仁宗八一、一三）

（嘉慶八、三、壬寅）免福建積年民欠社穀、龍溪縣被水漂失倉穀。（仁宗一一〇、八）

（嘉慶四、六、丙辰）廣東巡撫陸有仁奏：粵東係濱海要區，倉儲倍關緊要。臣俟司道覈覆到日，即親赴抽盤數處，如果與結報相符，再行依限覈題，用昭覈實。得旨：粵東俗尚奢華，物力涌貴，賴近年督撫得人，移風易俗，漸臻淳樸。汝初到任當躬行節儉，廉以御下，不可踵事增華，作威作福；雖七千里之外，朕觀之如目前也。一切愼勉爲之，毋忽。（仁宗四七、三三）

（嘉慶九、一、丙午）諭內閣：浙江巡撫阮元議奏給事中簫芝陳請採買海運，難於舉行一摺。上年豫省衡家樓漫溢之後，黃水下游，由山東張秋穿運經行，於運道不無妨礙，自應就現在應行事宜，亟爲籌畫。經朕特派那彥寶前赴豫省，會同稽承志等，上緊堵築，並派費淳前往山東，會同鐵保設法辦理運道，挑挖淤淺，疏導泉源，並於各決口溜急之處，詳悉籌備；續又降旨有漕省分各督撫，催令幫船及早開行。現在豫省堵築工程，已得十之七八，餘亦均辦有端緒。誠以重運北來，至關緊要，是以前此不憚煩勞，妥爲經理。而外閒議論紛然，即有以山東運道難通，宜改爲海運者，而給事中簫芝竟以此入奏。朕原知其窒礙難行，若不交議，則無識之徒或疑朕不能虛衷採納，是以彼時未經降旨將原摺擲還，仍發交江浙各督撫妥議奏聞，並諭令勿存成見。前據陳大文、汪志伊奏，事屬掣肘，不能辦理；而本日阮元摺內亦稱海道險遠，不敢輕試，且現無舊辦章程堪以循照，若於額漕之外再爲採買，必致有妨民食，實不能輕議舉行等語。該督撫等久任封圻，諳習政務，前後所奏，不謀而同，是其事之必不可行，較然共見，並非朕自矜獨斷也。所有蕭芝原奏，著無庸議。科道等有言事之責，若果於朝廷政務實有裨益者，自當切實敷陳，朕必加之採納；若以必不可行之事，率臆瀆陳，輕更成憲，則非朕周咨博採之意矣。將此通諭知之。(仁宗一二五、一一)

三、河工及其他工程物料的採買、運儲

(康熙一二、二、壬戌) 河南巡撫佟鳳彩疏言：河南地方自有河患，需用柳梢，其協濟江南河工柳梢，應請免解。從之。(聖祖四一、一二)

(康熙一五、一一、庚戌) 命江南淮揚所屬沿河地方栽植柳樹，以備河工需用。(聖祖六四、一二)

(康熙三二、六、庚寅) 工部議覆：河道總督于成龍疏言，康熙二十五年所栽之柳不足，因而購買濟用。當日總河靳輔不料所栽柳不足用，今將購買柳價一萬八千餘兩，向經管各官追補，未免苦累。查需用柳枝之時，各官未經詳明題報，理應追補。得旨：柳條用於河工年久，著照該督所奏，免其追補。(聖祖一五九、一三)

(康熙三九、六、丙子) 工部議覆：河道總督張鵬翮題請發帑銀一百萬兩，爲辦料趕工之用。應移咨戶部，就近撥給五十萬兩，如果不敷用，再將五十萬兩撥給。又稱，運料必須船隻，請先借京口崇明杪船一百隻。應准借用。又稱，請交江蘇、江西巡撫動正項錢糧，照河工船式共造四百隻，發與河官運料。查河工額設濬柳船共有六百三十二隻，今又借用杪船一百隻，應將造船之處暫停。又稱，清江浦見有效力旗員，擬將船政同知裁去，改設理事同知一員，揀選滿洲賢能官補授，以之審理旗民詞訟，捕緝盜賊，兼管船政，仍屬總漕巡撫管鎋。應照該督所題，將滿洲應陞官員保舉，開列引見補授。上諭大學士等曰：……朕去歲南巡，見杪船有未經修理，棄置江濱者，可遣戶工二部司官馳勘，著速修理，俟到時將借用杪船之處，再議具奏。餘依部議速行。(聖祖一九九、一四)

(雍正三、一〇、乙亥) 工部議覆：河道總督齊蘇勒疏奏，治河物料，全資葦柳，請酌定附近管河文武員弁，栽種葦柳議敘，其効力各官及民人等，亦分別議敘。至河兵補栽額柳，向無議處之條，今亦請嚴定專汛各官處分，自雍正四年爲始，著爲定例。應如所請，從之。(世宗三七、八)

（乾隆二、閏九、丁丑）加山東河工料價。諭總理事務王大臣：豫東兩省河工所用歲修搶修之柴薪，俱係州縣領銀採辦，交工應用；每觔價值搶修給銀九毫，歲修給銀六毫零，此十餘年來之例也。昨戶部侍郎趙殿最奉差豫省，條奏歲修六毫之價不敷採辦，請概給九毫、以裕民力，朕已允行。但思東省與豫省河道毗連、壤地相接，所需料物價值，大率相同，豫省既已加增，則東省歲修之價，亦應照豫省之例，給與九毫，俾運工車價敷足，小民益可踴躍趨事。該部即遵諭行。（高宗五三、六）

（乾隆二、一二、辛亥）命加徐州府屬河工料價。諭曰：豫東二省河工，所有歲修搶修之柴薪，向來每觔給價六毫，令州縣採買交工應用。朕因六毫之價不敷採辦，已降旨加至九毫，以紓民力。茲聞江南徐州府所屬州縣，濱臨黃河，與山東、河南壤地相接，有蕩葦難以挽運，藉用秫稭之處甚多，採辦之價，亦覺不足，所當照豫、東之例一體加恩者，著總河高斌詳確查明，將應加價值之處，照豫東之例加至九毫一觔，報部著爲定例，以示朕體恤民隱之至意。（高宗五九、一三）

（乾隆三、一一、戊寅）河東河道總督白鍾山奏：運河南陽等湖與黃河大隄，俱生雜草，秋深芟割，軟細堅靭，實河工有用之料。因文武汛員向無養廉，售此草以資用。竊思官物應歸公用，且武汛備弁，不過數員，業照標營額給隨糧名數，文汛州同等官，經臣奏請賞給養廉，如蒙俞允，亦皆日用有資，均不應採草私賣。請以乾隆四年爲始，令該管道員於歲搶修銀內給發刀工，盡數採割交工，委員盤驗收貯，以備工需。得旨：所辦甚妥。知道了。（高宗八一、三一）

（乾隆四、八、辛卯）增河南河工秫稭價。諭：河南被水歉收，朕已降旨多方賑恤。因念該省河工埽料秫稭一項，皆採買於沿河州縣，今歲既罹水災，價值必至昂貴。查舊例每草十觔爲一束，官價九釐，倘此價不敷採辦，勢將派累里民。著每束增銀五釐，共成一分四釐之數。河官照價購買，不許絲毫扣剋，累及閭閻。此因歲歉加恩，後不爲例。（高宗九九、二）

（乾隆四、九、辛未）工部議覆：直隸河道總督顧琮等疏稱，河工歲搶料物，均照定價在附近村莊採買。秫稭一項，自雍正三年，酌定每束銀六釐，嗣緣乾隆二三年間，附近邨莊被水淹潦，秫稭歉收昂貴，議定每束暫給銀一分，豐收之歲，不以爲例。今歲固安一帶，田禾豐收，似應六釐一束採辦，但各工附近村莊，遠近不一，豐歉各殊，恐難一律。應請按照時價，自六釐至七釐不等，酌量道路遠近，據實分晰，造册開報。應如所請。得旨：依議速行。（高宗一〇一、一五）

(乾隆四、九、癸酉)〔江南河道總督高斌〕又奏：江南徐州府屬被水歉收，辦理秸料，可否照河南秸料，每束官價九釐加銀五釐之例。得旨：豫省原因災重而有此特恩，豈可率援以爲例乎？(高宗一○一、二○)

(乾隆四、一○、庚寅)又諭：凡河工需用草束，俱採辦於本省州縣。今年豫省遭被水災，草束之價較昔加昂，朕已降旨，每草十觔，向來官價九釐者，著加銀五釐，共成一分四釐之數。今思山東與豫省河道毗連，壤地相接，今年夏月雨水亦多，秫秸等物之價，非平時可比。亦著照豫省之例，每十觔一束，增銀五釐，俾採買從容，官民不至賠累。此因年歲加恩，後不爲例。(高宗一○三、七)

(乾隆六、二、乙丑)〔山西巡撫喀爾吉善〕又奏：太原府城西，舊有土堰，以捍汾河。每五、六月間，山水驟發，當大溜衝。現河身已逼城西北隅，勢甚危險。河旁悉浮沙，不能建石隄。惟於水發時，搶修頂衝。但料不豫備，臨事罔濟。請於歲修外，另動項辦料，以備急工。得旨：著照所議行。(高宗一三七、一七)

(乾隆七、一一、乙酉)(河東河道總督白鍾山)又奏：黃河形勢，倏忽變遷，工程平險，原屬無定。今當水落之後，必須詳察形勢，逐一妥辦。惟是修防以料物爲要，應多爲貯備；現於庫貯河銀內，酌動二三千兩，乘此新料登場易購之時，迅速採辦，以備緩急。得旨：所奏俱悉。(高宗一七九、三三)

(乾隆八、三、庚申)江南河道總督白鍾山奏：前因採辦料物，庫貯無多，於正項公項內，酌動銀十萬兩。今需費尚繁，請於江南近地撥銀二十萬兩，解貯河庫，除歸還借項，仍留爲辦料之用。得旨允行。下部知之。(高宗一八六、七)

(乾隆九、八、辛未)工部議覆：江南河道總督白鍾山奏稱，江南河工各廳，鑲修工程，多用葦柴，惟徐屬豐碭、銅沛二廳，地產秫秸，是以專辦秫秸交工。第向來印官河廳分辦，推諉遲延，應令該管河道，查明工程險易、需用多寡，於每年七月，酌定銀數，分給各縣印官承辦，定限十月完半，年內全完，派不管河工之廳員，查驗秤收。倘有掯勒印官，及印官派累百姓等弊，該督撫查參。再，各處沿河灘地，有可種植蘆葦處，仍飭地方官勸民栽種。應如所請。從之。(高宗二二三、二二)

(乾隆一七、七、戊子)〔河南巡撫蔣柄〕又奏：豫河險要工程，必賴料物濟用。查懷慶、河南府屬二三州縣間產楊椿，經臣分飭沿河各廳，禁民濫伐，以示撙節；但工程所用日繁，難資接濟。請撥項前赴江省，豫購杉木備

用。得旨：此事仍應力行，不可廢馳。十年之計，豈宜顧目前耶。（高宗四一九、二二）

（乾隆一八、九、丙子）又諭：據劉統勳等奏稱，江南應堵漫口工程，當今歲被水之後，且道路泥濘，輓運維艱。所需稭料椿糵等項，徐屬所產，勢不敷用；現咨豫東二省購辦等語。該處漫缺處所，需料孔殷。可傳諭蔣炳、楊應琚，令其轉飭附近江南州縣，速爲購買，運往應用。俾該處物料廣儲，庶工程可以尅期告竣。（高宗四四七、二一）

（乾隆一八、九、丁丑）又諭：據劉統勳等摺奏，江南銅山縣應堵漫決隄工，所需秫稭椿糵等項，徐屬所產，勢不敷用；現咨豫東二省購辦等語，已降旨蔣炳、楊應琚，令飭附近江南州縣，速爲購運。該處隄工甚屬緊要，若僅委之屬員，恐未能趕辦迅速。著蔣炳、楊應琚即親赴毗連江省之處，督率委員，尅期購辦運往，以濟急需。其各本省應辦事務，仍可帶往辦理，不致有誤。該部即傳諭知之。（高宗四四七、二三）

（乾隆一八、一〇、丁未）諭軍機大臣等：前因銅山堵築大工，急需物料，飭令豫東二省撫臣親往督率，速爲購辦。復經降旨令將採辦若干，運往若干之處，即行奏聞。嗣據楊應琚兩次奏報，其運往數目，亦已奏明；而蔣炳僅奏報起程，以後未見續奏。豫省至徐，由黃河順流而下，運往較易，乃奏報遲遲。看來豫省辦理，不及東省之迅速。著傳諭該撫，令其將現在如何辦理及採運數目，即速具奏。尋奏：督辦物料，臣住省東水次，已辦運糵一百九十餘萬觔，稭一百八十餘萬觔，現又辦稭二千五百萬觔，內運到工所六百七十餘萬觔，運到江南碭山水次五百餘萬觔，餘俱嚴催督運。至需用椿木，豫省分辦五百根。現在江省委員未到，亦飭縶筏徑送工所。得旨：是。以後勉力督催速辦，毋自取咎。（高宗四四九、二一）

（乾隆一八、一一、丙子）諭軍機大臣等：舒赫德等奏稱，山盱高堰磚石等工，亟需辦料興修。茲聞山東、江南所辦石料，輓運亦屬艱難，似應仍於徐州雲龍山等處開採。現在飛咨兩江督臣，會商江蘇、山東撫臣，作速派員前赴徐州採運等語。雲龍山呂梁等處採辦石料，由黃入湖，可以直抵工次。若如所奏，自屬便捷；但山東所辦石料，現據楊應琚奏到，已經雇集工匠開山採運。若將東省辦料官員派往徐州，則伊等從前所費帑金，恐將來不准銷算，不能無所瞻顧，轉致掣肘。其江南想亦辦有頭緒矣。可令鄂容安、楊應琚等公同速爲商酌，不必拘定何省，惟以能濟急工爲妥。若江南東省現在所辦，果能源源接濟，不致貽誤，則不妨仍於本處採運。如徐州實較近便，則兩省開山所需帑項，將來仍著准其報銷。總之此次辦理工料，非常時可比。即稍多費用，朕亦不惜，惟不可聽其浮冒耳。兩省督撫斷不必少存彼此之見，務期迅速濟用，無誤要工，以慰朕南顧懸切之念。鄂容安、楊應琚等會商妥協，一面即行辦理，一面再將辦理情形奏聞。不必具奏候旨，以致往返稽緩。可一併傳諭舒赫德等知之。（高宗四五一、一四）

（**乾隆一八、一二、己丑**）山東巡撫楊應琚覆奏：高堰隄工需用石料，東省現有開熟山廠。若往徐州開採，隔省呼應不靈，請仍在熟廠採運。高堰動工，先用江南就近開採之石。東省待運石料一俟開壩，即速運往。得旨：諸凡妥協；但速運石料毋以可緩致誤尤佳。（高宗四五二、一六）

（**乾隆一八、一二、壬午**）諭軍機大臣等：舒赫德等奏稱，豫東兩省協濟稭料，河南船運尚易，山東船少路遠，挽運實屬拮据。今兩壩現存及豫省未完稭料，足濟工需。其東省已起運者，照舊交廠；未起運者，應即停止，以蘇民力等語。此所謂知其一未知其二。東省稭料，業經由官給價採辦，若遽行停止，則在百姓已交復領，恐領回者十不及五；而原給價銀轉應按數追繳，非所以蘇民力，乃適以滋民累耳。但現在工需已足敷用；而東省挽運實屬艱難，則不妨令其陸續緩緩運交，其於民力似亦可稍紓。若其官尚未發價者，照伊等所議，即令停辦，總在不擾民，不滋弊，諸凡皆可權宜辦理。可傳諭舒赫德等，酌量緩急，妥協辦理可也。（高宗四五二、三）

（**乾隆一八、一二、乙酉**）又諭曰：楊應琚奏東省辦運稭料，全數完竣一摺，所辦甚爲迅速。前因舒赫德等以豫省稭料足濟工需，奏欲停止東省未經起運稭料，朕即降旨傳諭，以既經官辦，難於中止。今據奏俱已辦齊，若令發還稭料，追繳原價，豈不重爲民累耶？但東省船隻實少，未免運赴維艱，著仍遵前旨，陸續緩運可也。將此再行傳諭舒赫德等知之。（高宗四五二、五）

（**乾隆一八、一二、庚寅**）兩江總督鄂容安覆奏：隄工石料，前於江寧、蘇州、常州所屬，委員採鑿，業經奏聞。現查上江宿州、下江丹徒亦可開採。已飭廬鳳道督辦。今決口即日合龍，徐州雲龍山、呂梁所產石料，更可就近採運。得旨：覽奏俱悉。（高宗四五二、一八）

（**乾隆一八、一二、壬辰**）諭軍機大臣等：策楞、尹繼善同於本日奏到二閘漫口工程。原估時水止深二丈，今已加倍刷深，料物多不敷用，又經發銀採辦等語。此項物料，必採之該處民間，但策楞另摺，又稱積水之後，柴草稀少，民間買用頗艱；今復加採買，則柴草必益致昂貴，殊與民未便。因思現在銅山稭料，既已足用；山東代購之料，前因已經發價，降旨令仍陸續運往江南，以備將來之用。計此時尚未全抵工次，可傳諭劉統勳等，查明何處水次較便，作速運往二閘，以濟工需。其新發價採辦者，若已發價購定，則仍以濟工。若未經買足者，不妨留作民間薪蘇之用。總之不悞工，不擾民，權宜辦理，仍即奏聞。尋奏：二閘續辦物料，現已敷用。山東代購之料亦全數運完。銅沛又有餘存稭料。柴價較前雖昂，淮揚一帶素產蘆葦，民需尚不缺乏。惟徐州向係就近採辦，易至昂貴。今銅沛餘存稭料足敷工用，少此採辦實於民用有裨。得旨：覽奏俱悉。（高宗四五二、二〇）

（**乾隆一八、一二、丁未**）諭軍機大臣等：德爾敏富勒赫奏，高寶一帶臨湖石工，塌卸殘缺者，現在一律修補。高堰原約估石料二十萬丈，嗣實估需十六萬餘丈，所餘三萬餘丈，請運高寶石工應用等語。辦理屬是。所奏亦甚明晰。昨因劉統勳、尹繼善等，奏報採石維艱，應允辦甄土各工。即經傳諭，令將東省石料分運濟用。今據德爾敏等所奏，高堰隄工既餘石三萬餘丈，自應運往高寶應用。且現經鄂容安，莊有恭等，各處分員採石，則石料自必更多，況高堰石工，並非一二月即可全竣，自必陸續用石，與其堆積候用，何如即分濟各工？可傳諭劉統勳、策楞、鄂容安、楊應琚，將山東採辦及江南本處所購石料分運高堰、高寶一帶，以副工需；不必俟高堰所需全行運竣，餘剩始行撥運高寶也。至嵇璜、德爾敏現在專辦高堰石隄，高寶一帶自不能分力照察。尹繼善總理全河，所有運河兩岸各工，可交富勒赫，在彼專司督辦，務於明年春夏之間剋期完竣。再白鍾山所奏張家馬路存剩物料酌撥別廳數目一摺，亦頗明晰。所有附奏清單一件，鈔寄鄂容安等，將所需稭料即於此內取給；不足，然後採辦。一併傳諭知之。（高宗四五三、二〇）

（**乾隆二一、一〇、癸巳**）河東河道總督白鍾山奏：南河督臣現咨會山東、河南撫臣代辦秫秸二千五百萬觔，運往工次。臣思現購遲緩，不若先將曹單、曹儀二廳歲搶料物八百萬觔借撥，已飭遵照速行。又恐河南代辦亦遲，並札飭河南管河道，將儀考、商虞二廳歲搶料物借撥，加以江南現在發辦料物，並各廳存貯舊料運送，自可源源接濟。得旨：如此不分彼此，實可嘉也。（高宗五二五、二〇）

（**乾隆二二、五、甲午**）諭軍機大臣等：據嵇璜奏，黃河水勢自岸山上下，河底淤高，應加埽工，以資捍禦。而南岸要工，料物寥寥，請令河南辦料一百五十萬束，於六月初旬運至徐、邳，分撥各工等語。河南購辦物料，不過在附近徐州之夏邑、永城等處，運工始能便捷，若責成圖勒炳阿勉強購辦，該地方被災之後，情形未免拮据。且前此已經協辦應用，今再加一百餘萬，恐難剋期辦集。況此乃未雨之綢繆，而中州河流衝險，本省汛防亦不可不為留意。看來山東兗、濟之間，民氣尚覺寬裕，著由山東辦料，從運河直達工所，似易爲力。可傳諭夢麟、白鍾山、張師載，令其與鶴年、圖勒炳阿通盤商酌，從實籌辦。務期不病民力，而於河防有濟，始爲妥協。一面辦理，一面具摺奏聞。再南河葦蕩營等處草束，向供料物之需，較之隔省購辦，難易懸殊。現今作何經理？每年額解若幹，是否歸於實用？著白鍾山一併查明覆奏。嵇璜摺併鈔寄。嵇璜現在下河，將此旨傳令知之。尋奏：前後已經採買豫東及上下兩江協濟稭料，共四百餘萬束，若全數到工，酌量緩急，足以濟用。即恐不能如期運到，先撥左營蕩柴一萬束，又現買民柴五十萬束，足敷伏汛之用。再查葦蕩營草束，向額二百二十五萬束，每年分運淮、徐各工，分別遠近，酌撥報銷，均歸實用。得旨：覽奏俱悉。（高宗五三八、四）

（乾隆二六、八、壬午）欽差侍郎裘曰修奏：臣抵豫，由黑堽口前赴楊橋，查得南北兩岸漫口二十餘處，均已掛淤，易於辦理，惟楊橋缺口，寬至數百丈，需料過多。定例河工買料，每百觔價銀九分，今當災餘，非平日比，必大爲加增，每百觔作銀一錢八分，庶料物易集，大工速竣。再查疏防道廳，除應得處分外，所費錢糧例係銷六賠四。此次漫決處分，蒙區別新舊工程辦理，已屬格外，若僅銷六賠四，未足示儆。請將辦料加增一倍之銀，於凡有漫口之道廳名下均攤賠補。得旨：所見得要，如所議速行。又奏：歸德下游，前此二十二年挑濬各河，係黃水去路，皆須往看，爲疏消地步。得旨：正爲此，即河歸正溜之後，此等處必受淤，仍須妥治也。（高宗六四三、二）

（乾隆二七、一〇、丁酉）山西巡撫明德奏：運送京工木植，自穆納山取道黃河，沿途水陸遞運。得旨：此項木植，多至十二萬有餘，與其不論大小，自穆納山取道黃河，又由豫運通，尚有陸路間隔，未免過於周章。不若分別挑揀，量其材料足充京工資用者，派員解送。其餘短小不中程尺之木，即就近變價辦理。則公用既得良材，而運費亦爲節省。著派和爾精額馳驛前往，會同該撫揀擇妥辦，不得任胥役人等從中侵蝕滋弊，以收實用。（高宗六七二、一三）

（乾隆三一、八、乙丑）諭軍機大臣等：據高晉等奏，現在趕辦徐州韓家堂漫口，剋期堵築，全藉料物，但徐屬出產，不敷應用，現已飛咨山東、河南兩省協濟等語。著傳諭崔應階、阿思哈，即照該督等來咨，東省辦解秋稭一百五十萬束，豫省辦解秋稭三百五十萬束，絭一百六十萬觔，剋期由水路運赴工次，以濟急需。該撫等務須上緊督率購辦，或即以在工物料，星夜運交，徐行購補足額，以備來歲之用，亦無不可。總期韓家堂工，及早堵

築，毋得稍有遲誤。(高宗七六七、一一)

(乾隆三一、一〇、辛丑) 諭軍機大臣等：阿思哈奏，韓家堂漫口工程，所有停運豫省採辦物料，礙難給還戶民一摺，已明降諭旨矣。此項工料，前經高晉等奏請鄰省協辦，以濟急需，是以迅諭該撫上緊如數搬運。初以高晉等親在工所覈估，事皆真知灼見，自必按照漫口工程，據實估計，取足敷用，何至停運秸料至二千二百餘萬觔之多？此皆工員陋習，只圖多備少用，以取便易所致。高晉等何竟聽率行開報，不復詳加覈實？現飭將未經起運之料，俱酌運各工備用，概不必給還民戶，繳價歸官，以免閭閻擾累。但往來需用腳價，已多滋糜費，高晉等實難免辦理不善之咎。所有往返運腳銀兩，著阿思哈查明，除例應開銷外，其有浮多之數，即著高晉、李宏分賠歸款。至豫省運料船隻，彼時以工程緊急，盡行封雇裝載，今若仍留徐州工所，於豫省商民貿易殊多未便，高晉等所辦更未妥協。著傳旨申飭。此項回空船隻，即著交還豫省，毋得仍前截留。著將此傳諭高晉、李宏、阿思哈知之。(高宗七七〇、九)

(乾隆三四、八、丁巳) 諭軍機大臣等：據李宏奏，葦蕩營汛船石船遭風損壞四十餘隻，漂淌餘柴八萬餘束，請照例確估修造，並分別覈銷等語。此次運料船隻，猝遇風暴，人力難施，以致損壞，並淹斃人口，非駕駛不慎可比，自應准其估造覈銷。但漂淌餘柴至八萬餘束，為數甚多，恐不肖工員，恃有此例，或任意將物料虧缺，藉詞捏報。希圖掩飾彌縫，此等情弊，不可不仿其漸。著傳諭李宏，嗣後必須留心體察。或遇似此船隻失風之事，務查明實在情形，再行奏聞，分別覈銷，以杜混冒。將此傳諭高晉知之。(高宗八四〇、九)

(乾隆四三、一、己巳) [軍機大臣等] 又議覆：直隸總督周元理奏稱，新移密雲縣駐防官兵住房，勘有行宮旁隙地一百八十丈，坐落城外，可四圍另築堡牆，與易州等處營房相等。惟需用木植，不下七八萬件。請於熱河圍場山內，照數辦運。應如所請。從之。(高宗一〇四八、七)

(乾隆四三、七、丁巳) 山東巡撫國泰奏：豫省儀封漫工，急需料物，當派附近儀封之菏澤、曹、單、定陶四縣，採辦秋秸六十萬束，並於兗州、泰安、曹州、東昌、濟寧五府州備辦桑麻五十萬觔。仍於稍近豫省縣分，添辦秋秸六十萬束。俟河臣來咨，即運往濟用。得旨：嘉獎。(高宗一〇六三、二九)

(乾隆四三、八、壬戌) 諭：豫省儀封、考城一帶，黃河漫口奪溜，被災較重，朕心深為軫惻，已命大學士高晉，選帶諳習河工將備弁兵，星馳赴工,速籌堵築。復降旨截留漕糧二十萬石,併留豫省新漕十萬石,又先後撥運兩淮鹽課銀一百萬兩,並命尚書袁守侗,前往查辦,董飭有司實心撫卹,俾災民不致失所。現在要工需用料物甚急,雖令未被災之各州縣辦運,但念該省昨秋、今夏俱係歉收,幸六月得雨後,補種秋禾,而七月內陰雨連綿,收成又不免稍減,若照定例給價購辦,尚恐不敷。著再加恩,將所辦料物,無論道路遠近,於正價之外,每百觔加價銀五分,小民自必踴躍趨事,可期迅速蕆工。該撫務須督率所屬,實力妥辦,期民間均霑實惠,毋致吏胥侵肥中飽,副朕軫念窮黎之意。該部即遵諭行。(高宗一〇六四、八)

（乾隆四三、八、壬戌）又諭:據高晉等奏,豫省漫口九處,惟儀封一處奪溜,口門寬深,需料較多。所辦稭料,雖未被災之各州縣採辦,但時值陰雨連綿,運送既覺艱難,而本年麥收歉薄,秋成亦未十分豐稔,民力尚欠紓徐。若照定例,每百觔給價九分,似覺不敷,懇恩於正價之外,每百觔加價銀五分,小民益必踴躍,大工可期速成等語,此即寓賑於工之意。已明降諭旨,加恩增價矣。(高宗一〇六四、一二)

（乾隆四三、八、丙戌）山東巡撫國泰奏:准豫省咨稱,儀封漫口,所需進埽秸物緊要,現貯北岸廠內稭蔴,若必俟豫省委員轉運,不免稽遲。臣行抵曹郡時,即將運送協濟物料,委員徑抵東壩工所交收,並於辦稭一百五十萬束原數外,多備稭四十萬束,運至曹單廳貯備。得旨:所辦可嘉。(高宗一〇六五、二八)

（乾隆四三、一二、丁卯）又諭:據高晉等奏,本年豫省因兩處漫口,所需工料較多,已分派通省不被災之各州縣承辦。但該省尚有額辦明歲稭料共七千七百萬觔,際此辦運大工之後,民間存料有限,若再照例發辦,民力恐有不繼,請於直隸之大名府,江南之徐州府,各辦稭一千六百萬觔;山東之兗、曹二府及濟寧州辦稭二千五百萬觔。令該督撫飭屬照數採辦,運豫備用等語,所奏是,已於摺內批示矣。今年豫省堵築漫口,所用工料已多,本省自不敷採辦。所有明年額料,自當於鄰省籌辦,著傳諭周元理、薩載、楊魁、國泰等按照指定各地方,如數上緊購辦,並即派委幹員迅速解往,交河南附近各廳工次接收,以備來歲修防之用。所有採辦料價,俱著照例動支公項給發,毋得絲毫派累閭閻。將此由六百里各傳諭知之,高晉等原摺,鈔寄閱看。仍各將辦理情形,迅速覆奏,並諭令高晉等知之。(高宗一〇七二、三二)

（乾隆四三、一二、癸酉）又諭:據胡季堂、喀寧阿奏,查審山西民人張九錫控告河南各府派累工料一案,提訊曾經交料之司位東等,俱供只知每料千觔,須價銀十三四兩,並無折收銀十四兩之事。又運料赴工,沿途拋撒,每千觔,約折耗數十觔,係屬常例,並無千觔只收二百觔之事。復嚴詰張九錫,據稱實因在河南年久,貿易折本,不敷度日,今見民間辦料艱難,思欲代為伸雪,河南百姓,必能感激,得個好名,在此生理,即可興旺獲利,是以冒昧具控。現俟將所控內黃輕縱搶奪一案審結,再行從重定擬等語。朕惠愛黎元,臨御以來,四十三年如一日,免漕蠲賦,至再至三,偶遇水旱偏災,不惜多費帑金,加意賑恤,即如今歲豫省河水衝溢,被災較重,先後撥給帑銀一百六十萬兩,又截撥江西漕米二十萬石,復截留本省新漕十萬石,令實力撫綏,以期無致一夫失所。又念漫口所需物料較多,恐購備不易,興工之初,即嚴諭地方大吏,飭屬妥辦,毋得絲毫派累閭閻。復令於正價之外,每百觔加價五分,俾知踴躍。又慮本省秸稭,不敷採辦,令山東省就近協濟,而明年應備之額料,並令山東、直隸、江南三省辦運。其所以體恤之者,實已無所不周,至於一切物料,勢不能不購自民間而按糧辦料,又屬向來成例,百姓等自當共知感奮,且目擊本省被災,官為施工辦料,凡屬有收之地,尤應休戚相關,努力辦公,以相周濟。況豫省民風淳樸,更不宜有造言訐控之事。今張九錫,以山西民人,在豫貿易,乃因生計艱難,摭拾風聞無據之言,妄思代民伸雪,以冀得名獲利,其情甚屬可惡,不可不嚴示創懲,以昭炯戒。至此等挾私誣告之伎倆,即讀書失志之徒,恐亦不能免,一經欽差大臣查訊,虛實自可立辨,必不致吏胥有擾民之患。奸民逞刁健之風,然亦足見朕平日勤求民瘼,閭閻疾苦,無不周知。且偶有控訴,即派員鞫勘,從不壅於上聞,如此案張九錫之譸張為幻,亦未嘗非揣測朕意,敢於架詞越控,是朕平日如傷在抱之懷,實能見信於天下百姓,而民隱斷不致壅蔽,所謂觀過知仁,朕心轉因此而稍慰矣。除張九錫一案,俟胡季堂等審結具奏後,該部按律定擬外,著將此通諭知之。(高宗一〇七三、二)

(乾隆四四、一二、辛亥) 又諭:上年因豫省兩處漫口,需料較多,恐該省尚有額辦歲料,不敷採買,曾經兩次諭令直隸、山東二省幫辦,運往應用。今該處屢築屢衝,所費更多,本省所產秸料購辦自更為竭蹶。著傳諭楊景素、國泰即於附近豫省地方,速即飭屬,各購秸料數千萬觔,豫備該省取用。楊景素即咨明豫省,俟接到阿桂等需用料觔咨會,一面奏聞,一面派委幹員,迅速解往工次應用,毋稍稽誤。所有採辦秸料價值,楊景素、國泰俱著照例動支帑項,毋得絲毫派累閭閻。將此由六百里傳諭楊景素、國泰,並諭阿桂等知之。(高宗一〇九六、四)

(乾隆四四、一二、辛酉) 又諭:前因阿桂等奏,豫省所辦料物,漸次用完,續購不易,是以傳諭楊景素、國泰各於隣近州縣,購辦稭料數千萬觔,以備應用。本日據阿桂等奏稱,豫省購辦不易之故,止係價值漸增,運腳累重,並非物料短少,現在尚可籌辦,無須隣省協濟等語。豫省應用稭料,既無需協助,則直隷、山東,自可無庸購買。但楊景素等接奉前旨,業已經旬,諒所買物料必多,若仍發還民間,令還價值,未免轉滋紛擾。著傳諭楊景素、國泰,酌量情形,如其尚可發還,即妥爲辦理。若有不能發還之處,則該二省,俱有河務工程,此項已購物料,正可留備歲修之用。楊景素等務宜飭屬妥辦,毋使閭閻稍有滋累。將此由六百里發往,仍著將作何辦理情形,據實覆奏。並傳諭阿桂等知之。(高宗一〇九六、一三)

(**乾隆四六、八、丙戌**)河南巡撫富勒渾奏:豫省堵築漫口、挑挖引河,所需物料人夫不少,向例通省派辦之料,緩不濟急。請飭委員就近採買,每稭一觔、銀四釐,麻一觔、銀六分。其撥夫舊例,亦係闊省按糧撥送,但遠近不一,總難應手。請飭開、歸、彰、衛、懷各屬覓雇。每名每日銀四分,並津貼銀一錢。得旨:所辦好。(高宗一一三九、一)

(**乾隆四六、一二、甲戌**)諭:據富勒渾奏,現在儀封漫工,購辦物料,需費浩繁,司庫存貯銀兩,不敷動撥,請撥銀一百萬兩解豫等語。著照所請,於戶部庫內撥給銀一百萬兩,照例派委妥員迅速解往,以濟要工。(高宗一一四六、一三)

(**乾隆四七、二、丙戌**)又諭:據富勒渾奏,豫省自開工以來,屢築屢潰,本省附近料物,業已搜羅殆盡,毗連之山東、江南地方,或道路稍遠,或各有災務,協辦物料恐緩不濟急,現在移咨直隷督臣,轉飭附近州、縣,諭令有料之戶盡數出售等語。所奏是,豫省要工,急需料物接濟,自應就近在鄰近之直隷各州、縣採買。但恐所用料物略多,一時購辦,閭閻未免高擡價值,爭利居奇。著傳諭鄭大進,轉飭附近豫省之各州縣,出示曉諭居民,令其儘數出售,照常採買,並著該道府留心查察,毋任囤販居奇,以濟要工之用。(高宗一一五一、九)

(**乾隆四七、二、丁亥**)諭:豫省現在堵築漫工,一切購辦物料,需費浩繁。去冬曾撥給戶部庫貯銀一百萬兩,恐不敷用。著再於戶部庫項內,撥給銀一百萬兩,照例派委妥員,迅速解往,以濟要工。(高宗一一五一、一三)

(**乾隆四七、三、己酉**)又諭:本日據富勒渾奏,青龍岡漫工,於挑水壩改築大壩,料物仍於本省督派採買,以資接濟。並稱此次料物雖來路稍遠,毋庸增價亦不致缺乏各等語。豫省漫工,自去秋辦理堵合事宜,屢經塌蟄，迄今已半載有餘，所費料物不少。茲據富勒渾奏採辦情形，用料雖多，尚敷應用，並無辦理竭蹶之語。該撫所奏是否果係實情？其添辦督派，毋庸增價之處，果否不致累及閭閻，稍滋紛擾？朕心深爲廑念。著傳諭阿桂，即將該撫辦理實在情形速行查明，據實覆奏，毋得稍有諱飾。尋奏：壩工所需稭料，每觔給腳價銀四厘鼇，毋庸增價，亦無紛擾。得旨：嘉獎。（高宗一一五二、八）

（**乾隆四七、四、壬午**）諭：豫省堵築青龍岡漫口壩工，屢合復開，現在購辦物料，及改籌趕緊工程，需費繁多，前兩次撥給户部庫貯銀二百萬兩，恐尚不敷。著再於户部庫項內，撥給銀一百萬兩，查照向例派委員弁，迅速解往，以濟要工。（高宗一一五五、一）

（**乾隆四七、一一、甲午**）又諭：據何裕城等奏，來年興辦運河隄工，所需杉木一項，應購辦八萬根，現在擬即動撥司庫銀兩，委員前赴湖北漢口一帶產木處所，照依現定圍圓長丈，如式採買齊全，務於明年三、四月內到工，庶不誤要工之用等語。所奏甚好，自應即需籌辦者，東省隄工，需用木植稍多，現據該河督等動撥司庫銀兩，遴委幹員，前往湖北漢口一帶，趕緊採買。著傳諭舒常、姚成烈轉飭地方官，俟東省委員到彼，即協同照料購辦，毋任商賈居奇，並沿途派員催趲出境，俾遄行無滯，速濟要工之用。（高宗一一六八、一）

（**乾隆四八、二、丙戌**）湖北巡撫姚成烈奏：東省委員採辦隄工木植，准河臣將需用丈尺各數咨覆，即飭漢陽府縣寬爲豫備。現據委員稟稱，按照工次所需，揀擇買齊，紮簰起運，隨派委督護催行，仍咨經過各省，接護抵工。得旨：嘉獎。（高宗一一七五、一一）

（**乾隆四九、八、壬子**）河南巡撫何裕城奏：河工料價，查例每稭一觔，價銀九毫；麻一觔，價銀一分四釐四毫。俱係分派通省州縣採辦，州縣按糧派之里下。嗣因連年河隄漫口，地方屢被偏災，價增數倍，民間辦運不前。因於辦理青龍岡大工案內，經前撫臣富勒渾奏明，每稭一觔，給價腳銀四釐，麻一觔，給腳價銀六分在案。今睢州要工，開廠已及旬日，料物未能擁集，緣時價每稭一觔，需銀一二釐不等，麻一觔，需銀三四分不等。加以運送腳價如距工遠至百里，每百觔即需運腳銀七八分及一錢不等，進而愈遠，運費愈多。例價不敷購買，委係實在情形。應請按照時價採買，其運腳亦照里數酌加，如百里外者，每百觔加運腳銀一錢，進而遞遠，運費遞加，總不得過前此青龍岡加增之數。至向來辦夫，亦按糧派之里下。里下雇夫一名，自本地動身，每名日給錢百文；到工之日，每名日給銀四分。嗣因食用不敷，於例發四分外，里下加給銀一錢。此次應請所需人夫，即在工所招募，除例價四分外，酌增銀八分。所有夫料價值，先於司庫借墊，工竣覈實報銷。至加增各項銀兩，照例歸於里下，分年攤徵還款。得旨：著照所請行。該部知道。（高宗一二一三、二二）

（**乾隆五五、三、丙戌**）軍機大臣議覆：兩江總督書麟、江南河道總督蘭第錫奏稱，前准關監督徵瑞奏准，淮商捐造撥船三百隻，爲漕務撥糧、河工運料之用。查原定章程，每船應雇船户、船頭、水手日給工食，議以運料則河廳出費。但運撥時雖有廳員、旗丁等照例攤出，其空閑之日，水手、工頭可別尋生理，船户留船看守，不免枵腹從事。不若於南河額設兵內酌抽三百名，派令分管。即責成雇覓水手駕駛，仍交裹外兩廳同知、兩營守備管轄，其按月名糧，由原管照舊支給。應如所奏。至山東省所備撥船，生息款項足以敷用；其直隸撥船，除運奉天米豆、南糧米石外，空閑時雇與東省，運東豫兩省漕糧，其雇剩之船，原有商捐銀兩爲冬季守船之費，毋庸另議。從之。（高宗一三五〇、七）

（**乾隆六〇、九、丁丑**）河東河道總督李奉翰奏：豫省黃河南北兩岸，應需辦料，例於八月新料登場後採購。現據河北道蔡共武詳稱，黃沁兩河各要工均關喫緊，購辦來年修工各料，除分撥荒缺等項外，請撥發藩庫銀三萬兩。又據護理開歸道徐端詳稱，黃河南岸要工林立，採辦來年料物，除現有荒缺銀外，請撥發藩庫銀七萬兩，現咨會撫臣，飭行司道，將此項銀兩，分發沿河州縣承領採辦，運交工所。得旨：知道了。又批：不可不實。（高宗一四八七、三四）

（**嘉慶一、一、甲子**）又敕諭：本日木倉失火，延燒倉屋及架木駞屆、簹纜等件，經提督衙門查明，奏請將該堂官、監督，分別嚴議，並著落分賠一摺。木倉重地，如果平日加意防範，何至失火延燒？況現屆春令，非若盛夏炎燥可比。若云年節點放花爆，遂至不戒於火，則百數十年來，每值新正令節，並未禁民間花爆，何以從無失火之事？此必係看守之人誤遺火種，猝致被燒，該堂官、監督等疏玩之咎，實所難辭。惟念各該堂官事務較多，不能常川照料，所有應得處分，著加恩寬免。至該監督係專管之員，典守者自不得辭其責。但該堂官等既已從寬邀免，其監督二員亦著從寬革職留任，徹去監督。著該部堂官另行揀派，至燒燬房間架木，並著加恩免其賠補，此內駞屆、簹纜、椿櫬等項，仍著落該監督分賠，以示薄懲。再此項架木，除燒燬外，尚存八萬餘件，爲數本屬過多。自係向來經管之員，於收木植時冀圖多得飯銀，以致率意行取，殊屬非是。現在所存架木，儘足敷用有餘，此後竟無庸行取。俟將來需用時，再行奏請咨取。所有應修房間，著於寧壽宮存貯銀內賞撥銀三萬兩，趕緊修葺。如有餘剩，再行奏繳廣儲司。（高宗一四九四、二二）

（嘉慶五、二、戊子）又諭：康基田堵築邵家壩漫工，於堵合後復因凍土不能堅實，致有滲漏過水。節經降旨諭令實力妥辦，乃督辦已久，未能堵合。現據奏口門僅寬三丈，又因正月二十七日料船失火，直撞大壩，將料物悉行延燒；被燬之船，衝至西壩，該處壩身稭椾，悉行焚燬。近地料物，業已收買淨盡，須俟新稭登場，再行興築。是康基田疎防玩誤，不勝河督之任。業將康基田革職，留工効力贖罪，並將焚燬料物等項，著康基田分賠十分之五，餘著工員分股攤賠。吳璥調任江南河道總督，著即前赴新任。向來河工員弁，往往於無事時故將隄工偷挖穿漏，生出新工，以爲開銷侵冒地步。此次料船失火，安知非存料虧缺，工員恐被查出獲罪，私行放火延燒，以爲掩飾規避之計？康基田爲其所愚，均未可定。吳璥到彼，務須嚴查，如有前項情弊，即行據實嚴參，毋得徇隱。將此諭令知之。（仁宗五九、一五）

（嘉慶八、九、戊午）諭軍機大臣等：顏檢奏遵旨飭令藩司瞻柱派妥員齎帶銀兩，馳赴長垣等處查勘被水情形，及經理撫卹各事，並令道員陳鳳翔即速回任趕緊購辦歲料，後隨赴差次照料稽查等語，所辦俱是。至分派各員先於廣平府屬採辦稭料一千萬斤，就近運赴豫省工次，該督務須嚴飭各委員於歲收豐稔地方，按照定價公平採買，斷不可聽吏胥等將料物任意浮收，而於價銀有短發情弊，致民間多有擾累。再該省開州東南一帶，水勢未退，平地俱深至二三尺至四五尺不等，沿河村莊多被淹浸；其長垣東明境內，積水曾否疏消，朕心甚爲廑念。著顏檢飭令瞻柱迅速前往，一面妥爲撫卹具奏，勿令失所。將此諭令知之。（仁宗一二一、二七）

（嘉慶一一、七、甲子）又諭：戴均元奏河工物料昂貴，例價不敷，請照時價實用實銷一摺。河工應用夫、土、木、石等項，向因價值加增，承辦廳員詳請加價，該河督即照時價批准。復恐不能按例報銷，遂任承辦之員虛估工段、寬報丈尺，以符部價。是該河督明知所報不實，據冊咨部，部中亦即照所開工段、丈尺覈銷，竟係相率爲僞。且廳員等以報部工程，俱係通融開報，勢必藉稱例價不敷，任意浮冒，其弊何所不至？上下相蒙，不成政體。著照戴均元所奏，准其將應用一切料物，按照時價，實用實報，不得稍有虛假；仍著將各項物料價值，由地方官詳報督撫，按月咨部存查，俾有稽覈。至物價隨時長落，原無一定。近日物料昂貴，人所共知。倘嗣後物價已就平減，而報部之數仍按價貴時報銷，則係承辦之員朦混侵蝕，必當嚴參懲辦。設將來物價較此時復有加增，亦准其據實咨報。此後工員等更無可藉口。該河督等惟應督飭在工大小各員，各矢天良，確估覈銷，無任絲毫浮冒；儻再有虛估工段、寬報丈尺等弊，即當按律治罪，決不寬貸。(仁宗一六四、三〇)

（嘉慶一一、九、甲子）諭內閣：吳璥等奏豫東黃河工程料物，請分別價值覈實報銷一摺，河工採辦料物，原定例價不敷，各廳員因此藉口，後遂通融開報。而浮冒之弊，即影射其中。前經戴均元奏明，請將南河料值，按照時價，實用實銷，經朕降旨允行；今吳璥等奏請豫東採辦料物，亦一律覈實開報。除歲料內秫稭一項，豫東舊有幫價津貼，仍令循照舊例辦理外，其檾麻一項，及搶險添用稭料，著亦准其按照時價，覈實題銷。惟本年搶險所用各料物，前此並無月報，其價值無從查覈，是惟在該河督等激發天良，破除情面，實力查察，將用料之多寡、購價之低昂，確覈題報，方為實用實銷；若所報不確，豈不徒為工員浮冒地步？近來大吏，每不以嚴察屬員為事。試思各大員皆受朕深恩，若但知潔己，而一任屬員弊混大法而小不廉，又豈國家委任之意乎？即如直隸官吏串同冒帑一案，以報解錢糧章程素定之事，尚如此作奸犯科，況河工搶險搶修錢糧，本無一定數目，若非統轄之員實心稽覈，其中安能盡歸確實？該河督等當以直隸之案為鑒，若將來查有浮開侵蝕等弊，則惟執法嚴懲，斷不姑貸也。其嗣後該省稭麻價值，亦著與江省一例，由地方官按月詳報，咨部存查。至土方一項，非稭麻可比，難以按月定值，其取土道路遠近，本有定則。若農時忙隙，雇值高下區分，亦屬實情。其應如何分別價值、設法稽考之處，著該部詳悉妥議具奏。其原奏內所稱李亨特任內未題未銷各案，仍著照舊按例價報銷，以杜牽混。(仁宗一六七、六)

（嘉慶一一、一〇、庚子）又諭：工部議覆吳璥奏請撥豫東藩庫銀兩豫備搶險物料一摺。豫東黃河兩岸，節年坐灣生險，埽段漸增，所需料物，若俟搶護時臨期採辦，恐致料戶居奇，自應先事籌備。著照部議，准令該河督於豫省藩庫撥銀二十萬兩，東省藩庫撥銀二萬兩，豫購料物，以備要需。惟豫東搶險料物，向無幫價，每垛止准報銷例價銀四十五兩，與該省歲修工段例價外每垛加幫價津貼銀二十五兩者不同。該河督請照歲料每垛七十兩之數，作正開銷，與部例不符，惟節據該河督奏例價不敷情形，懇請實用實銷。仍著該督遵照節次諭旨，將所購料物，例價應銷若干，應增若干，分晰具奏，以憑覈辦。至部議請將此次另案稭料，即令該河督等照歲料之例籌款幫價一節，此項料價，若令地方官捐廉辦理，既恐藉端科派；若令民間協

濟，又恐擾累閭閻，均不免易滋流弊。是否可行，著該河督會同該撫等悉心體察情形，妥議據實具奏。(仁宗一六九、二四)

（嘉慶一二、三、辛未）諭內閣：大學士、尚書會同工部議奏河工料物價值覈實報銷一摺。河工料物例價不敷，近年皆以浮用之數，虛開融抵，該河督等欲杜其弊，奏請按照時價，實用實銷。若以時價比例價增多，仍責令如前虛報，則廳員融銷朦混，其弊將無所底止。至部臣以例價有常，恐邊增數倍，致涉虛糜，駁令覆覈，實爲慎重錢糧起見。但未經目覩情形，憑空揣度，駁令另議，該河督等仍不過覆申前說，章奏頻仍，迄難定議，殊非覈實辦公之道。著派英和、將予蒲揀帶工部精細司員，馳驛前往南河，將河工應用稭麻樁木以及土方等項，均一一親身查訪時價採試，切勿假手河員，將實價詳細開單具奏，候朕裁酌。英和等於南河查覈完竣後，並著順道前赴東河，一併查覈具奏。(仁宗一七六、三六)

（嘉慶一二、五、丙寅）諭內閣：工部奏查明南河需用料物例價，並鐵保等奏請加價數目，及此次英和等所擬增減各價值，分析比較，開單進呈，朕詳加披閱。所開料物十一款內，除鐵器、雜料、煤炭等項一款，仍照例價，並無增添外，其餘各款，均比照定價增添半倍一倍，以至數倍不等。河工需用料物，全在經手得人，自無弊混。從前即未經加價，在謹飭辦工者，自不敢多有浮開，而見利忘害者，全借此虧國肥己。此時加價之後，設或辦公各員仍前糜帑營私，其弊又將何所不至？是河工杜弊之法，原不專在於定價，但近年大工屢興，物產昂貴，一切工料不能悉照舊價辦理，亦係實情。既據侍郎英和等到彼訪查明確，自當酌量准行，但亦不能不定以限制。所有單內增添價值，著將舊價多半倍、一倍、倍半以及兩倍者均照所議辦理；其有較舊價加至兩倍以外至三倍、四倍半有零者，著減至加兩倍爲止；於兩倍之外，不得再有浮多。違者工部仍前不准。此次定價之後，工員承辦料物，自更無掣肘之虞，不得再有藉口；若仍前虛估寬報，復有弊混，一經查出，必當重治其罪，不能少爲寬恕矣。至於時價早晚本自不同，即歲需工料，亦有多寡不一，將來如果辦工較少，物價漸平，該河督即當據實奏聞，酌量議減；設或物價仍復昂貴，該河督亦何妨隨時具奏，再行請旨辦理？(仁宗一八〇、二二)

（嘉慶一二、七、丁巳）諭內閣：鐵保等奏，遵旨將減定南河物料價值，分別柴稭細數，再行開單具奏一摺。南河物料時價，歷年俱有增無減。經朕特派大臣親往查勘後，已降旨酌照例價，祇准加至兩倍，原不准再有浮多。茲據鐵保等查明各項料物內，如磚灰煤鐵等項，尚可撙節辦理；惟徐屬之秫稭、揚屬之葦柴，最爲正料大宗。現在各廳屬稭價，亦俱多寡不齊，然尚可損此益彼，增減相抵，不致有逾定價。至揚屬葦柴一項，原定例價本輕。節年來灘地漸遠，轉運日難，現在市價每斤實需制錢六七文不等，若祇照例價加增兩倍，僅准銷銀二釐一毫，萬難敷辦。鐵保等再四籌商，懇於原請加價三倍半至四倍有零之中，酌減十分之二，比較例價約加三倍有零，承辦庶無掣肘等語，自係實在情形。向來河工積弊，多以通融虛捏，浮冒報銷，自當覈實辦理。此項葦柴價值，既據該督等查明實在不敷採辦，據實陳奏，籲請酌增，著加恩將此一項，即照所請，於原加兩倍外，再加一倍有零。該督等惟當嚴飭各屬，實心購買，撙節支用；仍隨時嚴密勾稽，勿任稍有弊混。俟將來物價漸平，即著據實議減；若以此次嘗試，又復瀆請屢加不已，朕惟執法嚴懲耳。(仁宗一八三、二五)

　　(嘉慶一二、一一、丁卯) 諭內閣：溫承惠奏永定河埽段加增，料物不敷購辦，懇請酌添銀兩一摺，所奏非是。各省工程料物，部中遵照定例覈銷。一切例外加增之款，在所必駁。如果工程緊要，料價實昂，則部駁上時，朕仍格外施恩，量加允准；若外省所奏情形不確，迹涉冒濫，即部臣不加覈駁，又豈能妄邀允准？永定河南北兩岸工程，歲修搶修銀原共祇二萬二千兩，迨嘉慶七年那彥寶在彼辦工之時，曾奏請增添歲修搶修銀二萬二千兩，數已加倍。原因六年異漲，非常年所有。彼時該處兩岸附近村莊產料不多，一切添辦埽工，購運實屬不易，是以特旨允准。自增添以後，不過數年，今溫承惠又以兩岸險工續添新埽，需用料物加鑲，輒欲再增歲修、搶修銀一萬八千兩。似此逐年增添，伊於何底？永定河距京甚近，設真有險要工段，所需料物較多，朕何難立派大員前往查辦；今若以尋常工段，動議加增，易滋冒濫之弊。所奏不准行。溫承惠著傳旨申飭。(仁宗一八八、二〇)

　　(嘉慶一五、二、辛丑) 諭內閣：工部奏請嚴河工另案工程一摺。河工修防事宜，首重歲修，次則搶修，如果認真經理，自不應有另案之工。從前例價不敷，廳員等或借另案名目通融辦理。乃自嘉慶十一年加價之後，歲搶修二項價銀，業已增至兩倍，而另案工程仍不減少。據工部摺內稱，查覈所奏各案，其以舊埽朽腐，沈陷蟄塌，另案開報者，竟有四分之一，是明係歲修工程不能堅實，甚或祇將情形較輕處所略事補苴，轉將實係沈蟄朽腐者留爲另案開銷地步，亟須劃定限制。應即照工部所請，嗣後著該河督等將每年三汛內修過工段丈尺，分次開單具奏，再行彙案題估。如有現在修防未經報明淤閉之工，旋因舊埽空虛、沈陷蟄塌另案奏報者，將所需銀兩，著落該道廳等官分別賠繳，不准開銷。並著該河督等將各廳汛新舊埽工，開具地名起止、段落丈尺，某段業經淤閉，某段現在修防，造具總册送部。其每年增入修防及續經淤閉者，再於秋汛後專案另報，以憑查覈。又據另片奏，十三年堵築各工，現在尚未據該河督等將做過工段丈尺、用過銀數開單具奏，恐遲緩滋弊，請旨查辦等語。南河十三年堵築各工，已報竣一年有餘，何以銀款尚未覈定？將來日久難稽，必有浮冒情事。除飭令該河督等上緊造報外，並切實查明，將該道廳底册有無浮冒之處，覆覈具奏，勿任滋弊。（仁宗二二六、一）

（嘉慶一五、九、乙亥）諭內閣：馬慧裕奏，遵旨確查南河稭麻價值秉公酌擬一摺。南河現在修復海口大工，所需一切料物均關緊要。前因工部覈議，該河督等奏請酌增料價，特諭令馬慧裕就近確查。茲據奏稱，查明購辦物料情形，需用浩繁，運腳亦較昂貴，懇請將稭麻二項價值量為加增等語。海口路途遼遠，產料處所遠近不同，而運料亦自不能一律。所有稭價，著准其照現行之價增至三釐七毫，麻價著准其照現行之價增至四分一釐。惟責成該河督嚴飭承辦各員，覈實經理，務期工歸實用，帑不虛糜；儻辦理稍有未妥，仍即照例著落分賠。（仁宗二三四、二一）

（嘉慶一六、六、癸丑）又諭：直隷溫榆河上游果渠村一帶新河培築隄壩各工，前據溫承惠奏估需工料，懇請加給半價銀兩，節次經工部駁飭刪減在案。茲復據溫承惠奏該處地僻鄉隅，素不產料，工匠人夫等又須向別處雇覓，所需價腳較多，若概行刪減，不無掣肘。現在大汛屆期，購料鳩工，實難減省，可否准將本年及十四五兩年加給半價開銷，俾免賠累等語。河工料價等項，俱有定例，不能逾額增加。今據該督奏該處工料情形，不無昂貴，而現在又屆大汛之期，亟須趕辦，不能悉照定價。姑照所請，將本年鑲築加培隄壩等工，並十四十五兩年已辦工程，俱准其加給半價，仍令覈實造報請銷。但此次加價後，將來不得再行瀆請加增，致開冒濫之漸。儻不隨時撙節，任意浮多，又欲援照此奏，藉詞加給，該部於銷册到時，除照例覈駁外，並當參奏議處。（仁宗二四四、一三）

（嘉慶一七、一〇、甲辰）諭軍機大臣等：阿克當阿來京，朕詢問南河情形。據稱，近年以來糜帑之多，由於料販居奇，遇有大工，重價購買，所費多至數倍。河員胥受其累，共深憤嫉等語。國家修治河防，以衛民生，一切事宜皆係發帑經理，絲毫不假民力；其所需柴薪料束，亦用帑銀市購。而奸商囤積，高其價值，轉利於河工有事，以遂其三倍牟利之心，揆之情理，實為可恨。聞從前河工廳員所領歲修銀兩，係於年前秋冬間早為按成發給，廳員等乘新料將登之際，豫先訂買，其價所省甚多，而料物充足應手，亦不致別生他工。近年則給發較遲，至春工將舉之時，料價日益昂貴，往往以數斤之價，購料一斤，層層虧折，積累日多。且每年所發歲修銀兩，由河庫支撥時，先儘另項工程之用，各廳員既不能及時承領，而素與料販交易，積有欠項，轉不能不受其挾制。種種弊端，實爲河工之蠹。著百齡、黎世序設法籌畫，當令復還舊制，將各廳員應領歲修例帑，按照成數，及早實發實領，俾得乘時購料，不致爲奸商仰勒。至河防閒有險工，非例備料束所能敷用，不能不倉卒購買，以應一時之急。百齡等亦當常時曉諭，俾商民知以公事爲亟，勿得貪利忘義，致攖衆怨。或能設法查禁，俾附近農田所產稭束，悉向官廠售賣，奸民不得從中包攬漁利，令不擾而事易集，則更爲妥善也。將此諭令知之。(仁宗二六二、三)

（嘉慶二〇、二、辛未）諭內閣：吳璥等奏請酌加歲料津貼銀兩，彙入大工案內攤徵歸款一摺。據稱豫省黃河南北兩岸各廳需備歲料例價係每斤九毫，緣上年新料登場之後，值民間車運缺乏，腳價較昂，又值睢汛大工需用過多，增價採購。現在遠近存料無多，購買支絀，請查照衡工合龍後增價購料之例，酌量距工遠近，區別多寡，先由司庫墊發加價銀兩，照例攤徵歸款等語。豫省值興辦大工之後，存料較少，例價不敷，若責令照舊購買，恐廳員等藉詞賠墊，貽誤工需。加恩著照所請，將附近睢工購料最難之儀睢、曹考、下北三廳，每斤加銀五毫；距工稍遠之蘭儀、下南、商虞、祥河四廳每斤加銀四毫，距工較遠之中河、上南、歸河、衛糧、黃沁五廳每斤加銀三毫，並收買柳枝、雜草，搭配稭草。所有乙亥年歲料四千五百垛，共加價銀八萬七千餘兩，著由司庫墊發，即照例統入大工案內攤徵歸款。又據奏，山東曹河、糧河兩廳，亦係睢工附近之區，購料維艱，事同一例，並著照所請，將該兩廳歲料銀兩，每斤於例價之外加銀三毫。所需銀九千兩，著於兗沂道庫現存徭夫工食銀項下動撥應用，以重修防。(仁宗三〇三、一一)

（嘉慶二三、六、戊辰）諭內閣：孫玉庭奏，南河物料價值分別酌減一摺。前據工部奏，年來江南河工，順軌安瀾，料價漸平，請降旨令江南總督河督，將各廳柴稭未經減價者，及糵斤、甄石、夫工等項覈實議減。茲據該督等奏，除海柴、糵麻、杉椿、磚灰、土方、夫匠等項，實難議減外，請將上下各廳稭料未經減價者，酌減一成，已減者免其再減；江柴、湖蘆、雜草亦酌減一成；高堰山、盱、裏河、外河、外北五廳採辦潤溪石料俱酌減一成，其餘各廳仍循舊例。著照所請，即自本年霜降後爲始，照所減之價辦理。並著工部查覈，照現減價值通計一年，約可撙節錢糧若干，自行具奏。(仁宗三四三、三)

（嘉慶二四、一〇、壬辰）諭內閣：吳璥等奏，籌堵沁河民隄，並估挑引渠一摺。武陟縣沁河原村民隄，先經漫溢，現在馬營壩黃河漫口，業已勘定壩基剋期進占。必須將舊沁河先行挑挖引渠，導令歸黃，並將原村民隄缺口趕緊豫行堵合。所需稭料因興辦大工，須於遠處購運，又期限緊迫，著照所請，秋稭每斤給價銀三釐，糁麻每斤給價銀三分五釐，挑河土方每方給銀三錢；其加築壩戧等工，仍照例價覈給。所有挑河堵口估需銀兩，准其先於司庫捐監項下及糧道庫漕監項下動撥，工竣覈實報銷，仍照例分年攤徵歸款。其天師廟應築挑壩、蓋壩，並補還大隄所需幫價，亦著照原村一律辦理。（仁宗三六三、二）

（嘉慶二四、一〇、丁巳）諭內閣：御史蔣雲寬條陳河工積習一摺，所奏俱是。國家興辦大工，不惜鉅萬帑金，以衛民生，一切工料，均應核實。如該御史所奏，麻料攙雜沙土，稭垛外實中空，實難保其必無。著吳璥等即責成李鴻賓，並由京帶往司員等認真查驗，如有前項弊端，即行嚴參懲辦。再，朕聞本年豫省除被水之區，俱屬豐收，產料甚多，不過距工較遠，運費增多，前已准其量加例價。吳璥等務飭廣爲購運，勿使工用缺乏，如有贏餘，亦可留備歲修，不致虛糜。其堆料廠座，並嚴飭文武員弁晝夜巡查，防範火燭，勿稍疏懈。至在工人數衆多，一切需用什物，不能不資商賈販運。該御史奏稱，工所玩好充牣，甚至元狐紫貂、熊掌鹿尾，無物不有，河員等隨意購置，爲鑽營饋送之資，亦係從前陋習。琦善係本省巡撫，著嚴行查禁。此次工所，除尋常衣服、食物外，如有珍奇玩飾開廛列肆者，立即驅逐，毋准停留。該御史又稱，向來河工事竣，所保人員多係親舊，甚至有身未赴工，名列薦牘者，殊不足以服人心，此次務當核實辦理。將來大工合龍，保奏人員不得稍有瞻徇冒濫。其投效人員內，如有曾經奉旨永不敘用者，著即行駁回，不許留工委用。儻有朦混保奏者，一經查出，不特將本員黜退，仍必將吳璥等治罪不貸。該御史又稱，在工各員領有帑金，任意挪移捐升，希冀工竣照新銜議敘，實開巧捷之門。著明定章程，凡辦工出力人員，祇准照現在官職奏懇恩施，不得以捐陞階級，請邀議敘，以杜倖進。（仁宗三六三、三三）

（嘉慶二四、一一、己未）諭軍機大臣等：載均元等奏，馳抵武陟查看壩工引河及購運料物情形一摺。本年馬營壩漫口，自奪溜以來已一月有餘，兩壩運貯稭料，僅有一千餘垛。是大工辦理遲緩，竟由購料稽延所致。吳璥等因屢經降旨飭催，始奏於十月二十七日開工，現在所購料物，不過十分之一，即使儘數動用，進占至五六十丈時，料物不能接濟，勢必停工以待，所關匪細。吳璥係欽差駐工，其購料乃巡撫專責，現在撥發帑項，已將及千萬，陸續到工，無虞缺乏。朕於來往河南大臣官員，時常詢問，僉稱該省本年未經被水地方，秋成俱十分豐稔，是產料不爲不多，雖距工較遠，總當設法趕緊購運。歷來興辦大工，原不盡在附近地方採辦料物，豫省本係產料之區，尚謂轉運艱難，豈鄰省購運轉能捷於本省耶？琦善本有疏防之咎，今督辦料物，又如此延緩，著先革去頂帶，暫留河南巡撫之任，戴罪圖功。即嚴飭所屬於鄰近府州，廣爲購買，無分晝夜，轉運赴工。如再有貽誤，吳璥等即行嚴參，定將該撫革職治罪，不稍寬貸。吳璥等一面督催挑挖引河，一面剋期進占，務期明年桃汛以前合龍，全蕆大工，不可遲延。將此諭令知之。（仁宗三六四、二）

（嘉慶二四、一一、戊辰）又諭：御史尹佩棻奏請禁河工報銷使費一摺。河工需用工料，價值均經奏定，果能實用實銷，何慮書吏從中駁斥？若如該御史所奏，辦工之時，先扣存銀兩，工竣解交工部，以爲書吏使費，報銷時冀免挑駁，實屬大干法紀。現在興辦馬營壩大工，著駐工各大員嚴行查察，務令帑項咸歸實用，不准豫扣使費，以爲將來彌縫地步。並著工部堂官認真稽覈，秉公銷算，不得任意挑斥。如查出書吏等有需索陋規情弊，即行嚴究重懲，以除積蠹。（仁宗三六四、一二）

（嘉慶二五、一、辛巳）欽差刑部尚書吳璥奏：工費不敷，請稭料每斤再加價銀一釐，土每方再加價銀一錢，攤徵歸款。從之。（仁宗三六六、一五）

（嘉慶二五、三、壬午）諭軍機大臣等：據御史林則徐奏，向聞河工料販，每當新料將收，豫行躉買，潛運口岸附近之處，私行堆積，以待高價出售。上年豫省料販賣料，每斤自制錢十二至十七八文不等，計其獲利不啻倍蓰等語。現在豫省南岸復有漫工，正需料緊急之時，豈容奸商蠹役牟利居奇？著琦善即遴委妥員，於沿河一帶細加察訪，如有潛行囤積高擡價值者，一經查出，仍照其收買成本發給價值，運工備用。儻敢串通胥役把持，即治以居奇囤積之罪，以杜積弊，而濟要需。將此諭令知之。（仁宗三六八、一八）

第四節 漕 運

一、制度總則及一般情況

（順治二、六、戊午）巡漕御史劉明偀奏言：兵民急需，莫如漕運。江南舊額四百萬石，今或因災變蠲免，則額數宜清；運法原用軍旗，今運戶改爲編氓，則運法宜定；修船每歲一舉，邇來逃燬殆盡，則修造宜急；運道旱淺、溢衝，則撈沙築堤宜豫。疏入，下所司詳議。（世祖一七、四）

（順治二、六、辛巳）兵部右侍郎金之俊條陳漕務八事：一、衛所旗軍既裁，宜另設運官、漕卒。一、明季舊艘殘毁，宜改用投順兵船。一、江南漕船抵濟，應於濟寧另造剝船，運至津、通，以便新運。一、漕米加耗，應倣明初舊例，正米一石，止加五升，餘耗悉除。一、徵收宜責正印，勿委縣丞；催押宜責刑廳，勿委通判；領運既有專官，則運總名色不應復設。一、漕道宜駐濟寧，專管剝運。各糧道至濟督運過剝，即押回空，其有無足額，仍聽漕道驗報。一、漕額除蠲餉外，計每歲入數若干，除裁減冗員、冗兵、冗役外，計每歲出數若干，較舊額贏餘若干，餘數應徑行改折，隨漕徵解。一、運糧官軍除加兌外，仍支給坐行二糧。其輕齎餘耗，應照地里遠近，爲折數多寡，以濟造剝工料。章下戶部。（世祖一八、二）

（順治二、一二、丙午）戶部議覆：故明總督、倉場戶部右侍郎祁逢吉疏言，江南舊稱留都，設有兵丁，故設有糧餉。今既改京爲省，則南糧一百二十萬石，應同漕米兌運解京；其屯糧一十三萬，暫貯南倉，聽候大兵支用。從之。（世祖二二、一七）

（康熙二、八、甲寅）戶部議覆：漕運總督林起龍條奏，漕運重船，原令各關盤詰夾帶私貨。但關口甚多，處處盤詰，必多悞運。應如所議，止於儀真、瓜洲、淮安、濟寧、天津等五處地方，嚴加盤查。又水次附載、沿途包買、運官通同奸商諸弊，均關漕運要務，亦應如所議嚴禁。又運丁舊例，每船許帶土宜六十石。恐南北關司，概作私貨。查每船土宜，載在議單，應仍許帶，以恤運丁勞苦。從之。（聖祖九、二六）

（康熙五、九、戊子）戶部議覆：湖廣巡撫劉兆麒疏言，楚省停運多年，缺船缺丁。請將存剩米石，暫行折價解部，俟船丁足時，仍運本色。應如所請。從之。（聖祖二〇、二）

（康熙二〇、九、庚午）大學士等奏：新設巡倉御史，例給敕書。查歷來巡倉御史敕書，與巡方御史一例，事權至重。恐後來奉差者，借端生事，特刪改進呈。上曰：爾等所言良是。今運丁困苦，輓運甚難，宜加意軫恤。往年漕艘許帶貨物貿易，近來已有禁令。朕親見船大水淺，運動甚難，若許帶貨，愈致膠淺，仍應嚴行稽察。其糧米雜和灰土，不准收納，屢行嚴飭，若米色可用，該旗官兵故意勒掯不收者，亦應嚴行禁止。可將此數款，一一載入。(聖祖九七、一五)

（**康熙二九、一一、甲寅**）户部議覆：漕運總督董訥、河道總督王新命、山東巡撫佛倫會題，河道關係漕運，開壩遲則羈重運，閉壩早則阻回空。今議，每年閉壩之期，以十一月十五日爲率；開壩之期，以正月二十六日爲率。應如所請。從之。(聖祖一四九、二一)

（**康熙四七、八、乙巳**）户部議覆：江西巡撫郎廷極疏言，本省康熙四十六年起運漕米，奉旨截留三十萬石，於江南平糶。令康熙四十七年秋收，購買楚米，附搭運通。但糧艘負載過重，涉險堪虞，請分作三年，附運抵通。應如所請。從之。(聖祖二三三、二二)

（**雍正二、九、己未**）户部議覆：巡倉御史張坦麟條奏漕務六欵。一、隨漕銀兩，應於起運之日，令該衞守備，出具印領，給與本運千總，親赴該道衙門支領，以除預借、扣抵之弊。一、漕船宜先時修艙，不得藉稱守候新丁，以致遲誤。一、收兌時，嚴察做斛、飛笆、走盪等弊，悉行除革。一、開兌後，宜責成舵工，以防運丁盜賣糧米等弊。一、搭解漕欠，務徵本色，不得以米豆等雜糧抵充。一、清查過淮糧石，不得借別船包米湊數盤驗，以掩虧缺。俱應如所請。從之。(世宗二四、一三)

（**雍正二、一〇、庚寅**）户部議覆：署河南巡撫田文鏡奏稱，豫省兌運漕糧，請將河北之彰德、衛輝、懷慶三府及陽武、原武、封邱三縣起運本色米一十萬四千餘石，仍在衛輝五陵水次兌運外，其開、歸等五府一州，折徵採買米一十五萬餘石，自衛輝府至大名府小灘鎮沿河一帶地方，不拘何處買米，即於彼處交兌，不必拘定衛輝小灘，則兌運既屬便宜，而漕船不至遲誤。查河北三府三縣之糧，向在衛輝五陵水次兌運，應如所奏。至開、歸等處採買漕米，該撫奏稱不必拘定衛輝小灘，恐沿路交兌，漫無處所，則駕運漕艘者，有往來移候之苦，辦買漕糧者，開爭近避遠之端，殊爲未便。查衛輝至小灘，經濬、滑、內黃、大名四縣境，其間沿河村落，頗多巨鎮大市，商販所集。計運糧之船，約三百隻，莫若分定地方撥兌。既有一定之所，而糧米散於各處採買，又可免牙行囤户之弊矣。從之。(世宗二五、一二)

（**雍正四、一一、己酉**）户部議覆：倉場侍郎托時等議御史殷式訓條奏漕務各款。一、糧艘往來兵丁，於岸上催趕，呼應不靈。請於蔡村上下，建造船隻，令兵丁坐船催押。來則催重，回則催空。一、各倉例設滿漢監督各一員，辦理倉務。中南二倉，相隔一城，一倉一人，難於查看。應於中倉添設漢監督一員，南倉添設滿監督一員，可無顧此失彼之虞。一、應給旗丁口糧三升八合，令其自便。或本幫有欠，抵補本幫；或別幫有欠，賣抵別幫。一、漕糧起卸及運到大通橋，每見糧袋堆貯空隙處所，恐致霉溼。應令經紀車户，加謹鋪墊，如有口袋霉爛、糧米成餅，串運入倉等弊，查出照數賠補。如不行查出，別經發覺，將倉場侍郎、巡倉御史，一併交部議處。俱應如所請。從之。（世宗五〇、一四）

（**雍正四、一二、戊寅**）又議覆倉場侍郎托時疏言，漕幫失風掛欠，定例止收平米，不收晒颺折耗之米。其非失風而掛欠者，系折乾盜賣，不應與失風者一例，請照當日起運之數，次年搭運抵通。應如所請。從之。（世宗五一、二六）

（**雍正六、一〇、辛丑**）户部議覆：陞任浙江糧道蔡仕舢條奏糧務事宜：一、押運官宜令兼司監兌。一、衛所備弁宜加操演。一、運丁宜嚴規避。一、白糧宜隨漕糧並徵。均應如所奏。從之。（世宗七四、二四）

（**雍正九、二、己酉**）[户部]又議覆漕運總督性桂遵旨議奏漕糧過淮事宜九欸。一、幫船到淮，原有津貼飯食之費，嗣後各幫請照例將銀呈繳給發，不許私相授受。一、各省漕船，有米數丁舵姓名等册，向來旗丁倩人代造，科派册費。嗣後請飭行各幫，自行繕送。漕船抵淮，應隨到隨收。飭吏役不得留難需索。一、總漕出署盤驗，米數短少，應行綑責，令中軍官約束行杖人役，毋許索詐分文。一、江浙糧艘，由鎮江出口，方豎桅篷。從前令催漕之員，就便查看，恐藉端需索。嗣後請俟過淮時，漕臣親加點驗。至揚州之三汊河，係各省糧艘總滙之所，應委廉幹之員，前往彈壓。一、漕船渡黃，如汛地弁員，不顧風色水勢，混行催趕，請照例議處；或有疎虞，加倍治罪。一、漕船渡黃之後，至白洋河及臺莊八閘，俱係逆流水急，必須添僱人夫，往往弁兵串同人夫勒索。請於重運北上之時，將宿遷營遊擊委駐白洋河，徐州營副將委駐臺莊八閘，稽察約束，儻有徇縱，一併參處。一、各省應造漕艘，務將價料照數給發，毋許需索使費；如造不合式，將監造官參處。至空船南下，漕臣逐加查驗，諭令歸次速領三修銀兩，上緊加修，接濟新運。如旗丁有以朽腐漕艘撞觸民船，借端勒索者，將該幫弁丁究處。一、漕船出運，各衛僉定正副二丁，赴次交兌。如有革丁衿監等，竄身入幫，即行拏究；運官不行查拏，一併究治。均應如所請。從之。　（世宗一〇三、

一三)

(雍正九、七、己卯) 戶部議覆：直隸河道水利總督劉於義條奏天津截留漕糧事宜。一、漕米進倉，旗丁向有津貼、經紀及坐糧廳等茶果銀諸費，今米既截留，一切俱可不用，其額設落崖進倉腳價，請令旗丁自備給發。一、漕米收放必有折耗，地方官恐有賠累，於支放時每短少斛面。查漕船抵通，旗丁雇募剝船，每百里給飯米一石，耗米一石。今既經截留，省卻剝船之費。請令旗下每米一百石，給地方官耗米一石，庶支放不致虧折短少。一、截留漕米，入倉露囤，必須鋪墊苫蓋，若俱令地方官置辦，爲費必多。查漕糧例有隨糧蓆片，請令旗丁即於截留處交納；儻有不足，再令地方官買補。均應如所請。從之。(世宗一〇八、二三)

(乾隆三、六、己亥) 大學士鄂爾泰等遵旨議奏：參領鄂托奏，各倉米斛，恐漸縮小，請製鐵斛爲式一疏。各倉米斛，俱照制斛製造，原無大小，但恐木斛年久，於舊式不無稍異。應令倉場依制製造鐵斛，給發各倉。製造木斛，放米時，派員質對；量米時，遵用木盪平量，不得用簸箕挖淺斛面。至開倉之日，應請派委旗員，由監督處領取米樣，如有不堪米色，准其詳明本旗都統具奏。從之。(高宗七一、五)

(乾隆四、二、甲辰) 戶部議覆：和親王弘晝奏倉儲事宜，除禁報厫座贏餘、准開雀鼠減耗、掣驗運通米石、增改監督員限，均無庸議外。一、倉米按年收放，新陳不得混淆。應令倉場於進米時，將陳厫封固，俟新米進完，親赴丈算，核足閉厫。設同時大收大放，仍令監督將挨陳應放之厫，開報倉場，委員監察。一、倉中貯米太多，往往於抽放後中空旁重，鼓動牆壁，兼且難查滲漏。應定以大厫貯米一萬三四千石，小厫一萬石。一、東、豫二省，歲運黑豆，體本堅硬，又屬隨收隨放，應將按月遞減之例停止。一、通州米局鋪戶，多有賄囑倉役撞斛多量等弊，應令倉場嚴行察治。一、倉中鑄造鐵斛，雖與木斛相符，尚恐暗中更換，應令倉場逐一記烙火印，遇有修造，對準方許量用。一、京內南新、舊太、富新、興平等倉，但用土牆間隔，一倉開放，四倉盡通，保無從中盜竊。應照環牆之式，用磚修砌。一、量倉用會典積方之法核計，三年內方一尺者得三斗一升六合，三年外方一尺者得三斗四升。但米粒須漸次堅實。此二法可否著爲成例，應令倉場詳查定議。工部鑄造鐵尺給戶部、倉場、京通十五倉各一條，嗣後查倉交代，照依核算。一、倉役腳價銀兩，與個兒錢文，令赴坐糧廳支領。但該廳遠駐通州，不無跋涉守候，且京通十五倉人役衆多，亦難逐名遍及。應令倉場仍責成監督，如數散給。至所稱監督向於倉役腳價內扣取費用。今已杜絕此

弊，自宜給與養廉。亦令倉場將每員酌給若干，動用何項銀兩之處，分晰妥議。從之。（高宗八七、一二）

（乾隆四、二、甲辰）［戶部］又議覆：戶部左侍郎陳世倌條奏漕運事宜。一、裁北倉耗羨。查北倉截留米石，既照通倉之例按月遞減，應請嗣後免交耗米。其截留天津水師營並易州米石，業經倉場委員抽驗，地方官亦不得勒令曬颺滋累。一、失風漕船，免交茶果銀兩、個兒錢文。查茶果銀兩，係收買運丁餘米，與京通各倉公用。其因賠累免交之處，令倉場查明辦理。個兒錢文，原為津貼經紀運米腳價，若失風船隻，臨倉買補，無藉轉運，或可免交；其米石無虧，仍需經紀運通者，自應如舊交納。至各員處分，應如所請，除捏報失風、希圖掛欠者，照例察議外，如汛水猝發，竭力庀救，抵通糧無虧缺，將領運、守備、千把總與押運同知、通判，及沿途文武員弁，一體免議。再，押運同知、通判，本係兼轄，又與運弁有間。凡有處分，亦應從輕，原議罰俸六個月者，改為三個月；罰俸一年者，改為六個月；降二級留任者，改為降一級留任；降二級調用者，改為降一級調用；應行革職者，改為降三級調用。一、領運全完，加至都司僉書之大銜千總，奉旨以衛守備用者，雖於衛守備班次大銜告降之後，設一陞班，銓資尚易壅滯。今據該侍郎所請，酌為疏通，於一即陞、一應陞、一捐陞班之後，添設一大銜班，並將從前大銜陞班，移至二即陞、二應陞；二捐陞班後，為第二大銜陞班，較俸陞轉。其效力武舉、業著勞績者，輪至南漕本班，仍照舊選用；倘科分甚深，而漕班選期尚早，入於代押重運班內輪推。從之。（高宗八七、一三）

（乾隆四、三、丁卯）戶部議准：河南巡撫尹會一疏稱：豫省黃河以南之三十一州縣，徵運漕糧，道遠費繁，請將隨漕徵收之一五耗米，除津貼旗丁外，留為兌漕雜費。從之。（高宗八九、七；東三、四）

（乾隆五、九、己卯）漕運總督托時覆奏：戶部原議，巡視南漕御史鐘衡……奏請黃河添設救生船二隻，保護糧艘，並令州縣將傍河小船，編號稽查。戶部議准。行令將設立歲修及小船編號之處，酌量定議。查黃河添設救生船二隻，每隻應需工料銀一百八十兩，十年拆造，需工料銀一百兩。請照例令出運渡黃船隻，按數捐造；舵水工食，每年歲修銀兩，應在米折項下支給。至傍河小船，查明船戶姓名，取具地鄰甘結，給以腰牌，填明水手年貌、住址，船身兩旁，編刻號數，設遇風起，亦許協救。俟交還糧貨，量予雇值。倘有乘機撈搶遠遁者，即照名號查拏。下部議行。（高宗一二六、一八）

（乾隆五、一一、己卯）大學士九卿會議：陛任漕運總督托時等將臣等議覆倉場侍郎宗室塞爾赫等條奏漕務一摺，妥議具題。內蠲折漕糧、豐年酌補一款，據該督等就各省情形定議。除江南、浙江、湖廣等省，勢難買補，應毋庸議外，其江西、河南、山東等省，遇豐買補之處，查買補必俟豐收，既難定限，況江省地當衝會，豐年米價亦昂，豫省產米無多，被災後即遇豐年，價豈驟減？若復行採買，必致有礙民食。至東省議將被災稍輕地方，應徵本色漕糧分年帶徵，亦屬更張成例。應請一併毋庸議。又運丁錢糧酌留回空費用一款。據稱，各省出運丁船，按在淮應給行月錢糧，照數酌扣等語。查該丁領項有多寡，程途有遠近，誠未便照原奏，概扣銀三十兩。應如該督等所請，於解淮驗給一半錢糧內，數多者扣留三分之一，數少者酌扣八兩，令糧道另行封兌，於過淮時給發隨運官弁收領，俟抵通交糧後，給發各丁。再山東、河南二省，往返程途不遠，需費無多，除東省向例每船預留銀三十兩沿途支用，迨交糧後有應領三升八合餘米，足敷回空之費，應照舊辦理外，至豫省領項較少，應如所請，於支領錢糧時，每船扣出銀十兩，令總押等官封貯，至回空時給發。又各衛軍船，宜多寡均勻一款。據稱，山東之平山幫及江南之蘇州、太倉、鎮江三衛，均請分撥兌運等語。查各省幫船，除原係勻配，及因兌漕水次不一，久經酌定者，自難改易，今該督等，詳議應行搭配各幫，應如所請。山東協運河南之平山前幫船五十一隻，將八隻分撥後幫；蘇州衛前幫船一百二隻，將十八隻分撥後幫；太倉衛前幫船七十五隻，將二十隻分撥後幫；鎮江衛後幫船七十三隻，將十二隻分撥前中兩幫。從之。（高宗一三〇、二八）

（乾隆六、七、丁亥）戶部議覆：巡察天津漕務、河南道監察御史伊喇齊奏稱，一、糧船偶遭風火，買補船隻之例宜稍寬也。查定例，出廠新船，至五六年有事故者，責令賠造；七八年者，責令買補；至九年者，責令雇募；載入議單，永遠遵行。應將該御史所奏，運至七八年有事故者，照九年例，責令雇募之處，毋庸議。一、糧道之提催宜革除也。查豫省糧道，於提幫出運時，向例先發牌差役，齎至衛所，名曰提催，殊為擾累。應如所請，行令總漕將豫省糧道提催之處，嚴查禁革，並飭各省一體遵照。一、糧船食米易換薪蔬，宜寬其禁也。查重運糧船，沿途售賣食米，定不可稍弛其禁，以啓盜賣挂欠之弊。應毋庸議。一、隨幫宜示鼓勵也。查天津一帶鹽價甚廉，凡回空南下之船，輒有夾帶之弊，稽查稍疏，即有事犯。是以押領員弁，於幫內無挂欠者，准加級加銜；無夾帶私鹽者，准議敘紀錄。但此時押領員弁，尚未趕赴天津，諸事專責隨幫，倘有事故，隨幫亦有處分，及無夾帶私鹽，反不得一例邀敘，似覺偏枯。應如所請，嗣後各省押空隨幫，一年內並無夾帶私鹽者，於補官日紀錄一次。從之。（高宗一四七、一八）

（乾隆六、九、丙寅）［户部］又議覆：兵部尚書班第奏稱，糧船回空，各省遠近不同。如湖廣、江西等省，約十一月方能抵次，已屆開兌之期，如有事故，打造新船，購料鳩工，難以猝辦；若賠造未完，即將該衛所官弁予以處分，未免過嚴。應如所請，嗣後湖廣重運，於過淮後失事，業屆受兌新漕、賠造不及者，暫減一年，責令該丁在次備辦物料，於一年內修造完固，再行出運。所有該年應裝正耗米石，即分灘通幫附搭運通交納。其未經過淮失事者，去受兌之期尚遠，仍於本年賠造。從之。（高宗一五〇、四）

（乾隆七、一、丁卯）［閩浙總督兼管浙江巡撫宗室德沛］又奏：抽漕運白，原有成例，江蘇白糧經費，優於漕糧，宜抽調以均苦樂。浙省漕白費等，情形與江南不同，積年分運無誤。誠以一幫中南兌北交，沿途一切，協力辦理，猝然輪運，事既不習，同幫又非熟識，跋疐頓形，倏爾五年，不知誰漕誰白，各顧目前，諸弊並萌。應請免其五年抽調，俾駕輕就熟。現屆冬兌期迫，先飭照舊辦理。下部議。（高宗一五八、四）

（乾隆七、二、辛亥）户部議覆：閩浙總督兼管浙江巡撫宗室德沛奏起運白糧事。查從前丁船，附近水次長運，易滋弊竇，定五年抽換之例。江省久經遵行，唯浙省白糧，節據總漕咨題請免抽調。臣部議令照例辦理。今署撫奏請漕自爲漕、白自爲白，免其五年抽查，俾得駕輕就熟，易於遵辦。但查漕白各丁，不願更張，果否確情？而白幫各丁令其長運，果否永無貽誤？摺內俱未聲敘。應令會同漕督，將該省運白幫船實在不能抽調情形及免其抽調無誤運白之處，詳查具題再議。從之。（高宗一六一、八）

（乾隆七、五、丁亥）［江蘇巡撫陳大受］又奏：各州縣收漕，現飭屬仍照乾隆五年以前小口斛式，製造發用。報聞。（高宗一六七、二三）

（乾隆七、八、甲辰）兵部議准：巡漕御史武柱奏稱，各省漕船，由長江數千里之遠，運至天津，距通止三百餘里，復因三岔河口里許之險，而損傷船隻，缺欠漕糧，真屬功虧一簣。伏查漕船每隻，水手舵工，多不過十一二人，過關時，在船撐篙掌舵者，必須三四人，僅餘八九名上岸扯拽，人力不敷，易於磕損，請勅下天津鎮臣及天津河道，每日撥兵二十名，派千總一員，前往輪班助力，俾重運安行，不致損壞，並嚴禁弁兵，無得需索勒掯。俟糧船進口完日，仍將原委派弁兵，徹回本汛差操。從之（高宗一七三、五）

（乾隆七、一〇、戊子）户部議准：浙江巡撫常安奏稱，漕、白二幫運丁，向有抽調之例，但抽漕運白，無論白丁從前之代還舊欠，賠累堪憫。且原運各丁，無衛可歸，勢必遷移紛擾。應請照舊長運，毋庸更張。從之。(高宗一七六、四)

（乾隆七、一〇、乙卯）漕運總督顧琮奏籌辦漕運事宜。一、飭州縣親收漕糧，以免胥役藉端累民。一、杜賣富簽貧、包丁代運之弊。一、受兌未經開行之幫船，速催開行。一、糧船過淮之後，分員催趲，以速漕運。一、河道舊有橫淺，預爲疏濬，以免阻滯。一、嚴催疲玩丁舵逗遛。一、汛地綿長之處，酌添浮汛。一、各閘俱照漕規，隨時啓閉。一、江廣漕船，攜帶竹木，限地解卸。一、回空三升八合餘米，速給副丁，以濟回時食用。得旨：如此留心方是。仍須妥酌實力爲之。(高宗一七七、二三)

（乾隆八、六、庚辰）漕運總督顧琮奏漕運應辦事宜。一、漕白各幫全糧到壩，恐不肖旗丁，見今年餘米較多，明年所帶空重食米，在次少爲折乾，過淮盤驗時，藉口在途食用過多。現嚴飭監兌、經微各官，將全數兌足，以憑盤驗。並飭各州縣，不許折乾給丁。一、江廣幫船體重大，喫水過深，宜隨帶剝船以濟運行。得旨：好。皆屬妥協也。(高宗一九五、三〇)

（乾隆二三、四、壬戌）刑部等部議覆：漕運總督楊錫紱奏稱，糧船行走，脫幫越幫，例有明禁。是以被盜報官，將船扣留，兵役需索，地方官不加嚴緝，甚至盜賊公然強劫。請嗣後糧船被盜，旗丁報明運弁，移文緝賊，不必守候，惟強劫之案暫停候驗等語。查糧船被賊，非尋常竊案可比，該旗丁報官，即時緝拏，便於弋獲。應如所奏，嗣後被竊船隻，一經報明，不必守候。至強劫重案，州縣勘畢，立即印票趲行。兵役勒索，以枉法科罪，失查文武照例議處。又奏稱糧船過汛，文武俱應防護，仍積習相沿，視爲故事。請嗣後糧船如有劫案，俱照城內失事例議處。應如所奏，嗣後糧船經過，除常案照例辦理外，如有強劫，文武員弁俱勒限緝拏，降級調用。又奏稱，每船一隻，例雇水手數名，其中多係積盜，各弁因旗丁不肯報官，遂不實力驅逐。請將水手爲盜，運弁照案罰俸等語。查水手犯竊，向未定運弁處分，不無懈弛，應如所奏辦理。又奏稱，糧艘向來積習，隣船有警，不肯救護，恐其懷恨報復。運弁亦委靡偷安，不知實力防護。請令空重千總輪流守望，如幫內被盜，運官分別罰俸等語。查駕運幫船，惟在員弁實力防護，使一幫之丁船水手，互相守望。其不行防護之員，定以處分。又奏稱賊盜最畏鳥鎗，而糧船禁帶軍器，或准空重千總各帶鳥鎗，以備巡守等語。亦應如所奏，准其各帶鳥鎗一桿，該督編列字號，責令千總等收貯，以備稽查。得旨：依議速行。(高宗五六〇、一二)

(乾隆二三、五、庚子)大學士等議覆：給事中錢琦條奏漕運事宜：一、各省糧運，冬兌春開，例有定限。向有已報開行，而久未離次者，每以添置船具為辭，旗丁藉此耽延，運弁並未督率，始進已遲，後催何益？請嗣後將各幫應給錢糧酌量給發，毋庸全支，一報開行，即督令前進等語。查漕糧開兌開幫之日，總漕將各糧道所屬船數、丁名造冊送部。立法已周，但恐日久懈弛，奉行不行。應如所奏，嗣後軍船如有報早開遲，除將運丁捆打外，押運等官，俱分別議處。至各幫錢糧，水次先給一半，過淮盤驗後，按數找給。向例久行，毋庸再議。一、巡漕臣七員，分駐淮安、濟寧、天津、通州各處，第淮安簽查督催，漕臣近司其事，最要者莫如瓜洲、儀徵二口，為四省糧幫會集之地，雜船既多，往往滋事。至駐劄通州巡官四員，分作兩班輪查，交卸米石。亦有倉場督臣，及坐糧廳總司其事，其最要者，莫如楊村一帶，距通二百餘里，淺夫偷安，剝船索價。請令淮安巡臣，移駐瓜洲，通州巡臣，輪班一員移駐楊村等語，應如所請。嗣後巡南漕臣，移駐江口，既省差探往返之煩，亦可息事端而資彈壓。通州巡臣，輪班一員移駐楊村，於漕運更有裨益。一、各幫運船，自受兌以至抵通，防範督催，均須領運千總隨時相度。向例每次運滿無誤，例有加級。三次運滿，即行陞用。苟非嚴定章程，恐難區別等語，應如所奏。嗣後漕臣於各該弁運滿時，秉公考覈。一等者送部引見，分別營衛，入於即陞班內先用。二等者帶領引見，入於議敘班內陞用。如係三等之員，照例加級。四等之員，咨部革退。一、江淮七、八、興武三、六、七、八等幫，素稱疲乏，請勅下漕臣會同該省督撫，或清釐屯田，或博訪別丁，或於該衛裁減一二幫。其糧分附本衛搭運，或將就近幫船改運松糧，該幫另兌別屬等語。查漕船出運，全賴丁力，丁力既疲，自宜調劑。但事關更定章程，必確按情形，始期久遠。應如所請。令總漕會同該督撫悉心商酌具奏。得旨：依議速行。(高宗五六二、二〇)

(乾隆四一、一二、辛丑) 諭軍機大臣等：據楊景素奏，覈議東省沿河安設糧船縴夫章程，按各州縣水道閘座之順逆難易，分別用夫之多寡等因一摺，自係就該省情形籌辦。但山東與直隸、江蘇境壤相連，必須通盤覈計。昨周元理在京面奏，以糧艘自景州至天津皆係順水，若遇風靜波平，並可無須縴挽，或偶值逆風稍大，即須添雇短縴。向來漕船北上，俱有短縴隨行，以備雇用。而雇夫之事，多在中途臨時應急，地方官斷難沿途為之豫備。若無故聚集民夫數千隨路分佈，又不免於滋擾。至此等短縴，惟在沿河地方官嚴查賊匪，不使潛縱滋事，而各船押運官弁，復實力稽查，宵小自無從逞其伎倆等語。所奏頗覺有理，何以尚未據具摺奏聞？著傳諭周元理，即照前日面奏事宜，詳晰確覈，迅速覆奏。又浙江省已據該撫奏稱，毋庸設立縴夫，至江蘇省作何籌辦？至今未據奏覆。並著諭令該督撫將如何酌定章程之處，即速妥議具奏。俟覆到時，同楊景素摺一併交軍機大臣，會同該部覆議具奏。將此諭令周元理、高晉、楊魁，並令楊景素知之。（高宗一〇二二、四）

（**乾隆四二、七、丙戌**）戶部議覆：大學士管兩江總督高晉等條奏。一、快丁既與運丁一律勾僉，應照查僉運丁例辦理。倘有賣富差貧等弊，察出，將公報不實之伍長，嚴加究治。經僉州縣官，一併查參議處。惟快丁貧富不齊，轉移靡定，應令州縣官，隨時秉公查訪。仍於四年編審軍丁冊內，逐一注明昔富今貧、昔貧今富字樣，送部備案。一、凡屬運快各丁，公私欠項，飭令經管漕務官弁，隨時查辦。如有將舊丁積欠勒令新丁接受，立即查明究治，該管官徇隱不報，察出，指名查參。一、快丁新僉到幫，應領錢糧，總歸經支旗丁支領。恐各丁遭其扣剋，責成糧道，將旗丁應支銀米確數，刊刻清單，給快丁收執，照數支給。一、江淮、興武二衛運船九百六十二隻，令運快各半分領。運丁之船，運戶更僉。快丁之船，快籍僉補。一俟快丁僉足，通詳立案。每年應換之船，責成糧道，秉公覈明。如有應行大造之船，兩隻分掣一運一快。一隻先運後快。餘非大造，無論年分遠近，運快各半均分。至應行僉換之船，應飭該幫弁將該年應僉船數，總報糧道覈明僉掣。一、運丁熟於駕運，快丁情願貼費，所貼銀兩，於漕糧受兌之先呈繳糧道，給丁代運。逢大造之年，再貼造費。快丁之名，仍留軍冊，沿途風火事故，均著代運之丁辦理。一、嗣後新僉快丁富戶，聽其自為承運，其力薄快丁，不能獨運者，將殷丁最少之江淮頭幫、興武三幫，准其循照什軍之例辦理。但九丁中貧富不齊，恐有欺隱情弊，責成伍長，據實查明，公同酌議。倘伍長查辦不實，致有偏徇，查出，將伍長從重究治。并力能幫貼，規避不肯實力出費之快丁，倍加貼費，以濟貧丁。轉飭州縣於僉報快丁時，隨報什軍備案。糧道秉公察覈。再泗州、盱眙、蕪湖三處，雖丁少力疲現難僉運，俟數年後，或轉疲為殷。仍令伍長查明，公報州縣，入冊備僉。均應如該督等所請行。從之。（高宗一〇三七、一四）

（**乾隆四三、一、戊子**）戶部議覆：大學士管兩江總督高晉奏稱，漕船需用縴夫，前因雇夫間有盜竊，經有漕各督撫遵旨議立夫頭管束，至今率多窒礙，必須變通。此等縴夫，當幫船未到之先，勢須常川守候，官無應給口糧，必致乘間逃散，而弁兵得藉口推諉，轉於運務有誤。請仍照乾隆二十四年諭旨。聽運弁旗丁自行酌辦，沿河文武各官，嚴查匪類。晚間督率兵役支更，並令各船派水手二名，於本船擊柝巡邏，如有怠惰疏防各予嚴參。應如

所請。得旨：依議速行。（高宗一〇四九、一七）

（乾隆四六、一一、己亥朔）又諭：據薩載奏，回空糧艘，已入江南境者，現在遄行無阻。而前據國泰奏，糧艘七十五幫，已出東境者，僅二十餘幫，尚有五十餘幫未經出境，曾降止令其嚴行督催，並令各督撫派員迎赴催趲矣。現在節屆冬至，各船停滯東省守凍難行，及抵次時，恐誤冬開冬兌，朕爲此事日夜籌畫。因思明年尚屬輪免漕糧之年，即有應行停運之省。著傳諭鄂寶等，即查現在未出東境各幫內，將明歲應行起運之幫，實力嚴催，令其迅速遄行，無誤抵次開兌。其明年停運之幫，即可令其尾於各幫之後，挨次緩行。再本年各省，自應有輪該停運。現泊本省水次之船，何不及早此時交兌？催令開行。更與明歲漕運有益。此事關係正供、總漕及各省督撫等，身任其事，何無一人籌辦及此？必待朕逐一傳詢耶。著傳諭鄂寶及有漕各督撫，仍著迅速覆奏。（清高宗一一四四、三）

（乾隆四七、六、壬辰）諭軍機大臣等：據鄂寶奏，接准郝碩咨稱，揚州以北水淺，重運不免阻滯，請將江西後六幫各船之米，借用東省減歇漕船，接載赴通，令本船趕緊回次等因前來。查山東現有之船，不敷分載江西後六幫船之米，必須再雇三百二十隻，方足濟運。且行月錢糧，多致糜費，正副運丁，祇堪分押剝船，仍不能照料本船回空，請遵照前奉諭旨照舊辦理等語。鄂寶所奏甚是，此事前據郝碩奏到時，朕即知其事屬難行，是以降旨詢問鄂寶，令其詳悉妥議具奏。今據鄂寶所奏，自屬實情，仍照舊辦理，毋庸更張，著傳諭鄂寶即行遵照前旨，隨時相機催趲，務期各幫依限抵通，無誤冬兌，倘屆期仍有玩延，不能迅速回空，亦須另籌妥辦再行具奏，並諭郝碩知之。（高宗一一五九、一九）

（乾隆四八、八、庚申朔）户部議覆：漕運總督毓奇奏稱，近年各省旗丁內，多有賣富差貧，以致貧乏之丁，誤公滋事。皆由該州縣無辦運專責，又無混僉處分，以致諸多掣肘。嗣後各省州縣衛幫承僉快運各丁，均以奉文派僉之日起，限兩個月僉解，詳報道府查驗後，發幫管運，並令該管道府，查明該丁田地房產，造具細冊，呈送總漕衙門存案。該丁設有虧短掛欠，即可變產賠補。倘違限兩月，僉解不到，及查出原造田地家產冊結不實，即將承僉之員，據實參奏，照有意誤漕例，從重議處。至僉派之後，運丁到幫誤公，或於管運後棄船脫逃，或已革之丁重僉復入，以及徇情出結，混以軍丁改入民籍者，即照承僉不實例，降二級調用，不准抵銷，並將該管上司照失於覺察例，一併交部分別議處。江西、湖北二省有應徵津運銀兩，經徵各官因非正項錢糧，催徵不力，每年拖欠十之七八。嗣後此項津貼餘租，如有不實力催徵者，即照正項錢糧經徵不力分數之例，分別議處，並交各藩司照正項錢糧，按年催解糧道濟運，併將經徵已未完各州縣造册送查。均應如所請。得旨：依議速行。（高宗一一八六、一）

（乾隆四八、九、戊午）浙江巡撫福崧奏：衞所僉丁，即以奉文僉派之日起，定限兩月僉報。並查明該丁田地房產，造册呈送漕臣衙門存案，以備虧短掛欠，查變賠補。至該衞所徵解津租銀兩，於限滿未完者，即照正項錢糧未完例題參。得旨：實力行之，不可以一奏了事。該部知道。（高宗一一八九、二七）

（乾隆四九、一〇、乙未）户部議奏：據倉場侍郎保泰等奏稱，今歲浙江回空漕船凍阻，查明年係全漕到通，五十一年係輪蠲停運浙江嘉興一府漕糧。請將五十一年停運嘉屬漕船，改於明年停運等語。所奏自係豫籌速運之策，請飭浙江巡撫酌辦。或現在停徵，即於明年停運。如業已開徵，難於經年久貯，或照從前雇募民船，兌運過淮，迎船換載之例，速奏妥辦。並請飭漕運總督、倉場侍郎催趲各船，毋誤受兌。得旨：依議速行。（高宗一二一六、三二）

（乾隆五一、九、乙酉）諭軍機大臣等：本日據王柄奏，現在北倉截卸漕船，所有湖廣幫船，業已起卸完竣，江西在前等幫，跟接入境，即可趲卸等語。此次湖廣及江西在前各幫，業已陸續行抵北倉，即可起卸完竣。雖據劉峩奏稱，所有江西後幫，已用剝船一千二百隻，迎赴前途，全數起撥，徑運通倉。但現在天氣尚早，或此項剝運漕米，全行抵通後，尚覺節氣和暖，不至凍阻，所有剝船，已屬空閒，正可乘此時，再將北倉截存漕米，陸續運通。俾早運一日，多得數石，即可早抵通倉一日，明年又省數石剝運之煩，豈不甚善！著傳諭保泰，將賜榮，即行酌籌辦理。（高宗一二六四、三〇）

（乾隆五三、六、壬寅）諭：近年各省漕船，丁力多有疲乏，自由簽派時不能慎加選擇所致。此項衞丁，雖俱係總漕及糧道衙門管轄，但總漕統轄七省漕務，駐劄淮安，辦理簽盤事宜，每年不過於尾幫押運北上。其所轄各省，相離遙遠，於一切簽丁等事，既鞭長莫及，而各省糧道，雖屬總漕兼轄，歷年以來從未見有總漕特參糧道之事。各處運丁，竟由糧道於該州縣衞，隨意簽派，不能加意遴選，以致各幫丁力，多形疲乏，殊非慎重漕運之道。嗣後江以南各省運丁，竟當專交總漕，會同地方官慎選簽派；江以北各省運丁，即交該督撫慎選簽派，以專責成，不得仍前將疲乏之丁，湊數充補。至各省糧道，每年押運抵淮後，不過於各糧道中，輪派一員押幫前進。漕艘爲數較多，一人耳目難周，照料難期妥協，亦宜何省糧船，即令該糧道押送抵通，於轉運更爲有益，其如何酌定章程，著大學士九卿會同該部妥議具奏。尋奏：山東、河南、江南、浙江四省，應令該糧道一體押運抵通。惟江西、湖南、湖北三省程途較遠，兼係尾幫，往返需時，恐誤新漕兌運，應令該糧道押抵臨清，交山東糧道就近催趲。從之。（高宗一三〇六、二四）

（乾隆五三、九、丁亥）戶部議覆兩江總督書麟、江南河道總督李奉翰、漕運總督毓奇奏稱淮關捐造撥船各事宜。一、船身長四丈五尺、寬九尺二寸、板厚一寸三分，并一切料物工價，每隻共需銀一百六十六兩零，船三百隻，銀五萬兩。委裏河、外河同知淮安府軍捕通判，每員造一百隻，完竣查驗，毋得偷減草率。一、某廳承造之船，即以某字編號，自一號至一百號，並書船戶姓名。其船戶召募誠實者，各給腰牌，交河廳與清河縣分管。起撥時頭工水手令船戶雇覓，每隻以三名爲率。一、頭工一、水手二并船戶各日給工食銀七分，每船月需銀八兩四錢，運料時出自運員，撥漕時出自旗丁，俱免議動錢糧。惟油艌零費，每船每年需銀六兩，共一千八百兩，又每船小修銀十五兩，大修銀三十兩，按五年攤算，每年需銀二千七百兩。通計共四千五百兩。請照東省之例，在司庫借撥銀五萬兩，交兩淮商人一分生息，每年可得銀六千兩，除用賸銀一千五百兩，存河道庫內，遇有風損，即動此項官辦。再借司庫銀四萬兩，一併交商營運，十年可得銀四萬八千兩，即將本銀九萬兩歸款，而以息銀四萬八千兩作本生息，永資經費。一、該船應飭承管廳員，督率船戶，小心撐駕，些小滲漏，隨時粘補。如有逃拐情事，令船戶出結地隣賠繳，如無力完交，令該管官代賠。一、逢運漕之時，如需裝料，應仍雇用民船。請嗣後祇准將裝五百石以內之船，照民價雇用，其五百石以上載貨船隻，均不得雇用。即飭淮揚等道，并廳員等稽查，毋使胥役仍前混行封固索詐，以裕商稅。均應如所請。從之。（高宗一三一三、四一）

（乾隆五五、二、丁丑）諭軍機大臣等：本日朕駐蹕德州，經過運河浮橋，見南糧頭進揚州二三等幫，已過德州北上。本年漕運迅速，幫船銜尾遄行，並無停滯。現在南漕業過德州，東、豫二省幫船，早已抵壩，況河南糧道劉文徽押送重運到通後，始赴白澗行在見面，迄今又半月有餘，則豫省後接各幫，亦可全行到壩。前據該侍郎奏稱，於二月十八日開斛。而現在起卸回空若干幫，未經收兌者尚有若干幫，總未據續行奏到，自係壩上起卸延緩。或因挖河遲滯，致令漕船守候。蘇凌阿、劉秉恬俱著傳旨申飭。並著該侍郎等督率嚴催，倍加趕緊收兌，務須隨到隨卸，即日催令回空。若稍有遲延，以致壩上幫船，守候多時，停泊擁擠，有誤回空，則惟蘇凌阿、劉秉恬是問。恐伊等不能當其咎也。仍將現在已收若干，未收若干，並回空船隻數目，迅速據實覆奏。尋奏：開觖後逐日督催，隨到隨卸。自十八日起，截至二十九日止，計起過德州衛等十二幫共船四百四十三隻，糧十七萬餘石，均已回空，其未經到壩，及現在起卸者十四幫，共船六百十一隻，糧二十五萬餘石。計至三月初十，掃數全竣。得旨嘉獎。（高宗一三四九、二八）

（乾隆五九、六、乙酉）倉場侍郎劉秉恬奏：北運河官設撥船一千五百隻，向於重運抵楊村時，照起六存四例撥給濟運。現在河水充足，所有到楊待撥各幫，應改爲起四存六，或起三存七，無庸拘例辦理。得旨：如議行。（高宗一四五五、二四）

（嘉慶八、三、戊戌）諭內閣：秦承恩奏請將江西省帶徵漕糧，分別起運酌留以省造辦剝船經費一摺，斷不可行。據稱，江西省上年緩徵漕米，今秋帶徵完納之後，漕船不能同時並運，若造辦剝船，又滋糜費。查該省現在常平倉穀多有缺額，請將帶徵漕米賞留一半，以省採買，仍將採買價銀解京，收買旗丁餘米等語。各省應徵漕米，爲天庾正供，每年徵收完納之後，皆應全數運通。即使倉貯十分豐裕，亦當源源輓運，以資儲備。近年間有因地方水旱災祲及軍需緊要，曾經降旨截漕，非可引爲常例，豈有因常平缺額，輒將太倉之粟任意截留彌補之理？若有漕省分相率效尤，成何事體？至所云新舊兩漕不能並運，試思該省緩徵漕米，非止一次，向來帶徵全完之後，各幫船如何帶運赴通，豈無舊定章程可以遵辦？其各省旗丁兌剩餘米，向准在通糶賣，原所以恤丁惠民，若如秦承恩所奏，將該省常平糶價等銀解交直隸總督在通收買，則餘米盡數歸倉，於京師市價民食，豈不更有妨礙？所奏實屬非是。秦承恩係朕棄瑕錄用之人，地方公事尤應實心經理，乃於運京漕米，並不籌辦妥協，欲借以彌補倉廠，殊爲取巧。秦承恩著傳旨申飭。所有此項米石應如何帶運之處，著交戶部妥議具奏。尋議奏：江西省嘉慶七年分緩徵漕米，請分作兩年帶徵配運，除先儘額設漕船酌量均勻派搭外，其餘剩米石，照向例令旗丁雇船足運。從之。（仁宗一一〇、一）

（嘉慶一五、七、戊辰）諭內閣：富俊等奏，請定奉天運通糧石，分別責成一摺。奉天運通糧石，於乾隆年閒，經倉場侍郎申保奏明，海運則責之奉天委員，河運則責之天津道縣，嗣經直隸總督周元理奏改，無庸天津道縣盤驗，祗催令原運之員，押運交通，原未免意存諉卸。茲據富俊等奏，天津剝船，大者不過裝米二百石，統計二十萬石，須用千艘，未免照應難周，亦屬實在情形。嗣後奉天運通米石，著責成奉天委員，於領運時先行出具並無潮溼、短缺甘結，方准起運。抵津時飭令該管道縣，按船盤驗出結，如有潮溼、短缺，即著落奉天官員分別著賠。若該管道縣驗收出結以後，其由津至通，則責成直隸委員小心轉運，仍令奉天委員一同照料交倉。如再有前項情弊，即著落奉天委員及直隸道縣委員一體分賠，以昭覈實。（仁宗二三二、一六）

（嘉慶一五、九、辛巳）諭內閣：給事中吳邦慶奏，請復東省漕船春兌春開舊制一摺。東省距通較近，向來漕船春兌春開，抵壩並不遲誤，自改為冬兌春開之後，每年仍須在閘河守凍，而米豆存艙日久，轉不無黴變之虞。又運河挑工，因軍船在彼停泊，不能趕辦，多致遲誤，此外弊端尚多，自應仍復舊制。著照該給事中所請，自本年為始，將東省閘河內外幫船，照春兌春開之例辦理。但該管官務當督飭旗丁等兌竣早開，沿途迅速趲行，無誤抵通定限。又據奏，山東有漕州縣，其閘河以外係於九月開徵，閘河以內係於八月開徵，正屆秋稼登場，閭閻交納不無拮据等語。現在幫船改為春兌春開，則州縣徵收時日亦可從容，著自今年為始，仍照舊例，統於十月初旬開徵，以紓民力。（仁宗二三四、二六）

二、漕船建置

（乾隆七、五、丁亥）戶部議覆：漕運總督顧琮疏稱，漕船成造，各有定額，若額內減少，固慮裝運不敷，額外加增，徒致虛糜料價。查浙省之台前等三幫船隻，因減存年久，懇將應兌漕糧，分灑通幫裝運，並無挂欠負重之虞，可議長減。又寧、嚴、衢三幫船隻，兌運額糧，原非負重，不應增船分運。至溫州前幫增船四隻，杭州前衛後幫增船三隻，因各該幫每船裝米九百餘石，船身負重，現在均勻裝運，相安無異。且前項增減漕船，統計一千二百一十四隻，較之雍正四年原定額數止少一隻，亦無多寡懸殊等語。應如所請，將台前等三幫減船八隻，並額外增設之寧波前幫九隻、嚴州所三隻、衢州所二隻，均令減歇。其溫、杭二幫船七隻，原在通省定額內。即以現在應運漕白共船一千二百一十四隻，作為定額，嗣後如有不肖官丁任意增減，該督據實參處治罪。從之。（高宗一六七、二一）

（乾隆八、一〇、丁巳）戶部議覆：漕運總督顧琮議奏漕船變通事宜。一、漕船當大造之年，遇有減歇，請將減歇之船停造一年，則與先運之船年限參差，將來可無需同年配造。……一、賠造之船，多因原船已出若干運，現止須補出若干運，是以造船多未堅固。請嗣後將賠造之船，接算原船已滿十運，再能多出二運者，准其將船在通變賣。一、滿號之船無論堅固與否，向俱分年抽造，其中有實在堅固可以加修者，交總漕慎加選擇，令加修出運一次，准其留通變賣。均應如所請行。從之。（高宗二〇二、二四）

（乾隆八、一〇、甲戌）［户部等部］又議覆：漕運總督顧琮遵旨詳議湖南按察使明德條奏漕船事宜。一、東省自備漕船，宜停簽報副丁之例。查各省漕船添設副丁，原因到淮盤少，留一丁買米趕幫、一丁駕運北上；如抵通掛欠，則留一丁追比、一丁駕空回南。今東省自備丁船，既不過淮，又不回空。副丁虛設，應免簽。一、東豫二省各幫，有先後量存船三十九隻，宜全裁。查此項存船，原在現運漕船之外，留備糧增及不時撥補之用，歷年輪減，例不支給苫蓋、銀米，軍丁拮据難支，不得不藉各丁公出幫貼。是以辦運之資，貼減歇之用，未免兩困。且十年滿號，一體領價請造，徒糜帑項。漕糧定額已久，有增亦可雇船兌運，實可全裁。均應如所議辦理。從之。（高宗二〇三、一四）

（乾隆一〇、五、丙申）户部議覆：倉場侍郎覺羅吳拜等疏稱，石壩白糧經紀，應領排造銀兩，較大通橋雖多一倍有餘，而所排船隻，亦較大通橋船料加倍有餘。經部議令開明船長寬厚尺寸開報。查大通橋剥船，船底兩幫并舖面，計折見方丈十三丈八尺一寸九分、厚一寸二分，梁頭計折見方丈五丈二尺八寸、厚一寸八分零。排造銀一百三十兩。至白糧經紀剥船，船底兩幫并舖面，計折見方丈二十六丈二尺五寸七分、厚一寸五分，梁頭計折見方丈十一丈四尺九寸一分，厚二寸。較大通橋剥船二隻之外，尚多折見方丈十丈有零，實需銀三百餘兩。應如所請辦理。從之。（高宗二四一、一一）

（乾隆一〇、一一、戊寅）户部議准：漕運總督顧琮疏稱，派兌江寧府屬漕糧之江淮九幫、興武二幫，內有船六十三隻，應兌句容、六合漕糧，與在上元、江寧兌漕之船，每年不能一同開行，運隨各官，勢難兼顧。請嗣後輪年派兌，如江淮九幫輪兌句、六漕糧之年，缺船三隻，如數撥興武二幫額船，歸江淮九幫受兌，即屬江淮九幫隨運官管押；興武二幫輪兌之年，缺船十一隻，亦照江淮九幫例，撥兌管押。從之。（高宗二五二、三〇）

（乾隆一五、三、丁未）户部議覆：漕運總督瑚寶疏稱，湖北各衛所丁船幫次，向係籤掣輪運，每年幫次無定，且別衛素不相識之人，同幫共事，各不相關，不若圖本衛之丁，同運一幫爲便。請將武昌衛船三十五，蘄州衛船二十五，定爲頭幫；武左衛船四十、黃州衛船二十，定爲二幫；襄陽衛船二十四，德安所船二十六，武昌衛船一十，定爲三幫。無庸掣籤，其水手人等，召募充用。至領運千總，請即以本衛之弁，押本衛之幫。俱應如所請。從之。（高宗三六〇、九）

（乾隆一九、一一、丙申）户部議覆：倉場侍郎雙慶等疏稱，白糧經紀并土壩車户等剥船，已滿十運，例應另造；但閘河剥船，與漕船經涉江黃者

不同,請嗣後行運十五年,方准更換等語,應如所請。從之。(高宗四七七、一二)

(乾隆二四、閏六、丁未)户部議覆:據漕運總督楊錫紱奏稱,江西各幫極疲丁稀之船六十餘隻,累年辦理拮据,酌議於額船七百八十隻內,加一裁減,尚存六百三十八隻。每丁可得加裝增益錢糧並裁船撥歸屯協等費,歲運既覺寬餘,修造復多節省等語。查各省實運糧船,節次裁減,僅存六千餘隻,若再行議減,不特長途負重難行,輓運更多賠累。前奏請裁江浙二省漕船,經臣部議駁,江西事同一轍。所請加一裁減之處,應毋庸議。得旨:户部議覆江西裁減漕船一案,昨詢問楊錫紱奏,江西幫船,原與江浙等省不同,可以通融裁減,且於辦公有益。著即照所請行。(高宗五九一、二八)

(乾隆二九、三、己卯)户部議覆:漕運總督楊錫紱奏稱,江浙東豫各省漕船雖當十運屆滿,應行成造之年,例不准如他省聽旗丁留通變賣,如運糧抵通,仍須由通放回,及歸本處水次。此等舊板,不足以資配造,徒為丁旅苦累。請嗣後准其在通變價,再買補之船,未經滿運,或中途遇有風火,向須拆板帶回,亦徒滋運費,並請准其就地拆變。均應如所請。從之。(高宗七〇七、一九)

(乾隆五〇、一〇、丁丑)諭軍機大臣等:前以本年大河、淮安等幫,有遭風沉溺之事,據阿桂奏稱,漕船過於高大,棹挽維艱,似應酌量改小等語。朕以其所言或與漕運有益,因降旨令薩載、毓奇會同有漕省分各督撫,悉心籌畫,或可將船身酌量改小,以期行走便利。嗣據該督等酌減尺寸,會同具奏,並經大學士九卿等議覆准行。今又據嵇璜面奏,薩載等所定尺寸,據現在出運漕艘船身,不過收小一丈上下,其寬深亦祇改減一二尺,是大小不甚相懸,恐屬無益。且重運北上,總藉河水浮送,若運河水足,歷來糧運船隻,並未濡遲貽誤;若運河水淺,即再行收小,恐亦難以行駛;不若仍舊,於漕米貨物,均有裨益等語。所奏亦屬近理。且船身收小,旗丁等例帶土宜,或至不敷裝載,自斷無將漕米減去,轉載貨物之理。而漕船所帶貨物,俱民間日用所需,若令其減帶,則京師百物,不無騰貴,殊非便民恤丁之道。前此薩載等於議改漕船時,曾奏請令該旗丁於例外加帶土宜七十餘石。試思船既收小,其例帶土宜,尚恐不敷裝載,又安能於例外再行加帶?可見薩載等前奏之非是,已降旨申飭。況河水設遇短淺,無論現改船式減去尺寸無多,難以行走,即使再行收小,亦斷不能小於民船,豈能行走迅速耶?著傳諭阿桂等再行詳晰會商妥議。與其更張煩擾,自不若仍舊,毋庸改造之為便也。阿桂等當乘此未經改作之時,即行妥速定議,據實覆奏。尋奏：現在改減各船丈尺，足敷裝載土宜，並有空餘，以備灑帶米石。應照原議。江浙漕船長八丈、深六尺，喫水以三尺四寸爲度；江廣漕船長九丈五尺，深六尺九寸，喫水以三尺九寸爲度。立定限制，旗丁不致私增尺寸及例外多帶貨物，遇水淺可無阻滯。得旨：是不必屢經改議矣。（高宗一二四○、二）

（乾隆五○、一二、甲午）諭曰：舒常奏，江西省應造剝船，業經造成三百隻，委員於十二月初九日起程運送赴通，其餘三百隻，亦趕緊製造，於明春運通應用等語。此項剝船，該署撫派員經理，現已造成三百隻，其餘船隻，明正即可全竣，辦理甚爲妥速。舒常著照湖廣之例，交部議敘；其派出在工出力人員，亦著查明咨部，分別照例議敘。（高宗一二四五、四）

（乾隆五一、九、乙亥）諭軍機大臣等：據徵瑞奏，現在剝船一千二百隻，尚不敷用。請於每年商交二錢款項內，撥銀九萬兩，添造剝船三百隻，仍交江西、湖廣。即於今冬趕造，來春南漕未到之先，運送至津備用等語。剝船多爲豫備，於漕運事宜，更爲有濟。著傳諭李世傑、何裕城、浦霖，即照上年辦送剝船之例，就近動項，飭委熟諳幹員，迅速妥造，務於開春南漕未到以前，運送至津備用。並著傳諭徵瑞，查照舊式燙樣，分咨各省，照樣成造。（高宗一二六四、八）

（乾隆五三、七、己丑）湖南巡撫浦霖奏：遵旨改造撥船，酌定船身長五丈三尺，前寬七尺三寸，中一丈一寸，後七尺四寸；共八艙，每艙深二尺八寸；每隻估需工料銀一百五十四兩八錢三分四釐。已先趕造樣船一隻，臣親驗得裝米二百二十石，喫水一尺九寸，於運河淺阻之處，允堪遄行無滯。報聞。（高宗一三○九、五四）

（乾隆五八、五、丁未）諭軍機大臣曰：蘇寧阿奏請添雇撥船一摺。經軍機大臣會同梁肯堂議駁，已依議行矣。天津、山東兩處，設立官船，原以備漕艘遇淺，輪轉起撥，儘足敷用。即或值實在水弱之年，官船不敷，亦可隨時雇覓民船，無虞缺乏。何必常川添雇至九百隻之多，必致商賈裹足。況近年以來，漕運迅速，河水並無短缺。今歲水勢更屬充裕，六月內幫船已可掃數抵壩，蘇寧阿所請，尤屬無關緊要。看來此事，非由字識營書等慫恿該鎮，希圖從中需索霑潤，即係誤聽地方官吏之言，欲藉端額外封雇，爲漁利地步，殊屬非是。蘇寧阿著傳旨嚴行申飭，嗣後若再不知小心悛改，或有干與地方之事，一經查出，必當重治其罪，決不寬貸也。（高宗一四二九、一）

（嘉慶一五、五、乙丑）諭軍機大臣等：本日據吳璥奏，漕運關繫至要，河口通塞靡常，酌擬剝運江廣各幫，俾免誤漕，兼利河務。所奏不爲無見。

河漕本相輔而行，而經權須相濟而理。所有試辦海運一節，既屬格礙難行，而欲求河漕兩治之道，總不免於兩妨。似此年復一年，無日不籌治河，亦無時不虞誤運，正不可不隨時酌劑，量爲變通。江浙各幫，於春夏之交，趕緊渡黃，尚可無虞淤阻，江廣船身笨重，最爲滯累，該三省漕船共計十九幫，若徑用剝船分截，則全漕抵通較易，而江浙回空，得免江廣阻壓之虞，自可遞年趕早。一交伏汛，如黃高於淮，即堵閉禦黃壩，使清水由運河暢注，而黃水亦全力東趨，以黃刷黃，以清刷運，皆可日漸深通。如此權宜籌辦，或於漕運河防兩有裨益。至計需剝船二千隻，所需銀一百萬兩，亦尚易於集事。一俟河道順暢，即將此項剝船，分交北河之天津、楊村、東河之臨清、汶上，南河之邳宿等處，以備剝淺之用，亦不爲無濟。其應如何籌辦之處，著江南、湖廣、江西各督撫，會同漕運總督妥議具奏。(仁宗二二九、一一)

（嘉慶一五、一一、己卯）又諭：松筠、許兆椿奏請減造江廣剝船，以裕修費一摺。據稱前因江廣漕船笨重，偶值河口水淺，即難輓渡，請添造剝船一千五百隻，所需造費共一百二十萬兩，已交湖南、湖北、江西三省酌覈成造。茲體察江廣漕船行走情形，即遇河口淺滯，祇係最後各幫難以輓渡，向無全幫停阻之事。其在後各幫，應須過壩盤剝米石，爲數亦不過五、六十萬之間，以現造剝船裝米七百石而計，止須添造一千隻即敷剝運。所有減造剝船五百隻，節省銀四十萬兩，請分撥江廣三省發商生息，以爲隨時修艙之費等語。所奏甚是。著照該督等所請行。(仁宗二三六、三二)

（嘉慶一七、三、甲戌）又諭：戶部議覆許兆椿等奏，浙省各幫造船應添造費，請旨遵行一摺。浙省每年成造漕船，每船於應得造費銀二百八兩零外，只屯田一頃零，無別項可以幫貼。其所請加給造費，動撥減存行月銀兩一項，從前本係給丁之款，自裁船以後，始行入撥歸公，今該省造船賠累，自應仍以此項添給。著加恩准其照江廣置造剝船之例，每船除例給銀二百八兩零外，再添給銀五百九十餘兩，計每船給銀八百兩，以十六年新造爲始。所需銀兩，即於裁船減存行月款內動撥，以裕丁力。(仁宗二五五、三)

（嘉慶一七、七、壬申）諭內閣：許兆椿奏請停造浙省疲幫船隻一摺。浙江溫州後等五幫，前於嘉慶七年，經漕督鐵保以旗丁疲乏，奏明停造船十八隻，將所有糧米，灑帶本幫，其應領錢糧，即照灑帶米數，分給各丁，俟十年後察看情形，如果丁力漸殷，再行成造。茲屆十年期滿，據許兆椿查明奏稱，現在丁力仍屬拮据，承僉造船，實屬不易；且該五幫自停造疲船以來，本幫灑帶漕米，每船祇多裝六、七十石，並無負重之慮，每年各丁攤給錢糧三、四十兩，於現運亦多有益，請將疲船永遠停造，以省幫累等語。著照所請，將溫州後、台州後、處州後、金衢所、嚴州所等五幫，前次停造之疲船十八隻，永遠停其成造，照舊將糧米灑帶本幫起運，以紓丁力。（仁宗二五九、一）

（嘉慶一九、三、癸巳）諭軍機大臣等：廣惠奏，官造剝船到齊，請旨申明定例一摺。向年漕艘北上時，官剝船不敷輸轉，添雇民船協濟，地方官遂封留民船，胥吏藉端勒索賣放，以致船戶畏懼避匿，有礙蘆鹽挽運。嗣經蘆商捐造剝船一千五百隻，又籌款生息官造剝船一千隻，現在所造之船，已於上年全數解到，計共剝船二千五百隻，足敷輸轉剝漕之用。此項剝船所費不貲，若不妥爲經理，領用未久，漸就損壞，安能常爲添造？著那彥成詳議章程，應如何分派經管，其經管之員應如何立限保固，限內如有損壞船隻，應如何分別成數議定處分，其已滿年限全無損壞者，應如何量加鼓勵，分別勸懲，以專責成，並檢查從前舊有條例，如有未協未備之處，斟酌改擬奏明，候旨飭辦。再每年糧船入境約用剝船若干隻，著先行詳明總督。如在二千五百隻以內，即不許封雇民船，若實遇轉運棘手之年，所用剝船須在二千五百隻以外，亦令先行報明約須添雇民船若干隻，方准照數封雇。儻地方官私封牟利，查明隨時參辦，著一併議入規條。將此諭令知之。尋奏上，復下部議。嗣議，據直隸總督那彥成稱，新舊剝船派沿河天津等十八州縣分管，召募船戶。自領船日始，保固十年，責成天津道暨楊村通判隨時查驗。如有限內損壞，及器具不全者，將經管官議處。天津道及楊村通判失察，亦分別議處。限外完全者，酌加獎勵。其剝船調集輪轉，專委楊村通判經理。抵通騰空事宜，歸通永道督催等語，均應如所議行。惟稱如遇南糧入直太遲，添雇民船協濟一節，查此時新船已添有一千隻，即遇轉運棘手之年，亦儘敷輪剝，應毋庸添雇，以省擾累。從之。（仁宗二八七、二）

（嘉慶二三、九、丁巳）諭內閣：孫玉庭等奏，酌議糧船歸併裝兌，以節糜費一摺。江蘇東臺縣應運漕糧，不過一萬七千餘石，乃歷來派裝漕船至七十餘隻，米少船多，幫丁藉端勒索，徒爲地方之累。著照該督等所請，自今冬爲始，將該縣額徵正耗米一萬五千三百九十餘石，改歸興化、通州、鹽城三所二十八船裝運，其以鳳還漕正耗米一千七百餘石，即派裝兌之二十八船分裝灑帶。計所裝米數與各幫情形相等，毫無偏枯，此外毋許多派一船，致滋弊竇。至此項漕米，既經歸併裝載，原設船隻，計有贏餘，並著該督等查明，除應行拆修者照例變價外，其尚勘兌運船隻，遇有他幫屆限應造之船，即撥歸抵用，以節繁費。（仁宗三四七、九）

三、漕糧督運與途程限期

（順治二、五、庚寅）兵部右侍郎金之俊奏言：西北粒食，全取給於東南。自闖亂後，南粟不達京師，以致北地之米價日騰。今王師直取南京，計江南蘇、松、常、鎮、杭、嘉、湖七府之漕白，必久抵南庚。須亟令總漕星馳淮上，巡漕禦史疾趨瓜、揚，彈壓地方，度理運務。俟金陵底定，酌留之，餘悉轉太倉。南粟既來，市價自減矣。章下所司速議。（世祖一六、九）

（順治四、八、丙戌）復設臨河州縣墩堡、舖夫、快壯，以護漕運。從總河楊方興請也。（世祖三三、二○）

（順治一二、一○、戊辰）諭戶部：漕運至爲重務，年來拖欠稽遲，弊非一端，深可痛恨。漕運總督固應盡心料理，即各省督撫，亦當分任責成。除湖廣漕糧暫留充餉外，江南、江北、浙江、江西等處，著該督撫督率所屬各糧道、州、縣、衛、所等官，恪奉漕規，冬兌春開，務依限到淮。其到淮以後，漕運總督察驗催趲，抵通交納。河南、山東著該督撫督率所屬各官，徵兌開行，知照漕運總督，察催北上。係何地方遲誤者，自督撫以下至州、縣、衛、所等官，應擬何罪，屬何省分者，應限若干月日，爾部詳確議奏。（世祖九四、一三）

（康熙一、八、丙午）諭戶部：糧船經由漕河，領運官丁恪遵條約，依期抵通回空，方爲盡職。乃有姦頑員役，不守成法，多有夾帶私販貨物，隱藏犯法人口，倚恃勢力，行兇害人，借名阻礙河道，毆打平人，託言搜尋失物，搶劫民船，且有盜賣漕糧，中途故致船壞，以圖貽累地方。種種姦惡，難以枚舉，蔑法病民，莫此爲甚。以後如有仍前作弊違禁、肆行無忌者，督漕各官并該地方官，一有見聞，即行參奏。務將官丁嚴提，治以重罪。若知而徇情不奏，督漕各官及地方官亦從重處治。爾部即傳諭遵行。（聖祖七、一）

（康熙一九、一二、丁酉）兵科給事中額倫疏言：各省漕糧，應令道員押運。上諭大學士等曰：此言極當，自宜允行。運糧爲國家要務，今河道狹淺，恐誤運務。著遣大臣一員，將通州以南水淺處，察勘挑濬。爾等可傳諭工部。（聖祖九三、一四）

（康熙二○、二、丁酉）戶部議覆：兵科給事中額倫疏言，漕運關係國計，運官職分雖卑，領運糧數萬石，嗣後不必輪流坐派，請選年壯賢能者，庶克勝任。至運丁亦應令漕臣選殷實者充運，庶不致欠糧誤漕。又通惠河分司，向係三年更差，今一年一替，爲期不久，則於河道淤淺之處，不能悉

知，挑修不能遍及，請仍三年更替。俱應如所請。從之。(聖祖九四、一七)

(**康熙二〇、九、己巳**)户部題漕運遲滯，上以問大學士等，明珠對曰：今惟有急濬運河，速催輸運而已。上曰：黃河至通州，相隔千有餘里，重運日行止可二十里，如此，則明歲漕糧，愈致遲悞。今歲漕米，著即於臨德等倉收貯，來春俟河南、山東空回船剝運，庶可無悞也。(聖祖九七、一五)

(**康熙二二、三、庚午**)户部等衙門議覆各省糧船重運回空違限處分。得旨：漕運關係重大，一切定例，務期永遠可行。河道淺深、風勢順逆，各有不同，或遇積雨泥濘、縴路阻壞，易致稽遲，若一概從嚴處分，恐經管各官，徒被參罰，旗丁人等，亦受苦累，究於輓運無濟。漕運總督管理糧船是其專責，漕糧過淮及回空之時，應令漕督親身往來催趲，毋致貽悞。(聖祖一〇八、一九)

(**康熙二二、四、庚寅**)九卿議：漕船過淮，應令漕運總督親身催督。如致違限，從重處分。其回空船隻，些少攬載，亦不致遲悞，且有益於運丁。但毋得借裝載貨物、家口，以致違限。從之。(聖祖一〇九、一二)

(**康熙三二、一〇、丁丑**)户部議覆：漕運總督興永朝疏言，嗣後白糧船隻回運之日，旗丁如有掛欠，除革運追賠外，仍照監守自盜律治罪。應如所請。從之。(聖祖一六〇、一九)

(**康熙三九、三、丁未**)漕運總督桑額奏報漕船漂没事。上曰：邵伯更樓決口，自去歲奏報後，屢奏稱償工修築，乃迄今尚未報完，以致漕艘十有餘隻漂没击碎；其阻滯江干及瓜、揚一帶地方，不能前進者甚多。漕運關係重大，在工官員所司何事？稽遲怠玩，至此已極。俱著嚴議處分。仍行該督設法倍(備)料，兼工堵築，刻期報完，勿致再誤。邵伯更樓係船隻往來要地，已經衝決十有餘月，船隻阻滯不能前進之處，桑額並不題報，至于成龍故後始行具題，殊屬不合。著所司一并察議。(聖祖一九八、一五)

(**康熙四六、五、戊寅**)諭户部：朕屢次視河南巡，凡所過地方，遇有各省漕船，務加詢問，備悉其長途輸輓之事。每船額載糧米數百石，全責成於旗丁，旗丁管領重運，遠涉江河，經行數千里，始抵通州，身家性命攸關，其責甚鉅。及交納入倉時，設有糧數不足，則處分追賠，定例極嚴。既有懲創處分之例，則不可無獎賞激勸之典。如各營兵丁內有人材壯健，勉力報效，拔補將領者甚多，旗丁中有歷運四五十年者，累歲積勞奉公，若不定議敘之例，則希榮無階，衆丁何所鼓勵？嗣後凡有領運照數全完者，應令總漕獎賞；若於額定糧數之外有多交者，計算米數并領運次數議敘，授以職銜。庶各幫運丁皆踴躍自効，而不肖之徒侵食虧損之弊，可以漸止。此朕破

格優恤旗丁，裨益漕務之至意。爾部即遵旨會同兵部，詳議定例具奏。（聖祖二二九、二〇）

（康熙四六、六、乙巳）戶部等衙門遵諭議覆：運丁運米三年、多交米一百石者，給九品頂帶；交米一百石以上者，遞加議敘。上諭大學士等曰：此事若照部議行，則富人希圖官職，多交餘米數次，即可至一品矣。朕命議敘運丁者，並非欲多取其米也，特使運丁知所勸勉，交米不至缺欠之意。今部議謬矣。著將運丁內有運糧三年、多交米一百石者，令註冊；六年多交米二百石者，令給以九品頂帶；至運丁內有運糧二十年不欠米者，亦當議敘。此事著再議具奏。尋部議：旗丁運米二十年、雖無多交米石，並無掛欠及過犯事故者，亦應給以九品頂帶榮身。從之。（聖祖二三〇、六）

（康熙四九、八、乙酉）戶部題：舊例漕運抵通，查各幫糧米有掛欠者，將本幫運官、旗丁照例議罪，著落追賠。然每年舊欠未能如數追足，而新糧又復拖欠。查總漕、糧道及監兌、押運、僉運等官，皆有盤查之責。嗣後追賠漕米，應逐幫分計，派作十分，欠糧之本旗丁名下仍追賠一半，其餘一半，應令總漕、糧道及監兌、押運、僉運等官一體分賠。則舊欠易完，新欠亦可漸減矣。請著為令。從之。（聖祖二四三、一三）

（康熙五一、一一、癸巳）吏部尚書兼管倉場總督事務富寧安奏曰：九江、興武等七處回空漕船，至東光阻凍。此皆因量兌裝載過閘，以致遲悞。此等船隻，若俟明年解凍去而復來，則又必至於遲悞。臣請行文總漕，查在何處遲悞，即令伊等之力運至。上曰：漕運遲悞，皆有故。朕南巡時知之甚悉。漕船難於在江停泊，由江左來者，過江自儀真至寶塔灣停泊；由江右來者，亦過江自瓜洲至寶塔灣停泊。雖有先到寶塔灣之船，亦必俟未到之船，按次挨幫而行，故爾遲悞。並非量兌裝載過閘遲延之故。若一到即行，不但漕船不致有悞，而於商民亦有裨益。（聖祖二五二、三）

（康熙五二、二、甲戌）江蘇巡撫張伯行疏言：江南漕船定限正月內過淮，嗣經前任總漕桑額題請展限一月，改於二月以內過淮。定限一寬，官民率皆緩視。過淮既遲，則抵通不克如期，安得望回空之早？請仍照原限令正月以內過淮。又重運漕船並回空漕船皆給以限單，經過沿河州縣，註明出境入境時日，則運丁不敢逗留，而抵淮到通之限，皆凜遵無逾矣。得旨：著照該撫所請行。（聖祖二五三、一七）

（康熙五四、一二、丙戌）戶部議覆：署倉場總督禮部右侍郎荊山條奏，漕船至臨清、德州，水淺遲延，應令山東巡撫選派司道官員，自濟寧督運，出山東地界，將出界日期奏聞。又各州縣舊例，將樣米小袋，裝送倉場外，該糧道親驗，將各船每艙兌米一石裝袋，鈐印加封，仍放原艙內。到淮，總漕拆驗加封，抵通驗卸。如此，運丁攙和糠粃等弊可除。又掛欠弁丁，免其留通勒限，即發本省，照折例，每石一兩四錢完納。如此，則易於賠補。應如所請。從之。（聖祖二六六、二一）

（**康熙六一、六、壬戌**）戶部議覆：署理河道總督兼署漕運總督陳鵬年疏言，查漕船經過沿河州縣，例應填註出境、入境日期，過淮後，又給幫牌，先後照序而行，毋許漫越。惟是今歲，係僱民船載運，非往年重載糧船可比，若仍照往例不許漫越，勢必耽延遲誤。請令該糧道等官，速催民船，不必依序，刻期趲運。仍令沿河鎮道等官，晝夜嚴催，務照原限抵通。如有逾限，照例查參。應如所請。從之。（聖祖二九八、四）

（**雍正一、一、壬寅**）戶部等衙門議覆：倉場總督李英貴等條奏倉場事宜四款。一、漕兌定例，原帶耗米，以備曬颺折耗，不准旗丁批抵，聽作倉中折耗。一、旗丁應給照米三升八合。查米既入倉廒，復行照出，恐滋弊端，請將此項米石留倉，量給價值。一、倉差滿漢監督各一員，請嗣後於部員內擇家道殷實、操守清勤者題補。再於現任各監督內，擇其操守清廉、米好數足者，題留復任二年。再於候補候選人員內，擇其年力精壯、才猷敏達者，題請補用，給與本銜食俸，以為養廉之資。其應補應選之缺，咨部仍行補選，一年差滿，果操守清廉、米好數足，亦題留復任二年，共三年。准作試俸三年，任滿之日，任內米數謹慎收貯，數目充盈，題明交與吏部，以應陞之缺即陞。若改易操守、偷盜倉糧者，照侵欺錢糧例，盡法治罪。一、倉場衙門，有查倉、查船及大通橋石土兩壩、五閘等處，巡查諸事，舊止設筆帖式四員，請添滿漢司官四員，同筆帖式在臣衙門差委稽察。該員果能實力辦事，訪察利弊，三年後，亦照監督以應陞之缺即陞，筆帖式俟五年俸滿以應得之缺即用。儻查驗不實，徇私隱蔽及怠惰誤事者，嚴加參處。俱應如所請。從之。（世宗三、四四）

（**雍正一、九、乙未**）戶部議覆：漕運總督張大有條奏。一、行月二糧，例係半本半折，其折色銀兩，宜解送糧道驗明。將一半給發該丁開船，一半封固，於各幫過淮時，糧道親行給發。一、運弁回南，令坐糧廳給完呈限單，限一月到淮報驗，逾限者照規避例咨革。一、漕糧開兌，令額設監兌等官，親身照數交兌，開行之後，仍令該員親押到淮，聽總漕盤驗，如有不足，即將該員參處。應如所請。從之。（世宗一一、二六）

（**乾隆九、五、庚子**）戶部議覆：巡視南漕御史王興吾條奏，內稱各省糧船到淮，所有盤驗將弁，應令營衛互用，并於籤盤之日，始行拈鬮分撥，

則將弁難以作奸，旗丁無由打點。應如所請，著爲定例。從之。（高宗二一七、一五）

（乾隆三八、六、辛亥）吏部等部議准：直隸總督周元理覆奏，漕船自東省入直隸景州安陵汛至天津，定例限行十日。今查江淮頭幫，自入直隸景州境至天津，止行四日八時，各州縣所填印花，俱不符實在日時。詢係向來因各州縣署距河干自三、四里至二、三十里不等，重運船又難隨處停泊，若俟入境赴署黏貼印花，必致遲誤。是以運弁先期赴署黏貼印花，該州縣查照上站出境印花日時，即爲下站入境日時，一面計本境應行之限，豫填出境日時，一面催趲。如出境逾限，下站通報嚴查，若在限內，則有速無遲，即置不問。此次因連日順風迅速，各州縣印花，俱不相符。殊非覈實辦公之道，開列職名，請交部查議。嗣後應飭各州縣，於本境兩頭出入處豎立旗桿，書明漕船填給印花處字樣，夜則懸燈照認，派家丁帶書役持印花守候，每幫頭船入境、尾船出境，各在印花內確填實在日時。州縣率汛員稽查催趲，每五日內將填過印花報該管衙門查考，以歸覈實。應如所奏辦理，其豫填印花之靜海縣知縣孫泳等八員，應各罰俸九個月。從之。（高宗九三七、二四）

（乾隆四一、一〇、癸亥）諭軍機大臣曰：姚立德奏，各省重運漕船，向來俱係冬兌冬開，次年得及早過淮，五月全入臺莊，回空於九月初，亦得全入臨清閘河，總無遲逾之事。近年以來，兌開既遲，長途不能趲程，年復一年，回空亦未能依期歸次，不無阻淺守凍之虞。前與阿思哈面商，意見相同，茲阿思哈病故，恐冬兌冬開之例，仍不能實力奉行。請勅諭有漕各督撫，責成各糧道，妥協料理等語。所奏甚是。各省漕糧，冬兌冬開，自屬正辦。迨後開兌遲緩，實係歷年因循所致。雖催趲尚無貽誤，究不若照例於冬月開幫之爲暇豫。目下正屆收兌漕糧之期，若能於今歲冬間辦定章程，嗣後即無難遞年遵辦。著即傳諭有漕各督撫，一體實力妥辦。其江蘇、安徽、浙江各省糧艘，務令歲內全數開行；其江西、湖廣各幫，亦須將回空之船，迎催歸次，必於正月內掃幫前進，毋致遲逾。至德保業已起程，著諭令前赴濟寧，與姚立德面商熟悉，實力妥辦。此旨著由五百里傳諭知之。姚立德摺，並鈔寄各督撫閱看，仍將作何遵辦緣由，據實覆奏。（高宗一〇一九、一〇）

（乾隆四三、七、戊戌）諭：前據倉場衙門奏，大河、前幫、淮安三幫過津脫幫，請交漕運總督查明參奏。茲據鄂寶查奏，該處漕船因河流淺澁，起剝待閘，以致脫幫等語。糧船脫幫，運員等例有處分。第本年淮安各幫船脫幫之故，實由河流淺阻所致，尚非催趲不力，所有領運總運各員，均著加恩免其議處，該部知道。（高宗一〇六二、二五）

（乾隆六〇、三、甲戌）諭曰：管幹貞奏，江廣漕船挽入瓜州一摺。內夾片稱，向例漕船抵關，隨到隨放，自淮關監督到任，留查獨嚴，停幫甚衆等語。漕船行走，俱有定限，沿途自應趲緊前進，庶可及早抵通。今重運過淮時，守候多日，以致層層停壓。在盛住之意，不過專爲多得稅課起見。但漕船正當催趲緊要之時，豈可過於留難，致稽時日？況京城百貨，全賴漕艘攜帶前來，以資販售，而旗丁等生計微薄，亦藉以稍霑餘潤。若不能如期而到，不特漕船有誤回空，且貨物缺少，市價必致騰貴，旗丁等亦倍形拮据。既非所以便民卹丁，而關口過嚴，商販亦必聞風裹足，轉致徵收短少。盛住前在浙江藩司任內，緣事革職，復經加恩錄用，今於監督事務，又復過於嚴刻，實難辭咎。著即解任來京，交部嚴加議處。（高宗一四七五、一二）

（嘉慶一四、一二、乙巳）諭軍機大臣等：本日馬慧裕奏，豫籌經理不能歸次幫丁運務緣由一摺。新漕關係緊要，現在江境守凍各船，已鑿開河泓一道，可以依次軏行，馬慧裕惟當督率地方官弁，上緊催趲，總以歸次爲要，多一幫歸次，即省一幫掣肘，不可稍有怠玩。若歸次過遲，則新漕尤不可不豫爲經理。數日來，節據各省奏到，浙省擬用減歇幫船，再加灑帶，江西、湖廣擬雇備民船，在途迎兌，並請籌款辦理，已降旨照各該督撫所奏事宜，妥爲豫備。今馬慧裕籌辦此事，以雇船受兌，諸弊叢生，轉恐耽延歧誤，其意欲將浙江、江蘇、安徽、江西四省存次新船，先行按數裝載，此外或量爲灑帶，或仍俟續行歸次之船，補足裝運，其湖廣省則欲另行添用剝船，並酌改受兌地方。馬慧裕於各該省漕務地方情形，未必深悉，但既據縷析陳奏，著即將所議發交各該省督撫，自行酌量本處情形，可行則行，當止則止，總須熟籌妥善，一面奏聞，一面即行辦理，期於無誤新漕，不可稍有觀望。設籌辦未周，致有窒礙，則惟原議之督撫是問。其摺內請酌借守候閘壩各幫銀兩，及令回空船隻在停泊地方修艙二款，幫船阻凍之後，守候開壩旗丁等食用不支，其修艙亦不免需費，昨江西、湖廣等省亦曾奏及，請先行動款借給，另爲分年歸款。今馬慧裕所請，在於河庫內提銀二萬三千五十兩，先行應用之處，著即照所請行。仍著再與各該省會同確覈，將應需各銀數分別辦理。（仁宗二二三、一二）

四、運道淺阻與海船試航

（康熙三九、六、丙子）上諭大學士等曰：今清口已經淤塞，來歲糧船，難必無悞。由海運直抵天津，道遠甚險；若以糧載杪船，自江入海，行至黃河入海之口，運入中河，則海運之路不達，按此行可乎？伊桑阿奏曰：明季清口，運艘一過，即行堵塞。官員商旅，俱於天妃閘更舟。似此行之，不知可否？上曰：清口一塞，則南北阻絶矣。可遣人問張鵬翮，明年運艘果否有悮？自江而下，運入黃河口，果否可行？著詳議具奏。（聖祖一九九、一四；東一四、三三）

（康熙三九、七、壬寅）河道總督張鵬翮題：臣恭奉聖訓，指授方略，堵塞邵伯決口，糧船即便通行。此時運河各決口盡堵，清水又引出，乘時將運河淤墊處再加疏濬，來歲糧船自可通行，不致遲悮。至於改載抄船，雇募水手人夫，恐糜費錢糧；且由江入海，從黃河海口進中河之處，潮汐消長，水勢不一，風濤不測，實屬難行。下所司知之。（聖祖二〇〇、六）

（康熙三九、九、甲寅）工部題：江南江西總督阿山奏請修理杪船、唬船，議准行。上曰：此事著依部議。頃遣視海運道路，謂尚可輓運。張鵬翮奏稱，明歲運糧船隻，照常可行，並無阻滯。如此，則海運亦不必行。前者張鵬翮奏請船隻輓運工程物料，可將此船作速修理，送張鵬翮處用之。（聖祖二〇一、一六）

（乾隆二、九、辛丑）工部議覆：漕運總督補熙疏言，漕運議單內開漕船載米，不得過四百石，入水不得過六捺，遂相沿河水以三尺五寸爲度。嗣於雍正二年定議，江西、湖廣糧船，遠涉長江，造船以十丈爲率，載米一千石有餘，入水八捺，非得四尺，難以濟運，而該管河員，仍執三尺五寸之例，每遇水涸之年，輒以尺寸已足，不肯加力疏濬，以致船運淺阻。請嗣後閘河之水，以四尺爲度，令沿河官弁，實力遵行。應如所請。從之。（高宗五一、一）

（乾隆三、八、丁未）工部議覆：河南山東河道總督白鍾山奏稱，東省館陶、臨清二處，前經户部侍郎趙殿最奏，請立一水則，以驗淺深。查衛河水勢，惟在相機啓閉，水則可不必立。嗣後如遇雨水調勻之年，請將百泉等處渠閘，照舊官民分用；倘值河水淺澀，即將民渠民閘，酌量暫閉，以利漕運；或河水充暢，漕艘早過，官渠官閘，亦可酌量下板，以灌民田。應如所請。從之。（高宗七五、一三）

（嘉慶一五、二、壬子）諭軍機大臣等：治河所以利漕，東南數省漕糧，上供天庾，是必運道通暢，方能源源轉輸。近年河工敝壞，而漕運亦日見阻滯，推原其故，其始因河湖多故，此衝彼漫，逐處淤墊，以致運道節節梗阻，有礙船行；繼又因漕務緊要，不能須臾停待，每年回空重運，相繼而行，催趲不遑，更無修防之暇。引黃濟運，爲害滋深，故無一日不言治河，亦無一年不虞誤運，欲求兩治，轉致兩妨，殊爲廑慮。從前康熙年間，曾因辦理河工，停運數次，始能經理獲效，然彼時京通各倉儲積充裕，足備數載之需，非如目下情形，每年僅敷支放可比。揆之事勢，欲倣照辦理，蓋有所難，但先事之虞，豈可漫無籌畫？前吳璥曾有由清江陸轉之議，而費重事繁，礙難經理。溯查元明時本有海運之法，後因積久弊生，遂議停止，然其始轉輸利賴，未嘗不有裨國計。此時亦並非輕言改易，惟未雨綢繆，不得不作萬一之想，設竟須計出於此，若不先爲試辦，豈可冒昧徑行？聞江、浙各海口，本有商船，赴關東一帶販運糧石者，每年絡繹不絕，其船隻習於風濤，熟於沙線。該二省均有出海之路，著松筠、章煦、蔣攸銛體察情形，或將本年漕米，就近酌交商船灑帶若干，先爲試行，以觀成效，不妨使商船略沾微利，俾各踴躍承辦，一面仍催趲重運北來，總期於運務有備無患。是否可行，該督撫即熟籌妥議，據實具奏。（仁宗二二六、二五）

（嘉慶一五、四、壬辰）諭軍機大臣等：本日章煦覆奏試辦海運一事。據稱蘇省惟有大號沙船，尚可灑帶米石，約計裝運之費，每一百石即需費三百兩，且商船與軍船不同，不能安設氣筒，易滋徽變等語。海運一事，流弊本多，原非必欲如此辦理，但年來河道阻滯，重空船隻行走諸多不便，萬一漕運稍有貽誤，自不得不設法籌辦。今據章煦查奏，海運礙難辦理，蘇省如此，浙省大略相同，此時竟可無庸試辦。然漕糧關繫重大，籌辦不可不周。現據漕督等奏報，本年漕船渡黃，較上年遲至四十餘日，萬一大汛經臨，再有阻滯，勢必復議截留。米石既多，一切拋撒徽變，俱不能免，而天庾正供，歲有短絀，成何事體？在河臣經理不善，固當重治其罪，而該督撫等身任地方，亦豈有坐視漕糧貽誤，不行設法運京之理？該督撫務當未雨綢繆，除海運外尚有何法，詳加籌畫，妥議章程，豫行陳奏，以期有備無患。將此諭令知之。（仁宗二二八、七）

（嘉慶一六、三、己未）諭軍機大臣等：前據陳鳳翔奏，於本月初一日開放禦黃壩，今已十日，尚未據奏到開壩後是何情形。現在黃水高於清水五尺有餘，而下游將近海口之大淤尖地方，又形淺滯，即使本年糧運尚可勉強通行，日久終恐貽誤，不可不豫爲之計。因思海船試運一事，上年據章煦覆奏，吳淞一帶尚有沙船可雇，果能試行有效，則來年即可踵行，比之撥運、截卸一切事宜，皆爲徑捷。惟地方官辦理之始，不無畏難，此事全在該督撫實力講求，認真經理，將此時應灑配若干船隻、應撥用何項米石、如何設法交卸，及旗丁水手如何安置，均即熟籌妥辦。今歲不拘糧石多寡，務即趕緊試行，切勿坐視因循，又以海洋涉險爲詞，率行推卸，仍一面催趲重運北上。至浙省雖向無海運出口章程，其應如何幫雇船隻之處，蔣攸銛亦應一體籌商，互相經理，方爲不負委任。將此傳諭知之。尋據兩江總督勒保等會議，不可行者十二事：一、漕運惟元至元十九年始爲海運，至明永樂十三年而罷。然元明雖係海運，而内河漕運仍不廢。今以清黄交會之水，消長靡常，欲易河運爲海運，俾得專治河淮，爲一勞永逸之計。若海運與河運並行，則禦黄壩仍不能閉，凡漕運官弁一切不能少減，徒增海運之費。一、江南至天津海道，必從吳淞江出口，由崇明南茶山而北，東過山東成山至綠水大洋，西過之罘山，又西北由大沽海口始達天津。其閒吳淞口之陰沙，黄河口之大沙、五條沙，以及山東貓兒島、沙門島等處，沙礁叢雜，皆海道極險之處。天庚正供，非可嘗試於不測之地。一、海行欲避外洋之險。前代曾欲從膠西開鑿陸地，徑通直沽海口，勞費不貲，迄無成功。雍正初，朱軾亦奏開山東膠萊運道，卒以工力難施而止。一、海運若由旗丁領運，則旗丁不習海洋，如責成船户收兑，則船户非如旗丁有册編審，必致散漫無稽，又難約束。且河運有總漕及巡漕御史等統領稽察，復有各省糧道及地方文武押送查催，尚不免短缺黴變等事，若改海運，斷不能設立多官出洋巡視，將來船户偷盜私賣、捏報沈失，甚至通盜濟匪等弊，皆所必有。甫經肅清之洋面，轉恐匪類萌生。一、海行風信靡常，凡商賈市舶往往飄至外洋，經年累月而後返，並有竟不能返者。漕船向在内河，可以隨地催趲，一出海洋，其遲速平險皆非人力可施，設有耽延，所關匪細。一、海運需籌經費。查至元閒，每石給中統鈔八兩五錢，迨及至大延祐閒，加至十三兩。彼時相距不過數十年，而其費已加至三分之一，方今物力昂貴，以古準今，其費必甚浩大。一、海運即需用船。計造海船一隻，其大可裝載二、三千石者，估需工價不下萬金，以全漕而論，需船一千七、八百號，即需銀一千七、八百萬兩。一、造船既不能行，不得已議雇商船。若照民閒販運給值，則需費不貲，實難爲繼，若祇給以官價，則在官支發之數已多，而船户猶形苦累。即如閩洋勦匪添船，多係隨時短雇，大小多寡不等，悉按受載石數，每月每石給銀七分，截至上年二月，已發過官價銀十九萬餘兩。船户等除領官價外，又得行商津貼，仍以賠累爲辭，規避官雇。今欲長雇運漕，尤恐避匿不前，難於雇覓。况重洋巨浸，必須船身堅大，始敢開行吳淞一帶。頭號沙船，向赴天津，貿易者止有四、五十隻，每隻帶米不過千石，受載無多；閩省惟赴津大船，始諳北洋水道，亦屬不敷供運；至粵省相距更遠，其船向不能北行；浙省則更無船可雇。一、查元明海運，每年必有漂失之米，統計到倉米石，欠交者每石自數合至一斗、數升不等。今時生齒日繁，常慮地之所產，不敷人之所食，豈堪再有漂失之數？一、海運即需添設水師防護。若令現有水師分段護送，兵船少而漕船多，遥爲聲援，鞭長莫及，必致有名無實。若每船配兵一、二十名，即須設兵三、四萬名，所需糧餉，又復不貲。一、京師百貨之集，皆由糧船攜帶，若改由海運，斷不能聽其以裝米之船，多攜貨物。將來京城物價，必驟加昂貴，並恐官民日用之物，皆致缺少，於生計亦有關礙。一、運丁所用兵工、短縴等項，以每船二十人而論，現用者計八、九萬人，窮民賴以資生。若改海運，均需另募熟悉海道之人，而此常年運漕之八、九萬人，一旦失業，難保不流而爲匪，亦非安輯之道。得旨：前因洪湖洩水過多，運河淺涸，恐新漕北來阻滯，是以令該督等兼籌海運，以爲有備無患之策。至其事之需費浩繁、諸多格礙，朕亦早經計及。今據分款臚陳，以爲必不可行，自係實在情形，此後竟無庸再議及此事，徒亂人意。河漕二務，其弊相乘，其利亦相因。漕運由內河行走，已閱數百年，惟有謹守前人成法，將河道盡心修治，河流順軌，則漕運按期遄達，原可行所無事。即萬一河湖盈絀不齊，漕船不能暢行，亦惟有起剝盤壩，或酌量截留，爲暫時權宜之計，斷不可輕議更張，所謂利不百不變法也。（仁宗二四〇、一一）

五、運丁工食及嘗項津貼

（一）運丁工食

（**順治一八、一一、乙巳**）户科給事中柯聳疏言：白糧向僱民船，不無多派，今以漕船帶運，其費半可節省。至於佐貳官押運，不能彈厭旗丁，應勅漕臣嚴加禁戢。若旗丁於原領工食外妄立名色、苛派使費者，責令糧道就近申禁。下部議。（聖祖五、一五）

（**康熙二〇、九、壬申**）諭户部：積貯爲國家大計，歲運漕米，充實京倉，最爲緊要。旗丁人等輓運勤勞，宜加存恤。朕項巡行近畿，至通惠河一帶，見南來漕艘旗甲人丁資用艱難，生計窘迫，深爲可憫。若不預爲籌畫，恐其苦累難支，以致沿途遲滯，貽悞倉儲，所關匪細。前以軍需浩繁，漕運額設錢糧，節經裁減，今應作何酌復款項，爾部詳議具奏。尋户部議覆：應復運丁工食銀十五萬兩。從之。（聖祖九七、一九）

（**雍正一一、一二、丙辰**）諭户部：本年江南應徵漕米，朕已降旨密飭該督撫等以半本半折徵收，爲接濟民食之用。惟是漕糧既一半改折，則漕船亦應一半停運。定例，漕船減歇之年，運丁給與一半月糧，以爲養贍。但上年業已緩截，本年又復減歇，其行裝等項，俱經預備，於將次出運之時，旋復停運，則所領一半月糧，或不敷用，未免艱苦。著將本年應支月糧，悉行

賞給。（世宗一三八、四）

（**乾隆一、二、丙戌**）户部議覆：原任漕運總督顧琮疏題，江南截留漕船，其未奉截留之先，置補篷桅簟纜，散給水手身工，以及截留之後，撐駕回次等費，較停運爲費甚多。請將已給三修、月糧二項，全予豁免。又稱，截留船隻，應給行糧等項，請照經行程途，按站給發。又稱，交收州縣，請定限半月内收清，如運丁借端遲延，州縣掯延不收，即行查叅。又稱，所議條款，江南係因地制宜，其餘有漕省分，俟各糧道妥議具奏。上下兩江漕運銀米，並未編載全書，應會同督撫查議另題。均應如所請。從之。（高宗一三、一六）

（**乾隆一、二、壬辰**）户部議覆：原任漕運總督顧琮疏稱，雍正十一年分折漕減運丁船，未經受兑開行，請將行糧、贈銀、貼運、瞻運等項銀米，全數扣存；其本折月糧、五米、三修等款，悉行賞給。應如所請。從之。（高宗一三、二六）

（**乾隆二、一、甲午**）又諭：雍正十二年以前，各省未完錢糧，已於恩詔内悉行豁免。查各省截留漕船，有應追之銀米，不在恩詔豁免之内，但念旗丁近年以來，尚屬急公效力，其從前挂欠之項，事隔數年，此時責令完補，未免力量艱難。著漕運總督補熙詳悉查明，將雍正十二年以前，各省截留漕船，應追行糧漕贈盤耗等項，除已完外，其未完者，准照地丁錢糧之例，一概寬免，以示朕格外加恩之至意。（高宗三四、三）

（**乾隆四、五、丙午朔**）户部議准：漕運總督托時疏稱，遵奉部咨，湖南、湖北旗丁運糧抵通，或遇截留，應追應給銀米，一併妥議。查各丁在次在淮，所領三修、行月、二耗，並津貼京腳銀米，原爲修船、養家及沿途回空之用，俱難議追。惟所領四耗米内之一五耗米，乃爲沿途盤耗，如遇截留，應行按程追繳。嗣後兩省漕糧，若在本省截留者，四耗米石，俱隨正糧交收。如已出境。則按各水次計算，俱於一五耗米按程按分追繳，載入漕運議單。從之。（高宗九二、一）

（**乾隆四、六、辛巳**）户部議覆：漕運總督托時疏稱，乾隆元年分江淮等衛派截漕船，所有三修、月糧銀，應照例全支。查漕船停運截留，支給錢糧，有全支減半之别。請嗣後如米石未經受兑，照停運例，止給減半月糧，受兑開行者全給。至受兑上船，尚未開行，若何酌給之處，令該督詳議具題。從之。（高宗九四、一二）

（**乾隆四、七、庚午**）大學士伯鄂爾泰等議覆：漕運總督托時奏稱，湖廣旗丁行月錢糧，分別本折，量爲加增。按各省行月錢糧，俱係半本半折，價值照各本省酌定，每石七錢至一兩二錢不等。湖廣省本折俱給價銀四錢，蓋因該省爲產米之鄉，當年價賤，是以定價較少。先經侍郎陳世倌以定價不敷，請增折銀七錢，於道庫存剩項下給發。九卿議以該省運船四百餘隻，計應派銀一萬五千餘兩，倘道庫不敷，勢必加派累民，將所奏毋庸議。但該省米價，迥非從前可比，一概折給四錢，實屬偏苦。請分別本折，將一半折色，仍照舊例折給，其一半本色，照兵糧例，湖北每石折銀七錢，湖南六錢，共增銀六千六百兩，於道庫支領尚有存剩，不致加派累民。應如所請。從之。(高宗九七、一四)

(乾隆五、三、庚午) 漕運總督托時奏：漕船停減在次，例給減丁一半月糧，懇恩准先給發以恤窮丁。嗣後非災減之年，仍照舊例辦理。得旨：事屬可行，然嗣後亦必奏聞而後可。(高宗一一三、一二)

(乾隆六、八、庚申) 戶部議覆：漕運總督常安奏稱，一、江安糧道所屬各衛幫，遇截留停運之船，減半月糧，應支半本半折者，俱給折色，與例未符。請悉照出運漕船之例，將全支本色之各幫，亦減半支給本色；全支折色之各幫，亦減半支給折色；兼支本折之各幫，亦按本折各數，減半兼支。應如所請。如因地方災緩停運，則行月亦在停緩中，應將上年餘米通融撥補，以濟減丁急需，下年照數徵收還項。一、蘇松糧道所屬各衛幫船，行月錢糧，定例本折各半。所有截留停運船隻一半月糧，亦應本折均支。一、湖北省各幫船，遇截留停運之年，減半月糧，仍照乾隆元年舊例，俱行折給。一、山東省各幫船，遇停運減歇之年，應支減半月糧，在於已未支領月糧本色米內，按數扣給，毋庸折銀。應如所請。其偶因災緩減運之處，業於江安欵內議明，一體辦理。從之。(高宗一四九、一一)

(乾隆六、一二、戊戌) 諭戶部：浙江今年截留漕糧十八萬石，又該督撫等以杭、湖二府被水災田，題請蠲免漕糧，現交部議，將來糧艘停運者必多。向來定例每遇減運之年，運丁月糧，支給一半，停給一半，今浙省停運既多，恐一半月糧，運丁不足養贍家口。著於停給項內，再減半給與。此係格外加恩，後不爲例。該部可即明晰行文，諭令該督撫知之。(高宗一五六、一六)

(乾隆七、三、壬申) 諭：去年上下兩江，及浙江之州縣，被水偏災，收成有歉收之處。朕恐民間米糧不足，降旨截留三省漕糧八十萬石，以爲備用。向來定例，漕糧停運之年，運丁月糧，止給一半，停給一半。朕念運丁等當歉收之歲，食用艱難，已降旨將浙省停給項內，再減半給與，資其養贍。江南運丁，亦應一體加恩。著將停給項內，照浙例減半賞給，以昭特

恩，後不爲例。該部即遵諭行。(高宗一六二、二〇)

（**乾隆七、七、丙戌**）是月，總督倉場侍郎宗室塞爾赫等奏：紹興前後兩幫，沿途起剝，耗費過多，請照例每船借支銀八兩，以資回空。又江、興等衛，湖北二三兩幫，實因漕河水淺，運丁艱苦，其起欠米石，請將各丁應得餘米抵補，嗣後不得援以爲例。得旨：著照所請，該部知道。(高宗一七一、二三)

（**乾隆八、六、庚申**）户部議准漕運總督顧琮疏請，清查湖北武昌、武左、黄州、蘄州四衛屯田，按糧多寡，分別議定幫費，官徵官給，以均濟運。查定額，武昌衛五十六船、武左衛五十五船，每船各得銀一百四十七兩零；黄州衛二十六船，每船給銀一百二十五兩零；蘄州衛三十二船，每船給銀一百三十五兩零；因屯派幫，民不擾而運費有資。又湖北減丁，俱屬輪運，並非永減之閒丁。出運者領給幫銀，減歇者尚出幫費，並不能坐享餘利。請就各衛所情形，有屯清屯，無屯清費爲便。從之。(高宗一九四、一七)

（**乾隆八、一二、戊辰**）[户部]又議覆：調任江西巡撫陳宏謀疏稱，江西省甲子年應運粤東米石，准部咨令運赴湖南分貯，應請運至岳州漕倉交卸。又船號既多，運官勢難兼顧，應照湖南運閩穀之例，募人看管。每名日給工食銀五分；回時無船可坐，每名酌給銀二兩，不給工食。應如所請。從之。(高宗二〇七、一〇)

（**乾隆九、五、戊戌**）倉場侍郎覺羅吳拜等奏：漕船幫丁起欠，例不准買餘米抵補。今到通鳳陽等幫，起欠者甚多，緣去冬挑濬中河，展限停泊，宿遷河口等處水勢微弱，添縴加夫，一切用度繁費；且天津、河間等處被災，許各船在途糶賣，或致浮多。請今歲起欠之丁，於本幫暨別幫食米內買補。得旨：依議。今年照所請行，後不爲例。(高宗二一七、九)

（**乾隆九、一〇、戊午**）户部議覆：漕運總督顧琮疏稱，直隸通州、天津二所屯租，節年拖欠不清，以致旗丁辦運拮据。應照直屬撥補地畝代徵之例，令該州縣將各佃應輸租數，依限催徵完納，移交幫所官弁，轉給軍丁濟運；仍核明代徵完欠數目，彙册題報。應如所請。從之。(高宗二二六、一九)

（**乾隆一〇、一、壬寅**）漕運總督顧琮奏：漕船除原題大幫飯食銀六兩，小幫四兩，及照依部例造船飯食銀六兩，留爲書吏僱覓貼寫、飯食等費，其餘年規、土宜，一切名色，盡皆革除，并通飭各糧道，一體查禁。得旨：總在汝實心剔弊，有治人，無治法也。(高宗二三三、一五)

（乾隆一〇、八、丙午）總督倉場戶部侍郎覺羅吳拜等奏：糧艘回空，接領新運，最關緊要。查江南興武、江淮二衛幫船，運丁向稱貧乏，本年領運北上，沿途起剝添縴，費用殊多，現在無力回南者，共船二百六十二隻。請每船借支通庫輕齎銀十六兩，以濟回空之資，在於各丁應領起運錢糧內，分年扣還。得旨：著照所請行，該部知道。（高宗二四六、九）

（乾隆一一、一二、己巳）諭：今歲上下兩江，因水災備賑，截留漕糧三十萬石，所有減歇漕船旗丁，例支月糧一半，以資苦蓋。但念此等減歇軍船，多在被水縣衛之內，米價昂貴，旗丁生計，未免拮据。著加恩於常例五分之外，增給二分，以示軫恤旗丁之意。（高宗二八〇、一四）

（乾隆一二、七、戊午）是月，倉場侍郎覺羅吳拜等奏：浙江紹興前後兩幫，本年回空船一百三十八隻，幫丁拮据，長途乏費。請動支通濟庫項，每船借給銀十二兩，仍令總漕於新運截漕銀內，分作二年，扣還歸款。得旨：如所請行。（高宗二九五、二二）

（乾隆一三、一、壬辰）又諭：朕因上年江南被災，降旨將下江漕糧截留八十萬石，以資賑糶之用。其減存旗丁，例止給一半月糧。但朕念截漕甚多，在旗丁舵水，取領月糧，恐致不敷養贍，難免向隅。著將例給一半月糧之外，再加給三分，俾得俯仰有資。該部遵諭速行。（高宗三〇六、一一）

（乾隆一三、二、己巳）諭：朕因山東上年歉收，降旨截留該省漕糧以備賑糶。向例減運旗丁，支給月糧一半，以為苦蓋、養贍之用。若俟部覆後，始行給發，未免遲緩。今朕巡幸東省，軫念旗丁資用拮据，著加恩於例外再賞給一成；即於月糧銀米內，就近給發，俾得俯仰有資。該部即遵諭行。（高宗三〇八、一五）

（乾隆一三、一〇、丁酉）諭：各省漕船幫丁行、月、漕截等項銀米，如遇截漕留減，其給過各項錢糧，分年扣追，此定例也。浙江乾隆八年截留運閩案內之紹興後幫，乾隆九年截留臨清案內之台州前幫、海寧所幫，乾隆十年截留本省備用案內之杭前後、杭右後二幫，皆有應追未清之項，若按限扣追，丁力未免拮据。著將紹後幫應完一限銀兩，海所幫應完兩限銀兩，俱分作三年扣還。台前幫應完兩限銀兩，分作四年扣還。杭前後、右後二幫應完一限銀兩，分作二年扣還。俾丁力寬紓，以示朕體恤旗丁之意。該部即遵諭行。（高宗三二七、一）

（乾隆一四、四、己亥）又諭曰：布政使永貴奏稱，浙江漕船旗丁，年來困乏不支，運糧往返，均須重利揭借，若非亟為調劑，將來起運不前。請賞借藩庫銀五萬兩，分作五年歸還。又具奏懇定酌均祭銀之規，請將嘉興等一十三縣崇聖祠祭祀，另於存公銀兩撥補增入等語。永貴自擢用藩司以來，未見其奮勉向上，不過隨衆步趨，因循了事，於地方毫無整頓。外省習氣，漸染日深。即如祭銀一項，原非地方刻不可緩之事，而幫丁果屬艱難，該督撫自必酌量籌辦，乃有意邀譽沽名，殊非朕委任之意，著傳旨申飭。其所奏借助幫丁一事，是否可行，著交巡撫方觀承，妥協定議，到日再降諭旨。（高宗三三九、一九）

（乾隆一五、一〇、庚午）又諭：向來截留漕糧，歇幫船隻，例給一半本折月糧，俾旗丁資以養贍。朕前因南省明春需米，將江浙二省乾隆十五年漕米，共截留二十五萬石，應減幫船頗多，若照例給予折半月糧，恐其苦蓋食用，尚有不敷。著加恩於應給折半之外，再賞給二分，以恤丁力。該部即遵諭行。（高宗三七四、二）

（乾隆一六、一、丁卯）諭：上年江、安二省內，有偏災之宿州、鳳陽、泗州、長淮、宿遷、邳州、大河、海州等處，各該撫業將本年應徵新舊漕糧，題請分別蠲緩。所有此項減船軍丁，苦蓋食用之需，未免拮据。著加恩於例給折半月糧之外，再賞給二分，以恤丁力。該部即遵諭行。（高宗三八一、一六）

（乾隆一六、三、癸卯）戶部議准：原任湖北巡撫唐綏祖疏稱，湖北漕糧少而漕船多，每船應得之耗米水腳等項亦少，運丁拮据。經前撫彭樹葵等題請裁船四十八隻，即將裁船之幫費，增運之耗米，添給存運各船。經部覆准，其原給屯田，作何歸著，查例咨覆。嗣經咨覆，部議令照江浙等省減船屯田例，一體歸公。查江浙等省，裁減漕船，加裝米石，俱另給負重銀兩。湖北無此項，且程途較遠，請仍照原題，將裁船屯田幫費銀，加給現運各船。從之。（高宗三八四、六）

（乾隆一六、八、戊戌）又諭：據鶴年等奏稱，本年浙江紹興前後兩幫、金衢所糧船一百八十餘隻，回空之後，因天雨水長，守候多日，食用無資，艱於南下，稟懇借給盤費。請照乾隆十四年之例，每船支借銀十二兩等語。漕船抵津，不獨浙江一省，何以別省俱未聞有懇借盤費之事？明係該兵丁等知本省現在荒歉，藉詞請借，情節顯然。果有此情，何妨明爲奏達，而該侍郎等全不知此，爲其所愚，抑或草率朦混。此風斷不可長。但該旗丁等本處被災，食用自不免拮据，著加恩酌量賞借一半。並將此傳諭該侍郎等知之。（高宗三九六、一〇）

（乾隆一六、九、庚寅）諭：乾隆十三年截留江省起運漕糧六十萬石，分貯山東備賑，所有給過各幫旗丁行月耗贈銀兩，例應按其程途，照數追繳。經部行文，於應領新項內，全行扣還。但各旗丁現年所領錢糧，僅供一運之用，若一時全扣，所剩無幾，窮丁辦運，必多竭蹙。著加恩將滁蘇等十四幫應追銀三萬一千餘兩，寬至壬申年為始，分作三年扣完。其江興等十三幫，並無屯田贍運，及什軍幫貼，情形更屬拮据。應追銀七萬四千餘兩，亦自壬申年為始，分作八年扣完，俾軍力舒展。該部即遵諭行。（高宗三九九、一七）

（乾隆一六、一〇、丙子）又諭：今歲浙江湖南等省，前後降旨截留漕糧，共一百四十六萬石。又因江、浙、河南、山東等省，均被偏災。復將被災州縣新舊漕糧，分別蠲緩。其應減幫船甚多。念該旗丁等，所有苦蓋日用之費，若照例給與一半月糧，恐有不敷。其災減軍丁情形自更拮据。著將各該省截留蠲緩減船各丁，於例給折半之外，再加恩賞給二分，以恤丁力。該部即遵諭行。（高宗四〇二、一三）

（乾隆一七、九、庚辰）諭：浙江、江西、湖廣等省上年動缺倉儲，恐一時採買，市價騰踴，因酌量截留各該省本年應運漕糧，以資撥補。所有浙江截留四十萬石、江西截留二十萬石、湖廣截留十萬石，其減歇船丁，雖非因災可比，但照例給予折半月糧，各丁苦蓋日用之費，未免拮据。著於例給折半之外，再加恩賞給一分，以恤丁力。該部即遵諭行。（高宗四二三、一三）

（乾隆一八、二、壬辰）免鳳陽中衛幫丁無力完繳銀二百八十三兩有奇。（高宗四三二、一二）

（乾隆一八、三、戊寅）戶部議覆：漕運總督瑚寶疏稱，嚴、嘉二幫截留漕糧，與杭寧幫丁船，同係一年減存。請將嚴、嘉二幫丁船六十八隻，循照杭寧等幫減丁前奉恩旨，一體加給二分苦蓋口糧。應如所請。從之。（高宗四三五、一一）

（乾隆一九、一、壬子）又諭：上年江南浙江前後降旨截留漕糧，共七十萬石。其被災州縣，復經分別蠲緩漕糧，所有減存幫船甚多，該旗丁等所需苦蓋日用之資，若照例給與一半月糧，未免拮据。著將各該省截留蠲緩減船各丁於例給折半之外，再加恩賞給二分，以卹丁力。該部即遵諭行。（高宗四五四、三）

（乾隆一九、一二、丙辰）諭：本年淮揚所屬高寶等處，因雨水過多，被淹成災，加恩降旨截留漕糧十萬石，以備賑卹。所有減歇幫船，例給一半月糧。但該丁等，未免俯仰拮据，著於一半月糧之外，再賞給一分，以資養贍。（高宗四七八、一六）

（**乾隆一九、一二、甲子**）［户部］又議覆：漕運總督瑚寶疏稱，紹興、寧波前後幫船，丁力疲困。查該幫船裝運本輕，請援減船加裝之例，紹興前幫，實運船七十一隻，後幫七十隻，各灑七隻；寧波前幫船六十四隻，亦灑六隻，尚不致負重難行。該幫多得錢糧，丁力可轉疲爲殷等語。應如所請。從之。（高宗四七九、六）

（**乾隆二〇、一一、辛卯**）諭：本年江浙地方，間有歉收處所，截漕備賑，並蠲緩改折，所有應行減歇丁船，例支一半月糧，但念該處現被水災，米價稍昂，幫丁餬口，不無拮据。著加恩於應支一半月糧之外，再行賞給二分，以示體卹。該部即遵諭行。（高宗五〇一、九）

（**乾隆二〇、一二、戊午**）户部議准：漕運總督瑚寶奏稱，建陽衛屯田荒瘠，錢糧不敷，軍丁辦運竭蹶，每船裝米僅六百餘石，較他幫爲少。請將寧太幫船一百隻内，裁十隻，糧米分加九十船内，原領錢糧，增給現運丁船。從之。（高宗五〇三、九）

（**乾隆二一、四、辛丑**）軍機大臣等議覆：倉場侍郎雙慶等奏稱，北漕運糧，例有豫備袋斛、修捻剥船並工食等項，俱該役等支領腳價，自行辦理，糧艘抵通，於所領腳價内扣抵。上年江浙截留米既多，江省又概行折色，腳價既少，各費仍不能減省，無從扣給。請予限四年扣還等語。應如所請。得旨允行。（高宗五一〇、一二）

（**乾隆二二、一、甲午**）又諭：朕巡幸江、浙，前經降旨截留江蘇漕糧十萬石、浙江漕糧五萬石，豫備臨期平糶之用。所有此項減歇漕船，向例止給一半月糧，於該丁等生計，未免拮据。著加恩於應給月糧之外，再賞給十分之二。該部即遵諭行。（高宗五三〇、三）

（**乾隆二二、三、戊午**）諭曰：楊錫紱奏請將興武、江淮等衛截漕，應追按程銀兩，降旨豁免一摺。朕省方所至，賜賚蠲租，動逾數百萬，凡以卹民也，亦以獎勞也。若旗丁已領之項，係給自國帑，既不承役，自應按例追繳，而分年予限，已屬施恩，乃請概予豁免，出自何典？即如河兵挽縴，最爲勤苦，而所領日費衣帽銀兩，該督等皆於月餉坐扣，經稽璜奏明，朕即降旨，准其開銷公項。是應加恩者，無不格外加恩。南巡辦差，惟旗丁不與，並無出力處，而楊錫紱欲乘此爲沽名邀譽之舉，則斷斷不可。然楊錫紱既有此奏，所有應追之數，即免其按丁追繳，著於楊錫紱養廉奉銀内分作八年扣還歸款，如逾限不能扣清，即照例治罪，以爲人臣好名者之戒。（高宗五三五、一七）

（**乾隆二二、八、丙子**）諭軍機大臣等：倉場侍郎雙慶等奏，各幫糧船於抵通起卸後，例有應給篷夫羨餘銀兩。今歲各幫船在天津交兌，應否給發，請旨遵行一摺，殊屬非體。此項銀兩，每年既按例給發，今歲幫船並未抵通，其或應賞給、或應賞半或不必賞給，自有成例，該倉場即應定議請旨，何得含糊奏請？若例不應賞，不將亦謂出自朕旨耶？雙慶等著飭行，此摺發還，另行定議具奏。（高宗五四五、二）

（乾隆二五、六、甲申）又諭：上年江浙二省所有蠲緩漕糧，其應行減歇船隻運丁，例支一半月糧，但念貧丁餬口未免拮据，著加恩於應支一半月糧之外，再行賞給一分，以示體卹。該部即遵諭行。（高宗六一四、二三）

（乾隆二五、六、壬辰）漕運總督楊錫紱奏：漕運之有疲幫，實緣運丁債負一事，最爲重累。查浙江之金、衢、嚴、溫、處、紹、台、嘉等幫，江南之江淮、興武、鳳陽、大河等幫，債欠尤多，幫疲益甚。欲除私負之累，莫若出借官帑爲宜。請於浙江、江安道庫各提銀六萬兩，專備疲幫領借之用。每歲督運道員，查按各疲幫沿途及抵通需用銀數，提交押運廳，至期散給。於次年新運應領項下扣還。俟疲幫漸起，奏明停止。得旨：著照所請行。（高宗六一五、一〇）

（乾隆二七、三、丁未）諭：本年巡幸江浙，降旨截留漕糧，以備平糶。所有此項減歇漕船，業已加恩於一半月糧之外，賞給十分之二。而各省因災減歇漕船，向例俱止給一半月糧，於該丁等生計，未免拮据，亦著加恩各於應給月糧之外，賞給十分之一。該部遵諭速行。（高宗六五六、一七）

（乾隆二八、二、癸丑）户部議奏：山東省並通州、天津二所船，因災減歇，暨江安屬之減則、蘇松屬之閏月兵糧，及坍荒等項減船，應請加給一分月糧。從之。（高宗六八一、一七）

（乾隆三〇、一、丙寅）諭：朕因巡幸江浙，前經降旨，於江浙二省冬兑漕糧內，各截留十萬石，豫備臨時平糶之用。此項減歇漕船，向例止給一半月糧，於該丁等生計，未免拮据。著加恩於應給月糧之外，再賞給十分之二。（高宗七二七、四）

（乾隆三一、一一、己卯）户部議複：漕運總督楊錫紱疏稱，江淮、興武二衛，分運蘇松府屬幫船，所有半折月糧，向例每石折銀一兩，因兵餉不敷，每石扣存銀三錢。嗣經臣題准，該二衛兑運松江府屬各幫，復給扣三月糧。但近來生齒日繁，運費倍於往昔，且兑運蘇州等府各幫，事同一例，似應一體復給。應如所請。從之。（高宗七七二、二〇）

（乾隆三二、四、癸亥）諭：上年春特頒恩旨，將各省漕糧，按年普免一週，本年輪屆江蘇省，應免蘇太等衛之年，漕艘概行停運，旗丁等閏月銀米，例應扣除。第思此次幫船，全數減歇，出自朕蠲免特恩，非若年滿輪減及截漕派減可比。今閭閻既得普裕蓋藏，旗丁等亦應一體均霑渥澤。著加恩將本年蘇太鎮等衛幫船旗丁閏月錢糧，照月糧例，減半給予，以示體恤。該部即遵諭行。（高宗七八三、二三）

（**乾隆三四、三、壬子**）署湖北巡撫揆義奏：湖北省本年漕糧，遵旨輪免，其應徵隨漕二耗米，應請照乾隆三十一年山東撫臣崔應階奏准之例，緩俟下年隨正帶徵。所有停運丁船，減半本色月糧，舵水日食口糧及停運千總一半養廉米石等項，向於二耗米內支給者，應請於常平倉內借支。查幫船向係停泊江夏、漢陽二縣水次，應即令該二縣按照一米二穀，就近給發。支過倉穀，將明歲有漕州縣帶徵二耗米，照數撥運該二縣收貯，俟下年減糶，秋後買穀還倉。有餘，同未撥各州縣二耗米，照例易穀併歸常平盈餘項下造報。報聞。（高宗八三一、二六）

（**乾隆三六、七、丁未**）户部議准：漕運總督崔應階奏稱，江西省南昌等十二衛所，每船裝載正米一淺零九分，所有行月二糧，俱係折色。行糧每淺三十石，每石折銀六錢；月糧每淺九十六石，每石折銀五錢。現在食物料價，較昔倍昂，丁力竭蹶。請將江西幫行月二糧，照湖廣幫之例，每石概折七錢。從之。（高宗八八八、二一）

（**乾隆三六、七、丁巳**）諭曰：崔應階奏，本年後進各幫糧船，沿途節次稽阻，抵壩較遲，回空食用，不無少有拮据。向例有三升八合餘米，應隨正米交倉，請暫行緩交，俟下運搭解等語。著照所請，將現已抵壩，及在後各幫船應交餘米，暫行免其交倉，俟下運照數搭解，俾旗丁等飯食有資，以示體卹。該部即遵諭行。（高宗八八九、八）

（**乾隆三九、五、乙亥**）倉場侍郎申保、倪承寬奏：向例各省漕船，交納正供之外，有三升八合餘米交倉，官爲給價。乾隆二十七年、三十三年、三十六年，因丁力艱難，准令將應交餘米，寬俟下年搭解。查今歲運河水淺，起剥一切，所費較多。請將本年未到各幫，應交餘米准其隨便售賣，俟下運交倉，以紓丁力。並應遴委妥員，隨在稽察，如有藉端多賣者，即照盜賣漕糧例，從重治罪。得旨：依議速行。（高宗九五九、一六）

（**乾隆四〇、二、丁未**）湖北巡撫陳輝祖奏：湖北武昌等六衛，屯田被旱成災，新漕長運，無力幫濟。請於三十八、九年分，徵解添辦漕船大修銀兩內，撥給銀五千九百四十兩，以濟本年長運。下部議行。（高宗九七七、二四）

（**乾隆四〇、七、丙午**）諭：行在户部議駁嘉謨奏請緩交餘米一摺，自屬照例覈辦。但念該丁等，一年幷交兩年之項，未免稍覺拮据。著將未經抵壩之江浙各幫，本年應交三升八合餘米，准其先交一半，其餘著加恩，緩至次年一倂帶交，以示體卹，嗣後不得援以爲例。該部卽遵諭行。（高宗九八六、一）

（乾隆四三、一二、丙子）又諭：本年安徽各屬，被災較廣，太平、廬州二府行月米石，因災緩缺，建陽、廬州、滁州三衞軍丁口糧，未免拮据。著加恩將前項緩缺米六千五百二十石有零，各按水次，於太平、廬州二府屬熟田漕糧內，照數撥抵支給，統俟來年開徵後，歸還漕糧起運。俾幫丁口糧，藉資接濟，以示體恤。該部卽遵諭行。（高宗一○七三、一三）

（乾隆四四、一、己亥）諭曰：安慶衞借帑贖田，應完六限銀一萬兩，應於乾隆四十四年徵完。第念該衞幫船，上年沿途剝淺，又在黃河口被風，損壞九十餘隻，置備桅篷什物以及添補修墁，工費繁多，若按數全徵，丁力未免拮据。著加恩將六限應徵銀一萬兩，除現在先徵一半銀五千兩外，其餘一半銀五千兩，遞展至四十五年完解，以紓丁力。該部卽遵諭行。（高宗一○七四、一九）

（乾隆四五、一、乙未）又諭：朕巡幸江浙，上年業經降旨，照從前之例，於江浙兩省冬兌漕糧內各截留十萬石，豫備臨時平糶之用。所有此次減歇漕船，向例止給一半月糧，於該丁等生計未免拮据，著加恩於應給月糧外，再賞給十分之二，以示體恤。該部卽遵諭行。（高宗一○九九、一）

（乾隆四九、一、辛亥）諭：朕巡幸江浙，上年業經降旨照從前之例，於江浙兩省冬兌漕糧內，各截留十萬石，豫備臨時平糶之用。所有此次減歇漕船，向例止給一半月糧，於該丁等生計，未免拮据。著加恩於應給月糧外，再賞給十分之二，以示體恤。該部卽遵諭行。（高宗一一九七、八）

（乾隆四九、三、癸巳）諭軍機大臣等：據佛喜保奏，查辦各省漕船旗丁行月米石及潤耗加增各款，請勅交倉場侍郎等實力嚴查；其各省幫衞，有無包攬侵扣及餽送陋規情節，請勅交漕臣查禁；並稱餘米不准變賣等語。旗丁若盜賣正供，自應按例嚴辦，至此項餘米，每年到通後，皆降旨准其變賣；卽沿途或有因剝淺等項，一時需用，先將餘米售賣應付，亦屬情理所有，原可不必深究。看來佛喜保查辦一切漕務，不免意存搜索，是因見前任巡漕毓奇，擢用總漕，該御史急於見長，遂不免有陞擢之意。殊不知毓奇彼時正値山東運河一切事宜，籌辦妥協，且量其材具可用，是以擢爲總漕；況毓奇辦理漕務，未嘗不嚴，若後之司事者，更復意存刻覈，致令各省旗丁，手足無措，豈朕辦理庶務，期於適中，不爲已甚之意耶？至各省衞幫，如有包攬侵扣及餽送陋規情弊，該總督自應實力查禁。其摺內所奏各條，除就近傳詢倉場侍郎蔣賜棨外，並著傳諭該總漕，悉心體察，逐條酌量，是否可行之處，據實具奏。將此由四百里諭令知之。佛喜保摺並著鈔寄閱看。尋奏：潤耗加增各款，例由各糧道先發一半，交殷實頭伍給丁；所餘一半，由臣衙門於過淮時按名發給。應通飭各員弁，嚴查剋扣侵漁之弊。至餘米向准售賣，若必顆米不許擅動，轉恐一時缺乏，無項可用，丁力易疲。惟令運員查明需用，定數許糶，既可杜偷賣之弊，仍不使貧丁受累。報聞。（高宗一二〇〇、一六）

（乾隆四九、八、癸巳）又諭：戶部議覆漕運總督毓奇奏請增給鎮江衛行月糧價一摺，仍行議駁，固屬照例辦理。但該衛兩幫與蘇州太倉等衛，俱在大江以南，壤地毗連。今昔糧價不同，生齒浩繁，買食不敷，丁力未免拮据。該督所奏，請循照蘇州等衛行糧每石一兩二錢、月糧每石一兩之例，一體支給，係屬體察該衛實在情形，因時調劑，期於運務有濟。所有鎮江衛前後兩幫行月折色價銀，著加恩照蘇州等衛准其一例支給，以示朕體卹運丁，一視同仁之至意。（高宗一二一二、一五）

（乾隆五一、六、丙戌）又諭：據毓奇等奏，江浙兩省幫船上運餘米，請暫緩帶交一摺。前因邳、宿運河淺阻，起撥耽延，將乾隆四十九、五十兩年江浙省幫船應交餘米，准其遞年分限帶交。今該督等以兩省上年旱歉之後，米價昂貴，採買維艱。且本年沿途河道，仍多淺阻，幫船起撥，丁力未免拮据，奏請遞緩帶解，自係實在情形。著照該督等所請，浙省本年應交四十九年未完一半餘米，緩至五十二年；其五十年緩交餘米，遞緩至五十三、四兩年搭運，交倉完納。至江南漕船，所有帶交四十九年未完一半餘米，著照浙省之例，一併遞緩，以紓丁力。該部即遵諭行。（高宗一二五六、二一）

（乾隆五一、九、己丑）諭曰：毓奇等奏，江西幫船，今歲回空較遲，存船食米無多，請將各該丁等應交三升八合餘米，本年先行交納一半，其餘一半，俟下年買米搭運，再行交納等語。江西漕船，較別省幫船程途稍遠，今歲因江境漫口阻滯，抵直較遲，各該丁等將來回空日食無餘，丁力不無拮据。所有應交三升八合餘米，著加恩本年免其交納，竟於五十二、三兩年內，每年分交一半，以示體卹，該部遵諭速行。（高宗一二六五、一三）

（乾隆五二、一、己卯）又諭曰：琅玕奏，浙省漕白幫船，節年借領各款，有未完銀一十六萬八百餘兩，本年應扣八萬二千兩零，請旨分別寬限完繳，以紓丁力。又另片奏稱，浙漕本年應行搭解四十七、八、九等年緩交餘米，及失風賠補米，共二萬二千九百七十餘石。請於本年先搭解一半，餘俟下運解交各等語。浙省丁力疲乏，各幫扣項既多，辦運恐致拮据。著加恩將極疲扣款較多之台前、台後、溫前、溫後、處前、處後、金衢所、杭頭、杭二、嚴所、嘉白、湖白十二幫，借款銀十三萬九千一百五十六兩零，於五十一年爲始，分作八限扣繳；次疲扣款較少之寧前、寧後、杭三、杭四、湖所、海所、嘉海、紹前、紹後九幫，借款銀三萬一千六百八十三兩零，於五十一年爲始，分作六限扣繳。其各幫應行搭解餘米二萬二千九百七十餘石，亦著加恩，於本年先行搭解一半，餘俟下運全數解交，以示體恤。該部即遵諭速行。（高宗一二七二、二〇）

（乾隆五四、七、庚戌） 又諭：本日召見管幹珍，據奏江西漕船開幫遲延，皆由旗丁等應領新漕項下銀兩扣抵較多，日見疲累，因守領借項，未能依限開行等語。漕糧爲天庾正供，從前立法之始，一切應給正項及軍田運費，俱有一定章程，本爲充裕，旗丁等足資用度，挽運不至拮据。行之日久，從未聞有疲累難行之事，何以江西漕船必待領借官項始行開幫？況此項借給之銀，如本年借銀二百兩，來年即應於所領項下扣還大半，其現年所餘之項自較上年更少，勢必所借愈多。如此年復一年輾轉扣抵，各旗丁應領之項所存無幾，將來不但運費不敷，即船內應用篷纜等物亦必無貲置買，疲乏日甚。長此安窮，即云旗丁等應領運費不敷使用，致逾開幫定限，則向來又如何辦理，並無遲誤。設此時竟不准借給，豈該省漕船遂不開行挽運耶！江西一省如此，他省漕船若俱藉借項開幫，國家經費有常，似此紛紛效尤，於天庾正供，豈不皆致遲誤，亦復成何事體！從前鳳陽幫船，曾因旗丁貧乏，官爲籌項，贖回軍田，俾得租項充裕，以資運費，迄今總無遲誤。今江西幫船如此疲累，必係該旗丁等將衛地軍田私行典售、租息無出，不能藉以幫貼運費，以致日形竭蹶。該督撫等所司何事，豈遂束手無策，任其坐困就延！且該省可以動支款項甚多，何至一時未能籌辦，使旗丁等得以藉口，不行及早開幫？此事必須通盤籌畫，設法辦理，俾旗丁等日見起色，不致仍前延誤，方爲妥善。現在管幹珍押催回空，到淮尚需時日，著傳諭書麟、何裕城先行悉心籌酌；妥議章程，俟管幹珍到淮後，再行會同詳議。據實具奏。（高宗一三三五、二六）

（乾隆五七、四、己丑） 倉場侍郎劉秉恬奏：交豫截留漕米，用回空軍船運往。向例運米船，每次給行糧及雇縴銀四兩二錢零，計每人一日僅得工銀一分餘，實屬不敷。因思南漕在楊村起剝時，各幫旗丁於交米一百石外，例交船戶飯米一升二斗，今既在東截卸，請將此項米亦令交出添給運米軍船。得旨嘉獎。（高宗一四〇三、一六）

（嘉慶三、一〇、甲寅）諭內閣：戶部議覆，宜興等奏運役舊欠銀兩，仍令按數扣繳一摺，固屬照例辦理。第念經紀人等應得腳價，本屬按糧數覈算，其減漕年分，所得腳價較少，若一律扣繳舊欠，役力究不免拮据。所有乾隆五十五年以前積欠銀兩，前經加恩自丙辰年起，至戊午年，暫緩扣繳。今計己未、庚申兩年，仍係減漕年分，著再加恩一併緩至辛酉年接扣完繳，以示挌外體卹。嗣後全漕到通年分，不得援以為例，藉詞展宕。（仁宗三五、一三）

（嘉慶四、一二、丁亥）諭內閣：戶部議駁蔣兆奎請給各省幫船銀兩、分年扣還等因一摺，業已依議行矣。現在漕務節經降旨，令有漕各督撫，將旗丁疲乏情形，確查妥議，量加津貼；並將一切陋規盡行革除，自可無虞匱乏。乃蔣兆奎執拗成性，總以運費不敷為詞，又請將漕項銀兩借給各丁，每船自五十兩至一百兩不等。試思此項借給銀兩，自不得不分年扣還，但該旗丁等在初借之時，自屬寬裕，至次年即須將所領行月等項坐扣，已不免拮据；至逐年坐扣，勢必更形竭蹶，不能如數歸款，竟與各省積欠錢糧無異。是公項既致無著，而於運丁仍無裨益，殊非切實調劑之道。因思向來漕船准帶土宜一百二十六石，例不報稅，原為卹丁起見；今著再加恩准其多帶土宜二十四石，共足一百五十石之數，俾旗丁等沿途更資沾潤。從此運丁一切陋規既經裁革，應得之項，自可如數給發；又經部議酌加津貼米石，今復准其加帶土宜，一切倍加寬裕，自不得再有所藉口。儻嗣後總漕、倉場等衙門及衛弁等，或仍有需索旗丁情事，准其據實首告，必當嚴辦示懲。將此通諭知之。（仁宗五六、六）

（嘉慶四、一二、壬辰）諭內閣：向來有漕省分，徵收漕糧，州縣以濟運為名，多方浮收，最為民困。是以降旨清釐漕政，剔除積弊。仍慮運丁兌費不敷，令有漕省分各督撫確查妥議，酌給津貼；並降恩旨，令旗丁多帶土宜二十四石，免其上稅。原期地方漕務，兩有裨益。乃蔣兆奎前有每石增收一斗，作為運費之奏，事屬加賦，斷不可行。蔣兆奎以所奏未允，並不將運費實在不敷之處，悉心籌議，詳晰具奏，輒忿激求去，效明季挂冠之狀。經降旨飭諭，蔣兆奎又議借項幫給運丁，並以物價昂貴，今非昔比為言。試思借項一事，不過暫濟目前，而遞年坐扣，於丁力豈不更形竭蹶？若謂時值物價較昂，則又不獨旗丁為然，如各官俸廉、兵丁糧餉，概因物貴議加，有是理乎？而蔣兆奎總以運費不敷為詞，頻頻瀆奏，又不妥籌辦法。受衛員愚弄，其意總在加賦借帑，始終堅持己見，執拗不回。本日覆奏之摺，竟稱旗丁經費應得之項，委不敷用，並以岳起所議各船領運銀四百五十餘兩，亦祇係就蘇州太倉等衛約計，其餘若揚、徐二衛所屬各幫，領銀在百兩以內者，經費不敷更多，並非受衛員愚弄；且稱閩浙督臣書麟議奏，津貼旗丁，每船八十餘兩，猶有不敷，造船之費，仍須另籌，伊未必受衛員愚弄等語。若如所奏，是清理漕務之事，竟不可行。況津貼兌費，原視道路遠近，酌定多寡，其路近省分，領銀自少。今蔣兆奎竟不分別各省遠近，概行牽混入奏，而又將造船之費一併列入。且即以書麟所奏津貼而論，亦不至如蔣兆奎之多。乃蔣兆奎藉以唐突，其執謬之見，尤甚於前。看來蔣兆奎竟難勝漕督之任，所有漕運總督員缺，即著鐵保補授。蔣兆奎仍暫留該處，俟費淳、鐵保查辦完竣後，再降諭旨。（仁宗五六、一三）

（嘉慶五、一、丁巳）兩江總督費淳、漕運總督鐵保奏調劑漕務事宜，請將向例應給州縣銀米錢文，改撥旗丁，並將旗丁應得行月米石，改給折色。及應領運費，令糧道放給，以杜剋扣等弊。得旨：依議速行。（仁宗五七、三）

（嘉慶九、一一、戊子）諭軍機大臣等：前因回空幫船阻滯山東境內居多，諭令鐵保前往照料，酌給旗丁等銀兩，以資接濟。茲據覆奏，全漕尾幫於初二日均可埽數出境，所有接濟事宜應歸江省辦理。並據稱，請令江南附近州縣，無論大米小米，每船籌撥三兩石，又河口現在築壩挑淤，需人甚多，應令該千總每船雇覓三二人赴工應役，等語。旗丁等守泊多時，食用自形拮据，前據吉綸奏，請將江浙、安徽各幫船，每船酌借銀三十兩二十兩不等，業已降旨准行。但思回空幫船食米已盡，此時概給銀兩，不特舵水人等支領以後，易於花用，並恐買米紛紛，至啓市儈居奇之弊。著陳大文會同吉綸體察情形，如各幫船食米短缺，即於借給銀兩內，酌扣二三成，將米抵給，俾資糊口。儻該地方存米無多，不敷支發，現已諭令汪志伊預爲籌備，該督等需用時，即飛咨該撫運撥散放。其江廣幫船，現已陸續行抵江境，河口即日通順，自可以次遄行，儻尚需停候，亦著一體查明辦理。至築壩挑淤等工，需用人夫本多，鐵保所稱雇覓水手應役，事亦可行，泊船之日，舵水等一無事事，游手好閒，尤須防範。莫如雇募赴工，得受夫價，既可倣以工代賑之法，亦不致滋生事端，並著姜晟等酌量辦理。現在黃水大落，河口即日暢順，其各幫船之在途次者，並著該督等嚴飭弁丁協同趕緊催輓渡黃。總以多得一幫歸次，即得一幫之用，不可再有稽滯爲要。將此傳諭姜晟、陳大文、吳璥、吉綸等，並諭鐵保知之。（仁宗一三六、四）

（嘉慶一〇、五、戊戌）諭內閣：本年山東軍船於回空後，復行裝運採買米石，赴通交卸，所有津貼經紀籭兒錢文，著免其交納。照戶部前議與湖

北一例辦理。在通濟庫輕齎項下動支，官爲給發，以紓丁力。(仁宗一四三、一六)

（嘉慶一九、五、辛卯）諭軍機大臣等：據同興會同吳璥奏，本年運河水勢短絀，閘外沿河各處及嶧縣、滕縣至臨清各州縣，雇備剝船，請照官剝之例，每船一隻，船戶一名，水手二名，每名日給工食銀八分等語。運河多雇剝船，皆因河水短絀，不能不資協濟。本年微湖淺涸，以致運河缺水，辦理棘手，皆李亨特、同興二人辦理不善貽誤之咎，與吳璥無涉。李亨特現已治罪，同興並未加以處分。此項剝船費用，該撫尚不思自効，輒請動銷官項，亦太不知認咎矣。所有本年東境雇用剝船應給工食，俱著同興一人賠出，不准開銷。(仁宗二九○、一)

（嘉慶一九、九、丁酉）諭內閣：李奕疇、蔣予蒲奏請將浙省曬颺耗米緩俟下運帶交一摺。本年浙江漕船，由楊村寄剝各幫，多添折耗，加以剝船飯食等項，費用倍增，現當回空南下之時，日食不無拮据。此內溫州前至杭州二共八幫，丁力較乏，自應量爲調劑。著照所請，將該八幫本年應交曬颺耗米，緩至下運帶交，以紓丁力。(仁宗二九六、二三)

（嘉慶二○、二、甲戌）諭內閣：顏檢奏，運丁積困情形，懇復恩借本銀舊例，以紓丁力一摺。浙江省各幫糧船，向有恩借銀兩之例，嗣因積久數多，停止借給。近年該丁等舊欠公項，業已按限扣清，而運道淺阻，起剝費繁，丁力不無竭蹷。加恩著照所請，准其照乾隆年間之例，在於道庫報撥項下，提銀十萬兩，分別借給，於下年運費內扣還；按出借六個月計算一分輸息，年借年還。俟收足息銀十萬兩，即將原本歸還，仍以息銀作本出借，以資調劑而紓丁力。(仁宗三○三、一五)

（二）賞項津貼

（康熙一一、六、己亥）復湖廣起運漕糧，每石給運軍贈貼米二斗。(聖祖三九、一○)

（康熙二一、二、丁亥）戶部議覆：浙江巡撫李本晟疏言，浙省漕糧舊例，每石貼給漕截銀三錢四分七釐。前因籌餉，每石裁銀一錢四分七釐，以佐軍需。今天下盡已平定，各省錢糧，俱行酌復，請將浙省所裁貼給漕截銀，給還弁丁。應如所請。從之。(聖祖一○一、六)

（康熙二八、一○、壬午）漕運總督董訥疏言：濟寧從無額設船隻，凡有回京官兵家口，乘坐淮船至濟，無船更換，津貼銀米北上，所坐船隻大小，津貼俱有定例，軍興之時，節減三分之二，乃一時權宜。今海宇昇平，

請復舊額。部議不准。得旨：船戶津貼銀米，著照舊支給。（聖祖一四二、二三）

（**康熙三四、六、庚申**）漕運總督王樑疏參贛州衛千總楊奉等於漕船裝帶商人貨物。上曰：王樑將漕船所載貨盡行搜出，棄置沿河兩岸，所行甚暴。從來總漕未嘗禁漕船帶貨，而漕運並未遲誤；今王樑禁止帶貨，而漕運遲誤，至今尚未到。裝帶些微貨物，於事何妨？王樑不但暴戾，凡事執拗，宜令解任。（聖祖一六七、一二）

（**康熙三五、二、戊戌**）以江南江淮、興武二衛漕船，去冬凍阻不能回南，命每船賞銀二十兩。（聖祖一七一、六）

（**康熙四六、三、壬午**）偏沅巡撫趙申喬疏言：漕運旗丁舊有耗贈銀米，於起運之前預行給發。近因科臣戴瑤條奏，請將此項銀米暫留糧道倉庫內，俟漕運抵通後，詳查旗丁無掛欠者，補行給發；如有掛欠者，即行扣抵。臣查湖南地方，去京遙遠，若不預發耗贈銀米，恐致誤漕，祈仍照舊例預給。得旨：此項耗贈銀米，非預行支給，旗丁必致困苦，且抵通後即無掛欠之處，或遇不肖有司不能如數補給，侵蝕入己，俱未可定。趙申喬所奏甚是，著仍照舊例行。（聖祖二二九、七）

（**乾隆三、六、己亥**）諭大學士鄂爾泰等：據山東巡撫法敏、河東總河白鍾山奏稱，本年南米重運糧船，較昔年遲一月有餘。臣等恐回空凍阻，有誤冬兌，擬將東省本年停運，及已經回次之糧船，通融接運，即令南船自東回次受兌，以免遲誤新運等語。今年南船北上，較昔稍遲，法敏、白鍾山等籌畫通融接運之法，於漕務甚有裨益，著即照所請行。朕思山東停運之糧船，令其轉運南糧，尚屬分內之事，若已經回次之船，復令北上，是一年出運兩次矣。應加賞賚，以示獎勵。著法敏、白鍾山會同查克丹將運丁、運弁及水手等，作何加恩之處，速行定議，一面辦理，一面奏聞。（高宗七一、四）

（**乾隆三、七、癸亥**）免浙江省屬溫、湖、杭、衢等幫雍正八、九、十年分，截留東省漕船未完折色行糧、負重等項銀二萬四千一百零九兩有奇，米七千四百三十三石有奇。（高宗七二、一九）

（**乾隆三、八、甲午**）諭：據倉場侍郎塞爾赫等奏稱，江南興武、江淮、金山、太倉、鎮海等十二幫，在通漕之中，最為貧乏。本年輓運北上，中途又多繁費，今旗丁紛紛呈訴，無力回南者約船二百餘隻。謹據實奏聞，可否量借通濟庫輕齎銀兩，以資回空之費等語。今年因疏濬運河，開兌較遲一月，及至渡黃，又因清口淤阻，以致途次濡遲，弁丁等星夜趲行，較平時多費工力，朕心軫念。著漕運總督確查明白，將其中努力急公之運弁、運丁等量加恩賞，以獎其勞。至江南興武等十二幫計船二百餘隻，按丁每名借給銀十六兩。俾路費有資，得以早回水次。該部即遵諭行。（高宗七四、二八）

（乾隆三、一〇、癸卯）戶部議准：漕運總督查克丹奏，江南江、興等幫，雍正二、四、八、十等年，應追行糧、盤耗、漕贈等項銀七千一百二十二兩有奇，米二百九十石有奇；江西鉛山等幫，雍正八、九、十等年截留漕船，應追回耗餘米三萬四千二十七石有奇；河南臨清等衛雍正十二年截留漕米，應追行糧潤耗銀二千四百三十八兩有奇；俱係實欠在丁，應請豁免。從之。（高宗七九、八）

（乾隆三、一一、乙亥）諭：據漕運總督托時奏稱，浙江紹興前後二幫漕船一百五十七隻，因乾隆二年截留漕糧十萬石，接濟閩省，將糧船減存在次。旗丁等於未奉截留之先，領過漕截銀二萬五千四百兩、行月銀四千二百兩，俱應追還。嗣經部議，從乾隆己未年爲始，分作三年扣完在案。但查此項漕船，在先領過錢糧，俱爲辦公支用，逮減存之後，苫蓋漕船、養贍家口，均係各丁設措應用，俱待本年應領錢糧，清還逋負，辦理新漕。若於減半月糧扣除之外，再入年限扣除，則丁力不無竭蹶。倘蒙天恩將該幫應領本年減半糧銀七千一百一十三兩零扣除，抵作乾隆己未年應扣銀兩外，其餘未清銀兩，自乾隆庚申年起，分作三年扣完，則各丁運費從容，不致拮据從事，等語。著照托時所奏，將紹興二幫運丁未清銀兩，自乾隆庚申年起，分作三年扣還，以紓運丁之力。該部即行文漕運總督知之。（高宗八一、二〇）

（乾隆七、七、癸未）又諭：今年糧船北上時，適值河水淺涸，各船盤剝加縴，實多繁費。運丁力量艱難，只得借支庫銀，以爲歸途之用。將來照例扣除還項。查江西南昌等幫，借銀四千四百兩，江南興武等幫，借銀一千七百零四兩，揚州等幫，借銀一千七百九十二兩。朕念今歲運丁艱苦甚於往年，著將所借銀兩悉行賞給，免其扣還。此係格外之恩，後不爲例。該部即傳諭倉場侍郎、漕運總督知之。（高宗一七一、一五）

（乾隆七、八、己丑）大學士會同漕運總督顧琮議奏：截留漕船，定例扣追錢糧，旗丁不無拮据，應酌量加給，使丁力寬裕。除截留薊州、易州，照抵通例各項准全給外，其餘已兌開行者，其在次費用，議將山東、河南二省，每船酌給銀五十兩；江南、浙江二省，每船酌給銀六十兩。江西、湖廣二省幫船，程途皆遠於江、浙，而江西船裝載正糧，較多於湖廣，應將湖廣幫每船酌給七十兩，江西幫每船酌給九十兩，以敷旗丁各項用度。其存剩行月等銀，并全數本色米石，江浙河東等省，仍照舊按程追給。至江廣二省，程途遙遠，經涉江湖，應將該二省幫船，在未經過江以前截留者，除在次酌給銀兩外，其餘剩銀兩，同本色米石，一體按程追給；其已過長江、尚未渡黃截留者，應給四分之三；至渡黃以北，至臨清德州等處截留者，已俱有有提溜、打閘、盤淺、雇剝之費，應將各項銀米全給。得旨：依議速行。（高宗一七二、一〇）

（乾隆七、八、壬辰）又諭：前據漕運總督顧琮奏稱，江西南昌等幫，江南興武、揚州等幫運丁，力量艱難，共借銀七千八百餘兩，以爲歸途之用，朕已加恩賞給，免其扣還。今紹興前後兩幫船一百五十隻，亦經倉場侍郎塞爾赫等每船借給銀八兩，共銀一千一百四十四兩，此項借銀事同一體，亦著加恩免其扣還。（高宗一七二、二〇）

（乾隆七、一〇、癸丑）定南漕耗贈長免停支例。諭：前據漕運總督顧琮具奏，江南漕米耗贈，宜免停支一案，朕交大學士會同該部議奏。旋據議稱，停支之例，相沿有年，應仍照浙省之例辦理。今顧琮摺奏，浙江與江南情事種種不同，江省此案，始以軍興而議裁，繼以欠糧而請復。自復給之後，已三十餘年，現在全支尚多拮据，若行裁減，則丁力既絀，轉運維艱等語。旗丁挽運辦公，朕所軫念，此漕耗一項，既有歷年支領之成規，著照舊給領，永免停支，俾兵力寬紓，轉漕無誤。他省亦不得援以爲例。該部即傳諭漕運總督等知之。（高宗一七七、一六）

（乾隆七、一二、己亥）（戶部）又議准：漕運總督顧琮奏稱，浙江省賠造新船，從前給過三修銀，接准部咨著追。但查賠補止照原船接算，初不因其賠造另立十年之限，且從未奉有賠造船隻不給修艙之文。今浙省給過三修銀，實緣閱年久遠，旗丁僉換不一，委係無從著追。應援照江蘇省准免之例，題請免追。并請嗣後賠造船隻，概停支給三修銀。從之。（高宗一八〇、一八）

（乾隆九、六、丁未）戶部議准江蘇巡撫陳大受疏稱：蘇省起運漕糧，每正耗米一石，徵贈米五升，原係給丁之項。如遇正糧截留，此項米石，毋庸給丁。向於漕船搭運，赴通交納。今年額徵兵米，除坍荒應蠲外，所存不敷一歲兵食，請將八年截漕項下減存五米，留充兵糧，不必運通。從之。（高宗二一八、一）

（乾隆一三、七、甲申）又諭：向來旗丁有餘米，每石三升八合，存貯倉內，按石給與價銀，如有失風船隻，即以此項價銀，扣存抵補。今歲在淮沈溺船隻，應賠米石，應將此項餘米抵補。但朕念此項餘米若遽行扣抵，不給價銀，在旗丁等不無拮据。著暫免抵補，仍令旗丁等照數領回，所有欠項，俟來年漕糧起運時，如數搭運交還，以示寬恤。該部即遵諭行。（高宗三一八、五）

（乾隆一四、一一、庚申）戶部等部議覆：漕運總督瑚寶奏稱，漕船回空時，隨幫員弁，雖已押空到次，應仍在幫約束稽查，如有風火事故，即行開參。倘新運千總已到，取有接收日期文結，即將新運千總開參；至總押同知等官，既回空到次，應免參處。再防範私鹽，應飭沿途營汛員弁，於糧船經過時，毋許老幼跟船貨賣，只許柁丁水手，向官鋪售買，總不許出定例四十觔。倘查出多帶私鹽，訊其何地所買，量加議處。從之。（高宗三五二、二五）

（乾隆一七、五、甲子）諭軍機大臣等：據總漕瑚寶奏稱，江西省收買旗丁耗贈等米，應豫行咨會，以便於漕船到淮時查核等語。此項耗贈米石，係給與該旗丁，以為盤剝折耗並沿途日食之需，原不許在次折乾。而旗丁中之拮据者，將米易銀，以資盤費，亦勢所難禁。鄂昌因該省米價昂貴，循照陳宏謀所辦舊例，官為收買，備糶接濟，自是因時調劑。在上年歉收之後，尚屬可行，但恐竟視為常例，則窮丁利於多得銀兩，不復儲備，而漕船北上，盤剝拋撒以及長途日食，或致轉有不敷。該地方官，或因此而私收本色，仍復在次折給，以圖省便，均未可定。可傳諭該撫，嗣後如遇應行官為收買年分，自可隨時酌辦，不必因噎廢食；但亦須定以限制，毋任旗丁儘數多賣，以致中途匱乏。則濟軍惠民，兩有裨益。至地方官折收折給之事，亦不可不加意稽察，勿令滋弊可耳。其應如何咨會漕督以便查核之處，並令該撫酌量辦理。（高宗四一四、八）

（乾隆二六、六、乙未）諭：本年江歉漕船，所有運丁，例支一半月糧。但念該丁等當歉運之年，未免生計維艱，著加恩於應支一半月糧外，再行賞給一分，以示體恤。該部即遵諭行。（高宗六三九、二〇）

（乾隆四三、六、庚午）諭：湖南、江西各幫糧船，因清黃交滙處，間有淤淺，守候日久，迄今始得渡黃北上，且起剝需費，丁力未免拮据。前已降旨，令鄂寶查明酌賞。至各漕船向有餘米，例隨正米交倉，折價收買。今年江廣各幫，旗丁挽運，為日較多，其餘米須留充食用，所有應交餘米，著加恩暫緩交倉，俟下運照數搭解，以示體恤幫丁至意。該部即遵諭行。（高宗一〇六〇、二四）

（乾隆五〇、七、戊午）諭軍機大臣等：昨因今歲漕艘，節節起剝，需費甚多，各幫旗丁，更形拮据，業經降旨酌量加恩，以紓丁力。但本年河南、山東、安徽、淮北等處，先後共截留漕糧七十餘萬石，各進幫船，除未及半途即起卸回空等幫外，其節次起剝輓運抵通者，共若干幫、船若干隻。各船幫丁多寡不一，應如何分別加恩，俾各幫旗丁均沾實惠之處，著傳諭毓奇，詳悉酌量妥議，迅速奏聞，候朕另降諭旨。並著毓奇先將朕軫念該丁等勞費情形，欲普加恩賚之意，明白宣諭各幫旗丁，咸使聞知，俾各踴躍鼓舞，輓運自更迅速，於漕務有裨。(高宗一二三四、一二)

（嘉慶四、八、甲寅）諭內閣：大學士會同戶部議覆蔣兆奎奏，請於州縣浮收漕米內，劃出一斗，津貼旗丁一摺。州縣徵收漕米，不許顆粒加增，例禁甚明。近因各省多有浮加之弊，節經降旨嚴查整飭，猶恐地方官陽奉陰違；今蔣兆奎以旗丁用度不資，輒請明立章程，每石加增一斗，以資津貼，是使不肖官吏，益得有所藉口。且名為加收一斗，其所徵必不止於此數，恐浮收積弊仍不能除，而此新增一斗之糧，著為定額，與加賦何異？其事斷不可行。惟邇年旗丁疲乏，該漕督所奏，亦係實在情形。其各幫一切費用，應支口糧幫貼銀米，或有不敷，亦當設法調劑，量為津貼。著有漕各督撫，確查妥議，各將如何酌辦情形，據實具奏。務令丁力不致拮据，而正供不致加增，方為妥善。(仁宗五〇、四四)

（嘉慶二〇、六、壬午）諭內閣：潤祥等奏，調劑運役懇請承買豆石一摺。坐糧廳經紀等，承領腳價，除應扣款項外，辦運不無拮据。加恩著照所請，准其照大通橋車戶之例，承買黑豆二萬石。先由倉派領一萬石，俟秋間奉天黑豆運通，再給領一萬石。所賣價銀，存貯通濟庫，將例價按數扣繳，餘項酌發該經紀，俾資津貼。嗣後不得援以為例。(仁宗三〇七、二四)

六、攜帶土宜

（雍正七、五、甲子）諭戶部：朕聞各省糧船過淮抵通之時，該管衙門官吏、胥役人等，額外需索陋規，以致繁費甚多，運丁重受其累。特命御史前往稽查，禁革苛索等弊。又查向來之例，每船北上，許帶土宜六十石。朕思旗丁運駕辛苦，若就糧艘之便，順帶貨物至京貿易以獲利益，亦情理可行之事。著於舊例六十石之外，加增四十石，准每船攜帶土宜一百石。永著為例。惟是運丁人等繁多，素有惡習，如偷盜米石、掛欠官糧、夾帶私貨、藐視法紀，此向來之通弊也。又如昔年浙江、湖廣二省糧船，因私忿小怨，遂致操刄持戈，殺傷多命；又從前偶值回空守凍，遂致縱容水手，公然搶奪，擾害居民，此皆眾所共知者。是以數年以來，內外臣工條奏旗丁不法者，不下數百紙。前又有奏稱販賣私鹽之弊，在糧船為尤甚。有一種積梟巨棍，名爲風客，慣興糧船串通，搭載貨物，運至淮揚，托與本地姦徒，令其賣貨買鹽，預屯水次，待至回空之時，一路裝載，其所售之價，彼此朋分。糧船貪風客之餘利，風客恃糧船爲護符，於是累萬盈千，直達江廣。私販日多，而官引日滯等語。觀此，則旗丁之作姦犯科，誠難以悉數也。朕年來屢飭該管官嚴行禁約，又復念其勞苦，叠沛恩膏。近見伊等之惡習刁風亦漸悛改，是以特頒諭旨，嚴禁過淮抵通苛索之陋規，復令增添攜帶土宜，俾得多沾餘潤，以贍家口。伊等益當感戴朕恩，遵守法度，共爲良善，以免罪愆。著總督、倉場侍郎、漕運總督，將朕此旨通行刊布，每船各給一張，使運丁人等，觸目警心，以副朕體恤、訓誨之至意。（世宗八一、二二）

（乾隆二、七、甲辰）又諭：本年糧艘，因淮揚挑濬運河，令其速行北上，以便及早回空。乃四五月間，山東一帶河道水淺，盤運起剥，旗丁未免苦累，朕心深爲軫念。又聞四月間，邳州地方暴風驟發，傷損糧艘，其中有未滿年限船七隻，例應運丁賠造。朕思該丁等一路盤剥，已費多力，且此次失風，亦非弁丁疎忽所致，著准給價成造，免其賠補；疎防各官，亦免其處分。又查江、廣二省，向有額外裝帶竹木，經漕臣奏明，衆丁已永遠沾恩。湖廣省今年並未出運，山東、河南省抵通甚近，繁費無多，惟江南、浙江二省，本年丁力拮据。向例每船准帶貨物一百二十六石。著於明年，准其增帶貨物四十石，後不爲例。以示朕軫恤旗丁之至意。（高宗四七、一〇）

（乾隆三、四、甲辰）户部尚書海望奏：據户部左侍郎鄂善面奏諭旨，各省糧船將所帶土宜，改帶米石，并買旗丁餘米，以濟民食。著交海望詳議具奏。查糧船准帶土宜一百二十六石，原以惠養旗丁，今將土宜全數改帶米石，運通接濟糶賣，固爲妥事，但攜帶貨物，亦屬通商交易之道，勢難令全數改帶。且江、浙二省，粳米價昂，似於平糶無益。惟江西、湖廣二省，秔米值賤，宜於豐收之年，酌量動帑，採買數萬石存貯，陸續帶運，仍給與負重銀兩。至所存各船餘米，皆係丁船行、月等項回南食米，在所必需，難再行議價收買。從之。（高宗六七、一四）

（乾隆三、九、庚戌）兩江總督那蘇圖遵旨議奏：回空糧船，攜帶梨棗六十石以下者，於乾隆元年户部覆准御史黄祐條奏免税，應如户部原議，准其寬免。倘運丁人等借此包攬貨物，希圖漏税，或抗違稽查，均應嚴拏治罪。得旨：如所請行。（高宗七六、三）

（乾隆五、三、辛酉）又諭軍機大臣等：托時題請糧船副丁管押回空，准帶土宜二十担，免其輸税。部議不准，甚是。托時將從來未行之事，欲變更成例，取悦於細民，甚屬不合，爾等可寄信申飭之。（高宗一一三、五）

（**乾隆五、九、己卯**）漕運總督托時覆奏：戶部原議巡視南漕御史鍾衡條奏漕運事宜。一、鍾衡奏請禁出運頭船尖丁科派銀兩。戶部議准，行令轉飭運弁查禁，如有失察徇隱者，酌定處分。查運弁旗丁，朝夕共事，惟運弁徇容，頭船始肆行無忌。請嗣後頭船尖丁科派，運弁分肥者，照因公科斂律，計贓治罪；知情徇庇者，照縱容衙役犯贓律議處；失於覺察者，照失察衙役犯贓律議處。一、鍾衡奏請禁江廣糧船多裝竹木，戶部議令查明酌定。查江廣糧船，程途較遠，丁舵人等裝帶本地竹木，沿途貨賣，以供路費，積習相沿，勢難禁止。請仍准裝帶，但不得高過二尺，違者責懲，木料入官。如廳弁徇隱，照例參處。……下部議行。（高宗一二六、一八）

（**乾隆五、九、丙申**）［戶部］又議覆：漕運總督托時奏，重運糧船所有餘米，並攜帶米石，請一概停其售賣。至文武官員拏獲之議敘，失察之處分，及丁舵盜賣、小船搬運之治罪，悉照舊例遵行等語。應如所請。從之。（高宗一二七、二二）

（**乾隆二四、八、丙戌**）又諭曰：阿思哈奏辦運江西穀石一摺，內稱該省漕船較江浙頗為寬大，令旗丁少帶貨物，騰出餘艙，全數搭運抵通等語。所奏自屬通融撙節之法，但運丁酌帶貨物，原以資其用度，若減貨搭運穀石，旗丁未免獲利稍微。著該督撫等令於本船應給運費外，再行酌量按照由江西雇船至淮陽一帶所需運腳，減半給與，即以償其帶貨之不足，俾得資用充裕，庶為一舉兩得。將此諭令知之。（高宗五九四、一二）

（**乾隆二五、一二、辛巳**）戶部議覆：漕督楊錫紱奏請回空糧船准帶麥豆等物。查回空船准帶土物，原係矜恤運丁，但年來京師麥收歉少，倘令運丁回空帶麥，恐麥多南歸，而直隸麥價轉致昂貴。除麥一項回空糧船不准攜帶抵數外，其餘黃豆瓜果等食物，應如所請，准其回空帶往。總以六十石抵數，免其輸稅。六十石以外有多帶者，即行按則徵收。仍通行各管關督撫監督等，將回空各幫船隻，於過關時查明前項應帶貨物，不得令運丁船戶人等朦混欺隱虧額，亦不得令巡攔人等借端留難。從之。（高宗六二六、一二）

（**乾隆五〇、七、丁卯**）諭軍機大臣等：據薩載等奏，會議酌定漕船尺寸事宜，以利挽運一摺，已批交大學士九卿議奏矣。至摺內稱各丁隨帶土宜，定例重運船隻，每船許帶土宜一百二十六石，免其納稅，惟是近年什物，價值每件增昂，長途輓運，用度不無拮据。與其任不肖旗丁暗中舞弊，不若明定成規，俾可遵守。請於例帶土宜一百二十六石之外，加帶七十四石，共成二百石。該丁等得霑餘利，自必踴躍歡欣，益加用力趨輓等語，殊不成話。旗丁應帶土宜一百二十六石，乃係歷年定例，仍不免例外多帶。據該督奏請，此後以二百石爲率，可見歷來私帶，明在例限之外，所謂簽盤查驗者何事？旗丁等既可於一百二十六石之外，多帶私貨，此時即加至二百石，安能保其不於二百石之外，又復多帶？似此逐漸增加，伊於何底？且稱與其任不肖旗丁暗中舞弊，不若明定成規，俾可遵守。夫此一百二十六石，豈非向定成規？該督等業既視爲具文，任憑旗丁舞弊多帶，而謂加至二百石之後，即能永遠遵守不加，有是理乎？前因漕船高大沉重，喫水過深，易致淺滯，是以令將高寬尺寸，仿照民船，量爲減損。今欲減漕船之尺寸，而轉准旗丁多帶土宜，則船載愈重，若遇河水淺阻，又須節節起剝，何必多此一番更張？該督等身膺重寄，於漕船多帶私貨、行走濡滯之處，既不能嚴行查禁，竟如聾瞽，而又爲此夢囈之語，率行陳奏，不知是何意見？薩載久任封疆，尚爲歷練曉事，何近來辦事糊塗若此，豈竟衰病相乘，遂爾精神昏瞶（目旁）耶？薩載尚然如此，則毓奇之初任漕務者，更不足論矣。薩載、毓奇著傳諭嚴行申飭，並著大學士九卿遵照諭旨，將旗丁多帶土宜之處，嚴切指駁。又薩載等另片奏稱，河口淤淺處所，撈挖漸深，漕船陸續渡黃等語。昨已有旨，諭令該督等酌量情形，截留起卸；實不能到通阻凍者，莫若早行截留於江南，以省其往返。該督等惟當遵照妥辦，迅速奏聞，以慰廑注。將此諭令知之。（高宗一二三五、一一）

（乾隆五八、三、辛酉）諭：向例南糧餘米，俱准在通變賣，以資食用。今南漕頭幫抵通，其餘自必陸續銜尾而至。旗丁於交足正供之外，所有多餘米石，情願出售者，仍著加恩准其就近於通州糶賣。在旗丁等既所樂從，而近畿地方，糧米益充，於市價民食，均有裨益。該部即遵諭行。（高宗一四二五、一五）

（乾隆五九、五、癸卯）諭軍機大臣曰：管幹珍奏，接准巡漕斐靈額移咨，欲將糧船土宜，隨地起卸净盡，不准攜帶。查本年撥運丁費稍多，例帶土宜，似當任其自行酌帶，以資撥費等語。所奏是。各省幫船，定例准其於裝載漕米之外，各攜帶土宜，原以運丁等得有水腳，可資貼補，而京城貨物，亦不至居奇。且本年臨清一帶，因天旱水淺，漕艘起撥需費，若復將所帶土宜概行起卸，丁力豈不更至拮据？自應照該總漕所奏，仍准其自行酌帶。至斐靈額止圖船行迅速，而未計及體恤運丁，殊爲不曉事耳。著傳旨申飭。（高宗一四五三、二）

（嘉慶五、二、丁亥）諭內閣：鐵保奏調劑浙江旗丁運務，與江南情形相同，請將浙省例徵漕費錢文，及春耗米三斗內，酌撥六升給丁；又各丁應領本色行月米石，亦請令州縣照依市價變賣折給各丁；所有該丁積欠庫項三萬九千四百餘兩，酌分六年歸款，即從本年冬運起扣；並請回空船隻，於例帶土宜六十石外，照重運之例多帶土宜二十四石等語。江、安二省幫丁，經鐵保會同費淳奏請將分給州縣銀米內，劃出給丁，並將行月米石，按照市價，交州縣折銀給丁，已批依議速行。所有浙江旗丁酌撥漕費錢文、春耗米石，及應領本色行月米，令州縣照市價變賣折給，均照江、安二省一體辦理，以爲濟運之資。至幫丁從前借撥行月食米，亦著照該漕督所請，酌分六年，扣歸款項，以紓丁力。其回空丁船，於例帶土宜外，並著加恩照重運之例，准其多帶土宜二十四石，俾丁力益臻充裕。（仁宗五九、八）

七、沉溺船米的免賠及對運丁的撫恤

（康熙三四、六、乙巳）戶部議覆：倉場侍郎德珠等題揚州運丁吳坤等叩閽事。上曰：漕船帶運鳳陽倉米，原係累年存貯腐爛者，總漕王樑勒令運丁收領，窮丁賠補，殊爲可憫。若令王樑等賠補，亦未免少枉，今俱著寬免。此米亦不可發給官俸，存貯別用。又興永朝條奏內，曾言江北漕船，比他處較爲狹小，若載米過多，自難裝載貨物，今又令帶運鳳陽倉存貯之米，益加累重。若將漕船添造數隻，宜於運丁有益。爾等詳議以聞。（聖祖一六七、一〇）

（康熙三九、八、己巳）戶部議覆：漕運總督桑額疏言，漕艘在三溝閘失風，沉溺米糧，請照大江、黃河船壞米沉例豁免，應不准行。得旨：今歲水勢浩大，運河難以行船，因繞湖而行，遂致船被風壞，米糧沉溺，著照該督所題，免其賠償。（聖祖二〇〇、一四）

（康熙四二、七、丁巳）戶部議覆：漕運總督桑額疏言，運船在洪澤湖遭風漂沒漕糧，請免賠補。應不准行。得旨：洪澤湖水勢洶湧，較之大江、黃河更甚。此失風漂沒漕糧，從寬豁免。嗣後洪澤湖中糧艘，若遇風漂沒，亦著照大江、黃河例寬免。（聖祖二一二、二四）

（康熙四六、六、丙戌）又諭曰：朕屢次閱河，見沿途漕運船隻，其領運千總內，亦有最庸劣不足觀者。此缺甚緊要，著交兵部，會同領侍衛內大臣，將領運千總隨到隨考，視其馬步射有不及者，即罷斥之。朕此番閱河回鑾時，過臨清閘，有一安慶運船觸損，所載糧米，俱被水浸。恐部中以其不在江河，不予豁免，是乃朕躬親見者，著傳諭戶部察明，免其賠補。（聖祖二三〇、二）

（康熙五四、九、庚戌）署理總督倉場事務禮部右侍郎荊山題：泗州衛糧艘在通州張家灣遭風，損壞十二隻，沉米五千二百餘石。得旨：今歲北河

水發，風大溜急，以致船壞米沉。著照大江、黃河漂没之例，免其賠補。（聖祖二六五、一一）

（雍正五、九、壬午）户部疏奏：請將各省運到霉溼漕米，發還旗丁，另行買補。得旨：今年雨水略多，運送米石，不無霑溼。若令旗丁盡行賠補，未免苦累窮丁。但將成塊不可食之米，揀出發回。（世宗六一、三四）

（雍正七、七、丁未）倉場侍郎岳爾岱疏報：通州流水溝等處，漕船漂没。得旨：大雨時行之際，河流驟長，沿河空重糧艘，依次停泊，其適當決口之衝，不及防範，被水漂没，此非弁丁等有意疎忽之咎也。所有損壞船隻，漂失米石，俱免其賠補，溼米亦著交收，免其更換，被水淹没及受傷之丁舵人等，著倉場侍郎等查明，加恩賑恤，再將被水船隻，每船賞銀五十兩，濟其困乏。凡此免賠頒賞之處，均係特恩，後不爲例。（世宗八三、一九）

（雍正一一、七、戊戌）諭內閣：據倉場總督兆華疏報，六月二十二三等日，雨水連綿，河流驟漲，天津一帶糧船，多有浸濕漂損等語。今年伏雨稍多，河流驟漲，以致損壞漕船，尚非運官旗丁疎忽之咎。其漂失米石，免其賠補，損壞船隻，亦免賠修，運官亦不必議處。此朕體恤寬大之恩，儻將來運官旗丁等，因此番寬典，不知加意隄防，或有捏報巧飾等弊，一經察出，按律治罪。（世宗一三三、一六）

（乾隆二、一〇、丙戌）户部等部議覆：倉場侍郎宗室塞爾赫等疏報，溫州衛前幫船糧，濟寧衛左幫奉撥糧米，各在内河遭風漂没，應照例追賠議處。得旨：寬免。（高宗五四、五）

（乾隆三、九、甲子）諭：據倉場總督宗室塞爾赫等奏稱，本年六月十八日，有金衢所運丁池斯蓮漕船，在臨清州地方，因連日大雨，水勢洶湧；把總哈涼，催促前進，以致撞石沉溺，淹斃副丁水手等五名，片板粒米無存，運丁以船爲家，今家破人殞，力難賠補，理合奏聞，等語。漕運船隻，在裡河漂没者，雖有不准豁免之例，但念池斯蓮糧船，適值連雨之時，水大溜急，人力難施，把總又復催促前進，以致失事，兼傷人口，情實可憫。著將漕米船隻，並免賠補。其淹斃副丁、水手，照例賑卹。（高宗七六、一九）

（乾隆五、八、己亥朔）免湖北二幫遭風漂没糧米五百八十石六斗有奇。（高宗一二四、三）

（乾隆五、九、壬申）免湖北三幫因風漂没漕米一千一百六十一石二斗有奇。（高宗一二六、六）

（乾隆六、三、癸未）諭：據總督倉場侍郎塞爾赫等奏報，長淮衛二幫漕船，於三月初四日失火，焚燒軍船五號，共計燒燬米豆二千二百零八石，大小男婦傷損十一口。押運官弁，例應處分，米豆應著落賠補等語。朕覽本內情節，乃因時值昏暮，一船失火，延及五船，風烈火猛，人力難施，情殊可憫。除將押運官弁照例議處以儆疎忽外，其各船應賠米豆，著加恩寬免。（高宗一三九、三）

（乾隆八、二、辛亥）戶部議准：前任安徽巡撫張楷疏稱，乾隆六年由和州撥運靈璧縣濟糶米船，於大江遭風漂沒。今准部咨確查，於儀徵地方遭風屬實。請將漂沒米六百七十石，照例豁免。從之。（高宗一八五、一九）

（乾隆九、四、丁巳）是日，浙江溫州鳳凰洋大風，所有截留江蘇漕糧運閩十萬石，沉失五百五十石。督運之蘇松水師總兵官胡貴奏報，願按數捐賠。得旨：汝冒險成全此事，已可嘉矣，豈有復令捐賠沉失米石之理？督撫自有定例，題請豁免也。（高宗二一四、一〇）

（乾隆一一、二、甲辰）戶部議覆：漕運總督顧琮疏稱，鳳陽中衛二幫旗丁鈕張美，裝運宜興縣乾隆十年起運漕糧正耗平米六百三十三石三斗八升零、五米三十一石六斗六升零，於乾隆十年二月初八日，行至清河縣黃河中流，陡遇暴風，板片、米石盡行漂沒。查無捏飾，請予豁免。應如所題。從之。（高宗二五八、八）

（乾隆一二、四、己丑）漕運總督顧琮密奏：江西省永新幫漕船三十四隻，行至鄱湖，忽遭風險，擊破十九隻，淹斃男婦十九名口。郭仲寧等十二船全行漂沒，應照例豁免。其餘除劉、汪等二船，幸閣淺打撈，虧折無幾，尚可飭丁買補。至周梁等五船，每船僅存水米二三十石、五十餘石不等，與豁免之例未符。但均係貧丁，若令賠補，每船須銀千餘兩，力有不能。可否邀恩一例請豁。得旨：漕項向例甚嚴，定法者必有深意也。汝但照例辦理，俟不能時，於具題外，據實摺奏乞恩尚可。今乃先爲此言，豈非市恩邀譽？汝此病何不能稍改耶！（高宗二八九、四二）

（乾隆一二、七、辛卯）又諭：江西永新所幫旗丁周梁共等五船，漂沒漕糧，例應按數賠補。朕念此次鄱湖風浪猛險，人力難施，若責令該旗丁補償，情有可憫。著加恩免其賠補，將來不得援以爲例。（高宗二九四、四）

（乾隆一三、五、壬辰）又諭：據漕運總督蘊著前後奏報，四月初五日，陡遇暴風一事，地方有此風災，漕運乃其專責，自應留心經理。乃蘊著但稱，颳損船二百四隻，撞沈船五十隻，其現在遭風各船，如何整理，被災人丁，如何撫卹及沈失漕糧，併搶撈米數，一切應行查辦之處，俱未詳悉具奏，甚屬朦混。可傳諭蘊著，令其悉心詳查，據實奏聞。尋奏：江西南昌等三幫，損船三十八隻，九江等六幫，損船一百四隻，沈船二十二隻，湖南損船六十二隻，沈船二十八隻。現在颶損各船，業飭修整北上，至沈失米，除撈獲外，將各船食米易換瀝帶，內有不敷，各丁請折變買補。惟湖南二幫沈失米，各丁請回南賠補，下年搭運，正供俱不致有虧。其沈失船，檄該糧道查明出廠年第，按例分別賠造。再各船淹斃人口共十名，弁丁，賞銀五十兩，水手，賞銀二十五兩。臣已於養廉內酌給。至所屬地方，颶倒草瓦房八千四百八十餘間，壓斃男婦六名口，亦照例撫卹。得旨：知道了。所辦尚屬妥協。（高宗三一四、二二）

（乾隆一三、六、辛巳）又諭：本年四月初間，湖南、江西運艘，於桃源、宿遷地方，遭風沈溺重船五十隻，所有虧折米數，仍應旗丁買補，其船隻亦應賠造。但念窮丁力量艱難，若令一時賠補，難免拮据，著加恩軫恤。其船隻已滿年限者，照例給價成造；未滿年限者，於道庫內借給，令其及早成造，限以三年，陸續還款，以紓丁力。至此次失風，實非人力疎忽所致，運弁及汛地各官，俱著免其處分。（高宗三一七、二五）

（乾隆一三、八、丁亥）戶部議准：漕運總督宗室蘊著疏稱，宿州衛二幫糧船，至洪澤湖心，被風漂沒十二隻，應將船糧蓆片豁免，淹斃正副丁、頭工、水手等賞恤。從之。（高宗三二二、一一）

（乾隆一五、二、乙未）豁山東膠州塔埠海口乾隆十三年六月遭風漂沒米一千七百六十石有奇。（高宗三五九、一八）

（乾隆一七、一、丁亥）又諭：據湖北巡撫恒文奏稱，上年十二月三十日夜，漢口江岸，有江西客民網子船失火。時西南風大作，順風延燒蘄州衛頭幫糧船七隻，雲南貴州運京運楚銅鉛等船三十五隻，又大小鹽船十一隻。所有被燒糧船，例應按出廠年分，著落旗丁賠造買補。運員打撈銅鉛需用銀兩應據各該員呈請之數，暫行挪借。移咨滇黔二省，解楚還項。失防各官，另行查明報參等語。糧運銅鉛，於運次延燒沈溺，或因有心舞弊，或因疎忽失事，是以定有分別著賠糸處之例，以重典守。此次船隻，既經該撫目擊，實因風烈致燬，非特搶救不及，亦且退避不能，是非尋常失火所可並論。所有被燒糧船，著即官為修造，免其賠補。至各運員借項，著該撫即於楚省耗羨項下，賞給報銷，免其還項。但須查明動用確數，覈實支給，毋致轉有冒濫。其被燒逃救人口，已據該撫查明，酌量撫恤安插。其失防各官，仍照例查糸。（高宗四○七、一○）

（乾隆一七、一○、壬寅）戶部議准：閩浙總督喀爾吉善疏稱，船戶配載由浙運閩備糴米石，於浙境瑞安縣洋面，被風破船，米沈失無存。現取具

（乾隆一八、四、辛亥）戶部議准：福建巡撫陳宏謀疏稱，各年由臺配載兵米，船被風擊，米沒無存者，應予豁免。從之。（高宗四三七、一三）

（乾隆一八、五、癸酉）軍機大臣等議奏：戶部尚書蔣溥奏稱，上年御史陸秩條奏，漕米抵通，如經抽驗潮濕，曬颺折耗，准該丁以所帶餘米作抵，如無應抵之處，餘米免其交納。臣思餘米亦屬正供，准其作抵，該丁等未免任意收兌，或致正供有虧。此項餘米，必須另議歸款等語。查原帶耗米，本係額供正賦，自應照數歸倉。嗣後米色潮濕，曬颺折耗者，准買別幫食米抵補。如補不足額，照起欠例，於下年搭解完交。得旨：陸秩託言曬颺，市惠旗丁，以致滋弊，著嚴飭行，餘依議。（高宗四三九、六）

（乾隆一九、四、乙巳）戶部議准：福建巡撫陳宏謀疏稱，臺灣兵米船戶陳永盛等外洋遭風漂沒，人米無存，請照例豁免。從之。（高宗四六一、一三）

（乾隆一九、七、乙巳）豁免湖北運川遭風漂沒米二千二百六十石，穀一千三百七十石。（高宗四六九、二〇）

（乾隆二一、七、甲申）豁免江西撫州所幫運丁徐、王、吳漕船遭風漂沒米一千一十石有奇。（高宗五一七、四）

（乾隆二三、三、辛丑）又諭：據莊有恭奏，川省運到米船十三隻，並湖南漕船四十五隻。灣泊武昌城外。於二月初九日，陡遇暴風，江寬浪急，並各壞船八隻，現在加緊搶救。查覈米石數目，其川運米船，應咨川督，於各運員名下查參追賠。至湖南漕船沉失米數，應勒令什軍名下攤賠。所損船隻，亦令賠造雇運。所有押運員弁及該地方官，應一併查參等語。該處米船已經灣泊，押運員弁，自應小心防護。但據所奏情節，實係風起倉猝，波浪騰湧，人力難施，尚非防守疎懈，救護不力者可比。所有沉失米石，損壞船隻，並著格外加恩，免其追賠。其押運員弁，應行查參之處，著一併寬免。（高宗五五八、一九）

（乾隆二六、三、壬寅）豁免渡湖漂沒之江西南昌衛前幫旗丁海鐵裏船糧一千一百石有奇，並卹淹溺水手如例。（高宗六三二、四）

（乾隆二六、三、乙巳）豁免渡湖漂沒江西廣信幫旗丁陳順六、李伏四二船糧一千一百石有奇，並卹淹溺水手如例。（高宗六三二、九）

（乾隆二六、四、戊子）戶部議准，漕運總督楊錫紱疏報，袁州衛幫旗丁王吳船糧於湖口縣洋江梅家州遭風，漂沒無存，請照例豁免。從之。（高宗六三五、八）

（乾隆二六、八、壬辰）豁免江西南昌衛運船遭風漂没米一千一百四石有奇，並予淹斃副丁魯學深、水手胡有成等卹賞如例。（高宗六四三、一八）

（乾隆二六、八九、己酉）豁免湖南運船遭風漂没米八百四十五石有奇，並淹斃副丁謝江勝、水手張啓龍，賞卹如例。（高宗六四四、二三）

（乾隆三〇、五、甲辰）[漕運總督楊錫紱]又會同巡漕御史德成奏：五月初九日，據湖南頭幫千總報稱，旗丁成忠船裝米七百二十五石八升，又灑帶米六石九斗三升，行至邳州之河成閘，陡遇暴風，折倒大桅，挑開底板，淹斃副丁一名，米石漂散無存。查内河失風，例應賠補，但七百餘石一時全償，窮丁力難措辦。請於本年抵通，令買米四百石交納，其餘寬俟下運買足帶交。得旨：如所議行。（高宗七三七、二四）

（乾隆三〇、六、戊午）諭：據温福等奏，薊運河水發，糧艘被衝，漂失米二千五百餘石，淹斃水手等二十八名，請照例追賠，並取應議職名，送部查議等語。此項撥運米石，抵次候兑，陡遭山水漂没，雖在内河，例應追賠議處，但雨後水勢驟衝，猝不及備，非人力所能施，情殊可憫。其損壞船隻，漂失米石，均免其賠補；運糧官弁，亦不必議處。所有淹斃人口，仍著照例賞卹。（高宗七三八、二〇）

（乾隆三一、六、庚子）又諭曰：楊錫紱奏，滁蘇幫旗丁湯聖之漕船，在南皮、滄州交界地方遇風失火，延燒張公九等三船，所有燒燬米石，請令該丁等陸續買補等語。湯聖之遭風失火，以致延及隣艘，究係防範不慎，自應令其照數買補完倉。至張公九、王登三、楊禹傳三船，因別舟火起倉卒延燒，並非疎於防護所致，若一體勒賠，於情理殊未平允，著加恩免其賠補。其湯聖之應賠米石，分作兩年完倉之處，著照該督所請行。（高宗七六二、二）

（乾隆三二、三、癸未）豁江南與武衛二幫運丁傳公侯遇風漂没米五百九十一石有奇。（高宗七八一、一二）

（乾隆三三、七、癸巳）豁免江南廬州衛運船遭風漂没米七百六十九石有奇。（高宗八一四、二二）

（乾隆三三、八、己卯）豁免奉天運京遭風漂没豆一千四百五十石。（高宗八一七、二二）

（乾隆三四、二、庚申）賜卹江南鳳陽衛、鳳中、常州原頭幫漕船渡江遇風淹溺旗丁。如例。（高宗八二八、一五）

（乾隆三六、一、辛未）漕運總督崔應階奏：湖南二幫糧船，因阻風灣泊巴陵縣七里山地方，失火延燒二隻，每船燒米八百餘石。查失火係人事不慎所致，船米例應賠補，防護不力各官，亦應咨部辦理。得旨：是。從來無寬免之理。若姑息寬免，弊將不可言。(高宗八七七、一六)

(乾隆三六、二、癸酉)豁江西饒州幫遭風漂沒旗丁吳法仔運剝漕米二百八十七石。(高宗八七八、一)

(乾隆三六、七、癸卯)諭：據瓦爾達等奏，旗丁蔣鵬年漕船，於王家樓遭風，虧折米二百三十石一案，恐有盜賣捏報情弊，請交直隸總督、漕運總督派員查究等語。楊廷璋現有防汛事宜，無庸令其赴通會審。崔應階計期將已抵通，此案即著瓦爾達、劉秉恬會同該總漕，嚴行審訊，毋任稍有含混。崔應階俟會審事畢，如朕已啟行，竟不必前來，即回任辦理明年漕務。(高宗八八八、三)

(乾隆三八、二、戊子)豁免湖南沉溺漕米八百四十石有奇。(高宗九二七、二九)

(乾隆三八、三、庚戌)豁免江西省沉溺漕米一千一百五十二石有奇。(高宗九二九、一三)

(乾隆三九、三、癸亥)豁免遭風漂沒之江西九江衛後幫旗丁顧李朋漕米一千一百二十一石有奇。(高宗九五四、二一)

(乾隆三九、八、癸未)豁免遭風漂沒之湖南荊正衛頭幫旗丁李受四漕米八百二十九石有奇。(高宗九六四、五)

(乾隆四○、三、庚午)豁江西鄱陽湖遭風漂沒漕糧一千一百四石有奇。(高宗九七九、一六)

(乾隆四○、七、戊申)豁免湖南漕船遭風漂沒米九百十一石有奇，並淹斃水手王志賞卹如例。(高宗九八六、三)

(乾隆四一、三、甲申)又諭曰：阿思哈奏，據淮揚道松齡稟稱，三月初一日，有宿州二幫重運糧船三十三隻，乘順風過洪澤湖，行至湖心，陡遇風暴，人力難施，被浪漂沒糧船二十五隻，剝船三隻。其餘糧船八隻，并大小剝船二十二隻，盡皆損失桅篷舵櫓，米石亦有潮濕，並有淹斃旗丁舵水人口。均須查勘，現飭江安糧道等，照例分別辦理等語。重運漕船，遇風漂沒至二十餘隻之多，且傷斃人口，乃漕務中重大之事，該督接據稟報，即應親行馳往，確查辦理，豈可僅委之糧道等照例勘辦？況阿思哈係軍機大臣，暫署漕督，遇事尤當較他人加意認真，不應不識事體輕重若此。阿思哈著傳旨申飭，仍即親身查勘，將現在作何照例分別妥辦之處，迅速據實覆奏。將此由四百里傳諭知之。(高宗一○○四、三八)

(乾隆四一、三、甲午)諭：據阿思哈查奏，宿州二幫糧船，於三月初一日午刻行至清河縣所轄之極險湖心，陡遇暴風，波濤洶湧，致漕剝各船，陸續漂没二十八隻，板席粒米無存，併淹斃正副丁、舵工水手、男婦多名等語。湖心陡遇暴風，船經漂没，自屬人力難施，且各船淹斃多人，殊堪憫惻。所有沉没漕糧米石一萬八百三十石七斗零，著加恩豁免，餘著照該署督所議行。（高宗一〇〇五、一六）

（乾隆四一、四、辛亥）豁免福建諸羅、彰化、臺灣三縣，遭風漂没撥運倉穀一百六十石、兵米二百六十石有奇。（高宗一〇〇六、二二）

（乾隆四一、四、乙丑）豁免遭風漂没之江西南昌前幫旗丁馮益漕米一千一百三十五石，鉛山幫旗丁拱吉顯漕米一千一百三十五石，安福幫旗丁韓端正漕米一千一百三十四石各有奇。（高宗一〇〇七、一二）

（乾隆四一、七、戊戌）諭：據阿思哈奏，長淮衛、宿州二幫漕船，於本年三月，在洪澤湖漂没二十五隻，其漕米業蒙加恩豁免。所有船隻，均應購料補造，除例給料價銀五千二百餘兩外，各旗丁尚有應行自備造費，現在湊辦趕造等語。該幫漂没多船，丁力疲乏，購造船隻，未免拮据。著加恩於道庫恩借款内，賞借銀一萬兩，給發各船，購料趕造，接兑新漕。其借項自明年冬漕爲始，分作五年，於各丁應領錢糧内，扣還歸款，並免其加息，以示體恤。（高宗一〇一三、二四）

（乾隆四一、一二、辛亥）户部議覆：安徽巡撫閔鶚元疏報，宿松、青陽二縣漂失賑米五千五百九十五石，實係山水陡發，人力難施，應如所題豁免。從之。（高宗一〇二二、二二）

（乾隆四二、六、癸卯）諭：據德保奏，湖北三幫旗丁王清、卓伯青、鄧英三船，在邳州河定閘遭風漂讞，粒米無存，例應照數賠補等語。漕船内河失事，例固應賠，但念該幫船隻，猝遇暴風漂溺，人力難施，情尚可原，況該丁等船已漂没，若一時全行補交，未免竭蹷。著加恩令其各買本幫餘米三百石交納，其餘四百五十餘石，同隨糧蓆竹，俱著緩俟下年搭運全完，以示體恤。其失防之押運員弁，及地方文武各官，著該總漕查明，交部察議。（高宗一〇三四、一〇）

（乾隆四二、一〇、丙辰）諭：上年因長淮衛、宿州二幫漕船，在洪澤湖漂没二十五隻，丁力疲乏，購造無貲，曾降旨加恩，於道庫賞借銀一萬兩，給發各船，購料趕造，分作五年歸款。第念各該丁等辦運，歲需費用，若扣項稍多，丁力未免拮据。著再加恩於原定五年之限，加展三年，俾丁力寬紓，以示體卹。（高宗一〇四三、一四）

（乾隆四二、一一、丁丑）豁免遭風漂没江西袁州幫旗丁張大漕米一千

一百四石有奇，并予淹斃水手等，卹賞如例。（高宗一〇四四、二〇）

（**乾隆四二、一一、甲申**）豁免遭風漂没江西鉛山幫旗丁孫云保漕米一千一百四石有奇。（高宗一〇四五、二一）

（**乾隆四二、一一、庚寅**）豁免遭風漂没江西吉安幫旗丁岳蔣漕米一千一百五石有奇。（高宗一〇四五、四二）

（**乾隆四三、二、丁酉**）豁免遭風漂没江西安福幫旗丁黃習良運米一千一百四石有奇。（高宗一〇五〇、一〇）

（**乾隆四三、五、癸亥**）諭：據德保奏，四月二十一日未時，淮安地方陡起暴風，雷雨交作，勢甚猛烈。所有渡黃漕船，安慶前、安慶後、鎮海後、揚州頭、泗州後、太倉前、江淮頭、蘇州白糧、興武五、太倉後、杭嚴二、杭嚴四、湖州白糧、海寧所等十四幫內，共沉溺船三十四隻，沉溺剝船二十六隻，碰損風艄天篷等項，折損頭椇大椇船二百一十一隻，淹斃男婦八名口等語。漕船陡遇暴風，致遭沉溺，所有淹斃人口，著查明照例撫卹。其沉溺米石，雖例應買補，但暴風傷損船隻，實屬人力難施，若再令賠償，情殊可憫。著即查明確數，據實具奏，加恩豁免。餘著照該署督所議行。（高宗一〇五六、八）

（**乾隆四三、一二、癸酉**）諭：前因長淮、宿州二幫漕船，在洪澤湖遭風漂没，曾降旨於道庫內賞借銀一萬兩，給發各船，購料趕造，分作五年歸款。嗣念該丁等辦運，歲需費用，復降旨展限三年，以紓丁力。本年亳州被黃水漫淹，該丁等田疇房舍多有淹没衝塌之處，若將應扣二限銀兩照數扣繳，丁力不無拮据。著再加恩，將該丁等本年應扣二限銀兩再緩扣一年，俟來年冬底，再行照數扣還，仍分七年歸款，該督等務宜率屬實力妥辦，毋使胥役從中滋弊，以副朕嘉惠疲丁至意。該部即遵諭行。（高宗一〇七三、二）

（**乾隆四四、一一、丙申**）豁免奉天錦縣、寧遠、廣寧、義州、四州縣運交通州在洋遭風漂没黑豆二千二百七十七石有奇。（高宗一〇九五、二）

（**乾隆四五、二、丁巳**）豁免江西南昌衛前幫糧船二隻，乾隆四十四年分遭風漂没額糧。（高宗一一〇〇、八）

（**乾隆四五、三、戊申**）漕運總督鄂寶奏：請將宿州二幫漂没二十四船，借帑成造。四十四年冬，應扣銀一千二百九兩有奇，緩至今歲冬底扣還，仍分七年歸款，以紓丁力。又奏：請將長淮衛頭幫三船被燒米一千九百六十九石八斗七升有奇，自本年為始，在於各丁應得三升八合餘米內，分作兩年抵完。得旨允行，下部知之。（高宗一一〇三、二八）

（**乾隆四六、三、己亥**）豁江西贛州幫旗丁張正魁鄱湖遭風漂没米一千

一百五石有奇。(高宗一一二七、一六)

（乾隆四七、九、庚子）諭：據何裕城奏，八月上旬連遇暴風，江西贛州等衛幫船行至新挑河一帶，被風掣斷錨纜，刮折大桅，以致人力難施，將船打至南陽湖心，被浪撞碎，共計沉溺漕船一十六隻，漕米俱行漂沒等語。內河失風，沉溺漕船，漂失米石，照例應著落通幫旗丁分攤賠補。但濟寧以南爲黃水下游，今歲河湖水勢甚大，非往年可比，且叠遇暴風激撞，人力難施，尚非該旗丁等疏失所致。所有各船漂沒米石，俱著加恩豁免一半。明歲該省係蠲免漕糧停運之年，其應賠一半米石，俟開運後，著分年帶還，以紓丁力。該部即遵諭行。(高宗一一六四、一二)

（乾隆四七、九、丙午）又諭：前據何裕城奏，八月上旬屢有暴風，江西贛州等衛幫船，行至新挑河一帶，被風沉溺漕船十餘隻，業經降旨將應賠漕米豁免一半，並傳諭明興將有無淹斃人口之處，詳查具奏。本日據鄂寶等奏到，該幫船隻，停泊獨山湖地方，黑夜陡值狂風大雨，波浪洶湧，各船錨纜均被掣斷，四散衝淌，人力難施，漂沒旗丁謝徐一等漕船十二隻，片板全無，共漂失米一萬三千三百三十餘石，淹斃舵水人等男婦大小二十三名口，請將漂失米石分作八年賠補等語。所奏已遲，已於摺內批示。贛州等幫船十二隻，黑夜停泊，猝值暴風，人力難施，以至漂沒，片板粒米，衝淌全無。所有淹斃人口，著該撫即行照列賞卹。至各船漂失米石，前於何裕城奏到時，已降旨豁免一半，並令分年帶還，但念該旗丁等猝遭風暴，生計蕩然，人口並遭淹斃，情殊可憫，著加恩全行豁免，以示體卹。該部即遵諭行。(高宗一一六四、三五)

（乾隆四八、四、庚辰）諭：據何裕城奏，四月十四日，江南淮安頭幫漕船，行至昭陽湖邊橋頭店地方，陡遇異常風暴，收幫不及，風急浪湧，以致該幫船互相碰擊，將呂鳴玉等船二十隻登時沉溺，現在督率營員趕緊撈㩴等語。內河失風，沉溺漕船，漂失米石，照例應著落通幫旗丁分攤賠補，但念該幫船猝遇暴風激撞，人力難施，尚非該旗丁等疏失所致，所有各船漂失米石，俱著加恩豁免一半，以示體卹。其應賠一半米石，並著分年帶還，以紓丁力。該部即遵諭行。(高宗一一七九、五)

（乾隆四八、四、丙戌）諭：前據何裕城奏，淮安頭幫漕船在橋頭店地方被風沉溺二十隻，業經降旨將應賠漕米豁免一半，並傳諭該督等將有無淹斃人口之處詳查具奏。本日據何裕城奏：漕船失風情形，各船丁舵人等落水甚多，除設法撈救正丁邱世泰等六名外，尚淹斃大小男婦十一名口等語。淮安幫船猝遇暴風，人力難施，以致沉溺。所有淹斃人口，著即行照例賞卹；

其漂失米石，著照上年江西贛州衛幫船失風之例，加恩全行豁免，以示體卹。該部即遵諭行。（高宗一一七九、一三）

（乾隆四八、七、癸巳）豁免遭風漂没之奉天錦州運通船戶杜大來米一千二百一十三石有奇。（高宗一一八四、一一）

（乾隆四八、一一、壬辰）豁除江西鉛山幫漂没漕米一千一百五石有奇。（高宗一一九二、九）

（乾隆四九、二、辛未）豁免江南安慶前幫糧船乾隆四十七年遭風漂没額糧七百四十四石有奇。（高宗一一九八、二十）

（乾隆四九、二、甲戌）諭：據毓奇奏，鎮江後幫旗丁薛七襄等漕船六隻，至臨黃壩陡遇暴風，救獲不及，船身碎裂，淹斃男女二名口，漂没正耗米四千二百九十四石七斗零，請分作四年令該旗丁買補米石，搭運交通等語。此次鎮江後幫漕船猝遇風暴，人力難施，以致登時沉溺，情殊可憫。所有漂没米石，著加恩寬免，其淹斃人口並著照例賞卹。該部即遵諭行。（高宗一一九九、四）

（乾隆四九、閏三、戊午）諭曰：毓奇奏江西安福、南昌、九江前後等幫漕船，於三月十四日亥時，在新建縣鄱陽湖地方陡遇風暴，雷電交作，燒燬漕船十七隻，裝運漕米一萬七千六百六十四石五斗零，並燒斃淹没男婦大小共三十一名口，請將被燬之糧船十七隻及焚失米石責令旗丁賠補，所有督運各員，請交部分別議處等語。漕船在湖面夜值雷雨，風火迅烈，人力難施，以致焚失漕米，燒斃人口，殊堪憫惻。所有被燒船隻、米石等項，著加恩概免賠補。其燒斃淹没人口，著該部照例賞卹。所有督運文武員弁，尚非有心貽誤，並著加恩免其議處。（高宗一二〇二、四）

（乾隆五〇、四、戊申）諭：據毓奇等奏，本月初十日夜間，淮安一帶地方，陡起暴風，大河等衛各幫糧船，一時救護不及，沉溺軍船三十六隻、剝船十五隻、碰傷軍船十七隻、刮折桅木、撞損等船一百七十七隻，計虧折漕米六千九百餘石；又濕米五千四百餘石；淹斃副丁水手男婦人等十三名口等語。內河遭風，沉溺漕船，漂失米石，例應著落通幫旗丁分攤賠補，但念此次漕船猝遇暴風，兼值昏夜，人力難施，尚非該旗丁等疏失所致，所有虧折米石，著加恩全行寬免。其淹斃人口，並著照例賞卹。餘著照所請辦理。（高宗一二二九、四七）

（乾隆五〇、一二、庚子）諭：據毓奇等奏查明回空漕船在江遭風情形一摺，內稱旗丁王黃朋、許顯仁兩船已十年滿運，例應給價成造，其餘被風各船，皆歷四、五、六、七、八運不等，應分別賠造，買補足運；但念該丁等遭風之後，未免拮据，請派入災減數內，令於下年從容造補等語。此次回空漕船渡江猝遇暴風，人力難施，以致碰損沉溺，殊堪憫念。所有應賠船隻，著加恩免其賠補，俱動官項成造，以恤丁力。至淹斃人口，前經降旨加倍賞卹，其例無賞卹之婢女、火夫等七名口，亦著加恩照所請減半卹賞。（高宗一二四五、一一）

（乾隆五一、七、庚戌）又諭：據明興奏六月二十七日戌刻，臺莊地方，陡遇暴風，興武四幫漕船，沉溺四隻，磕損七隻，淹斃水手等共七名，沿河居民草房，被風刮去上蓋百餘間，現在親往該處勘辦等語。此次漕船猝遇大風，兼時值昏夜，以致船隻沉溺損傷，淹斃人口，殊爲可憫。著加恩照例賞卹。其居民被風掀揭草房，著照該撫所奏，查明辦理，以示體卹。（高宗一二五八、一六）

（乾隆五一、七、辛亥）諭軍機大臣等：昨據明興奏到臺莊地方，於六月二十七日猝遇暴風，興武幫船，沉溺損傷，並有淹斃人口一摺，已降旨照例撫卹矣。本日據柯藩、阿那布奏該幫張國興、陳上達一船，遭風沉溺，衝失米七百八十七石，又撈起濕米五百一十九石等語。內河漕船沉溺，漂失米石，例應著落通幫旗丁賠補，雖此次陡遇大風，人力難施，但若遽邀寬免，恐將來旗丁等虧缺漕糧，不免有捏報被災，希圖豁免情弊。所有張國興等衝失米石，著加恩多分數年帶交，以紓丁力。其應行撫卹之處，仍著遵照前旨辦理，以示體卹。將此傳諭毓奇、明興並諭柯藩、阿那布知之。（高宗一二五八、一八）

（乾隆五一、七、己未）又諭：據毓奇奏，興武幫旗丁張國興等於臺莊遇風，磕溺漕船，所有衝淌沉濕米石，該旗丁未能一時買補，請緩至今冬採買搭運，來歲抵通交完等語。前因明興等奏報興武幫船沉失米石情形，已明降諭旨，將該旗丁張國興等應行賠補米石，加恩多分幾年賠繳，以紓丁力。該督想尚未接奉前旨，所以此次奏請將各船衝淌沉濕之米，緩至來歲交完，恐爲期太迫，丁力不免拮据，尚非所以示體卹。著傳諭該督等，仍遵前旨，酌量多分幾年；其淹斃人口，分別卹賞之處，並著照所奏辦理。（高宗一二五九、一一）

（乾隆五一、閏七、己丑）又諭：據毓奇等奏，江西重運漕船前因周家莊漫口掣溜，陡遇淺擱，共擱傷船五十四隻，除搶起乾米，裝運赴通交納外，其黴濕米九千八百五十四石，即就近在山陽、清河一帶減價賣給災民充食等語。所辦甚是。此次江西幫船淺擱，該丁等戽救修艙，不無多費，其情形已屬可憫，所有黴變米石爲數較多。若如該督等所奏，令於通幫餘米內買補交納，恐該丁等力有難支，至各幫食米有限，即令通盤易換，仍屬不敷，運丁尚覺拮据，朕心有所不忍，著傳諭毓奇等悉心籌酌，或照前屆每船酌量賞䘏，或分別借給之處，即速酌定奏聞，候朕再降諭旨。（高宗一二六一、六）

（乾隆五一、閏七、己丑）（毓奇等奏）江西擱損丁船五十四隻，懇恩每船賞銀八兩，以示優䘏。再本年江西漕船十三幫，自輓進江口，即值河口淤淺，後又因漫口掣溜，阻滯月餘，現沿河加縴趕趲，仍需起剝上壩，以速回空，費倍往昔。並懇恩每船借給銀二十兩，分作兩年扣繳歸款。得旨：允行。下部知之。（高宗一二六一、七）

（乾隆五一、閏七、丁酉）諭：據毓奇奏浙江金衢所幫旗丁胡公安船、湖南頭幫旗丁熊之都船二隻，於迎溜上閘時，緣溜勢洶湧，掙斷頭纜，搶救不及，登時傾覆。在船漕米，衝淌無存，共淹斃男女大小五名。所有應賠船隻，請官爲給造。其淌失米石，情願同該糧道照數賠補等語。此次漕船上閘，實因黃運同時並漲，溜勢洶湧，以致傾覆，非長河行走挽駕不慎者可比。所有應賠船隻，著准其給料成造。衝淌米石，著加恩免其賠補。其淹斃人口，殊堪憫惻，著於例賞外，加倍賞䘏。（高宗一二六一、三一）

（乾隆五二、四、辛亥）豁免福建彰化縣船户郭有成遭風漂没運臺兵米九十石。（高宗一二七八、三二）

（乾隆五二、六、乙卯）諭：據毓奇奏，江西贛州幫、永建幫漕船，於五月初二日，在鄱陽湖陡遭風暴，將贛州幫船三隻、永建幫船六隻同時打散，漂溔米一萬一千四百餘石，請將委運千總路悦書、楊嘉穀革職留任，並准何裕城咨，將所漂米石著落糧道初之樸賠補，並將該道及押運通判徐坤參奏等語。江西贛州等幫重運漕船，在鄱陽湖地方揚帆渡湖之際，陡遇暴風猛雨，搶救不及，以致糧艘打散，漂失米石，究係人力難施，尚非該旗丁等有心玩誤。所有漂溔糧米一萬一千四百六十三石零，著加恩豁免，毋庸令其賠補。該道初之樸及運員徐坤，亦著寬免議處。至該丁軍船遭風漂没，隨船什物土宜，亦漂失一空，且淹斃人口至十七名之多，情殊可憫，所有該幫漕船九隻，著加恩一體免其賠造，照例官爲成造。隨船蓆竹等物，一併免賠。淹死人口，均著照例分別䘏賞。其委運千總路悦書、楊嘉穀，不能及早催趲渡湖，自有應得之咎，俱著從寬革職留任，俟八年無過，方准開復，以示懲儆。（高宗一二八三、四）

（乾隆五二、六、乙丑）諭：據長麟、阿那布同日奏，宣州幫漕船，於六月十九日，在鉅野縣通濟閘地方，猝遇風暴，雷雨交作，拔起大樹，帶斷錨纜，旗丁王宗城等軍船六隻，被風扳倒大桅，船身板裂，登時沉溺，除已撈獲濕米外，計衝瀉虧折米九百五十石，押令抵通買補交納等語。漕船在內河失風，沉失米石，例應著落旗丁賠補，但念此次宣州幫船猝遇風暴，斷纜扳桅，又值昏夜，風大溜急，究屬人力難施，非該旗丁等玩誤失事者可比。所有碰裂船隻，仍令該旗丁自行修造，撈獲濕米，准其分限臨倉買餘抵補，其漂沒米石，著加恩免其賠補。（高宗一二八三、二六）

（**乾隆五二、一〇、己酉**）又諭：據圖薩布奏，福建委員試用知縣王履吉解赴淡水備用銀米火藥軍裝等項，於八月二十三日放洋，忽遇狂風，將桅柁折斷，隨風飄蕩，至九月初七日，風狂浪湧，於廣東新安縣外洋，船遇礁石撞破，幸有漁船將該員等救起，並搶出餉銀火藥軍械等物，撈獲濕米九十餘石，計沉失米七百二十八石零，大礮一門等語。該員解運軍餉於外洋陡遇颶風，人力難施，且飄蕩至十餘日之久，幾遭淹溺，情殊可憫。王履吉，著該督於臺灣事竣後，給咨送部引見。所有沉失米石等項自應免其賠補，以示體恤。（高宗一二九〇、二六）

（**乾隆五二、一一、乙亥**）又諭：據李侍堯奏，閩省委員王履吉解送糧餉，在洋遭風，沉溺船隻案內。尚有第六號米船一隻，載米九百石，遇礁擊碎，淹斃兵丁一名、水手五名，米石盡行沉失。又另起委員何中尊，解運臺米船內，有鄭聖華一船，載米八百五十石，將近鹿耳門，遭風沉失米二百餘包。又閩縣船戶李生財，載運軍米赴廈門，遭風覆船，米盡沉失，淹斃兵丁水手七名。又船戶曾長瑛，運赴鹿仔港軍米一千石，在洋遭風船碎，惟尋獲該船水手二名，餘人不知下落，米船並無蹤影等語。此等解運軍餉米船，於外洋陡遇颶風，人力難施，以致船隻沉溺，淹斃數人，情殊可憫。所有沉失米石，著免其賠補外，其前後溺斃之兵丁水手人等，均著該督查明，照陣亡例議卹，以示體恤。（高宗一二九二、二八）

（**乾隆五三、七、丁亥**）諭軍機大臣曰：蘇凌阿等奏，廬州衛三幫軍船七十五隻，七月二十日，在寶穄營地方猝遇風暴，吹斷繩纜，刮折桅檣，黑夜互相撞激，沉船二隻。經通永道前往查勘，內傷裂損輕，尚堪駕駛者九隻，全行撞壞不堪駕駛者六十四隻。當飭兵役上緊將沉溺米石，幫同搶撈，上岸曬晾。現確查該幫有無短缺米石，藉端掩飾情事，再分別借給銀兩，俾及時修艙。並令通永道就近督催；以期迅速完整，回空南下等語。十九日夜間，熱河風雨亦大，寶穄營距京不遠，幫船遇風，自非捏飾。但該處乃屬內河地方，何至碰壞漕艘七十餘隻之多！究係該幫丁等不能小心防範所致。現經蘇凌阿等派員往查，應俟該侍郎等查明後，照例分別辦理。其撈起米石尚好者，雖經曬晾，究恐不能久貯，或即於秋季應放俸餉內先行搭放，著傳諭蘇凌阿等即行酌量妥辦。至應修船隻，並當飭令該道等上緊督修，俾及早南下，毋誤回空爲要。（高宗一三〇九、四七）

（乾隆五三、九、癸亥）又諭：據劉峩奏，八月二十七日亥刻，通州東關運河下，販麥客民耿德甫船內起火，延燒紹興前幫空船二隻、嘉興幫重運船二隻、又官撥船三隻，共燒燬米一千五百八十餘石，尚有漕船一隻，碰沉入水，現在搶撈濕米。耿德甫麥船二隻，均已燒燬，看船雇工萬順並無下落等語。所奏殊未明晰。運河客船失火，延燒重空漕船，及撥船多隻，該客船耿德甫彼時畢竟何往？亦斷無祇令一人看船之理；至雇工萬順何以並無下落？安知非雇工萬順另有放火延燒、希圖滅蹟情節，慮獲重罪，畏懼逃脫。祇須將雇工拏獲究訊，則失火根由，無難得實。除就近諭知劉峩務即飭屬，將雇工萬順嚴拏務獲，詳悉研究外，著傳諭蘇凌阿、劉秉恬一體上緊緝拏，並查明是夜耿德甫因何他往，現在曾否到案，該客船失火延燒，是否另有別情，一併據實具奏。再劉峩摺內稱：所燬撥船三隻，係動項在江、楚等省置造，今被客民耿德甫船內失火延燒，應責成該犯即在直省照式賠造，以供撥運等語，所辦甚是。至此次延燒漕船米石，應如何著落補交賠造之處，並著該倉場侍郎一併確查，妥議具奏。（高宗一三一二、一三）

（乾隆五三、九、癸亥）又諭：據蘇凌阿等奏，撥船三隻勒令耿德甫繳價製造，固應如此辦理；惟所奏燒燬軍船米石，責令各丁分別賠造之處，殊未允協。旗丁等如果自不小心，以致船隻米石被燒，自當着落賠補。今紹興、嘉興幫船，因商船失火延燒，與該旗丁無涉。即或以火起時，該旗丁不及早駛開，致被延燒，不能辭咎，亦止當酌令賠補一半，其餘一半竟應令耿德甫一併賠繳，方足示懲。著傳諭該倉場侍郎即遵照辦理。至耿德甫係大名縣人，除就近傳知劉峩飭查該犯原籍財產是否足資抵補，勿任隱飾外，亦著蘇凌阿等即向該犯面加研訊，令其將財產據實供出，以備賠抵。毋使絲毫隱匿。尋奏：遵詢耿德甫據稱在大名販麥一千石、裝船三隻，到通州巨順堆房卸賣，即於通州買船二隻，雇楊文斗、萬順看守，尚未覓定水手舵工，仍住巨順號。是夜楊文斗已寢，聞聲出看，尚見萬順在船，迨船順流而下，萬順遂無蹤跡。臣等已行知各該地方官，一併嚴緝。又據稱，一切賠項，現有麥價可交，如有不敷，天津尚有貨價，求押取清欸。臣等查撥船三隻，應賠價七百三兩零，軍船米石，奉旨令其賠還半價，計一千四十餘兩，耿德甫現有本利銀數，有盈無絀，即飭通永道追繳。報聞。（高宗一三一二、一四）

（乾隆五四、六、丁巳）又諭：據書麟等奏，江西袁州幫旗丁李周、姚漢表軍船二隻，行至黃河大溜，陡遇暴風，掣斷錨纜，船身側轉浪湧入艙，兼以兩船撞擊，登時散裂；所有糧米蓆板，漂淌無存，淹斃副丁姚繡聲等三名口等語。旗丁李周、姚漢表二船裝載重運，正入黃河大溜之時，猝遭暴風，人力難施，以致糧石漂沒、淹斃人口，殊爲可憫。著加恩將該二船漂淌米石、蓆竹、松板等件概行豁免，其淹斃之副丁姚繡聲等三名口照例分別卹賞。至該旗丁等漂散船隻並著給料成造，以示體卹。該部即遵諭行。（高宗一三三二、六）

（**乾隆五四、七、己亥**）豁免江南安慶衛漕船遭風漂沒米七百五十八石有奇，並卹淹斃水手王二如例。（高宗一三三四、四五）

（**乾隆五五、四、丁丑**）豁福建臺灣府乾隆五十年分運廈遭風漂沒兵米一百二十石。（高宗一三五三、三六）

（**乾隆五五、六、丙寅**）豁江南江淮衛四幫乾隆五十四年分渡黃遭風漂沒漕米六百九十八石有奇。（高宗一三五七、三）

（**乾隆五五、一二、辛亥**）豁免江西安福幫旗丁遭風漂沒漕米一千一百四十四石有奇。（高宗一三六八、一二）

（**乾隆五六、六、甲辰**）豁免江西九江前幫漕船失風漂沒米一千一百七十四石有奇，並予淹斃舵水賞卹。（高宗一三八〇、二）

（**乾隆五六、八、丙辰**）豁免遭風漂沒安徽廬州二幫正耗糧米六百八十八石有奇。（高宗一三八四、二三）

（**乾隆五六、一〇、辛未**）豁免江南興武二幫旗丁李芳馨遭風漂沒米六百七十三石有奇，並賞卹淹斃水手如例。（高宗一三八九、三九）

（**乾隆五六、一一、庚子**）諭曰：畢沅等奏，湖北漢陽江岸停泊船隻，被火焚燬一摺，內稱該處泊有回空漕船及鉛船、鹽船、民船約千餘隻，沿岸排列。十一月十一日，有民船一隻失火，延燒各船，一時風狂火烈，被燒回空漕船十六隻，鉛船九隻，鹽船一隻，沉溺鉛六十四萬餘觔，淹傷貴州委員吏目吳掄元一員，淹斃家丁、舵工四名，水手九名，不知下落等語。此係無妄之災，覽奏深爲憫惻。……所有漢陽江岸被燒漕船，及沉失鉛觔，事起倉卒，人力難施，何忍按例令被災之運丁及委員等賠補？此項漕船十六隻，俱著官爲造辦，免其著賠。明歲應運新漕，即著該督等雇募民船，無誤開兌。其沉失鉛觔，並令該督等督率所屬，上緊打撈務獲，如有撈不足數者，亦加恩豁免。至淹傷委員及淹斃人口，俱著妥爲優卹。恐此外尚有並非在官人役，及商民同時淹斃者，亦著查明確數，一體辦理。該督等務須實力查辦，以副朕卹災愛民至意。（高宗一三九一、二三）

第三章　財政支出 / 1011

（乾隆五七、二、癸卯）又諭：據書麟等奏，興武九幫內領兌上元、江寧、江浦三縣漕糧，於上年十二月二十五日午刻，行至上元縣黃天蕩，陡遭狂風，巨浪四起，洶湧異常，搶護不及，將第八號楊九章、十二號張尊璽二船打散，原裝米共一千一百四十餘石，漂沒無存，淹斃大小人口五名。又有十六號薛文覲一船，被風打破，除撈獲乾濕米石外，虧折米二百八十七石等語。此次漕船渡江，陡遇風暴，人力難施，無從搶救，以致船米衝失，淹斃人口，殊堪憐憫。所有旗丁楊九章、張尊璽二船漂沒米一千一百四十五石七斗有零，及薛文覲船隻虧析米二百八十七石二斗有零，俱著加恩免其賠補。其應行修造船隻，並著官為造辦。至淹斃人口，著該督等照例賞卹，以副朕卹災惠丁至意。（高宗一三九六、四）

（乾隆五七、四、乙巳）豁免福建海澄、龍溪、嘉義三縣乾隆五十五年分撥運內地漂沒米穀四百八十石。（高宗一四〇〇、一六）

（乾隆五七、四、乙丑）諭曰：書麟等奏，江西九江前幫漕船渡黃時，陡遇暴風，折斷舵杆，均各搶救無虞，惟徐子信等四船，衝入河心，船身漂淌，所裝漕米，盡行沉失，淹斃水手等六名。又朱伏一等二船，水湧入艙，登時側溺，沉濕米石，現俱搶獲等語。江西九江前幫漕船，在黃河陡遇風暴，人力難施，以致漂失米石，淹斃人口，殊為可憫。所有旗丁徐子信、傅勝樂、徐全商、陳玉軍船四隻，漂沒米石蓆竹，著加恩全行豁免。船隻給料成造。其淹斃水手人等，照例優卹。即得生者亦屬可憫，均著酌加賞賚。至旗丁朱伏一、劉合二船所撈濕米，著准其將食米易換，同搶獲乾米，分灑通幫，赴通交納，以示體恤。（高宗一四〇一、二二）

（乾隆五八、三、乙巳）諭曰：陳淮奏，江西九後等幫船六隻，湖南省幫船二隻，在鄱陽湖及湖口縣江面，猝遇暴風，船米漂沒，并淹斃人口，現在查明分別辦理等語。江西、湖南省幫船，在湖在江，陡遇風暴，人力難施，以致漂失船米，淹斃人口，殊為可憫。所有江西幫旗丁項受七、鄔大興、邱雲昌、周均保、劉祥、葉伏一軍船六隻，湖南幫船旗丁盧添隆、周伏三軍船二隻，共船八隻，漂沒米石蓆竹等項，著加恩全行豁免，船隻給料成造。其淹斃水手人等，照例優卹。其各船撈獲濕米，准其將食米易換，同搶獲乾米，分灑通幫，赴通交納，以示體恤。（高宗一四二四、一四）

（乾隆五八、一〇、己卯）豁盛京出海遭風沉溺運通豆石一千八百石。（高宗一四三九、八）

（乾隆五八、一二、丙寅）諭曰：管幹珍奏，湖南、江西回空運船，遭風漂溺，舵工水手，並有淹斃。湖南二幫丁謙船上，淹斃頭工周宏亮一家六口等語。回空運船，在大江停泊，猝遇狂風，正值黑夜，人力難施，以致漂沒多船，淹斃人口，殊屬可憫，所有淹斃之頭舵水手等，俱著加恩照例賞卹。其淹斃一家六口者，並著加倍賞卹，漂沒沉溺各船，均著加恩概免賠補，官爲製造，以示軫卹至意。……（高宗一四四二、八）

（乾隆六〇、二、癸酉）豁奉天海運解通，在洋遭風漂没豆一千八百石。（高宗一四七一、一五）

（乾隆六〇、三、丁丑）豁福建船户金啓瑞等，配載運倉在洋遭風漂没穀二百四十石有奇。（高宗一四七五、一五）

（嘉慶四、三、辛未）又諭：景安等奏漢陽江岸停泊船隻失火延燒一摺，此内有德安所減歇漕船五隻、漢陽營戰船二隻，俱被焚燬，而各船商民、水手、船户人等，聞有被燒落水身死者，殊爲可憫。著該督等查明照例撫卹。至被燬漕船、戰船，該督等議令分別賠造，固屬照例辦理，但究因該處鹽船失火延燒，並非因本船起火。所有此項船隻，俱著加恩動用官項補造，免其分賠。其鹽船失火之熊成玉，如已查明下落，即著照例辦理。（仁宗四〇、二九）

（嘉慶四、五、辛未）又諭：蔣兆奎奏，江西袁州幫旗丁易梁李、鄧賓和、潘王二，漕船三隻，行至黃河中溜，遭風沈溺，漂失米三千三百十二石，淹斃水手三名等語。易梁李等漕船渡黃，猝遇風暴，人力難施，並非搶救不力。所有漂失米石，著加恩全行豁免；其淹斃水手等，並著照例卹賞。（仁宗四四、二八）

（嘉慶四、一二、丁未）又諭：蔣兆奎奏，浙江溫州後幫船隻，上年在濟寧魯橋地方，遇風沈濕米石。該幫素稱貧疲，丁力實屬拮据，所有沈濕米石，請分年買補，等語。著照所請，將陳士明等十船沈濕米二千九百九十八石零，自明冬爲始，分作四限，按數買補，搭運赴通交納，以紓丁困而示體恤。（仁宗五六、三九）

（嘉慶一二、九、己未）諭内閣：本日薩彬圖及賈允升等奏，重空糧船被火燒燬緣由二摺。據稱，本月十九日丑刻，北倉迤南王家莊軍船停泊處所，吉安幫第三十二號旗丁康胡梁重船失火，將本船燒燬，並延燒本幫重船九隻，南昌前幫旗丁陶勝正等卸空軍船三隻，内有畢潘興一船，尚有未起米三十餘石，亦經燒燬，又燒燬湖北三幫旗丁田顯舉等卸空軍船十二隻，共重空軍船二十五隻，計燒燬米一萬三千餘石，燒斃副丁、舵工、水手男婦大小二十六名口。細訊起火緣由，據稱有民間買賣小船，乘夜暗貼吉安幫第三十二號軍船梢後繫泊，不知因何遺火，以致輾轉延燒，現在起火人船均無蹤迹，等語。軍船失火被災，值風勢過大，燒斷亶纜，順水下流，以致輾轉延燒，慘斃多命，深爲可憫。事起倉猝，人力難施，並非該旗丁惰玩所致。該總漕請將燒燬米石，責令旗丁賠補之處，竟著加恩寬免，即交各本省照數籌買，於明年搭運赴通。其被燒船隻，並著官爲動項補造。至新漕兌運伊邇，船隻不敷，應如何將減歇船隻酌量派運，並於各幫船搭解之處，著各該省分別妥辦。（仁宗一八五、一七）

（嘉慶一五、三、辛未）諭內閣：許兆椿、蔣攸銛奏，浙省幫丁駁回米石，酌請分年折價歸還一摺。漕糧爲天庚正供，該幫丁等於領運之後，經管不善，致有黴變，既經盤驗駁回，自應責令賠解好米。惟現據該漕督等奏，浙江漕船歸次已遲，受兌急迫，驟難購買多米，請照上年江省折價歸還之例辦理等語。江省上年黑變米石，既係折價歸還，浙省事同一例，未便兩歧，此次姑照伊等所請，准其每石折銀一兩四錢，自十五年本運爲始，分作五年繳完。但此後遇有黑變米石，若俱援照辦理，則上倉米石愈少，而幫丁利於折價，沿途弊混益多，何以實倉儲而肅漕政？嗣後各省幫丁領運赴通，俱責令一律交納好米，儻有黴黑不能上倉，一經駁回，即嚴飭該丁照數賠繳好米，搭解歸款，毋得仍援此例，再有瀆請。（仁宗二二七、一七）

（嘉慶一五、四、辛亥）諭內閣：汪志伊奏，民船失火延燒在次漕船，查明已未兌米石物件，分別灑帶賠補一摺。漕船受兌水次，儻有疏於防範之處，該管官均難辭咎，自應查明照例辦理。茲據奏稱，襄陽衛漕船二十一隻，於停泊處所，猝被民船失火延燒，該糧道即率同押運廳弁等極力撲救，共救護漕船十九隻，惟段恩、鄒學道漕船二隻，已被燒燬，並致燒斃人口等情。是此項漕船，因民船失火延燒，尚非疏於防範，且該管官率同弁丁等奮力撲救，僅止焚燬二隻，其水手人等，並猝被焚斃受傷，情殊可憫，所有該管官應得處分，著加恩寬免。其被焚已兌米石及松板等件，均著加恩免其賠補，仍照例於下年搭運，被焚漕船二隻，亦著官爲補造。至失火民船，是否連人焚燬溺斃，有無捏飾，並著該督查明，據實具奏。（仁宗二二八、二七）

（嘉慶一五、一一、癸亥）諭內閣：據靈泰等奏，奉天裝運撥解直隸米石遭風沈失一摺。此項海船運載米石，陡遇颶風，船隻損壞，所有漂沒米石，著加恩免其賠補，其溺斃夫役，並著查照咨部照例賜卹。惟摺內稱，幅吉順船隻遭風後船底損漏，該船戶將米颺入海內，約計五、六百石，所奏殊未明晰。海船遇風，救護不暇，因何轉將米石拋颺，致令船身輕簸？既拋去米石，此船曾否駕攏，得免沈溺？抑或船戶人等，因米石本有短缺，借遭風爲由，隱飾捏報？再著確查具奏。尋奏上。得旨：此次沈失米石，係該船户恐船重沈没，自行拋颺，並非經水漂淌，本應照數賠補，姑念究因海洋遭風，倉皇失措所致，著加恩免其賠補一半。(仁宗二三六、一五)

八、漕糧收發接驗及其用費

(一) 接驗轉運

(康熙三九、八、戊辰) 户部等衙門議覆：倉場侍郎石文桂疏言，石土兩壩船户三十五名，向因抗米落崖，每漕糧一石，給抗價銀三釐。今兩壩水可通行，糧船俱得抵壩，落崖俱係經紀車户催辦。請裁去船户，將抗價每石減去二釐，止給一釐，歸並經紀車户。其白糧每石例給銀二釐五毫，亦應叅減，照漕糧止給一釐，歸併白糧經紀等因。應如所請。又疏稱，通州乃倉廒重地，城池最爲緊要。自地動之後，各處坍陷，日漸傾頹。請將此項節省抗價銀兩，修補城工。應飭工部，差賢能司官確估，動用庫銀修築，將每年節省抗價銀兩，解送工部，抵補城工動支之項；抵完，另解户部。從之。(聖祖二〇〇、一三)

(康熙五八、三、辛丑) 户部議覆：署理倉場事務刑部侍郎阿錫鼐等疏言，運送本裕倉漕米，必須僱募民船。但民船每任意索價，兼之所僱之船與民船並行，以致偷米甚易。請設立官船運送，則車户額外之費可省，且偷盜之弊，亦易於稽查。應如所請。從之。(聖祖二八三、二三)

(雍正二、七、壬子) 諭户部：從前出口，密雲縣南天門渡船，俱派令地方富户預備，似屬擾累，著行停止。嗣竣交與通州坐糧廳，每一處需用渡船幾隻，照例預備，應給水手工費，著倉場侍郎、坐糧廳酌定支給。(世宗二二、九、東二、二五)

(雍正三、一二、甲申) 户部議覆：巡倉御史張坦麟條奏北漕事宜三款。一、自通抵津，三百七十里，沿河舊設汛堆三十八處，窵遠難以兼顧。請照旱汛五里之例，均匀安置。漕船到汛，催漕官弁不親身赴河，並坐視前船阻抵不行申報者，照催價不力例叅處。應如所奏，其設汛之處，令直隸總督、天津總兵官酌議。一、漕船轉衛遇淺，僱覓民船，彼此掯阻，濡滯實多。請令坐糧廳於河西務截留騰空民船，幫丁向廳領封貼船，照定數給價。查旗丁領封貼船，恐將商船濫行封捉。應令倉場轉飭坐糧廳，令旗丁照時價出銀僱剝，毋許彼此勒掯。一、沿途疏淺，約十三四處，坐糧廳二員，一在兩壩料理起卸，一在河西務專司起剥，不能親爲佈置。請以各汛之淺，交各汛官

弁，督率該廳人役疏導，應銷錢糧，仍令坐糧廳管理。應如所奏，今坐糧廳轉行各汛官弁，先期疏濬。從之。（世宗三九、二五）

（**乾隆二、七、丁未**）豁倉場運役扣項，支給腳價。諭總理事務王大臣：查康熙四十五等年，京通各倉，浥爛米石甚多，以及修理閘座，霰減銀兩，大通橋掣欠，並坐糧廳虧空案內，各役透支腳價，共銀二百餘萬兩，題明於官役名下分賠。又續據倉場侍郎題明，運役應賠銀兩，於運進京通各倉拉運腳價內，每年扣除二成，帶銷還項；其倉役應賠銀兩，於祿米十一倉倉夫抗運腳價內，每年扣除六成，帶銷還項，於舊、太二倉倉夫腳價內，每年扣除八成，帶銷還項。雍正九年內，經戶部查奏，奉皇考恩旨，將倉場官員虧空豁免，而各役應賠銀兩，因運價寬餘，未准豁除。朕思此項虧欠，歷年已久，各役已經更替，前人作弊，而於後人名下扣還，未免滋累。且雍正十二年，經鄂善奏明，將運價核減，而帶銷銀兩，仍令賠還，情稍可憫。著將各役未完銀兩，悉行豁免，使伊等均霑恩澤。此項既經寬免，嗣後運役腳價，即照雍正十二年鄂善奏明核減之例支給。其倉役抗夫腳價，照倉場原議，以五成給發。令倉場侍郎等嚴飭所屬員役，務須恪遵功令，毋蹈前轍。著戶部即遵諭行。（高宗四七、一五）

（**乾隆三、四、甲辰**）戶部議覆：倉場侍郎宗室塞爾赫疏請，土壩運米抵通之車戶，每一石掣欠一升者，准其照六錢七錢之例，買餘米抵補；若再多欠，則照每石一兩四錢之例，著落車戶家產變賠，所請未免過多。應令嗣後車戶每一石准其掣欠八合，照七錢六錢之例，買餘米抵補；若再多欠，仍照一兩四錢之例，於現年應領腳價銀扣抵。從之。（高宗六七、一四）

（**乾隆三、七、壬子**）戶部議准：倉場侍郎宗室塞爾赫奏稱，內倉白糧，現經改運漕糧，所有應給腳價，請照京通各倉之例給發。至漕糧例交茶果銀兩，較白糧減少，辦公不敷。請將運米布袋，每年隨糧撥給一萬條。俟運米完日，聽該監督變價，以爲官役飯食、雜項之費。從之。（高宗七二、二）

（**乾隆四、一一、丁卯**）戶部議准：漕運總督托時疏稱，東省閘外，運丁雇募淺備船，自各州縣十月開徵，至十一月受兌，十二月開幫。閘內淺備船，係每年二月開兌。計自八月雇船，鱗泊水次，距兌漕開幫之時甚久。其間南北客貨，裝載盛行，若虧價押雇，則不便於民；若聽船戶勒索，則重累於丁。請寬限一月，每年於九月內，飭運弁、督丁揀雇，庶客載稀少之時，價既不昂，船亦易擇，遇減運之年，亦不致運丁因未經奉文，預給船隻雇價。從之。（高宗一〇五、一一）

（**乾隆五、一〇、乙巳**）又議：倉場侍郎宗室塞爾赫題覆，部議漕糧經紀，五閘雇用剝船頭役，令地方官召募一案。內稱，向例運役，俱由地方官募送，今船頭事同一例，請將通州之石壩裏河、普濟二閘，大興縣之慶豐、平上、平下三閘共船頭一百名，令各該地方官召募等語，應如所請。務取殷實良民充當，造冊報部。其白糧經紀，每閘有協運漕糧剝船五隻，共船頭二十五名，應令一體辦理。至工食一項，亦應如所請，於經紀腳價銀內，每年每名扣給銀三十五兩。從之。（高宗一二八、四）

（乾隆七、一〇、庚寅）戶部議覆：原任御史納拉善奏稱，漕米運進京倉，每年二百餘萬石。係交額設經紀，由五閘駕船載送。其船一百隻，每隻雇船頭一名，運抵大通橋，該監督照例抽掣，如有一袋短少，即在經紀名下追賠。節年以來，掣欠每至數石之多。察其情弊，皆緣船頭偷挖之故。請嚴頒禁例。應如所請，嗣後如有偷挖之船頭，按律治罪。從之。（高宗一七六、八）

（乾隆七、一二、戊子）戶部議覆：倉場侍郎宗室塞爾赫奏稱，本年因截漕緩徵，運通漕少，石壩坐米無多，除白糧經紀協運外，不過一百六十餘萬石，僅得運價銀四萬三千六百餘兩，較往年減少，而一切辦公，仍照全漕，現在尚有買補掣欠等費。所有六年勻扣排造船價銀四千九百七十餘兩，實無項可扣。應照雍正九年之例，暫停扣一年，次年照常扣還等語。查本年運米雖少，但究有應得腳價，未便全行停扣。臣等酌議，應於本年腳價銀內扣留一半，其一半於次年補扣。從之。（高宗一八〇、四）

（乾隆八、閏四、丁巳）[戶部]又議准：倉場侍郎覺羅吳拜疏稱，大通橋排造剝船價銀，准部議將盈餘酌減。查剝船二十八隻，每只原定價一百八十六兩，今酌減去五十六兩，實給價銀一百三十兩，共給銀三千六百四十兩。仍於該車戶應領腳價內，分作六年扣還。從之。（高宗一九〇、六）

（乾隆一四、八、庚子）又諭：坐糧廳每年奏銷茶果銀兩，其一切撥用之處，應有定程。而所奏支銷銀兩，乃自三四萬至五六萬不等，何以相懸至此？若不覈定條款，予以限制，易啟浮開之弊。著傳諭該侍郎書山、彭樹葵，令其將坐糧廳所有每年支銷各項，逐一查明，細加研覈。嗣後每年如水手養廉等項一定之額，俱限以章程，照數報銷，如有常額之外，另項動支，著報明請撥。毋許任意加增，參差朦混，務使畫一遵守，自不致浮開滋弊。可即詳悉查明，覈定具奏。（高宗三四七、九）

（乾隆二二、七、戊午）諭軍機大臣等：據雙慶等奏稱，漕船未過天津者尚有四十餘幫，現飭旗丁自雇民船，剝運抵通，請旨交天津官吏多備民船，以資雇覓等語。今歲因運河水漫，漕艘不能迅行，已誤抵通期限，若回空再遲，則明年兌運之期又誤，所繫尤重。其天津雇備民船，恐一時不能如數敷用。著傳諭方觀承，不必前來熱河行在，即速親赴天津等處，督率地方官，廣爲雇備民船，以濟剝運。務俾各幫漕艘，及時回空，不致遲誤。（高宗五四三、三三）

（**乾隆二二、八、乙丑**）又諭：據方觀承奏稱，親赴天津一帶雇備民船剝運，並於東西兩淀查辦船隻，期無遲誤等語，所辦甚妥。今歲糧船一路濡滯，現今到津之期已較常年抵通遲緩一兩月，雖經剝船起運，若令旗丁運送到通，仍於回空有礙，且恐剝船未能同時畢集，運丁又不免守候。爲今之計，莫若即在天津交兌，令漕艘及早南回。方不誤明年起運。著傳諭方觀承，並行知倉場侍郎雙慶等，即派委收糧員役赴津照數收兌。除剝運腳費自應照例聽旗丁出給外，其旗丁將本船應交糧石，如數交卸，即速催趲回空。或剝船不能一時如數敷用，即在天津暫行兌收存貯，陸續運通。其如何設法稽察，俾旗丁不致弊混，民船不致侵蝕，該督等當悉心妥辦，以杜弊端。此原屬漕督楊錫紱紱識守應辦之事，但伊不過尋常循分供識，於應機集事，即一籌莫展。方觀承肆應裕如，可協助辦理，總期於漕運有濟，該督諒不存歧視之見也。尋奏：糧船在天津起卸，分別兌收剝運，其起剝腳費，按官定價值每百石給銀六兩，例係旗丁出給。但常年在楊村起剝，視水淺深，所剝不過三四成，應需腳價，押運官每於旗丁名下豫行扣存應用。今於天津全數起剝，所加腳價，幾至兩倍。應請准於司庫公項內暫行借發，除常例應起之數，令旗丁現出一半外，地方官代給一半，移咨漕臣。於新漕內扣還，解直歸款。得旨：甚好。如議速行。（高宗五四四、一八）

（**乾隆二四、三、壬寅**）諭軍機大臣等：向例糧艘抵津，或遇水淺起剝糧石，需用民船，是以臨期酌量將回空貨船雇覓豫備剝運。近聞楊村一帶，竟有將路過載貨船隻封禁者，客商貨物中途搬卸，以致轉運維艱，殊非通商便民之道。現在糧艘抵通，爲期尚早，即將來有需剝運，待此等船隻抵灣卸貨後再行雇覓，亦未爲遲。著傳諭方觀承前往查看，如果有此項情節，該督即行禁止，並將現在辦理情形詳悉奏聞。再楊村添設巡漕御史二員，本爲稽察漕船河道起見，原係本年新設，並非舊例所有。若因此而轉滋擾累，殊非設官本意，其果否有裨漕政，並著方觀承據實具奏。尋奏：豫、東兩省漕船，現已全過務關，水甚微弱，漷縣馬頭及張灣以北，非起剝不可，需用民船較早。所有沿河州縣封送船，並巡漕御史封用商船，除起剝撥用外，存九十餘隻，現泊楊村。巡漕御史等前因漕剝急需應用，行令將客貨船隻俱在河西務起卸，以便趕回楊村剝運。該處官弁，遂將重船一概封禁。嗣經坐糧廳以商船不至，稅課有虧，呈明倉場侍郎，知會巡漕御史，將已截未卸之麥船六十隻，盡令開行。臣又查務關南北，尚有封禁麥子、茶葉等船六十七隻，亦令開行北上。至楊村新設巡漕二員，督率剥船而外，原奏內稱應於十月內先期派往督率濬河。查北運河流沙墊淺，實鮮定形，惟在臨時併力刮汰坌沙。今北運之水雖弱，而豫省船隻皆得銜尾前進者，乃臨時晝夜爬刮之效，非巡漕御史可以先期督濬者。楊村新設巡漕，似屬無裨漕政。得旨；有旨，諭部。（高宗五八三、十二）

（乾隆二四、四、辛亥）諭：前聞楊村一帶，過路客船悉被封禁，客商貨物中途搬卸，以致轉運維艱。該處新設巡漕御史二員，本爲稽察漕船河道起見，若因此而滋擾累，殊非設官本意。是以傳諭方觀承，令其前往查看，並將御史二員可否停派之處，據實奏聞。今據奏到情形，顯有徇護該御史之意，甚屬非是。各省糧艘陸續抵津，需用剥船爲期尚早，此時正宜將一切客船開行北上，以便騰空，回至楊村雇用。乃概行封禁，以致津南船隻，聞風裹足，豈非該御史等辦理不善之所致？且該御史等現有徇縱家人書役串同舞弊、病商累民之案，已令侍郎伊禄順前往，會同方觀承查審。所有駐劄楊村之給事中佛倫、陳科捷，俱著解任，聽候質審。伊等即僅失於覺察，已有應得處分。若其中更有情弊，亦無不水落石出也。至方觀承以奉旨特交之事，理應秉公查辦、確實奏聞。似此模棱了事，爲和事老人之語，明係瞻顧御史，畏首畏尾，不敢徑行直奏，甚非封疆大臣仰承任使之所宜出。方觀承果自問無他，固不必畏忌至此，若居心行事，有慮人指摘之處，縱使近來御史不能秉公據實糾參外省大吏，亦豈能逃朕之洞鑒耶？方觀承著傳旨申飭。其楊村駐劄巡漕御史之處，著停止。（高宗五八四、一）

（乾隆二四、四、甲寅）諭：各省糧艘，現在陸續抵津，將來北河或尚需船撥運。但時當夏令，天津通州一帶，官糧客貨，用船甚多，若將路過客船紛紛封禁，勢必轉滋擾累，且於附近京師民間食用不無妨礙。從前撥運事宜，方觀承曾經辦有成規，此次倘有需用撥船之處，仍著該督臨期酌量，善爲辦理，不必先期豫爲封禁。務使糧運早抵通倉，勿致稽延，而商船貨物亦不致中途留滯，方爲妥協。（高宗五八四、八）

（乾隆二五、五、辛酉）諭：戶部議覆，倉場侍郎雙慶等具題，經紀車戶豫領腳價，請以辛巳年爲始，分作十六年扣還一摺。此項豫支腳價，既積至十萬七千七百餘兩之多，雙慶等欲展限通融辦理，亦應專摺奏請，何以祇照尋常事件，率行具題？著雙慶等明白回奏。看來經紀等所欠腳價銀兩，日積一日，頓扣則辦運無措，不扣則帑項久懸。此中調劑得宜，非雙慶等所能辦理。至北倉轉運，向係旗丁照例幫貼銀米，給經紀等剝運，無論至津、至通，總屬旗丁所貼之項，何以有不足資轉運，復借動官帑之事？倘實屬不敷，亦當另爲設法，俾役力不致日就疲敝。其如何通盤籌算，酌定章程，使久懸之帑漸次歸款，而該役等亦得辦公無誤，可以永遠遵行，日久無弊之處，著派侍郎吉慶、于敏中前往，會同方觀承，確查妥議具奏。（高宗六一三、二）

（乾隆五〇、九、辛亥）諭軍機大臣等：據徵瑞奏，據長蘆商人呈請捐銀三十萬兩，備造剝船一千餘隻。已明降諭旨，即著徵瑞開明丈尺數目，知照特成額、吳垣、舒常，令該督撫等於湖廣、江西二省遴派妥員，各趕造五百餘隻，以供剝運。惟明歲新漕頭二進前抵北河，即需剝船備用，約計彼時湖廣、江西成造之船，恐未必即能運到。並著特成額等將此項船隻，趕緊成造，先得一半或三分之一，於明年二三月前，即派員送到直省應用，免致臨時又須雇用民船。其餘一半，仍飭迅速趕辦，於該二省漕艘開行時，隨幫前抵北河，庶不致遲誤。至成造此船，每船一隻，計用銀三百兩上下，工價已屬寬裕。特成額等應行嚴飭承辦各員，務將所用工料切實造辦，期於堅固經久，不致易於損壞。至該船戶除空閒攬載，得有餘貲，足敷養贍應用外，其剝運漕糧、銅、鉛等項時，應如何酌給船戶水手工食，及逐年修艙之處，並著劉峩會同徵瑞，一併另行妥議具奏。將此傳諭特成額等，並諭毓奇知之。（高宗一二三八、一一）

（乾隆五〇、一〇、庚子）諭軍機大臣等：前據徵瑞奏請備造剝船一事，已交江西、湖廣二省趕緊成造，分別運送直省。其剝運漕糧、銅鉛、麥豆等項時，船戶水手工食，及逐年修艙之處，早經降旨，令劉峩會同徵瑞，詳悉妥議，何以至今尚未據該督等議奏？向來漕船水手，俱係官給工食，至此項剝船，起運漕糧及銅鉛、麥豆等項，既例有貼費，空閒時又准攬載營生，盡可得有餘貲，用資養贍黏修，自無須照漕船水手之例，官爲發給。再此項船隻成造，送到直省之後，應交該地方官小心經管，其如何分派管束，應需剝運時，如何分別派發之處，著傳諭劉峩，即會同徵瑞，酌量情形，並將一切章程，迅速妥議具奏。（高宗一二四一、一二）

（乾隆五〇、一一、庚戌）軍機大臣等議覆直隸總督劉峩等會議備造剝船事宜。一、剝船一千二百隻，交沿河州縣召募船戶，於空閒時，准其攬載營生。剝漕期近，不許遠行。一、各船編列字號，以示區別，不得攬載出境。仍知照山東臨清關，到時即令起卸，毋許南下。一、剝船原爲濟運，倘南漕與銅鉛等項同時需剝，以一千一百號專剝漕糧，一百號分剝銅鉛。一、漕運既有剝船，一切民船，不許封僱。一、船戶、舵工、水手人等，平時即以水腳爲工食，其剝運漕糧，自楊村至通州，除給飯米一石二斗外，向例腳價六千文，減半發給。餘一千文爲歲修，二千文給還旗丁。一、歲修每船油艌銀五兩，三年小修銀二十兩，即於扣存剝價動用。一、剝船到壩後，限三日兌收，即令回空輪運。一、剝船責成船戶照管，以期經久。至十年排造時，即在直隸艌修，分三年折造。均應如所請，從之。（高宗一二四二、四）

（乾隆五〇、一二、丙戌）諭軍機大臣等：據劉峩奏，本年豫、東二省以及大名等府，秋收歉薄，全賴天津海運奉糧暨直省糧食，必須商販流通，方資接濟。請將北倉截存漕米，暫緩轉運，俟新造剝船到時，再行運赴通倉。所有北河現在淺阻，商販船隻一俟水泮，即全行催赴天津，以資商民僱用等語。所奏是，已於摺內批示。豫、東二省及大名等府，本年收成歉薄，自須商民船隻源源運販，庶災黎不致乏食。北倉截存漕米，露囤者業經運竣，其存貯廠內米石，若明春仍用民船運輓，則商民缺少船隻裝載販運，於災地轉不足以資接濟。所有北倉未運米石，竟著俟新造剝船到後，再行運赴通倉。至現在清口及山東運河，俱已煞壩，湖北省所造剝船，前據特成額奏，已經成造三百餘隻，派員運送直省。並著傳諭該督，飭令委員，趕緊行走，務於明春開壩後，即行遄進，迅速抵直，以便剝運北倉米石。除就近傳諭倉場侍郎外，將此諭令劉峩、特成額知之。（高宗一二四四、一四）

（乾隆五一、一一、丙申）軍機大臣議准倉場侍郎蘇凌阿等奏大通橋改置官車各事宜。一、運送倉糧，應置車二百輛、牲口八百，並一切器具，共需銀二萬八千兩，於通庫借支，即扣腳價還款。車及牲口，俱火烙印記。一、安放車輛、買地造廠及馬棚、馬槽等項，需銀五千六百兩，亦借支通庫銀，腳價扣抵。一、散給腳價各事，令大通橋監督專司，該侍郎與巡漕御史按月查覈。一、擇勤慎車戶八名，充當頭役，分管四廠，既經例發腳價，無庸再給馬乾工食。嚴查頂替諸弊。一、先於漕項內，酌發二千兩，按車勻給，以爲買補牲口、修理車輛用。仍於腳價內扣歸。一、遇漕船脫幫及陰雨日，每一車按日給銀一兩，先於腳價銀內，扣存六千兩，交監督備用。至漕竣時，聽其攬載養贍。並將各車編號，及開報車戶姓名備查。一、舊欠、長支、新支置車、設廠銀，共五萬八千餘兩，自五十二年爲始，分限十年全行歸款。從之。（高宗一二六九、一八）

（乾隆五一、一一、丙甲）（軍機大臣）又議覆：倉場侍郎蘇凌阿等奏，製辦運糧口袋，需銀四萬二千四百餘兩。查經紀車戶腳價，每石酌減銀四釐至八釐不等，計得銀一萬八千六百四十餘兩，又殘袋變價，計得銀九千八百兩。尚不敷銀一萬四千餘兩，請於通濟庫輕齎項下支銷。應如所請。惟殘袋一項，係奏抵舊欠之款。今改製新袋，其舊欠應於腳價内扣還，俟扣完後，仍照例辦理。從之。（高宗一二六九、一九）

（乾隆五二、四、己未）諭軍機大臣等：昨因京師市集，麥價昂貴，令金簡前往通州，查各鋪户，有無堆積居奇。兹據金簡覆奏，親赴各鋪户逐細查勘、尚無此等情弊。惟該鋪户等供稱，探聽德州一帶，現有河南、山東各商，運來麥二十餘萬石，因河水稍淺，不無阻滯。東省糧船，又須起撥，若將麥船一并封雇，則到通益遲等語。現在京城麥價較昂，急需各處商販，運到接濟。若德州一帶，因糧米起撥，將商民船隻，一併封雇，於民食大有關係。直隸天津一帶，現有官造撥船一千三百隻，以備將來撥運南糧之用，此時南糧抵直尚早，此項撥船，正當閒空之時，自應令其前赴德州一帶，起撥糧米，既可省封雇之煩，而商販更無阻礙，自屬一舉兩得。著傳諭梁肯堂，於何時接到此旨，一面派員，將備用撥船，調撥數百隻，押送德州，一面即先行馳赴德州交界處所，督同該地方官，陸續撥運。藩司即在該處往來稽察，上緊督催，俾漕糧迅速轉運。至河南、山東各商運販麥石，既無封雇之虞，自可遄行無阻。並著該藩司，曉諭各商販，令其迅速前進，源源而來，以濟民食。至豫省應運京麥，共有一萬八百餘石，除現在搭運到通九百餘石外，其餘麥石，須至五月中旬抵通，未免尚須時日。現在通州收漕等事，有蘇凌阿在彼，足資料理，著劉秉恬即親身迎赴前途，會同梁肯堂辦理撥運，並迎催此項麥石，令其迅速運通，早到一日，即可得一日之益。再東省糧米起撥，可雇船隻，諒復不少，何以將麥船一併封雇？顯係胥役人等藉端勒索，以致商販裹足不前。著劉秉恬、梁肯堂詳悉飭查，如有此等情弊，即行據實嚴參究辦，以示懲儆。將此由四百里傳諭劉秉恬、梁肯堂，並諭劉峩、長麟知之。（高宗一二七九、一六）

（乾隆五二、五、辛卯）諭軍機大臣等：據長麟奏，湖廣、江西新造撥船三百隻，業已陸續到齊，分撥沿河之德州等六州縣安設。現在東省河水充足，重運無虞淺阻，新到撥船，俱飭趕緊油艌，倘遇有應用之處，即飛行酌調，專員押赴等語，此項撥船，甫經成造豈有即須油艌之理？明係地方官藉詞捏飾，爲將來冒銷地步。長麟平日辦事，尚屬細心，何以見不及此，輕聽屬員，蒙混飾詞，遽以入奏。長麟著嚴行申飭。至此項撥船，前據徵瑞奏先造一千二百隻，尚不敷用，是以添造三百隻，運送直省。嗣據劉秉恬奏，將此項撥船，留於山東一帶安設。現據長麟奏，東省漕運，遇淺則撥過淺仍即歸船，其起撥之處自二三里，及數十里不等。果如是，則東省並非必須撥船應用，而直省既經添造，自屬數不可少，今復截留東省，未免辦理兩歧，及起撥時，是否不致短缺之處，著劉峩會同長麟，酌量情形據實具奏，毋得稍存迴護。再東省安設撥船，舵工、水手、工食等項，起撥時自有旗丁給以錢米，至閒空時，如何令該水手等自行攬載營運謀生之處，何以長麟亦未奏及，仍照直省章程辦理，並著劉峩、長麟會同議定章程，詳悉具奏。（高宗一二八一、二一）

（乾隆五二、五、丙申）是月，直隸總督劉峩等覆奏會商撥船安設事宜，內稱：東省三四月間，如遇漳、衞各河水勢淺弱，自臨清至德州一帶，間有古淺處所，相距二三里，至十餘里不等，向係該州縣臨時雇備民船，零星起撥，旗丁自行給價，每米一石，給錢一二文不等。過淺後，仍即兌歸糧船。倘遇河水充足之年，即可毋庸備撥，至起撥之時，每一糧船，或起數十石至百餘石，總以重船能行爲度，不能如直省之起六存四，均有一定章程可比。今若將撥船三百隻，留於東省，當春夏之交，河水漲落靡常，不便聽其遠出貿易。而近地又無別項可以營運，水手口食維艱，若令糧船增給錢文，則旗丁力不能支，若欲另籌款項，酌給養贍，是以常川不斷之工食、養此偶一備用之撥船，未免虛麋經費。此東省難以請留官撥船之實在情形。硃批：如此竟以仍歸直隸爲是。又稱，添造撥船，原因直省而設，惟是臨清一帶，自未便仍雇民船，臣等悉心酌議，如果東省水淺、需用撥船，先行酌計數目，咨會直省，即於官撥船內，撥往備用，俟水勢充足，令其仍回楊村。硃批：竟可不必，令地方官照向例可也。如有似今年必需之處，原可隨時降旨，所謂多一事不如少一事也。又稱，撥船調赴東省，船戶水手人等，應酌給飯銀之需。得旨：照硃批可也。（高宗一二八一、三三）

（乾隆五三、五、丙寅）戶部議覆：山東巡撫覺羅長麟奏，安設東省撥船事宜。一、江、廣二省新造撥船二百隻，應分爲五站，每站安設四十隻，分發附近之德州、恩縣、武城、夏津、臨清五州縣收管。其添造一百隻，作何安設之處，令該撫酌量地方，妥辦報部。一、糧道駐劄德州，所有稽查彈壓及船戶支領工食等事，應責成該道管理，如遇押運北上，即交德州帶管。一，南糧起剝時，應每船添雇水手三名，平時止設船戶一名，每二船水手一名，給與腰牌，（添）填注姓名年貌籍貫，取具地鄰甘結，造册報部。並責令地方州縣、領運千總，各將添雇水手，及剝運米數，分詳藩司糧道，隨時查覈。一、撥船應照直隸例，編列字號，註明山東官撥船字樣，按各營分，添派武弁稽查。一、船戶水手，應每日給工食銀八分，計每年需銀二萬五百二十兩，又大修小修，計需銀一千八百兩，請將山東長蘆商人原捐未解銀二十五萬兩，撥商營運。內將十九萬兩息銀作爲工食大小修等用，其餘作本生息，爲嗣後一切經費。一、修費應較直隸酌減，以十五兩爲額。遇大修之年，令糧道估計辦理，據實報銷，如應行小修之年，次年已屆拆造，即應停給。一、舊例每剝米一笆斗，給錢一文，應令船戶自行收領，以爲油艌繩纜之用。仍令該撫飭分管州縣，於漕艘未到之先修整齊全，糧道查驗取具印結送部。一、承管各州縣，嚴飭船戶實心經管，設有拐逃情事，著落出結之地鄰繳賠，力不能完者，該管官賠造，仍行議處。倘遇風水擊壞，勘明取結興修。從之。（高宗一三〇四、七）

（乾隆五三、六、丙辰）諭軍機大臣等：據毓奇等奏，江西尾幫，於六月十七日，全數渡黃，比較上年早二十日等語。覽奏欣慰。昨據蘇凌阿等奏，前後進幫船，酌定以九日初一爲準，其在初一以後過天津關者，即不便再令原船北上，臨時酌量濟撥截貯，以便就近回空等語。所奏頗露爲難之意。今年南糧渡黃，較之上年既早二十日，而所運之米，又較上年共少十七萬三千餘石。現在南北運河水勢充裕，足資浮送。昨又據管幹珍等奏，東省漕船久已抵通，其豫省糧船，陸續著令在頭二進南糧內，插幫行走等語。是各省糧船，已可銜尾前進，無難尅期抵通。該侍郎等自當隨到隨收，俾軍船迅速回空受兌，何必豫籌截撥，自留地步。著傳諭蘇凌阿等，務當上緊辦理。此次重運渡黃，既較上年早二十日，則回空船隻，亦當比上年早二十日歸次。若更能趕早南下，尤爲妥善。不可藉詞延緩，有誤回空，致干咎戾也。（高宗一三〇七、三二）

（乾隆五三、七、丙寅）諭軍機大臣等：據劉峩奏，北運河自楊村以至通州，俱係逆流，每遇水弱之時，在在古淺，因定有起六存四之例。現在未經抵壩之米尚有二百七十餘萬石，以每日起米三萬石覈算，須九月底甫能起完。今年河水甚爲平順，與往歲情形不同，似毋庸拘泥舊例，多爲起撥，祇須起四存六，即催令迅速北上，免致尩延時日等語。本年漕船渡黃，較之上年既早十二日。而裝運米石，較之上年又共少十七萬餘石，自可及早抵壩，迅速回空。但上年江廣各幫，曾在北倉起卸，今年河水平順，與往歲情形不同，無庸截撥。即或楊村一帶有古淺處所，起四存六，亦可無虞淺阻，不當復拘舊例，以致稽遲時日，又至九月底回空，不免尩延守凍也。劉峩所想甚是。著交蘇凌阿等，即將此次糧艘運抵楊村時，是否可照劉峩所奏辦理，並南糧各幫，全數抵壩起卸，能否較早，無誤回空之處，迅速妥議具奏。（高宗一三〇八、一四）

（嘉慶一、五、乙丑）先是，戶部議覆倉場侍郎宜興奏，江浙白糧改運京倉，據浙江糧道詳稱，旗丁情願貼給餘米三升六合，交經紀起運，並蘇常二幫一體辦理。嗣漕運總督覆稱，恐旗丁等藉口虧入倉正耗，或借動回空食米，難以照行。經戶部行知，以總漕既不願交耗米，經紀難爲交納，嗣後即令旗丁自行交倉。伏思旗丁自行交倉，盤撥五閘，復須水運，輾轉四五十里，勢難照料，更恐花戶等藉端需索，且致遲誤歸次，仍當責令經紀等轉運，事屬兩便。向來旗丁於交倉正耗外，多備餘米三升八合，前所稱貼給餘米，即在此數之內，並非額外加增，應仍准其交給經紀，代爲轉運等因。查白糧運京，已屆二年，均係如此辦理，旗丁等相安無事，應如所請。得旨：此事辦理已經兩年，均稱便易，乃管幹貞率稱白糧各幫耗米，不便貼交經紀，復行咨改，轉使旗丁等守候需時，幾致誤運，殊屬有意沽名。管幹貞著交部嚴加議處。至是議上，管幹貞應降二級調用。從之。（仁宗五、一六；東一、五）

（嘉慶一一、二、壬午）諭內閣：賡音等奏，役力疲乏，酌擬調劑以裨運務一摺。大通橋運京漕糧，所領腳價銀兩，近年因錢價昂貴，車戶等經費不敷，應需調劑，自屬實在情形。著加恩即照所請，將達慶等前奏停給車戶之各倉收米箇兒錢一項，每年約得銀二千數百餘兩，且無庸扣存，暫行添補車戶腳價。又大通橋承買官豆，並著每卯再加買一千石，其豆價銀兩，亦按卯於腳價內照例扣交車戶，俾得通融貼補，庶運費益臻寬裕。統俟將來錢價平減後，仍著該侍郎等隨時酌量奏明，照原定章程辦理。（仁宗一五七、四）

（嘉慶一一、六、乙酉）又諭：裘行簡奏，查明天津楊村書役雇船滋弊，分別酌辦一摺。……至官剝船現存數目及虧短緣由，業據瑚素通阿、劉權之將查勘情形先後奏到。此項剝船，自嘉慶五年議歸南北運河十一州縣分管以來，已漸有損壞，迨經六年大水，衝淌遺失者又多。其時經陳大文奏明漂失及不堪修整船四百隻，距排造之期不遠，請將所領工艙銀，雇用民船頂補。從此該州縣遂以雇船頂補爲故常，轉置官剝於不問。即有應行修整者，亦任其損壞，漫不經心，並不照例賠修，實屬玩愒誤公。所有現經瑚素通阿等查出八年損失船七十二隻，九年損失船七十六隻，十年損失船九十三隻，本年損失船一百八十三隻，著查明五年以後總督至經管之州縣等官，將節年損失船隻應行修造銀兩，一律按數賠出，以爲修艙官剝之用。至官剝船向來定有年限，分起排造，瑚素通阿等現查明由本年計算，不過一二年後，各限排造完竣，即足一千五百隻之數，可敷剝運，自毋庸再雇民船。惟是此種官剝船隻，若無人經管駕駛，任其漂泊河干，雨淋日曬，自難經久不壞。現據查原議，令船戶閒時攬載營生，四月以後，不准遠離，會泊河干，待剝漕糧，即禁止封雇民船。立法原為周備，但恐該船戶等視為官物，不加意照料，將船隻挪壞損失。應如何責令著落賠修之處，必須明定條例，以專責成。仍著該署督悉心妥議具奏。至歷年辦理不善之該管地方官，及失察各上司，並著該署督查取職名，送部分別議處。(仁宗一六二、一八)

（嘉慶一四、五、癸亥）又諭：巡視東漕御史史祐奏，請於南糧到通時，飭令另倉存貯醜米，以杜弊混一摺，所見非是。漕糧為天庾正供，必當一律純净，豈容有醜米夾雜？如果州縣弊混，交兌時米色不純，則當懲處州縣；儻係旗丁舞弊，到通時米色黴變，則當究旗丁。當倉場驗米之時，豈容稍有含混？迨各倉收米之際，尤不容攙雜低潮。現因北新、舊太等倉米石黴壞，節經嚴降諭旨，釐剔漕務積弊。本日因御史李鴻賓之奏，飭令有漕督撫，嚴禁州縣家人包漕賄兌，及頭伍刁丁等斂費包交，正為杜絕醜米到通起見。若如該御史所奏，令坐糧廳驗有低潮醜米，另派一倉一廠存貯，俟全漕完竣，由倉場侍郎酌量先行開放，或分成搭放，請旨定奪，是竟明設一存貯醜米之倉，凡有醜米到通時，皆不患查出參辦，不特南省州縣交兌時可以通融舞弊，而旗丁等一聞此信，益可任意包攬，沿途攙和偷換，百弊叢生，毫無畏忌。即使責令另賠好米，於下年解通，徒增苦累，於倉儲有何裨益？所奏不可行。(仁宗二一一、七)

（嘉慶一五、五、丁丑）又諭：松筠等奏，籌運江廣重船，以期河漕交利一摺。前據吳璥奏，請將江廣各幫在清江一帶剝運，當經降旨，諭令各該督撫及漕運總督，會同妥議。茲復據松筠等奏稱，各省軍船，惟江廣各幫船身笨重，喫水最深，一遇河口淤淺之時，即難輓運，請造剝船一千五百隻，停泊禦黃壩外，以備剝運等語。河漕本相輔而行，近年來黃水倒漾，糧運遞遲，所關於國計民生者，至為重大，亟應隨時酌劑，量為變通。所有應造剝船一千五百隻，即著照所請行。其計需工費銀一百餘萬兩，現在款項充餘，儘可敷用，亦均照所奏辦理。至淮商等情殷報效，懇請捐銀五十萬兩，亦著加恩賞收，並著阿克當阿查明捐輸各該商，咨部照例議敘。此項剝船，該督等即咨會湖廣、江西各督撫，飭令承辦各員妥為製造，務期寬大結實，以濟轉運。(仁宗二二九、二五)

（嘉慶一六、五、乙巳）諭內閣：倉場侍郎會同巡漕兩御史，議奏李亨特請將南糧全數自楊村起剝到壩一摺。所駁甚是。南糧軍船，例應到通起卸，偶因楊村水淺，不得已始用剝船，原非定制。剝船除官設一千五百隻之外，其由直隸添雇者，即不能及官設之數。軍船遇水大之時，起四存六，遇水小之時，起六存四，向係輪轉應用，惟三進軍船末後數幫，因恐回空太遲，間或全數起剝，亦緣三進之後更無幫船，始可將剝船儘用。今若照李亨特所奏，頭、二、三各進幫船，於行抵楊村之時，俱令全數起剝，則所需剝船過多，何由敷用？勢必前後積壓，欲速轉遲，重運回空，豈不兩有耽誤？所請斷不可行。李亨特曾任坐糧廳，乃不能諳悉情形，率為此奏，殊屬冒昧，著交部議處。（仁宗二四三、二九）

（嘉慶一六、六、丁卯）又諭：本日據勒保、陳鳳翔、許兆椿奏，查驗江廣新造剝船，不能合用，請變通辦理一摺。所奏不知緩急。重運北來，以原船抵通為正辦，此時籌辦漕運，先須籌辦河工，如果河道通順，則軍船無所阻礙，又何至須用剝船？近來山東、直隸一帶，河道間有淤淺，尚易為力，而惟江南河務，其弊不可勝言，殊勞朕心。伊等目擊情形，寧不當竭力妥辦，以期治河而兼治漕，乃於河工現辦事宜，毫無措置，惟沾沾於剝運一事。許兆椿身任總漕，祇知自顧職守，猶為有說，陳鳳翔專司河務，何亦自忘其當辦之事耶？著俟百齡馳抵江南，即會同將河工要務，通盤籌畫，勿再泄泄。至摺內稱，此項剝船，因造辦不能堅固，致多裂縫，器具亦屬不全，兼有沿途損壞者，且現在用船無多，請酌留二、三成外，其餘變通籌辦，或給與兩淮商人承領繳價，改為鹽船，或撥與山東、河南運丁，改作漕船，以期歸款等語。漕糧即需剝運，亦不過二、三十萬石，何用多船？伊等除挑留二、三成，加添油艙、器具備用外，至其餘剝船，既云官不合用，而欲強令淮商及山東、河南之運丁承領繳價，伊等又豈能合用耶？所辦殊屬未協。此項船隻，本係湖南、湖北、江西三省承辦，現既辦不如式，即應不准開銷。著駁回該三省變價歸款，伊等亦無可推卸也。（仁宗二四五、一二）

（二）收儲發放

（康熙六一、一〇、辛酉）諭議政大臣等：倉糧關係甚要，支放米時，理應一廠放畢，再放一廠。今聞此廠米石，支領方半，又向別廠支領。所剩米少，而所占之廠甚多。又支領白米時，諸王、公主等屬下之人，不按應放之廠領米，而揀廠霸占支領者有之，此等斷然不可，理應按廠支領。如廠內餘米一半者，即是弊端。應將此徹底清查。若遣他人，亦未能辦，著和碩雍親王帶領弘昇、延信、孫渣齊、隆科多、查弼納、吳爾台前往，會同張大有查勘。再從前倉內，每日進廠之米止四五千石，自簡任富寧安以來，每日進廠之米至四萬石。進米多，則於回空糧船有益，至於米色之變，俱在收貯。即如昭五達地方，所貯米石，歷四十年，米色照常，並未霉爛。今廠座有損漏者著即修理，廠座如不敷用，著即添造。（聖祖二九九、一二）

（康熙六一、一〇、庚午）和碩雍親王疏言：臣等遵旨查勘通州西、中、南三倉共三百七十六廒，除支放已空者七廒外，其餘各廒所貯之米及院內露囤四百六十一圍，通共米五百一十三萬九千石有奇。內未經支放好米二百七十六廒，已經支放尚有餘剩米一半者四十八廒，又變色之米，七成以下不可久貯，亦已經支放，尚有餘剩之米得半者，四十五廒。因此變色之米，占留廒內，致新米不得歸廒，而多入露囤，被雨蒸潮，易致霉爛。請遣部院大臣一員，同倉場總督張伯行，先將此變色之米照減價例，悉行糶賣。則所占之廒既空，而露囤之新米亦得歸入廒內。至於放米、領米之例，誠不可不定也。嗣後諸王以下領米時，務各按廒支領，俟此廒既空，再放別廒。倘仍前揀廒占領、遺剩半廒者，該監督即報倉場總督題參，將領米官員交部嚴加議處。放此米時，每旗派參領一員，監視約束，如該監督不將好米給與，而攙雜變色之米勒令支領，亦許領米官員呈告倉場總督，將監督題參，交部嚴加議處。查定例，支領米石，限兩月領完，若有無故延挨踰限者，即停止給與。如係該監督勒掯遲延，亦即將該監督題參議處。又據倉場總督阿錫鼐、張伯行云，舊監督任內之米，或米色霉變、額數有虧，新監督勢難接受，若勒令接受，則彼此互諉，愈難究詰。是以將此等虧額之舊監督題參，仍令伊等留倉監放，俟完日查明追賠治罪等語。查康熙五十年以前，虧額留倉之舊監督穆欽等任內米石，亦尚有餘剩半廒者，應令新監督分別米色，呈驗倉場總督，其未經變色者歸併一色好米廒內，以便支放。其已經霉變七成以下者，遷貯露囤，即行糶賣，併行文直隸巡撫，派各屬州縣設法運去，俟來春糶賣，於民間大有裨益。此外又有抵給倉役工價之米，堆積廒外，霉爛成灰，原不在數內，恐有不肖之徒，將此攙雜充數，鋪墊廒底，亦未可定。請給與耕種之民，聽其量力運出，以肥田畝有益。若其中尚有成色之米，仍行減價糶賣。如此，則倉無混占之廒，地無委棄之粟矣。再查米色之霉變，多由廒舍之損漏。通州各倉應大修者五十廒，應小修者一百三十二廒。又三倉舊制，各有一百八十八廒，若將新舊之米併貯，似屬不敷。應於各倉空地添造十二廒以足二百之數。請交與工部，確估修理添造。再查通倉，惟支放俸米，所用少而存貯日久，陳陳相因。京倉米石所用甚多，不若於京師城垣下另建一倉收貯，便於支放。亦請交工部相度處所，確估建造。至於糧艘到後，按時將米催卸入倉，每日可進五萬七千六百石之數，已嚴飭倉場、坐糧廳等，照此催卸，自不至貽悞回空糧艘矣。得旨：依議。（聖祖二九九、一三；東二一、三七）

（康熙六一、一一、丁亥）和碩雍親王疏言：查勘京城海運八倉、清河本裕一倉，通共五百六十二廒，又有院内露囤共十五圍。此内秋季支放已空者五十一廒；見在滿貯未經支放者，二百五十九廒；支放餘剩一半者，一百三十六廒。俱屬好米，共三百六十九萬六千八百石有奇。其變色之米，七成以下亦已經支放，餘剩一半者，八十五廒，並露囤之米，共七十萬二千九百石有奇。變色不等、應分別糶賣支放者三十一廒，並露囤之米，共二十四萬九千一百石有奇。應將此米令該監督查造清冊，報倉場總督驗明，應糶賣者糶賣，應支放者支放。其變色之米七成以下亦報倉場總督驗明，照通倉例糶賣。如兵丁願代小米支領者，准其支領。若餘剩半廒之好米，悉令歸併同色廒內。則一轉運間，空廒不少，可以悉貯新米矣。至京倉之米，應給上三旗包衣佐領、五旗王等包衣佐領及八旗兵丁執事人等，其放米領米之時，亦令各旗派官一員監視，務令按廒支領，嚴禁揀廒越占。放此米時，亦定限於兩月領完，逾限者停其給與。該監督若將變色之米攙雜充數，及有勒掯遲延等情，各報倉場總督題參，嚴加治罪。悉照通倉例一體遵行。若抵給倉役工價之米霉爛成灰者，亦聽耕種之人領取運出。內有成色之米，亦仍收貯糶賣。又查本裕倉內，每年例派進米二十萬石，按季支放俸糧，止於十三萬石。歷久餘剩充積，廒舍不敷，另貯露囤，致有霉變。嗣後請令倉場總督停止例派之數，酌有空廒可貯，然後運貯。再查各倉修理損漏之處，應大修者七十八廒，小修者一百八十四廒，應交工部速行確估修理。查各倉應行增建之處，海運等八倉俱有隙地，可增建四十二廒。太平倉迤南沿河一帶，可增建二十五廒。至於朝陽門至東直門另建一倉，前曾題請，今經詳閱地勢，可增建四十二廒，亦應一併交工部速行確估建造。得旨：該部議奏。（聖祖三〇〇、一；東二一、三八）

（康熙六一、一一、丁亥）和碩雍親王疏言：倉糧關係甚要，收貯之責，全在監督，米色攸殊，即監督優劣所定也。查原任監督穆欽、彭象晉、吳爾賽、文柱、王鳳蓀、卓洛、郭毓麟、謝載秩、顏伯、王國治、達蘭泰各員任內，收貯米石疎忽，致多霉爛，額數有虧，遲延交代，俱經該總督題參，應交與新任監督，作速清查。如尚有餘剩之米在廒，該總督驗明米色，速行支放糶賣，俟完日照虧欠之數，著落伊等家產賠補，本身交部嚴加議處。其原任監督張坦麟、索柱、張嵩年、圖密善、金南瑛等任內米石，加謹收貯，交代明白，而索柱、張嵩年，及見在之新任監督禪齊布、張登傑復捐資修理廒舍，應請交吏部議敘。至於見任監督景古爾岱、呂文櫻、弼錫納、陳守創、吳隆元、佛海、劉公津、哲爾金、高輝等任內米石，額數既足，而收貯亦謹。俟伊等任滿交代，令倉場總督查明具奏。臣等查得米石霉變，皆由新舊監督互相推諉，不受交代，遷延日久所致。嗣後應令倉場總督於新舊監督交代之時，查看明晰，如可接受者，即令新監督接受，不得推諉遲延，貽誤倉糧；如米色霉變，不可接受者，即行聲明參奏，將好米交新任監督收管；其霉變虧少米石，著舊任監督賠補，仍交與該部嚴加議處。得旨：該部議奏。（聖祖三〇〇、三；東二一、三八）

（雍正一、六、乙亥）諭户部：各倉監督，向有年限，滿漢一同更換，立法最善。前任若有未清，後任豈肯接受？所以稽錢糧之出入，而除虧空之弊端也。惟通州坐糧廳，貯有通濟庫，每年動用經齎等項，司其出入，關係錢糧數十萬兩。而坐糧廳一差，並無年限，或滿員陞轉，則更滿員，或漢員陞轉，則更漢員。滿漢參差更換，彼此牽制回護，勢難徹底澄清。況在任日久，儻有虧欠，必至積累增多，更難清理。爾部可將通濟庫錢糧，逐一確查，務期明晰。其坐糧廳一差，嗣後或限二年，或限三年，滿漢一同更換，庶接受之際，不至含糊，而弊端亦自此清釐。爾部即確議具奏。尋議：坐糧廳三年一次，滿漢一同更換，定爲例。從之。（世宗八、一五）

（雍正二、八、庚子）總理事務王大臣議覆：倉場侍郎法敏奏言，山東、河南遞年輪辦運薊糧船，乃係陵稭所關，請令該省委員督押，抵津之時，坐糧廳會同通永道，驗明米色，即令地方官收受，以免攙雜、勒掯等弊。應如所請。從之。（世宗二三、二八）

（雍正四、一二、辛酉）户部議覆：倉場侍郎托時疏言，各省改兑米石，例進通倉。今通州大西、中南兩倉，存貯粳粟米石，足支數十年。廒座不敷，新糧多係露囤。請自雍正五年爲始，將改兑粳米，全進京倉，粟米亦撥京倉十萬石，於京倉甲米內，全放粳米一季。通倉除王俸外，其餘官俸亦照甲米例，一季全放粳米。雖粳米較之粳米價賤，而較之粟米價貴，若將粳粟以粳代放，實無偏累。嗣後每隔一年，將粳米代放一季，至粳米開放將完，仍照例給發粳粟粳三色。應如所請。從之。（世宗五一、三）

（乾隆六、六、甲辰）户部議覆：倉場侍郎宗室塞爾赫奏稱，京倉新舊廒共九百零二座，節年以來，糧儲充盈，滿貯之廒，計六百八十餘座，放出空廒，僅二百一十餘座，約可貯米二百六十餘萬石。本年起運漕糧，約進京倉平米三百八十餘萬石，所有各倉空廒，儘數收受，尚餘新糧十分之三。請將本年第四季甲米，早放半月，騰倉收貯。又通州西、中、南三倉，現有空廒一百七十餘座，請將陸續抵通之糧，先行派進通倉，俟京倉放有空廒，再將新糧按廒運貯。應如所請。得旨：依議速行。（高宗一四四、一四）

（乾隆七、六、甲午）諭：朕聞今年交倉漕糧，江南泗州、滁州二處，米色不好，隨令查看。據內務府豐益倉呈泗州糧米，不但色已改變，兼多攙和沙土。即云該地方收成歉薄，米色不佳，亦不應壞爛至此。一倉如是，他倉亦未可定。著交戶部派堂官一員，前往各倉查驗，將米色高下，並應如何分別辦理之處，該堂官詳議具奏。（高宗一六八、九）

（乾隆七、八、癸巳）諭：前因京倉漕糧，有一二處米色甚屬惡劣，且有攙和草根、沙土者，是以派委戶部堂官等細加驗看，將該管官分別議處。此皆漕運總督及倉場侍郎辦理疎忽，沿途旗丁作弊之所致，與完糧之百姓，毫無干涉。或辦糧之州縣，於收糧之時，因此過於吹求，而受兌之運弁、旗丁，又借此刁難需索，則小民之受累不淺矣。該部即行文有漕督撫，令其留心稽查，倘有此等情弊，即行查參。（高宗一七二、二二）

（乾隆一二、六、戊子）軍機大臣等奏：據奉天將軍達勒當阿奏稱，奉天連得透雨，無庸另籌接濟，且現存各倉米穀，共十八萬餘石，即稍歉亦可支持等語。前因奉天缺雨，奉旨命臣等將北倉截留漕米酌量運往，今該將軍既稱無需接濟，直隸米價本昂，再加海運，一切腳價，轉多糜費，此項米似應停運。再查天津北倉，往年曾貯五十萬石，今現存止八萬餘石，並截留米十五萬石，通共不過二十餘萬石。此項應仍留北倉，俟需用，酌量動撥。報可。（高宗二九三、一九）

（乾隆一六、二、壬午）總督倉場侍郎鶴年等奏：京城內外各倉放米，年分參差不一。緣倉廠多寡既殊，復以南新、舊太、海運、富新、興平、北新六倉，輪貯山東、河南運京黑豆。舊太、海運二倉，廠尚九十餘座，餘皆八十餘座以下，每年運豆二十萬石，隨剗隨放，廠易騰空，非米石久貯者比。而貯米倉廠，如儲濟、萬安等倉，多至百餘座、九十餘座不等，貯米多寡不齊。故放米新陳互異。請自本年始，將廠座最多之儲濟、萬安、舊太、海運四倉派貯豆，餘勻貯米。從之。（高宗三八二、一六）

（乾隆一七、二、辛丑）又諭：前因欽差大臣等盤驗通倉廠座，有短少之處，請照數將該管之倉場侍郎及監督等治罪著賠。已降旨令該侍郎等通行盤量。因思通倉廠座甚多，逐一斛量，仍行封貯，人工時日，俱屬虛費。著將王公滿漢大臣官員俸米，除本年二月應行支領外，並秋季及明年一年俸米，豫行借給。再將其餘倉糧逐廠盤驗，自可得實在數目。經此一番辦理，向後倉務自能肅清，而王公大臣等，家有餘糧，不與閭閻爭購，米價亦必漸次平減，於京師民食，似為有益。此次所領俸米，俱就現在品級支給，將來即有事故，亦不必追繳，陞任者亦毋庸補給。則該部辦理俸冊，並不致案牘滋繁。至所有豫領米石，務宜撙節食用，不得任鋪戶乘機興販出境及囤積居奇，並應嚴禁燒鍋糜費。其如何設法稽查，及作何挨次支放，不致擁擠、滋生弊端之處，著户部會同倉場侍郎、步軍統領、順天府尹速行妥議具奏。尋會奏：查舊例五城、通州平糶米，米商販往他處者，步軍統領、五城御史、順天府府尹，嚴行查禁。富商巨賈，肆躙米麴，大開燒鍋者，杖一百、枷號兩月。失察地方官，每案降一級留任。三案降三級調用。官吏賄縱，照枉法計贓論罪。此次豫給米糧，出自特恩，應令直隸總督、順天府府尹、五城御史嚴飭所屬，實力緝拏，每月結報該上司，三月一次奏聞。並令步軍統領嚴查，一年內該地方如有前項弊端，將地方官照溺職例革職，該上司交部嚴議，一年後仍照舊例行。至挨次支放、不致擁擠生弊之處，查通州西、中、南三倉，除已盤過廒停放外，其丈量未盤各廒，共米一百二十餘萬石，向係西倉開放四旗、中南二倉共放四旗。今年春俸，俱在西倉屆期開放，其本年秋季并明年春秋二季，將鑲黃、正黃、正白三旗為第一起，鑲白、鑲藍二旗及在京漢俸為第二起，正紅、鑲紅、正藍為第三起，總限五月內按倉米多寡，酌量分派，督令放完。此次俸米既多，若不多募車輛，勢必延挨時日。除將民車令地方官設法招募、諭令公平雇覓外，其順天府額設官車、坐糧廳所轄車户，亦飭令照市價拉運。並令倉場侍郎將放過餘存之米，造冊報部，遵旨逐一盤量，以便原派大臣抽驗。此次所借俸米，現任之員，業已支領，將來雖有陞任，應遵旨無庸補給。其本年、明年、新選、新補以及特授各員，既未豫借，則伊等應領俸米，應仍照到任月日，按季冊報户部，剳倉給發。至領過此次俸米後，即請假回籍，與他有事故者不同，應於補官日照數扣除。從之。(高宗四〇八、一六)

　　(乾隆一七、二、辛丑) 軍機大臣會同查倉大臣等議覆。户部侍郎兆惠奏倉儲收發事宜一摺。一、京通數倉，每屆收發，多在一時，耳目難周。請每倉各派值年御史二員，年終更替。收發時公同驗看，有違例出入者，查參治罪。該御史徇庇，至五年查倉時，王大臣查出參處。再現任監督所放之米，多係前任監督所收，交代時未經丈盤，即行出結，雖大虧空，亦無由知。查倉御史應於新舊交代時，抽廒丈驗，濫結者指參等語。查本年現有奉派御史四員，稽查支放，應俟明年為始，京通各倉，每倉各派御史一員，年終更替。併將一年內並無短收多放、攙越廒座之處，據實奏明，交部存案。不實查出，將該御史交部議處。至監督新舊交代，原有徹底盤驗之例，嗣後京通各倉，收漕整廒，倉場侍郎標封封固，查倉御史加封。其鑰匙交倉場衙門收貯，於點廒放米時，發倉支放。其封固整廒，每於夏冬兩季驗看一次，重加新封。交代時，整廒驗封。零廒抽盤，如有攙雜短少，即揭報倉場及御史等公驗；虧缺，治罪勒賠。其監督更替，限兩個月出結，結後，經倉場及御史等盤查虧缺，即將新監督指㭊。至監督例應二年期滿，然甫諳倉務，即應更換，請改爲三年。一、現今各倉整廒，氣頭未動，而丈量盤驗，有短至一千七八百石不等者。顯係書役任意兌收，以致短少。請令查倉御史會同監督抽掣驗兌，如有賄囑濫收，將監督參處、書役治罪等語。查定例，船糧到壩，即應嚴禁倉役、車戶、經紀人等刁勒需索。而書攢、倉役、斗甲諸人，即與旗丁勾通舞弊，如量米輕鬆、斛面窪淺，每斛所差不過升合，而以每廒額貯正米萬石計之，則一廒所少，即不下數百石。況支放之際，又與米局鋪戶關通得錢，撞斛滿量，一出一入，所虧實多。應如所奏，令查倉御史眼同監督驗兌，并令步軍統領多派幹役嚴訪，如有前弊，拏究治罪。一、定例倉廒挨年遞放，不許攙越。乃不論年分新舊，隨意開放，以致實貯之數不符。問其故，則託言此廒之米，寄貯別廒。又王公領俸，有揀擇廒座者，是以不能挨年遞放。嗣後務令照例挨年，即板下之米，亦應篩去沙土，搭同支放，放完一廒，再放一廒等語。查挨陳開放及不許王公屬下人揀廒霸占，奉有康熙六十一年諭旨甚明，復蒙世宗憲皇帝欽定，領米官揀廒支領，監督不給好米，議處綦嚴，應如所奏，支放一切米石，務令挨陳開放，報部查覈。如王公屬下人揀廒，許監督稟報倉場及御史等指參。監督如違例支放，一併查參。一、通州設立官局，原爲平減市價，裨益旗民。旗人願賣，自宜拉運出倉。乃希省腳費，圖簡便，賣給官局，則官局於各旗領完後，再行赴倉支領，賣給民局，則大票中分出小票，自行支領，其故不過串通書役花戶斗甲人等，揀米滿斛，逐致日積月久，倉儲有缺，責成監督嚴查等語。應令倉場侍郎飭各倉監督，務照總票數目，令該旗全數拉運出倉，自行售賣。倘領催及領米人，仍前舞弊，該御史指參治罪。如經步軍統領衙門查出，將賣米人無論王公大臣官員，指名題參，其倉役及買米人等，照偷盜例嚴究，米全數留倉。再查定例，每廒貯米以正米一萬石爲額，無許多少；又新糧不得攙入舊米廒內。是以進米時務令倉場派定廒口，一面將陳廒封固，俟進完日，倉場及御史親自赴倉丈算，覈明收過米數，并驗收監督，經管書攢姓名及收貯年月，標置廒門，封固註籍報部。凡遇進米放米，俱係倉場指派廒口，不許任意開支堆貯。從之。（高宗四〇八、二二）

　　（**乾隆一七、七、辛酉**）御史陸秩奏：每歲旗丁納糧，一應氣頭廒底鼠耗等項，每石加收二斗五斤，內有四升七合八勺，以備曬颺折耗。臣聞漕米兌倉，必先曬颺幹潔，始行交收，若再徵此項耗米，未免額外重出。請免其交納。至旗丁於水次收糧之日，恐因曬颺收兌，遂藉口交米艱難，百法苛求，勢必運官刁難州縣，而州縣刁難百姓。請令有漕地方督、撫、糧道飭各該州縣及運弁等，徵收漕米，毋得額外誅求。得旨：所奏諭令收漕州縣毋得留難之處，是。著照所請行。餘著議奏。尋倉場侍郎鶴年奏：漕艘在通交米，惟黴變過多者，始令曬颺，餘即起兌，並非逐幫逐船，概行曬颺。今御史陸秩，請將原備曬颺米免收，雖為惜丁起見，但此項原在每石加耗二斗五升之內，皆閭閻惟正之供，非旗丁自行捐備，況除去各色耗米外，尚餘三升八合，仍折給旗丁作回空之用，若併將此項耗米免交，統計全漕約十六七萬石。是以國家額徵之正供，為運丁格外之盈餘。於正項有虧，於小民無補，自應仍舊徵收。下部議。尋戶部議：每年全漕數百萬石，勢不能盡行曬颺，若並免交此項耗米，恐曬颺未必盡淨，而正項反致虧缺。請嗣後驗看米色，如果乾潔、毋庸曬颺者，即行起卸，將原備曬颺米，一併交納，作正支銷。其潮溼者，責令曬颺，計每石折耗若干，將原備米抵補足額，不敷，令旗丁買補。從之。（高宗四一八、三）

（乾隆三四、六、己巳） 倉場侍郎實麟等奏，據都統官保奏稱，興平倉米色潮潤，遂親赴查驗。米色微潮，久貯恐致虧缺，應於本年甲米內搭放。再今年江浙米色俱未純淨，因各幫遠涉江河，未未駁回，飭令風晾入倉。得旨：依議。此項廒米潮潤，皆由梁翥鴻辦理不善所致。從前楊錫紱任內，並無似此者，即有因被災米色不純，亦必奏聞。今米石既有灰暗潮濕，過淮盤驗時梁翥鴻因何輒行轉運，並不奏聞，亦不將該省收兌之官查參。或當時尚屬純淨，而旗丁等沿途偷換攙雜，亦未可定。然總因梁翥鴻不能實力查察，實難辭咎，著交部嚴加議處。實麟、黃登賢等既經驗明米色微潤，濕氣薰蒸，即應參奏辦理，乃竟率行收倉，直至官保查出奏聞，尚以各船遠涉江河，未便按幫駁回為詞，亦屬不合。實麟、黃登賢並著交部察議。尋議：署倉場侍郎梁翥鴻，照徇隱例降三級調用，倉場侍郎實麟、黃登賢，照不據實回奏例，降一級調用。得旨：梁翥鴻著降三級調用，實麟黃登賢俱著降一級，從寬留任。（高宗八三七、八）

（乾隆三五、七、己巳） 諭：據倉場侍郎實麟等參奏，祿米倉監督，因接收麥石，與直省委員互相推諉一摺，所奏甚不明晰。此項運京平糶麥石，若該監督有意藉詞勒掯，不即接收，該監督自難辭咎。若東省起運後，途中防護不謹，致有潮濕，其咎專在東省原解之員。或直隸接運後，續經霑濕，其咎又在直隸接辦委員。乃實麟等，不辨是非曲直，將監督及直隸委員概請議處，而於東省解員置之不問，亦不究其濕自何處，已屬含糊。然此猶不足以盡其辦理錯謬之咎。該侍郎等，現在駐劄通州，麥石抵通，聞有濕潤之處，即當就近前往驗看，應令轉運京倉與否，無難立辨。乃聽其率行運京，及委員監督，彼此推延，實麟等又不親赴查驗，致遲誤十餘日之久。試問伊等所辦何事？而在署養高，竟置職守於不問耶？似此顛頇怠廢，豈復能勝倉場侍郎之任？瓦爾達著調補倉場侍郎；實麟著調補盛京戶部侍郎，仍革職留任，俟瓦爾達到通州，再赴盛京；歐陽瑾著解任，交部嚴加議處，所遺員缺，著劉秉恬補授。此案監督推委延捱，及山東解員、直隸委員，如何致濕麥石，咎在何人之處，著尚書温福，即日前往查明具奏，再將貽誤之員，一併交部嚴加議處。（高宗八六五、一六）

（嘉慶五、二、戊子）又諭：朕聞通州北壩等處，奸胥蠹役，積慣盤剝。旗丁交米，費用甚大，有錢者先兌，無錢者留難。吹求米色，抛撒升合，種種積弊，實堪痛恨。現在釐剔漕弊，州縣自不敢浮收，而旗丁疊經調劑，輓運裕如。儻到通後仍有問旗丁勒索之事，是漕弊仍未能肅清。達慶、鄒炳泰操守尚屬可信，恐吏胥等積慣舞弊，或查察稍疏，仍思乘間婪索。轉瞬新漕抵通，朕必欽派大臣侍衛等，前往稽查密訪。儻有弊端，惟達慶、鄒炳泰是問。將此諭令知之。（仁宗五九、一四）

（嘉慶一三、閏五、己卯）諭內閣：達慶等奏調劑運務，酌籌倉儲一摺。據稱，本年南糧正運帶運以及北倉各項米石，覈計不下四百萬石，除已起運一百餘萬石外，尚有未運米二百三四十萬石。緣城內七倉貯米較多，又有路途較遠之處，城門限隔，早開晚閉，現雖竭力趲運，計須秋末冬初方能竣事，恐誤回空。請將文職五品以下、武職四品以下官員俸米二十餘萬石，改由城外四倉支放。則城外四倉可以多貯，城內七倉即可少進，橋車口袋均不至積壓壅滯，實於運務有益等語。本年南糧抵通迅速，除正運全漕外，尚有搭運及北倉囤貯之米，爲數較多，尤非尋常年分可比。若進倉需緩，一切車輛口袋處處積壓，恐致回空遲誤。該侍郎所奏，尚係實在情形，自應暫爲調劑。著即照達慶等所請，將此次文職五品以下、武職四品以下各官員俸米二十餘萬石，改貯城外四倉支放，以速轉運。嗣後若全漕抵通，而又有似此帶運等項米石爲數過多，不能迅速起運，著奏明照此次辦理。其餘年分，悉照舊例存貯支放。至城外既多卸米石，恐有偷漏回漕情事，著步軍統領衙門加意查察，毋任滋弊。（仁宗一九六、七）

（嘉慶一三、八、乙卯）諭軍機大臣等：達慶、蔣予蒲奏，現在北倉剝運等米，共計不下一百二十萬石，若按期全運京倉，辦理不及，且恐內河凝凍，諸難措手。今擬京倉進米一百萬石，通倉貯米二十萬餘石，庶可按期蕆事等語。本年五月閒，曾據該侍郎等奏，京倉運米，路途較遠，請將本年文武俸米二十萬石，改貯城外四倉，以便回空迅速。當經降旨准行，原不過一時權宜，豈能動輒傚照辦理？今該侍郎等又爲此請，不過欲使將來京員俸米，仍赴通倉關領，先以此爲嘗試之奏，一經准行，勢必於二十餘萬石之外，續請多貯通倉，冀改舊章。殊不思偸漏回漕諸弊，皆將由是而起，斷不可行。達慶、蔣予蒲，著傳旨申飭。伊等惟當趕緊設法剝運，將此項一百二十萬石之米，全行歸貯京倉，無得心存怠玩。將來有凍阻遲誤等事，則惟伊二人是問。將此諭令知之。（仁宗二〇〇、二四）

　　（嘉慶一四、三、辛酉朔）諭內閣：南糧運送赴通，路途遙遠，轉運維艱，每年修治河道，動輒數百萬，全爲漕米而設，其需費實屬浩繁，必須愼重收儲，方可豫備支放。若坐糧廳草率驗收，倉官等又不加意護惜，以致黴變朽壞，不堪食用，是將小民正供所入，棄如土苴，其暴殄實爲可恨。此次鑲白旗支放甲米，先據該旗都統等奏稱，北新倉米色黴爛，難於全數支領，當經降旨，派令大學士祿康、費淳二人前往北新倉查驗，續又另派尚書德瑛等六員，同赴北新倉並祿米倉、南新、海運、富新、興平等各倉，遍行查驗。據伊等先後奏稱，米色實係不純，黴變者多，將各倉米樣包封呈覽。朕於奏上後，又復特派軍機大臣慶桂、董誥、戴衢亨三人，再行親赴該倉覆加抽驗。本日據慶桂等奏，米色有甫經發變，尚分顆粒者，亦有黴爛太甚，現已結塊者，所有各倉米色，均與德瑛等所進米樣相符，豈有三次查驗，朕尚不信，必曲法市惠，保全此等無能之官吏乎？是此項北倉運京之米，坐糧廳既率行驗收，而歸倉上廒之時，監督等又不趕緊籌辦，設法補救，以致本帶潮潤之米，交春蒸變日甚，耗棄過多，該倉場侍郎，所督辦者何事？而該侍郎等，尚稱該監督等收米上倉，及坐糧廳驗收均無不合，且稱此項變色米石，必須照例按旗支放，方於倉儲無虧，並恐鑲白旗一處不領，別旗效尤，請旨飭令承領，是不但毫無引咎之意，且竟欲以此黴爛之物，充放兵糧，不顧八旗生計，強詞奪理，是何言耶？（仁宗二〇八、一）

　　（嘉慶一四、四、甲午）諭內閣：據御史吉昇、何學林奏，倉場裝米口袋不堪使用，請查明修補一摺。所奏是。口袋一項，每年給價製辦，必須厚密堅緻，方任全漕之用。今據該御史奏，現在口袋甫經裝用，已多破損綻裂者，若再日久顚播，加以雨淋日曬，黦朽必多，恐滋拋撒等語。漕米輓運維艱，顆粒皆當珍惜，豈容任意狼籍？現在口袋稀薄難使，皆由達慶、蔣予蒲等經理不善所致，著交新任倉場侍郎福慶等查明參奏，至目前需用緊急，並著即速查驗修補，以資實用。至來年製辦之時，著飭令揀買厚密布匹，縫連結實，由該侍郎等認眞查驗，勿任胥吏等稍有偸減情弊。又據何學林奏請嚴剔倉儲弊源一節，各倉弊竇甚多，如偷盜回漕、挪移攙和等事，無所不有，皆由花户等日久盤踞，毫無顧忌，而官員等受其愚弄，竟至不能過問。即如近日黴變米石，固緣倉官等經理不慎所致，而伊等巧於攙雜，挪新掩舊，百弊叢生，平時於廠中官物，如木植、板片、氣筩之類，任意偷盜，以致米石朽壞，而於開放之際，則又多方勒掯，需索無窮。旗人生計被其脧削，實爲漕務積蠹，若不嚴行釐剔，何以廓清倉儲？著新任倉場侍郎，率同經管官員，隨時密訪詳查，將此等不法之徒，奏交刑部究辦，以絕弊源，不可稍有疏縱。(仁宗二〇九、四)

（嘉慶一四、六、乙未）又諭：漕儲爲天庾正供，每歲徵收七省漕糧，連檣轉運，自漕運總督以下，分設多官，專司其事，經由大江河湖，運道遇有汛漲淺阻，多方疏導，需費帑金不下數十百萬，誠以京師王公百官祿糈，及八旗官兵俸餉，胥仰給於此。且舟行附載南省百貨，若遇行走迅速，貨物流通，商賈居民，咸資其利，偶值糧艘中途阻滯，則南船均不得越渡，京師百貨亦因以昂貴。每年自春徂秋，申誡漕臣疆吏，經營催趲，不遺餘力，是漕糧爲國家重大之務，勞費孔繁。乃遭運如此其難，而自抵壩貯倉以後，該倉場侍郎以及監督等官，均不知慎重職守，歷任相沿，因循廢弛，迨忽疲玩，遂至攙和抵竊，百弊叢生。前因上年所運北倉米石潮溼蒸變，將辦理不善之倉場侍郎達慶、蔣予蒲革懲，並將坐糧廳監督等，分別降革著賠，旋因清理倉儲，特派大臣侍衞等分班盤驗，查出虧缺數目，其從前短收浮出，重領、偷竊等弊，均由此破案。歷任倉場侍郎總司積貯，毫無整頓，咎無可辭，其中雖聞有一二素稱明察留心防範者，亦總未能查出積弊，及早剔除，亦不過虛有其名，毫無實蹟，皆屬誤國負恩，必應懲治。今奸胥蠹役，種種贓私，全行敗露，自應將歷任倉場侍郎，按照年月久暫，及失察弊竇重輕，分別懲處。現就該花户、甲斗等供明舞弊年分扣算，特令自嘉慶三年以後，將歷任各侍郎職名，查明開單進呈。除宜興、傅森、劉秉恬均已病故，達慶、蔣予蒲先已黜革懲治外，鄒炳泰、廣音、托津在任較久，著交部嚴加議處；薩彬圖、德文、吳璥、李鈞簡，任內均有黑檔重領米石之事，失察較重，亦俱著交部嚴加議處；貢楚克扎布、吉綸、額勒布，在任均止數月，著交部議處；和寧到任在一月以上，那彥寶不及一月，著交部察議。其該倉監督，著交部詳查在任年月，另行奏明，分別懲處。(仁宗二一三、八；東九、一四)

（嘉慶一六、六、己巳）諭内閣：連日據軍機大臣等奏，詢問玉寧親供，並案内人證各供。朕詳加披閱。玉寧之子廣春，聽從家人張大之言，欲包領鑲黃、正黃兩旗包衣甲米三千石，令其持帖赴倉，囑託監督交派花戶承辦，現已據張大供認不諱。玉寧身任倉場，如果認真查弊，即當首先將伊子及家人嚴管，勿任干與外事，一有見聞，立當斥責查辦。今據玉寧供稱，廣春曾將有人託領甲米之處，向其告知，並自稱不敢應允，玉寧不將廣春訓斥，轉告以出倉本應好米，如再有人向伊說及，只管應允，差人赴倉告知等語。是玉寧不但不杜絕伊子舞弊，而轉任令招搖，顯係知情在前，而爲此多方掩飾之語，以云無弊，其誰信之？至伊將花戶方世德及王喜枷號一節，現據戴均元奏，玉寧先未向商，迨業經枷號之後，始行告知，並告以方世德枷號後，曾託人欲送銀一千兩，求爲疏枷，恐該犯意圖挾制，因商請永遠枷號等語。玉寧於懲辦花戶，並不會同戴均元辦理，直至事後告知，明係挾嫌專擅，至方世德果有賄請疏枷情事，玉寧亦當據此情節秉公奏辦，又何必諱匿不奏？轉稱其素有綽號在倉把持，欲將伊永遠枷號。又王喜更非花戶，不過前後跟過倉監督三人，伊如另有弊端，自當加以懲辦，乃玉寧亦未查出弊竇，輒謂其希圖串通滋事，立行枷示，並又言伊素有綽號，亦請永遠枷號。試思長隨跟官服役，朝往暮來，係其常態，前後跟隨三人，有何重罪？玉寧任性作威，種種謬妄，恐其中另有情弊，著革職，交軍機大臣會同刑部秉公審訊。方世德著先行疏枷，以便覆訊，俟將來訊有應行治罪之處，另當覈辦，王喜亦著疏枷，暫交刑部羈禁。(仁宗二四五、一四)

　　(嘉慶一六、八、乙卯)諭內閣：據御史西郎阿奏，查覈方王氏呈控倉場侍郎玉寧一案。內花戶方世德，於支放甲米時，兩次收過任五交給京錢二百三十千，以所供每石三百四十文覈計，米七百石應有京錢二百三十八千，已不止二百三十千之數，且尚有餘石，似符一百二十兩之例，其罪不止擬軍；並任五等屢次包攬領米作弊，其罪亦不止於答責等語。定律計贓科罪，應以實在入己者覈算。此案前經軍機大臣會同刑部審訊定擬，茲該御史以原擬未協，奏請飭交刑部查究。著派勒保、成格即將此案供情，秉公覆覈，軍機大臣等原引律文是否平允，查明據實具奏。尋奏：原議甚爲平允，惟任五未經計贓科罪，僅予答責，未免輕縱，任五應依誆賺人財物律杖九十。從之。(仁宗二四七、四)

　　(嘉慶二二、六、甲戌)又諭：給事中賈聲槐奏請整飭倉務一摺。官員、兵丁私賣米票，交鋪戶代領，及已滿花戶把持倉務，均干例禁。至各倉成色土米，日久未領，亦恐於放米時易滋擾雜之弊。著交倉場侍郎嚴加查察，如有前項情弊，隨時釐剔，以重倉儲。(仁宗三三一、四)

九、陋規使費及漕運積弊

（一）陋規使費

（**康熙四六、六、辛卯**）上諭大學士馬齊曰：坐糧廳赫芍色聲名惡劣，運丁欠糧苦累，皆由於此。聞伊每船取銀八兩，一年約得四五萬金。赫芍色任坐糧廳十年，則已得四五十萬矣。朕之用彼，原欲其做好官，非令其圖利也。是斷不可恕，著革職，鎖禁於城門。又赫芍色如此乖張，而倉場總督及都察院堂官、科道官員，何以並不劾參？著一併問明回奏。（聖二三〇、三）

（**雍正二、五、甲辰**）諭戶部：朕惟漕運關系甚大，經費本無不敷，而運丁恣行不法者，皆由官弁剥削所致。如開兑之時，糧道發給錢糧，任意扣剋，運丁所得，十止八九。而僉丁之都司、監兑之通判，又多誅求。及至啟行，沿途武弁，借催趲爲名，百計需索。又過淮盤查私貨，徒滋擾累，究屬無益。運丁浮費既多，力不能支，因而盜賣漕糧、偷竊爲匪，無所不至矣。嗣後各省糧道給發錢糧，不許扣剋分釐；沿途武弁，不許藉端需索；運丁除包攬抗違外，所帶些須貨物，亦無庸苛刻盤查。至江浙船政同知，經管修造糧船，侵漁尤甚。此官於漕政毫無裨益，著即裁去。爾部行文各督撫不時查察，如有仍前需索等弊，立即指參，從重治罪。庶運丁漸有起色，自必保守身家，凜遵約束。禁官弁之侵削，即所以戢旗丁之刁悍也。（世宗二〇、一；東二、一四）

（**雍正四、六、庚午**）諭總督、倉場侍郎：旗丁輓運天儲，每歲勤勞。朕屢降諭旨，加恩優恤，欲其俯仰充足，不至匱乏。近聞糧船抵通，石壩經紀勒索斛費，每船至三十金。在從前旗丁多帶貨物，射利營私，所過地方，不無需索煩擾，故抵通之後，有此陋規。今各幫旗丁，遵守法度，押運官弁，約束亦嚴，所帶貨物，有一定額數，不敢多攜。除所給行月糧外，安有餘貲以爲斛費？爾倉場總督，可嚴飭坐糧廳，申飭經紀。嗣後糧船抵通，除應加耗米外，不得借斛費名色，索取銀兩，亦不得淋尖踢斛，以致正糧虧缺，苦累旗丁。儻有違者，必嚴加治罪。若該管各官失於覺察，經朕訪聞，亦必從重議處。（世宗四五、三四；東四、三三）

（**雍正七、一、癸丑**）諭戶部：朕聞糧船過淮，所費陋規甚多，有一幫費至三四百金者。旗丁既多苦累，勢必多索於民，甚爲漕政之弊。嗣後著派御史二員，前往淮安，專司稽察之任，不許官吏人等向旗丁額外需索，以致擾累。其糧艘攜帶物件，除照例許帶外，該旗丁如有夾帶私鹽及違禁等物者，亦著該御史稽察，但不得過於吹求，以致糧運遲滯。至糧船抵通之時，其該管衙門官吏及經紀車戶人等，恐有額外需索陋規者，亦著派御史二員，前往稽查。差往淮安之員，著於二月初派往；差往通州之員，著於三四月內派往。不必拘定滿漢各一員，著都察院按期開列請旨。（世宗七七、五；東七、一）

（**乾隆四、八、己亥**）戶部議准：河南道監察御史陳其凝奏稱，各省押運之員，既恩給養廉，乃丞倅、千總、守備仍科陋規，糧道運衛等衙門書役，復有需索。計一丁所費，已至二十餘兩，請勅下漕運總督，密訪嚴究，仍曉諭旗丁，與受同科，庶官方肅而漕弊清。從之。（高宗九九、一九）

（**乾隆六、一、乙未**）巡視南漕監察御史宗室都隆額奏：通漕六千餘艘，全賴旗丁挽運，眾丁應領漕截各項，本無不敷，惟是沿途有短縴雇剝之費，抵通有筒兒錢文、茶果銀兩之費，一切需用甚多。正項不敷，勢必侵盜漕糧，以致回空貧乏，零賣船中器具。欲清作弊之源，必先紓眾丁之力。查糧船抵通，例交坐糧廳茶果銀兩有二，一為倉茶果，係供倉場各衙門書役飯食並辦公雜費，毋庸置議；一為皇差茶果，每大米船交銀十兩，小米船交銀七兩，每年通幫共四五萬兩，向係坐糧廳陋規。康熙四十八年，查出充霸州水圍之用，雍正元年，始作為正項。查此項即出自眾丁所領漕截，而每年粘補苫蓋、皇船水手工食及倉場侍郎、坐糧廳、司官、筆帖式養廉，並估買旗丁餘米，俱取給於此。雖未便全蠲，但估買餘米一項，現有各船輕齎銀兩敷用，至水手工食、各官養廉，酌留其半已足，餘悉蠲除，則丁力紓而諸弊絕。再皇差名目，亦覺非體，應改稱廳茶果。得旨：待朕緩酌之。（高宗一三五、二〇）

（**乾隆七、一二、己亥**）戶部又議准：漕運總督顧琮奏稱，山東省帶運糧石，例給負重銀。伊等有雇船、灑帶、盤剝之費，殊難遲滯，請照動支各丁行月錢糧之例，及時支給。其江浙等省帶運負重，仍照舊支給。從之。（高宗一八〇、一九）

（**乾隆一〇、六、丁巳**）工部等部議覆，巡視南漕吏科給事中王興吾奏稱，漕船過淮入閘，或風信不便，或水勢湍急，必須添縴，人夫乘機勒索，每名動至一二兩不等。雖經前督臣托時奏准，每里給銀一釐，而人夫多索不休，臣兩次巡漕，俱極力訪拏枷責，並委佐雜彈壓，而此風未能盡絕。訪查情由，蓋以催漕員弁，喜作威福。每遇灘壩灣曲之處，概令多加縴夫，稍不遂意，即痛責運丁。短縴人夫，藉此居奇，且暗串汛兵分肥。請嗣後短縴勒索運丁者，令各汛千總查拏。凡應添縴地方，聽運弁旗丁，自行酌雇，縴夫居奇，即拏解巡漕衙門懲治。如汛弁查拏不力，捆打旗丁，勒令加絟者，聽巡漕御史查參，照縱役例議處。至漕船入汛，無故停泊，該汛即將頭舵責處。其運丁不遵催趲者，該汛會同運弁責處。應如所請。從之。(高宗二四三、二)

（乾隆一三、四、丙寅）又諭：雅爾圖奏明查出倉場書役陋規。此等俱係向來私費，日久相沿，幾爲成例，若聽其需索無厭，必至弊竇滋生，自應查明酌辦。但書吏下役，陋例相承，或有資以應用養贍之處，若盡爲搜剔，又不免太苛，轉非政體。現據雅爾圖奏稱，於所開各項内，應留應革，斟酌辦理等語，是此等陋規，俱已量行分別裁減，俾私例和盤托出，予以限制，嗣後不得稍逾，概不容其任意勒索，亦不必過爲苛求。可傳諭雅爾圖知之。(高宗三一二、二六)

（乾隆一七、六、庚子）又諭：據巡漕給事中范廷楷奏稱，查看江西鉛山幫頭船旗丁桌上，有南漕使用陋規賬簿，隨搜其笥，獲有上年陋規賬簿。又檢出贛州、吉安等幫新舊賬簿並浙江寧波幫沿途需索賬簿。合計簿中，自領運起至抵通之日，銀兩土儀，每幫費至五百金。納賄之地，受賄之人，俱有册可據，有款可稽。請飭令該省撫河漕提鎮，嚴參治罪等因一摺。已交與各該督撫等查參治罪矣。近來各省督撫等，皆奏一切弊竇，俱已剔釐，今即漕船一幫所費陋規，如此之多，其餘各幫未經查出者，何可究詰。該督撫等平日所謂弊絕風清者何在，所謂剔釐漕弊者何事？外省辦理諸務，全不實心，即此可見。其有漕各省，及沿途經過督撫等，俱著傳旨申飭。(高宗四一六、一八)

（乾隆一七、一一、辛未）刑部等部議覆：浙江巡撫雅爾哈善奏稱，糧船規費，多由頭幫軍伍，指端派斂，實爲諸弊之藪。嗣後如有將已裁陋規復行婪索者，惟頭幫是問，將該員弁計贓治罪。應如所請。從之。(高宗四二六、一九)

（乾隆五〇、八、癸巳）諭軍機大臣等：據劉峩等審訊運弁劉鼎鈞等欲在楊村起剝糧米一案，訊出守備劉榮典因用度不敷，曾向剝船索得規費。及長淮等幫抵楊村時，該弁恐不起剝，無從得有規例，是以藉詞欲行剝運各情弊。劉榮典上年經毓奇派委至楊村辦理剝船，因所辦尚妥，本年復派其赴直料理。乃該弁即藉此需索，有意阻撓。種種滋弊，業經劉峩審明定擬。發遣新疆，實爲罪所應得。至毓奇派委不慎，原有應得處分，因其辦理分撥截漕事宜，尚屬妥協，是以免其置議。嗣後該督派委員弁，務須慎加遴擇，勿使藉端滋弊。如再有似此者，惟該督是問。將此諭令知之。(高宗一二三七、三)

（嘉慶四、一二、丙申）又諭：前據岳起、荆道乾先後奏到清查漕務積弊各摺，已明降諭旨，通行飭禁矣。兹據陳大文奏，查明山東省漕幫旗丁經費陋規，開列清單進呈。朕逐加批閱，內開該幫漕船三十九隻，得過各州縣幫貼陋規銀五千餘兩，而用項內，如通州坐糧廳驗米費銀四百兩，倉場衙門、科房、漕房等費自八十兩至二十餘兩不等，又本幫領運千總使費銀七百兩，及本衛守備年規四百十二兩，生節規十六兩。其總漕、巡漕及糧道各衙門，皆有陋規，下至班頭軍牢轎馬，自數兩至數十兩者，不一而足，實爲漕務蠹弊。漕船領運米石，內如雇覓頭舵水手，及沿途提溜過閘起剝等事，皆係應用正項，自不可省。但以旗丁分例應領之款，覈計途次應需之費，本足敷用，近復酌議增添津貼米石，加帶貨物，免其納稅，丁力自更寬舒。如謂革去浮費，兌運尚有不敷，其誰信之？若如單內所開各種浮費，不行禁革，即再增津貼，亦復何益。且漕員取之州縣，州縣取之小民，層層侵蝕，浮收之弊，伊於何底？蔣兆奎在任，並不詳晰查明，惟以兌費不敷爲詞，曉曉置辯，其爲受衛員慫慂愚弄，尤屬顯然。況此等陋規，例干嚴禁，如稍知自愛者，原可自矢潔清，即如從前額勒布、楊志信，在坐糧廳任內，不肯得受陋規，並不稍形貧乏。總緣歷任總漕、倉場侍郎及坐糧廳，並各自糧道、運弁等，陋例相沿，任情收取，以致積弊困民。本應查明嚴行治罪，姑念人數過多，事屬已往，免其深究。自此次清釐之後，凡有漕省分督撫，及漕運總督、倉場侍郎等，務當實力稽查，督率辦理。如敢仍蹈前轍，准該旗丁據實控告，必當按律計贓論罪，決不寬貸。將此再行通諭知之。（仁宗五六、二三）

（嘉慶五、一、癸酉）諭軍機大臣等：從前楊錫紱在漕督任內，辦理漕運一切章程，俱屬妥善，迄今數十年旗丁尚受其益。聞伊於派委員弁催查漕運一節，尤不肯輕易差委。大率糧船開兌行走，各衛弁等故意鑽營派委差使，藉催查之名，沿途需索，肆意苛求。而旗丁之苦累，已不可勝計。是慎委漕弁，亦剔除漕弊之一端。鐵保惟當以楊錫紱之經理得宜爲法，以富綱之貪婪勒索爲戒，妥協辦理，以副委任。將此傳諭知之。（仁宗五八、七；東三、二）

（嘉慶一二、七、壬寅）諭內閣：據嚴烺奏，此次接任東漕，訪察積弊。向來旗丁俱有走差之人，包攬沿河大小衙門使費，每遇一巡漕衙門，不下四五十金，其餘河員、汛弁、漕委，多少不一，現在嚴密訪拏，隨時懲辦。又伊隨身家丁六名，亦時時管束，如有所犯，立即奏辦，自請處分等語。各省漕船北上，沿河大小官員催趲輓運，其家丁、書役人等，向幫船索取使費，以致各幫皆有走差之人，沿途包攬，科斂分肥，大爲旗丁之累，自當嚴辦示儆。但必須查明現在何處衙門實有此弊，官員何人得受使費若干，係何幫之人給與，證據確鑿，方可切實查辦。今嚴烺摺內但云伊已確知其事，而不能實指其人，朕將憑何查辦？且云以此類推，東漕如此，則南漕、津漕可知；

以巡漕類推，則河員、營汛、漕委又皆可知。此皆臆度之辭，毫無指證，豈能因此一一究辦耶？再如伊自稱帶家人六名，如有所犯，立即奏明嚴辦等語，此亦係分內應行查辦之事。爲政不在多言，顧力行何如耳。究竟嚴烺意中知有何人縱容家人得受使費及滋事作弊之處，即著伊查明，指名參奏，候朕辦理。並著通諭管漕大小各衙門，將此等弊竇，一體飭禁。儻或被人參奏，必當嚴懲辦理，不能寬恕。（仁宗一八三、一）

（嘉慶一二、一二、己巳）又諭：給事中嚴烺條陳漕運事宜一摺，朕閱所奏各款內，……又糧船喫水宜按照定例一款，糧船喫水，例不得過四尺，近緣旗丁等於例外多帶土宜，以致喫水過多，行走紆緩，甚至停泊售賣，到外稽遲。著照該給事中所請，交漕運總督及沿途催趲各員，申明定例，毋得多帶貨物，任意停留。又漕標委員不宜太多，以防滋擾一款，所論甚是。漕船出境入境，除巡漕御史之外，又有沿途地方文武，節節提催，已爲周密。該漕督即因幫船過閘之時，間須委員照應，亦屬無幾。乃據該給事中所奏，近因漕標效力人多，營求差使，遂至紛紛派委，本年多至八十餘員，殊滋流弊。此輩營求前往，不過圖得饋遺，索借資斧。又因派委分駐各閘，即經手雇覓夫役，尤得乘便浮冒，甚爲旗丁之累，不可不大加刪減。即如本年漕運，節節阻滯，此八十餘員，亦不過袖手旁觀，何益之有？嗣後該漕督不得任意濫委，閒有不得不酌派數員前往照料之處，亦祇許令其協同催軺，毋得經手雇覓夫役，以杜弊竇。……（仁宗一八九、三）

（嘉慶一四、五、壬午）又諭：據天津巡漕御史吳榮光奏請，嚴禁盜賣漕糧一摺。南糧爲天庾正供，顆粒皆宜慎重，豈容旗丁盜賣，致滋虧短？現當嚴剔漕儲積弊之際，儻有盜賣情弊，則交卸時勢必攙灰和水，無所不至，以致米石虧缺黴壞，自應嚴加鏨剔。除南漕所轄地方米價較賤，或該丁等尚無盜賣情事，其山東、天津、通州糧艘經過及停泊地方，著各該巡漕御史實力稽查，毋任運丁等致有盜賣米石之事，以清積弊。毋存畏難之鄙見，毋存消弭之惡習，各矢天良，儘力追究，據實具奏。至該御史又稱，南糧抵通未經起卸之先，每幫有驗費，有窩子錢；起卸之時，除例定箇兒錢外，復有後手錢。每幫每項約需制錢一百千及數十千文不等，皆由幫丁湊斂，交坐糧廳號房書役及經紀得受等語。糧米抵通交卸，該書役經紀等往往向旗丁等索得陋規，遂至無弊不作，祇知營私肥己，罔顧倉儲正供。近來查出各倉米石，多有黴爛及虧短情事，總由積弊未清，遂至蠹害叢集。著倉場侍郎於今年新糧抵通時，設法嚴密稽查，將從前索取陋規種種各情弊，一律剔除，庶漕政可就肅清。將此通諭知之。（仁宗二一二、一六）

（嘉慶一四、一〇、丁未）禁革各衙門及沿途員弁、吏役需索旗丁使費。諭內閣：馬履泰奏，訪明吏役需索旗丁使費確數一摺，並開單呈覽。所奏甚爲詳細。近年漕務之弊，各督撫等，皆以旗丁苦累需索州縣幫費爲詞，迨究其苦累之由，則惟稱旗丁等於提溜、打閘，以及沿途剝淺等事，路費不敷，勢難裁減，而於此外概未論及。今據馬履泰所奏，則自巡撫、藩司、糧道、總漕、倉場等各衙門，以及沿途文武各員、書吏、經紀人等，內外共十九處，每處需索使費，或數百兩，或數十兩，皆有一定之數，不能短少，旗丁被逼追呼，如同逋欠，其苦累之處，莫甚於此。馬履泰所開之單，自非出於臆造，今就一幫五十船而論，每年即需銀七千四百餘兩之多，況船數尚不止於此，旗丁力不能支，自不得不於兌運之時，向州縣橫索，州縣計無所出，遂不得不於開徵之日，向百姓浮收，弊源不清，伊於何底？該督撫等不先查辦及此，徒以旗丁路費不足爲言，苦思調劑，殊未得其要領。此等陋規一日不革，漕弊一日不除，關繫甚重。著傳諭有漕各督撫，暨總漕、倉場等，自本年新漕爲始，所有單開各衙門書吏以及委員、經紀人等各項陋規，俱著一概裁革，無許需索。並責成巡漕御史，一體嚴查密訪，如官吏等有不遵禁約、私自勒索者，著分別查拏究辦，並准該旗丁指明首告。如此禁革之後，旗丁等費用大減，沿途自可不致竭蹶。如果此外提溜、打閘、剝淺等事，比從前不無多費，再行量加調劑。旗丁等浮費既除，運費又足，無可藉口，此後設仍向州縣橫索兌費，不肯開行，著該督撫立即嚴拏究辦。所有馬履泰原摺原單，著一併發抄，俾各督撫、總漕等按款周知，逐一查辦，儻或奉行不力，仍任書吏等需索如前，則是有意縱容，故留積弊，大負委任。試思馬履泰既能臚陳弊款，伊豈不能隨時訪查？如續有參奏，或別經發覺，朕惟該督撫、總漕等是問。將此通諭知之。（仁宗二九、二一）

（嘉慶一四、一〇、庚戌）又諭：吳璥覆奏漕務情形一摺。朕因漕務緊要，特令程國仁傳諭該督等，本年徵收漕務，務須米色乾潔，剔除積弊。今據吳璥奏稱漕務積弊，由於幫丁索費、刁戶包漕，而欲除奸丁包戶之弊，必先自州縣始，州縣既不浮收，包戶亦不禁自絕，旗丁知州縣並無盈餘，自不能肆意多索等語。所奏自屬正本清源之論。昨據馬履泰訪明吏役需索旗丁使費確數，開單陳奏，經朕降旨通飭嚴行禁革、有犯必懲，嗣後旗丁浮費既除，無所藉口，自不能向州縣橫索，而州縣亦不能以幫貼兌費爲詞。前據阿林保面奏，於收漕時通融辦理，概收八折，擬即出示曉諭一節，係在未經降旨清釐積弊以前。現在將漕務各衙門書吏，以及委員、經紀人等各項陋規，一概裁革，弊源既清，則旗丁費用大減，津貼亦屬有限。若州縣等任意浮收，自應一體嚴行究辦，該督等惟當實力稽察，妥爲經理。儻經出示明收八折，而州縣等藉此多徵，侵肥入己，或又不止於八折之數。將來該省民人，有將該督折收告示揭粘呈控者，朕當執法懲治，斷不因該督等陳奏在先，少從寬貸也。將此傳諭阿林保、章煦，並諭吳璥知之。（仁宗二一九、二八）

（嘉慶一四、一○、丙辰）諭軍機大臣等：袁秉直奏，遵旨查禁漕弊先行覆奏一摺。據稱清釐漕弊，首重米色，花戶之敢交醜米，由於州縣之浮收，旗丁之勒索，由於米色之不净，並有一種武生衿監，包漕漁利，現在嚴行查訪懲辦等語。此尚未得其要領。近年漕務積弊，各督撫總以旗丁苦累需索幫費，遂致各州縣藉端浮收爲詞，而剔弊釐奸之要，全未籌及。前據馬履泰奏稱，訪明吏役需索旗丁之弊，自巡撫、藩司、糧道、總漕、倉場各衙門，以及沿途文武之吏役人等，均有使費，即一幫五十船而論，每年即需費至七千四百餘兩之多，旗丁力不能支，自不能不横索州縣，而州縣計無所出，遂不得不向百姓浮收，此方爲正本清源之論。前已明降諭旨，飭令各該督撫等一體嚴禁，此等陋規一日不除，漕弊一日不清，一省如此，各省亦大率皆然。先福現已回任，該省正屆兑受新漕，務當實力認真查訪，如有此項情弊，即嚴行究辦，以除弊源。如此，則旗丁自不能藉口勒索，州縣自不敢任意浮收，即有刁生劣監，亦無從阻撓滋事也。將此諭令知之。（仁宗二一九、三九）

（嘉慶一四、一一、戊午）諭軍機大臣等：吳璥等會議漕務章程一摺，江南漕賦，較他省爲最多，而歷年告漕者，不一而足，是皆由地方官於收漕時，弊端叢生，以致刁生劣監，挾制把持，告訐成風，此時欲大加清釐，必須探本清源，方爲正辦。據摺内稱，旗丁應領行月、贈五等米，現聞蘇松所屬，有每船折米一百石之説，旗丁折銀花費，長途將正漕侵食盜賣，勢所必至等語。此固虧缺之一端，而其弊不止於此。著照吳璥等所議，飭令概兑本色，另貯一艙，免致影射朦混。現當收漕之時，旗丁行月、贈五等米，如尚有每船折米一百石之事，即當查拏嚴辦。至向來旗丁等沿途浮費，前經馬履泰條奏，已通行飭禁，並著阿林保、章煦曉諭旗丁：以爾等從前因各衙門需索陋規，多有浮費，以致長途賠累，自不得不於兑運之時，向州縣勒索幫規，州縣勢不得不於開徵之日，向百姓浮收，今自總漕、撫、藩、糧道、倉場各衙門，以及沿途文武各員，並書吏、經紀等處向來陋規，欽奉諭旨嚴禁，儻有不遵，仍照舊需索，准爾等指名首告，且該州縣等本有津貼各幫銀兩，原爲輓運正供而設，非爲爾等酬應之資，其提溜、打閘、剥淺等事，比從前不無多用，現已令該省督撫量加調劑，是爾等浮費既除，運費又足，儻有仍前藉口橫索幫規，必當查拏究辦。如此剴切曉諭旗丁，並出示沿途經過地方，俾各知凜遵，則旗丁不致賠累，橫索兌費，州縣亦不能藉此浮收，而包漕漁利之徒，亦無能從中阻擾滋事，庶漕弊可漸次清釐。該督撫務宜實力奉行，隨時查察，毋得日久生懈。將此諭令知之。（仁宗二二〇、五）

（嘉慶一四、一二、乙未）諭內閣：朕恭閱世宗憲皇帝實錄，內載：雍正二年五月，欽奉諭旨，朕惟漕運關繫甚大，經費本無不敷，而運丁恣行不法者，皆由官弁剝削所致，如開兌之時，糧道發給錢糧，任意剋扣，而僉丁之都司、監兌之通判，又多誅求，及至啟行，沿途武弁借催糧爲名，百計需索，又過淮盤查私貨，徒滋擾累，運丁力不能支，因而盜賣漕糧，偷竊爲匪，嗣後各督撫不時查察，如有仍前需索等弊，立即指參，從重治罪，庶運丁漸有起色，保守身家，凜遵約束，禁官吏之侵削，即所以戢旗丁之刁悍等因，欽此。聖訓煌煌，尋源探本，可見當日漕運之弊，與目前情形正同，而所以整飭而釐剔之者，數十年以後之措施，早垂成憲。近日有漕省分諸督撫指陳漕弊，無非稱旗丁等提溜、打閘等項，費用繁多，其所謂設法調劑者，無非多給兌費。殊不知弊端之大，費用之廣，總由糧道之剋扣於先，弁員之需索於後，至提溜、打閘等項，未嘗不稍有所費，而丁力之不足，實在此不在彼也。旗丁等花費既多，復隱有自肥之計，一遇交兌之際，藉端訛索，毫無忌憚，甚且沿途盜賣米石，而州縣官既爲旗丁所苦，復藉旗丁爲名，當徵收之時，多方浮折，其實在受累者，惟花戶而已。是則卹民之道，全在卹丁，而裁弊之源，必須裁費。前經屢降諭旨，將各衙門需索款項，並糧道剋扣舊習，一切禁革淨盡。仍交該督撫嚴查密訪，若再有隱蹈前轍者，務當據實糾參，從重治罪，使旗丁刁悍之習，不戢自除，州縣苛斂之風，不禁自止，漕運庶日有起色也。凜之。將此通諭知之。（仁宗二二二、九；東九、三二）

（嘉慶一五、一、壬申）諭軍機大臣等：先福奏查訊漕船陋規嚴行禁革一摺，並將江西幫船使費細數開單進呈。其所查殊不足憑信。據稱傳到旗丁及書吏人等，確加訊問，書吏等均係積年需索陋規之人，安肯將從前弊端全行吐露，不留餘地？至旗丁等，雖被各處勒索，但伊等向來習氣，亦樂於使費花銷，並沿途多帶土宜，爲結交酬應之需，必須藉此爲名，方敢倚勢逞刁，向州縣多索使費。而州縣官亦利於旗丁有此刁難，始得藉口浮收，下以遏小民之控訴，上以抗長吏之查參。層層弊竇，相因而起。此時欲清弊源，總應先嚴行裁革陋規，陋規既裁，則旗丁費用必少。旗丁浮費既省，則無辭向州縣橫索，而浮收之弊乃可漸除。著傳諭有漕省分各督撫，各就該省旗丁出運道路遠近，酌量伊等沿途提溜、打閘、撥淺等費，共需若干，再令略有贏餘，以爲伊等南北攜帶貨物之資，俾丁力不致往來疲乏，各定章程，覈明數目，此外毋許絲毫多索，再嚴禁州縣官橫徵濫與，方可冀漕政逐漸肅清。該督撫等其各實心整頓，不可輕信丁吏等一面浮詞，但以一奏塞責也。（仁宗二二四、一四）

（嘉慶一五、五、丁丑）諭軍機大臣等：景安奏議覆給事中史祐、御史汪彥博、巡視南漕御史程國仁，條奏漕務各事宜一摺。漕務事宜，款目繁多，弊端層出，而其要不外於先裁旗丁陋規。旗丁陋規既裁，則用費必少，即無從藉口向州縣橫索，而州縣亦無從向百姓浮收，此外一切弊竇，皆可以次剔除。該省旗丁規費，既稱自嘉慶五年清查以後，概行裁革，節年糧船出運，訪無需索情事，何以此項名目，外閒尚有流傳？可見名爲清釐，其實亦未能革除凈盡。現當整飭漕政之時，稽察嚴緊，自不敢肆行無忌，儻日久玩生，奉行稍有不力，又將故智復萌，仍蹈前轍。惟在該撫等嚴飭各地方員弁，隨時實力查禁，庶漕務日有起色，於卹丁愛民之道兩有裨益，勿徒託之空言，視爲具文也。將此諭令知之。（仁宗二二九、二七）

（嘉慶二二、五、庚午）諭軍機大臣等：據給事中陸泌奏，江蘇歲運漕糧一百四十餘萬石，丁力疲乏，於得受兌費外，復向地方官借銀墊辦。近來愈借愈多，聞竟有一縣積欠至數萬兩者。新舊任交代時，因係借款，即作正開銷，接任之員不得不於兌費內扣除，而旗丁因不敷辦運，遂多方刁難，非多索兌費，即不准扣除此項銀兩，名雖有抵，實則虛懸，請飭查明籌辦等語。旗丁辦運，總以疲乏爲詞。近年以來，准令加帶土宜、糶賣餘米，所以體恤丁力者，已至再至三，且前數年河道阻滯，該丁等沿途提溜、打閘，守候時日，尚不無多費，近年河流暢順，糧艘行走迅速，回空亦早，其所省奚啻倍蓰？而該丁等習於浮費，用度奢靡，無壓之求，悉取給於兌費，以此年復一年，伊於胡底？有漕州縣，亦奚堪此重累？著孫玉庭會同李奕疇將該丁等每歲辦運，每船實在需費若干，確查密訪，大加樽節，酌定章程，期於敷用而止。不准於限制之外多所求索，使州縣與運丁彼此相安，以爲經久之計。其從前舊欠，並酌定扣補規條，以清積弊。將此諭令知之。（仁宗三三〇、二九）

（嘉慶二四、閏四、壬辰）諭內閣：孫玉庭參奏李奕疇濫派漕委多人，滋累幫丁州縣一摺。漕委一項，前經鐵保等奏明，節次刪減。迨李奕疇任內，逐漸加增，派委至一百四十餘人之多。該漕督曾向孫玉庭言及，漕標候補人多，窮苦堪憐，不得不概行差委，以資調劑。李奕疇多派漕委，並以調劑爲詞，是明令該漕委等需索旗丁，以致大幫每幫出銀三百餘兩。小幫每幫出銀二百餘兩。旗丁費何由出？悉皆取之州縣。州縣費何由出？悉皆取之糧户。浮收之弊，日甚一日。漕委之擾累，實啟其端。該漕督辦理不善，咎無可辭。李奕疇著交部嚴加議處，尋議，降四級調用。得旨：以吏、禮二部郎中用。(仁宗三五七、一)

（嘉慶二四、八、辛丑）又諭：那彥成等奏役力疲乏懇恩調劑一摺。大通橋車户承運漕糧，所領腳價，應扣出津貼各倉箇兒錢，以爲橋壩公用。本年連次大雨，道路泥濘。該車户等添備車輛，修墊道路，所領運腳不敷辦公，係屬實在情形。加恩著照所請，准其將本年應扣津貼各倉箇兒錢，計銀二千六百兩，暫免坐扣，以紓役力。(仁宗三六一、一三)

（二）漕運積弊

（順治八、閏二、丙辰）又諭吏部：朕臨御以來，深悉運糧之苦。交兑之處，收糧官吏勒揹需索，滿其欲壑，方准交納。若稍不遂，必多方延挨，刁難日久，以致河水凍阻，船不能行，貽誤運期。所攜有限盤費，何以支持？一路怨聲沸騰。朕思運糧官涉河渡江，已不勝勞苦，又經收糧官吏多方需索，必致盜賣官糧。盜賣既多，必至虧欠。總督、倉場，奉有專敕，曾否巡行清刷？節年拖欠，多至數百萬石，總督曾否題參？倉場徒有其名，竟無實政，是何情弊？收糧需索，的係何人？拖欠若干，經管何人？曾否查明具報？漕運重務，上下通同作弊，一至於此！著趙京仕一併明白回奏。(世祖五四、七；東三、三六)

（康熙二〇、七、丙寅）諭户部：京倉通倉糧米，歷來缺額。其監督官員交盤時，有賄與銀兩者，亦有雜以灰土者。放米時，有與旗下官員銀兩抵完者，其貧人所得米糧缺少。此等情弊，朕悉知之。如盡行究察，從前經管各官，有一得免者乎？其飭所司，嚴革諸弊。(聖祖九六、二三)

（康熙二七、二、乙丑）户部議覆江寧巡撫田雯疏言，康熙二十六年分，蘇常等府起運漕糧，因秋禾將熟之時，風雨連綿，見在起運，米色青白未純，合先題明。查漕糧關係積貯，應令該撫務將純色之米撥運。得旨：江南漕糧已經起運，該部仍令易純色米，朦混具題，殊爲不合，抵通日，著照該撫所請，察明交倉。(聖祖一三三、二七)

（雍正四、二、壬辰）諭江蘇巡撫張楷：每見蘇松二府漕米虧空案內一經承名下，侵蝕至二三千石。訪問其由，則糧重倉多之處，州縣官不能兼顧。每派點收書經管收納。所收民糧，除丁兑外，原有斛面餘米存留在倉，遂有糧户，將應納米石，折銀充抵。收書即以餘米抵算，迨收折既多，餘米不足以補，而所收米價，又已隨手花費，以致虧空漕項。此不可不嚴立條禁也。嗣後收書有侵蝕漕米者，該州縣詳參審究，按其米數，照監守自盜律治罪。並將僉派收書之員題參議處，查明折銀之糧戶追補。庶可懲猾吏而警愚民。至各州縣所收倉糧，丁兌之外，儻有贏餘。令該州縣修理常平倉廠，存貯以佐賑濟。該撫嚴飭蘇松二府各州縣，實心奉行，儻有藉餘米名色加收斛面遺累小民者，定行重治其罪。（世宗四一、二七）

（雍正四、一二、戊寅）戶部議覆：倉場侍郎托時等條奏，旗丁押運到通，每省每幫，各有一人，常住通州，謂之守候旗丁。於銷算時，賣補買補，交通各書吏，需索分肥，弊端皆由此起。請嗣後凡漕糧抵通之時，令本幫運官，造具旗丁花名清冊，投送坐糧廳，候糧米交清，照冊所開丁船名姓，立押回南。如有一丁潛住營私者，即將押空官弁，照疎縱例治罪。再，各倉坐糧廳，將三升八合折價給丁之項，應行給價者，不即給價；應准抵欠者，不即准抵，勒索延遲，於銷算時，始准賣補買補，希圖分肥。或經倉場察出，或被旗丁首告，倉場立即題參。如應行南追給者，坐糧廳取具完欠各丁互結，行文各省糧道，於欠丁名下追銀給還，取具有餘幫丁收領申報。如各省糧道，或有勒掯情弊，亦令總漕查參。具應如所請。從之。（世宗五一、二五）

（雍正六、一二、丙申）大學士、九卿等議奏：倉場米石虧空，應著落前任監督各官攤賠。得旨：倉儲關係天庾，最為緊要，從前倉務廢弛，弊竇叢生，不得不嚴加整頓。凡所以清查虧空、治罪分賠者，總欲令後人知所儆戒也。今倉場各官，俱已奉法，積弊漸清，人情咸知警惕矣。此項虧折餘米，歷年已久，其為何年何人之虧空，實難確指。用沛特恩，將此數十萬攤賠米石，概行豁免。內有已經賠補者，其急公守法之心，甚為可嘉。著照數給還，並交部議敘，以示獎勵。（世宗七六、一一）

（雍正七、四、巳丑）諭八旗都統等：向來各倉米石，蓋藏不謹，每每攙和灰土，純雜不一，是以放米時，與領米之人，勾通賄囑，使費繁多，弊端種種。數年以來，嚴飭該管等官，慎守倉儲，屏除陋弊。所頒諭旨，至再至三。今米色既皆勻净，則在倉執役之人，及赴倉領米之人，均當凜遵法紀，不應仍存作弊之心，復蹈故轍。昨據倉場侍郎塞爾赫、劉於義等奏稱，南倉倉役林起鳳等，勾通監督家人，與鋪戶私議使費，被人告發，審供鑿鑿。似此，則倉場支放作弊之處，仍未悛改也。米色既好，而猶勾通賄囑，則必有偷盜多領之事。著八旗都統等通行傳諭該旗，並令倉場侍郎，出示曉諭，若本人赴倉領米之時，其所得之米，果有攙和灰土等弊，令其當時在倉，將不净之米，交與該監督封貯，或到倉場侍郎處，或到巡倉御史處，據實呈明，即行查究。儻領米之人與倉場吏役暗中勾通作弊者，一經發覺，將

與受之人一並從重治罪。（世宗八〇、一四）

（**乾隆三、一〇、己丑**）諭：聞今年外省糧船北上時，旗丁等沿途私賣官米，恐兵丁等盤詰，因而行賄，公同隱匿，及至抵通交米之際，爲數不足，即在通州現買充數。在旗丁希圖賤價採買，而漕糧關係天庾，豈容盜竊私賣？況在通州買補，則到京米糧，愈見其少，於民食甚有妨礙。此皆從前該管大臣及官弁等，不實心查察，以致疎縱若此。著漕運總督托時，嗣後加意嚴查，務除此弊。如有仍蹈前轍者，即行重懲，毋得疎忽。（高宗七八、二五）

（**乾隆三、一二、庚子**）户部等衙門遵旨議覆：總漕托時、和碩和親王弘晝等，條奏剔除漕弊二摺。一、托時奏請嚴定私賣食米之禁。應如所請。旗丁多餘食米，該督嚴飭地方，及領押等官弁查察，必俟抵通交卸之後，方准變賣。如沿途指稱食米貨賣者，不論糙熟，照漕例一體治罪。一、托時奏請酌定營汛官兵賞罰。應如所請。營員失察盜賣，專汛之千把，照州縣失察例議處；兼轄之遊守，照府道失察例議處。拏獲一年二次者，專汛官紀錄一次；兼轄官至四次，紀錄一次。汛兵疎縱，照不應重律治罪，拏獲報官，將應入官之米價追賞。文職衙門拏獲，照武職一體議敘。一、托時奏請定小船偷載之罪。應如所請。小船人戶，受雇偷載漕糧者，照漕白二糧，過淮後盜賣盜買例，減二等發落。一、托時奏請嚴頭舵連坐之罪。應如所請。旗丁盜賣漕糧，本船頭舵不據實舉首，照竊盜同居父兄叔伯等知情不首例治罪。受財者，計贓從重論。一、和親王等奏：漕船艙口，用柵欄封鎖，以杜盜竊。查漕船米石，自水次以至抵通，數千餘里，沿途遇有風、火、洩漏、起剝等事，官丁等均須不時料理，柵欄封鎖，果否於軍船無礙，應交總漕，會同有漕督撫，妥議辦理。一、和親王等奏：嚴禁漕船貨買別幫餘米，抵補交倉之弊。應如所請。嗣後漕船抵通，交倉不足，無故掛欠者，不准買別幫餘米抵補。從之。（高宗八三、二一）

（**乾隆三、一二、丁未**）漕運總督托時奏請：定逃丁刺字之法，以杜革運復充，貽悞漕糧。報聞。（高宗八三、三七）

（**乾隆四、二、己丑**）吏部議覆：河東河道總督白鍾山疏陳漕運事宜：一、漕船盜賣米石，至五十石以上者，地方官降一級留任；一百石以上者，降一級調用。查旗丁沿途盜賣米石，大抵零星出售，是以定例重運入境，責令該管道府州縣巡查。如失察盜賣一起者，罰州縣俸六個月，道府俸三個月；二起者罰州縣俸一年，道府俸六個月；三起者，州縣降一級留任，道府罰俸一年；四五起以上者，州縣降一級調用，道府降一級留任。若如所請，以米石多寡分別議處，則盜賣四五起而不及五十石者，俱可免議，固於定例較輕。而不肖旗丁，希圖牟利，或有盜賣一二起，竟至五十石以上者，僅照定例罰俸，亦非慎重漕糈之道，應仍按失察一二起，合算米數至五十石以上者，地方官降一級留任，道府罰俸一年；失察一起以至三起，合算米數至一百石以上者，地方官降一級調用，道府降一級留任。一、旗丁盜賣米石，無不賄通催漕弁兵，其該管千總、將備，及押運官員，因未定有處分，視同膜外，應請嗣後有催漕弁兵需索旗丁，旗丁賄賂催漕弁兵者，分別治罪。領押官員與該管上司分別議處。一、漕船遇有旱淺，必須剝運，應請照東省已行之例，地方官豫雇民船按數給價，不許旗丁扣剋，船戶勒索。仍飭沿河官員，實力疏濬，毋得恃有剝船，致使阻淺。從之。（高宗八六、一五）

（乾隆四、九、丙辰） 戶部議准：協理山東道監察御史宮焕文條陳漕弊一摺。一、漕米漏濕不得曬乾攙和好米。應令倉場侍郎妥議題明辦理。一、夾帶私貨，不得越例，係現行之例，毋庸再議。一、蠹役簽盤，得受賄囑，以少報多。應令盤查之時，總漕親率善算之人，赴船細覈。一、汛兵需索，不顧風色，催趲前進，如有餽賂，聽其停泊，應令總漕轉飭沿途各官嚴禁。從之。（高宗一〇〇、一七）

（乾隆七、三、己丑） 戶部議覆：給事中陸尹耀奏稱，國家周恤旗丁，務從寬裕，缺乏掛欠，弊有由生。大約僉運，殷實者少，以辦公之資，儘私家之用。尚未過淮，花銷殆盡，弊端百出。土宜外攬載客貨，沿途停泊，催漕弁兵，以藉此需索，弊一。尖丁包攬使費，預先勾通簽驗，各役簽米，以少報多，以潮雜報乾潔，弊二。簽手上船，旗丁暗擲小包，簽手會意多報，無使費之名，巧於使費，弊三。趕過淮關，脫幫停泊，移前補後，爲盜賣地，弊四。攙和沙秕，抵換官糧，弊五。聚飲賭博，醵錢演戲，誤公妨運，弊六。使水用藥，霉變虧缺，弊七。催漕弁兵勾通丁舵，私買包米，弊八。領運隨幫等官，收受到任、節令、生辰規禮，需索銀錢，借貸土米，弊九。亦有乘運官收受規禮，挾制盜賣，運官染指，甘受鉗制，通同徇隱，弊十。頭船伍長，指稱運官，科斂各船財物，包交包受，弊十一。漕蠹奸丁，指稱過淮打點，兜收錢糧肥己，弊十二。提溜打閘，雇募短縴，折給糧米，弊十三。正副旗丁，管駕船隻，過淮之後，私自回家，令舵工包運包交，弊十四。夾帶私茶、私鹽、硝磺違禁物，弊十五。潛留犯事衿監、訟師、旗逃、卦子、白蓮、羅教、遠來不明之人，勾連生事，弊十六。至於攔截河流，欺壓民船，逞兇打降，盜竊攘奪，係水手之肆橫，所宜一體禁絕。但禁而復犯，犯而復禁，勢若循環，應請旨勅部飭行永禁，刊刻木牓，列南北要津，先教後誅，犯者自少。應如所請。從之。（高宗一六三、一七）

(乾隆七、九、丁丑)［兵部］又議准：給事中長柱奏稱，薊州地方，出有白土，薊運回空，帶來轉賣糧船，舂細過篩，攙和入米，一經發熱，便使米土潤染，亟當嚴禁。應請行直督，轉飭薊州文武官弁，俟糧船抵薊，即催回空，不許在該地方刨取白土，裝帶上船。并出示曉諭，沿河各市鎮鋪户人等，不許將白土賣與糧船。如嗣後經關口汛地，查出偷買白土，審實，將該弁丁及知情賣土之鋪户，照例治罪；并將不行查禁之文武員弁，分別議處。應如所請。從之。（高宗一七五、九）

(乾隆一二、九、戊申)諭軍機大臣等：聞江蘇清理積欠，此際有書役侵蝕，畏罪不能自完，仍浼糧户代爲應承實欠，重出完納者甚多，以致人言藉藉。清查弊竇，固難免議論。但原以除弊，而所聞果實，則是辦理猶未盡善，此弊尤宜釐剔。從前糧户完納之時，多有轉託吏胥，代爲輸將，而奸胥蠹吏，暗行侵蝕，在所不免。此次清理，若仍按糧户追納，小民有重完之累。著傳諭安寧，此項積欠内，有係吏胥侵蝕者，應向吏胥查追，不得任其狡飾，仍向糧户重科。務須加意稽查，妥協辦理。（高宗二九九、九）

(乾隆二三、四、丁丑)户部議覆：［漕運總督楊錫紱］又奏稱近年糧艘抵通，俱屬全完。然亦有疲幫掛欠，勒限始完。其弊非水次乾折即沿途盜賣。請嗣後抵壩兑米，但有掛欠，坐糧廳勒限完追。仍行綑打，其領運員弁，亦不准議敘等語。應如所奏，並令倉場將各省到通漕欠，丁名幫分，於年底造冊送部查考。又奏稱，旗丁有駕運之責，僉選必須殷實，若將已革貧丁欠項，概令新丁接受，是尚未出運，已受拖累。請嗣後衛所僉丁，舊欠官項不許勒令新丁接受等語。應如所奏，衛所僉丁，止令酌認篷桅椗索。至舊丁所欠，如有仍將公私欠項，勒令新丁接受者，或經告發，或被查出，即將抑勒員弁參革。從之。（高宗五六一、一九）

(乾隆四二、一一、甲子)兵部議奏：署漕運總督德保奏稱，近年糧船每多失風之案，黃河、大江、閘河水大溜急，或易失事。内河並無險阻，即風暴尚可力爲拯挽，乃失風案内河更多。總由押運廳弁並不實力稽查所致，且難保無奸丁，捏報失風，虧折黴變，買餘抵補情事。查失風處分，運弁罰俸一年，押運廳員罰俸六個月，其一幫内失風船隻多寡，並無區別，致廳弁視爲無關考成。請嗣後除在大江、黃河、洪湖、閘河内失風，查無情弊者，仍照向例辦理外，若江浙幫在鎮江口以内，江西幫在鄱陽湖以内，河南、山東、湖廣各幫均至臨清閘以北或一二隻失風，亦照向例議處外，其失風至三隻以上，運弁降一級調用。廳員罰俸一年；五隻以上，運弁革職，廳員降一級留任，旗丁杖一百、枷號一個月；捏報者從重定擬。其進瓜州、儀徵口至淮安，均係内河，失風者亦照北河議處。至實係夏時，大雨、山水驟發失事至數隻者，天津南由漕臣奏明，天津北由巡漕御史會同倉場侍朗奏明，分別辦理。均應如所奏。從之。（高宗一〇四四、三）

　　（乾隆四八、五、辛亥）户部議覆：浙江巡撫福崧奏稱，嚴除漕弊，酌定章程。一、定例江蘇辦漕按照區圖派廠收納；浙省不分區圖，隨廠交收，糧多之處，花户日以萬計，擁擠嘈雜，百弊叢生。請照江蘇之例，分別村莊遠近、收獲早晚，按照區圖，酌定日期，先行曉諭，使糧户依圖按日以次交納。仍遵例十月開倉，不得藉詞遲滯。一、辦漕州縣，稍不潔已，輒被人挾制，劣衿土棍，攬納醜米，復向小民浮收，以爲補苴之計。請責成該管道府，嚴加查察，並將搢紳巨户，某莊某人名下，應完額糧若干，於糧册内逐一註明。倘有倚恃父兄官爵，擅交醜米及強行代納者，隨時揭參，並飭印官遵例駐倉，秉公監兑，嚴禁折色納錢諸弊。一、收漕積習，每於書吏中，擇其有家計者，先令承修倉廠等事。開徵時暗點漕總，更名疊充，朋比作奸，又有謀爲辦漕幕友，及專充收漕長隨，甚至一經書薦，不必到倉，即分餘潤，大干例禁。請嚴飭州縣，將舊充漕總，查明年貌住址，據實禁革；其幕友長隨，概行屏絶。倘上司徇情囑薦，許州縣揭參。均應如所請。從之。（高宗一一八一、七）

　　（乾隆四八、七、庚寅）諭：據閔鶚元參奏，訪查上年收漕時，青浦縣知縣楊卓，於該縣生監倪溶等，攬收花户漕米，勾通漕書梅錦章等包納上倉，烹分餘利，一任朋比作奸，毫無覺察，恐有受其把持別情，請旨革職究審等語。劣衿把持公事，串通蠹書，包漕漁利，最爲地方之害。浙省久有此弊，以致鬧漕滋事，釀成大案。該縣與嘉與接壤，相習成風，自應查拏究辦，嚴加懲創。（高宗一一八四、一）

　　（乾隆五五、一一、丁丑）諭軍機大臣曰：福崧奏，江省各州縣，向有漕總名目，慣於舞弊。每年點充之際，各州縣並不遵例僉換，若不嚴革重懲，恐其暗中滋弊，影射朦混。查有長州等二十八州縣，漕總每縣二三名不等，共七十一名，業已按名斥革，拏解來省，枷號通衢，復發回該州縣。枷示漕倉門口，俟收漕完竣再行分別發落等語。江省近年漕務廢弛，福崧飭屬嚴辦，查出長州等縣漕總、蠹書七十一名，斥革枷示，所辦甚屬妥協。現已降旨，將福崧調補浙江巡撫，本年浙省嘉興府屬，有漕書浮收舞弊之事，恐該省各州縣亦有似此漕總名目，欺哄鄉愚，影射滋弊，不可不嚴行查辦。著傳諭福崧到浙江新任後，一體留心訪察，認真辦理。至長麟經朕棄瑕錄用，此時赴任江蘇，於地方要件益當加意整頓，以期積弊肅清。所有各州縣舞弊

漕總，即著長麟照福崧所奏，實力嚴辦，使各漕書咸知懲儆，毋或稍存姑息，致負委任。將此各諭令知之。（高宗一三六六、二）

（嘉慶四、九、癸未）又諭：岳起奏清查漕務積弊一摺，所指浮收折價及旗丁挾制需索各事，實爲切當，其另單所開幫船費用，出運陋規，並南帳北帳名目，足見實心查覈，將歷來積弊和盤托出。從此按款清釐，逐條嚴禁，可期漕務肅清。惟所陳諸弊內有一二未盡者，如每年開倉之先，即有本地紳衿，包攬同姓花戶，附入己產，上倉交納，圖佔便宜，或有以曾任職官品級等次，分別坐得漕規，即舉監生員之刁劣者，亦於中取利，州縣等懼其挾制，不得不從，而於良善小民，則肆意浮收，無所顧忌。此當嚴行飭禁者。又摺內稱，糧戶以潮雜下米，搪塞摳交一節，未必確實。小民終年力作，幸值有收，豈有不揀擇好米，上倉交納，以期速完官事？即實係乾圓潔淨者，州縣吏胥，仍不免勒掯刁難，令其守候多時，以爲折價地步，而謂百姓尚敢以潮雜下米摳交乎？此必無之事。岳起係旗人，外任未久，不能諳曉此種情形，未免爲州縣等所愚耳。其餘羅列各條，皆係確有所據，有漕督撫，俱當一律查辦。但各省浮收之弊雖同，而費用之條不一，俱應照岳起所奏，徹底清查，將各幫應領應用及沿途抵通經費陋規，各行開列清單具奏，不得稍有朦混遺漏。蔣兆奎居官素尚廉潔，今朕委以總漕重任，自當實力整頓。糧艘過淮籤盤，途次派員催趲，從前皆有使費，該督務須明查暗訪，永絕弊端。至倉場侍郎達慶、鄒炳泰，向曾共事，自能和衷妥辦。鄒炳泰又曾在通州教讀，於倉場諸弊，亦素有所聞，其應行嚴查禁止者，俱當悉心察覈，毋任書吏、經紀等仍前滋弊。然不可操之過急，有意苛求。若於事有難行者，而必勉強於一時，其法亦不能經久，將來又成具文耳。總之州縣既向百姓浮收，旗丁自必向州縣加增兌費，總漕、巡漕、倉場各衙門，又向旗丁層層索費，而其實無窮之苦累，則我百姓當之。今將諸費禁絕，則旗丁用度，不至竭蹶，何得復向州縣需索？而州縣既省兌費，又何得仍向百姓浮收？至有以收漕爲彌補虧空者，亦不過州縣借此藉口，恐亦有名無實也。現當整飭漕務之時，必須清其源以絕其流，使閭閻實受其惠，而於旗丁運費，仍當籌畫周詳，不使稍形拮据。前據戶部議覆，蔣兆奎奏設法津貼旗丁一事，已交有漕各督撫確查妥議。俟議到時，再降諭旨。將此先行通諭有漕各督撫及總漕、巡漕、倉場各衙門知之。（仁宗五二、二六）

（嘉慶七、三、辛巳）諭軍機大臣等：向來江浙等省漕務積弊已久，經朕節次降旨，整頓清釐，嘉慶四五兩年，有漕各州縣於徵收糧石，雖不能夥粒無浮，而從前加四加五加倍之弊均已革除。正望從此漕政肅清，俾閭閻永沾實惠。乃近聞江蘇去年徵收新漕，蘇州府知府任兆炯藉彌補虧空爲名，於岳起、王汝璧前，極言清漕難辦，慫通仍復陋規。岳起等初以爲不可行，後竟受其簧惑，將蘇松等四府全漕，盡委任兆炯督辦，聽其更張，照舊加收，殊堪駭異。漕務係糧道專責，該撫自應交該糧道督率經理，若該道李奕疇不能勝任，即應奏明更換，何以將四府全漕，專委於向日聲名平常之任兆炯一人督辦？且該督等既以任兆炯請復陋規爲不可行，何以不即參奏，轉復扶同徇隱，以致該州縣等竟敢公然仍復陋規，毫無忌憚。而劣監刁生藉此挾制取利，故智復萌。旗丁等見地方官加收糧石，亦欲多索兌費，任意勒掯，百弊叢生。兩年以來剔除漕弊、卹丁惠民之事，竟廢於一日。且該省藉口彌補虧空，縱令州縣恣意浮收，其實不過爲肥己起見。陋規既復，則上司取之州縣，而州縣仍取之百姓，層層朘削，無非苦累吾民。即云江蘇地方倉庫尚有虧缺，現須籌補，大小官吏惟當屛除浮費，節儉自持，以期漸次補苴，豈有浮收漕糧刻剥小民之理？此事不可不徹底查辦，以儆其餘。著交費淳、岳起各行明白回奏，並密爲察訪，如以上所指各情節一有確實，即行嚴參懲治。儻迴護瞻徇，稍有不實不盡，經朕另派大員前往查訪，訊出實情，費淳、岳起不能辭咎矣。將此諭令知之，並命傳諭漕運總督鐵保一體訪查具奏。(仁宗九五、一〇)

（嘉慶九、八、壬戌）又諭：向來旗丁交剩餘米，原准售賣，但不得賣與別幫掛欠之丁，任令弊混。況現行新例，俱係官爲收買。今台州後幫軍船虧短米石，竟敢私自買補。並將駁回黴變之米，復又私運至壩，而各幫餘米，公然賣與該旗丁湊合足數，均屬有干法紀。著將私買私賣之旗丁及船户人等，交刑部嚴審定擬具奏。至糧道達琳及押運通判德克進布、領運千總張超群，於該幫運通米石黴變及虧短至一千二百餘石之多，已屬咎有應得，又於旗丁等私自買補攙入米石，毫無覺察，俱著交部嚴加議處。(仁宗一三三、一〇)

（嘉慶一〇、五、己酉）嚴飭生監把持漕務。諭內閣：刑部議覆，鐵保等奏審擬吳江縣勒休知縣王廷瑄虧缺倉庫銀米，並生監王元九等勒索漕規分別定罪一摺。王廷瑄辦漕不善，挪移庫項，數逾二萬兩以上，實屬昏庸不職，著依擬應斬監候，仍勒限照數追完，再行分別辦理。餘均著照部議完結。至此案王廷瑄挪移虧缺數至累萬，皆因刁生劣監等在倉，吵鬧勒索陋規所致。今審訊確實，所有附和得規計贓較輕之吴景修等三百十四名，均經部議照該督所請，一併飭提責處。生監皆讀書人，今以一案而罪犯責處者，至三百餘名之多，閱之殊不愜意。但該生監身列膠庠，不守臥碑，輒敢恃符尋釁，挾制官長，吵鬧漕倉，強索規費，此直無賴棍徒之所爲，豈復尚成士類?朕聞各省劣矜,往往出入公門,干與非分,以收漕一節持地方官之短長,而江蘇爲尤甚。各該州縣或平日與之交結,遂其取求,慾壑既盈,即遇不肖官吏實有罔利營私等事,亦復袒庇不言,徒使鄉里小民,暗遭朘削;設稍不遂意,則遇事輒生枝節,每屆開徵時,挫交醜米,藉端滋事,動即以浮收漕糧列名上控,其實家無儋石,無非包攬交收,視爲利藪。此等惡習,大壞名教。今吳江一縣分得漕規生監,已有三百餘人,其餘郡縣可想而知。(仁宗一四四、二一)

　　(嘉慶一一、三、甲戌)諭內閣:御史邱勳奏,請嚴禁紳士包漕、州縣苛斂一摺。據稱,外省地方官於收漕時,例外浮加,慮劣矜從中挾制,先採訪紳士中平素好事者,豫行賄囑,許其包漕若干,其餘鄉曲貧民,因得任意浮收,重受其累,請旨嚴禁,等語。州縣徵收漕糧,均有一定科則,如果斗斛公平,嚴禁胥吏人等從中侵漁需索,地方紳士,誰能持其短長?乃州縣官不知潔己愛民,以收漕爲利藪,而刁劣紳士,遂爾生心挾制,私與官吏分肥,包收包納。其苦累者,乃係里黨窮民。此等澆風,實不可長,亟宜嚴行整頓。著各該督撫先飭禁地方官,力除加徵苛斂之弊,如尚有不肖紳士,敢於受賄包漕,習爲民蠹者,一經查實,如係職官,即指名嚴參,若係生監,即行斥革究治,務期貪墨知儆,而不肖劣矜亦無由逞其把持挾制之計,於吏治民風,庶有裨益。(仁宗一五八、二七)

　　(嘉慶一二、一一、壬子)諭內閣:薩彬圖奏請嚴申例禁,以肅漕政而重糧儲一摺。漕運上關天庾正供,下資俸餉民食,俱應交兌好米,以期久備倉儲。此次截留江蘇等處平糶米石,薩彬圖稱,據各州縣官稟,內中醜米極多。自係在本地兌收時有攙和夾雜之弊。薩彬圖請照舊案,令浙江辦漕各州縣官,派收兌新漕記書一人,隨同到淮等候盤驗,並將米樣封固一包,連用印記,交記書帶投,以憑驗對,則該丁等不能稍有欺飾等語,係專指浙省而言,但此外有漕各省分,於收兌時亦不免有此等弊。著通諭各督撫,嚴飭兌漕各州縣認真妥辦,儻抵淮時經總漕驗出攙雜醜米,即將該州縣據實嚴參。至所奏派令收漕經手記書帶同封固米樣到淮伺候盤驗一節,各省舊例,是否如此辦理,並著該督撫詳查妥議具奏。(仁宗一八七、二五)

　　(嘉慶一四、二、己未)諭軍機大臣等:本日薩彬圖、喜敬等奏,盤驗南糧首進幫船米色,尚俱乾潔,惟江淮三、六兩幫兌運溧陽縣米石,色黯者居多。緣該縣米質本屬潮嫩,又經由大小汛湖,適值陰雨連綿,起剝時稍有溼潤,未及風晾,以致色有不純等語。南糧係天庾正供,顆粒皆須純淨,今江蘇省溧陽縣兌運之米,旗丁等既明知米質潮嫩,即不應兌收。今甫經開行,尚未出省，而到淮盤驗之時，輒託稱陰雨連綿，致有溼潤，則此後大雨時行之際，長途行走，其黴損蒸變，更當如何？軍船剝運，事所常有，豈竟日久暴露，毫無苫蓋？明係地方官於收米之時，或因索受糧户錢文，聽其將醜米交納；或竟係勒掯糧户，多收折色，迨交兌時自買不堪之米，交與旗丁，而旗丁又得受地方官幫貼錢文，即不論米色高低，概行收兌。看來其弊不在糧户，而在州縣旗丁。至於盤驗過淮之時，如果該漕督等認真抽查，則旗丁亦豈能朦混？今該漕督等不加駁斥，輒准放行，於夾片內曲爲聲敍，以爲曾經奏明，即可自居無過，並稱一面咨明倉場，如果不堪久貯，即請先行搭放等語，豈非豫爲站腳地步，置倉儲於不顧耶？現在京中北新等六倉存貯稉米，即因上年雨水溼潤，黴爛不堪，已降旨嚴行查辦，該漕督等於今歲北來之米，又復如是含混，尚得謂之有良心之大臣乎？總漕薩彬圖、巡撫汪日章，均著傳旨嚴行申飭。此項米石，著全行駁回，該漕督等即妥爲籌辦，酌換好米。但旗丁不得因此向地方官藉端訛索，地方官亦不得向小民百計刁難。如又有此等弊竇，一經查出，更當加倍懲處。將此傳諭知之。（仁宗二〇七、三五）

（嘉慶一四、五、癸亥）諭內閣：御史李鴻賓奏，臚陳南漕各弊，請飭有漕各省督撫實力剔除一摺。近來各京倉存貯米石，聞有潮溼黴損，難於支放，雖由收貯不加詳慎，而其弊源，總由南省有漕各州縣及旗丁等，於收兌時相率舞弊，遂致運通米石，一經入倉，即有黴變等事。試思糧運爲天庾正供，國家年來爲河務修防，動費帑金數百萬，以通運道，且漕項需費繁多，計南來運米一石，所費不下數十金，豈可任米質低潮，徒多耗棄？自應釐剔積習，以清弊源。現據該御史奏稱，江西有漕各縣，倉厫多設省城，該縣並不將所收米石解省，祇令積慣包漕之家人攜銀赴省，向米鋪賤價購買低潮米石，攙水和糠，無所不有。各幫頭伍刁丁，又從而勾串該家人等，通同舞弊。慮及衆丁不肯受兌，遂私議每石貼給旗丁銀三五錢不等，名曰倉厫使費，其實大半爲刁丁吞蝕，儒丁不過得其一二，遂至隱忍受兌。迨潮米入船日久，勢不免於蒸溼黴損，抵通後慮難交卸，頭伍刁丁復賄商坐糧廳經胥人等，折價回漕，無弊不作。至重空運弁，苦累旗丁，則有演戲設席、斂取分金等事，頭伍刁丁又復從中冒濫開銷，藉端勒派，扣去應領水腳銀兩，或至百餘金不等，名曰各衙門使費。甚至糧船行抵內河，提溜打閘，刁丁復勾通運弁漕標批單勒取，每大閘向不過需錢二三千文者，今每船用至二十餘千之多。所奏情形，均屬切中時弊。江西如此，恐他省亦復不免。著有漕省分各督撫，嚴飭各糧道，將包辦倉厫、私賄受兌，及運弁刁丁等苛斂勒派疲苦衆丁各積弊，認真釐剔，務令各州縣旗丁徵收受兌米石，俱一律以乾圓潔淨爲準，庶運通交納及收貯倉廒，不復至有潮爛等事。各督撫惟當實力奉行，不可視爲具文，致干重戾。將此通諭知之。(仁宗二一一、五)

（嘉慶一四、六、乙未）諭内閣：朱澄奏請嚴禁番役、花戶、庫丁、爐頭不得掛名互充，以杜勾串積弊一摺。所奏是。步軍統領衙門設立番役，凡倉漕庫局人役，如有弊端，均有稽查緝捕之責，豈容與花戶、庫丁、爐頭等掛名互充，致滋勾結串通之弊？即如此次查出花戶高添鳳等侵盜通倉米石，前經祿康派令番役前往訪拏，該番役不但不肯指拏到案，直云並無高姓其人。旋訊出高添鳳之弟高二，現充番役，恃爲護符。昨查抄高添鳳家產，内有鑲玉如意，訊據高添鳳供稱，係番役馬凱致送伊母祝壽之物，是其平日之固結交好，串通舞弊情形顯而易見，若不嚴行查禁，必至流弊日深。所有此項人役，及各處庫丁、爐頭，應如何飭禁掛名互充之處，著步軍統領、戶工二部及管理三庫大臣、倉場侍郎，會同妥議章程具奏。尋議：京通各倉充補花戶，例有定限，若役滿之後，任其逗遛，自易滋弊，請嗣後役滿花戶，即飭令回籍，不許容留近倉地方，幫辦倉務，並不許子弟接充，以防盤踞。至番役專司緝捕、庫丁看守銀糧、爐頭鼓鑄錢文，均須熟手，未便定以年限，但查爐頭有告退病故者，准其子弟接充之處，究屬不合。請嗣後遇有爐頭告退病故者，倣照番役、庫丁之例，另募身家殷實者充當，仍將原領謄帖繳銷。再此項人役，分隸各處，人數既多，易滋冒混，應責成該管衙門，各設立花名冊籍，填註年貌籍貫住址，統以每月二十五日一體同日畫卯，按名點查，使其不能分身兼顧。遇有與花名冊内不符及無故誤卯者，即行斥革。如此明定章程，庶掛名互充等弊可以剔除。從之。(仁宗二一三、六)

（嘉慶一四、六、丙午）諭軍機大臣等：朕向聞南糧赴通，本省即折價虧短，沿途亦有盜賣情弊，以致到通後折價回漕，倉儲虧缺。此弊關繫漕運甚大，該督撫等，各行密訪嚴查，將該旗丁在本省如何虧短，及運米上岸在何水口，該水口是否現有囤積鋪戶，務即訪獲根究。再糧米顆粒不容上岸，該旗丁等，是否藉變賣土宜爲名，夾帶米石，亦當詳查底裏，據實具奏，不可稍涉徇縱。將此諭令河南、山東、江南、浙江、湖廣、江西各督撫知之。(仁宗二一四、六)

（嘉慶一四、六、丙午）又諭：朕素聞南糧在途，往往盜賣米石，並於虧短之後，有用藥發漲情弊。現因查辦通倉虧米一案，嚴詰已滿倉書高添鳳，據稱糧米用藥發漲，多在天津一帶地方，其藥名爲五虎下西川等語。直隸自安陵以北，道路綿長，糧船行走需時，必亦有盜賣之弊。著溫承惠即詳細挨查，勿稍疏縱，並著密派能事妥員，將賣藥之人一併拏獲，將此藥如何

製配，係何藥物，及平日如何串通舞弊之處，徹底訊明，據實奏聞。將此諭令知之。（仁宗二一四、六）

（嘉慶一四、六、丁未）又諭：古先聖王重農貴粟，國家經久之計，首重倉儲，天庾正供，顆粒不容短少。每歲漕船抵壩，起卸歸倉，收貯謹嚴，按時支放，特設倉場侍郎總司其事。該侍郎等經朕委任，自當督率所屬，慎重鈎稽，進米時不容偷減，出米時不容浮溢，此外一切弊竇，尤應隨時查察，逐處清釐，使奸胥蠹役，共知畏憚，無從措手，方爲無忝厥職。乃自嘉慶三年以來，歷任倉場侍郎，俱各怠玩因循，毫無整頓，以致已革倉書高添鳳，竟敢在彼盤踞，串通甲斗、花户、攢典、倉書人等，一氣把持，無弊不作。現在研訊之下，據該犯等逐層供吐，始而多出斛面、少收斛面，既而乘運送土米出倉之時，夾帶好米，以至將王貝勒貝子等俸票，重支冒領，加以釣扇偷竊，甚至私出黑檔，朦混盜領，出米尤多，作弊尤大。而監督等亦復通同舞弊，得賄分肥，明目張膽，毫無顧忌。近日甫將白米各廒，派員盤驗，尚未查竣，已虧短至十數萬石之多，殊可駭異。似此積蠹橫行，官吏狃法，不知該倉場侍郎所司何事，此而不嚴加懲辦，何以肅紀綱而聲職守？本應一律褫革，惟念同時出缺過多，且人材實難，若概予擯斥，亦覺可惜。因命軍機大臣查明各員在任年月，並諸色弊竇係起於何人任內，詳悉開單進呈，朕親加覈辦，按其任事久暫、弊竇輕重，分別懲處，以示公允。不必再交部議。（仁宗二一四、八）

（嘉慶一四、七、壬戌）又諭：吉綸奏，宿州二幫於六月十七日行抵東昌，有恒豐號田姓卸米一百三十餘石，經河汛把總孔傳鈖帶領兵役拏獲，現在行提該鋪户及幫丁運弁人等，嚴審查辦等語。可見運丁盜賣米石，係屬積弊，一經沿河營縣留意查察，即行弋獲。現在漕務諸弊均已和盤托出，嗣後各幫船經過停泊處所，稽查更宜周密。著沿河各督撫，飭令各該員弁隨時嚴切訪查，毋任稍有透漏，以杜積弊。其現獲各犯，即著該撫嚴審，按律定擬具奏。所有把總孔傳鈖及兵役人等，一經派委，即認真查拏，尚屬留心。著照所請，分別拔補獎賞，以示鼓勵。（仁宗二一五、八）

（嘉慶一四、八、壬子）諭軍機大臣等：前因南省漕糧，有在本省折價虧短及沿途盜賣等情，交各督撫嚴查弊竇，本日阮元覆奏之摺。據稱浙省漕白正米，均足額兑交，其漕船由杭、嘉、湖三處水次開行，數日即入江境，節節管束趲催，不能運米上岸，各水口亦無囤糧鋪户等語。所言殊不可信。浙江糧船，在本境數日之程，或未必即有盜賣情事，但各省積習相仍，本境先有折收之弊，地方官於開倉時，初尚徵收本色，迨後即向花户勒掯折收，將醜米攙入交兌，以致旗丁等乘間挾持，亦向州縣折收，該軍船於未經開行之先，其米石早有虧短，又何待沿途盜賣乎？至於開行之後，中途又不無盜賣、短少、攙雜、潑漲等弊，遂致到通時糧額短缺、米色黴變，弊端皆由此起。現在清釐漕務之時，蔣攸銛泒任方新，惟當嚴查積弊，不准州縣旗丁彼此私自折收，所有兌進之米，顆粒皆須乾圓潔淨，如查出前項弊端，即據實參辦，毋稍瞻徇，並飭令押運官員，沿途查察，不可使出境後盜賣舞弊，方爲周妥。將此諭令知之。（仁宗二一七、二四）

（嘉慶一四、八、丙辰）諭軍機大臣等：先福奏，確查漕運積弊，設法剔除一摺。先福所稱各州縣原收米色，本非一律乾潔，及運米到次，途中船戶偷盜灌水，並旗丁盜賣虧短各弊，言之鑿鑿。但知之非艱，行之維艱，且現在江西省城內，即聞有開設米局之事，恐各州縣仍不免折收米價、就近買交情弊，該撫既確有聞見，自當實力整飭，清釐漕儲。該省現當辦理新漕之時，先福業經起程來京祝嘏，著即飭交護撫袁秉直，將各項弊端認真查禁。至各州縣由水次運至省城，該撫酌擬或十船或二十船聯爲一幫，責成丁役管押，一幫上竣，即押令先行開駕等款，均著依議行，但須爲之以實，不可徒託空言也。將此諭令知之。（仁宗二一七、三二）

（嘉慶一四、一〇、庚子）諭軍機大臣等：汪志伊覆奏，訪查漕務積弊，並嚴定稽查章程一摺。據稱漕米未經兌船之先，責成州縣，既兌之後，責成弁兵等語。此係定例。如此，自應遵照辦理。湖北有漕各屬共三十四州縣，計兌運北漕者實止二十一州縣，共米一十五萬一千一百四十二石零，爲數無多，較他省稽查更易爲力。該督惟當嚴飭各州縣，於收漕時務須一律純潔，兌交好米，則該丁等自無所藉詞勒索。其餘盜賣、攙和等事，尤當嚴密稽查，有犯必懲，以除積弊。所有立定各章程，即著照該督所議辦理，飭屬一體遵循，勿任稍有疏懈爲要。將此諭令知之。（仁宗二一九、八）

（嘉慶一四、一二、戊子）諭軍機大臣等：本日都察院奏，常熟縣附監生沈旭來京，敬陳江蘇收漕、出洋二事。朕詳加披閱，所言皆切中該省弊端。漕糧浮徵，久干例禁，前此常、昭二縣漕書，竟有另製大斛，加收八斗等事，實屬不法。至米石出洋，甚有關繫，不惟妨於民食，且盜匪得此接濟，藉以活命，更滋充斥。即如沈旭所稱，有司但知得受陋規，或經民閧盤獲偷犯奸徒，解官究辦，旋即開脫，並指出奸儈王長發包買包運，自係實有其事，均應徹底詳查，剔釐積弊。著章煦將常熟縣漕書張政和、周復興，昭文縣漕書張奎揚，並常昭奸儈王長發，飭屬密爲訪查，如有舞弊實據，即詳加究詰，嚴行懲辦。將此諭令知之。（仁宗二二二、四）

（嘉慶一五、一、丁丑）又諭：官犯甄士林，因民欠漕米未完，畏避誤運，加收斛面抵補，並濫責鬧漕之張樹桂一案，定擬發遣新疆。雖所收並未入己，案內張樹桂因病身故，亦驗無因傷致死等情，但究係浮收釀命，其咎甚重。所有刑部奏稱甄士林妻兄范鈢具呈代爲贖罪之處，著不准行。（仁宗二二四、二二）

（嘉慶一五、六、甲辰）諭軍機大臣等：阿克當阿奏陳漕務弊端，請旨嚴禁一摺。近年漕運稽遲，固由河道多阻，而旗丁等遷延貽誤，種種弊端，亦尚未禁絕。如摺內所稱軍船虛報開行日期，以及私帶貨物過多，船尾復攜帶木筏，以致輓運不前，甚至軍船每修一次，輒加寬長，以爲私帶貨物地步。此等弊竇，實皆到通遲誤之源，自應概行飭禁。著交各督撫等實力查辦。至糧船夾帶私鹽，以致病商誤課，則關繫尤重。近來淮綱滯銷，多至數十萬引，本日閱阿克當阿所奏，重運北上之時，竟於天津公口岸等處，豫行定買私鹽，回空裝載銷售，此外山東、江南地方，亦有載私之處，各幫皆然，而江廣幫爲尤甚，計其所帶私鹽，多至十餘萬引，甚至過揚州時不服查驗，竟欲拒捕傷差等語。似此明目張膽，肆無忌憚，若不嚴拏究辦，豈不墮官引而滯淮綱？看來亦非盡旗丁、水手之故，押運官弁，恐不免包攬縱容，地方文武及總運、催趲各員弁，亦必有得規賣放情事，必須加以釐剔。向來天津鹽政，例應扈蹕熱河，因思彼時正值回空滋弊之時，嗣後該鹽政毋庸前往，著責令在天津專心查辦此事，並著直隸總督飭令地方文武，一體查禁。其沿途山東、江南等處，著該督撫及巡漕等認真稽查，如敢仍前肆意夾帶私鹽，將旗丁等照例治罪，並將得受陋規之文武員弁一併參辦。將此傳諭溫承惠等，並諭阿克當阿知之。（仁宗二三一、一〇）

（嘉慶一五、七、辛巳）諭內閣：本日據步軍統領衙門及稽查俸米御史等奏，查出關領俸米以糠充數兩摺。各官員赴通關領俸米，經朕特派步軍統領及御史巡查，原欲使米石全數入城，不致顆粒偷漏，以杜回漕之弊。乃該車夫等膽敢串同舖户，先行在通售賣，將糠粃充數，希圖朦混入城，情殊可惡。此項米石，是否係車夫舖户私行串賣，抑或竟係領米各員知情授意，不可不徹底根究。所有拏獲之車夫黃五、管七等各犯，及未獲之雇車人項五、鮑三著一併拏交刑部，嚴行審訊，如祇係車夫舖户等串商弊混則已，儻領米之員有商同牟利情事，即著嚴參，一體究辦。此後俸米入城，務當嚴密抽查，毋任朦混。（仁宗二三二、三四）

（嘉慶一五、八、己酉）又諭：據戴均元等奏，查驗二進軍船米石，內松江各幫米色不純者居多，至金山、江淮五兩幫，兌運青浦、婁縣之米，內有八千五百餘石攙雜較甚，閒有黑丁入倉，難以久貯，請照向來辦過成案，先行開放等語。軍船兌運米色，節經降旨，總須乾圓潔淨，毋許攙雜，況本年曾據江蘇巡撫章煦奏稱，恐松江等處近海地方產米未能乾淨，是以嚴飭糧道認真查驗辦理。乃現在金山、江淮五兩幫攙雜米石仍有八千五百餘石之多，可見地方官奉行不力，該撫亦查察未周。章煦著傳旨申飭。此項攙雜米石，入倉不耐久貯，現當趕辦回空之時，既難概行駁換，而各幫到通已遲，食米短少，又無從易換好米，祇可照該侍郎等所請，先行開放。至轉瞬即辦理新漕，該撫務當力除積弊，嚴飭糧道，督同地方官認真辦理，期於一色純潔。儻明歲到通之米，再有似此攙雜不純，致不能歸倉久貯，彼時必當重治伊等之罪，不能寬貸也。（仁宗二三三、二三）

（嘉慶一五、九、乙卯）諭內閣：戴均元奏，續查興武四幫兌運松江華亭縣漕糧內，有經潮風晾之米一萬二千四百二十餘石，現雖乾燥，而攙雜黑丁，體質受傷，難以久貯，又興武七幫兌運青浦縣之米，內有四千八百十一石零，業經黴變，難以收貯等語。江蘇漕糧，前日甫據倉場查有金山江淮五幫兌運之米多有攙雜，茲復查出興武四幫之米，又有一萬二千餘石攙雜受傷，甚至興武七幫米色均經黴壞，固由旗丁收兌後並不小心照管所致，而地方官交兌，恐亦不能一色純潔。此項米石，又係松江府屬華亭、青浦二縣之米，巡撫章煦著再傳旨嚴行申飭。除興武四幫攙雜米石，姑照戴均元所請暫為收貯，先行開放外，其興武七幫黴變米石，即暫時亦難收倉，著照數駁回，所有黴變米石，前經有旨責令幫丁照數賠繳好米，搭解歸款。即著該漕督查照定例辦理。（仁宗二三四、二）

（嘉慶一七、二、甲子）諭內閣：章煦奏，拏獲跟幫盤剝、病漕害丁之積棍，分別嚴辦一摺。糧道李長森，因丁力疲敝，留心察訪根由，親獲跟幫索債各犯，起出歷年借券，並米照印文，稟請查辦。該道曾任藩司，罷斥後經朕復用為坐糧廳，知有漕船負欠積弊，今擢任糧道即能訪拏得實，以除積蠹，尚屬留心整飭。李長森著加恩賞給加一級，以示獎勵。所有現獲各犯，著章煦即審明，按律定擬具奏。至負欠各丁，現當開兌之際，無庸提質，該撫所辦甚是。其供出跟幫索欠各廠犯，該撫已分飭江安糧道等按名查拏，著即緝獲歸案辦理，此外無庸紛紛搜查，以杜擾累。至漕船轉運，天庾正供，通州有此棍徒盤踞滾利，大干例禁，著倉場侍郎、順天府尹一體出示嚴禁，除漕船零星借貸不違例禁者，在所不究外，如有廠戶等仍前重利盤剝，及指索公項註償私券者，一經查出，定當嚴懲不貸。（仁宗二五四、二一）

（嘉慶一七、七、丙子）又諭：榮麟等奏，查驗興武六等幫，米石灰黵，分別辦理一摺。江蘇婁縣等處，兌運漕糧，米色灰黯，除不堪收受之米易換食米交卸外，其攙雜黑丁篩颺不净者，興武六幫共米二千四百八石，江淮五幫共米二千九十二石，若概行駁回，爲數較多，入倉又難久貯，姑照所請，另廠存貯，先行搭放，俾漕船迅速回空。漕糧爲天庾正供，該省兌收時，即應慎選米色，一律乾潔。迨過淮時，由總漕盤驗，遇有米色不純者，立即飭駁。該處距兌漕各省，道里較近，駁換亦尚易辦，若不認真查驗，遠涉數千里，轉運抵通，坐糧廳及各倉監督，自顧考成，孰敢遷就報收？一經駁回，損耗必多。即權宜搭放，以不堪久貯之米，陳陳相因，倉儲之受弊滋甚。此次蘇松兩屬，漕糧灰黯者，多至數千石，章煦辦理不善，許兆椿簽盤草率，俱著交部察議。本年江省兌運新漕，著百齡、朱理嚴飭所屬妥協經理。幫船過淮時，並著許兆椿認真盤驗，毋得仍前疏懈干咎。（仁宗二五九、八）

（嘉慶一七、七、戊戌）諭內閣：榮麟等奏，查驗南糧三進，浙江台州前等幫灰嫩米石，爲數甚多，難以久貯，請另廠收存，與十六年存貯之米掉換先放；又驗明尚可食用米石，實係七成，請將不敷成色，令糧道等分賠等語。所奏殊未明晰。此項灰嫩之米，共有八萬數千餘石之多，該倉場侍郎既稱實係七成，究竟如何分別成色？是否重加篩颺，或如何分貯廠內，將來開放時，又如何作爲七成，榮麟等摺內均未逐一聲敘。著該倉場侍郎明白回奏。其黴黯不堪收受之米，共一萬六千六百餘石，著照議駁回，勒限一年分賠完交。至江淮頭幫補交之米一千八百八十餘石，驗係乾潔，著即起運交倉。其江淮四幫買賠米九百六十石，仍係攙雜，著即行駁回，飭令下年照例賠補搭解。（仁宗二五九、二九）

（嘉慶一七、八、甲寅）諭內閣：御史陸泌奏請飭禁通壩驗收漕米諸弊一摺。據稱，幫船灣泊通壩，經紀各役，俱勒索使費，約計每船用銀八十兩至一百二、三十兩不等；至倉場侍郎下幫驗米，舍人、丁役、轎夫等，每幫約用制錢二百四十千，坐糧廳減半，如不滿所欲，即挑斥米色，多量斛面，任意拋灑，種種積弊相沿等語。本年抵通幫船，均已兌收完竣，回空南下，該御史所奏，並未指名，難以紛紛提究。著倉場侍郎等，於明年重運抵通時，先將該御史所陳各項情弊，出示嚴禁，如查有經紀吏役人等私行勒索，即嚴拏懲辦。儻該侍郎等容隱不舉，別經發覺，定將伊等一併懲處。（仁宗二六〇、一一）

（嘉慶二〇、八、甲子）諭內閣：給事中傅棠條奏慎重漕務、剔除積弊一摺。其寬地方官處分，嚴辦匪棍，以安運丁一條，匪徒私結黨，隨幫行走，勾串舵工水手，勒詐滋事，原應嚴拏懲辦，沿河地方官果能實力查拏，自不至干吏議。若將失察處分，先行寬免，伊等視爲事不干己，概不過問，必致匪棍等益無忌憚。又漕船行走，宜派沿河營汛弁兵遞站護送一條，各幫船設有押運官弁，經過地方，並有文武官員催趲照料，如有盜賣、搶劫等事，隨時即可查辦。若令沿河營汛撥派兵丁護送，無論營制兵額不敷差委，且因糧艘北來，紛紛調遣官兵，亦無此政體。又重空漕船行抵稅關，毋許任意停泊一條，糧船行抵稅關，原不准其藉詞停留，其應納稅課，由各關監督即時稽查抽收，沿途並有官爲趲催，亦安能任意耽延？又各幫運弁宜給銅質關防一條，設官分職，頒發印信關防，各有等差，漕弁向用鈴記，由來已久。其總押漕運文員，自有隨帶印信，以昭慎重。若將運弁紛紛鑄給關防，輕改舊章，殊於體制不協。該給事中所奏，均窒礙不可行，著毋庸議。（仁宗三〇九、一二）

（嘉慶二二、六、壬辰）又諭：潤祥、莫晉將查明鳳陽、常州幫受兌米色不純，各具摺奏聞，並將米樣呈覽。鳳陽、常州幫受兌宜興、荊溪二縣漕米，該倉場等既公同驗明夾雜不純。此內應行賠換米二百石，著即令該丁等照數賠補，潮濕灰暗米八千餘石，交該糧道等督令上緊挑晾風篩。所有此項漕米四萬六千九百餘石，既難久貯，准其分派本年八、九兩月輪放甲米各倉先行開放。至該丁等供稱在淮賠換時，知府卞斌並未購買稉米，係買春熟秧米散給幫丁，而以幫丁日食稉米，易換抵補。潤祥摺內又稱，訊據該丁等初供，有每石加銀六錢，繼稱係行月折色，又供係篩米之費等語。所訊情節不甚符合，著將伍丁劉洪慶等解往江南，交孫玉庭提同解任知府卞斌及案內一干人證，秉公審訊，不可稍存迴護，審明後分別定擬具奏。潤祥、莫晉摺，及進呈米樣，俱著發給閱看。（仁宗三三一、二五）

（嘉慶二三、一〇、乙酉）又諭：御史費丙章奏，請除糧艘積弊一摺。糧船水手等倚恃人衆，違例裝載貨物，夾帶私鹽，甚至沿途糾夥尋鬪，必應嚴辦示懲。據該御史奏，本年五月間有浙江温後幫水手艾三等，在山東虎頭灣閘勒索錢文，毆傷運弁幫役之事。著漕運總督、山東巡撫嚴飭上緊查拏，審明按律治罪。至漕委人數，屢經飭令裁減，其過閘關纜人夫費用，亦應確覈定數。又漕船收米時向有飛爬走攛等弊，該御史奏請令旗丁執斛，倉書行概，是否行之無弊？均著漕運總督，會同該督撫妥議具奏。再旗丁串同船户盜賣官米，於剝船暗造夾艙夾梁，著該漕督通飭各運弁嚴行查出，從重究辦。其總運官員，該省漕糧自開行以及抵通，皆其職守，不得藉圖沾潤，隱忍誤公。嗣後該督撫務擇廉幹之員，專以責成，勿得藉口調劑，以肅漕政。（仁宗三四八、一六）

第五節　工程支出

一、河工水利

（一）黃河河工

（康熙九、九、丙辰）工部議覆：河道總督羅多疏言，修河工程額用協夫三萬四千八百餘名，請於江南、山東兩省僉派協濟。查僉派夫役恐道遠民艱，又官吏借端滋擾，不便准行。其協濟夫役，應行召募。查舊發工役銀每日四分，今加給二分，則工程不致違誤。得旨：河工關係重大，時近冬寒，勢不容緩，倘臨期應募無人，復行僉派，必致遲誤。著該督先行竭力召募，儘所得人夫供役；如萬不能得，就近量行僉派協濟，仍一面作速題明。該管官員，務須加意撫恤，不得借端科擾，困累小民。餘依議。（聖祖三四、三）

（康熙九、一一、丁卯）工部議覆：刑科給事中張惟赤疏言，河工協濟人夫，皆經該地方津貼而來，江南各府方被水旱之災，正項尚且議蠲，額外豈堪重累？前部臣主募夫之議，原定每名給工食銀六分，今河臣雖改用派夫，豈有募則給工食而派遂不給工食之理？所宜一體議給。應將原派地方按月津貼之銀，行令停止。查兩河工程所給夫役工食，先經總河題明，日給四分，今協濟之夫，於役遠方，應照前會題募夫工食之例，每日給銀六分。至於津貼之費，責令地方官曉諭停止。從之。（聖祖三四、一七）

（康熙一二、三、辛巳）工部議覆：河南巡撫佟鳳彩疏言，河工派夫，貽累地方，請動支錢糧，僱夫供役，即於河南八府一州之地，每畝派加釐毫，即可補項。應如所請。得旨：按畝加派，甚屬累民，著以河庫錢糧，僱覓夫役。如錢糧不敷，具疏題請。（聖祖四一、一六）

（康熙一三、二、甲辰）工部議覆：河道總督王光裕疏言，請裁江南河工額夫，停止僉派，以甦民困，其歲修應用夫役，動帑雇募。應如所請。從之。（聖祖四六、四）

（康熙一七、一〇、己巳）工部議覆：安徽巡撫徐國相疏報，本年七月二十一日，黃水泛漲，將碭山縣石將軍廟、蕭縣九里溝二處衝決。查本年二月，總河靳輔請銀二百五十餘萬兩，大修河道，動工已及九月，未知所修工程何如？今又衝決多處，應請遣大臣，前往查勘。得旨：著戶部尚書伊桑阿、右侍郎田六善前往查勘。（聖祖七七、一六）

（康熙二一、一〇、丙戌；柬乙酉）勘閱河工戶部尚書伊桑阿等題：臣等奉命前往至黃河，將兩岸隄工逐段丈量，所築隄工及減水壩等處有不堅固、不合式者，俱一一注明册內，聽工部查核外，查河道關係運道民生，當軍需浩繁之際，該督題請大修河道，一勞永逸，皇上特允所請，給銀二百五十一萬餘兩，令其修治，一切事宜俱照該督所題准行。今限期已逾，錢糧俱已用過，見在蕭家渡決口九十餘丈，宿遷、沭陽等處田地淹沒，黃河不歸故道，本年糧艘雖已北上，將來運道尚屬可虞。至所修工程，多有不堅固、不合式之處，與一勞永逸之言大不相符，應將該督並監修各官，交與該部從重治罪。其不堅固、不合式等處，責令賠修。得旨：九卿、詹事、科道會議具奏。（聖祖一〇五、六；東七、二四）

（康熙二一、一一、庚申）九卿等會議尚書伊桑阿察勘河工一疏：查册開不緊固、不合式隄工共一萬五千餘丈，漏水隄工四千餘丈及減水壩二座不緊固之處，應將河道總督靳輔即行從重治罪。但康熙二十年四月內，已將靳輔革職戴罪督修，且該督奏稱蕭家渡雖被衝決，海口大闢，下流疏通，此口堵塞亦易。應暫停處分，將監修各官俱行革職，戴罪賠修。若仍踐前轍，將該督并監修各官加倍從重治罪。不得濫派民間，限六個月修竣。得旨：靳輔仍著革職，戴罪督修；修築各官，俱著革職，戴罪監修；勒限將蕭家渡決口堵塞。但河工關係重大，所需錢糧浩繁，若責令賠修，恐致貽誤；仍准動用錢糧，勿得借端科派，擾累小民。（聖祖一〇六、七；東七、二七）

（康熙二二、四、丁丑）河道總督靳輔疏言：蕭家渡合龍，大溜直下，七里溝等處逐漸坍塌，險汛日加，應行修理共有四十餘處，并黃河之天妃壩、王公隄，運河之一切閘座，修防約需工料銀十五六萬兩。查原額河道錢糧有二十六萬兩，因捐除荒災，止有十八萬餘兩，內除夫食、歲修等項，止存八萬餘兩。請照原額撥補，務於每年三月內盡行解足，則工程永固，運道永通，民生亦永遂矣。得旨：蕭家渡決口堵塞，黃河大溜直下，七里溝等處逐漸坍塌，險工甚多，關係緊要，應速行修築，務令隄岸堅固，不致再有衝決。所需銀兩，著將就近見在錢糧先行動用，後以河銀補項。（聖祖一〇九、五；東八、五）

（康熙二二、七、己亥）工部議覆：總河靳輔，大修清水潭、蕭家渡等口，并歲修工程，共二十八本奏銷錢糧。上曰：河道關係國計民生，最爲緊要，前見靳輔爲人似乎輕躁，恐其難以成功，今聞河流得歸故道，深爲可喜。以後宜加嚴愻，勿致疎防，方爲盡善。其各本俱依議。（聖祖一一一、一七）

（康熙二四、一〇、己酉）九卿議覆：總河靳輔疏言，高寶等七州縣下河應築隄高過海潮，於沿海口地方挑河，白駒場等處建閘，諸工需銀二百七十八萬餘兩，請先發銀一半償工，俟涸出額餘官田，取佃價償還。又高家堰應加密排樁、丁頭小埽，再於隄裏挑小河、築束水隄，共需銀五十三萬餘兩，請先撥銀三十萬兩。又黃河兩岸築隄工銀一百五十八萬餘，請先撥銀五十萬兩。俱應准行。上諭大學士等曰：靳輔題請治下河之法，在築隄束水以注海，其工費將涸出田畝所佃價償還等處，九卿會議准行。朕思田畝涸出，便當與民墾種納糧，若取佃價償還，恐致累民。九卿等特不敢自爲主張，故議准行耳。至高家堰幇築工程，實爲緊要，朕舊歲南巡，量度水勢，見前人創築高家堰以捍洪澤諸湖，頗有深意。今此堰若或潰決，則黃河亦難保固。至黃河兩岸隄工，似在可緩。況三工兼舉，需費錢糧甚多，倘他處或有水旱災荒，恐國用不敷，難供賑濟之用。此事關係最鉅，爾等當詳議具奏。（聖祖一二二、二三；東九、一二）

（康熙二五、四、癸巳）先是，工部等衙門遵旨會議，河道總督靳輔疏言，黃河南北兩岸，應築束水隄，長三十萬丈、頂寬二丈、底寬六丈，高八尺，需費一百五十八萬四千兩。查各州縣被水淹廢湖灘，築隄束水之後，可以涸出開墾，計得四萬餘頃，令民佃種納糧，則挑河築隄之費，可以稍補。乞准借撥庫銀五十萬兩先爲興工，其餘不敷，俟陸續分收籽粒，并佃價銀兩，逐漸接濟。定限六年告竣。工完之後，不特向來蠲除災荒額賦，可以盡復，而每歲更可加增新賦十餘萬矣。應均如所請。奉有亦著總河靳輔再行確議之旨，至是，靳輔回奏，復請照數撥給興工。下工部等衙門議行。（聖祖一二五、一七）

（康熙二五、五、戊午）先是，上命大學士等，以開濬海口事傳問九卿及淮揚所屬之在京官員。至是，大學士等覆奏：臣等尊旨問九卿及淮揚等處見任京官喬萊等。據喬萊等云，積水須有去路，開一尺有一尺之益，開一丈有一丈之益，雖低窪之地，未必盡涸，而諸壩所減之水，淹沒田地，斷能涸出。但得實心任事、爲國爲民之人，自然成功。七邑錢糧有限，又因災傷蠲免，畢竟皇上發帑金救民更速等語。據九卿云，先薩穆、哈穆稱額前往相度海口，以水勢甚大，難以開濬，因議暫停。湯斌原任江寧巡撫，所見必確。今稱開海口有益，故復議應開。上曰：衆議共稱應開，薩穆、哈穆稱額爲何以爲不可？彼但憑信高成美之言，自己全不曾詳察耳。此事必須委用得人，方可成功。孫在豐有才，著發內帑二十萬兩，前往督修。功若可成，再酌量動支正項錢糧。（聖祖一二六、二三；東九、二四）

（康熙四八、四、壬寅）工部議覆：河南巡撫汪灝疏言，豫省黃河南岸之黃埂壩素係險工，臣遵旨修建挑水壩一座，又於上流下護崖埽七十丈，俱各工竣，請每年動支河庫銀兩修防。應如所請。從之。（聖祖二三七、一一）

（康熙五八、三、己亥）戶部等衙門議覆：河道總督趙世顯疏言，黃河、運河一切工程錢糧，每歲題請發帑，請以清江浦附近淮安關，於淮安府屬裏外兩河同知內，揀選一員管理。照例徵收額稅銀十九萬兩外，節省浮費等項，可餘十五萬兩，交河庫以濟工需，庶免題請發帑之煩。應如所請，將此節省銀兩，解交河庫。倘收稅之員於十五萬兩之外，仍收浮費，該督撫指名題參。其應徵銀兩，如有虧缺，將徵收之員，并該管總河，一并議處。從之。（聖祖二八三、二二）

（雍正一、六、甲子）諭工部：據河南巡撫石文焯奏稱，黃河南岸中牟地方河隄衝決。著嵇曾筠前去，知有諳練河工之人，奏聞帶往。再八旗漢軍現任候補官員，及註誤革職人員內，有願往河工效力者，該部開列，交與總理事務王大臣，將家道殷實、人材可用者，挑選十人引見，朕派出四五人，亦交與嵇曾筠帶往。嵇曾筠到河南時，將此決口，作何堵築之處，與河南巡撫石文焯、總河齊蘇勒公同商議，即速修築堅固。其州縣被衝人民，應賑濟者，即速賑濟，毋致失所。向來河南預備河工錢糧，恐不敷用，此項工程，著將司庫正項錢糧動用，工完之日，查核銷算。派出人員，至河工時，如果效力勤勞，有河員缺出，應保奏者，即行保奏補授；若無缺出，具題議敘。再將諳練河務者，常留數員於工上，自於緊要工程有益。（世宗八、九）

（乾隆一、一、丁未）又諭：河南孟縣地方，有小金隄一道，捍禦黃河，向係民修民築。朕思民力不齊，工料欠缺，則修築多不堅固。即使果能堅固，而每歲攤派銀錢，民間亦未免竭蹶。著河東總河將此項隄工，確實勘估，委員承修。其需用銀兩，統於歲搶修項下動支報銷。毋得絲毫派累。（高宗一〇、一一）

（乾隆一、二、丁丑）設沁河隄工長夫。諭：朕聞河南武陟縣木欒店沁河隄工，關係民居廬舍。每年派民夫修築，以防水患。里民按畝派錢，約計二千四百餘兩，頗為地方之累。若設立長夫三十名，歲支工食三百六十兩，即可省民間二千餘金之幫貼。著該部傳諭河南總河白鍾山，照此辦理。其設立長夫，每年應領工食，即動豫省存公銀兩給發，不得絲毫累民，永著為例。倘胥吏、土棍等，仍有借名科派者，交與該管官嚴查，從重治罪。（高宗一二、二二）

（乾隆一、三、戊申）工部議准河南巡撫富德題覆：鄭州一帶河道，自祥雲寺至張家橋，應挑濬者，計長一千三百一十丈；自張家橋東南至夏家莊，應挑濬者，計長一千七百九十二丈；其北岸土堰，應加築者，計長一千八百五十二丈；自夏家莊至中牟境合河口，應於夏家莊繞東取勢挑挖，接入楊兌橋，東達合河口，應挑濬者，計長五百九十九丈。南北土堰，均須加築；賈家岡以東，至中牟境合河口，以西至楊兌橋，上下應加築子堰者，計長一千五百五十四丈。通計此項挑濬、加築工程，覈實估算，共需工四千九百七十三兩零。請於司庫耗羨項下動支應用。得旨：依議速行。（高宗一四、二八）

（乾隆一、一二、戊辰）兵部議覆：河東河道總督白鍾山疏言，東省黃運兩河，向設千把總八員、河兵六百名，但無守備管轄約束，猝遇險工，恐致貽誤。請添設河營守備一員，聽山東管河道管轄。又請於豫省南岸及東省黃河各工，豫貯防險銀兩。預省司庫，支銀一萬兩，分貯歸德府、鄭州、武陟、封邱縣庫；東省司庫，支銀三千兩，分貯曹、單縣庫，以資購料搶護。應如所請。從之。（高宗三二、一七）

（乾隆二、二、壬戌）工部議覆：河東河道總督白鍾山疏請修築黃河南岸虞城縣汛，王家樓迤西彭家集一帶隄埽，共長二百八十八丈，估銀六千九百兩有奇。應如所請。從之。（高宗三六、五）

（乾隆三、三、癸丑朔）工部遵旨議覆：河東河道總督白鍾山疏稱，豫省黃河南岸鄭州汛十七堡隄工，入秋以後汛水疊漲，全黃奔注，塌去老崖，直逼隄根，危險異常。督率道廳等搶護下埽，共計工一百五十丈，動支銀七千九百九十六兩有奇。又疏稱，豫省黃河北岸，封邱縣汛十三堡，向無埽工，頗為險要，另行接築月隄，以資捍禦。六月伏汛內，水勢已至新隄，復於迎溜頂衝之處，建築挑水埽壩，挑溜開行，保護一帶工程，共動支銀一萬九千六百五十六兩有奇。均應如所請，從之。（高宗六四、二）

（乾隆三、四、辛亥）河東河道總督白鍾山奏：前議准河南署任同知朱俠詳議黃河南岸儀封縣汛十六堡對岸開挑引河，估銀二萬四千六百餘兩。今臣於裹隄幫築、挑濬，工成，僅需一千六百餘兩。得旨：此皆卿實心實力，辦理得宜之所致也。覽奏曷勝欣悅！（高宗六七、三二）

（乾隆一一、九、壬戌）署江南河道總督顧琮奏，陳家浦漫口工程共用銀二萬二千二百兩，前經奉旨，令白鍾山賠補。嗣白鍾山以同知李奇齡辦理失宜所致，題准著落該員賠補。所有此項銀兩，究於何員著賠之處，請勅部議遵行。得旨：此何必交部議，李奇齡若能賠完，自應李奇齡賠補。其不足者，於所查白鍾山寄匿項內扣補。將奉旨處，咨部知之。（高宗二七五、一七）

（**乾隆一三、九、庚申**）諭軍機大臣等：據高斌所奏，黃河南岸工程，加高培厚，夫工樁埽等項，據實報銷，總不出年例歲、搶二修錢糧四十餘萬兩之數等語，此摺現交部議。南河工程，隄岸遼遠。三汛水勢，盈縮不齊，是以歲、搶二修工費，寬裕定數。而在工人員，因定有成額，恣意浮冒，以無爲有，以少報多，不應修而修，不應搶而搶。從事於加高培厚，而河身日漸淤墊，究非長策。總河職司稽覈，以其不出此數，例得開銷，受其蒙蔽。是四十萬之數，乃叢弊之根株。不思國家帑項，事事當歸實用，河工雖定有歲修、搶修之名目，果能實心經理，豈竟無可節省之處？即如永定河，今年那蘇圖並未興工，而安流順軌，安然無事。可見河流平穩，盡有不待修防之歲，此亦平水土者所當留心也。著傳諭高斌知之。（高宗三二四、一五）

（**乾隆一三、一〇、辛卯**）工部等部議覆：大學士管南河總督高斌奏稱，江南隄工，每歲加高五寸，銷銀不過三萬兩，綿亘千有餘里，經歷一年，人畜踐踏，風雨摧殘，所加五寸，僅抵剝蝕，是以不能如豫、東兩省之高厚。請將歲、搶二修樁埽錢糧節省之數，斟酌多寡，每歲相度平險，於歲加五寸外，隨宜加培，所用錢糧，總不得過四十萬兩，統於該年樁埽等工，彙册報銷等語。查歲、搶報銷，向無定額。今若以四十萬兩爲准，恐開捏報侵冒之漸。應行令河臣，督同該道，親行確勘，審視水勢之大小，工程之平險，有應加培者，逐一妥辦，仍照例分案造報。從之。（高宗三二六、二八）

（**乾隆一六、一、戊辰**）兩江總督黃廷桂、江南河道總督高斌等會奏：據工部咨開，具奏江南河工，建設木龍，迄今十餘載，添設非一。估用木料銀二十餘萬兩。河督雖聲明俟木龍通工告竣報覈，未有定期。恐木植日多，新舊牽混。應令將工程情形，及如何即可告竣，所用錢糧木植作何清銷，詳查奏辦。奉旨，令臣等查奏。查江南河工，清口爲黃、淮交匯，河防第一要區。自乾隆五年，試立木龍，北岸停淤，各壩埽工節省。現今南岸舊壩沙灘、淤數百丈，北岸陶莊引河，已成河身，即不開挑，黃水不致倒灌。唯積土未經刷盡，若木龍停止，南岸漲灘，難免刷動。是以尚未竣工，安東設木龍數年，地已停淤，埽工平穩，但溜未南趨，亦難停建。王營、煙墩、孟誠庵等處，大溜未遠移，仍須相機辦理。至所用木料，年久日增，自宜亟爲清理，請自乾隆五年至十五年，將舊木新木並淤沉折損木分年確覈，以上年存工存廠者爲舊管，以本年添購，及別工撥用者爲新收，以折損沙淤及移撥別工者爲開除，以現存工存廠者爲實在。並將已銷已估、併未題估之處，聲明造册，送部查覈。其已估未銷，及尚未題估者，統限半年內，覈實銷估。得旨：著照所請行。（高宗三八一、一七）

（乾隆一八、九、壬申）又諭：據尚書劉統勳奏稱，徐州、銅山縣黃河，衝開縷隄越隄一百四十餘丈，溜勢全行掣過，奪河之形已成。督臣鄂容安住工，率領員弁搶護。此處河形，真趨靈壁、虹縣、睢寧，俱係七月間報災之處，已分遣人員，即行撫卹等語。昨據鄂容安奏報，即經降旨，令該督等加意撫綏，毋使災黎失所。策楞、劉統勳、鄂容安現駐銅山辦理。但此番查辦南河弊竇，糾紛旁午，加以堵禦決口、稽察散賑，諸務叢集。而在工員弁及地方官新舊更易，又多生手，著尚書舒赫德帶同白鍾山，即行馳驛前往，協同辦理。今年江南黃河漲溢，雖屬天災，然果平時工程堅固，何至於此？皆由高斌等徇縱屬員，經理不善所致。即將伊等拏交刑部，重治其罪，亦所應得。但伊等轉得脫離工次，且亦由朕之誤加任用，數年來爲伊所欺，轉行自咎耳。著即令高斌、張師載，將漫決各工，勒限堵築完竣，其疎防賠修之處，仍照例辦理。高斌素稱諳練河務，今雖離任，其一切舊有工程，悉其調度。若悠悠之口，謂因釐剔弊端，更易新督，以致工員解體。是覈實稽弊，竟不可行，轉使劣員得肆其狡獪伎倆。國家功令，尚可問乎？現據劉統勳奏稱，該處於九日初間水勢已十分險急，該管員弁並不速報，直至漫決已成，始行具稟等語。明係積年冒銷，隄工本屬卑薄，及見清查積弊，遂乘此漲漫，不復上緊搶救，聽其潰決，轉可彌縫，如此幸災樂禍，亟應置之重典。所有該工員弁，俱著革職拏問。該督等遵照前旨查明，從重辦理。（高宗四四七、九）

（乾隆一八、一〇、丙戌）諭軍機大臣等：策楞等奏清查南河工料及善後事宜諸摺。河工積弊，相沿已久，自高斌等辦理不善，其弊益甚。如本年歲修搶修工料銀五十六萬，應覈減者，乃至八萬餘兩之多。與其事後減銷，使各員先已侵蝕花費，及至覈減一定，總不能按數完交，何如當估修之始，撙節支給，俟完工找領。此皆高斌不肯實心稽覈，是以誤縱於前，滋弊於後也。且准銷之項四十餘萬，已不爲少，而河徙淮漲，何能救於萬一？河工弊竇，一至於此，苟非極力振刷，難望肅清。但現在漫決要工尚未修復，下游災民，日在昏墊，尤當以搶築決口、開挖引河，導歸正溜，爲目前急務。著將此旨傳問高斌等，伊等更有何說也？至於工程善後，尚未暇議及，俟尹繼善到日，再議定章程，從容整頓。計尹繼善到時，所有要工，諒已就緒，再將此議，公同熟商，次第查辦，庶查察詳明，可以剔除諸弊。若目今即汲汲以善後爲事，而黃河正溜，反不能令速歸故道，殊失緩急之宜。著傳諭策楞等，令將現在河溜情形、及如何疏導，速行詳悉覆奏。至羅倫、黃煊虧空，已有旨諭部，照陳克濬之例辦理。其蔣尚憲等所虧銀兩，既係本年覈減之項，著勒限年半。較陳克濬等限期已寬，如仍不竭力完繳，則法在必行，定一體正法。再所有應查次年歲搶各工，雖係河督承辦之事，但策楞現駐銅山工次，可令舒赫德、劉統勳酌量，或同尹繼善或同富勒赫，遍歷勘估，將此一併傳諭舒赫德等知之。尋舒赫德、策楞覆奏南河積弊，當即遵旨辦理。現在張家馬路，已開挖引河疏導。蔣尚憲等虧空銀兩，飭於限內完繳。次年歲搶各工，於十月秒，十一月初查估。屆期臣等酌定一人，同往妥辦。得旨：覽奏俱悉。(高宗四四八、一四)

（乾隆二六、九、丁巳）又諭曰：高晉奏籌辦黃運湖河善後工程，約估需銀四十厲兩，請就近酌撥等因一摺，甚非覈實辦工之道。今年江省運河一帶，雖有風暴漫溢之處，然黃河大勢，實因豫省上游奪溜，下游得以不致盛漲，是江南所有工程，迴非楊橋可比。從前所降諭旨，特令其於賈魯河散漫下游處所，先事防範。遇隄工殘缺汕刷，亦不過閒段補築，俾足資捍禦可耳，何至需用如許浩繁？在豫省重險要工，現在需用不下三百萬，朕亦何所靳惜？但欲以此例之江省，則輕重大爲失倫，南河歲修，已有定款，今即因此番增修，應需撥帑務用，亦何至與常年大相懸殊？且國家經費有常，今年豫省工賑各項，所費不貲，爲大臣者，理宜通盤籌算，悉心調劑。摺內以隄岸各工，概議加高培厚，謂之善後，於工程緩急，全無差等。況覈之現在堵築各口所用，又不在此數，尤非情理。向來河員積習，惟以工多帑費爲得計，而工係水土，亦難確覈。高晉初任總河，未免爲屬官慫恿。尹繼善久任江省，何以不行詳覈，遽會詞陳請？高晉現赴河南，所有江省實在應辦各工，著交與伊繼善，令其另行通覈加意撙節，妥議奏聞，並將此摺因何如此估辦緣由，一併聲明，到日再降諭旨。(高宗六四五、九)

（乾隆三○、七、丙申）兩江總督管江南河道總督高晉議奏葦蕩營各事宜。一、葦蕩左右兩營，並船務營，共設渣、柳、石船五百七十隻。於黃、中兩河，裝運額柴濟工，易爲風濤所壞。其與修例未符者，向著弁兵採賣餘柴修補，既恐貽延，且致冒濫。嗣後請將駕駛不慎，以致損壞者，令其自行賠補，餘准動項修整。一、蕩地寬闊，去水口甚遠。每年雇民挑挖支港，需費二千餘兩，向借款先辦，採賣餘柴歸還。嗣後請歸官辦，霜降後，動項勘濬，年終，於餘柴項下還款。一、渣、柳各船，原設兵撐駕。其石船四十四隻，係雇水手，額設工食八個月，而運柴需十個月完竣，其不敷兩月，亦請動項墊發，以餘柴歸補。一、黃、中兩河，催趲稽察，向設守備一員、效用外委六名，難於兼顧。請添設把總二員、外委二員、效用外委四名。一、每年所採餘柴，應照額柴例，分派各廳濟工，其運費，請一體給發，即於所繳餘柴內扣領，毋庸動項。一、書役紙張、工食，委員往來盤費，請覈每年餘柴多寡，定所賞之數。得旨：如所議行。(高宗七四一、八)

(**乾隆三三、一二、戊寅**)諭軍機大臣等：據阿思哈奏：請將豫省河工每年歲修節省銀兩儘數加築隄岸一摺。所見殊於事理未協。河工每年所定歲修之額，不過約略成數而言，其實遇有大工年分，所費何啻十餘萬。若照常工程減少時，即數萬亦可敷用。至該省所稱約用十一二萬之數，已屬膠柱鼓瑟。今阿思哈既以每年約銷十一二萬兩爲劃定數目，又以一二萬兩請儘數加築隄工，按其情形，竟與估計包工無異。即以埽工而論，所動之十一二萬，豈必盡皆緊要，寧不可覈實撙節，以辦土工？且河兵在汛，每當防守餘閒，又何難令其隨時畚土保護。若必以所餘之數，盡爲每歲加高培厚之用，曾不思隄身綿亘甚長，計每十里加築數寸，費已不貲，此一、二萬金所培有幾？又豈按年易竟之功。縱使果有增高，而此數寸浮土，略遇風大，即吹卷無存，亦何足以資鞏衛？是欲盡動歲修銀兩，徒滋河員弊混冒銷，而於隄工仍屬有名無實。阿思哈本未諳習河務。此奏蓋爲何煟所愚，於事殊無裨益。著傳諭吳嗣爵，將阿思哈所奏情節，悉心籌覈是否應行酌辦之處，逐一確查，據實覆奏，毋得稍有瞻顧。尋奏，查豫省黃河，身寬十數里至二十餘里不等，較江南河身窄狹、有一灣即生一險者不同，故埽壩工程，亦較南河爲少。河面既寬，溜勢去來無定，埽工旋平旋險。其無埽工處所，大隄以外，俱有河灘外高內窪，平時水不上灘，則兩隄高峙，遇伏秋盛漲，漫水上灘則浩翰無際，隄工處處受險。撫臣阿思哈因有將節省儘數幫隄之議。但工程之平險，視水勢之大小，若將土埽劃爲成數，恐各工員視爲年例額支，啟興工冒銷之弊，所奏應毋庸議。至河工隄以防溢，埽以保護隄，二者並重。豫省隄工向無另案加高款項，嗣後遇有應修段落，按盛漲時水誌，隄工高寬者無庸辦理外，其出水卑矮及單薄者分別增培。仍照成例，即在搶修內節省可緩之埽工，辦理緊要之土隄。得旨：二語得之矣。祇可如此。(高宗八二五、一二)

(**乾隆三九、一、癸未**)是月，大學士仍留兩江總督統理河務高晉、江南河道總督吳嗣爵奏：上年六月，奏報新建木龍，挑溜成效，奉硃筆於新木龍迤下圈示，應將舊木龍第二架，移建其地。臣等於霜降水落，親往陶莊對面審勘。應紮新木龍，長二十五丈、頭寬三丈、尾寬四丈、牽寬三丈五尺。惟拆起舊建第二架木椿，尚不敷用，應添估銀二千六百餘兩，已飭廳趕辦。於正月初六日開工，限汛前紮竣。報聞。(高宗九五一、二六)

(**乾隆三九、一〇、壬午**)又諭：據吳嗣爵、薩載奏，外河廳屬老壩口漫溢隄工，自九月初八日開工進埽，晝夜儧趕，茲於九月二十八日卯時合龍。鑲柴壓土，立見斷流，黃河大溜全由故道歸海等語。覽奏深爲欣慰。老壩口漫工，關係緊要，今於兩旬之內，趕辦合龍，甚爲妥速。除高晉、吳嗣爵俱有河工專責，前此漫口時，已從寬免其處分，毋庸再予議敘。至撫臣薩載，並非管理河務之人，今協同吳嗣爵，董辦速竣，著交部議敘。其在工出力員弁，著高晉查明咨部議敘。所有下埽築隄兵夫，著查明分別加賞。又吳嗣爵另摺奏稱，用過正雜各料及工夫錢文，共銀十一萬兩有奇，此内道、府、廳、縣、叅、遊、守備並文武汛員，應行分賠之數，照列按股著賠，追繳完款等語。殊屬非是。吳嗣爵身爲總河，於修防事宜，不能先事籌備，以致隄工漫溢，已不能無曠職之愧。乃於此項應賠銀兩，祇奏請令道府以下各員攤繳，而於河臣無一語提及，自欲置身事外，竟不畏人非笑。吳嗣爵可謂恬不知恥者，若使高晉在工同奏，必不肯如此辦理。素知吳嗣爵慳吝性成，即此一端觀之，其希圖諉卸掩飾之處，實爲可鄙。所有此項應賠銀十一萬餘兩，吳嗣爵係專任總河，且有惜費諉過之事，著分賠銀二萬兩，以示懲儆。高晉兼管河務，其責亦重，著分賠銀一萬兩。其餘銀八萬餘兩，著道、府、廳、縣、叅、遊、守備及文武汛員，分別攤賠完繳，以昭平允。吳嗣爵並著交部嚴察議奏。朕於諸臣功過賞罰，惟度事理之是非，悉視其人所自取，初無畸輕畸重於其間也。將此通諭知之。（高宗九六八、一二）

（乾隆四四、一、乙巳）諭軍機大臣曰：袁守侗等奏，籌辦儀工情形一摺。據稱，新斜壩之埽，漸次鑲出，兩面兜收，溜勢自挑向北趨。並遵照圖內標示處，將西首淤灘，切去四十七丈，俾溝口愈向西北開寬，溜勢到此，自更可吸川下注。再西壩展寬斜壩，已占河面數丈，大溜挑逼漸遠，東壩下埽後，水勢更向北趨，引溝以西之北灘，日有塌動，將來斜壩築成，自能挑迴急溜，暢達引河等語。皆此時好機會，看來此次合龍，尚屬易辦，佇盼喜音。至另奏勘查隄岸，並籌辦善後事宜一摺，所奏未免太遲。據稱八堡、新莊兩處要工，共估需銀二萬五千九百餘兩，交藩司榮柱照估發銀，委員趕辦，月內即可完工。其儀、考、新工並時和驛隄外土堰及楊橋、黑堌各隄岸，應辦善後，共估需銀十二萬三千零八十六兩。今桃汛將至，不便再遲，應即於藩庫支撥，遴派勤能州縣，分段實力築做。定限二月初一日興工，三月初十日以前一律告竣等語。善後工段，固屬關係緊要，但自興工至完工不過一月有餘，爲期太迫，施工難免草率，未必能果有實濟，此乃姚立德因堵築之事，未能速竣，毫無主意，或更爲屬員慫恿，致有此議。即袁守侗於河工，本非素習，今於此事，未能悉其利弊，遂爾列銜會奏，伊等在彼，亦必不能親身履勘，使各工皆實做實銷，則所辦仍屬有名無實。若祇顧目前，潦草塞責，及遇有伏秋大汛，仍不能抵禦，彼時即將袁守侗、姚立德二人，重治其罪，亦何益於事乎？大約工程，河臣及地方官皆所樂辦，袁守侗雖係欽差，但在豫日久，所謂久客成主人，恐不能力為主持，若有高晉，朕必無此慮也。今其事所關甚大，且豫省昨歲被災亦重，不可不遣重臣往視。已派大學士公阿桂前往豫省，查勘善後各工，是否必須如此辦理，據實勘奏，於河務民生，方有裨益。朕非因伊等估需十餘萬金，心存惜費，但恐徒費無益耳，朕於利益民生之事，從不靳多費帑金，即如豫省此次工賑，以發帑一百六十萬兩，豈於河防善後事宜，轉有所吝乎？如各工果係必需成做，能使工歸實用、帑不虛糜，即照原估多費一倍，朕亦無所靳惜也。現距桃汛，為期不遠，施工不宜再遲。即著照伊等所奏，於二月初一日興工，設或其時，阿桂尚未到豫，亦不必等候，致將來或稍遲誤，轉得有所藉口，不妨一面興工，俟阿桂到後，再加細勘，其虛實更可立辨，原屬並行不悖也。至袁守侗既奏辦此事，即有責成，未便遽離豫省，必須俟今年伏秋大汛過後，新工俱各平穩，方可回京。現在軍機處及刑部，俱有人辦事，並不少袁守侗一人也，此旨著由六百里加緊發往，如儀封已經合龍，即速加緊奏報，以慰厪念。（高宗一〇七五、六）

（**乾隆四四、二、戊午**）又諭：豫省河工，堵築漫口，現在尚未竣事，著於部庫內，再撥銀一百萬兩，解往備用。該部遵諭速行。（高宗一〇七六、九）

（**乾隆四四、一〇、甲寅**）工部議駁，河東河道總督袁守侗奏，原任總河姚立德疏報，乾隆四十三年，豫省黃河南北岸，搶修、歲修共用銀二十三萬三千九百二十六兩有奇，經部駁以為數太多，不准銷，奏請飭臣據實刪減，經臣行查各廳，並無浮冒，請銷到部。查該督所開加高土工用銀四萬兩，係奏借庫項，分年扣還，應准照原奏辦理。惟歲搶修銀，比較往年，均有浮多，仍應飭令覈刪。得旨：工部議駁袁守侗等覆奏豫省黃河報銷歲搶修工程銀數一摺，所駁各條，俱甚得理，即問之姚立德，自亦無可置辯。況既經漫口之後，上游因何復有險工，需費轉多於往歲？更屬情理之不可解者。但恐該省去年多費，果有不得已之實情，並非屬員浮冒，則又不可不覈實辦理。今阿桂現駐河干，督辦壩工，無難就近查覈。著傳諭阿桂即會同袁守侗，秉公確覈，或係浮冒應賠，抑係實用應銷，即行分晰據實具奏，再降諭旨。將此由六百里發往，工部原摺，著發寄閱看。尋阿桂、袁守侗會奏：遵旨明查暗訪，證以臣等在工所見，上年河水泛漲異常，工險費重，修築鑲墊，至年終始畢，時日較久，除加高土工銀四萬兩，餘十九萬三千九百二十六兩有奇，均係實工實用，應請准銷。從之。（高宗一〇九二、五）

（乾隆四四、一二、甲寅）諭：前因豫省黃河漫口，節次撥給部帑及兩淮鹽課銀三百六十萬兩，以備工賑之用。現在堵築事宜，業屆歲工，恐需用不敷，著戶部再撥銀二百萬兩，照例迅速解往，以資接濟。該部即遵諭行。（高宗一〇九六、六）

（乾隆四五、二、壬申）又諭：據大學士公阿桂等奏報，自本月初六日，開放引河後，日見暢達，又連值順風，全河溜勢掣動八分，因於十一日，趁機堵合，未逾數刻，金門立見斷流，大溜全入新河，其有腰漏掛簾之處，率同帶往司員馮應榴、舒濂并司道、知府等，分頭督催，竭數晝夜之力。金門一帶，具已閉氣，從前水深至十一丈者，均已停淤，止剩四丈餘。所有腰漏等處，亦已填壓堅實，從此黃流順軌，永慶安瀾等語。昨據薩載奏，徐城誌樁長水一丈一尺餘，雲梯關長水四尺九寸，溜勢湍急，全黃已復故道，直達歸海。此次儀封決口，辦理幾閱兩載，特命重臣前往經理，發帑五百餘萬兩，近復將引河大展寬深，接做挑水壩，逼溜北趨，始將溜歸正道，荷蒙天佑神助，幸得成功，朕感謝之餘，益深虔敬。向來河工漫口合龍，例得邀恩議敘，但亦應計時日久暫，如三十九年老壩口隄工漫溢，二十日之內，即報合龍，在事大臣，自應加恩議敘。至此次則幾閱二年之久，方克蕆事，朕惟感謝天恩神佑，而於朕心方深愧歉，即在事大臣如阿桂等，休戚相關，誼均一體，亦不肯仰叨天功，更邀議敘。至分頭督催之司員馮應榴、舒濂，司道江蘭、王啟緒、朱岐、張有年、沈啟震、康基田等，晝夜催趲，分力宣勞，非大臣可比，著仍交部照例議敘。……至此次漫工，若照向例，糜費工銀，應著落在事大小官員賠補，但此番辦理情形，實非從前漫決可比，阿桂等悉心經理，亦不遺餘力。所有用過工料銀兩，俱著准其奏銷，毋庸議賠，惟決口究因平時防護不慎所致，從前河臣姚立德、撫臣徐績實難辭咎。鄭大進到任不久，不必議，著阿桂查明伊二人任內所辦隄工歲修等項，分別著落賠補，以示懲儆。朕辦理庶務，一秉大公，今日因阿桂報到，特令隨營之大學士督撫等，與軍機大臣一同召見，明降諭旨，并將此宣示中外知之。（高宗一一〇一、七）

（乾隆四五、一一、癸未）江南河道總督陳輝祖奏，勘辦徐屬黃河兩岸善後各工。查豐碭、銅沛、邳睢之黃河大隄，本年黃水盛漲，隄工俱形單薄，急宜加培高厚，以資抵禦。今估豐碭廳所屬，需土方銀二萬九千餘兩；銅沛廳屬，一萬八千餘兩；邳睢廳屬一萬九千餘兩，照估興修。又豐碭廳屬之天然閘，本年啟放，保護徐城。該閘上下引河，查明淤墊者，應年疏濬。北岸大穀山以上，舊有順隄河形，汛水漫灘，下注之水，甚爲洶湧，應築壩挑護。又徐城石工之外，向年修做護石埽工，今歲塌卸石工之外，所填碎石，甚爲得濟，已有明驗。嗣後徐城一帶，未做護石埽工之處，如遇溜勢趨逼，即拋填碎石，不必加添柴埽，以資擁護而省錢糧。得旨：好，知道了。（高宗一一一八、一二）

（**乾隆四五、一一、庚子**）又諭：據李奉翰等奏，籌辦緊要隄工一摺。內稱，擬於五堡、九堡處，築越隄一道，長一千五百五十餘丈，築高八尺，與兩頭隄工一律相平，兼得重門保障。又擬於十八堡至三十四堡，築圈隄一道，長五千一百二十餘丈，共估銀五萬餘兩。自屬應行辦理之事。李奉翰等即派明練州縣，分段承築，委本管道府來往督摧，聽營駐工監辦，依限早竣，務使工歸實用。俱著照所奏辦理。至張家油房，從前所建挑水壩六十丈，在彼時挑溜北趨，自爲得力。今已經合龍，大溜直下，覺留此壩根，轉於全河暢注之勢有礙。朕觀所進河圖，自儀封三十四堡起，至考城四堡，隄外灘寬，毋庸築隄處所，恐明春汛水發時，挑水壩根逼緊，或轉致溜勢南趨，正當李奉翰等所築東西兩隄之間，無重隄之處，或近刷隄根，尤不可不豫爲籌及。令將此處并挑水壩處所，俱用硃筆圈出，或將挑水壩量行拆短，並將自西至東硃筆橫畫出處，展寬河身，俾全河足資暢注，且免汛水長發時漫灘之患，如何？李奉翰等即悉心酌妥辦理。將此由六百里傳諭知之。（高宗一一一九、一六）

（**乾隆四六、三、己亥**）欽差大學士公阿桂、兩江總督薩載、江南河道總督李奉翰奏：桃源縣屬九里崗一帶，前經奏撥河夫挑濬，惟土性堅實，中間橫亘崗沙千餘丈，水深僅二三尺，較之上下游深六七尺及丈餘者，顯屬高仰。全河未免梗阻，但水底不能施工，挑濬亦屬無濟，惟於北岸坐灣處，自李家莊起至臨河集北首止，取直開挑引河一道，計長一千一百四十丈，口寬四十丈，底寬二十八丈，通身挑深二丈，俾大汛直注，上游自易消落。估需銀十一萬二千餘兩，俟奏准分段趲挑，務於五月內完工。得旨，宜速爲之，但不可因欲速而工不實。（高宗一一二七、一五）

（**乾隆四六、四、壬申**）江南河道總督李奉翰奏：黃河北岸王營減水石滾壩，從前修造時，金門原寬三十丈，直長六丈一尺二寸，壩面既窄，壩底又高，並離黃河僅二十丈，啟放之際，湍溜直下，衝損樁石，跌成深塘，堵塞甚費周章。相其形勢，應移下八十五丈，距黃河縷隄一百丈，下至監河一百六十餘丈，另建石滾壩一座。金門仍寬三十丈，直長改至二十丈，較舊壩放低四丈，上下兩唇，俱用碎石填築，加釘關石木樁，以資攔禦。共估銀五萬四千餘兩。現屆大汛，先行採辦料物，秋後興築。報聞。（高宗一一二九、三三）

（乾隆四六、七、壬戌）署兩江總督薩載、江南河道總督李奉翰奏：臣等親勘魏家莊至沈家窰一帶淤灘，計程二百六十餘里。地既寬長，又多灣處，只好間段挑挖十四處，估土方銀二萬五千七百六十餘兩。其九里崗一帶，應將前挑之引河展寬十丈，并於河頭迤上接挑淤灘處，亦加展十丈。按淤土高下，挑自七八尺至一丈不等，共估土方銀三萬七千五百九十餘兩，已派員分段勒限辦理。得旨：亦祇可如議行。今河南北隄奪溜，所慮在山東諸湖及運道，又不止此。奈何！（高宗一一三七、二七）

（乾隆四六、八、丁亥）又諭：據富勒渾奏，堵築漫口，籌辦夫料一摺。豫省堵築缺口、挑挖引河，所需物料，自應寬為豫備，趕緊辦理，以期迅速合龍。至從前阿桂等奏請加價之案，係分作十年，於各州縣內帶徵還款。著傳諭富勒渾，即將此項銀兩，現在已完若干、未完若干及作何辦理之處，查明據實具奏。尋奏：加價之案，奏定自四十六年為始，於地丁錢糧項下，每年攤徵銀十萬二千八百餘兩。茲查本年已完銀六千一十五兩八錢零，未完銀九萬六千八百四十七兩九錢，現在陸續交納。得旨：覽。（高宗一一三九、三）

（乾隆四七、五、壬寅）諭：據富勒渾奏，籌辦南岸添築隄工、開挖引渠，計長一百七十餘里，現在集夫興工，先於司庫借墊，給發工價。俟大工告竣後，照例覈銷等語。此次築隄改渠，需費繁多，前經於部庫解銀三百萬兩，恐尚不敷應用。著於戶部庫項內，撥給銀一百萬兩、內務府撥給銀一百萬兩，查照向例，派委妥員迅速解往，以濟要工。（高宗一一五六、一六）

（乾隆四七、五、乙丑）山東巡撫明興奏：曹縣北岸隄工，地名黃奶奶廟，最為險要。今添挖河身，由商邱七堡，歸入大河，建瓴直下，該處埽工，尤屬當衝。今請於黃奶奶廟迤東而南，挑挖引河一道，東西直接河身，俾黃水順暢，即可化險為平。再查曹縣民人，因上年黃水下注，現在尚未涸出，聞有挑河工程，雖願赴工受雇，而內顧多虞，今蒙展賑三月，全家餬口有資，又知遷移草瓦各房，均經給費，踴躍赴工。得旨：覽奏稍慰。（高宗一一五七、一五）

（乾隆四七、六、甲申）諭軍機大臣等：據鄭大進覆奏，直省協濟豫工挑築人夫，其飽暖者憚於遠涉，貧寒者苦無安家，非豫給工價，不足以動其趨利之心。現於大名廣平等府屬，酌量代雇夫五千名，每名借給安家盤費銀三兩，先於直省司庫動支，將來仍俟豫省解交藩庫歸款，並札商韓鑅等，俟需用時，再行雇撥等語，直省協濟豫工之夫，亦祇可如此辦理。其所稱人夫不樂遠涉情形，朕從前早經慮及於此，今據所奏，果不出朕所料。總之小民趨事赴工，自求口食，在被災歉收地方，召募較易。著傳諭富勒渾、韓鑅，如將來豫省所需人夫，約計山東協濟雇募，可以敷用，自不必更籌別辦，致令遠涉非便，倘或尚不敷用，江南被水地方，災民自多覓食。富勒渾等即可就近知會薩載等，令其代為雇募，自較直隸更為便易。總以通盤籌畫，務使人夫足用，而又聽民自便，俾踴躍樂從，方為妥善。韓鑅、鄭大進等，一面妥商辦理，一面奏聞。（主宗一一五九、六）

（**乾隆四七、一二、丙戌**）諭曰：李世傑奏，豫省南岸，改築新隄，挑挖引河，大工已屬垂成，部撥及司庫解工銀兩，尚不敷用，請於附近省分，酌撥銀一百萬兩解豫等語。豫省南岸工程，將次告蕆，需用銀兩，既有不敷，自應豫為籌備，即著於部庫內撥銀一百萬兩，照例解往備用。（高宗一一七一、一四）

（**乾隆四八、二、壬戌**）諭：豫省河工挑挖引河，節經頒發部庫銀六百萬兩，現在將屆開放引河之期，一切需費尚多，著再撥給部庫銀一百萬兩，照例迅速解往備用。（高宗一一七四、一）

（**乾隆四八、五、丁酉**）恩免豫工攤徵銀款。諭：據李世傑奏，豫省堵築青龍岡漫工及築隄濬渠，歷次酌增夫料價值銀九百四十五萬三千九百餘兩，請分作三十年攤徵，以紓民力一摺。豫省自辦理大工以來，歷次部撥及動用司庫銀千萬餘兩，無非為百姓保護田廬、輯寧家室。所有採辦料物、雇募人夫，俱於例價之外，寬裕給值，俾小民踴躍趨事，以期迅速蕆工。其例價外酌增銀兩，自應分年均攤帶徵還款，在百姓等依限輸將，亦屬分內之事。但此次為數甚多，而上次漫工案內，又尚有攤徵未完銀九十餘萬兩，若按年帶徵，民力未免拮据。朕自御極以來，勤恤民依，覃敷愷澤，普免天下地丁錢糧者三次，普免各省漕糧者二次，不惜萬萬帑金，俾閭閻共臻康阜，又何靳此千餘萬庫帑，而令小民每年於正賦之外多此徵輸耶？況現在仰荷上天孚佑，大工告蕆，自應廣澤推仁，與斯民咸慶盈寧之福，所有此次該撫等所請分年攤徵銀九百四十五萬三千九百二十餘兩，以及上次攤徵未完銀九十四萬五千餘兩，俱著加恩普行豁免，以仰答昊蒼嘉貺，並示朕惠愛黎元、為民藏富至意。該撫其徧行曉諭茅簷蔀屋，咸使聞知，均霑實惠，毋任不肖官吏從中滋弊。該部即遵諭速行。（高宗一一八〇、八，東三七、三三）

（**乾隆四八、五、庚戌**）恩免山東河工攤徵銀款。諭曰：豫省堵築青龍岡漫工及築隄濬渠，酌增夫料價值銀九百四十餘萬兩，前據李世傑奏應行攤徵業經加恩普行豁免，因思南岸開挑新河，考城、商邱以下係山東曹縣地方，由東省承挑，亦必有酌增銀兩，特降旨詢問明興，令其據實具奏。茲據該撫查明，東省挑河例價外增夫工銀一十六萬七百八十餘兩，又稀於澥土，增給雇值，雨水停工，酌增飯食及塔（搭）棚戽水等項銀六萬兩有零，俱應按畝攤徵等語。豫省加價銀兩，既已普行豁免，東省事同一例。所有酌增各項銀二十二萬餘兩零，著加恩一體寬免，俾民力益臻饒裕。該撫其徧行曉諭閭閻，咸使聞知，普霑實惠，毋任不肖官吏從中滋弊。該部遵諭速行。（高宗一一八一、五）

（乾隆四八、五、庚戌）諭軍機大臣等：明興覆奏東省挑河加價銀兩一摺，已降旨照豫省之例普行豁免矣。至夾片內所稱，引河方價加足三錢之外，又有雨水停工、酌給飯食及搭蓋棚廠，添製戽水器具等項共支給銀十二萬兩有零，將一半歸入攤徵項下辦理等語。該省挑河加價銀兩，業照省之例全行豁免，此項應徵一半銀兩，亦毋庸攤徵。現已明降諭旨，加恩一併豁除，以紓民力。至其餘一半銀兩，既據該撫奏請於養廉內分年攤扣，即照所請辦理。將此諭令知之。（高宗一一八一、六）

（乾隆四九、八、戊戌）諭軍機大臣等：據蘭第錫等覆奏籌辦漫口情形一摺，內稱正河去路並未淤塞，堵築似易為力等語。正河幸未淤塞，但仍宜慎重辦理，以期妥速集事，不可為滿足之言。至朕前因豫省隄防而外，無可分洩之路，隄工往往易致潰決，是以降旨令於賈魯河、渦河、睢河等處詳細履勘，是否可以於倒鉤引河處所，酌建減水壩以分水勢。今蘭第錫等摺內，未據覆奏及此，想此事關係重大，伊二人未敢遽定。阿桂接奉前旨，自已迅速赴豫，李奉翰俟南河分洩事宜籌辦停妥，亦必即起程前往。阿桂等一到，自當會同相度熟商。但思河南土性浮鬆，若建立壩座，不能堅固，是欲減水而轉致掣溜，所關匪細。著傳諭阿桂等務宜詳細履勘，選擇土性堅實，並非頂衝處所，酌量修建。如賈魯河一帶並無膠泥，或擇其土性稍堅之處，酌建石工一段，即於石工之中建壩數座，以便相機啟放，自更足資鞏固。朕臨御之初，部庫帑銀祇有三千萬兩，現已積至七千餘萬兩。前因浙省海塘為民生捍衛，是以特發帑項，將柴土各塘一律改建石工。今河工關係民生者更鉅，苟有裨益，雖費帑金一二千萬，亦非所靳。況修建石工數百丈，所費亦不至一二百萬，又何所靳而不為耶？但此事究出於朕不得已之創見，實不肯自以為是。著再傳諭阿桂等公同悉心妥商，如建立石工有益，即當奏明辦理，但須十分堅固為要；如該省地勢，實有難於建築石工減水壩之處，亦當據實具奏，不可稍存遷就也。至豫省庫項，據行在户部查奏，實存地丁銀一百四十萬四千兩零，又漕項銀四萬九千餘兩。但該省庫項，向係協濟甘省，現在大工興舉，所存庫銀是否足敷支用，著再傳諭何裕城通盤籌畫，或將應撥甘餉，奏明停撥。如停撥之外，尚有不敷，並著據實奏聞，候朕再行飭部發往。將此由六百里各傳諭知之。（高宗一二一二、二二；東三八、二一）

（乾隆四九、九、壬午）河南巡撫何裕城奏，睢汛堵築漫口，引河取直，原估續增，共應挑土三百二十餘萬方；東壩改築南隄，共估需土五十三萬一千餘方。土方既已加添，則委員、人夫亦須增益。查引河最關緊要，於通省州縣中擇其平日能事、熟諳挑河者，添派來工認辦。至改築南隄，則於河東文武員弁内酌派，分段趕辦。所需人夫，除在工雇用外，仍令於直隸、山東近工處所廣爲招募，每土一方，銀三錢。至隄河人夫云集，食物必昂，且轉瞬即届冬令，天氣漸寒，均應予以棲止。臣飭承辦各員先於總局領方價十之二、三，於附近地方購運米麵食物，聽夫買食，或即於夫價内照數扣抵，商販既不能居奇，貧民亦可免食貴。並令擇閒曠處所，多搭棚廠，以資住宿。得旨：好，實力妥爲之。（高宗一二一五、一九）

（乾隆五〇、一〇、癸未）署河東河道總督蘭第錫、河南巡撫畢沅奏：豫省黃河大隄，經汛漲停淤，應早籌辦。現飭藩司、河道等丈量估計各要工，共需銀三十八萬三千六百七十兩零。查濱河一帶，積歉之區，貧民藉資力作，兼可以工代賑。請即於今冬明春，動帑辦理。得旨：依議速行。（高宗一二四〇、一三）

（乾隆五〇、一一、乙亥）又諭：據畢沅奏，豫省賑卹事宜及河工修防等項，均需動用銀兩，現在庫貯不敷，請於附近鄰省撥協銀一百五十萬兩，以備工賑等語。豫省收成歉薄，屢被偏災，河工修防，亦關緊要，所有賑卹、工需，自應早爲籌備。著於山西藩庫地丁項下，撥銀一百萬兩，長蘆鹽課，撥銀五十萬兩，交該撫鹽政，各派委妥員解赴河南，以備工賑之用。該部即遵諭行。（高宗一二四三、一九）

（乾隆五〇、一二、乙巳）河南巡撫畢沅奏：豫省賈魯河前經奏准開挑，覈實丈估，共需土方、硪工銀十三萬六千七百餘兩，於藩庫動撥。現在附近窮民雲集河幹，不下萬人，實可以工代賑。得旨：覽奏俱悉。摺内稱現飭各工具，搭蓋窩鋪，聽民棲宿，以便傭工。批：一舉兩得，好。（高宗一二四五、二一）

（乾隆五一、七、癸亥）諭軍機大臣等：據李世傑等奏，此次清江浦被淹，比之昔年壩口漫水被淹情形，實爲輕減，周家莊已做有七八分工程，兩三日内，即可堵合。此時漫口迤下運河，水已增長，漸次寬深，糧船足敷行走。未過江西各幫，現在上緊催趲，以次遄行出口，渡黃北上等語。覽奏稍慰。惟閱圖內所繪司家莊漫口，與洪湖僅隔一隄，現已聯成一片，汪洋浩瀚，幸溜勢未掣，亦無淹及田廬之處，亟應首先堵閉，庶河湖不至通連。而張福口引河，亦不致逐漸淤墊，此處最爲緊要，該督等於何時堵築完竣之處，即速行覆奏。其餘各漫口，集料鳩工，以次堵築，亦可剋期集事，不致曠日持久。至二套引河，現已啓放，掣動大溜，暢流歸海，勢甚通順，其歸海之路，亦較近捷。從來河不兩行，從此倘能將大溜全掣，竟由此處入海，則竈工尾六套處所隄工，亦可歲省修築，自爲兩有裨益。此時天氣晴霽，水已消退，其被水災民，務須分投實力確查，妥爲撫卹。周家莊漫口，現在自己堵築竣事。所有未過江西各幫，該督等應即上緊催趲，俾以次遄行出口，渡黃北上，及早抵通，方爲妥善。再上年江蘇、安徽、被旱成災，撥用賑卹銀，共七百餘萬兩，此次各漫口，昨據該督等約略估計，共需正雜料物夫工銀五十餘萬兩，即加以清河、安東、桃源、山陽等各屬撫卹所需，合計似亦不過在二百萬兩以內。著傳諭該督等再行通盤約略覈算，據實覆奏。至李世傑病勢，雖未見增，亦未能減，自因驚懼焦勞所致，此時大局已定，可以安心靜養，不必過於勞勩也。（高宗一二五九、一六）

　　（乾隆五一、閏七、丁酉）諭軍機大臣等：據阿桂等會奏，查勘漫口水勢情形，分別先後酌籌堵築，並將收蓄事宜，豫行籌定一摺。諸凡皆妥，如所議行，已於摺內批示矣。阿桂現已起程來京，李世傑、李奉翰等，即應遵照議定章程，督率工員，分投趕辦，按日計工，務期於九月內，將各漫口一律堵築完竣，毋致曠日持久。所需工料銀八十餘萬兩，亦已照所請，飭部撥給。至前摺稱，先行堵築司家莊漫口，於對岸顧家莊灘上，抽挑引河，引溜北趨等語。此處引河工成後，能否引溜，並著該督等於挑完開放時，即行速奏。至阿桂等另摺奏稱，黃運兩河，卑矮隄工，應行加培高厚，及臨湖浪掣石工，應行修補完整，約估需銀三十四萬餘兩一摺。修築隄岸，原所以爲河濱民生，永資捍衛，豈可惜費，但期實工實料，庶幾帑不虛縻，該督等務勉力爲之，毋使工員稍滋浮冒。（高宗一二六一、三二）

　　（乾隆五二、一一、丙戌）諭軍機大臣等：據畢沅奏，睢州漫工動用錢糧一摺。內稱，現在分款詳覈，照例銷六銀三十六萬三千餘兩、賠四銀二十四萬二千餘兩，另行題銷分賠，至例價不敷，加價銀一百二十九萬二千餘兩，於通省地糧內攤徵歸款，請勻作五年徵還，以紓民力等語。此次睢州下汛十三堡堵築漫工，竣事尚爲迅速，非從前之屢經蟄陷者可比。其物料夫工動用價值，較之節次，當有節省。且本年該省收成豐稔，料價當不至過昂，何以動用至六十餘萬兩之多？至例價不敷，即需加增，亦何至於正項之外，加至兩倍。著畢沅查明，據實覆奏。至所稱動用例價銀兩，應行銷六賠四，自當照例覈辦。其例價不敷，加價銀一百二十九萬二千餘兩，若於一年之內，在通省地糧內全數攤徵，固恐民力不無拮据，但黃河水性，遷徙靡常，難保將來竟無要工。該省歷年歲料幫價，尚有積欠未完，若此次加價銀兩，又勻作五年攤徵，倘數年內復遇有要工，其加價銀兩，又需分年徵納，則年復一年，此等墊發之項，愈積愈多，未免懸宕。著傳諭畢沅，所有此次加價銀兩，或分作三四年，於通省地糧內攤徵。況該省本年收成豐稔，或民力不至拮据，是否可行，著畢沅酌量覈辦。倘現在情形，實有難以如此辦理之處，亦著據實覆奏，不必拘泥遵旨也。尋奏：豫省入秋以來，雨澤稍多，輓運物料，人夫工作，事半費倍，以致例價不敷，定議加價，委係覈實動用，並無絲毫糜費。至攤徵銀兩，查開封、歸德、衛輝三府屬，今年係屬歉收，應請分作四年，餘俱三年徵完，以清墊款。得旨：如所議行。（高宗一二九三、一七）

（乾隆五四、六、癸酉）諭：現在江南河工，有堵築疏濬各事宜，該處庫項恐不敷用，著戶部查明，於就近地方撥銀一百萬兩，迅速解往，交與書麟等，以濟工用。（高宗一三三三、四）

（乾隆五五、二、癸酉）兩江總督書麟、江南河道總督蘭第錫奏：查黃河南岸毛城鋪上年漫水將臨河民堰漫刷三處，並將下游洪河西堰漫決數處。除將淤墊之唐家灣倒勾引河，及刷塌之毛城鋪石裏頭均歸河工估辦外，其毛城迤下，應歸民修之洪灘二河，間段淺澀，或有淤成平陸，兩岸堰工亦多殘缺卑矮。計該河坐落江蘇之碭山、蕭縣，河南之永城，安徽之宿州、靈壁，工段綿長，現勘估土方需銀四萬五千餘兩。惟該州縣民田水落後甫得播種，勢難責令疏築，請借項辦理，分年攤還，勒限四月內完竣。得旨：如所議速行，仍具圖說呈覽。（高宗一三四九、一六）

（乾隆五六、二、甲戌）是月，陝甘總督勒保奏：蘭州郡城，北靠黃河，舊有石岸一道，乾隆三年，並二十年節經修築，嗣後河流南趨，恐傷駮岸。復於二十三、六等年，先後於岸外分建板壩十三座，以挑溜勢。今河流愈趨南岸，各工正當其衝，上冬河水消落，露出岸底。舊有石岸，閱年已久，兼以原係紅砂石成砌，大半酥碎脫落，其板壩木椿下截，亦全行朽爛，應行拆修。至駮岸迤西，向係土灘，近因河水南趨，衝成旋灣，亦應添築駮岸，始可保護城根，並於迎溜處，再添建板壩二座以禦水勢。需工料銀三萬九千八百餘兩。批：用之以實，久而保固，毋致浮冒。又奏：先行趕辦木石等料存貯，一俟秋冬水落興工。得旨：自當堅固修理。知道了。（高宗一三七三、二六）

　　（乾隆五七、二、丙辰）諭：戶部議駁，穆和藺奏酌改徵收河工幫價章程，並將節年積欠銀兩，分別著賠展限一摺。所議甚是，但其中尚有未甚詳備之處。豫省河工幫價銀兩，從前畢沅奏請於通省地糧，一律攤徵，辦理即屬非是。黃河遇有應辦工程，在沿河各州縣，均資保障，護衛田廬，爲閭閻生計攸關，該處居民，誼切護已。如偶值工程緊要，採買物料，例價不敷，不得不量爲幫貼，於沿河州縣內，按數攤徵，尚屬近理，至通省州縣，與沿河者隔遠，全與河工無涉，亦令一體均攤，雖爲衆擎易舉起見，但揆之事理，實未允協。所有此項攤徵積欠未完銀兩，著穆和藺悉心籌酌，當仍攤歸沿河州縣爲是。已有旨令穆和藺來迎駕，待其至時，著會軍機大臣妥議具奏，候朕降旨。至河工採辦物料，雖時值貴賤，或有不齊，然各省情形，大概相倣，即如江南、山東，均有河務，俱須採辦物料，並未聞有例價不敷，加增攤派之事。況河工偶遇險要鉅工，或需用物料緊急，價值較昂，於例價之外，稍有加增，致須幫價，尚爲情理所有。若歲修搶修，則係每年常辦工程，乃亦藉口物價昂貴，輒議增添，竟至作爲定額，年復一年，伊於何底？以小民之脂膏，徒爲不肖官吏影射侵漁地步，尤非朕軫恤民隱之意。該部將穆和藺所請，每年幫價三十萬兩，作爲定額之處，議駁甚是。至此項歲修搶修，每年率議幫價，起於何時，所有該省初議幫價，及歷任踵行各巡撫，俱著該部查明，同此次奏請之巡撫穆和藺，一併嚴加議處。再乾隆四十三年以後，已攤未完銀二十六萬七千餘兩，及未攤銀十一萬四千餘兩，該部議准照穆和藺所奏，著落經徵各州縣，及該管巡撫司道知府直隸州分別著賠一款。此次攤派銀兩，起自乾隆四十三年，彼時經手各員，任意浮冒分肥，率多飽橐而去，轉令接手之員，代爲賠補，亦不足以昭平允。著將此項應賠銀兩，交該撫查明，乾隆四十三年以後，歷任自巡撫至州縣各員，按照在任久暫月日，著落分賠，以示懲儆，以示公平，至該部議准該撫所請，已攤未完銀兩，自乾隆五十八年爲始，分作八年帶徵。又未攤及豫支銀兩，俟前項徵完之後，再作四年帶徵一款。此項銀數甚多，若照該撫所請，按限徵收，民力尚不免拮据。著將原定八年之限，展爲十年帶徵，原定四年之限，展爲六年帶徵，庶期限寬裕，小民益得從容完納，用示體卹。此皆朕權宜所辦，十年、六年之期甚遠，待朕六十年歸政之時，當更有處置，該部即遵諭行。（清高宗一三九七、二）

（乾隆五七、三、丁亥）諭：軍機大臣同河南巡撫穆和藺議奏，河南攤徵河工幫價積欠銀兩，請將民欠已攤未完銀一百八十八萬餘兩，仍於通省均攤，分作十年帶徵，其未攤豫發銀九十六萬餘兩，請著落乾隆三十年以後，初議幫價及踵行之巡撫總河，並司、道、府、廳、州、縣河工道廳，各按在任久暫年月，分別著賠一摺。準情酌理，所議亦是。前因豫省河工幫價，已攤未完銀兩，積欠甚多，特降旨分作十年帶徵，以紓民力，並將此項通省攤徵銀兩，或仍改歸沿河三十二州縣，按數完納，俟穆和藺前來迎駕時，著軍機大臣會酌妥議具奏。茲據奏稱，已攤未完民欠，尚有一百八十八萬餘兩之多，而沿河州縣，祇有三十二處，歸併均攤似覺喫重，仍請通省均攤，分作十年帶徵，固爲衆擎易舉起見。但此項幫價，皆由從前承辦大小各員，任意浮冒，以致累及閭閻，積年遞壓，負欠甚多。今定以十年帶徵，爲期已屬寬裕，在小民急公知感，自必踴躍輸將，但十年之期甚遠，依限徵催，逐年皆有帶徵之項，民力未免拮据，朕甚憫之。……著將此項十年帶徵銀兩，按照每年應完銀十八萬八千餘兩之數，祇徵四年，並著將此四年之限，寬作八年，則民力益紓。其餘六年應帶徵銀一百一十二萬餘兩，著竟加恩豁免。此實朕子惠元元，有加無已之意，小民具有天良，平日偶遇水旱不齊，朕不靳千百萬帑金，蠲賑頻施，弗使一夫失所。今距歸政之期已近，復大沛此恩，俾豫省億萬生民，益臻樂利。其未完豫派銀九十六萬餘兩一款，因定議之員，創爲幫價，踵行之員，擅行給發，或竟侵漁肥己，其咎均無可寬。且此項豫發銀兩，係乾隆五十四、五、六等年，由司庫豫發，非遠年攤項可比。乃該省總河、巡撫，並未先行奏明，輒踵仍積弊，以豫辦物料爲詞，擅行動支給發，本應照議，著落自乾隆三十年以後創議幫價，及踵行之歷任總河、巡撫、司、道、府、廳、州、縣，並河工道廳，分別在任久暫年月，按數分賠，以示懲儆。但銀數未免稍多，且自乾隆三十年以後，歷任大小各員人數亦衆，朕於無可加恩之中，再爲破格，曲予恩施。著將此項應賠銀九十六萬餘兩內，免賠四十六萬餘兩，僅令分賠五十萬兩。所議統限三年，依數歸款之處，亦予限四年。再每年幫價銀兩，前經降旨概行停止。此項河工歲需料物，固由各州縣採購交工，而辦理工程，開銷料物，皆係河員經手，尤應責成總河，隨時稽察，務令實用實銷，毋任承辦之員，仍前冒濫。而採買之各地方官，亦當按照例價購辦，不得絲毫派累民間。如河工地方官員，再有前項弊端，則惟該總河、巡撫是問，決不稍爲寬貸。著將此旨謄黃，徧行曉諭，俾豫省小民，咸喻朕格外施仁，體恤周至之意。（高宗一三九九、二）

（嘉慶四、三、戊子）署山東巡撫岳起奏，前年曹汛大工例價不敷之項，攤扣東省各官養廉，請按年坐扣十分之三，仍令領回十分之七。得旨：應如此辦理，若令通省枵腹從事，則小民之騷擾勒索，不可問矣。朕所以不即察辦倉庫者，正爲此耳。財散民聚，洵不易之理。（仁宗四一、三四）

（嘉慶五、三、癸酉）又諭：吳璥奏，請將豐工懸款四十九萬六千餘兩及曹工賠項十萬兩分別罰賠等語。豐工未經報銷銀兩，係蘇凌阿、蘭第錫二人經手，但念蘭第錫從前居官廉潔，操守刻若，曾已有旨，將伊應賠銀兩，加恩寬免。此項未經報銷銀兩，蘇凌阿名下，應賠二十四萬八千餘兩，今加恩減去四萬餘兩，僅令交二十萬兩，即著交該旗在蘇凌阿家屬名下追繳。至李奉翰曹工應賠銀十萬兩，亦著交該旗在李奉翰家屬名下追繳。均著各該旗勒限，於本年霜降以前解交南河工次，以資要工之用。（仁宗六二、八）

（嘉慶九、一一、壬寅）命河南衡工幫價銀，自十二年爲始，分十年攤徵。（仁宗一三七、四）

（嘉慶一一、九、乙丑）諭軍機大臣等：鐵保等奏，郭家房壩工進占情形，並霜降節前黃水復漲搶護各工緣由一摺。郭家房漫工壩基，前據鐵保等奏盤築完竣，興工進占，今復因上游黃水陡漲，郭工漫口，溜因風激，全歸金門，下注東壩，而豐北睢南邳北各工埽段，均有行蟄坐蟄，其銅沛北岸之蘇家山石壩，刷塌三十餘丈，驟難堵合。是該督等於郭工漫口，既未能堵閉合龍，而現在蟄塌工段，復層見疊出，閱之殊爲焦灼。又據另片奏，郭工形勢漸變，必須添作邊埽、疏挑引渠，需項較多，請於兩淮運庫、淮安關庫撥發銀五十萬兩，解工應用等語。南河工程，近年來請撥帑銀不下千萬，比較軍營支用，尤爲緊迫，實不可解。況軍務有平定之日，河工無寧晏之期。水大則恐漫溢，水小又虞於淺。用無限之金錢，而河工仍未能一日晏然。即以歲修、搶修各工而論，支銷之數，年增一年，偶值風雨暴漲，即多蟄塌，此即工員等虛冒之明驗。該督等每奏報一險工，必稱他處尚有應辦之工，羅列若干。是報險者止一處，而豫爲將來增工之地者，即不止一處。朕固不惜多費帑金，設法疏治，但盡歸虛擲，即該督等毫無沾染，而任聽工員捏報浮開，又安用伊等爲乎？本年節次請撥之項，較之往歲尤多。今復請撥銀五十萬兩，亦即照所請，於兩淮運庫，淮安關庫，撥發解工應用。該督等摺內，既稱具有天良，此語天實鑒之，此中稍有浮冒，則是全無人心，恐身家性命不能保矣。此時正河溜勢微弱，看來海口改道一事，尚無把握。該督等當查勘情形，如果礙難辦理，應如何著手之處，即著據實奏聞，不可稍存迴護，

致干咎戾。將此諭令知之。(仁宗一六七、八)

(嘉慶一一、一二、己亥) 又諭：工部奏，議駁吳璥等題銷豫省衡工善後增培隄壩等工一摺，所駁其是。衡工善後工程，先經原任河督嵇承志專摺具奏，並將各工段丈尺造册咨部。迨至上年李亨特以需用土方工料銀四十三萬二千餘兩，造册題估，該部詳覈所開隄壩丈尺，均與原奏不符，行令據實刪減。復據吳璥等將簽駁各款逐一聲覆，指稱委係實工，難以刪減。經該部查對工段册內，除奏明應辦各工之外，輒將並未奏明之榮澤等十四汛培築隄堰土壩、鑲做防風子堰各工，牽混通報。所開土方工料銀四十三萬二千餘兩，應減銀數至二十一萬二千餘兩之多。何以吳璥等率請題銷？大屬非是。試思此項工程銀數，如果係從前實用實銷，則嵇承志原奏內自必列入，即係續增工段，亦當隨時具報。乃以並未入奏之案，任意浮開。李亨特既已率題於前，吳璥等接到部駁，又率覆於後，是豈覈實辦公之道？吳璥、馬慧裕著傳旨嚴行申飭，仍著將所報工程從前何以未經入奏，是否事後增添，希圖冒銷，並何以不查覈參辦之處，據實明白回奏，毋稍隱飾。至部議請將承辦官員，及率轉之各上司職名查取嚴議一節，該員等浮開工段丈尺，本有應得之咎，但若僅交部議，即至鐫級褫職，或尚可邀恩從寬留任，轉不足以示懲創。著將此項應減銀二十一萬二千餘兩，即著落承辦各員及先後率行轉題之各該上司按數分賠，追繳歸款，分晰開單具奏，毋庸復行交部議處。(仁宗一七二、三四)

(嘉慶一二、一一、辛丑) 諭軍機大臣等：鐵保等奏查勘南北兩岸黃水歸海去路，籌堵陳家浦，仍疏挑正河情形一摺，並繪圖貼說進呈，朕詳加披閱。南岸陳家浦下游射陽湖一帶清水，別無分洩去路，不能再容全黃下注，勢難就此導黃歸海。其北岸佃湖迤下由灌河歸海一路，雖施工較南岸為易，但需銀至三四百萬兩之多，兼之曠日持久，一時未能竣事，自不若堵閉陳家浦，挽歸正河為正辦。鐵保等擬於陳家浦河面較窄之處，建築壩基，進占堵築。使黃水仍歸故道，既據稱辦理較有把握，覈計需費在一百二三十萬兩上下，即著定議疏築。趁此冬令興工，務於新正趕辦完竣，俾尾閭宣洩深通，方為妥善。所需銀兩，即照所請，著該部在於河南、山東等省附近藩庫及江安兩省各關庫，先行籌撥銀一百萬兩，解工應用。該督等竟應一人常駐工所，督率工員，一面挑挖正河，一面購備料物，認真覈實，妥速辦理為要。(仁宗一八七、四)

(嘉慶一三、二、癸未) 諭內閣：前據鐵保等以籌畫河工經費奏請暫開捐例，當批交該部議奏，復降旨詢問該督等。以河工現在挑濬正河，鑲築壩工,均已發帑趲辦,將次完竣。此外尚有何項工程,並需費銀數若干,令其據實覆奏。茲據鐵保等奏稱,陳家浦大壩業已合龍,此外修培臨河兩岸大隄,尚需銀五十餘萬兩,並聲明常年歲搶修工程,仍約需銀二百餘萬兩等語。開捐爲國家不得已之舉,今河流業經順軌,培築善後事宜,衹需銀五十餘萬兩,籌撥亦屬易事,至歲搶修工程,常年時有,斷無因此長開捐例之理。且歷次開捐官生內未經銓選者尚多,若再開新例,舊班必益形壅滯。所有鐵保等奏請暫開捐例之處不必行,該部毋庸復行議奏。(仁宗一九二、一八)

(嘉慶一三、五、丙辰)諭內閣:長麟、戴衢亨奏,續勘王營減壩及兩岸大隄至海口一路各工實在情形一摺,並繪圖貼說進呈,朕詳加披閱。王營減壩原係掣消漲水,現在舊壩地勢既逼近黃河,且自堵閉決口後,深塘積水,施工甚難,自應量爲改建。著照所擬,挪至舊壩西首,如式築做滾壩,並添做石壩,以爲重門保護之計。所需工費,應即令確估興修,俾資宣洩。至沿河兩岸大隄,徐州以上,既聞有卑薄處所,淮陽所屬各工,且多灘高隄矮,山安、海防等廳更有灘與隄平,僅賴子堰護持者,勢須普律加培,以昭慎重。所需估修銀二百餘萬兩,著准其先於兩淮運庫內提借銀四十萬兩,交鐵保等派員先將揚屬隄工卑薄較甚各處,於本年伏秋前趕緊加培,務臻鞏固。其餘稍緩之處,仍分定段落,覈定銀數,於霜降後次第興工。其雲梯關至海口一帶情形,既經查明海口實在寬深,並無阻遏形勢。惟舊無隄埝之處,河水平衍散流,兩岸村落散布,民田廬舍甚多,近年河水旁溢,賑卹頻加,應須接築長隄,爲束水歸槽衛護民生之計。著照所擬,即自八灘以上,將南北二隄略做雁翅形勢,酌量接築。所有估需工費及移駐修守之處,俱令鐵保等詳議辦理。仍查照長麟、戴衢亨所奏各條,分別各工先後,次第覈實,妥辦爲要。(仁宗一九五、二三)

(嘉慶一三、一二、辛丑)諭軍機大臣等:連次吳璥、托津等奏到查勘海口河口,及高堰應辦各工,鐵保等俱附摺請餉,已需銀三百數十萬兩。朕恭閱聖祖仁皇帝實錄,從前康熙年間,河患更甚於今日,維時靳輔、于成龍籌辦此事,其所往復辯論者,大抵皆辦工之法,並未見其將需用餉銀瑣瑣奏撥。試思彼時三藩方定,撤兵未久,當亦在帑藏支絀之時,諒不能源源發給,而靳輔等於議定之後,自行妥辦,迄未嘗以撥帑一事,上煩聖心。迨不數年而河患頓除,國用並未耗竭。今伊等籌辦河務,每一工必先論需餉若干,每一摺幾於欲請餉一次,無往而非要工,動稱迫不可待。抑知國家經費有常,度支有定,如俸工兵餉等項,按數給發,不能逾時,而各處旱潦偏災，必須隨時賑貸，豈能以天下之全力，專辦一處河工？又豈能因一處河工，停止天下經費？朕廑念及此，宵旰焦勞，幾同從前籌辦邪教，其難更甚。著吳璥、托津，會同鐵保、徐端、那彥成三人，盡心籌畫，此後河工帑銀，應如何設法布置。除加賦一事係病民秕政，斷不准行，又如藩庫各項錢糧，以及鹽課關稅，並商捐等項，皆不在計議之列，即現在已行之土方事例，亦無庸再歸籌計外，伊等當從長計議，有可以資助國用，不致病民滋事者，即行詳悉奏聞，候朕酌量施行。（仁宗二〇四、一二；東八、二九）

（嘉慶一三、一二、丙辰）諭軍機大臣等：前經降旨令吳璥、托津會同鐵保等，將河工需用帑銀，應如何設法布置詳議奏聞，尚未據伊等奏到。現在接據山東、河南奏報，各撥解河工銀三十五萬兩，兩淮商捐之項，據報於年內先解銀一百萬兩，正月閒解銀五十萬兩，已共有二百餘萬兩之數。所有應行籌辦海口及運口各要工，正可及時興辦。但朕聞河工効力人員為數過多，伊等身在河工，即樂於有工而不願於無事，且一人有一人之住居服食並官親幕友隨從人等，在在需費未必皆出己資，亦未必盡能奉公守法，現在廣興之案，此即明證，焉能以朕之國帑，民之脂膏，供地方官揮霍結交欽差之用？況多一人多一分供應，其好生議論者，往往獨出臆見，是以近年來於並無工段之處，忽報新生工段者，不一而足，未必不由於謀夫孔多之故。況効用者既多，則專管之員退處事外，以致事無專屬，意見參差，浮糜帑項，何所底止？若不亟行澄汰，不惟於事無濟，即使多方籌撥，帑金亦終歸虛擲。著吳璥、托津會同鐵保等，詳加察覈，將在工効力不甚得力之員，及不諳河務者，即當奏明撤回，或另行簡用，免致糜費。（仁宗二〇五、一二）

（嘉慶一四、二、癸巳）命河南衡家樓善後工程，及修防歲料幫價銀，自二十二年起分限接徵。（仁宗二〇七、五）

（嘉慶一四、一、丁巳朔）諭軍機大臣等：吳璥等奏，籌催回空渡黃，並狀元墩壩工暫緩堵合情形。覽奏俱悉，惟所奏查辦海口一事，意欲不挑復舊河，仍就北潮河去路，展寬挑深，將灘面攔束，以為權宜治標之策，所奏殊不可解，謬誤之至。海口去路不暢，以致上游淤阻，河身逐漸擡高，非將舊河挑挖深通，斷然無益。北潮河一帶，溜走兩年，至今不能刷成河槽，佃湖又經淤墊，明年更無容納之地，及今不挑復舊河，將來何所措手？此即向來不諳河務之人，亦能明悉大局，況吳璥等久諳河工，非懵於籌辦者可比。吳璥上年差往南河，曾主挑復舊河之說，即近日陳奏各摺，亦以新改舊河不能通暢，此時正當籌辦喫緊之際，何容稍有憚難？乃本日摺內奏稱，估計挑河有一百餘里之長，漫口寬四五百丈，又加接築長隄，其費需三百六七十萬，未免過繁，兼恐桃汛前趕辦不及，因請於現在歸北潮河之路，權宜辦理，以期節省錢糧等語。舊海口挑河築隄，並堵築各處漫口，工段誠繁，然每年辦工之時，總不過自霜降至桃汛以前，止此數月。今年既趕辦不及，明年又將如何趕辦？若云錢糧浩繁，專為惜費起見，尤屬見小，錢糧用度，但論其於國計民生是否有益，如果有益，即多至數百萬，亦所應用，若於事無益，即所費稍省，又豈可虛擲？今吳璥但顧錢糧節省，而不期於事有益，待至明年北潮河之路仍不通暢，而舊海口又未挑深，河水拍岸盈隄，下壅上潰，不知該河督等有何把握，恃以無虞？彼時此五十萬兩已成虛耗，而估挑舊河之三百數十萬兩仍不能省，徒然坐失事機，更增後患。下游民田廬舍，以及百萬生靈，所關非細，一有貽誤，即將該河督等正法，亦復何益於事？而糜帑一節，猶其小焉者矣。吳璥等於此重大要務，不能堅持定見，欲如此遷就辦理，大屬非是，著傳旨嚴行申飭。前已於十月二十三日降旨令該河督等即速親往舊海口履勘，籌議辦理章程，此時不得再有遲疑，著即迅速詳查，確實覈估，將應行撥帑興工之處，據實奏聞，及時興辦。至吳璥本主挑復舊海口之說，何以目前忽為此奏？如果另有為難窒礙之處，亦著詳悉奏陳，不得一味含糊諉卸也。將此傳諭知之。（仁宗二二〇、三）

（嘉慶一五、二、丙戌）諭軍機大臣等：松筠奏，查勘海口情形，應行修復正河一摺，又另摺與吳璥等會銜具奏，意見相同，請於此時即設法趕辦等語。海口修復正河，誠為正辦，但經理大事，必須中有定見，豈可漫無把握，動輒游移？曠日費時，因循疲玩，迄無成功，徒以摺奏搪塞，成何事體？前此吳璥差往南河時，曾力主挑復正河，迨至上年冬閒，忽以工重費繁，時日緊迫，不能趕辦，請先將北潮河入海之路，權宜辦理，試看一年。伊既籌度情形，力主此說，因亦降旨准行。今松筠到彼後，一經查勘會議，又仍請改挑正河，並稱前估各工，尚可刪繁就簡，將雲梯關以下兩岸長隄，設法趕辦，一面將河形應挑之處，酌量挑挖，期於大汛前將馬港口漫口堵閉，其所需帑項，先以前所請五十萬兩，將現在可辦之處及早興工，其餘覆估工程，亦較前有減無增等語。信如伊等所奏，則海口大局既歸正辦，可收永遠之效，而前此估需三百六七十萬兩之數，今又可大加刪減，於帑項又得無糜，豈不甚善？但吳璥等於上年十一月奏到時，已稱趕辦不及，今又遲兩三月，何以又可趕辦？前摺內請銀五十萬，本欲於北潮河一帶挑挖膠淤，此兩月來何以不辦？又前摺內稱挑挖正河有一百餘里之長，又須一律深通，方能暢注，而本日摺內又稱，祇須將應挑之處酌量挑挖，無須一律大挑，何以前後所奏自相矛盾，種種互異？似此工用不繁，又可迅速集事，伊等既爲此奏，自應即照所奏辦理。惟是全河大局，出海最關緊要，吳璥等久練河工，非松筠初到可比，此次既親勘會商，奏聞辦理，自係吳璥等勘酌再四，確有把握，將來總不得以此事係松筠主見爲推諉地步。惟當各發天良，認真督辦，詳愼經理，用收一勞永逸之效，勉之。（仁宗二二五、一）

　　（嘉慶一五、七、甲寅）諭軍機大臣等：本日松筠、吳璥等奏，漕船全數渡黃，並趕辦要工，請撥銀兩各摺。國家經理大事，總當握其要領，專心一意，方克有濟。……因思辦理河工亦然。全河扼要之處，全在海口暢流，近年河工多事，皆由海口淤塞，下壅上潰，百病俱生，若果海口疏通，則河湖之水皆有歸宿，何至漫決爲患？朕數年來屢次降旨飭辦海口，而伊等相率泄泄，總不肯認真疏導，其節次挑挖，亦皆有名無實，徒費帑金，以致尾閭不通，漫溢如故。甚至見旁趨漫溢之水，輒妄希更改正河，因循觀望，徒致耽延。本年朕已照伊等所請，定議舉辦，而現在糧艘已全數渡黃，又目下大汛時，河湖一切工程，幸臻平穩，天時人事，極爲應手，實不可再有游移。伊等若謂帑項不敷，則本日已照伊等所請之項，全行撥給，即日可期到工，無虞支絀，更有何棘手之處？該督等惟當立心堅定，加意奮興，勿聽浮言，勿萌怠志，和衷協力，共成大功。現在松筠回省審辦案件，吳璥在河口堰盱一帶督辦宣防，徐端已馳赴海口覆行查勘，所有應行挑挖之處，及籌辦料物，著即迅速妥定章程，立時興辦。務將引河挑濬深通，則將來漫口堵閉之後，全河水勢，順軌暢行，南河自永慶安瀾矣。勉之。將此各諭令知之。（仁宗二三二、三）

　　（嘉慶一五、九、丁卯）又諭：馬慧裕等奏，勘明雲梯關外海口挑河築壩情形，督催興工趕辦日期一摺。覽奏俱悉。海口挑復舊河，必須引河寬深，方能吸溜舒暢，今馬慧裕與徐端會同覆勘，請照前此吳璥所估，再行酌量展挑。其馬港口堵閉壩工，亦因進埽之後，中泓水勢日深，且尚有二壩挑水壩等工，恐料物不足，現均續行購備。自應如此辦理，均著照馬慧裕等所請行。至於原撥錢糧，現既覈算不敷，並著即照所請，交戶部在於江南鄰近省分各藩關庫內，湊撥銀六十萬兩，刻日解工，俾資接濟。（仁宗二三四、一七）

　　（嘉慶一六、九、丁丑）諭內閣：百齡奏，補參辦工冒濫、草率之道員，請旨飭令來工賠辦一摺。上年馬港口堵閉漫口、挑挖正河各工程，動用帑項至三百四十餘萬兩，在事各員辦理草率，以致新挑之工又多淤塞，仍須另行挑挖。除駐工督辦之馬慧裕業經議處外，其前任徐州道單渢、原任河北道今以員外郎用之張裕慶、捐納道員張鳳藻，已革淮揚道葉觀潮，或經手錢糧，或總催工段，皆係專調來工委辦之員，責無可諉。除葉觀潮一員已於另案革職，單渢、張裕慶、張鳳藻俱著交部嚴加議處。並飭令該三員與葉觀潮迅速前赴工次，將現在所估重挑正河、補築隄埝各工銀五十餘萬兩，著落分賠，以為玩誤要工者戒。至上年挑挖港口各工派令分段承挑之各文武員弁，亦著照所奏，均予革職留任，三年無過，方准開復。（仁宗二四八、二）

（嘉慶一六、九、戊戌）諭軍機大臣等：百齡等奏，查明李家樓漫水，安、豫兩省被災情形，籌議辦理緩急次第；又興挑減壩以下河身淤墊各一摺。本年江境兩開漫口，現有王營減壩、李家樓兩處鉅工未堵，其被災地方亦廣，朕宵旰焦勞，時時軫念，普天之下，未有重於此事者。百齡等所奏，欲堵減壩，必須大挑雲梯關內外河身，欲堵李家樓，必須大挑邳北上下河身。減壩不能遽堵，李家樓口門亦不能即堵，此乃事理之自然，原不待煩言而解，惟有設法趕緊辦理，成功愈速，則人事盡而災患可弭。現在減壩以下挑工，業已分段興挑，若如百齡等所議，俟減壩工竣，再籌辦李家樓濬河築口之事，此則實不能待。朕已通盤籌畫，惟有將王營減壩以下挑工，與李家樓以下挑工，同時並舉，可以將時日趲前，於全局補救甚大。在該督等之意，不過以帑項不足，工具不敷二事為詞。昨不待奏請，已撥給長蘆備辦直隸水利銀五十萬兩，茲又降旨令粵海關撥給銀五十萬兩，迅速解工應用，儻仍有不敷，據實奏請，朕不少靳惜。其需用工具，奏請到日，亦即發往，想該督等亦更無掣肘難辦之處。至若仍執借黃助清之說，遷延觀望，此則太不權利害輕重大小，甚屬非宜，非大清之臣僕矣。從古治河，重在宣防，皆以河決為患，未聞有言河決轉受其益者。刻下安、豫十餘縣災地，盡在洪濤巨浸之中，民情急迫，其可虞之處，昨降諭旨，已言之甚明。且該督等此次摺內，並言洪澤湖已日形漲滿，開放智、禮二壩之後，又須啟放仁壩，是黃水入湖，不但無益，且恐有害。現值霜降水落之時，湖內尚不能容，若李家樓漫口不及早堵合，明年伏秋大汛，漲水日增，安、豫被災之區，益形泛濫，所不待言。而以全黃之勢，直注洪湖，設旴堰不能保守，其患尚可言乎？彼時不但河工無從措手，漕運又將如何措辦？百齡等豈可輕聽曲說，而不遠慮及此。至該督等現欲於蕭南工次，搭蓋棚廠，姑示剋期進堵，以安民心。此說亦非長策，民不可欺。指日汛水方來，漫口未築，何忍將此數十萬良民盡付洪水，不思援救？朕承天、考付託，豈肯為此暴虐之事？朕鋭意速辦，以贖已咎。著百齡等即遵照昨降諭旨，剋日興挑李家樓以下河身淤墊，其所需人夫，不患短缺。王營減壩以下挑工，所用者係海沭一帶民夫，李家樓以下挑工，切近安徽、河南被災各縣，一聞興舉大工，數十萬之夫，可以一呼而至。既可以工代賑，使災民藉資餬口，並可曉諭該處紳士，使知國家不惜重帑，同時趲辦鉅工，用以救災卹患，恩意傳播，民情自必大安。其李家樓以下挑工，亦著分爲三段。吳璥雖不能奔走河干，若專駐一處督辦，伊力所優爲，著伊承管一段，徐端承管一段，張鼎承管一段，百齡等即酌分派定。並每段各撥給委用員弁，示期一同興挑，愈速愈妙，但不可稍有草率。挑工一竣，王營減壩合龍後，即將兩處熟諳工程員弁人夫，併力堵築李家樓漫口。如此同時興工，而次第自在其中，可冀於明年桃汛前使河復故道，以拯災黎，以釋朕憂。百齡等即勉力籌辦，以副委任，若再飾詞推諉，必將倡議之人正法示衆，凜之。將此由四百里諭令知之。（仁宗二四八、一八）

　　（嘉慶一六、一〇、丁未）諭軍機大臣等：百齡等奏，接奉諭旨，將籌辦堵築緣由趕緊辦理，並湖河水勢，及被水地方情形各摺。覽奏俱悉。李家樓漫口，前此伊等惑於減黄助清之説，欲暫緩堵閉，經朕剴切指示，百齡等悉心籌議，現已將該處挑工，派員設法集夫，以期與減壩以下挑工，同時並舉，必應如此辦理，毫無疑義。試思李家樓漫水下注，即使實能減黄助清，於河工有益，而下游災區甚廣，尚當權其利害輕重，迅即趕堵。況李家樓漫水，現在匯注洪湖，不能容納，堰盱各工，亦皆著重，是於地方有損，而於河工亦覺無益，豈可尚存觀望之心？著即剋日興工。李家樓一帶毘連災區，數十萬人夫，可以一呼而集，務於今冬將挑工辦理完善。一俟減壩工竣，即進占李家樓漫口，能於明年正月內合龍，桃汛以前黄水不致加增，則於災區、河工皆有裨益。若果如期蕆事，朕必加以重恩。減壩上段挑工，現已辦有四分，一經挑竣，趕緊將減壩口門堵閉，彼時用清水刷滌河身下游，計有兩月之期，亦可以盪滌深通。所有上、下游兩處挑工，著於每一處完竣之時，即行具奏。其兩處堵築工程，著於進占之後，每隔十日具奏一次。但必須工堅料實，詳慎辦理，於迅速之中，又不可稍涉草率。至洪湖漲水，自開放仁、禮、智三壩之後，據稱白馬、氾光諸湖現尚足資容納，恐三壩全開，來源甚旺，百齡等現擬湖內一形漲滿，即將鳳凰、壁虎二橋，開放宣洩歸江。此等機宜，總在該督等相機妥辦，無令泛溢爲要。又另片稱，此次工員日用，以及兵夫飯食，並一切雜項甚多，請於應領項內，每兩酌扣二釐，作爲例外支銷等語。工員等既無廉俸可支，日用無出，其餘一切雜費，亦均無開銷，與其暗中影射，浮濫滋弊，自不如覈實加以津貼。著即照所請，於應領項內每兩酌扣二釐，作爲例外支銷，分別酌給，俾伊等無所藉口。但既准有此扣項，若於此外再稍有剋扣，即係侵蝕，一經察出，必當重治其罪。並著百齡等隨時訪查，認真稽覈。將此諭令知之。(仁宗二四九、三)

（嘉慶一六、一二、乙丑）諭內閣：百齡奏，查明承辦馬港工各員分別著賠銀兩，並訊有勒派工員等弊，奏請革審一摺。上年馬港口挑挖正河，因攔潮壩起除未净，出土不遠，致令河身淤墊，壩工未及一年，埽段俱有歪斜；倪家灘新築長隄，亦有漫缺處所；並於發辦料土項下，每兩扣銀三釐五毫，以備例外雜用，雖屬以公濟公，尚非侵冒入己，惟先事未經詳稟，又擅行借給工員銀兩，該員等糜帑玩工，咎無可貸。除葉觀潮已於另案革職，張裕慶照部議降調外，單澐著一併革職。所有本年重挑馬港以下淤墊引河，共估挑土方銀三十一萬一千三百九十餘兩，補築北岸漫缺長隄，共估土方銀三萬八千七百九十餘兩，西壩歪斜，共估修整銀二萬兩，又挑河各員借領銀十萬六千五十兩，俱著照百齡開具清單，著落葉觀潮、單澐、張裕慶、張鳳藻，並派令幫辦、支發局款、催挑河工各員分別罰賠，勒限追繳。其原借銀兩各員弁，著於本任廉俸內分年扣繳，以清帑項。至張鳳藻等勒派工員一節，尤應徹底根究，毋稍輕縱。張鳳藻、姜志安、羅錦均著革職，交該督提同曾被勒派各員，嚴行究訊，查有侵吞情弊，從重定擬具奏。(仁宗二五二、一四)

（嘉慶一九、八、庚辰）諭軍機大臣等：據伯麟等奏，睢工現辦堵築事宜，請共繳養廉銀一萬五千兩，解往備用等語。封疆大吏，禄入豐厚，值國家辦公需費之時，情殷捐助，亦屬分所當然。但睢工距雲南幾及萬里，該處工費前據吳璥等通盤籌計，約用銀三百八十萬兩，業經如數籌撥，解往應用。該督撫所繳養廉一萬五千兩，長途運送，殊於大工無補。伯麟、孫玉庭受朕厚恩，畀以邊陲重寄，惟在將地方事務經理得宜，使政肅民安，邊疆寧謐，通省倉庫錢糧毫無欠缺，即所以紓忱報効。再該省銅鹽二事，亦經費之大端，伊等盡心籌辦，能使京省鼓鑄無缺，鹽井額課無虧，亦即於國帑有裨，又何在區區呈繳乎？所有伯麟、孫玉庭請繳廉助工之處，著不准行。設該省地方間遇水旱，有資撫卹，或銅鹽諸務有應需調劑之處，該督撫量力捐辦，可以節省帑項，則伊等義切急公，是亦在所不禁也。將此諭令知之。(仁宗二九五、一二)

（嘉慶二〇、一、庚子）諭內閣：吳璥等奏工用不敷，酌撥本省藩庫銀兩以濟急需一摺。睢工需用銀兩，前經約估三百八十萬兩之數，茲據稱，十八、十九兩年未開工以前，已動用銀二十餘萬兩。開工以後，築壩、挑河等工，實止用撥餉銀三百五十餘萬兩。現在物料昂貴，車船運送維艱，其雜料、夫、土等項不能悉照原估，經費實屬不敷等語。大工即日告竣，一應支發，急需接濟。著准其將藩庫收存浙江鹽務及廣東捐銀，協濟睢工銀十一萬兩一款，及捐復、捐監、雜款等項，提撥銀三十餘萬兩，並借用例扣平飯等銀，俟工竣後，分別應銷、應賠及應行攤徵，詳晰奏明，覈實辦理。（仁宗三〇二、一三）

（嘉慶二〇、三、庚子）又諭：百齡等奏，請於徐城以上因山改建減水滾壩一摺。治黃之法，隄防與減洩二者不可偏廢。近年南河減水各閘，日漸淤廢，遇大汛水長之時，驟難消減，南北隄岸在在可虞。該督等議請將十八里屯兩閘中間，剷平山頂，留口門三十餘丈，作為天然滾壩，以虎山腰作為重門擎托，並於引河兩岸加培隄堰，以資宣洩異漲，尚為因地制宜，工歸節省。著照該督等所請辦理。即行按估興工，務於五月內一律完竣。其估需銀四十餘萬兩，即於此次請撥銀一百五十萬兩內動用，事竣覈實造冊報部，作正開銷，其改隄作堰，有佔廢民地之處，查明照例題豁。（仁宗三〇四、一二）

（嘉慶二一、二、庚申）諭內閣：方受疇奏，籌撥河工搶險銀兩一摺。豫省河工，每年於藩庫地丁內撥銀三十萬兩，另款存貯，以為搶險之用。所有上冬支發豫買楷料銀十四萬兩，著毋庸扣除，仍照向例儲備。其臨時添撥銀兩，若於具奏後給領，實恐緩不濟急。嗣後如遇歲定搶險銀三十萬兩將次用完，著該河督察看情形，應需添撥若干，會同該撫覈明，一面具奏，一面行司提取備用。俟霜降後如有餘存，仍奏明歸還原款，覈實報銷，毋稍浮冒。（仁宗三一六、九）

（嘉慶二一、六、庚寅）諭內閣：方受疇等奏，武陟縣應築攔黃土埝工程，並籌備防料物，懇恩借項辦理一摺。豫省武陟縣攔黃埝向係民修，茲據方受疇等查明，該處近因河溜逼刷，隄根生險，應於鑲築順隄護埝、補還原隄、加築後戧之外，再盤鑲埝段作為托壩，並添購防備料物，以資搶護。工要費繁，民力猝難集事。加恩著照所請，將估修工料銀五萬四千九百一十兩零，准其先於該省司庫存貯節年地丁銀內動支給領，剋期興辦，其備防料物，責令全數購買堆貯。如本年伏秋汛無須動用，即留為下年歲修之需。所借銀兩在河北彰德、衛輝、懷慶三府所屬各州縣地糧內分作四年，攤徵歸款。（仁宗三一九、一三）

（嘉慶二四、一〇、乙巳）諭軍機大臣等：本年豫省武陟興辦大工，節據吳璥等奏請撥解工需銀九百六十萬兩。連次奏報，止於勘定壩基，尚未興工進占。昨又據奏請暫開投效事例，亦經允其所請。合計給發工銀幾及千萬，又有投効人員捐貲，儘足敷大工之用，將來如有贏餘，工竣仍當覈實奏繳，不准再請分毫。慎之。朕聞向來興舉大工，每於工次搭蓋館舍，並開廛列肆，玉器、鐘表、紬緞、皮衣，無物不備，市儈人等趨之若鶩，且有倡妓優伶争投覓利。其所取給者，悉皆工員揮霍之貲，而工員財賄，無非由侵漁帑項而得。此種惡習，歷次皆有，惟十九年睢工較爲謹約。此次吳璥等務當嚴禁浮靡，將所發帑項實歸工用，不特吳璥、那彥寶、李鴻賓、琦善四人應一塵不染，所有在工文武員弁，俱當嚴行約束，勿以國家重大工程爲伊等漁利、行樂之地。如有違背，小者枷示，大者正法。法在必行，朕言不再。戴均元現在赴工查勘，如有前項陋習，伊回京時自必據實奏聞。即戴均元回京以後，此數月内，朕或再派員前赴工次，或令人改裝易服，密往察訪。一經查出弊端，不但將工員等從重治罪，吳璥等恐亦不能當此重咎也。此時工需銀兩，計已陸續到工，吳璥等著即剋期興工進占，定於明年桃汛前合龍。如屆期不能蕆事，亦必將吳璥等治罪不貸。將此諭令辦工大小官吏知之。（仁宗三六三、一二）

（嘉慶二四、一二、癸卯）諭軍機大臣等：吳璥奏，西壩上水邊埽，隨鑲隨蟄，埽前水勢已深至五丈，現趕辦挑水壩，仍由西壩進占。自初一日至初十日止，除搶鑲大壩十四丈，邊埽二十四丈外，又續進占二十一丈，連前共得八十一丈，尚有未得二百四十六丈等語。覽奏實深焦急。大壩進占十日，又得二十一丈，按日計算，則未得之二百四十餘丈，須至四月中旬，彼時桃汛已過，水勢漲盛，又將如何施工？現在雖因邊埽陡蟄，埽前水勢驟深，進占較難，然總須趕緊搶辦，步步追壓堅實。後占一經穩固，即迅速接進前占，務於明年桃汛以前堵築合龍，不准稍有遲緩。至另摺奏請，續撥工需銀一百六十萬兩，現有兩淮商捐銀二百萬兩，除撥給豫省明年歲修銀三十萬兩外，尚存一百七十萬兩，已由四百里諭知延豐，令將此項全行撥解武陟工次，限於明年正月内解齊，較之所請，又多發銀十萬兩。吳璥等當思國家經費有常，直省一應俸餉、賑恤，何事可以缺乏，豈能專供河工之用？此次馬營大工，已籌撥銀一千一百餘萬兩，儘此動用，實已足敷辦理，如有餘剩，仍奏明歸款。此後不准絲毫續請，即再行瀆奏，亦斷不能復邀俞允也。將此諭令知之。（仁宗三六五、一八）

（二）運河河工

（康熙一八、四、壬午）河道總督靳輔疏言：清水潭屢塞屢衝，山陽、高郵等七州縣田地，被水淹沒，十餘年來，每歲損課數十萬兩。臣親率河官六十餘員，於康熙十七年九月興工，築東西長隄二道，於十八年三月工竣。七州縣田畝，盡行涸出，運艘民船，永可安瀾矣。報聞。（聖祖八〇、二四）

（康熙一八、一〇、己丑）先是，河道總督靳輔疏請於節省河工錢糧內動支銀十四萬餘兩，另開運河於駱馬湖之旁，以便輓運，命九卿、詹事、科道會議。至是，九卿等議覆應如所請。上曰：諸臣意見若何？左都御史魏象樞奏曰：河臣動用錢糧二百餘萬，爲一勞永逸之計，前奏隄壩已修築七分，今又欲復開河道，所爲一勞永逸者安在？臣等恐將來漕運有阻，故議從其請耳。上曰：以朕揆之，憲臣之言爲是。漕運關係自應從其所請，但河道雖開，必上流浩瀚，方免淤滯。今歲雨少水涸，恐未必有濟。即目前河工告竣，亦因天旱易修，豈得遽恃爲永固耶？（聖祖八五、二二）

（康熙二三、一一、丁卯）命吏部尚書伊桑阿、工部尚書薩穆哈往視海口。諭曰：朕車駕南巡，省民疾苦，路經高郵、寶應等處，見民間廬舍田疇被水淹沒，朕心甚爲軫念。詢問其故，具悉梗概。高、寶等處湖水下流，原有海口，以年久沙淤，遂至壅塞，今將入海故道濬治疏通，可免水患。自是往還，每念及此，不忍於懷，此一方生靈，必圖拯濟安全，咸使得所，始稱朕意。爾等可往被水災州縣，逐一詳勘，於旬日內覆奏，務期濟民除患，總有經費，在所不惜。爾等體朕至意速行。（聖祖一一七、二〇）

（康熙二五、四、癸巳）先是，工部等衙門遵旨會議：河道總督靳輔疏言，高家堰一帶臨湖隄工，長一萬五千六百餘丈，必密釘排樁、加土壓埧，以禦風浪。再隄內離隄七八十丈，必另挑運料小河，即取所挑之土，築水隄一道，約長一萬一千五百丈，束大隄積水，以便運料運土，搶救工程。又上自武家墩，下至楊家廟，舊有河形，目今淤淺，應挑深復舊，約長四千丈，挑起之土，即幫兩岸隄工。又自楊家廟至寶應湖邊一帶平灘，計長四千丈，應挑河一道，以引上流減洩之水，直達大湖，且爲運料之路。以上四工，共計銀二十二萬四千餘兩，請先借撥庫銀，容臣飛星趕竣；其餘工程，俟收下河屯墾官田籽粒、佃價等項，陸續興舉。應如所請。奉有著總河靳輔再行確議之旨。至是，靳輔回奏，復請照數撥給興工。下工部等衙門議行。（聖祖一二五、一六）

（康熙三二、七、庚申）工部議覆：河道總督于成龍疏言，高家堰重隄一工，於康熙二十六年八月内興築，二十七年三月停止，各夫四散，預給銀四萬四千七十兩，無憑扣追，仰請豁免。應無庸議。得旨：這工程中止，且已年久，預支夫役銀兩，著免追取。(聖祖一五九、一八)

（**康熙三九、一〇、丙寅**）河道總督張鵬翮疏言：武家墩起至小黃莊加砌石工，舊樁石欹朽，勢必拆砌，方可堅固經久。今於舊殘石工之上，疊柴壓土，以爲越壩，於内建砌，則費省而工速。此工除撥銀四十萬兩外，尚有不足銀一十八萬六千二百四十八兩零，應請敕該部，速行撥給，以濟工用。上諭大學士等曰：這修築高家堰，不足銀兩，著照該督所請，速行撥給，乘此冬令水涸，修築速完，勿致遲誤。(聖祖二〇一、二一；東一四、四〇)

（**康熙四四、七、辛卯**）工部議覆：河道總督張鵬翮疏言，唐埂決隄，請動庫餉五萬兩修築。應如所請。從之。(聖祖二二一、二一)

（**康熙四五、一、己巳**）九卿議覆：江南江西總督阿山等疏言，皇上軫念國計民生，悉心籌畫，特頒訓旨，於高家堰三壩下挑河，兩岸築隄束水，入高郵邵伯湖；其高郵州減水壩下，亦挑河束水，由串場河入白駒等河入海；泗州一帶被災地方，亦築隄束水，不使泛溢。竊查高家堰三壩，其中隄相近，現有唐漕等河。應於三壩下，各開引河一道，兩旁築隄，引水至唐漕河，入寶應湖。又查高郵運河，減水壩之水，自車邏等壩，由馬飲塘入運鹽河，出頭閘，由興化之車路、白塗、海溝，過串場河，下丁溪、草堰、白駒閘入海。除海溝河見今深闊，直達白駒閘不必開濬外，應將車路河、白塗河淤淺之處，開濬深通，俾之入海。但高郵減水壩三座口門，計寬一百八十丈，丁溪、草堰、白駒等閘口門僅寬十一丈九尺，恐一時異漲，宣洩不及。應自馬飲塘、頭閘口分水，使北入廣洋湖，至射陽湖下海，再於泗州之西，溜淮套開河，使淮水分流，兩旁築隄，至黃家堰與張福口水合，使出清口。此工開成，則淮河之水勢既分，不但泗州、盱貽積水消減，而洪澤湖之水，不致泛溢，亦可有利於高家堰，而漕糧、商民船隻，可免洪澤湖風波之險矣。又查運河水漲之時，清江浦及淮安隄工，猶有可虞。應於文華寺地方開引河，至運河水長之際，使之分流。自楊家廟，由白馬湖、楊家溝，入清蕩湖。至淮安城南所有澗河，原係引運之河，今當挑深。其澗河下所有清溝河，於康熙三十五年被黃水淤墊，澗河之水，流去者少，淮安城内外積水，尚出不盡，應挑通此處，使由蝦溝口入海。以上諸工，約計需銀一百八十八萬餘兩。事關重大，伏祈皇上親臨指示等語。欽惟河工重大，需餉浩繁，上下兩河之工，相距數百里，所稱創興溜淮套一工，其中情形，尤難詳晰。不但臣等愚昧不知，即該督等亦見識淺鮮，不能酌議恰當。若非皇上親閱指示，實難成功。臣等公同叩請，應如該督等所題，祈皇上親臨河上，指授方略。

上曰：朕屢經躬閱河道，凡河工利病、地方遠近、應分應合、應挑應築之處，知之甚明。邇者數次南巡，瀕河官民，不無勞擾，因此朕不必親往閱視。阿山、桑額、張鵬翮等所看已屬周晰，但此項工程，不應交與總河修築，應多派大臣官員，分工速修。著再加詳議具奏。(聖祖二二四、二)

（康熙四五、一、癸酉）九卿會議：高家堰三壩下挑河築隄，應如該督所題興工，其督工開列文武大臣，俟皇上簡選派出遣往。至分工各官，聽督工大臣簡選引見帶往。欽惟加築高家堰之隄，盡閉減水六壩，使淮水俱從清口流出，建挑水壩，逼黃流直向北隄，陶莊開引河，導黃河北流，使清水出清口，又塞仲莊閘，改建楊家閘，束仲莊閘急流之水，不使黃水倒灌清口，皆聖主神謨睿算，親臨指授，故黃淮厎績，黎民得享安樂之福。且皇上南巡，一切所用，俱自內府備辦，不動民間一絲一粒；御舟所至，縴夫俱係見僱，又加厚賞，亦不勞一民。凡臨幸之處，蠲徵宥罪，加惠官民，頒賜老少。東南黎庶，日望皇上親臨。臣等公同叩請，應如該督等所題，仍仰祈聖躬親臨河上，指授方略。

上曰：九卿之議謬矣。此河應開之處，朕前已詳閱輿圖，所見甚明，既無所疑，往閱何爲？但該督等料估錢糧數目太浮，宜令核減。爾等會議，但言當照該督等所勘興工，並未開明如何動工及需用人夫之處，所議俱草率。著再議具奏。九卿等覆奏：上諭極是。此工緊要，非臣等所能灼知，雖再議，亦無端緒，務求皇上親行，始於事有濟。上不允，九卿等又奏：皇上屢次親臨河上，不避風雨，閱視隄岸，原爲萬世生民計也。今所議河工，關係甚鉅，務求皇上親臨，指授方略。上曰：朕不往巡，亦因灼知地利之故。朕爲河務，再四思維，其他處河道，開濬尚易，惟開溜淮套，需餉浩繁。若果有益於民，見在帑金充裕，用一二百萬兩，非朕所惜。爾等其即議結具奏。(聖祖二二四、五)

（康熙四五、一、己卯）諭大學士等：朕昔親臨河上，欲往閱下河，因張鵬翮奏言，斷不可往，是以中止。今即去，仍然不能親蒞其地，則亦何事復往？但河工錢糧，斷不可交地方官。當照山東賑饑之例，將八旗官及部院官內，有行止端正者，令該旗大臣及部院堂官，多行保舉派出。再將江寧、鎮江、杭州駐防旗員，亦著該將軍、副都統保舉派出。或副都統、或協領，帶赴工上。其京城派出官員，領戶部錢糧帶往，各省派出官員，各就近地領錢糧帶往。可派大臣督理工程，所派官員，每人各給三千兩；務令照三千兩工價，分地開工。如此，始得河務速成，有利民生。著九卿再議具奏。至高家堰隄工，若不預行修治，必有可虞。已有旨諭張鵬翮，而彼堅稱斷斷無慮。若今年不修治，高家堰倘有衝決，即開河何用？此兩事中，高家堰尤爲緊要。爾等可將諭旨，付挑河大臣，轉交張鵬翮，一併議奏。（聖祖二二四、七）

（康熙四五、一、乙酉）九卿議奏：高家堰三壩下及文華寺地方挑河、建閘、築隄，又澗河、清溝、蝦溝挑河等工，約估銀五十八萬九百兩零。保舉八旗部院官共一百四十四員，俱令引見。江寧、鎮江、杭州駐防官共四十九員，各撥副都統一員、協領二員帶往協同監工。其督工部院堂官，伏候簡用，速往興工。京城官員領戶部庫銀，江寧等處官員，各於本省藩庫領銀，每員派定三千兩，計工均估，務照式樣節省修築。若招搖生事、怠緩遲誤，督工大臣及該督撫參奏，嚴加議處。有徇情隱庇，事發，將原保大臣、督工大臣、總督、巡撫一併嚴加議處。其傭倩人夫、採買物料，派地方官一同料理。工完之日，交總河防守。至溜淮套開河，需銀一百三十九萬餘兩，約略估計，甚屬浮多，應交該督等核減具題，另行請旨。得旨：依議。著孫渣齊、徐潮、鐵圖、赫申、達爾華、蔡毓茂前往督工。（聖祖二二四、九；東一六、一二）

（康熙四六、五、癸丑）河道總督張鵬翮疏言：臣遵旨親率河員，於高家堰、武家墩、天然壩等處，一一踏勘。天然壩迤南清水溝，及蔣家壩等處，舊有河形，俱應挑濬，并於南北兩岸，修築隄工，建石閘一座、草壩一座，共需銀七萬六千兩有奇。得旨：見今溜淮套地方停止開河，其武家墩、天然壩等處工程，著交與尚書徐潮、侍郎鐵圖將原派帶來官員內，揀選二十五員，存留修河，並將所帶帑銀分工修理，餘員俱著回京。（聖祖二二九、一五）

（康熙四七、二、戊戌）工部議覆：河道總督張鵬翮疏請將修理子隄所存節省銀兩貯庫，爲歲修費，應如所請。得旨：著如議行。河工動用錢糧，輒以數萬數十萬計，河官當估計之時，先行浮估，以爲日後節省之地，此皆河工積弊。嗣後凡有修理工程，河道總督務親勘確估具奏，不可一任河員浮冒估計。（聖祖二三二、一二）

（康熙四七、五、辛巳）諭大學士等：朕南巡閱河，見洪澤湖風浪危險，隄岸陡立，商民船隻觸石損壞，傷人甚多。朕心時切軫念，因特令河臣，沿湖堤創設救生木樁。自設樁以來，數年內並未損船傷人，於商民大有裨益。此樁應時加增修，愈多愈善。嗣後著江寧、蘇州、杭州三處織造，每歲於節省銀內各捐五百兩，解送總河衙門，以備救生樁之用。該省

逐歲增修存案，不必奏銷。如不實行修理，於別項支用者，從重治罪。(聖祖二三三、一)

（康熙五六、三、甲子）河道總督趙世顯疏請就近撥兩淮鹽課四十萬兩，運至河庫備用。上諭大學士等曰：趙世顯奏請撥銀四十萬，收貯河庫，現今正值軍需之時，一應錢糧，必須明晰。一年河工所用數目，何項支銷，著查覈具奏。河工乃極險之處，看守亦難，今具呈願往河工效力之人甚多。伊等若無所利，何故踴躍前往？著問九卿。(聖祖二七一、一九；東二〇、三)

（康熙五九、三、辛卯）工部等衙門議覆：河道總督趙世顯等疏言，臣等親率河員，會勘高家堰等處石工，自邵伯三溝閘起，至寶應縣白田鋪止，逐段詳查，共殘缺一萬四千一百八十餘丈。請撥兩淮鹽課銀十四萬二千四百餘兩，速行修築。應如所請。從之。(聖祖二八七、一六)

（雍正五、二、戊寅）工部議覆：河道總督齊蘇勒疏言，徐州以下，黃運兩河石隄土隄，綿亘數千里，均宜加高培厚，又月隄爲大隄藩蔽，應加築者計一百十四處，共需帑銀六十八萬七千六百兩有奇。應如所請。得旨：工程浩大，齊蘇勒難於一一親身稽察，著給事中黎致遠前往江南，專司稽察之責，凡工程錢糧，與總河悉心辦理，事竣來京。(世宗五三、二八)

（雍正八、一、己卯）江南河道總督孔毓珣、蘇州巡撫尹繼善摺奏修理高堰大工事宜。奉上諭：朕不惜百萬帑金，以衛民濟運工程，當務久遠堅固，一勞永逸，此外即再增數十萬兩，亦不爲多。若因省小費，致誤大計，則所費百萬，仍屬虛用也。隄工卑矮之區，固應增高，而單弱之所，尤宜加厚，可再詳加相度勘視，切勿胸存小見。凡有卑薄以及傾圮處，悉將隄身拆砌。務令自頂至底，一律堅實，期於永久獲益，所需錢糧，不必限定此數。(世宗九〇、六)

（乾隆一、一〇、癸亥）工部議覆：河南山東河道總督白鍾山疏言，運河之阿城、荊門、梁鄉、土橋四閘，建置年遠，坍損過甚，亟須拆修，共估需銀二萬三千兩有奇。應如所請辦理。從之。(高宗二八、六)

（乾隆一、一二、甲戌）江南河道總督高斌等疏言：遵旨議濬毛城鋪閘內、洪溝、巴河、蔣溝、崖河，並祝家口、潘家口，宿州境內之灰火谷堆、燕子口、孟山湖、雙宅子、利仁閘、烏雅嶺、謝家溝等處，約需銀二十萬兩，俟今冬水涸之日興工。下部議行。(高宗三二、二六)

（乾隆二、二、丙子）工部議覆直隸河道總督劉勷疏稱，北運河筐兒港南壩臺，出水雁翅隄工葦朽，應改建草壩一百二十四丈；又西岸楊村北頭廟前、東岸臥佛寺後身，應改建草壩一百四十二丈七尺五寸；又北頭廟前排樁迤南一帶老岸塌卸，應接建草工一百七十七丈九尺五寸，估銀一萬一千六百兩有奇。應如所請。從之。（高宗三七、三）

（乾隆二、四、己巳）王大臣遵旨會議：一議清口。前據夏之芳等奏稱，疏濬清口，臣等以清口狹隘，湖流勢緩，難以敵黃，議令總河高斌，會同該督撫，詳加相度，悉心妥議。嗣據巡撫邵基奏稱，河臣籌議清口之處，與臣意見相同，今據趙宏恩、高斌奏稱，清口會黃東注入海，全資洪澤湖蓄洩得宜，其尾閭之山盱、天然南北二壩，非遇異漲，斷不輕開，俾全湖之水蓄聚有力，暢出清口。至冬春湖水微弱，每遇東北大風，則黃水灌入，應籌抵禦之策，查寓賑於工案內，開挑七道引河之三汊河，原約估銀三萬餘兩。今議再加寬深，續估增一萬餘兩，俾水道通利，雖遇沍寒水微之候，亦得引溜暢出，抵禦黃流。但清口固宜暢流，而亦不可過洩。應於霜降水落之後，將清口西壩增長一二十丈，以資收蓄。至伏秋清水盛漲，將清口東壩酌量開寬一二十丈，則清黃足以相抵，而蓄洩俱為得宜。查清口之水，所以刷黃濟運，河臣與督撫諸臣，籌議挑濬清口引河，俾暢流無阻，並蓄洩機宜，所見既屬相同，應悉照河臣所奏行。一議運河。前據御史常祿奏，淮揚運河日久淤淺，請大加挑濬。嗣經河臣議，於天妃、正越兩閘之下，各建草壩三座，再建正石閘二座，越河石閘二座。又於閘尾各建草壩三座，重重關鎖，層層收蓄，將運河淤淺之處，一律估挑，幫築隄岸。經九卿議准，請俟運河大工告竣之後，再令總河會同督撫相度，次第酌辦，亦應照原議行。以上各條，臣等公同總河高斌、尚書趙宏恩悉心籌議，事關重大，仰祈聖鑒訓示。再請敕下九卿，公同覆議施行。得旨：此事朕已洞悉原委。王大臣與高斌、趙宏恩所議，俱屬合宜，不必再交九卿。著依議速行。（高宗四〇、二七）

（乾隆二、四、辛巳）工部議准：直隸河道總督劉勷疏稱，南運河自全漳歸運以來，向因汛水泛漲，無由宣洩，雍正四年，經怡賢親王於滄州之捷地村、青縣之興濟鎮，各建石閘一座，挑挖引河，分疏水勢。緣土性浮鬆，且河身甚淺，兩岸隄埝不固，日漸淤塌。雍正九年，經水利府議挖深通，又因工程浩大，兩處減河，一時難以並舉。當將青縣興濟減河，先行挑挖，其滄州捷地減河，未施疏濬，以致汛水入閘，兩岸村莊，每成巨浸。又石閘籤簽，入身短促，汛水過壩，不足抵禦。現在灰土籤簽，衝掀成坑，並青縣減河之蔡家莊、大坡口一帶，急須挑挖。共估銀六萬二百五十兩有奇。滄、青二處石閘，應接添石海墁，灰土籤簽，各入身八丈，再添建攔水八字金牆，共估銀二萬九千一百十兩有奇。又滄州之大寺前石壩南，應建挑水草壩三座。靜海之大劉家官隄，應建挑水壩二座、接築草工一段，共估銀二千七百兩有奇。以上通共估銀九萬二千兩有奇。時已春融，若俟題覆到日，發帑興修，恐致遲誤。隨檄令天津河道，在於豫備十萬兩銀內，酌撥購料，多募人夫，上緊興修。俟領錢糧到日，照數還項。從之。（高宗四一、一九）

（乾隆二、五、丙申）河東河道總督白鍾山奏：湖勢昔險今平，請改修土隄，節帑寓賑。東省魚臺縣獨山湖、馬家三空橋等處，係糧艘縴道，從前修做柴工。雍正八年，湖河異漲，衝損九百五十餘丈。調任巡撫臣岳濬，因彼時當頂衝，柴工恐難抵禦，題請改建石工。部議令河東總河勘估具題。嗣緣水佔隄根，難以懸估，咨部展限。至乾隆元年，春間雨水稀少，湖水稍落，隄根已露。據管河道詳估，臨河一面，修築土餞，臨湖一面，改築石隄，共需銀四萬四千八百兩有奇。時值拆修石匣，恐兩工並舉，灰石、木料、員役、夫匠難免顧此失彼，前經咨部，俟匣工完日題估。復留心察視，湖內水勢下移，隄垣全現，從前頂衝險工，已經平穩，與撫臣岳濬議改石工之時，形勢迥不相同。獨山湖係蓄水之區，素稱水櫃，非江南洪澤水勢浩大者可比，該工雖介湖河之間，而南旺、蜀山諸湖，亦係內湖外河，土隄年久，屹然如故。且該工舊隄單薄，被衝後更多殘缺，數年來亦無疎虞。若乘此水涸土乾之時，著底幫築土隄，倍加寬厚，依法夯破，簽試不漏，十分堅固，足資捍禦。再於隄坡密栽柳株，即遇水長，亦可擋護，不致汕刷。臨湖一面，不必改建石隄，以致多費。且今歲瀕河一帶，春雨愆期，二麥歉薄，貧民覓食維艱。時距秋成尚早，此時若舉行土工，則附近無業貧民，皆得赴工力作餬口。是修築土隄，工固費省，兼可接濟窮黎。臣已飭行管河道，另將土工需用銀，確估詳題，一面咨撥，募夫興工，一面據實題估。得旨：著照白鍾山所請速行，該部知道。（高宗四二、一三）

（乾隆二、七、壬子）工部議覆：江南河道總督高斌疏請，山陽縣真武廟隄南加幫隄四百七十丈；阜寧縣童家營慮鋪二處，添築越隄一千三百五十丈；安東縣蘇家港添築越隄六百丈；望家馬頭、丁塘溝二處，加幫隄一千四百五十丈；高郵州、甘泉縣一帶運河西隄，年久石工倒卸，應行補修，長二百四十八丈。以上勘估物料、夫工銀三萬五千二百兩零，動支河庫銀兩，分給趕修。應如所請。從之。（高宗四七、二四）

（乾隆三、四、甲午）工部議准江南河道總督高斌疏稱，運口天妃、正越二閘之下，添建正越石閘四座。勘明清口以下，黃河兩岸縴隄，惠濟祠後隄，寬止數丈，外黃內河，與運道僅隔一線，形勢最為險要；應將新添閘座，建於運河南隄之南，接天妃閘以下，取直另開新河一千餘丈，比舊河較近六十餘丈，則舊河中段惠濟祠後，逼近黃河窄狹之處，即可離開遠隔；中建正閘二座，迤南旁開越河閘二座，即將舊運河之南隄，作爲北隄，以挑新河之土，另築南隄，則地基寬展，與建閘相宜。所有應築應建各工，共需銀二十萬三千七百六十兩有奇。（高宗六六、一五）

（**乾隆四、四、辛丑**）工部議覆：直隸河道總督顧琮疏稱：北運河之李家莊等處隄壩，工程險要，應培築高厚，李家莊縷隄外面加培三十九丈，縷隄後舊月隄加培二百丈，十百户臨河縷隄加培一百丈，月隄二百六十丈，月隄下建築隔隄五十丈，中豐家莊築重隄一百八十丈，甘羅寺莊東築重隄一百八十丈，下坡莊臨河縷隄上面建順勢挑水板壩，長十二丈五尺。河西務臨河排樁後隄工，城北草壩後月隄西夾空處，均加培填築，共估土方工價銀一萬二千六百六十六兩有奇。動帑興修。從之。（高宗九一、一二）

（**乾隆四、一〇、癸卯**）是月，直隸河道總督顧琮奏：薊運河昔由天津大沽迤南，兜轉海口，趨北塘而達。嗣因入海有風波之險，乃於大沽迤北，開新河一道，避過海嘴，計長二十餘里。河身本不深通，面底亦不廣闊。幫船必俟夏汛，潮水充盈，始可償度。且風浪排擊，岸坍易塞，弁丁守候，重運尙延。今逐一測量籌畫，必得大加開挖，以面寬八丈、底寬四丈、深一丈爲度。每年即有沙淤，酌動歲修銀，量爲疏濬，即可仍復深通。估需銀二萬兩。據原任河臣劉勷呈稱，情願捐資解交道庫，爲挑河之用，以贖前愆。查劉勷本非熟悉河務，兼之老疾纏延，可否准其出資効力，俟工竣遣令回籍。謹與督臣孫嘉淦面商會奏。得旨：著照所請行。（高宗一〇三、二二）

（**乾隆七、四、戊申**）工部議准：直隸總督高斌疏報，南運河縴道窄狹，急需開拓。天津、静海、青縣、滄州、交城、東光、吳橋、故城等八州縣，民居危險，願得價拆移，應請動支興修。從之。（高宗一六五、一一）

（**乾隆七、八、丙辰**）河東河道總督白鍾山奏：山東運河，南北綿亘一千二百餘里。南自江南交界臺莊，至臨清之版閘，名爲閘河。北自版閘至桑園鎭直隸交界三百餘里，名爲衛河，亦名下河，每年大小輪挑，止係閘河内南旺、臨清、濟寧、彭口等四處塘河。俟此四處挑竣，募夫散歸，額設長夫，各回本汛，挑浚河道，此成例也。臣因四處塘河，夫有定數，工有定限，既難挑浚如式，而長夫必俟協挑塘河完竣，方回本汛。疏淤挑淺，爲日無多。乾隆二、三年間，節次奏明，酌增挑浚之限期，更定募夫之工價，塘河已如式深通，又將各廳汛長夫，通盤計算，或工多而夫尙少，或工少而夫尙多，酌盈劑虛，各處長河亦得一律深通矣。此在閘河以内，行之數年，現有成效者也。至於衛河，緣河潤岸陡，河底又係流沙，不但不能建閘束水，亦不能如閘河以內，築壩挑挖。且灣曲甚多，漳、衛之水，又挾沙帶泥，若遇天時久晴，水弱流緩，則隨處停淤，雖多費帑金，亦不能使泥沙去而不留，是以向來並不挑浚，下河通判，所屬額設淺夫，亦俟協挑臨清塘河工竣，始回本汛，挑切古淺灘嘴等處；其餘流沙，隨時遇淺刮浚，此衛河成例也。臣思衛河形勢，雖與閘河不同，但刮無定之流沙，不能無待於臨時，而欲除現存之停淤，不可不豫籌於平日。今若照閘河築壩戽水，下鍬挖土，勢必不能，惟有用船撈浚之法，寬其日期，撈起泥沙，駕舟遠送，以免仍卸入河。庶幾得寸則寸，得尺則尺，舊淤既除，新淤亦自漸少。查撈浚之法，以船一隻，抵募夫一名，每船用夫四名，持長柄杏葉杓，下屬布兜，入水撈沙，傾入船內；船滿則駕往河崖，堆積候驗，按方計工。從前泇河彭口，遇微湖水大之年，河水不能放歸湖內，難以築壩興挑，嘗以此法逐段撈浚，淺深一律相平，漕舟並無滯濡，今衛河淤沙，亦應照此法撈浚。今歲小挑，所有下河通判所屬淺夫，二百一十四名，募夫九十四名，免其赴臨協挑，即在本汛撈挖。先將河內淤沙，探明厚薄，估定應撈寬深丈尺，各船鴈列河中，自上而下，以次施工，務令河泓浚深，以利運行。至臨清塘河，近年挑浚已深，夫工每有節省，倘少此下河淺募人夫，或有應募添補之處。查有該汛去年節存工價銀四百五十兩，可以酌量動用，毋庸請帑。其下河募夫，額定三十六日限期，若工多難以如期報竣，臣當於各廳汛內，通盤打算，通融辦理，亦毋庸動帑。此於不能挑浚之處，別求撈挖之法，即以協挑閘河之夫工，移為撈挖衛河之用；雖略為轉移，而不增一夫，不動一帑，於舊例仍無更張。自來未挑之衛河，得以撈浚淤沙，於漕運必有裨益。得旨：料理甚屬妥協。知道了。（高宗一七三、三九）

（乾隆八、一、甲子）欽差大學士陳世倌、總督高斌、侍郎周學健會同兩江總督宗室德沛、調任江南河道總督完顏偉、江蘇巡撫陳大受、前任安徽巡撫張楷等奏：上下兩江連年被淹之故，有因河湖泛漲，淹及下流者；有因下淤上壅，泛濫田野者；有因隄防攔格，水路無消者；有因雨水驟至，淹及田畝者。相其致患之由，以為弭患之策，則分洩水勢，隄防漫溢，疏通積潦，使田間之水，由溝洫以達支河，由支河以達大川，由大川以通二瀆經流，由二瀆經流以歸江海。……淮、徐、揚、海、潁、鳳、泗七府州，約計開挑水溝，疏濬河渠，共一百四十餘處。此支河溝洫，應興修之水利也。……淮、揚二屬瀕海地方，有范隄一道，綿亙六百餘里，捍禦海潮，年久殘缺，今擬重加修築。此外尚有應否修治之處均容勘明另奏。得旨：原議之大臣等詳議速奏。尋議：下江淮、徐、揚、海，上江鳳、潁、泗等處河道水利各工，據陳世倌等會同詳悉勘明，俱係應修之項，自應悉如所奏辦理。所修隄堰閘壩橋梁，亦應如所奏，分別緩急，確估興工，剋期完竣。議挑滾壩下引河等工，應令該督等及時修築，如式辦理。所派官員，應如所奏，分工委用，仍造清册咨部。河工水利工程，令該總河等確估興修，作速造册具題。其關係緊要各工，應如所奏，彙入現辦工程，並題估銷，如可緩，概行停止。五河改爲州治，應准建於勘定之雙溝地方。臨淮縣城，應准建於勘定之周梁橋地方。其應辦事宜，及各州縣應豁水占地畝額賦，并攤派丁糧，即速報部核辦。再查泗州業經遷建，其五河應否裁徹，未據聲明，應令查明題覆。疏消積水地畝，應令將地方工段，酌動銀兩，先行造册送部。其最窪無庸挑濬之處，應令查明畝數，分別官地民地，照例具題。范隄一道，先於乾隆五年經大理寺卿汪漋等查辦修築，今稱年久未修，應令詳勘明確，分晰具題。此外有無應修之處，亦即勘明一併具奏。奏入，得旨：依議速行。（高宗一八二、五）

（乾隆一一、三、辛巳）工部議准直隸河道總督高斌議覆，漕運總督顧琮奏稱，添設垡船，疏濬北河各事宜。一、北運河挖淺，係用刮板，所刮仍復漾歸河槽。請排造垡船一百二十隻，與刮板兼用。一、淀河冹夫，每月給銀五錢，遇撈淺之月倍給，照北運河餉銀之例。一、北運河既經添造垡船，冹夫、淺夫俱需員督率，應照東西兩淀之例，添設千總二員。一、北運河長三百六十里，河寬流漫，水無正槽。應照束水壩之法，束水歸槽，於支汊漫灘橫淺之處，層層截障，用通倉變價舊米袋，囊沙緊紮，三路層鋪壩外，水大時聽其漫壩暢行。每袋需變價銀八分，先備用二萬條，試行有效，再請加增。若有餘剩，留備下年之用。一、每年額徵紅剝銀一萬四千五百餘兩。今應動用置造垡船器具、支給夫役工食標竿、買備米袋，共需銀九千八百三十餘兩，餘銀四千七百餘兩，仍留爲旗丁起剝之用。從之。（高宗二六〇、二三）

（乾隆一四、四、乙酉）諭軍機大臣等：從前張師載所奏，辦理山盱廳屬南北束水二隄加高土方一摺，經軍機大臣會同工部詳悉指駮，今據高斌、張師載覆奏，殊未明晰。此段隄工，自乾隆七年白鍾山任內動帑興修，後十一年高斌等復經修築，繼又查勘估辦，延今數年，究未興工，而兩隄完善如故。且白鍾山已動用銀四萬餘兩，嗣經高斌估銀一萬三千餘兩，續減爲一萬二千餘兩，今又減爲六千兩。由是觀之，則洪湖異漲，既不多見，兩隄土方，數年來即不加高培厚，亦未致邊有衝决。是該處工程，原非必不可已之舉，況工程果關緊要，即費帑亦所不惜，今以一隄而前後估計，自四萬而減至六千，屢易其說，正恐六千之數，亦尚未爲確覈。該督等始則聽信屬員，以興工爲冒帑之計，及奉駁覈實，亦不過隨意減估，具此摺奏，以見其詳慎節省，而工程之實應修築與否，茫無定見。外省辦事，概多遷就虛浮，河工尤甚。總其大要，無非爲在工人員，希圖開銷耳。此案著高斌、張師載，再行詳悉查明，切實具奏，不得支吾掩飾，仍蹈錮習。尋奏：查洪湖伏秋盛漲，水勢大小難定。其束水隄內之水，即視各壩滾水大小爲盈縮。乾隆七年，最稱異漲，兩隄頂坡被衝，並決口二處。經前河督白鍾山動銀四萬餘兩修補，但於加高處經理未周，八、九、十等年，滾壩未過水，迨十一年異漲，卑矮處水高隄面，臣高斌同顧琮督屬搶救，幸就平穩，因有按水誌加高，估銀一萬三千餘兩之議。及顧琮調任後，周學健未諳原委，遲逾未辦，幸十二、三年，滾壩仍未過水。臣高斌素知兩隄緊要，上年蒞任時，即飭照估辦理。嗣臣張師載覆覈，於幫築處減數段，實需一萬二千餘兩。續奉廷議，臣高斌親勘從前搶險所築子堰，一線單薄，兩隄亟須加高，惟該處土性頗堅，因節省錢糧起見，請照原估一律加高三四尺，其加築頂底寬厚之處，只須減半幫築，所用土方，按漕規定例覈算，減銀一半。仍俟今年汛過後，再察滾壩過水情形，於明年酌辦。現在工竣親勘，俱照估如式完固，實無偷減開銷。得旨：覽奏俱悉。（高宗三三八、二〇）

（乾隆一六、一二、甲辰）諭曰：大學士高斌等會勘南北兩運減河，據奏酌籌修濬事，著依議速行。但摺內所稱，修濬河隄橋壩各工，據各該道屬河工成規，約需銀十二萬一千餘兩。今請於停賑之時，照興工代賑舊例給價，共約估需銀九萬一千餘兩，俾小民得以力作餬口等語。四處減河，在武清、寶坻、寧河、天津、青縣、滄州諸境，今歲皆值偏災，寓賑於工，自於小民有益。惟是以工代賑，向例較之河工成規給價轉少；朕思地方既有偏災，即不用其力尚且多方撫卹，乃因寓賑於工，轉致減價給發，於理未協。即該地方已經給賑，而赴工之人，未必即係領賑之人，亦無從區別，蓋所謂興工代賑者，其工原屬不必興者，第爲災黎起見。既受賑之後，因以修舉廢墜，俾得藉以餬口，自應循照往例。若實係緊要工程，亟應興作，又當照原價給與。此項減河修濬工程，所有土方工價銀兩，著照河工成規，全行支給，以副朕子惠黎元至意。其嗣後各省以工代賑之處，俱令分別工程緩急，照此辦理。該地主官務須督率稽查，俾工歸實用，毋令浮冒濫銷斯可矣。該部遵諭速行。（高宗四〇四、一六）

（乾隆二二、六、己巳）諭軍機大臣等：愛必達已有旨用爲雲貴總督，江蘇巡撫員缺，以陳宏謀調補矣。陳宏謀自陝赴江，尚需時日，督撫事務自應尹繼善一人兼辦。但伊平日爲人，專以模棱了事，此是其一生受病處。誠諭丁寧，幾於舌敝，總未痛加湔洗。即如地方災務，先事而厚費圖之，使不致受災。伊輒慮其徒費無益，必不肯爲，寧待其成災而請。不知有災而賑，即辦理極其妥協，究不若無災而得中歲，百姓爲能自樂其生。今年年疏築，年年蠲賑，民間田畝甫涸旋淹，終無了期。有司不勝其勞，而蒼黎不勝其苦。所費動盈鉅萬，所得纔及升斗，則與其賑之被災之後，何如籌之未災之先。即以所費計之，亦不當如此，何況爲民司牧，於心誠何忍耶？尹繼善熟悉情形，於淮、徐各屬積年被災之處，何以使永弭水患？但有善策，即經理數年，寬其時日，多費帑金，朕所不惜。若但模棱了事，豈不辜負江南百姓稱頌之美名耶？目下徐州一帶，積水未盡消涸，而窪地又以多雨被潦，即設法宣洩，果能速消不誤秋禾否？江蘇各屬望雨甚殷，今已六月初旬矣，曾已得有透雨澤否？近日情形若何，一併即速馳奏，以慰軫念。尋奏：江蘇等府屬，於六月初間連得時雨，高下田疇，一律透足。惟淮、徐積水，因雨水連綿，兼值豫、東二省上游水發，一時宣洩不及，現在查勘，設法疏消。查淮、徐一帶地勢卑窪，一遇陰雨，不免淹浸。多開河道，河身不能容納，水患仍難遽減。臣現在稽查災務，俟水平後，將各處河道查勘，有必應開濬者，會同河臣、撫臣詳加商確具奏，動帑興工可緩者，次年再辦，俟工竣後，再請欽差查驗。得旨：覽奏另有旨諭。又批：此即汝因陋就簡之錮習，牢不可破者也。若如所言，則付之不救乎？抑長年養之，不計國帑之後難爲繼乎？又批：此言甚諱，若欽差等有不妥處，何妨直奏。（高宗五四〇、一九）

（乾隆二二、九、己未）欽差侍郎裘曰修、河東河道總督張師載、陞任山東巡撫鶴年等奏：山東之館陶、臨清、夏津、武城、恩縣、德州等州、縣、衛，運河兩岸民埝，俱係民築民修，既未夯破堅實，亦不一律整齊。本年漳、衛驟漲，直注東省，漫缺甚多。雖即時堵築，今水落後，殘損坍塌，亟應增培高厚。若仍責之民修，不免虛應故事。查館陶東古城民埝漫溢，業蒙恩動帑修竣。又查直省永定河隄工，興修之始，動用民力。每夫一名，酌給食米一升、鹽菜錢五文。今懇恩亦照此例，每二人挑土一方，共給米二升、鹽菜錢十文，加之夯破工價，每土一方約銀六分。委該管河員、地方官查察，不得草率。工竣後，責成地方官仍照例每年督率民人，實力修補。得旨允行。（高宗五四七、三〇）

（乾隆二三、四、乙酉）山東巡撫阿爾泰奏：挑濬江風口引河並修築壩工，及挑濬陷泥、芙蓉、燕子等工，估需銀二萬五千兩。據沂州府詳，蘭山縣士民等呈稱，情願自出夫力，合作興舉。除飭該府縣俯順民情，將應挑處

所聽民挑濬，並將運到川米借給口糧，以示優恤。報聞。（高宗五六一、三二）

（乾隆二三、七、丁亥）兩江總督尹繼善、江南河道總督白鍾山、安徽巡撫高晉等覆奏：江南同知養廉五百兩，通判四百兩，地方河工一例支給。河員分管黃運湖河，每年僱船修廠，及幕友脩金、家人工食、搶修燈燭等費，均難減省，與地方丞倅不同。請將南河十七廳，分大中小三等，其銅沛、邳睢、宿虹、桃源、外河、山安、海防、裏河八廳爲大廳，酌定經費銀二千兩；豐碭、運河、揚河、中河四廳爲中廳，一千五百兩；江防、水利、揚糧、高堰、山盱五廳爲小廳，一千二百兩，即於河庫支給。得旨：如所議行。（高宗五六六、五）

（乾隆二四、三、己酉）是月，兩江總督尹繼善奏：查微山湖水濟重運，河隄下游通湖淤淺處應挑濬。得旨：費帑挑河，原以爲民。但須實力稽查，毋致剋減無濟實用可也。（高宗五八三、二七）

（乾隆三九、一二、戊甲）是月，大學士管兩江總督高晉等奏：本年八月內，外河老壩口隄工漫溢，經由山子湖，直注馬家蕩，始入射陽湖歸海。水退沙停，淮城一帶河道溝渠，在在淤墊。據地方官查勘，均需挑濬。查此項係水利工程，原應民修，但近河居民被水後，需費浩繁，實屬無力舉行，而工程又關緊要。應請明春動項興修，俟工竣日覈銷。得旨：如所議行。（高宗九七三、二八）

（乾隆四四、一、甲午）署兩江總督江南河道總督薩載奏：丹徒、丹陽縣境運河，爲江、浙漕船要道，江潮灌注，挾沙而行，兼岸陡泥鬆，易至淤墊。請將上屆未經估挑及挑而復淤各段，丹徒境自江口至丹徒鎮以南金涵口，丹陽境自黃金溝至大王廟等處，動樂生洲租息銀，給該二縣挑濬，並責成該道府督勘。報聞。（高宗一〇七四、一三）

（乾隆四六、三、甲午）欽差大學士公阿桂、兩江總督薩載、江南河道總督李奉翰奏：陶莊北岸河身，現已展寬，大溜通行。惟清河舊縣之玉皇閣埽工迤上，河勢向走北岸，上年冬間，溜始南趨。南岸露有窰基數座，土人呼爲沈家窰，土性堅實，衝刷尚未能寬深。二月內，臣薩載已於南岸挑挖引渠，長一百二十八丈，寬十五丈，又切灘長三十丈，寬十八丈，以順其勢。現在公同履勘，雖引渠已成河勢，但河形尚窄，過水無多，應於南岸再展寬三十丈，挑長三百五十丈，深二丈，使大溜迅行下注，不獨對面埽工，可期漸次停淤，即下游順黃壩對面灘嘴，亦可望刷去，與陶莊新河形勢，更爲直捷。估需土方銀二萬三千八百兩。一面督飭工員趕挑，報聞。（高宗一一二七、九）

（乾隆四八、四、丙子）諭：山東運河隄閘各工，現在勘明段落，一律興修。著於部庫內撥給銀五十萬兩，照例解往備用。該部知道。（高宗一一七九、一）

（乾隆四八、八、辛酉）欽差工部尚書福康安奏：遵旨查看運河南河搶修工程，均係實用實銷，向因聲敘未明，致干部駁。得旨：此項運河南河搶修工程，若果有浮冒情弊，自應嚴參治罪，將多用銀兩著落分賠。今既經福康安查明係實用實銷，不過因聲敘未明至干部駁，總河等俱著交部議處。所有運河濟寧以南搶修銀一萬三百餘兩、南河搶修多用銀一萬一千二百餘兩，俱著加恩准其開銷。（高宗一一八六、三）

（乾隆四九、四、甲午）諭：山東運河，前因豫省漫水下注，湖河一片，縴道閘壩，俱被淹浸。上年河工合龍後，特降諭旨將東省運河官民隄堰土石各工，一律興修，共用銀五十三萬九千四百餘兩。今因例價不敷，加用津貼銀五十三萬餘兩。據該撫明興奏，請分年捐廉歸款，毋庸按例攤徵等語。向來黃、運兩河，間遇緊要工程，採辦料物、僱募人夫，官發例價，本屬優厚。即或因物料昂貴，限期稍緊，一時難以取給，於例價之外，復有津貼，不過加至十分之二三，至多亦不過十分之五，儘足敷用。況運河隄岸工程，尤非若豫省之堵築壩工可比，加價銀兩，何以較正項增至一倍，恐其中不無藉端分潤之弊。但朕軫念群黎，如河南、江南等省，一切河務，關係民生者，不惜數千百萬帑金，興工修築，以期永資捍衞，又何靳此數十萬津貼銀兩，至官民竭蹷耶？所有此次東省運河津貼銀五十三萬餘兩，若按例攤徵，民力固不免拮据，即地方官捐廉歸款，亦恐不肖之吏，有所藉口，致滋派累。竟加恩准其一體作正開銷，以示朕惠愛黎元，有加無已之至意。即使工員等果有侵蝕浮開等弊，將來別經發覺時，必當按律懲治，所謂與其有聚斂之臣，寧有盜臣，自不肯因恐有弊端，轉致恩澤不能下逮也。將此通諭知之。（高宗一二〇四、二〇）

（乾隆四九、四、甲午）諭軍機大臣等：據明興奏，上年興修東省運河官民隄堰土石各工，共用銀五十三萬九千四百餘兩，因例價不敷，加用津貼銀五十三萬餘兩，請分年捐廉歸款等語。已明降諭旨，加恩准其作正開銷矣。部定例價，較民間本屬寬餘，向來黃、運兩河間遇緊急要工，採辦料物，僱募人夫，誠恐一時難以取給，於例價之外酌加津貼亦不能免，然不過加至十分之二三，多亦不過十分之五，儘足敷用，何至如此次多至加倍。而上屆豫省堵築青龍崗壩工，甚且加至三倍之多。雖朕愛民之心有加無已，然工程銷算自有一定章程，若俱似此任意津貼，工竣後即准作正開銷，將來遇有要工，不但漫無限制，無所底止，且恐不肖工員恃有加價之例，從中侵蝕，浮冒開銷，以冀恩免，又復成何事體耶？朕因黃、運各工關係運道生民，不惜千百萬帑金，俾閭閻永資利賴，所有數次津貼銀兩，業已加恩寬免，此後倘遇各工，皆不得援以爲例。著傳諭薩載、李奉翰、何裕城永遠存記，除就近諭知蘭第錫、明興外，將此各諭令知之。（高宗一二〇四、二一）

（乾隆五〇、一、庚辰）兩江總督薩載奏：東省大挑運道工程，除河本寬深未經估挑者，計五千八百二十五丈，現應挑浚河長一萬八千四百七十五丈，原估挑挖口寬五六七丈，底寬三四五丈，深自一二尺至五尺五寸不等。韓莊以上，地勢較高，總以水深六尺爲度；八閘以內至黃林莊交界，以水深七尺爲度。又大泛口一段，爲山泉湧發入運之處，停淤較厚，估挑以水深八尺爲度。大泛口內，山河計長二百丈，純係積淤，估挑口寬十丈、底寬六丈、深五尺，以爲囊沙之地。臣率同淮徐河道劉錫嘏、山東運河道沈啓震等，逐段測量，其原估寬深丈尺，俱屬合式。黃林莊與江南接壤，河道本窄，估挑口面雖止六丈，而水深亦以七尺爲度，上下一律相平，將來漕艘往來利便，自甚有益。其原估土方，共用銀五萬八千八百三十八兩二錢零，臣按段查驗，照依東省挑河則例，分別覈算，銀數相符。又原估大小攔水蓄庌柴土壩十七道，用銀三千二百五十八兩零，查驗亦無浮多。臣察看東省運河情形，在韓莊以上，均藉各山泉水發，挾沙灌注，易致停淤；而八閘以內，全係砂礓，遞年增長，以致河底漸高，遇水小之年，漕船即易淺滯。今大加挑浚，原係河中挑河，若挑挖過寬，不惟需費浩繁，且河寬遇水小之時，仍不免於平淺，茲與江南邳宿運中河估挑情形無異，如此辦理，自可永資利賴。得旨：覽奏俱悉。（高宗一二二三、一四）

（乾隆五〇、二、庚子）又諭：工部議駁浙江巡撫福崧報銷柴塘工段，與原奏不符，將添辦之一百二十號柴塘，用過銀三萬六千四百餘兩，不准開銷。所有從前承辦估冊，並現在辦理銷案之員，應一併查明交部議處一摺，所駁甚是，已依議行矣。工程續估續增，雖難拘定原報，但此項柴塘添辦至二千餘丈之多，該撫自應將續估之處專摺具奏咨部，始可報銷。乃該撫并未奏咨，輒於估銷冊內，將續報之二千三百九十餘丈，列入已經奉明之八百丈內，一併估報，殊屬濛混影射，亦從無此理。其管工之員，不無藉端浮冒情弊。著傳諭福崧切實詳查，將此項續辦工段，何以未經具奏，及承辦工員有無浮冒之處，據實明白回奏。至福崧於此案，並不覈對原奏，率行請銷，固屬錯謬；富勒渾係該省總督，辦理海塘已久，何以亦任工員濛混估報若此？並著傳諭富勒渾嚴切查明，專摺覆奏，勿得迴護。將此由四百里各傳諭知

之。(高宗一二二五、四)

(乾隆五〇、四、丙辰)諭軍機大臣等：據富勒渾等奏，浙省原辦續辦海塘，動用加貼銀兩，俟與新工逐款確覈比較，亦可酌量刪減等因一摺。內稱每釘樁一根加銀五錢有餘，與阿桂原奏每日釘樁二根應加銀六七錢之處不符。又原辦續辦鱗工，當時何項必須例外加增、何項必須例外添備，前督臣陳輝祖未經逐款酌定章程等語。海塘釘樁工價，前因老鹽倉一帶沙性汕澁，經阿桂奏明，每日釘樁二根，加銀至六七錢，已屬寬爲支給。今每釘樁一根，加銀五錢有餘，是釘樁二根竟需加銀一兩有餘。似此加增不已，伊於何底？況所云例外加增者，原指例價不敷，有必需支用之處，方准其酌量增給。即係實用實銷，則何項應行加增，何項毋庸添備，不難逐款稽查。且富勒渾、福崧二人接辦塘工非一日，何得以陳輝祖未定章程，至今始行查辦？該督等此奏，雖稱比照新工酌量刪減，意似從嚴，而將來報銷時，或即藉此爲浮冒地步，亦未可知。著傳諭富勒渾、福崧即查明釘樁工價，因何每根加至五錢之多，並其餘所用加價，何項應准應減之處，逐一詳細據實覆奏，毋任工員等藉端虛冒，致滋弊混。尋奏：原辦續辦鱗工，釘樁工價，經大學士公阿桂奏准加貼銀兩，嗣經報銷，工部駁查，行令刪減，並令將新工貼價比照，先行分晰具奏。查現辦范公塘新工，只將初限五百丈辦竣，需貼費若干，比照舊工按其浮用刪減。新工砌石，已至七層，如條石腳價，新工每石一丈，例估加貼銀一兩五錢有零。雖因宕深路遠，視舊工微有加增，但舊工係江浙兩省各半分辦，今歸本省採辦，較之一丈銷銀二兩有餘，大有節省。至樁木價值，新工所辦，較舊工每根省銀四分五釐，釘樁省一錢有餘，此外各項比較，亦多節減。更有原定例價敷用者，即不准加貼，一切應准應減，已有章程，俟初限報竣，逐一查驗，比照裁減。報聞。(高宗一二三〇、一六)

(乾隆五〇、五、辛酉)又諭：運中河一帶甫經大挑，即形淺阻，皆因貓兒窩以下，未經早建閘座，以至水無擎托。薩載、李奉翰久任河防，於此緩急機宜，不能豫籌妥協，貽誤要工，實難辭咎。已降旨交部嚴加議處，仍從寬留任。並令將遲誤草率之工員查明，據實參奏。茲據薩載等查明，將承辦各段工員，邳睢同知邱麟閣等五員，並督辦之淮徐道劉錫嘏，請交部一併嚴加議處。所有邳宿運河原估挑工築壩銀十三萬二千六百餘兩，一概不准開銷。薩載、李奉翰各分賠二萬兩，劉錫嘏分賠三萬兩，下剩銀六萬二千六百餘兩，即著落邱麟閣等五員名下分賠，以示懲儆等語，已批交該部議奏矣。閘座原爲關束水勢而設，貓兒窩以下，添建石閘二座，即經奏准，即當迅速趕辦。一面購採石料，運送工所，一面將應建石閘之處，同挑濬時趕建完竣，則鋪水之時，層層皆有節制，方爲有裨。何得等候運河挑濬，始行採買石料？迨長河業經鋪水，閘座尚未建完，自然流行迅駛，水無擎蓄，不敷浮送。且建閘時又須戽水築壩挑挖月河，轉多周折繁費。是薩載以至工員，皆未計及此，或者有意另開鑛竈，爲冒銷地步乎？貽誤要工，莫此爲甚。所有原估銀十三萬餘兩，自應不准開銷，著落分賠。薩載、李奉翰既各認賠銀二萬兩，其自行議罰銀二萬兩，著加恩寬免。至薩載等代劉錫嘏奏稱，於分賠三萬兩外，再懇罰銀二萬兩，以贖前愆等語，亦著免其一半。其餘一萬兩，所有工員內丞倅以下，應得廉俸無多，分賠銀六萬餘兩，未免竭蹷，即著將此項代爲賠繳。餘銀五萬餘兩，仍於邱麟閣等五員名下，著賠歸款。（高宗一二三〇、二二）

（乾隆五四、九、戊戌）工部尚書金簡、侍郎韓鑱，會同倉場侍郎蘇凌阿、劉秉恬奏：通惠河朝陽門外護城河及溫楡河，臣等尊旨會勘，均係年久淤積，應行挑濬。其估需工料銀：通惠河二萬三千九百三十三兩有奇，朝陽門外護城河一千九百二十五兩有奇，溫楡河一萬二千七百五十兩有奇。動項興築，趕於明春二月內告竣。至朝陽門外西岸改爲砌石，現交石道工程處辦理；再各閘所有壩座，俱係砌石，惟慶豐閘以西北岸，通州南門以東護城河南岸，有木壩各一座，現皆齡朽，若照舊仍修木壩，恐難經久，應一律改修石壩。報聞。（高宗一三三八、二五）

（乾隆五六、二、辛未）兩江總督孫士毅、江南河道總督蘭第錫奏：淮安府運河迤下東岸，向有涇河石閘，減洩河水，由山陽寶應各縣，入射陽湖，穿蕩歸海，民田藉以灌漑。自五十一年運河盛漲，致該閘兩牆蟄裂，底石衝翻，難資啓閉。屢據山陽縣士民王旭等，呈請按田捐修，前督臣書麟飭令確估，茲覆估實需工料銀五千九百八十四兩零。臣等赴勘，石閘密邇淮城，減洩盛漲，上下隄工，不致喫重，並可保護城垣，民田亦資灌漑。但需費稍多，請先動借司庫錢糧，責成該縣知縣購料督修，仍令分四年攤徵歸款。報聞。（高宗一三七三、二〇）

（乾隆六〇、一一、丁丑）是月，河東河道總督李奉翰、巡視東漕戶科給事中宗室慶岱奏：會勘運河汶、泗等處，節節淤淺。以受淤之厚薄，定挑土之淺深，共計工價一萬二千三百兩，於藩庫支發，剋日興工。得旨：實力妥爲之。（高宗一四九一、二六）

（嘉慶七、二、乙丑）又諭：陳大文奏，北運河應行建築隄壩、挑淤開河各要工繪圖進呈請旨一摺。運河隄壩，原以保護民居，利濟漕運，如有河身淤塞及隄岸損壞之處，自應隨時挑築。茲既據該署督勘明應行開挑河溝六處，共計一千五百餘丈，建築加培隄壩十三處，共計二千餘丈，均屬險要。著照所請，准其照估挑築。所需工料銀兩即在通永道庫備貯要工項下動用。該署督務當督飭工員，認真辦理，毋任稍有侵冒。此外如有似此應行挑濬者，仍著該署督詳查酌辦，務於大雨時行之前，俾各工均臻完善，免致泛溢。(仁宗九四、二五)

（嘉慶一二、一二、丙戌）又諭：吳璥等奏會勘牛頭河應挑淤墊工段，並添建涵洞土隄等工一摺，繪圖貼説進呈，並將例幫價銀開繕清單呈覽，朕詳加披閲。牛頭河北自南旺芒生閘迤下，南至南陽湖止，舊河形閒有積水淤墊處所，且閲圖內所繪來源僅有一線，自應挑濬寬深，俾臻通暢。既據該河督等會勘明確，估計挑淤及添建涵洞、幫築土隄等費，共需例幫價銀五萬二千一百二十餘兩，即照所請，於藩庫運河道庫內動項支發。該河督等務須督飭承辦之員，妥速興修。以期宣洩暢注，勿致日久仍淤，復被占種。工竣後一面具奏，吉綸即一面親往收驗。東省距京畿甚近，或屆期另簡大員前往查驗，亦未可定。如有草率、偸減、虛糜帑項等事，惟該河督等及承辦之員是問。(仁宗一九〇、九)

（嘉慶一三、二、己巳）諭內閣：巡視東漕御史文修奏，東省運河挑工，請仍歸沿河州縣衞承辦一摺。此項挑工，從前本派沿河十九州縣衞承辦，嗣經陳大文奏，州縣因裁革陋規，無可貼補，恐有虧挪派累情弊，改派佐雜等官辦理。今據文修奏，佐雜職微力薄，更虞賠累，且民夫皆州縣所管，佐雜呼應不靈，諸多掣肘，恐致誤工誤運。所奏係實在情形，自不如仍歸州縣辦理爲妥。所有運河挑工，除河工汛閘員弁仍令額設兵淺泉閘等夫照舊挑辦外，其餘募夫挑工，著仍歸沿河十九州縣衞承辦，其津貼銀兩亦歸州縣承領。該州縣等有津貼款項，既不至如從前之藉口賠累，而集夫舉事，呼應較靈。著該撫等即責成各州縣衞妥爲辦理，如有虧挪派累等事，即著據實參奏，庶辦公不致拮据，亦可不滋流弊。(仁宗一九二、二)

（嘉慶一三、七、己卯）諭軍機大臣等：鐵保奏，節逾處暑，河湖水勢工程平穩情形一摺。覽奏俱悉。至幫培高堰大隄及盱堰壩脊各工，俱應次第經理興修，其運河縴道隄工，亦應斟酌緩急，確估具奏興修，俾臻完善。惟是此次籌辦培築事宜，工鉅費繁，約需帑金七八百萬，較之吉地工程，尤爲浩大。……(仁宗一九八、二一)

（嘉慶一三、一二、癸巳）諭軍機大臣等：吳璥、托津會同鐵保等奏，勘明海口情形一摺。據稱海口改道之説，溯查前明及本朝康熙年閒舊案，所有灌河入海之路，覆轍具在。現在周歷履勘，北潮河匯流馬港口，張家莊等處漫水，業已數月，尚在壅積，可見去路不暢，且又不能刷出河槽，而此外又無另闢海口之路，仍請修復故道，將雲梯關外大隄接築，收束水勢，使東注得力。並據鐵保等另片奏請共需撥銀二百九十萬兩，務於歲底春初到工等語。北潮河漫水去路不暢，又無河槽，伊等以現在情形，證之昔年誤改成案，論據確鑿，是由灌河入海之說，斷不可行，自應挽歸故道。至所稱雲梯關外水勢散漫，必須接築兩岸大隄，收束水攻沙之效，並稱較原估丈尺可以稍減，其十八里屯及減壩工程，均停止緩辦。揆之目前情事，亦止可照議辦理。惟是國家帑項實在支絀，河工連年請撥之項，數已不貲，迄未一勞永逸。詢之部臣，此時各省實已無項可撥，不能俯從所請，況天下經費甚多，豈能以天下全力專理一工乎？萬不得已，衹得姑照所請，降旨阿克當阿，令將商捐項下撥銀一百五十萬兩，趕緊解往。至於兩浙運庫，河南、山東、江西、浙江四省藩庫，雖亦降旨籌撥，有無尚不可知。伊等衹可就現有餉銀，將目前緊要各工內，擇其尤急者，先為趕辦。試思撥餉如此之難，而伊等此次請撥之後，能不再行請撥否？河患未除，帑項日絀，實不可不撙節辦理。鐵保等惟當激發天良，督飭在工大小各員，實心經理，若稍有浮混，則不但王法具在，而天理更屬難容，衹得在工所正法示衆，決不輕恕。伊等身家性命所關，不可不慎之又慎。將此諭令知之。（仁宗二○四、二）

（嘉慶一五、六、丙午）諭内閣：恩長奏酌籌疏濬漳、衛河經行要口，以資濟運一摺。據稱内黃縣為漳、衛兩河經過口門，向因漳水挾沙壅滯，豫省有漕州縣及長蘆商人，略加挑挖，未能寬深，次年漲水仍不能容納，擬於春秋兩季大加疏濬等語。漳水近來形勢，北高南下，入衛故道既難歸復，而兩岸俱係浮沙，又非築隄所能堵禦，且河道綿亘數百里，淤墊日高，即耗資數十萬，築壩挑溝，亦不能即收實效，殊於蘆鹽、豫漕有礙。著照所請，即於内黃縣之南豆公、北豆公一帶口門，遴委熟諳工程之員，於每年春秋兩季，妥協經理，務使工歸實用，毋任浮冒。所有挑費銀八千餘兩，著即著落豫省有漕州縣，並長蘆鹽商分為鹽六漕四，攤捐辦理。（仁宗二三一、一二）

（嘉慶一五、一二、己亥）諭軍機大臣等：江南河道總督員缺，因陳鳳翔熟諳河工，已加恩簡用。南河敝壞已久，河湖受病日深，而究其受病之源，皆由底高淤墊所致。蓋黃水挾沙而行，非清水不能刷滌，而欲多蓄清水，非堰工堅固，不能保無漫溢之虞。年來論治河者，咸以海口未經復舊，下游不能通暢，以致黃水倒灌運河，非特運河受淤，而黃河挾沙帶泥，下游亦日臻淤墊，甚至海口阻塞，尾閭不通，譬諸人之一身，無往非病。經朕力持定見，已將海口挑挖深通，堵塞馬港旁趨之路。現在河水滔滔東注，更無壅遏之虞，惟清口倒灌，乃全河痼弊。昨據馬慧裕奏，馬港合龍之後，河水消落三尺有餘。未知所報何處，若清口一帶亦一併消落，此時清水遂能高於黃水，自可暢出刷黃，則事機已臻順利，設河水雖已消落，而清水仍不能外注，則是該一帶河底墊高，清水被其壅遏，其爲患在咽喉胸膈之間不能宣暢，並不專在於尾閭明矣。現屆清水力綿之候，即使多方籌蓄，而一兩月之間，豈能即高於河身，轉瞬重運經臨清水，壅遏不出，勢必仍須借黃濟運，明知倒灌之害而不能不開門揖盜，其弊將何可勝言？即現在海口費數百萬帑金挑挖深通，亦仍歸無益。朕思此時全河大局全在蓄清敵黃，去其淤墊，使清水無旁洩之途，黃河絕倒灌之路，方能日有起色。至蓄清要法，則先須修復高堰隄工，所有風掣石工四千餘丈，亟須大汛前一律修整完固，然後有恃無恐。現在海口除善後工需之外，尚餘存銀三十五萬兩，並有餘存估價三十餘萬之料物，陳鳳翔到彼接收後，即將此項存銀，迅速購料興工，將堰盱工程剋期辦竣。庶將來清水力旺，不致旁洩，以之刷黃利運，可收專注之功。再此時禦黃壩既議堵閉，必當使黃水涓滴不能入運，方克有濟。來春如果清水暢出，運河已覺高於黃水，北來重運，可以照常趲行，固屬甚善，儻或清水仍有淤滯，湖水不能即時蓄高，來歲重運北來，一將禦黃壩啓放，黃水依然倒灌，則又於事何益？夫漕河本屬相需，今因利漕先已病河，權其輕重，寧使暫時剝運渡黃，必不可復用借黃濟運之計，以致倒灌增病。前年吳璥所奏剝運事宜，章程具在，且湖廣、江西剝船，俱已次第成造。陳鳳翔惟當力持定見，通盤籌畫，勿稍游移，仍將河口積淤設法消除，俾河身日低，清水日高，全力下注，因勢利導，實爲尋源探本之法。朕於治河諸書，並未多閱，惟恭讀列祖、列宗實錄，於治河一事，訓誡昭垂，總以蓄清敵黃爲第一要議，此時若不遵循辦理，有何把握？該河督膺此重任，惟當服膺聖訓，勿惑浮言，實力實心，持以敬慎，從此清強黃弱，永慶安瀾，日有起色。勉之。望之。將此諭令知之。（仁宗二三七、二二）

（嘉慶一六、二、丁酉）諭軍機大臣等：陳鳳翔覆奏，體訪培築高堰二隄情形一摺。高堰大隄，一經風浪鼓盪，動形掣卸，必須熟籌經久之策。從前吳璥等，先請建築碎石坦坡，嗣又請加培二隄，迄未定議。今閱陳鳳翔所奏，其云加培二隄，比之碎石坦坡，錢糧可以節省之說，尚在其次，朕因保障民生，節年來頒帑已至四千餘萬兩，若果碎石坦坡有效，豈復惜此區區？惟所稱現在有坦坡處所，大隄仍不免塌卸，而有越隄之處，大隄可以無虞，是二隄之勝於碎石坦坡，具有明驗。此次若再發交廷臣集議，懸揣臆度，勢必往返詢問，徒延時日，既據陳鳳翔所奏如此，該處眾論僉同，著即照所奏辦理。惟二隄在大隄之外，該處保障究恃大隄，若大隄不能得力，則二隄又豈復可恃？此時欲辦二隄，自應先將大隄殘缺之處，一律補築齊全，使屹然爲金湯之固，然後再將二隄籌辦如式，始可收重門保障之益。將此諭令知之。(仁宗二三九、二〇)

（嘉慶一七、五、丙子）諭內閣：據百齡等奏，淮揚運河西岸，白田鋪通湖水口，最爲得力，請於南窰地方，建造雙孔石閘一座，約需銀數萬兩；又洪澤湖仁、信兩壩，石底均已坍塌，請先將信壩修砌，勘估銀十五萬九千餘兩等語。該二處均係亟應修辦之工，著照所請，將蕪湖關徵存銀款內，撥銀二十萬兩，解赴河庫另款存貯，辦理兩項石工。該督等即督率興修，務令工堅料實，毋稍浮冒。(仁宗二五七、三)

（嘉慶一八、三、癸未）諭軍機大臣等：百齡奏，確勘仁、義、禮三壩必須移建一摺，並繪圖貼說，朕詳加披閱，當即召見扈從之軍機大臣及松筠指畫酌商。山旴五壩爲宣洩洪湖盛漲、保護堰工而設，康熙年間靳輔原議建仁、義、禮三壩，乾隆十六年，皇考高宗純皇帝特命添建智、信兩壩，迄今歷有年所，地形水勢，自必斟酌盡善。今該督等奏稱，仁、義、禮三壩近年屢經開放、衝跌，壩基損壞，刷成深塘，難以修復，即修復亦難經久。擬於蔣家壩以南附近山岡之處，移建仁、義、禮三壩，並挑挖引河三道。儘先改建仁、義兩壩，將禮壩地基築做草壩，以備本年宣洩，計需費五十餘萬兩等語。仁、義、禮三壩既不能就原處修復，該督等斟酌情形，奏請移建，但詳閱圖內舊壩之下所繪民莊，相距甚遠，現擬移建之處界畫引河三道，兩旁民莊鱗次，則其間田畝廬墓，自必繁庶，所挖引河淺狹，水必泛溢，若挑挖寬深，恐所傷實多。其舊有三壩，既不開放，則與堰隄無異。必須填砌堅實，與石隄聯爲一體，方足以資捍禦。隄頂處所，並應添建鋪房，派駐弁兵防守，方可保無疏失。合計各項需費，恐該督等所估銀數，以之興辦，尚不敷用。事關謀始，不可不詳細酌覈。朕意或於蔣家壩地方，先行改建一壩，本年試爲啓放。若水勢順利，足以消減盛漲，並於附近田廬無傷，再議續改二壩。著該督等再行詳議，是否可行，並統計引河寬深丈尺若干，工費若干，另行籌度，繪圖貼說具奏，再降諭旨。將此諭令知之。(仁宗二六七、一五)

（嘉慶一九、三、癸丑）諭內閣：吳璥等奏，請挑獨山湖引渠，並堵築泗河民堰改挑直河一摺。獨山湖承受附近各州縣山泉坡流，並泗河有餘之水，由昭陽湖遞達微山湖，蓄水濟運。近年來各處引渠，全行淤墊，每遇泉水長發，不能導引歸湖，轉致泛溢民田，自應亟爲疏濬。又鄒縣境內泗河南岸民堰，因北岸淤灘挺峙，逼溜南趨，屢築屢潰，亦應一律挑培。著照所請，將估需工銀一萬九千三百餘兩，先於司庫地丁項下動支，飭令趕緊興辦，毋誤本年伏秋汛期收水之用。該河督等仍隨時嚴密稽查，毋令工員等有草率虛糜情弊。至此項工程，前任河督等並未及早勘驗，致有貽誤，均難辭咎。除李亨特業已查抄外，所有前項動支司庫銀兩，毋庸分年攤徵，著該河督等查明歷任貽誤道廳各員，分別攤賠歸款，以示懲儆。（仁宗二八八、一一）

（嘉慶二〇、一〇、戊寅）諭內閣：那彥成奏，北運河建築隄壩，各工奏明動項興修，並將妄估率詳之道廳參奏請旨一摺。北運河隄壩各工，前據該道廳等詳報，挑河、建壩、築隄各工，務關廳屬估需銀一萬三千九百兩零，楊村廳屬估需銀一萬二千九百九十兩零。經該督委員覆勘，其原估挑河格隄各工，均尚可緩辦。惟務關所屬添建月隄一道，草壩一段，楊村所屬添建月隄一道，草壩四段，俱屬極險要工。共估需工料銀九千四百九十五兩六錢七分六釐，較前實為節省。著照所請，即於通永道庫存貯歷年扣存平飯項下動撥。飭令該道廳先行購備料物運貯工所，俟春融趕辦，勒限完竣。屆期由該督親往驗收，務期工歸實用，至原估之務關同知田宏猷、署楊村通判沈旺生，於尚可緩辦各工概行估計，以致銀數比從前另案浮多。該管通永道葉紹本並不確切覆勘，率詳請辦，俱著交部議處。（仁宗三一一、二一）

（嘉慶二二、七、戊午）又諭：孫玉庭奏，查明鎮江運河應辦各工，請借項挑修，攤捐還款一摺。鎮江府屬徒陽運河，為江浙漕艘必由之路，江潮灌注，易致停淤，前給事中陶澍條奏濬治修建各事宜，發交該省確勘。今據該督勘明，分別應緩應脩，詳議具奏。其應辦各工，著即照所議辦理，至攤捐歸款，殊可不必。地方應辦公務，朕從不存惜費之見。此項工程，既為利漕所必需，所估工料、土方價銀八萬零一百五十餘兩，著即在於江蘇藩庫抄案變價及鹽規匣費項下如數動支，飭屬勒限興修。但必須工歸實用，帑不虛糜。該督等認真查察，如有草率、偷減情弊，據實嚴參。工竣覈實報銷，毋庸攤捐歸款。（仁宗三三二、一二）

（嘉慶二四、閏四、乙未）諭內閣：葉觀潮奏，請動項補修運河西岸碎石隄工一摺。東省迦河廳屬、嶧、滕二汛運河西岸隄工，攸關縴道湖灘，前經間段補修，歷屆大汛，風浪汕刷，土餡殘缺，碎石坍卸，亟應擇要補修。所有勘明最要隄工，除二十年甫經補修工段外，其現估工料，例幫價銀五千六百三十一兩零。著照所請，准其動撥山東司庫銀兩，發廳購料，趕緊興辦。勒限六月內修補完竣，覈實驗收報銷。（仁宗三五七、五）

（三）江蘇、江西、浙江水利

（順治九、七、丙申） 工部右給事中胡之俊疏言：今天下財賦，半出東南。而東南要地，莫如蘇、浙。蘇、松、嘉、湖地勢汙下，舊劉家河、吳淞江等處引水入海，日久壅淤，河道成田。土豪占據，多所撓阻。年來淹沒漂淪，水患見告，職此之故。考地志，三吳之水，悉滙震澤。震澤廣三萬六千頃，並溪港諸水，勢甚橫烈，皆以三江爲入海之路。《書》所謂"三江既入，震澤底定"是也。東江河身湮沒，久不可稽，僅存松江之吳淞，蘇州之劉河。劉河，即婁江也。唐、宋、元、明以三江洩震澤之水，始不爲害。今三吳江道盡塞，受禍甚劇，財賦重地，悉委波濤，百萬糧儲，從何措辦？請敕部從長計議，疏通故道。國計民生，胥賴之矣。章下所司。（世祖六六、一七；東四、九）

（康熙一〇、四、丙申） 戶部議覆：江南、江西總督麻勒吉等疏言，吳淞江、劉河口係蘇、松、常、杭、嘉、湖六府洩水要道，應建閘開濬。請以各府漕折銀十四萬兩，留充河工經費。即均派六府所屬之地，分年按畝徵輸還項。應如所請。得旨：被災州縣，復令多派還項，恐苦累小民。著免其派徵。（聖祖三五、二一）

（康熙一〇、一一、辛未） 河道總督王光裕疏言：淮揚裏河爲漕運咽喉，年來沙停水淺，幾爲平陸。臣已疏請大挑，但舊例派調人夫，今淮、揚、廬、鳳民生困苦，若再派調，民何以堪？查有河庫節省銀十萬兩，可爲僱募人夫之用。時日已迫，臣一面給發銀兩募夫興工，一面具疏奏聞。從之。（聖祖三七、一〇）

（康熙一一、一一、己卯） 工部議覆：江寧巡撫馬祐疏言，吳江縣長橋一帶，乃太湖洩水入海要道，因年久未經疏濬，以致吳家港起至新橋止，兩旁俱漲沙灘。相應准其通縣協力開濬，不得濫派擾民。從之。（聖祖四〇、一三）

（康熙一八、七、甲午） 河道總督靳輔疏言：淮河東岸自翟家壩至周橋閘，乃淮揚運河上游門戶，山鹽等七州縣民生關鍵也。當黃河循禹故道之時，淮流安瀾直下，此地未聞水患。迨黃流南徙奪淮，淮流不能暢注，於是壅遏四漫，山陽、寶應、高郵、江都四州縣、河西低窪之區盡成澤國者，六百餘年矣。明萬曆初河道廢壞雖不若今日之甚，而清口淤、高堰決，與今日情形相似。彼時河臣潘季馴築堤堵決，治效班班可考。然此處不議加高，蓋明代祖陵在西，故停河東之障以洩水。殊不知如慮淮漲西侵，何難兩岸並築，而顧留患門庭？歷年既久，遂至成河九道，使淮揚疊受水災。臣不能不憾潘季馴以善治河稱，而亦有此失著也。皇上軫念運道民生，大發帑金，命臣遍爲修治。今翟家壩成河九道之處，計共寬一千三百二十三丈二尺，今已盡合龍門。臣更查山陽、寶應、高郵、江都四州縣河西諸湖，今亦逐漸涸出。臣擬設法招懇，庶幾增賦足民。下部知之。（聖祖八二、一）

（康熙一九、一一、乙丑）九卿議覆：江寧巡撫慕天顏疏言，水利關係民生，臣於蘇、常等府擇其工易費簡者，已次第勸民疏濬。惟常熟縣之白茆港、武進縣之孟瀆河，係蘇、常等府河水出江要道，淤塞甚多。請動正帑銀十萬四千兩，開深建閘。不惟水利克修，飢民亦得赴工覓食，寓賑於工，數善俱備。應如所請。從之。（聖祖九三、八）

（康熙二五、七、丙戌）督修下河工部右侍郎孫在豐及帶往司官鄭都等陛辭，上諭孫在豐曰：朕前因巡幸江南，見高、寶、興、鹽、山、江、泰等處積水汪洋，民罹昏墊，朕甚憫之。應行開濬下河，疏通海口，俾水有所歸，民間始得耕種。特發帑金，拯救七邑災民。屢集廷議，兼詢輿情，允協僉謀，事當鑒舉，茲命爾前往。淮揚所屬，下河一帶車路等河並串場河、白駒、丁溪、草堰場等口挑濬事務，專屬於爾監修，爾宜往來親歷，多方經畫，講求源流脈絡，次第興工。督率帶去司官等，務實心任事，毋得怠忽擾害。其司道、府、廳、州、縣等官，如有違玩貽誤，及勢豪紳衿，妄行干預、包攬生事，阻撓工程者，指名參奏。濬過工程丈尺，用過夫料數目，造冊畫圖貼說具奏。爾受茲專委，須竭忠盡力，悉心區處，速竣大工，使海口疏通，水消田墾，蒸黎復業，以副朕救民至意。如因循迂忽，虛費財力，責有所歸，爾其慎之。諭鄭都等曰：爾等雖經部院辦事，但治河非所熟練，今將爾等差往，必當同心協力，務期有成，毋得各執己見。侍郎孫在豐將應修地方派與爾等，須各遵所派料理，不得圖易辭難，互相推諉。（聖祖一二七、二）

（康熙二六、三、癸卯）九卿遵旨議覆：皇上軫念高、寶七州縣百姓久罹水患，特遣大臣挑治下河，甚盛心也。今所差司官，便已懷私，不聽侍郎孫在豐調度。請敕下江南總督、巡撫、及總漕、總河，公同孫在豐監修，庶工程無所阻撓；原任淮揚道高成美，係降調之官，乃淹留彼地，行事不端，實爲可惡。應移文地方官，勒令回京。上曰：朕特頒內帑，濬治下河，原爲救民起見。今國計非絀，設錢糧不敷，何妨再請頒發？聞差往各官，初欲派之民間，後又中止，乃復按引派加鹽課。是未嘗救民，先已害民，豈不大負朕之初意乎？此事斷不可行，著停止。通行曉諭，差往各官著撤回。餘依議。（聖祖一二九、二二）

（康熙二六、十、壬戌）大學士等奏曰：前總河靳輔疏稱高家堰之外，再築重堤，請停丁溪等處工程，奉旨著問巡撫于成龍。今于成龍覆稱，挑下河，有益於民，若照靳輔之疏修理，則民反受其害。上曰：挑濬此河，原欲有益七州縣生民，靳輔疏稱高家堰等處築堤，以爲屯田，可獲百餘萬錢糧。朕從利益民生起見，非爲錢糧也。此挑河關係緊要。著户部尚書佛倫、吏部侍郎熊一瀟、給事中達奇納、趙吉士，會同江南總督、總漕確勘議奏。（聖祖一三一、一五）

（康熙三七、一一、乙酉）諭大學士等：開濬下河，民生攸繫，朕爲閭閻疾苦，深切軫念。曾命開音布、孫在豐、于成龍、王新命等，專司開濬，伊等俱奏工程告竣，民生大蒙利益。載在册籍，存部可考，人亦具在，可以質詢也。由今觀之，止是虛糜國帑，水勢並未消減，田畝並未涸出，所謂有益民生者，果何在耶？今桑額又奏當行開濬，而九卿並不詳詰從前開濬諸人，亦不稽考册籍，遽議准行。如果此次開濬，巨浸全消，疆理盡復，民業得濟，朕於錢糧，絶無吝惜，即動發帑金，令其興工而已。至捐助事例，並不宜允行。即今山陝所捐銀米，其事尚未明晰也。若下河果如其所請，疏鑿開濬，而桑額等能保水即消、田即出，有裨於民，以身家保奏，則即令開濬之。御史吳甫生亦以此事條奏，所言甚是。可將其疏，並發九卿，詳詢前此督濬者，復稽考諸册籍，然後確議以聞。（聖祖一九一、三）

（康熙四六、一、丁卯）諭八旗都統、部院大臣等：溜淮套工程，俟朕往閲之後，酌量開濬，爾等將八旗部院官員内選擇敬慎篤厚、操守潔清、家計殷實者，從公保舉，每員派給帑銀三千兩帶往，預備修河之用。如所保人員内，有在地方生事、恣肆非爲、扣剋侵蝕等情，發覺之日，將保舉大臣一並嚴加治罪。（聖祖二二八、三）

（康熙四七、七、庚辰）工部議覆：江南江西總督邵穆布疏言，臣等遵旨親勘各屬水道，如蘇州府太倉州常熟縣爲通江入海要道，應建閘啓閉，以資蓄洩，灌溉田疇。其劉河等舊閘亦各損壞，理應修葺。常州府武進縣，鎮江府丹陽、丹徒兩縣，共計舊閘六座，年久坍圮，均當修葺。至蘇、松、常、鎮四府屬各支河小港，關係水利處，率皆淤淺，宜逐一疏浚。共計修建閘座并挑濬河工，需銀一十七萬八千九百餘兩，應如所題。從之。（聖祖二三三、一二）

（康熙四七、七、己丑）工部議覆：福建浙江總督梁鼐等疏言，臣等遵旨，親勘杭、嘉、湖三府水道，惟湖州府逼近太湖，有七十二港漊，爲入湖要道，應建閘六十四座，以爲蓄洩之計，其舊有閘座，止須修理。至嘉興府，去太湖稍遠，大流即是運河，支流環繞通連，無可建閘，惟水道淤淺處，急宜疏浚。杭州府去太湖益遠，雖通錢塘江湖，地高不能引水深入，亦無庸建閘；所有西湖通水諸處，各有舊閘，以灌溉民田，並爲鄰邑借潤，亦宜修葺。其三府支河港蕩內，有淤淺者，責令有司勸諭民間，及時開浚，不煩支帑。至三府內應建閘座，與應疏通處，共需銀四萬一千八百餘兩。俱應如所題。得旨：去歲杭州等處地方被災，民生疲敝。今動支公帑建閘，其支河港蕩內淤淺處，若勸民自行開浚，地方官員或藉此私派害民，亦未可定。亦著給發正項錢糧開浚。（聖祖二三三、一八）

（**雍正五、一二、辛丑**）署兩江總督范時繹疏言：江南太倉州鎮洋縣境內劉河鉅工，已蒙發帑開濬。而七浦一河，原係民田，該地士民，情願自行開濬。業户給資，佃户出工，不敢再費帑金，候旨遵行。得旨：君民原屬一體，民間之生計，即國計也。儻遇國用不敷之時，勢不得不資藉於民力。今國用充足，朕爲地方籌畫萬年之利，不惜多費帑金，興修鉅工，養育萬姓。若仍用民力以辦公事，非朕本心也。況小民効力工程，或致荒其本業，而又不免官吏之督催煩擾，朕心實爲不忍。著仍動公帑辦理。並將朕旨遍行曉諭該州縣士民，伊等當體朕愛養元元之心，於工程告成之後，加意照看，歲歲疏濬防護，俾地方永受其益，則勝於目前之趨事赴功多矣。（世宗六四、二三）

（**雍正八、四、丙辰**）工部議覆：江南河道總督孔毓珣等疏言，河道工程，奉旨酌議，逐年加修，相應因地制宜，次第興舉。請於險要頂衝，隄身單薄之處，先加五寸，增高培厚，次年再於次險之工，統加五寸，再次年將可緩者，一例增修。以後總酌分緩急，輪流加培。約計每年黃河堤工，需銀二萬餘兩，運河堤工，需銀七八千兩。除每年歲、搶各工，仍照例估銷外，所有黃運兩河應行加高各工，逐一確勘，將地名、工段高寬丈尺，以及需用銀兩數目，應動款項，俱據實分晰具題。應如所請。從之。（世宗九三、二〇）

（**雍正一一、七、己丑**）江南副總河西柱疏言：江南通州所屬范隄，修築告竣。各場竈户，感戴國恩，情願急公効力，請將原發工價銀兩，繳還運庫。得旨：朕發帑修理范隄，原係保護鹽場，加恩竈丁之意，所用工價銀兩，何用伊等捐輸？著出示曉諭，照數給還。毋使不肖官吏人等，侵蝕中飽。（世宗一三三、一〇）

（**雍正一三、一〇、癸未**）工部議准：大學士管江南河道總督嵇曾筠疏言，南河工程，每年例撥兩淮鹽課銀三十萬兩，年來物料充裕，請減十萬兩。得旨：江南河工協濟銀兩，舊例三十萬兩，著照舊撥給，豫備充裕，不必裁減。（高宗五、一五）

（乾隆一、六、己巳）江南河道總督高斌條奏工程事宜。一、各廳夫工銀兩，核定給發，據實報銷。一、領運葦營蕩柴，應給水腳，宜核實分款請銷。一、江工需用石料，照京口之例，畫一報銷。俱下部議行。（高宗二〇、一六）

（乾隆一、八、辛巳）命停揚州商民濬河捐項。諭：朕聞揚州府儀徵縣江口，至江都、甘泉二縣所轄三汊河一道，共計六十餘里，爲通江達淮要津，向例三年大挑一次，撈淺一次，共需銀一萬六百兩，皆商三民七，分派捐輸。經管里甲，不無苛索滋擾，而承修各官，又復層層侵扣，以致撈淺挑濬，有名無實，無益於工程，有累於百姓。嗣後著將商民派捐之項，永行停止，亦不必拘定三年之限，如遇應濬之年，著該鹽政委員確估。實力挑濬。所需工費，即於運庫一半充公項下動支，毋得虛冒侵肥，草率塞責。（高宗二五、六）

（乾隆一、一〇、丁卯）諭總理事務王大臣曰：今歲江南夏秋之間，天雨連綿，淮揚一帶各州縣低窪田畝，有被水淹漫者。朕恐民窮失所，已諭令督撫等加意賑卹，俾獲安居。今思此等百姓，若於冬春之交，再令傭工，以資力作，更爲有濟。查宿遷、桃源、清河、安東以及高郵、寶應等州縣，均有應行挑濬之河道。其安東舊鹽河，約估需銀二萬二千餘兩；宿、桃、清、高、寶等工，約估需銀十二萬餘兩；著於今冬明春，次第興工。即令僱募民夫，及時挑濬。則於緊要河道，既得深通，而寓賑於工，窮黎更得藉以養贍，於地方民生大有裨益。（高宗二八、一〇）

（乾隆二、八、乙酉）兩江總督慶復奏言：江西南昌等府屬之南昌、新建、豐城、進賢、上高、清江、鄱陽、餘干、星子、建昌、德化、信豐等沿江十二縣，舊有隄岸，以禦江水，獨豐城尤當水勢迅激之衝，是以雍正十一年，令民捐歲修銀一千五百餘兩，交官隨時修築。嗣經督臣議建石岸，歲修銀兩不敷，前撫臣請動用鹽規六千兩。工竣之後，年年仍有續坍，是地方官不無冒銷情弊。今於六月十二等日，各隄衝決六百餘丈。據撫臣岳濬覆稱，從前承辦各員，修不如法，致有此患。現勘估修築，此次工竣後照例責成保固，以期一勞永逸，並可否不必派累民間，以甦民力。得旨：知道了。此皆前任巡撫不職之由，岳濬若能與卿和衷共濟，一二年後，自必改觀矣。（高宗四九、一六）

（乾隆二、九、庚子）工部等部議覆：江西巡撫岳濬疏請修築豐城縣沿江土石隄岸，勘估物料夫工銀四千二百兩零，每年增修搶護豐城縣民捐歲修銀一千五百兩，請行豁除，均於鹽規項下動支應用。從之。（高宗五〇、三七）

（乾隆三、四、庚戌）兩江總督那蘇圖遵旨議奏：毛城鋪減水石壩，原因徐州一帶，兩岸山勢夾束，河流不能下注，徐城逼處河濱，上壅下溢，屢屢爲患。前河臣靳輔，於康熙十七年請設減水壩，分洩黃漲，保護徐城以及上下兩岸險工。其減下之水，使歸洪湖，以助清刷黃。是乃減黃河出槽盈溢之水，非減正河大溜之水，故數十年均受其益，且現在壩基，離河岸三十餘里，故歷久循行，無奪流之患。祇因邇年以來，壩外沿河隄岸，漫口甚多，壩座傾廢，舊有下游河道，年久淤阻，以致減入黃水過多，擁入毛城閘口，來水多而去水無路，遂致漫流，永、碭田禾，屢經淹損。河臣高斌會議修築毛城石壩，並將壩口丈尺收縮，又將臨河各衝漫水口，悉照舊隄修築堵塞，止留下游定國寺倒勾水支河一道，及分洩郭家口支河一道，減入之水，已較近年減少大半。而壩口用石攔水，下游一帶淤淺河道，現估挑浚，由徐、蕭、睢、宿、靈、虹等州縣，至泗州之安河陡門，紆迴六百餘里，中經孟山等五湖，澄清黃水，停蓄以入洪湖。種種來水去水情形，乃係修復舊制，並非增創更張，揆之目前形勢，亦止有如此辦理之法。若將毛城鋪舊有迤下河道，不行開通，任聽黃水漲入蕭、碭、永、宿各境，人民田宇，漫浸可虞。若徑將舊有之毛城壩堵塞，現見隄外地土，高於隄內四五尺不等，設遇黃水奔騰，徐州一帶城郭民廬，必難保固。何可舍數十年已驗之良規，別爲置議？臣履勘確實，敬另疏條例。得旨：此奏甚屬詳明，持中之論，嘉悅覽焉。（高宗六七、二五）

（乾隆三、四、庚戌）又諭：江南毛城鋪工程，漸次就緒；但此地至洪澤湖，河湖水道，六百餘里，經歷數十州縣，土壤相錯，若無專員統轄，則各邑丞簿微員，呼應不靈。所有一切隄岸壩座工程，未必經久堅固，況現在修防疏濬，尚須逐年料理，則歲修之費，亦當豫爲籌及者。著河道總督高斌，會同江南總督那蘇圖，悉心妥議，於就近廳員內，歸併何員管轄，並酌定歲修之費若干，於每年冬末春初河水未發時，相度修治，俾地方永受其益。尋奏覆：毛城鋪減水壩迤下河道，令豐、蕭、碭河務通判，銅、沛河務同知，邳、睢、靈璧河務同知，宿、虹河務同知，山盱河務通判，各照所屬地方，分界管理。每歲於冬初水涸時，該管官查明應行挑浚工段，勘估興修。所需銀兩，於江寧藩庫每年動撥銀三千兩，豫貯廬鳳道庫備用，如有餘剩，存爲下年之用，倘有不敷，如數補領。其子堰或經卑薄，河道間有淤阻，均令隨時修補疏導。下部議行。（高宗六七、二八）

（乾隆四、一、甲寅）軍機大臣議覆：兩江總督那蘇圖、江南河道總督高斌、江蘇巡撫許容奏言，淮揚水利，向無蓄洩，是以旱潦皆能爲患。茲勘得江都縣之揚子橋、沙壩河、董家溝三處，係上游通江之道；高郵州之通湖橋、頭閘二處，及所歷運鹽、車路、白塗、串場等河，寶應縣之子嬰河，山陽縣之漁濱河及所歷湖蕩等處，並爲下流入海之道，日久淤塞，亟宜挑浚。他若山陽縣之涇河閘引河，高郵州之南關大壩、五里中壩、車邏大壩引河，鹽城、興化、泰州、通州、如皋、泰興之鹽河，亦宜逐段疏通。再創建鹽邑之天妃閘，修築興邑之青龍、白駒等閘，沿海之范公隄。統計各工，除淮商捐挑鹽河銀三十萬兩外，尚需請撥銀七十萬兩。小民青黃不接之時，以工寓賑，實爲一舉兩得。查前項工程，經該督等勘商，均與運道、農田有益，現命大理寺卿汪漋、通政使德爾敏前往辦理。俟到工之日，覆行勘估，次第興修。從之。（高宗八四、七）

（乾隆四、六、庚子）工部議准：總辦江南水利事務大理寺卿汪漋等奏稱，淮、揚十一州縣河道，應擇險要，及時疏濬。所需錢糧，業於商捐銀內，動支十二萬兩零。其鹽城閘及興化白駒場南北中各閘，需用木石工料，請於兩淮鹽課內，暫撥銀三十萬兩，先行採辦。原奏商備銀兩，仍聽場竈、河工之用。又稱工段浩繁，需員必衆，除揀調各員來工僨辦，尚恐不敷，請照海塘之例，凡候補候選及因公罣誤廢員，情願赴工効力者，揀選咨部，工竣查明議敘，誤即查參。又稱，工竣奏銷，各有先後，若俟彙齊總報，恐往返駁查，遷延時日，應令分項報銷，造冊送部。又稱工人雲集，米石必需，現在漁濱河、通湖橋等處開工，請飭動支鹽庫銀買米，令地方官撥運平糶，秋收動工。倘需接濟，臨時奏聞。均如所請。從之。（高宗九五、一二）

（乾隆四、七、庚申）江西巡撫岳濬奏：豐城縣沿河堤堰工程，經臣奏請動項修築。荷蒙允准，將派徵銀兩，永行豁免，在鹽規項內動支。業將土堤如法堅築。所有石堤工程，均係濱江衝溜之處，多有拆陷開裂，應行增建。目下水勢稍減，臣親詣勘查，奏請修建。下部議行。（高宗九七、一）

（乾隆四、一〇、癸卯）江南河道總督高斌奏：詳察大水受險情形，酌量長水尺寸，細勘詳估，應須加增修補工程：一、高堰、山盱二廳各隄，應加高磚土之處一千二百餘丈。又天然壩迤下各土工，應加寬之處，五千餘丈。一、宿遷運河廳屬，應加高幫寬土工五千七百餘丈；中河廳屬，應加高幫寬土工九千三百四十餘丈。一、山安廳屬，北岸應加高培厚土工一萬七千四百餘丈；海防廳屬，南岸應加高培厚土工一萬五千三百八十餘丈。俱係本年伏秋大水搶險要工，必需加培。共估銀十萬四千八百餘兩，此外次險各工分別緩急續辦。得旨：所奏俱悉，著照所議行。（高宗一〇三、二三）

（**乾隆四、一二、壬午**）工部議覆：原任兩江總督那蘇圖奏，奉賢、上海、寶山三縣應挑隨塘河道，並寶山縣接築土塘，請興工挑築等語。應令該督分別緩急，次第興修。又寶山縣東門外，海潮漸次逼近，現於土塘外，釘樁砌石，修築石坦坡；並估計土塘內，加築石塘，以資捍禦等語。查前項工程先經據奏議准，應令飭道妥議，將工段、丈尺、銀數題估。從之。（高宗一〇六、二二）

（**乾隆五、一、辛未**）是月，江南河道總督高斌奏：清口北岸陶莊，舊漲沙灘，黃溜南逼清口。若清水稍弱，易致倒灌。前大學士鄂爾泰議奏，復開陶莊引河，並於南岸再築挑水大壩。現察看情形，因汛水消退迅速，沙灘停淤卑窪，灘形較前低五六尺不等。將來水長易漫，引河難望成功。臣數次履勘，無術可施。有効力州同李曬，曾得祕傳木龍之法。請於南岸造木龍數架，則大溜自可挑開。黃河移趨北岸，功效甚速。……臣審察情形，一龍之力，不足以遠挑黃溜，盡使避南趨北。尚應於西壩迤上，再設木龍一架，以相關應，必能大得其力。隨動支河庫銀採辦木料，務於桃汛長水以前，添做趕完。但屬初次試行，容試看數月。經汛水加長之後，再奏請聖訓。得旨：且試行之。俟再有效，則甚美事也。（高宗一〇九、一二）

（**乾隆五、八、丙寅**）大學士等議覆：總辦江南水利工程大理寺卿汪漋等奏，上江地方，濱臨江淮，地多山岡。其間河渠形勢，變遷不一。各項工程，自當量地制宜，酌定急緩。查有合肥縣城內之金斗河，及洩水越河，虹縣之枯河頭，亳州之乾溪溝，俱久淤塞，難資灌溉，請急為挑濬。和州之太洋河、姥下河、牛屯河，含山縣之銅城閘河，來安縣之龍尾壩河，亦俱淤墊，百姓未便，請急為挑濬。又滁州之孟公石壩，已經衝頹。今即原有石料，改建石閘，則蓄洩由人，實於地方有益。再合肥縣城東，原有石閘一座，年久頹廢，水無收束，請照舊建造。又五河縣城南，有蔣家土壩一道，當淮、澮二水頂衝，歷年衝漫，為害甚巨，請建竹簍石壩一道，長九十丈，以資捍禦。以上各工，估需工料銀四萬八千餘兩。其餘各州縣之陂塘溝渠，圩埂土壩，共六十二處，向係民修，應令督撫轉飭地方官，隨時勸導，次第辦理。如有獨力多辦者，酌量議敘。或遇歉收，即可寓賑於工。均應如所請。從之。（高宗一二五、一〇）

（**乾隆七、一〇、庚寅**）工部議覆：江南河道總督完顏偉奏稱，河工歲修搶修，例支河庫銀應用。今自乾隆二年至七年，兩江報災停徵州縣共欠解河銀二十七萬餘兩，河庫支用不敷。現在黃湖各處殘缺隄工急應修理，暨清河之蓄清壩，亦應接築。束水濟運無項可動，懇在近省酌撥銀四十萬兩。應如所請，在河南秋撥册報實存銀內撥給二十萬兩；兩浙鹽課秋撥册報實存銀內撥給二十萬兩。各該撫文到日，速即解交。得旨：依議速行。（高宗一七六、一〇）

（乾隆八、一、己巳）大學士鄂爾泰等議覆：陳世倌等奏稱，此次奏辦河工，上江需銀四十餘萬兩，統於安徽藩庫地丁款內，陸續支給。下江疏洩急工，需銀一百五十萬兩，無項可支，請勅部撥解備用；其緩工需銀六十八萬餘兩，應於乾隆八年藩庫秋撥案內酌支。再上年水勢異漲，應辦隄壩搶修急工，經河臣完顏偉籌撥動用，加以應解河銀之州縣，多被災緩徵，河庫已無歲修搶修之項，並請撥銀二十萬兩，解貯河庫。應如所請，於部庫及河南、山東留協銀，上下江存貯備公，並樂善好施、收捐各項內撥給，急工需用之數。至籌撥歲修搶修之項，計兩江未經被災州縣，與各鹽關應解河銀，有盈無絀，無庸另議撥協。得旨：依議速行。（高宗一八二、一四）

（乾隆九、五、甲午）戶部議覆：署兩江總督尹繼善等奏稱，下江水利河工，善後急辦工程，請於下江藩庫。動撥地丁銀十六萬兩，捐款銀四萬兩，上江藩庫捐款銀二十萬兩，共四十萬兩，解赴河庫道庫，先行濟用，其不敷銀兩，俟續收捐款內陸續解濟。應如所請。從之。（高宗二一七、二）

（乾隆一〇、四、壬戌）工部議覆：江西巡撫塞楞額奏稱，豐城一邑，爲吉、南、贛、袁、臨諸江之下游，惟恃長隄保障，通計兩岸土石隄，共長一百二十里有奇。向例土石兩工，俱係民修，後乃折徵夫銀，貯之於官，聽民領價修理，均無水患。雍正十二年，奏動鹽規銀五千餘兩，官爲修築兩隄；乾隆二年，又請鹽規銀四千餘兩，修築土隄；四年，又請動八千餘兩，修理石隄，並請免徵里夫銀，且議定每年動支鹽規銀一千五百兩爲歲修之費。自是以來，土隄日見單薄，石隄多有衝坍。該縣於每歲外，復請動項修葺。茲據該邑紳士里民等，請將土隄仍照往例，悉聽里民分段認修，所有石隄，工大費繁，懇請歸官料理等情。應請俯順民情，聽民分段認修。每段設立圩長董理，水落督夫修理，水長督夫巡防，並責令地方官，不時稽查，無許圩長任意派夫，致有滋擾。至石隄工程，動以千萬計，自應歸官承辦。查現在坍塌鼓裂各處，據估工料銀六千餘兩，不必另行動項，即於歲修銀內通融辦理。今請豫借乾隆丙寅、丁卯、戊辰，歲修銀四千五百兩，湊合本年歲修之一千五百兩，共銀六千兩，購料興工。工竣，責令承修官保固三年。嗣後歲修銀仍照數分撥貯庫。遇石隄應行修理，詳請動用，應如所請。從

之。(高宗二三九、一六)

（乾隆一〇、五、己卯）工部議覆：江西巡撫塞楞額疏稱，調任巡撫陳宏謀，請建羅絲港石壩一道。旋經江漲，汕開土岸十餘丈。經臣奏明，陳宏謀自請賠修，除坍塌處，臣於水退時，親詣查勘，著落原修官堵修完固外；查石壩南頭，新衝河口十五丈有餘。……自上年七月二十七日辦料興工，本年二月二十九日告竣。用過工料銀三千一百六十一兩零。應令調任陝撫陳宏謀，作速解還歸款。仍令承修之員，不時查勘；督率兩圩百姓，隨時修補。應如所奏。從之。(高宗二四〇、一一)

（乾隆一〇、五、辛卯）户部尚書海望等議奏：據江南河督白鍾山奏稱，該省捐例，本備地方賑卹之用。前因水利各工，估需銀三百九十餘萬兩，無項可動，是以撥用上下兩江捐款接濟。若遵照本年十月內停捐，則動撥銀無從抵補，請再展限二年。又據御史葛德潤奏稱，捐賑所備，莫要於河工。今善後事宜，果能周詳完密，將無需於賑。況目前直賑捐款，現在雲集，人情趨便，必樂就直賑而不就江捐，應照原議以本年十月停止。查捐輸議敘，原屬一時權宜。從前總督高斌等以賑務水利需費浩繁，奏請開捐，則捐款銀兩，撥爲水利善後事宜之用，正與原奏相符。且江省水災賑濟各項，動撥帑金，不下千百餘萬，未嘗必以報捐之數抵補。況捐例移歸各省，收捐本色，以備賑糶之用。江省現在捐監，常平倉穀，足以備賑。捐例於本年十月已屆限期，應如該御史所奏，照原議停止。其白鍾山請展限之處，應毋庸議。從之。(高宗二四一、七)

（乾隆一一、一〇、壬申）大學士等議覆：協辦大學士吏部尚書高斌等奏稱，遵旨查勘江南河工應行辦理事宜。一、海州、沭陽之六塘河、沭河兩岸子堰，以及舊有堰工，應酌量增築五丈，義澤六里等河，應添建滾水石壩，請動項興修。一、海州所屬各村，田畝低窪之處，應圍築圩岸，開挑溝洫，請令地方官勸諭民間，乘時修築。至無力業主，應酌借帑項，俟年歲豐稔，按數交還。其有力之户，倡率修築，多者題請議敘，少者督撫給扁獎勵。……均應如所請。從之。(高宗二七六、一五)

（乾隆一三、八、丁亥）工部議准：原任江南河道總督周學健疏稱，修築邳州沂河兩岸民堰，連年積歉，民力拮据，例給半價不敷，請全給。從之。(高宗三二二、一一)

（乾隆一七、四、庚申）是月，大學士管江南河道總督高斌、兩江總督尹繼善、江蘇巡撫莊有恭、安徽巡撫張師載等奏：前奉諭旨，令直隸、山東動項興修太行隄工。查此隄上自河南，下至江南徐州屬之豐、沛二縣，與山東界聯。東省既已興修，江省自應並舉。臣等委員勘估，據稱，江南境內太行隄工，自山東單縣起至沛縣止，其間殘缺甚多，隄南舊淺水河一道，直達微山湖，中多淤淺。再黃河北岸遙隄一道，自山東單縣起至銅山縣止，亦關緊要，均應挑濬修整。以上各工，須於大汛前報竣。現檄蘇藩動撥庫項，飭地方官分段修築。並使上年災民，傭工餬口。報聞。（高宗四一三、二四）

（乾隆一八、四、己亥）江南河道總督高斌奏：山盱廳古溝東壩湖工，係乾隆八年堵漫口後，築石於深塘之內，迄今十載。工段漸見低蟄，隨令加高，今於春融凍解後，中段倒卸，兩頭俱有賬裂。總緣下係深塘，土鬆石重，難以經久。現飭補修，並令於舊石工內，退進二丈，另砌石加甎，將舊工基址，當爲外護。所有工項，請飭部撥解河庫。報聞。（高宗四三六、一六）

（乾隆一八、一一、戊寅）諭：銅山漫口工程堵禦甚關緊要，兵弁人等俱甚黽勉出力。所有在工兵丁，著加恩賞一月錢糧。各員弁中奮勉急公者，著舒赫德等記明，於工竣日奏請分別議敘，以示鼓勵。（高宗四五一、一七）

（乾隆二三、六、辛酉）［工部等部議覆：安徽巡撫高晉條奏］一，鳳、潁、泗各屬河工，每年兩水坍卸，勸民修築。至按年疏濬洪、濉二河，工費浩大，仍歸官辦等語。應如所奏。准於江寧藩庫每年豫撥銀三千兩，解貯廬鳳道庫動用，報銷查覈。一，鳳、潁二府，地多平衍，宜開溝洫。靈、虹二縣及泗州，瀕臨湖河，地勢低窪，應築圩圍。一州縣中，應開溝洫若干，築圩田若干，詳明歸入兼銜案內，分別勸懲等語。均應如所奏，行令該撫飭令各地方官，勸諭興修。士民慕義急公，准照樂善好施之例議敘。一，河水順流而下，無知村民，每豎椿箔捕取魚蝦。水發阻遏淤淺，請飭地方官嚴禁。應如所奏。令地方有司及兼管水利之員，親往詳察。凡官河大港，有礙蓄洩，自宜禁止。若溪灣港汊，仍聽民便，毋任胥役藉端需索。從之。（高宗五六四、一五）

（乾隆二六、一〇、乙酉）兩江總督尹繼善覆奏：本年黃河盛漲，隄工多有汕刷。又七月間異常風暴，堰盱高寶臨湖磚石等工，掣卸甚多。河臣高晉涖任未久，遇各處險急，且聞豫省漫口，被災甚廣，將黃運湖河各工親勘請修，爲善後之計。因不詳加斟酌，將急工而列爲善後，復將緩工而併入急修，致需費四十餘萬之多。臣兩奉訓旨，細心體察，除黃河工程，俟另行籌辦。惟堰盱糧河四廳風暴案內，實在應修之工，有今冬須先辦料，俟明春興工者，有今冬亟須趕辦者。而四廳只有搶修，並無歲修。向來磚石等工俱係另案請帑。茲將工段逐一確覆，共需銀二十三萬餘兩，覈之高晉原奏，已減十七萬餘兩，並無虛浮。得旨：高晉且不能回南，即照所議速行。又諭軍機大臣等，據尹繼善覆奏，高晉籌辦黃運湖河，估需工程銀兩一摺，已於摺內批諭。所稱現在緊要工程共需銀二十三萬餘兩，著即照所請。覈實妥辦。如現在該處所存公項足敷，即行動用。倘有不敷，著速奏，再由部動撥可也。尋奏：河庫無項可支，請於江安、蘇松二糧道庫項照數撥解。得旨：著照所請速行。（高宗六四七、四）

（**乾隆二七、一一、戊子**）是月，閩浙總督楊廷璋、浙江巡撫熊學鵬奏：湖州居天目山下游，為苕、霅兩水交會，全藉太湖為尾閭。查水出太湖，須由七十二溇，溇港多屬淤淺，遇山水驟發，宣洩不及，便至浸淹。現據紳士耆民等懇請分地遠近，按畝樂輸，以作修濬之費。計烏程、長興二縣，每畝捐錢七文；歸安每畝六文；德清每畝四文；約合銀二萬兩，足敷工用。不須派撥胥役，祇遴選公正老成董事數人，責成經理，另委大員督辦。得旨：如所議行。（高宗六七五、一四）

（**乾隆二八、六、壬寅**）閩浙總督楊廷璋、浙江巡撫熊學鵬奏：湖屬烏程、長興二縣，溇港七十二道，為宣洩天目諸山，及苕、霅二水歸湖入海之要道，近因淤阻，遂致漫淹。紳耆呈請捐貲修濬。前經奏准，現已畢工，河流俱得疏洩。然必計及長久方資利賴，查各溇港，原建有閘座旱蓄澇洩，藉以無虞，今橋閘坍損一百一處，應將捐用餘銀，俟農隙興工修理，工竣後責令附近居民慎司啓閉，再有餘銀，選商生息以為歲修經久之用。得旨允行。（高宗六八九、三）

（**乾隆三五、閏五、丙寅**）諭軍機大臣等：今日召見推陞溫州府知府福隆阿，因其久任江防同知，詢及瓜洲城外江工，據稱，每年由龍潭將碎石運往，填入近岸江中，以禦急溜，歲需二三千金不等，其石塊有無衝失，無由深考等語。瓜洲城近瀕大江，乾隆二十九年，江漲衝刷，漸及城根，沙岸多有損齧，曾經高晉等以碎石填禦，潮水不致內侵。近年以來，俱經奏稱，江汛恬瀾，洲城安犟，並未聞歲煩工作。今福隆阿之言，則江岸填石，竟成年例。如果思保衛城垣，自當籌一勞永逸之計，若徒事補苴下策，歲復一歲，長此焉窮？且碎小之石抵禦洪流，豈能保無隨波漂盪？石投水底，又無形跡可稽，其是否如法施工，憑何考覈？每年雖僅二三千金之費，而積十年以計，已數萬金，似此虛糜，又有何益？況高晉、李宏伏秋防汛，亦祇經意於湖河緊要工程，此等江防事宜，斷未必留心查驗，不過委之該同知。而河廳人員，賢否不齊，其果能覈實濟工者，十不得一。其闒茸無能，受人愚蔽，及藉口開銷，從中染指之弊，皆所不免，並不止於有名無實。因思江岸如必須用石填護，亦非犖確細塊所能勝，或改用大石墜積，庶根腳堅牢，足資永久。而大學士尹繼善，則云此法起於嵇曾筠爲總河時，相沿至今，原屬補偏救敝之策，究無實濟，至江水東坍西漲，其勢靡常，非人力所能強禦，設或侵至城根，不若將南面城牆，少收向內，較之水底施無可考校之工，似爲省力。以朕論之，積十年之虛費至移城南角，不過二三萬兩，此司河者所當計及。著傳諭高晉、李宏，遇便前往該處，會同查勘將作何籌辦；可以經久無弊之處，據實悉心妥議具奏。尋高晉等奏：瓜洲城外迴瀾壩，初辦用銀二千五百兩，以後漸減，今已停辦，工程尚穩，毋庸收進城角。報聞。（高宗八六一、一二）

（乾隆三六、二、辛丑）兩江總督高晉、署江蘇巡撫薩載奏：海州地濱大海，海潮挾帶泥沙，當春夏湧入各河，上游清水微弱，衝刷無力，水退沙停，以致該州薔薇、王官口、下坊口、王家溝四河淤墊較盛。勘其應挑各工，薔薇四千一百四十丈，王官口二千五百九丈，下坊口二千九百三十九丈，王家溝二千六百一十丈，並應各築攔潮柴壩一道。查此工原應民辦，但河長工鉅，該州上年歉收，民力不齊，請於司庫借項趲辦，分五年攤徵歸款。得旨：如所議行。（高宗八七九、三三）

（乾隆三八、一〇、癸巳）工部議准：安徽巡撫裴宗錫奏稱，宿州黃疃閘引河，上年伏汛黃水陡發，該閘堵閉不及，以致水落停淤。應請挑濬一千二百四十八丈，估需銀一千一百九十餘兩，照估興挑。從之。（高宗九四四、二七）

（乾隆三九、一二、戊申）是月，大學士管兩江總督高晉等奏：本年八月內，外河老壩口隄工漫溢，經由山子湖，直注馮家蕩，始入射陽湖歸海。水退沙停，淮城一帶河道溝渠，在在淤墊。據地方官查勘，均需挑濬。查此項係水利工程，原應民修，但近河居民被水後，需費浩繁，實屬無力舉行，而工程又關緊要。應請明春動項興修，俟工竣日覈銷。得旨：如所議行。（高宗九七三、二八）

（乾隆四一、九、戊戌）[大學士管兩江總督高晉、江南河道總督薩載]又奏：估計陶莊迤上引河，共長一千零六十丈。河頭寬四十丈，深一丈；河身寬三十五丈，深一丈二尺五寸；河尾寬三十丈，深一丈五尺。連移縴木龍、築挑水攔、水壩，共需銀八萬五千六百餘兩，擇九月十六日開工。得旨：好。知道了。（高宗一〇一七、一九）

（乾隆四三、十、丙戌）是月，江南河道總督署兩江總督薩載奏：九月內洪澤、寶應、高郵、邵伯諸湖，因風掣塌各工，節經飭員先用柴料土方趕緊縷護，現俱堅穩。至所需磚石新料，俟水消後估計。目下先發銀四萬兩購

辦，以備興工。統限來歲四月，一律修竣。得旨：覽奏俱悉。（高宗一〇六九、四四）

（乾隆四五、七、己卯）諭軍機大臣等：工部奏駁，南河淮揚、淮徐二道屬，各工奏銷銀兩一摺，已依議行矣。河工關係民生，如遇緊要工程，朕從不靳惜帑項，南河歲搶各工，前經高斌奏定，每年奏銷總在四十萬上下，當不出此範圍，非新工搶修可比。但乾隆四十四年豫省上游漫決，南河各屬黃水斷流，並無緊要搶修工程，朕所知也。其題銷銀兩，應有節省，何以較用銀最多年分，轉有浮溢？其中顯有侵冒情弊。陳輝祖係新任南河總督，著傳諭薩載會同陳輝祖將四十四年分該兩道屬奏銷銀兩，確實查覈，毋令不肖承辦之員，得以從中侵冒，任意開報，務使各工銀兩實用實銷，另行造冊具奏。將此傳諭薩載、陳輝祖知之。工部摺，著發寄閱看。（高宗一一一〇、八）

（乾隆四五、七、己亥）江蘇巡撫吳壇奏：臣於追獲于時和到案時，即將應行質問之親戚家人，一併詳細研訊，所有前在蘇州、金壇查獲現銀五萬餘兩及器物衣服等項，悉係于敏中遺貲，于時和乘其身故，侵佔屬實。臣遵旨酌給于德裕兄弟田房衣物，計可值銀三萬餘兩，以資其養贍當差，餘留為地方公用。查金壇地居腹裏，距運河將及百里，每年所徵漕糧不能到次兌運，由小河運送丹陽交兌。河身窄狹，從未疏濬，一遇水淺，浮送維艱。再由金壇之三里橋迤西，河道尚可通行數十里。至句容地方，有分水脊陸路一段，不能通舟，過此則係上元縣屬之三岔河，西通秦淮河，直達江寧府城。但陸路計七十餘里，人夫挑運物件，一日不能往還，是以商民向不由此河行走。臣於五月內親履察勘，時當水勢充滿，見水路不通者，止三四十里，若就現有河形加以挑濬，則陸路無多，商民往來儘可盤壩而過，請將于時和所占于敏中銀五萬七千餘兩，即作挑濬金壇上下漕河及句容以西河道之用；不敷，另行籌款辦理。得旨：好，知道了。又奏：于時和係于敏中堂姪，其父于文駿曾與于敏中同嗣于枋為子，受于敏中教養多年，又為捐官入仕，恩義已深，乃於于敏中故後，輒與張氏串謀，據貲回籍，又欲以異姓之張招官改嗣于氏，實屬負義昧良，請將于時和發往伊犁，充當苦差。得旨：該部議奏。（高宗一一一一、七）

（乾隆四五、十二、癸丑）江南河道總督陳輝祖奏：遵旨挑通引河，查引河頭接連湖邊之處，間段探丈，水深止一尺五六寸及八九寸不等，均須一律挑濬。又太平河二堡迤下湖身較窄，應行展寬，當即督令河員切實估計，太平引河需銀七千五百餘兩，裴家場、張家莊引河頭需銀六千三百餘兩，天然引河頭需銀二千五百餘兩，分別疏濬。報聞。（高宗一一二〇、一五）

（乾隆四五、十二、癸酉）是月，河東河道總督李奉翰等奏：張家油房壩工堵合後，遵旨駐工，督率文武員弁加意巡防保護。俟一切妥竣，再回濟寧，查驗運河挑工，至壩工動用物料夫土等項，逐一確覈，前後共用銀五十一萬四百餘兩，照例銷賠，另行具題。得旨：知道了。（高宗一一二一、二三）

（乾隆四七、一二、壬辰）兩江總督薩載等奏：海州漣河一道，爲海州境內水利幹河上年因水勢瀰漫，難以估挑。現今水勢雖落，尚係稀淤，未能全涸。臣等公同商酌，即於河旁抽挑引渠，以資宣洩，內自陸家口漣河頭起至下罾口止，應築壩一道，約攔水勢。自下罾口至何家莊止，仍係稀淤，應於西岸灘邊，估挑引渠，趕挑完竣。再將上段壩工起除，騰放積水，接續趕挑，其下段自何家莊起，至蒲灣莊止，舊有溝槽，宣洩入海，無庸估挑。以上各工，原應照業食佃力之例，歸民辦理，但海、沭地方連年被水，民力不繼，請將江寧藩庫收存之王亶望家人財產項內，先行借動辦理，仍於海州、沭陽二州縣民田內，按畝攤徵，分做六年還款。得旨嘉獎。（高宗一一七一、二六）

（乾隆四七、一二、壬辰）［兩江總督薩載等］又奏：睢寧縣黃河南岸，峰山四閘，年久閘下河身被沙淤墊，水即散漫分流，民田每至淹浸。乾隆三十二年撥項挑疏河身，又於三十七年添築子堰一道，至喬家山而止。其喬家山以下至魏家橋，未經築有子堰，每逢閘水盛大時，即從無堰處所灌入田廬，據該處士民呈請，借帑挑浚河身，並添子堰，查此項工程，原應照業食佃力之例，督民挑築，惟睢寧連年被水成災，民力拮据，請於甘省冒賑案內查抄解存司庫銀兩內，借支給辦按畝攤繳，分作三年還款。報聞。（高宗一一七一、二七）

（乾隆四八、一、癸丑）又諭：前因辦理南巡差務，曾諭令福崧由浙江撥交薩載銀二十萬兩。現在鎮江至龍潭開挖新河，此係有利商旅之事，恐需費尚有不敷。著傳諭伊齡阿於運庫存貯應解內務府項下，撥銀二十萬兩，解交薩載應用，毋庸動支鹽課正項，亦不必令眾商捐辦，並諭薩載等知之。（高宗一一七三、一〇）

（乾隆五一、六、辛丑）又諭：前據俞金鰲奏，常德府河水暴漲，隄工漫溢。已明降諭旨，令該督等查明，妥爲撫卹，並將刷損隄埝，即行修整。今浦霖奏到勘明被水情形，據稱武陵首邑田畝，多被水淹，民房人口，各有損傷，已查明照例撫卹。其被衝隄障，請動支司庫公項，給領興修。至龍陽縣被災較輕，應修各障，靖於司庫存公銀內借給，分作二年繳還等語。武陵居民猝遇水災，殊堪憫惻。除照例撫卹外，所有衝決隄障，自應動支庫項興修，其龍陽被淹田畝，旋即消退，雖與武陵情形有間，第念被水之後，民力究不無拮据；該處應修各障，著加恩於司庫存公銀內，一體動項修築，不必徵還，以示軫卹災黎至意。該部即遵諭行。（高宗一二五七、二八）

（**高宗五五、八、乙丑**）諭軍機大臣曰：……至福崧奏稱，睢河隄岸民堰漫缺之處，地方官以爲民修之工，迄今尚未堵築，現經親往查出，勒限知州姚繼祖等星夜賠修，上緊補築，所需工料，不許攤派閭閻等語，所辦亦是。睢河民堰漫缺，寬至十餘丈及二十餘丈不等，分溜下注，勢尚溜急，自當及早堵築完竣，俾下注之水，斷流堵塞，則下游田畝，即可早爲涸出，以便趕種春麥。此係要緊工程。乃該知州等視爲民修隄埝，並不上緊築辦，甚屬玩誤。所有應需工料，即著該員等自行出貲補修，毋許攤派小民，以示懲儆。但睢河一處如此，恐此外民修隄埝，地方官從而效尤，亦漫不經心，不能及早堵塞，所關非細。孫士毅等務須悉心履勘，如有似此玩視之員，亦即罰賠速修，不可稍爲姑息。又據韓鑅、蘭第錫奏，往來蕭碭一帶，目覩被水田畝，俱已涸出；惟毛城鋪滾壩，因外灘王平莊臨黃民堰漫缺過水之處，未能即時斷流，其外河山安、海防各廳工程，黃運湖河之水，同時滙注，各工亦均險要，現在五壩內智字一壩，即行折啓等語。蕭、碭被淹田畝，業經涸出，自可漸次趕種春麥，覽奏稍慰。至王平莊臨黃民堰漫缺之處，尚未斷流，該處雖係民修之工，但現在被災之區，民力不繼，自應官爲經理，俾得即時施工補築，以期堵截下流。惟此處隄堰，向係民修，由來已久，若因此次官爲經理，即援以爲例，國家經費有常，其端亦不可長。所有補修隄堰各工事竣後，仍將所用工料銀兩，覈明數目，分年帶徵完款，但不可使官吏藉此浮冒開銷。若該處民力實因被災之後，不能稍有蓋藏，無力分年完繳，屆期該督撫等即行據實奏明，候朕降旨加恩寬免。（高宗一三六一、二）

（**乾隆五六、五、壬寅**）陞任兩江總督協辦大學士吏部尚書孫士毅、河東河道總督蘭第錫奏：徐城北門一帶，河身最狹，盛漲時宣洩不暢，應於北岸民居西北河勢坐灣處，開挑越河一道，長九百七十丈，寬二十丈至二十八丈不等，深一丈餘，計需銀一萬九千八百餘兩。批：不覺少乎？又奏：勒限五月挑竣。得旨嘉獎。（高宗一三七九、一五）

（**乾隆六○、三、戊辰**）諭曰：蘇凌阿等奏，徐州、淮安、海州等處，所有民堰隄工，前經動借司庫銀兩給辦。現在查明，尚有未經徵完之項，均係實欠在民等語。徐州、淮安、海州等屬，所有民堰及水利河道等工，借動司庫銀兩，本應按年攤徵，第念碭山等州縣，係屬積欠之區，節年因災停緩，尚有未經徵完之項，其實欠在民銀十萬一千四百五十五兩零，俱著加恩

寬免。以示朕厪念歉區，優加軫卹至意。（高宗一四七五、二）

（乾隆六〇、六、乙酉）諭曰：蘭第錫奏，查明蕭縣河工水利、築埝挑河借帑攤徵一款，實欠在五十八年以前，本年春間遵旨查奏時，未經列入，實屬疏漏等語。江省河工民堰及水利河道，借帑攤徵未完銀十萬一千餘兩，前據該督等奏到，業經加恩寬免，所有蕭縣河工未完攤徵銀兩，事同一例，並著該督撫再行確查咨部，一體再予寬免。仍嚴密查察，毋許不肖官吏，再有影射重徵等弊，以副朕厪念閭閻，有加無已至意。（高宗一四八〇、九）

（嘉慶二、一二、丁巳）諭內閣，李奉翰等奏，豐縣濠河及護城隄，因黃水淤墊殘缺，現在勘明，請分別挑築等語。豐縣濠河護城隄工，爲城垣保障，農田水利攸關。因上年黃水漫入，隄岸被衝，濠河亦多淤墊，自應分別挑築。該縣本係積歉之區，且屢經被水，若仍用民力挑築，不無拮据，所有估需挑濠、築隄、建橋銀一萬九千六百九十兩，著加恩准其動項修辦。俾濱河百姓，共資保護。該督等務須督飭承辦之員，實力經理，毋任稍有偷減浮冒，以副朕軫念歉區，奠安黎庶至意。（仁宗二五、一一）

（嘉慶一七、三、辛巳）諭內閣：百齡等奏，請借項挑濬武進縣孟瀆南段河道一摺。孟瀆河爲武進縣境內通江支港，前此北段河身淤塞時，曾經奏准循例借項給辦，分年攤徵還款。今據該督等查明，該處南段由小河口入江一帶，河身因北段疏濬之後，水勢趨下，日漸淺涸，雖於運道無關，但該處兩岸民田，俱資灌漑，自應亟加開濬。若照業食佃力之例興辦，民力未免拮据。所有估需土方、壩工等項銀一萬八千八百八十七兩零，著照該督等所請，准其於司庫耗羨存公銀內借項興挑，分作六年，按田攤徵歸款，以利田疇而紓民力。（仁宗二五五、九）

（嘉慶一七、五、辛巳）諭內閣：錢楷奏，續勘靈璧、泗州應行挑築河埝各工，估需銀數，請旨遵辦一摺。安省靈璧、泗州二州縣各河道，自嘉慶十三年借帑挑濬之後，歷年啟放天然、峰山二閘，減黃下注，不免受淤。上年李家樓漫溢之後，河身益形淤墊，兩岸土埝更多殘缺，此時亟應挑築兼施。現據該撫奏，上年勘估之後，茲覆加詳勘，靈璧縣境自宿靈交界起，至靈泗交界止，應挑河身，並添築灘河南埝，又於閘河尾南岸添築攔河壩，及前估各工內，應行加寬加深，共計連原估銀三萬八千六百三十八兩有零；又泗州境內自靈泗交界起，至灘河口止，各段一律挑挖深通，並開謝家溝導灘入汴，兩股分流，以殺湍漲，共估需挑河銀五萬八千六十七兩有零，請借帑興工等語。著加恩准照所請，將此項估需銀九萬六千七百餘兩零，先在司庫地丁正項內動支開工，務於大汛前一律辦竣，並責成該道府認真稽查，勿任偷減遲延。至該州縣分年攤徵歸款之處，並著同前奏宿州借項，一併緩至蠲限屆滿，再行徵還，以紓民力。其泗州境內四山湖河身淤墊，應行挑挖，以及挑築隄埝攔束水勢之處，俟該撫確查後，再行奏明辦理。（仁宗二五七、一三）

（嘉慶一七、八、癸丑）諭軍機大臣等：百齡等奏，阜寧縣境內救生河一道，於該處農田利賴，且洩水保隄、添渠運料，均有裨益，今淤塞日久，應行挑復，請先於河庫存款內，撥銀估辦，將來查辦蕩務，有增出餘柴應行估價之款，即以此項分年陸續歸還等語。國家度支自有常經，取民亦有定制，昨據百齡等奏籌辦河工善後工需，援引靳輔舊議，於江南江北按畝徵銀，可得銀三百餘萬兩，朕以事近加賦，雖靳輔當日辦有成案，然自康熙年間，至今百有餘載，久未舉行，小民難以家喻戶曉，恐辦理諸多未便，當即降旨停止。至本日所奏，阜寧縣境內挑挖河淤，此等河渠水利，向係應用民力之事，即使民力一時不逮，先行借帑興挑，事後攤徵還款，已屬國家惠民之舉。今遽請支用帑項，雖此一處渠工，不過需銀三萬餘兩，而該省河渠水道，似此應修者甚多，若此例一開，將來他處士民，紛紛援此呈請，又將何詞飭駁？若概予准行，國家焉有如此帑項，足供支用？所謂惠而不知爲政矣。所有阜寧縣挑河一款，應仍照舊例借帑興修。其如何分年攤徵歸款之處，著該督等另行酌議奏請，再降諭旨。（仁宗二六〇、一〇）

（嘉慶一八、一、丙子）諭內閣：百齡等奏，懇恩借帑挑河，分年帶徵還款一摺。安東縣境民便河，舊爲宣洩積水入海之路，前因馬港口漫水橫衝淤墊，以致縣境民田及山安黃河隄根，均停有積水，自應設法疏消。該河之傍，舊有一帆河，施工挑濬，足資宣洩。著照該督等所請，准其將估需銀一萬五千四百五十餘兩，在於江寧藩庫正項銀內先行借支興辦，分作五年攤徵還款，以紓民力。（仁宗二六五、四）

（嘉慶一八、一、辛卯）諭內閣：初彭齡奏熟籌下河水利，宜加修理一摺。江省高、寶、興、鹽等處下河地方，勢處窪下，爲上游水潦奔匯之區，從前河道屢經疏濬，今歲久淤塞，每遇洪湖盛漲分洩，運河不能容納，而下游去路阻滯，數縣民田廬舍，悉被淹浸。年來蠲賑頻仍，多糜帑項。茲據初彭齡覆查明確，亟應先時修辦。著照所請，將下河一帶應挑、應築各工，即行勘估興修。其應歸官辦銀一萬八千餘兩，照數動撥；應歸商辦銀八萬八千餘兩，飭令趕緊興工；此內應歸民辦工程，急需銀三十二萬一千餘兩，著先行借款給發，俟年歲豐收後，攤徵歸款。事關水利民生，百齡、黎世序嚴飭承辦各員，實心經理。張鼎、劉重熟悉工程，現既委令確切勘估，其餘工目亦一併認真責成；務令工歸實濟，帑不虛縻。工竣後，百齡、黎世序二人內，酌分一人親往驗收，如辦理妥協、實於河工地方有益，奏明量予獎勵；設有偷減、草率情弊，立即嚴參治罪，毋稍姑息。(仁宗二六五、一二)

（嘉慶一八、六、壬子）又諭：百齡等奏，酌籌劉河善後事宜一摺。劉河工段現已挑濬深通，惟海口淫土嫩沙，易致停淤。該督等議請設立混江龍鐵埽尋等物，用海船四隻，水手二十四名，往來爬疏，俾河流暢出，工程得資經久。著照所請，准其於挑工節省項下動支銀二千八百三十五兩零，以充製備船隻器具之用；餘銀四千兩，並准其發商生息，存貯蘇松道庫，作為歲修及增給工食之需。所有一切經管章程，俱著照所議行。(仁宗二七〇、一六)

（嘉慶一九、閏二、乙酉）又諭：南河歲、搶修經費，舊例每年動用銀五十萬兩，自嘉慶十二年加增料價，以兩倍為止，總不得過一百五十萬兩之數；以後每年題報，俱未逾額。此次報銷十七年歲、搶修工程，用銀至一百五十九萬餘兩，較之倍加之數，又復增多。若不嚴行駁斥，必至逐歲漸增，無所底止。所有此次逾額銀九萬餘兩，即著黎世序及承辦各工員按數分賠，不許再藉詞登覆，黎世序仍著傳旨申飭。嗣後歲、搶修經費，該河督務遵照原奏均勻覈計，不得逾一百五十萬兩之數。如有撙節，據實題報，其逾額者，即照此次之例，罰賠示懲。(仁宗二八六、二七)

（嘉慶二一、一二、庚寅）諭內閣：胡克家奏，勘估吳淞江疏濬工程分年捐辦一摺。吳淞江為大江以南眾流入海要道，上海等縣漕運經由，且關繫蘇、松、太三屬民田水利，近因潮沙淤墊，河流淺澀，自應亟為疏濬。茲據該撫估計需銀二十八萬三千六十兩，著照所請，以三分歸沿河之上海、青浦、嘉定三縣，七分歸長洲等十三州縣，按歲徵糧額，分作兩年攤捐。並豫選公正殷實董事，由縣給發印簿，令各業戶照數捐交解存道庫，於二十三年捐足。即於是年秋成後，按照估定寬深丈尺，興工修濬。一切俱聽民間自為經理，不令官吏涉手。工係民捐民辦，毋庸造冊報銷。(仁宗三二五、八)

（四）江浙海塘塘工

（康熙三、一〇、己卯）工部議覆：浙江總督趙廷臣疏報，海寧縣颶風大作，海水過塘，淹沒內地。令動支額編銀兩，修築塘工。從之。(聖祖一三、一一)

（雍正三、三、丙辰）工部遵旨議覆：吏部尚書朱軾疏言，浙江杭州等府，全賴海塘捍禦潮汐，查紹興餘姚縣，自滸山鎮西至臨山衛六十里，舊有土塘三道。內一道為老塘，距海三四十里或十餘里，係百姓自築。其二道為外塘，詢據土人，云潮水從不到塘。若加高三四尺，厚五六尺，即遇風潮亦不致衝溢，係民間竈户修築。今被災之後，民竈無力，應令地方官動用公帑興修。又自臨山衞至上虞縣烏盆村十五里，自村至會稽縣瀝海所四十五里，内石塘二千二百餘丈，係康熙五十八年建，至今鞏固。其石塘東西，共土塘七千丈，坍塌甚多。應令填築亂石，上鋪大石，以固塘基，貼石築土，栽種榆柳，近塘窪地，一概築平，庶可永固。自陳文港至尖山二十餘里，内草塘七十四丈，亂石砌邊土塘三千七百二十六丈，塘外淤積沙土，潮水猶注塘下，應將土塘加寬，添鋪條石。其草塘七十四丈，並照式修改。再塘外原有亂石子塘，寬三四尺不等，外加排樁，遮護塘腳，最爲緊要。去秋風潮，排樁欹倒，子塘零落。應修砌完固。從前原無子塘之處，亦照式興修。又海鹽縣東自秦駐山三澗寨西至演武場，石塘二千八百丈，明時修建，最爲堅固。年久水沁塘根，椿木朽壞，共塌八十餘丈，今應移就實地修築。又去秋風潮衝潰七十丈，其附石土塘亦應照式修築。自演武場至平湖縣雅山礆臺一帶土塘，現在地方官加修，指日完工。通共估計石價、夫匠、土方、雜費應用銀十萬五千七百兩有奇，俟工完後，核實報銷。至支發錢糧及督修大小官員，應聽撫臣法海另疏題報。俱應如所請。從之。（世宗三〇、二六）

（雍正三、三、丙辰）［工部］又議覆：吏部尚書朱軾疏言，江南松江府之華婁、上海等縣，沿海二百五十餘里，地窪土鬆，捍海塘工，尤爲緊要。自金山衞城北十里至華家角四十餘里，土塘六千二百餘丈，内最險工一段，自瀔缺墩至東灣，九百六十九丈六尺。緣大小金山聳峙洋面，山北壅積沙墩，潮水直衝瀔缺。前明修築石塘三百餘丈，日久侵嚙，石塘孤露水中。康熙四十七年，另築土塘，去秋風潮，坍卸入海。此段工程，最爲緊要。又次險工四段：自金山墩至西新墩七百六十八丈；自兵廠至張家舍二百八十八丈；自倪家路至三圣墩三百六十丈；自周公墩至花家角一千四百六十八丈八尺。此四段老岸久坍，新塘屢易，皆當易土爲石，以資保障。其修築石塘之法，應於地面開深二三尺，務見實土，乃用木樁長一丈者，密釘土内，樁間杵築，使底土堅實。上鋪條石，從橫相間，下寬而上縮，層層收進，三面鋪砌條石，中間填塞碎石。自基至頂，共砌石十層，自能永久保固。通共應用銀一十九萬二千九百兩有奇，所有石料，必須辦齊，方可興工。至支發錢糧及督修大小官員，應聽撫臣何天培另疏題報。亦應如所請。從之。（世宗三〇、二八）

（雍正七、八、丙寅）諭工部：……雍正二年，浙江海塘潮水衝決，朕特發帑金，命大臣察勘修築，并念居民平日不知畏敬明神，多有褻慢，切諭以虔誠修省之道，令地方官家喻戶曉，警覺衆庶。比年以來，塘工完整，災沴不作，居民安業，蓋已默叨神佑矣。今年潮汐盛長，幾至泛溢，官民震恐，幸而水勢漸退，隄防無恙，此皆神明默垂護佑，惠我烝民者也。茲特發內帑銀十萬兩，於海寧縣地方敕建海神之廟，以崇報享。……（世宗八五、二三）

（**雍正一三、一、癸酉**）諭內閣：朕聞浙江海塘工程，現在修理尖山，已堵築三分之一，人心甚是踴躍；但夫役每日給工銀三分六釐，稍覺不足。今當初春之月，水淺潮平，正趕築工程之候，著照引河挑夫例，每日加足五分之數。又聞從前採運石塊，每方給銀八錢九分有零，今運送多資人力，著每方增銀六分，俾夫役等工食寬裕，努力修築，早告成功，以慰朕念。（世宗一五一、一）

（**雍正一三、九、己酉**）又諭：今年六月間，浙江海塘衝決之處甚多，皇考聖心焦勞，曾降諭旨：今歲風潮，不過風大水湧，並非昔年海嘯可比，總因隆昇與程元章意見不合，隄防無術，且聞採辦石料折減甚多，以致工匠包賠，逃亡誤事。皇考諭旨，至聖至明。今隆昇具摺回奏前來，多有支吾掩飾之處。凡修建工程，固不可靡費錢糧，亦不可有心核減，若意在節省，以致工程不能堅固，則前功委於無用，而後此之糜費更多。況波濤不測，戕害民命，又豈多費錢糧之可比乎？隆昇等採辦石料，折減過多，則識見庸鄙，經理之不善可知矣。據隆昇奏稱，海塘綿亘百餘里，內除大學士朱軾所建五百丈至今穩固，其他坍卸之處，水落石出，始見以前石料狹薄碎小，椿木違式，通塘比比皆然等語。朕覽隆昇此奏，揣其情勢，大約後來續修之工程，不能如大學士朱軾從前所修之堅固，亦是實情。若云近來保護不謹，以致潰決，則何以一同被水，完固者自完固，坍卸者自坍卸，迥然不同，有如此乎？其中情由，著大學士稽曾筠虛衷秉公，不可少存意見，將歷任之督撫等官，確查明白，應參奏者，即行題參。（高宗二、三九）

（**乾隆一、七、己亥**）工部議准：署蘇州巡撫顧琮等條奏海塘善後事宜六款。一、松屬自上海連寶山縣境土塘，勢甚單薄。舊寶山一段，長三百餘丈，更當頂衝，急宜加幫。就近於長、元、吳三縣失業遊民內僱募九十人，每名給與布衫布褲各一件，日給工銀四分，每三名以一役統之，每三十名令外委一員彈壓，每日亦給飯食銀三分，令其趕築，以備伏秋大汛。其餘於今冬農隙，次第培修。一、寶山縣對江墩一帶未築土塘，計八百餘丈，經前撫臣喬世臣題准修築，此地急宜興修。再松屬土塘，頂面高寬不同，而底寬處均屬五丈，除塘身占立外，內外各止一丈五尺，形勢陡削。請嗣後歲修土塘，如塘頂加高一尺，塘面應幫寬二尺，塘底應幫寬四尺五寸。此四尺五寸之數，塘內止須坡開一尺五寸，塘外披開三尺，以禦潮水搜刷。寶山補築，即照此合算。一、寶山縣護城土圩四千二百餘丈，係上年民力自築，卑薄不足捍禦，應每年相度潮汛情形，入於塘工歲修內估培。……（高宗二二、一五）

（乾隆二、八、壬午）工部議覆：大學士管浙江總督事務嵇曾筠疏言，浙省海塘，自浦兒兜大石工尾起，至尖山段塘頭止，建築魚麟大石塘五千九百三十丈，勘估物料、夫工銀，一百六萬九千六百兩零，請支帑項次第趲修。應如所請。從之。（高宗四九、一〇）

（乾隆二、一二、己亥）工部議覆：大學士管浙江總督嵇曾筠疏稱，浙江樂清縣地處海濱，全賴陡隄捍禦鹹潮，以資保護；現在陡隄率多坍卸，自應亟為修築。分別要、次、緩修各工，共估需工料銀三千四百五十兩有奇。應如所請，從之。（高宗五九、二）

（乾隆三、五、乙卯）户部議准：兩江總督那蘇圖奏稱，臣衙門京省提塘，自省至京六十六塘，所有塘兵歲支餉銀，皆以江寧、宿松等州縣城廂隙地，輸納租稅銀抵放；今因年久屋圮，人民遷徙，艱於輸納，請與蕪湖河篷銀兩，一體豁除。其塘餉一項，應於司庫耗羨等項內撥給。從之。（高宗六八、五）

（乾隆三、六、庚戌）大學士總理浙江海塘兼管總督事嵇曾筠奏：浙省江海塘埭工程需用土方甚多，經前督臣程元章准部覆定，各府屬州縣，每土一方，寬長一丈、厚自一尺至二尺五寸不等，其價自七八分至六錢不等。其多寡厚薄之間，尚未允協。即如杭州府屬之海寧、紹興府屬之山陰二縣，冊定每土一方，厚二尺二寸、價銀六錢。今分別遠近、難易，按寬長一丈、厚一尺之例科算，實需銀一錢二分至二錢不等，較原定二尺二寸價銀六錢之數，多有贏餘，尚應酌減。又如溫州府屬之平陽縣，冊定每土一方，厚二尺二寸，價銀一錢二分；今分別遠近、難易，按寬長一丈、厚一尺之例科算，實需銀八九分不等，較原定二尺二寸、價銀一錢二分每多不足，尚應加增。再查土方尺寸，從前擬定成規，未免厚薄不齊，應請循照河工寬長一丈、厚一尺之例，畫一辦理。下部知之。（高宗七一、二二）

（乾隆三、一二、戊子）工部議覆：大學士前總理浙江海塘管總督事嵇曾筠疏言，山陰縣屬之新城村等處塘隄，外臨巨海，內貼大河，關係民田、廬舍。附塘居民，呈請加築，確估共需工料銀一萬五百四十五兩有奇。請於雍正十三年、乾隆元年、三年分備公項下，支給修築。應如所請。從之。（高宗八二、二四）

(乾隆三、一二、己丑）工部議覆：大學士前總理浙江海塘管總督事嵇曾筠疏言，蕭山縣西江、聞家堰、荷花池等處石工塘隄，被潮衝坍，宜先於激卸掃灣處，募夫購料搶修。聞家堰勘應重建，并接築石塘保護；荷花池應加柴幇戧，釘樁壓土；共估需工料銀二千六百三十三兩有奇，請於本年備公項下支修。應如所請。從之。（高宗八二、二六）

(乾隆三、一二、丁未）是月，大學士嵇曾筠奏：病勢日深，懇請解任調治；並陳浙省海塘工務，具有章程，撫臣盧焯必能經理善後。惟魚鱗大石塘，乃一勞永逸之圖，必須通盤告竣，方可垂諸久遠。需用石料，採自紹興羊大等山，由海道儧運，每丈定價七錢三釐；今漲沙廣濶，載運艱難，請加給水腳銀一錢。（高宗八三、三三）

(乾隆五、七、丁丑）給浙江仁和、海寧二縣修築塘工，拆遷民房、挑廢田地價銀五萬五千二百七十七兩有奇。（高宗一二二、一八）

(乾隆五、七、己丑）給浙江海寧縣塘工挑棄民田地蕩價銀一千四百二十五兩有奇。（高宗一二三、一一）

(乾隆五、九、丁亥）工部議准：調任江蘇巡撫張渠奏，寶山縣吳家濱應接築石壩四百八十五丈，填補缺口四處。估需工料銀一萬六千八百八十五兩零，請動項興修。從之。（高宗一二七、六）

(乾隆六、四、癸卯）大學士會同工部議覆：閩浙總督宗室德沛奏稱，浙省海塘，綿亘百餘里，前因被潮衝刷，用柴搶築，原屬保護一時，並非一勞永逸之計，恐風潮不測，水勢由此直趨內地，關係七郡生民，爲患匪淺。請自寧邑之老鹽倉迤西至仁邑之章家庵一帶隄塘，改建石工四千二百餘丈，估需工料銀九十餘萬兩。在於鹽務公費銀內動支辦理。應如所請。得旨：福森、依拉齊公同監造，餘依議。尋據杭州將軍福森、織造依拉齊覆奏，接准部咨後，即同至海塘查勘。此隄現在兩面沙壅，既寬且固，江流海潮，漸向南移，居民甚爲寧謐。今將草隄改建石工，誠萬世永久之利，俟物料備齊，即動工修築。得旨：所奏知道了。從前所降旨內之事，仍需留心。（高宗一四〇、一一）

(乾隆六、七、丁亥）工部議准：原任江蘇巡撫徐士林奏稱，松江、太倉海塘搶險備料，甚覺倉皇。查藩司衙門，給發海塘銀兩，照民間行使法馬，較之庫平，每兩節省二分，原以備搶修工程之用。請酌撥平市銀四千兩，交海防道經管。以二千兩就近分交松江府、太倉州各半存庫，以備搶險夫工、運腳等用；以二千兩酌備樁板、石料，擇險要工所堆貯，交地方官收管。倘遇緊急工程，聽該道一面詳報，一面動支。從之。（高宗一四七、二〇）

（乾隆六、一二、戊戌）［九卿］又議覆：左都御史劉統勳奏稱，前據閩浙總督宗室德沛奏請，海寧之老鹽倉迤西至仁和之章家菴一帶柴塘，改建石塘四千二百餘丈，約估工料銀九十餘萬兩。廷議准行。臣前在浙省學習工程，往來江北之仁和、錢塘、海寧、海鹽以及江南岸之山陰、會稽、蕭山、上虞等縣，徧閱工程，於彼處地勢水形，漸爲熟悉。誠見草塘之改建，不必過急，而南北兩岸之塘工，有不宜緩者。蓋海塘之在浙省，莫衝於海鹽，莫要於仁和、錢塘。而今督臣奏改之四千二百餘丈，則北岸塘工數大段中之一段也。前此南漲北坍，勢甚危險，自建築草塘及北岸沙淤之後，前撫臣盧焯奏停歲修，隄岸平穩，待水勢北歸，再籌捍禦，尚未爲晚。至論通塘形勢，海寧之潮，猶屬往來滌盪，而海鹽之潮，則對面直來；其大石塘建自明季，歲時既久，罅漏已成。若不及早補苴，將來費用不啻萬計。仁、錢兩縣江塘，逼近城垣，增修歲歲不免。臣在浙省，備訪前此情形，盡役奸匠，將塘身石料或折舊爲新，鑿大成小，有增修之名，而轉有卑薄之實。又風潮之後水勢南歸，既由北而中，必將由中而南。山、會、蕭、虞諸縣南岸居民，將來必紛紛告急。請飭下浙省督撫會同查看各處塘工，其海鹽之塘，漸就殘缺者，如何修補；杭城之塘，被水齧蝕者，如何防護；山、會、蕭、虞等處其汊河支港，爲患田廬者，如何堵築。臣以大概計之，動發七十萬金，而通塘有苞桑之固、袵席之安矣。至於草塘工段，若以帑金二十萬，買備大椿木，收貯江干，復於塘後多積土方，以待不虞，已爲有備無患，不必儘此款項，置之可緩之處，而於所急者反遺等語。查興建大工，必須斟酌盡善。今左都御史劉統勳奏，與督臣德沛改建石工之議，意見各殊，請欽差大臣一員，前往會同署撫德沛、將軍福森、關差伊拉齊詣各塘逐一確勘酌議。得旨：依議。應差之大臣，該部開列具奏。（高宗一五六、一七）

（乾隆八、九、己酉）浙江巡撫常安奏浙省海寧縣魚鱗塘工告成。查海塘自雍正十一年起，至乾隆八年止，各案工程共用銀二百三十餘萬兩；支銷各款，現在清查其歷年效力人七十五員，擬一並送部引見聽候部議。得旨：知道了。（高宗二〇一、三六）

（乾隆九、六、戊午）工部議覆：欽差大臣尚書公訥親奏稱，勘視江南海塘，寶山縣新築石塘一千三百丈，俱倣松江海塘辦理。細加量驗，係用營造匠尺量建，較之浙江塘工營造部尺折算有減。但查浙江工價，多於江省，原係照匠尺估計，尚無以少報多之弊。惟尺式參差，易於滋弊。應如所奏。嗣後凡有工程，俱用部頒官尺畫一。從之。（高宗二一八、一一）

（乾隆一四、四、丁未）〔浙江巡撫方觀承〕又奏：查浙省杭、嘉二屬各縣官塘，即係驛路，界於田蕩間，已多坍塌。現有仁和縣章家庵土堰工程，經部覆准於留工備用引費內，動給半價銀六千四百餘兩，如將此項改撥修塘，不須另議籌款。得旨：如所請行。（高宗三三九、四四）

（乾隆一八、四、甲寅）諭軍機大臣等：內閣學士錢維城奏，浙省蕭山等縣之江海塘等工，請復民間歲輸修理之例一摺，所見頗是。塘工關係民生，從前悉令改歸官修，原屬軫念民勞之意。但事經動帑官辦，即未免輾轉遷延。其工費稍鉅者，固不便取足閭閻。如遇小有坍損，應行培補之處，需費本屬無多，自不若酌從民便，聽其自為修補，俾得隨時辦理，較為有益。若將此通行各省，恐啟輕用民力之漸，且滋物議。其浙省既有舊例可循，著將原摺鈔寄雅爾哈善，令其仿照斟酌行之。尋奏：紹興所屬山陰、會稽、蕭山、上虞、餘姚等五縣，沿海一帶土塘，舊係民間按畝捐輸修補。乾隆元年，准部行文，遇應修段落，官於存公項下動支辦理。臣體察民情，所用五縣土塘，除工大費繁，另行酌辦外，其每歲小有坍損之處，仍聽民修為便。報聞。（高宗四三七、一四）

（乾隆一八、八、戊子）工部議准：浙江巡撫雅爾哈善疏報，山陰縣宋家漊塘工，潮汐交滙，衝坍剉裂，亟宜修復。其先行搶堵柴埽工程，並請動項支給。從之。（高宗四四四、一五）

（乾隆一九、五、壬午）又諭：御史陳作梅奏，海塘應速竣工一摺，著交該督撫鄂容安、莊有恭詳悉查明，定議具奏。尋奏：勘得自太倉土塘連界之鐺腳港至耿涇，係昭文縣所轄，約長一萬一百餘丈。自東至西地勢漸高，內地高於水面二三尺至八九尺不等，向無塘工，亦無民修隄埝。乾隆十二年風潮案內，常、昭一帶，衝損田廬人口甚多，賑卹費至鉅萬，亟應建築。照上年太倉土塘高八九尺、底寬三尺六寸、面寬一丈二尺，勘估需銀五萬餘兩。自界涇至巫山港，共長五千九百五十餘丈，地勢漸高。向有民築隄岸，自巫山港西至江陰縣之黃田港，岡阜連屬，間有斷續，亦有民築隄圩。此二處止須就現在民築隄埝，令地方官督率，培厚加高，無庸另行築塘。至白茆河長九十餘里，自昭文縣至支塘，計五十餘里。現在水勢尚深，無庸議濬；惟自支塘至海口，計四十餘里，悉皆淤淺。現在照該縣紳士議估，面寬六尺、底寬三尺、深八尺，兩岸築壩，俾內水常清，海潮不入，不致淤墊，或遇內水異漲，又可開壩洩水，逐段勘估，需銀三萬有奇。通計築塘、濬河請共借給銀八萬兩。得旨：如所議行。（高宗四六四、七）

（乾隆二七、三、辛丑）大學士公傅恒等議奏：查海寧柴塘工程，從前柴價，每百觔部定則例准銷六分，乾隆七年，復因不敷購辦，奏請加增銀三分。今酌於原定九分之數，再加一分，每百觔統以一錢報銷。將來柴價漸平，該督撫隨時酌減。報聞。（高宗六五六、一〇）

（乾隆四六、一、戊子）又諭：本日據富勒渾等覆奏，採運本省石料，以濟要工一摺。內稱借項添造運船五十隻協濟等語。此項船隻，前據李質穎在京奏稱，王亶望欲令商人造辦船隻，裝運石料。有商捐銀二十萬兩，聽候動支等語。則一應成造運石船隻，俱應動支此項銀兩，何以又稱借項添造？著傳諭阿桂等，查明此項船隻，是否動用別項公帑成造，抑或即以此項商捐，稱爲公項動支之處，即速查明，據實覆奏。（高宗一一二二、二二）

（乾隆四六、一、癸卯）是月，江蘇巡撫閔鶚元奏：據吳縣太湖廳稟報，辦解浙塘石料，除十二月底已起運三千丈外，現於正月再運一千丈。惟太湖廳工匠，不敷開採，隨將江寧、鎮江等處工匠調到三百餘名，又委員赴安徽、寧池等處，添僱三四百名。此後按工計料，即可加倍起運，其宜興、荊溪遵旨取用裹石，現已集工開宕，均可接濟。報聞。（高宗一一二三、一八）

（乾隆四六、二、甲子）諭軍機大臣等：據阿桂等奏，勘辦浙省改建石塘一摺。內稱，前奏請仿照條塊石塘，酌增工料，加添丈尺，以期施工易而成事速。今遵旨悉心履勘，通盤籌酌條塊石塘，究不如魚鱗石塘之堅固，按工計料，辦理魚鱗石塘二千二百四十丈，工料腳價約估銀三十餘萬兩。督率工員，上緊趕辦，計四十七年冬間可以完工。應如所奏辦理，惟在實力妥爲，以期久安黎庶，已於摺內批示。至所稱老鹽倉立字號至積字號二百餘丈，不能釘樁處所，應請仍留柴塘。其餘一千五百丈，用樁夯打至四個半時辰，打下一丈四五尺，即不能再打，沙鬯樁牢，力能擎石，或可一律築砌，或應仍存其舊等語。俟阿桂到京時面奏，亦於摺內批示。又據另摺奏稱，樁架一副用夫十三名，每日釘樁二根，按例每樁一根銷銀五分，承辦各員需幫貼銀七八錢不等。查有浙省商捐銀二十萬兩一項，除造船用銀約一萬兩，尚餘銀十九萬兩，懇請賞給海塘，以爲釘樁夫役額外貼費，毋庸造入報銷等語。自應如此辦理，不然此項何用？至所請毋庸報銷之處，不報部可也，總不奏明則不可，亦於摺內詳晰批示。此項商捐銀兩，著即賞給該處塘工，交與陳輝祖嚴飭工員，實力妥辦，不許絲毫累民。俾稱其值而民樂於從事，敷其用而功易於告成，方爲妥善。且不特商捐一項，即王亶望等前請認罰銀兩

及王遂、陳虞盛等查抄之項，均應歸入塘工項下，實用實銷。如有餘存，屆期陳輝祖另行請旨。(高宗一一二五、一○)

(**乾隆四七、七、乙巳**)諭軍機大臣等：本日據閔鶚元奏，分辦浙江海塘料石情形一摺，內稱初次所辦條石十三萬六千餘丈，業經全數起運赴浙。其接辦之九萬六千六百餘丈，勒限趲運，扣至明年三四月間，可以一律辦完運竣等語。該省所辦塘工料物，源源接濟，陳輝祖自當督率工員趕緊辦理，但未知此時所辦工程究有幾分，約於何時可以完竣。著傳諭該督令其確覈工段，按日計算，據實奏聞。再從前節次所撥銀兩，並賠繳查抄各項銀兩，俱留為海塘之用。將來工程告竣時，是否足敷應用，並著該督詳晰確查，開具簡明清單，一併覆奏。(高宗一一六○、二八)

(**乾隆四九、二、庚甲**)諭：所有長蘆應解浙江海塘銀七萬兩，著再賞給山東三萬兩以為辦差之用。其餘四萬兩，仍遵前旨，解赴海塘工程備用。(高宗一一九八、七)

(**乾隆四九、三、辛丑**)諭：浙江建築石塘，所以保障民生，關係甚重。前庚子南巡時，朕親臨閱視，指示機宜。於老鹽倉舊有柴塘後，一律添建石塘四千二百餘丈，次第興修，於上年七月間告竣。因其砌築堅整，如期蕆工。原欲將該督撫及承辦文武官員，交部分別議敘。今抵浙後，親臨閱看。乃所辦工程，不惟不應邀敘，並多未協之處。蓋朕於老鹽倉添建石塘，固以衛護民生。亦因浙省柴薪日益昂貴，歲修柴塘，採辦薪芻，致小民日用維艱，是以建築石工，為一勞永逸之計，庶於閭閻生計有益。然石塘既建，自應砌築坦水，保護塘根。乃陳輝祖、王亶望並未籌畫及此，而後之督撫亦皆置之不論。惟云柴塘必不可廢，此乃受工員從惠，為日後歲修冒銷地步。況朕添建石塘，原留柴塘為重門保障，並未令拆去柴塘，前降諭旨甚明也。若如該督撫所言，復加歲修，又安用費此數百萬帑金，添築石塘為耶？又石塘之前、柴塘之後，見有溝槽一道，現有積水，並無去路，將來日積日甚，石塘根腳勢必淹浸滲漏，該督撫亦並未慮及。又石塘上有堆積土牛，甚屬無謂。不過為適觀起見，無當實際，設果遇異漲，又豈幾尺浮土所能抵禦耶？所有塘上土牛，即著填入積水溝槽之內。仍將柴塘後之土，順坡斜做，祇需露出石塘三四層為度，並於其上栽種柳樹，俾根株蟠結，塘工益資鞏固。如此則石柴連為一勢，即以柴塘為石塘之坦水，且今柴塘亦時見其有坦水也。總之現在柴塘，不加歲修，二三十年，可保安然無事。即如范公塘尚歷多年，況此歷年添建工程，更為堅實耶！至范公塘一帶，亦必需一律接建石工，方於省城足資永遠鞏護。著自新築石塘工止處之現做柴塘及挑水段落起,接築至硃筆圈記處止,再接築至烏龍廟止,亦照老鹽倉一帶做法,於舊有柴塘土塘後,一體添築石塘。將溝槽填實種柳,並著撥給部庫銀五百萬兩,連從前發交各項帑銀,交該督撫據實覈算,分限分年,董率承辦工員實力堅築。仍予限五年,分段從東而西,陸續修築,俟工程全竣後,朕另行簡派親信大臣閱看收工,以期海疆永慶安恬,民生益資樂利。該部即遵諭行。(高宗一二〇一、一、)

（乾隆四九、一一、戊午）諭曰：福崧參奏,湖南按察使德克進布前於金衢嚴道任內,承辦海塘椿木,領過司庫銀七萬六千兩,該道發商收領,每萬兩祗發銀八千七百五十兩,共侵扣銀九千五百兩；又准令商人將椿木截去水眼老頭。現在查出木商領狀,止領銀六萬五千兩,德克進布勒取同知方體泰全數印領,移司備案,請旨將德克進布、方體泰革職拏問等語。浙省辦理海塘要工,需用椿木,向有估定例價。德克進布承辦此事,業由司庫領取銀七萬六千兩,乃敢短發價值,侵扣銀九千五百兩,且准令商人將木植截去水眼老頭。種種侵貪舞弊,實出情理之外。德克進布著革職拏問,解往浙江,交與富勒渾、福崧會同秉公嚴審具奏。至同知方體泰,於德克進布勒取全數印領時,何以並不稟明督撫？顯有扶同侵混情弊。方體泰亦著革職拏問,一併交富勒渾等審辦。(高宗一二一八、一二)

（乾隆五一、三、庚戌）諭軍機大臣等：據福崧奏,籌備柴塘歲修經費一摺。稱每年柴工應需修費,未便再動正項錢糧,請將生息銀五十萬兩,分借蘇局銅商及令浙商承領,按年繳本息銀兩。又據浙商請捐銀三十萬兩,分年繳納,歸還借帑,以後輾轉借發,永爲柴塘歲修之用等語。所奏殊屬不成事體。浙省海塘工程,原係朕意,欲一律改建石工,既可保障民生,且可節省歲修柴塘,爲一勞永逸之計。昨於四十九年親臨閱視,見章家菴一帶,柴塘石塘之間,溝槽一道有存水,特令填築堅實,栽種樹株,俾石塘柴塘連爲一勢,即以柴塘爲石塘之坦水,意亦不必更修坦水也。其范公塘一帶,亦添建石工於內,亦欲以舊有柴塘,即可爲坦水,作重門保障,不必更修也。今看福崧等所奏,是竟應仍每年修坦水,不能一勞永逸,以符前言,轉深愧懣。況改築石工後,仍須常修坦水,是前後費此千百萬帑金改建石塘,竟係虛擲無用之地,有是理乎？朕於民生國計所關,即多費帑金,原所不靳。但既建石塘,復又需添築坦水、歲修柴工,是欲省有限之費,而轉不免無窮之累！即云坦水柴塘,亦爲衛護鱗工起見,何若不修石塘之爲愈耶？此等無益之費,日復一日,伊於何底？況商借商捐,是欲便民而先以累商,尤爲非計。此事殊不可解。朕前後思維,實覺憤懣,無可訓諭。若果如福崧等所籌，則是不必建此石塘，當日何不如此批諭執奏，以爲不可行，徒多費乎？且現在浙省倉庫虧缺，迄今並未彌補全完，是該撫所奏歲修經費之事，總難憑信矣。此事即著交曹文埴等於查辦虧空之便，親赴該處，會同地方官詳晰履勘，將從前石塘是否當建，及柴塘坦水，如何又須添建歲修，並福崧另摺所奏石料厚薄配搭成砌，是否可行之處，一併據實覆奏，毋得稍存迴護。曹文埴等皆係曉事之人，必能仰體朕意也。將此硃批曹文埴等攜與福崧看後，即由驛發往富勒渾看，並令其明白回奏。（高宗一二五〇、六）

（乾隆五一、三、辛未）諭軍機大臣等：前據福崧奏，籌備柴塘坦水歲修經費一摺。業經降旨，令曹文埴等會同地方官親往履勘，將該處情形，據實具奏矣。浙省海塘工程，改建石工，既可保障民生，且可節省歲修柴塘，亦無須採辦薪蕘，於民間更爲有益，實屬一勞永逸之計。……若如該撫所言，添築石工後，仍須歲修柴塘坦水。則前後所建石塘，竟屬無益，徒費千百萬帑金，虛擲無用之地。又曷若不修石塘，祇照舊歲修柴塘坦水，爲補偏救弊之計，亦可以資抵禦之爲省便耶？至范公塘一帶，本係土塘，向歷多年，並未聞衝塌之事，今復於柴塘後，亦一律添建石工，即以舊范公塘爲坦水，足資重門鞏護，更無須另砌坦水。且海塘本設有塘兵，即使稍有坍損，塘兵即應隨時修葺，亦如京師步軍修理街道，設有用費，地方官不過略爲補苴。乃福崧所奏，竟須每年歲修柴塘坦水，且籌及商借商捐，欲每年生息五萬餘兩，作爲歲修經費。從前歲修柴塘，每年報銷數千兩，至二三萬兩不等，今既費此千百萬帑金，改建石塘，而歲修之費轉多於前，此明係福崧受屬員慫恿，爲將來浮冒開銷地步，殊屬不成事體！況福崧於屬員虧空，不能依限彌補全完，乃與屬員公同立誓，有乖政體，難勝封疆之任。業經明降諭旨，令福崧來京候旨，將伊齡阿補授浙江巡撫矣。總之浙省改建石塘後，柴塘坦水，不加歲修，十年之內朕可保安然無事。伊齡阿既任浙江巡撫，海塘是其專責，不可不實力妥辦。伊係內務府人員，久任鹽政，俸廉甚厚，自必積有餘貲。今既擢用浙江巡撫，若再於地方鹽務內，稍思染指，不但不能承受朕恩，並恐不能保其素有。伊齡阿受朕委任，伊尚明白曉事，務須仰體朕意，實力整頓，以福崧爲前車之鑒也。（高宗一二五一、二〇）

（乾隆五二、五、庚辰）又諭：據琅玕奏，海塘石工加貼銀兩，遵照部駁刪減十三款，共銀五萬餘兩。著令賠繳外，其石匠夫工，開槽還土，架木、跳板、橋木三款，應減銀九萬八百餘兩，查係實用實銷，勢難刪減等語。浙省原辦、續辦魚鱗塘工，用過加貼工料銀兩，經軍機大臣會同工部，駮令刪減十三款，其石匠夫工等三款，反覆查驗，係實用在工，並無浮冒開銷，勢難刪減。自係實在情形，若交部議，未免格於成例，仍致議駮。工員業經賠繳銀五萬餘兩，無力再賠，又須懇請具奏，徒滋往返案牘，於事無益。且此項工程，在琅玕未到任以前辦理，如果工員等有浮銷情弊，該撫亦不值為之祖護奏請。所有石匠夫工等三款，應減銀九萬八百餘兩，著加恩准其報銷。其另片奏稱，新建塘工石價，較續辦石塘每丈加增銀一錢三分。既據查明實係宕深路遠，不得不較舊工稍增，亦皆按款實給，並無浮冒，亦著一併據實造報，此後皆不得援以為例。（高宗一二八〇、二四）

（乾隆五六、一二、癸丑）諭軍機大臣曰：福崧奏海塘應修各工，業經一律完竣，覈計銀數，分別著賠一摺。據稱，琅玕任內，延誤未辦工段，其最要各工，應賠銀八萬九千六百六十兩零；又次要各工，用過例估加貼工料銀十三萬七千六百五十一兩零，亦應令琅玕賠補五成，其餘五成，著落該司道廳員名下，按數分賠等語。此項海塘應修各工，琅玕前在巡撫任內，延緩不辦，現在用過例估加貼工料銀兩，自應著落分賠。但所奏各工，從前辦理時，未能堅實，亦非琅玕一人之咎，其承辦之司道廳員等，豈得置身事外。所有此項應賠銀八萬九千六百六十兩零，亦著照次要各工，令琅玕賠補五成，其餘五成，著落承辦之司道廳員等分賠完項，以昭平允。至琅玕名下尚有節次自行議罰，應交海塘及內務府銀兩，除陸續完繳外，尚未完銀八萬兩，著加恩概行寬免，令其專力措繳現在海塘最要次兩工應賠銀十一萬三千餘兩。琅玕務須倍加感激，作速解交浙省歸款，毋再延緩干咎。將此諭令知之。（高宗一三九二、二二）

（乾隆五八、八、戊寅）諭軍機大臣等：據長麟奏海塘沙水情形一摺，內夾片稱，范公塘頭圍地方，沙塗刷動，似應於該處石塘，計自原築石塘工尾起，至烏龍廟止，應築石工二千九百餘丈，及填溝栽柳等項，約需銀一百二十餘萬兩等語，並繪圖呈覽。范公塘一帶石塘，前經曹文埴等勘明，該處漲沙寬闊，無須接築石工，是以降旨停辦。今據長麟奏，該處沙塗雖經刷動，但舊漲陰沙，據稱尚存五百餘丈。自三官堂至烏龍廟，亦尚有老沙一千八百餘丈，是該處漲沙，足資捍衛。且前有三官堂新接月隄，後又有老土塘為重圍保障，即使三官堂迤東，至江海神廟一帶，漲沙刷減，形勢稍覺單薄，不妨察看情形，或減半酌辦。於章家菴石塘工尾，接築至三官堂地方。其工段視長麟原擬，不過三分之一，需銀三四十萬兩，即可敷用。既不至徒滋糜費，又足以資保護。已於圖內用硃筆標誌，著發交該撫閱看，是否可以辦理之處，既行據實覆奏。海塘沙水靡常，或三官堂迤東一帶，現在已漸漲新沙，足資保固，即此項減半塘工，亦可緩辦，更不至糜帑費工，較爲妥善。若必應築隄，不可因此旨而惜費不築。著即動項修理，仍即速奏。著傳諭長麟，並諭吉慶知之。（高宗一四三五、六）

（**乾隆五九、八、丙辰**）諭曰：奇豐額奏，太倉所屬之寶山縣，有土塘一道，因陡遇海潮，風狂浪大，壩坡坍卸，隨潮入海。此項土塘向係民修，現飭估計工料，分別詳報請修等語。該處土塘，爲保護石塘要工，自應趕緊修築，以資捍衛。此項工段，向來本係民修，但此次海潮較大，沿海居民，雖尚幸安堵，朕心甚爲軫念。著加恩將此次土塘修費，准其作正開銷，以示體恤。（高宗一四五八、四）

（五）湖北隄工

（**雍正五、二、甲子**）署湖廣總督福敏奏請動用耗羨銀兩，修築荆州府江陵、監利、松滋等縣沿江隄岸。得旨：據福敏奏稱荆州地方沿江隄岸，例係民隄民修。今請動用耗羨銀兩修築，令監修官防護。朕思耗羨銀兩，亦係小民脂膏，凡地方應修工程，於民生實有裨益者，即當動用帑金辦理，不必取給於耗羨。但此處既係民隄，若修理之後，即算欽工，則凡遇隨時補葺之處，小民不敢干涉，轉致疎忽。且恐頑劣之民，恃有朝廷歲修之例，不肯用心防護，以致潰決，害及廬田，而民受其累。此等處皆當預爲籌及。荆州沿江隄岸，著動用帑金，遴委賢員監督修理。修成之後，仍算民隄，令百姓加意保護，隨時補葺，俾得永受其益。（世宗五三、一四）

（**雍正六、三、壬子**）湖廣總督邁柱疏言：各屬隄塍，歷係業户按糧派夫運土，逐年歲修，今各業户感戴鴻恩，情願照上年水痕，加高修築，其支河淤塞之處，業户亦照歲修之例，自行挑濬。得旨：修築江隄，疏濬河道，該地方既有歲修之定例，今百姓踴躍從事，加工修濬，甚屬可嘉。用沛特恩，助其力作。查康熙五十五年，湖北、湖南地方，興修隄岸、河道工程，蒙聖祖仁皇帝特恩，賞助米糧、人工之費，共計銀六萬兩。今朕遵照此例，將帑銀賞賜六萬兩，令邁柱於湖北、湖南二省，酌量工程多寡，分派散給。並飭地方有司，實心料理，使小民均沾實惠，工程永遠堅固。以副朕愛養楚民之至意。（世宗六七、五）

（**乾隆一、八、乙丑**）署湖廣總督史貽直奏：武昌城西南一帶，江岸坍頹，應及時修築。通計正護兩岸共二千餘丈，估銀十一萬一千九百餘兩，於

今冬動項修築，限三年次第修理。得旨允行，下部知之。（高宗二四、四）

（乾隆三、三、甲子）工部議覆：湖廣總督宗室德沛疏稱，湖北黃陂縣溪河一道，因去年六月內蛟水暴漲，衝決河岸，須及時修築。估計土方工料銀九百九十六兩有奇。應如所請。從之。（高宗六四、一九）

（乾隆四、四、乙酉）湖廣總督宗室德沛奏：武昌沿江隄岸，先經調任巡撫張楷，請添護岸，並土磯工程，加增二層。查土磯臨江枕湖，水勢南來折東，波濤迅激，一層培岸，勢難穩固，必須加增二層。三面環築石隄，計三十六丈。再查十四號工內，太乙宮前，正面隄岸六丈五尺，前未估計入冊。舊岸單薄，日見裂卸，自應修築。計太乙宮右首起，至磚瓦巷口止，正岸三十五丈五尺。岸陡土浮，水衝隄腳，應加築護岸，高九尺，進深六尺，共計工料銀六千七百九十九兩零。請於原估工料銀內，撙節支用，不敷，另請撥帑。下部知之。（高宗九〇、一四）

（乾隆七、一〇、甲寅）工部議准：湖廣總督孫嘉淦奏稱，湖北連年水災，現在親行各郡查勘，自武昌一帶民隄，多踞高而遠水，故工程穩固。偶有殘缺，俱令照例承修。其自安陸至武昌隄皆臨水，自潛江以下至沔陽、漢川交界，二百里內，處處卑薄，必倍加培築。今百姓現被水災，力有不勝；若欲酌給口糧，以工代賑，不惟目前所需浩繁，且恐百姓之心，易生覬覦，將來應修工程，轉致觀望遲延。應令地方官分別確查，其未經被水與被水稍輕，以及田少隄多之處，俱令照舊派夫，加築堅固；其田多隄少而又被水稍重者，量其夫工數目，即動支雍正七、八等年漢商公項餘銀二萬二千兩借給修理，於明秋徵追還項。從之。（高宗一七七、一八）

（乾隆七、一〇、甲寅）[工部]又議准：湖廣總督孫嘉淦奏稱，湖北荆門州之關廟、鄭家潭等處，沙洋大隄二十餘里，爲荆州、安陸二郡各州縣保障，於本年六月潰決。臣親往查勘，該處隄工，多有大溜頂衝之所，即將新潰之口，加意堵塞，以一線之隄，與大溜抗衡，終非萬全。迤南一二里外，尚有古隄一道，長二十里，其上十里，當關廟之後，隄身尚皆高厚，可以緩修；下十里適當鄭家潭潰口之後，本身淺薄，況大隄新潰，更宜保護，必大加修築，一律高厚。現今各處民隄既奏請借支商捐餘銀二萬二千兩幫修，計此項借給外，尚有餘剩，即修理此隄。如再不敷，現有武昌關口岸銀，每年亦有餘剩，可以動給。從之。（高宗一七七、一九）

（乾隆八、七、庚戌）湖廣總督阿爾賽奏：湖北武昌府省城隄工，於乾隆四年告竣，但水勢浩瀚，每當夏秋泛漲，排蕩震撼，易就傾圮，當急圖善後之費。請於現存司庫之前項節省餘剩銀內，動支五千兩，發交江夏、漢陽二縣，轉給殷實典商營運生息。其息以一分五釐爲率，按季交總理江工之驛鹽道庫貯。每年水涸時，著地方官查明應補處，據實詳報。臣遴委諳練之員，勘明確估，動支息銀修理，工竣覈銷。如有浮冒侵尅、工程草率，題參賠修。得旨：照此辦理可也。（高宗一九七、二五）

（乾隆一四、三、癸亥）諭軍機大臣等：據湖廣總督新柱奏稱，荆門州屬之沙洋大隄、武昌省城金沙洲江隄、瘳家窪挽月隄等工，俱應如式趕修，其民修諸隄，亦勸諭業民量議搶修之費，存公備用，並出借穀石，令其速爲搶修，於秋成還項等語。楚省向稱澤國，所賴隄防捍禦，自當及時修築。但向來地方官往往借修搶之名，冒銷肥橐者不少。著傳諭該督新柱留心督察，務令工歸實用，毋任虛糜侵冒。再年來各省輪免正供，偏災時須賑卹，加之金川軍務，支費浩繁，今雖凱旋，而經費未爲充裕。前經傳諭各督撫，該地方工程，非必不可緩者，俟一二年後，再行奏請。此旨新柱尚未接到，今所奏各隄工，亦應令其再加酌量，如必資保護，不容稍緩者，亦應令承修各官加意料理，務俾實濟。其民修之隄，一經衝決，既艱窘無力搶護，多有任其淹沒，晚禾不能補種，益覺拮据。新柱所奏，勸諭業民量議搶修之費，存公備用，量借穀石，幫補食用，俾速爲搶修，以便補種晚禾，尚屬有益。惟應督令地方官斟酌妥辦，毋令稍有勉強貽累，可也。（高宗三三六、四〇）

（乾隆二九、七、己卯）湖廣總督李侍堯、湖北巡撫常鈞奏：武昌地處下游，每夏秋江漲，窪處多被淹浸。今年江水更大，被淹者尤多，乏食貧民已確勘分別撫卹。惟查漢鎮後有十里長隄，爲通鎮捍衛，外即湖面通江，隄身兩頭，因年久漸至低塌，水從低處漫入，街巷俱淹。今外水漸退而內水不消，必須加築高厚，以免倒灌，並將原有兩閘及溝渠坍壞淤塞者，修築疏通，隨時啓閉，以免水患。又省城亦屬低窪，外臨大江。本年二月間，將舊有溝渠閘座，酌動閒款疏濬修築。雖江水不能潰入，然一遇霪雨，城內之水，無從宣洩，街衢積水，至四五尺不等。查城內原有都府等湖七處，年久淤淺，應挑深以爲瀦蓄，並將各門磚閘改爲石閘。再於漢陽門添建石閘一座，正在籌項。據漢口商人情願公捐銀一萬兩，以資工費，應准其交納，分別興修。報聞。（高宗七一五、一七）

（乾隆三二、一〇、壬申）兩江總督高晉、湖廣總督定長等覆奏：臣高晉與定長於九月十三日，齊至黃梅縣，率同湖北布政使閔鶚元、武漢黃德道、盧謙等，逐勘隄工，並詢該處土人。緣黃梅一帶地勢稍高，偶值大水，外江內湖，亦易消退。惟二十九年及本年因雨澤過多，江湖一時並漲，消退不及，以致成災。此亦數十年僅有之事。今若重建百餘里長隄，不特費繁工鉅，設遇江湖並漲之年，更阻礙上游湖水宣洩之路。所有董家口以下舊隄，臣等公同商酌，應請毋庸議修。至董家口以上黃梅縣并界連江西德化境內一帶江隄，由來已久，地勢外高內窪，江水一經長發，易致漫淹，全賴隄塍保護。是以按段設有隄長，每年如有衝刷，係各該縣民人同力修補。因係百姓自修之工，地方官稽查不周，以致工程多不堅實。現潰口殘缺之處，若不一律修補，明春水發，必致淹沒爲患。臣等逐細勘估，所有黃梅縣境內應補潰口七處，計工長七百六十三丈，修補殘缺計工長一萬三百六丈五尺；又董家口以下舊隄，地形窪下，隄尾並無收煞，應接長隄工七百二十八丈；又連界之江西德化縣，應補築潰口五處，計工長一百五十一丈，修補殘缺計工長三千三百四十六丈。查此項工程，向係民修，此次應照例仍交民修。但該地係積歉之區，本年被災較重，若令其修補江隄，民力實屬拮据。應懇借動公項銀兩，慎選殷實士民，分段估修。仍派委妥員，協同地方官督率，勒限報竣。得旨：另有旨諭。諭：據高晉、定長等奏，會勘湖北黃梅等縣、董家口以上界連江西德化境內一帶，江隄潰缺之處，應行修築，估需銀一萬七千九百餘兩，請借動公項，照例交民自修，分年徵收還款一摺。該處地濱江湖，所有隄工，自應及時修補，以資保障。但念黃梅等縣頻年偏被水災，閭閻不無竭蹶，況借項鳩工，按年攤扣，民力終多拮据；而一切派委董事，仍令紳衿承辦，勢必仍蹈黎明五等故轍，於事更無裨益。所有此次隄工，著加恩即動用公項，交地方官實力妥辦，毋庸借帑扣還，俾貧民得以赴工餬口，是於捍衛田廬之中，推廣以工代賑之法，實屬一舉兩得。該部即遵諭行。（高宗七九六、一七）

（**乾隆三三、九、庚子**）又諭曰：定長等奏，黃梅隄工完竣，所有餘剩應還司庫銀一千一百餘兩，請留爲歲修之用，並請將動用銀兩，每歲照數於通邑按畝隨糧徵收歸款一摺，殊屬非是。此項隄岸，本應民修之工，朕以災歉之後，格外加恩，發帑興築，爲該處居民圖計安全，永資保障。今全工甫竣，例有保固年限，何至遽籌及繕完。若限內即需重修，則此番糜帑鉅萬，竟屬有名無實。承修各官，所辦何事，當於伊等是問。至限外有偶需補葺之年，亦有不必修葺之歲。今請將動用銀兩，仍於通邑每歲按畝徵還歸款，則是以朕施恩之事，轉藉端暗地加徵累民，徒供不肖有司開銷肥橐。乖政體而滋吏弊，更屬錯謬。定長、程燾，均著交部議處。（高宗八一八、三二）

（**乾隆四三、五、戊子**）是月，湖北巡撫陳輝祖奏：潛江縣護田隄，每年按田徵錢七百六十千文，爲歲修之用。近多積欠，請停徵。查荊門州之沙洋隄，有籌備銀兩生息。請於此項銀內，每年撥七百五十兩辦理。得旨允

行。(高宗一〇五七、二四)

（**乾隆四五、一、己酉**）署湖廣總督湖北巡撫鄭大進奏：武昌省城，濱臨大江，荆襄之水，滙流直瀉，繞城而東，沿江俱砌有石岸，頂衝處兼有護岸。上年五六月間江水盛漲，汕刷數月，致隄腳多有虛懸，查勘坍塌臟裂之處，刻不可緩者，估需銀二萬九千四百四十兩有奇。請動支現貯江工籌備本款銀，及時修築。下部知之。(高宗一〇九九、一一)

（**乾隆五〇、八、丙戌**）諭：據特成額奏，湖北潛江、鍾祥二縣應修民隄，先行借項興修，仍於有隄業户名下分別徵還。共用過銀七萬八千五百餘兩，經部駁減銀一萬九千六百餘兩，請於承辦各員名下，勒限催追。俟繳齊時，發商營運生息，以備再有工程，動支給發等語。工程動項興修，自有勘估原册，及工竣報銷，部中覈減，亦必有一定章程。今湖北省借項興修隄工，動用銀七萬八千五百餘兩，此必因當仍徵於民之項，地方官任意浮冒多估，為營私之地也。設如部中覈減，不過數千兩，尚在情理之內，乃竟駁減至一萬九千三百餘兩之多，則是七分之二矣；設遇數十萬兩之工程，竟將覈減至十餘萬兩。有是理乎？此在部中，非書吏婪索不遂，藉端苛駁，即係司員希圖漁利分肥，與書吏串同一氣，甚或該堂官等亦思染指，有意苛求，均未可定矣。即使無此等情事，而駁減如此之多，若該省皆實工實料，該督撫等當據實直奏部駁之苛求，朕亦自有辦理之法；今竟受之，是承辦工程各員，必有浮冒侵蝕之弊，不然，何甘受覈減，屈意認賠之理？且向來工部遇有此等浮冒，如海塘及韓莊歲修閘壩等工，皆係專摺奏明，查辦有案。此案以七萬餘兩工程，竟至駁減七分之二，何不奏聞請旨飭查，僅照例題本完結？此事著交留京王大臣，傳集工部堂司各官，拘提書吏，並吊齊報銷册籍、駁減例案，秉公查詢有無前項情弊，據實具奏。該督撫亦著明白回奏。其特成額所奏，覈減銀一萬九千餘兩，追完時發商營運，以備再有工程動支之處。著照所請行。(高宗一二三六、三二)

（**乾隆五〇、八、丙戌**）諭軍機大臣曰：特成額奏，湖北省鍾祥、潛江二縣隄工潰决，借官項興修，仍於有隄業户名下分年立限徵收完項。共用銀七萬八千五百四十四兩零，經部議駁一萬九千六百三十六兩零，於承辦各員名下追繳。但未便查照民捐原數分晰扣除，按數給還。所有覈減銀兩，請俟繳齊之時，發商營運，遇有大工，再行支給等語。民間隄垸，原以保獲田廬，今以應追之公項，備待給之工需，於經理隄垱，自有裨益。即照該督所請辦理。但此項隄工，用銀七萬八千五百餘兩，報銷時覈減一萬九千三百餘兩，覈計駁減銀數竟至七分之二。該省承辦各員，亦即遵照追繳，其中必有浮冒侵蝕情弊，是以覈減雖多，祇可隱忍不言，追繳歸項。若果修隄銀數均係實用，而部中胥吏或因需索不遂，以致苛駁，該督亦應據實奏聞請旨，朕無難徹底查明，從公剖辨。乃該督於部駁後，隨即轉行遵照，不置一詞。設令部中竟將報銷銀七萬八千餘兩，駁至七分之五，該省又將若何辦理耶？或原估實有浮冒，或係部中司官胥吏需索不遂，故爲苛減之處，二者必居其一。著傳諭特成額，令其據實明白回奏，毋任迴護瞻徇。（高宗一二三六、三四）

（**乾隆五三、七、戊寅**）又諭：據舒常奏馳抵荆州查明被水情形一摺，並據繪圖呈覽。詳閱圖內，沿江隄工，漫潰至二十餘處，各寬十餘丈至數十丈不等。是此次荆州被淹較重，竟由隄塍不固所致。該處隄工，於四十四、四十六兩年被水後，均曾借項興修，如果工程鞏固，何致屢被潰決？外官習氣不堪，官工尚且思肥己，況此項工程，例係民修，向無保固。承辦之員，並不認真妥辦，草率從事，甚或侵漁入己，均屬事所必有！屢經降旨交阿桂等查明嚴參。著阿桂到後，即會同舒常等詳細查明，以十年爲限，所有現決之隄工，如在十年以內興修者，承修之員，俱當從重治罪，仍著落賠補；其監修之該管道府及藩司督撫等亦著一併查參，分別議罪著賠。嗣後並著定限保固十年，如在限內衝潰者，即照此嚴行參處，以示懲儆！此次荆州被淹，既因隄工不固之故，則該處城垣，自以不移爲是。著德成到彼後，詳細察勘，堅實重修，以垂久遠。其衙署倉監等項，並著阿桂、德成等會同確勘，分別動借，以次興修。至該處隄塍，爲全郡保障，所關甚重，從前因係民修，以致地方官辦理不善，任意剋減，屢被衝淹。況該處人民，現在被災較重，朕心方爲惻然，亦不忍再令其自行修理。所有此次應修各隄工，竟著動項興修，官爲辦理。並著阿桂、德成妥爲估計，務期加高培厚，認真修築，俾崇墉屹立，永資抵禦。其將來每歲修理，需費無多，再照例辦理，以示體卹。又據舒常、圖桑阿等奏，坍塌兵房，請借銀修復，分年扣還一摺。此次荆州被淹尤重，所有該兵丁修復房屋各費，朕亦不忍復令其扣還，前已有旨竟全行賞給。並著阿桂等到彼後，即遵前旨，會同查明妥辦，仍酌量撫卹，俾無失所。至城廂內外，淹斃大小男婦人口，經舒常等查明，共有一千三百六十餘名。此等民人，因躲避不及，倉猝淹斃，實堪憐憫，皆當賜卹。其餘各災戶，現在城上搭棚居住者，尚有一萬餘人。雖據舒常奏連日天氣晴明，兼之撈獲各倉濕米，散給餬口，人心安帖，覽奏爲之稍慰。但各災戶被淹之後，房屋坍倒，棲止無所，而田禾被水淹浸，亦恐多有損傷。著舒常等即先行詳悉查明，加意撫卹。似此重災，祇當期於無遺，不必復言無濫，該督等宜善體朕意，妥協辦理也。又據姜晟奏，接准督臣咨會，續調銀二萬兩，錢四千串，解赴荊州應用，已飭照數解往等語。荊州現有修建隄塍城垣各工，及撫卹兵民之用，需費浩繁，慮該省藩庫所存，不敷動用，早發戶部銀二百萬兩，派員迅速解往。並著阿桂等，到彼通盤約算，如尚不敷用，即據實奏聞，以便再行撥解應用。……（高宗一三〇九、三）

（乾隆五三、七、丙戌）又諭：現在荊州被水甚重，皆由隄工不固所致。因該處隄工向係民修，並不報部覈銷，是以一面諭令阿桂等辦理，一面令軍機大臣，查各省凡係民修各工，向俱是否報部。茲據查奏，各省修浚隄河等工，有借項里民，自行經理，並不造册送部者；有借項官為經理，工竣造册送部備案者；亦有借項造册具題覈銷者。是各省民修之工，並非全行報部覈銷，章程本不畫一，立法未為妥善。修浚隄河等工，原為保護田廬，疏消積水起見，向係民間修理者，原不便遽動官項，且各處隄工甚多，豈能一一官為修理。但因係民修之工，竟不立定章程，報部覈估，僅令官為經理，則外省官員，於官工尚思侵剋肥己，矧工程例歸民修者，並無保固查銷，不肖官吏等不特於需費之外，可以藉端加倍灑派，入其囊槖，而且草率從事，偷減侵漁，均屬事所必有。該管上司，又因向係民修，遂爾漫無覺察，工程豈能永資鞏固。幸而各處隄工，尚安穩無事，是以從未覺察。現在荊州護城隄，潰決至二十餘處之多，即其明證。豈可不嚴定章程，令其一併報銷保固！嗣後民修各工，除些小之工，無關緊要者，仍任民間自行辦理外，如係緊要處所工程，在五百兩以上者，俱著一體報部查覈，予以保固限期，興修後，再行酌令百姓出貲歸款。各工既有查覈，承修各員，自必有所顧忌，不敢任意從中侵剋，且有保固限期，亦自不敢草率辦理，庶工程可期久固，而閭閻不致有被淹受害情事。此正係朕為保護民生，節省民費起見，各督撫務宜仰體朕意，遇有民修之工，妥為辦理，嚴加查覈報部。如有仍前任令屬員從中剋扣、草率從事之處，經朕訪聞，或經科道參奏，百姓告發，不特將承辦各員從嚴辦理，必將該督撫一併從重治罪。著為令。（高宗一三〇九、四五）

（乾隆五三、九、戊寅）欽差大學士公阿桂、工部侍郎德成、湖廣總督畢沅奏：荊州隄工內，中方城、上漁埠、中獨楊漫潰共七處，應外越補築，接還舊隄；玉路口一處，擬做柴壩，於壩內補築；上方城、洪家灣及萬城三處舊隄，擬各築順水壩，以挑水勢；餘缺口十四處，俱補還舊址，復行培高。此外楊林洲、黑窰廠所需碎石，及未經過水舊隄，應行加高培厚，並沙市鎮等處加築土堰，通共估銀十八萬九千五百三十八兩零，請即動項。飭該地方官購料僱夫，次第興工，限明年三月報竣。並遵旨令舒常、李封等實力

監修，永資保障。得旨：如所議行，該部知道。(高宗一三一三、二〇)

（**乾隆五三、一〇、乙巳**）大學士等議准：欽差大學士公阿桂、湖廣總督畢沅條奏荊州臨江隄塍各事宜。一、歲修萬城隄，責成大員經理，每年秋汛後，令荊州水利同知，會同江陵縣將應修處所，勘估造冊，送荊州府並荊宜施道，覆勘後，移咨藩司，借項興修，於次年攤徵歸款。如銀數在五百兩以下，仍令民修。該道、府妥查督辦，每年奏銷後，令藩司親往查勘，督、撫於春汛前復輪往查看。一、歲修隄塍，定限保固十年，限內衝潰，即將承修人員參處，仍將補築夫工等銀著追。一、隄面隄身，應照現定丈尺，加高培厚。一、歲修工程，募僱人夫，令該同知親身督辦，該道、府隨時密查，如假手家丁書役，參究。一、萬城大隄估需銀五百兩以上，先於司庫借給，應令該督豫籌報部。仍將次年攤徵歸款細數送部查覈。一、萬城隄工，向係民修，今工在五百兩以上，准借項官辦。仍應攤徵歸款，恐地方官吏加派滋弊，應令公舉誠練紳耆三四人，專司銀錢冊檔。一、新築石磯，隨時修補。責成該道、府同知，按年查勘，坍蟄即行報修。並將窖金洲、萌長蘆根刨盡，不許民人居住。一、每隄五百丈，設隄長、圩甲各四名，立卡住宿，如有獾洞蟻穴，報明補修，汛漲時多備守水器具，協同民人防護。該道、府親往巡查。水利官防護不力，糾參。一、隄上民房，令該府、縣出示概行遷居。其沙市稠密處所民房，俟傾倒時報地方官，察勘無礙隄面處所蓋造，隄外龍尾等洲民築土堰，有礙漲水流行，應概刨毀。一、隄工自逍遙湖至玉路口，令江陵縣縣丞管。自玉路口至黃家場，令沙市巡檢管。自黃家場至拖茅埠，令郝穴巡檢管。遇防汛等事，就近督辦。一、荊州同知，向係選缺，今將萬城大隄，責成專管，請改調缺，在外揀題，並將衙署移建隄所。均應如所請。從之。(高宗一三一五、一)

（**乾隆五三、一一、庚午**）諭曰：畢沅奏，本年監利縣地方，因江湖漲漫，將東鄉之孫、張、王公月隄二處普漫。該縣隄工，本係民辦，但今年被災較重，請借帑興修，事竣按糧攤派，分三年徵完等語。本年荊州被水各隄工，應行加高培厚之處，俱經動項修築，不惜多費帑金，以期便民經久。至監利縣隄工，固係例應民辦之事，第念該處甫遭淹浸，雖已優加撫卹，民力究不免拮据。所有該縣孫、張、王公月隄需用土方，現據該督估計需銀三萬兩以上，此次著加恩照荊州隄工，一體動用官項，以示朕軫念災區，格外體卹至意。(高宗一三一六、二一)

（**乾隆五三、一一、丁丑**）諭曰：畢沅奏，江陵縣南岸及公安縣各漫口，應補還隄塍，共需銀一萬九千二百餘兩。此項隄工向俱民修，但本年被水較重，民力不無拮据，請借帑興修，俟事竣按糧攤徵等語。本年荊州應修萬城各隄工，因被水較重，特降旨官爲修築，其監利隄工，亦加恩動帑興修。今江陵、公安兩處，補還漫口各隄塍，雖向例應歸民辦，第念該處甫經漫淹之後，民力恐不免拮据。所有該兩縣此次應修各隄銀一萬九千二百餘兩，並著加恩一體動用官項，此後再照例辦理，以示朕軫恤災區，有加無已至意。（高宗一三一七、四）

（**乾隆五三、一二、丁未**）諭：據畢沅等奏，查勘廣濟、黃梅二縣隄工，向係民修，今請暫行借帑興修，俟事竣分年攤徵歸款等語。本年湖北荊州被水地方，所有萬成及監利等處隄工，俱經發帑官爲修築，今廣濟等縣隄塍，雖係例應民修之工，但念該處被災之後，民力未免拮据，此次廣濟、黃梅二縣隄工，估需銀共二萬八千一百餘兩，均著加恩動用官項修築，俟將來再行照舊辦理，以示朕加惠災區，一視同仁至意。又另片奏：廣濟縣所屬之武穴鎮漫口一處，業經修築，詢係該處監生張植鵬率衆興修等語。張植鵬首先集事，捐資修復，尚屬急公，著賞給縣丞職銜，以示鼓勵。（高宗一三一九、九）

（**乾隆五四、一一、辛卯**）諭軍機大臣曰：畢沅奏建築郝穴鎮碎石壩工，及潛江縣易家拐補築隄塍一摺。江流浩瀚，向無施工之事，而沿江一帶隄塍，百有餘年，並未有工，即雲此項工程例係民修，但既借帑墊辦，仍須按糧攤派。小民生計有常，豈能於額徵之外，復有增加？且江隄工作，此次既令民爲經理，立有成規，則每年必須循例歲修。所有工價錢糧，雖據奏公舉誠實紳耆，專司收放，但督率稽查，仍不能不假手於官吏，其中難保無勒索扣剋之弊。是衛民之事，轉以累民，殊非惠愛閭閻之意！此次畢沅所奏應修各工，既爲保護郝穴鎮市及江陵等縣城垣起見，著交軍機大臣速議外，嗣後沿江一帶隄塍，倘有實在關係民生，應行修防各要工，方准據實奏明，候旨遵辦。其無關緊要者，不得藉詞民爲捐修，濫添工作，以啓官吏派累浮銷之弊。將此傳諭知之。（高宗一三四二、二二）

（**乾隆五五、二、丁巳**）湖廣總督畢沅、湖北巡撫惠齡奏：臣等前奏築潛江縣仙人舊隄，經軍機大臣議令覆查，奏明請旨。今查潛江在鄖襄下游，漢江之水建瓴東注，上年夏秋異漲，宣洩不及，倒漾而西，江陵、監利、荊門俱受淹浸。臣與藩司熟籌易家拐隄、頂衝迎溜，現已衝成深潭，難以施工，是以將該處讓去，修復仙人廢隄，以資保障。應懇照臣前奏，酌發修費，迅速辦理。工完後，仍於潛江、江陵、監利、荊門等州縣分三年攤徵還款。計此時距汛期已近，現派分段趕築，勒限四月完竣。報聞。（高宗一三四八、一四）

（乾隆六〇、一、壬子）是月，調任湖廣總督福寧奏，上年漢江盛漲，各隄間有漫缺，除天門、京山、潛江等處修補無多，業經該縣等捐廉辦理，其荊門、沔陽、鍾祥、江陵等四縣漫缺隄，估需夫料銀二萬三千九百兩有奇。內鍾祥所需八千餘兩，在該府存備項內動支，餘由司庫撥給。報聞。（高宗一四六九、二三）

（嘉慶一二、三、丁未）諭軍機大臣等：據汪志伊奏，查勘隄工，目睹各州縣境內積年被水田畝未涸，請將湖北岸商匪費銀兩，作爲防堵疏消之用一摺。隄垸保衛田盧，關係緊要，今汪志伊目睹漢陽等州縣均有未涸田畝，未築隄塍。並接據呈報江陵縣一百餘垸因萬城隄潰口，田畝盡沈水底；監利縣一百餘垸情形相同；天門縣七十二垸全數被淹。此外漢陽、潛江、荊門、公安、應城等州縣，民間連名具呈，或請堵塞開疏，或請減則豁糧，不下數十起，自應丞籌勘辦，以興水利而衛民田。其所請岸商匪費一項作爲修理之用，自係以公濟公，事屬可行，惟據稱，該省岸商向有督撫衙門匪費每年銀十萬兩，因節奉諭旨查禁後，歷任督撫俱未敢收受等語。此項匪費銀兩現存何處，覈計共有若干，現在修垸之費實需若干，著汪志伊咨會額勒布查覈明確，會同妥議具奏。將此諭令知之。（仁宗一七六、六）

（六）永定河工及直隸其他水利工程

（順治四、一、丁未）山西道監察御史佟鳳彩奏言：近畿沿河州縣屢年衝決，禾稼被淹，有虧正賦。宜令各州縣額設堤夫，量其河之深淺、口之寬狹，修築凝固，庶河水不至氾漲，而秋成有望矣。部覆允行。（世祖三〇、二）

（康熙三九、五、甲子）工部議覆：倉場侍郎石文桂疏言：通惠河挖淺銀一萬四千兩零，原爲河道關係漕運，故額設此項，每歲挑淺。今涯爾港等處，蒙皇上睿裁，因勢利導，河道已漸少淤淺，則此挑淺夫銀，殊屬冗費。請覈裁此項，以爲修築隄壩之用。應如所題，令將挖淺夫銀解戶部，如有修築，題明於戶部取用。又疏稱潞河向係流沙，若遇雨水愆期，不能永無淤淺，應預爲設法挑浚。查臣衙門向有挖運廳徵稅，康熙四年間歸并地方官。臣聞此稅定額之外，尚有贏餘。應將贏餘銀兩挑浚，有利漕運。查此稅係通永道徵收，今應歸並坐糧廳正額錢糧，解送戶部。贏餘銀兩，即爲修理五閘并潞河等處挑淺之用。再查通惠河分司，向係三年更換，今止收木稅七千一百餘兩。應作爲小差，一年差滿更換。從之。（聖祖一九九、一〇）

（康熙四〇、一、戊午）直隸巡撫李光地奏請修築永定河工。得旨：著動正項錢糧及雨水未至時速行修築。（聖祖二〇三、六）

（康熙四〇、四、庚午）刑部等衙門議覆：王新命在永定河監修誤工，浮冒銀一萬六千餘兩，應擬斬監候；赫碩滋係特差河工効力之人，乃並不實意効力，心口相違，行事乖張，應擬絞監候；白碩色係監修部臣，不思剔除弊端，應革去佐領，枷號鞭責。從之。（聖祖二〇四、四）

（康熙四〇、五、戊戌）工部議覆：直隸巡撫李光地疏言，永定河南北兩岸設河兵二千名，原備險工搶修防護，乃兵遇緊急，率多逃竄，及水緩工停，則又坐食糜餉。今應揀選八百名，其餘一千二百名裁去，餘餉一萬六千四百餘兩，於工程緊急時僱募附近民夫充用。應如所請。從之。（聖祖二〇四、一一）

（康熙四一、五、庚戌）大學士等以直隸巡撫李光地摺奏修永定河石隄進呈。上曰：朕令永定河修理石隄，特欲於此處試之，如有成效，再於南河興工；若此工無成，則大工亦不能興。間者運送工料銀兩，所費不過二十萬，即已底績，今戶部之帑，見存五千萬。朕意欲於黃河自徐州至清口兩岸悉築石隄，度其費不過千萬；若獲成功，則永遠無患，但運石稍難耳。馬齊奏曰：此誠一勞永逸之計，然必待聖駕親臨，乃可定議。（聖祖二〇八、六）

（雍正一、四、丁卯）直隸巡撫李維鈞奏言修築太行等堤銀兩，請公同捐助。得旨：修築甄家莊等四處漫決堤工，用過銀兩，俱係緊要工程動用，不必捐補。著以正項錢糧奏銷。（世宗六、二二）

（乾隆一、一二、辛未）工部議覆：直隸河道總督劉勷疏陳河務四條：一、永定河搶築工程，應照豫省黃河之例，令該道於南北兩岸，除歲修之外，預備購料銀各三千兩。一、河兵積土，應照南河例，每二名月積土十五方，如不足數，將該管廳汛員弁參處。一、直隸運河並永定河臨河州縣，應照豫東、江南之例，於現任州縣內，揀選熟悉河務之員調補。如無可調，於河工品級相當各官內，揀選才守兼優之員題補。如現任沿河州縣，有明晰河務者，題補河務廳員。俱照例送部引見。一、永定河南北運河千把，應照南河武職之例，各給坐糧四分，以資養贍。並應如所請。從之。（高宗三二、二〇）

（乾隆三、二、丙戌）直隸河道總督朱藻等奏：永定河新興壩工，請寬築攔水大壩，外截水勢；南北兩岸，隄工埽壩，宜及早增培；所需建壩銀兩，請勒部迅發。得旨：如所請速行。（高宗六二、四）

（乾隆三、三、己未）工部議覆：署直隸河道總督顧琮疏請，應修永定河南北兩岸埽鑲，疏濬下汛三角淀、黃花套河心土方，石景山粘補拘報各工，共估需銀二萬三千七十四兩有奇。應如所請。從之。（高宗六四、一四）

(**乾隆三、四、癸未**)［户部］又議：直隸河道總督朱藻咨稱，直隸千里長隄，在霸、保、文、大四邑之境者，工程最爲險要。所需帑銀，俟估題覆准後再行請領，誠恐稽遲時日，請先赴部領銀五萬兩，及時修築。應如所請。得旨：知道了。此係上年勅令修築之隄，何以至今尚未估題？著李衛、顧琮明白回奏。尋據奏覆，實屬估册繁多，屢次駁查，一時既難覈定，興工又未便久懸。現已於天津道庫內借銀二萬八百兩，清河道庫內借銀八千兩，發各州縣，及時趕辦，實未等候户部發銀到日，始行辦料。下部議行。（高宗六六、一）

(**乾隆三、四、戊子**)直隸總督李衛奏：滄州、青縣挑挖磚河等處河道，所占軍民田畝，請給還地價；其有地户急公，已納錢糧者，亦按年照數發還。下部議行。（高宗六六、九）

(**乾隆三、五、丙子**)直隸河道總督朱藻、顧琮遵旨奏覆，新建郭家務減水滾壩，臣等俱親加測量，大約水至八分外，方可過壩分流，其分洩之引河，現在疏濬深通，引河內所有舊隄車道、埠口、鼠穴、獾洞搜填堅實，坦坡隄埝，亦俱鞏固，斷不致有奪河淤淀之患。目今麥汛已過，石景山四月上旬、五月上旬內，各長水五六尺至一二尺不等，均順流安瀾。現又派員防守伏汛，臣朱藻移駐石景山上游，臣顧琮暫駐固安南隄工次，並委道員六梧駐劄金門閘，汛發時彼此策應。再永定道庫貯帑，俱有款項支銷，不敷防險，請飭部發銀三萬兩，以爲臨時搶護之用。得旨：所奏具悉，至請帑一款，已諭部矣。諭户部：朱藻、顧琮請發帑銀三萬兩，存貯道庫，以備河工搶修之用。著該部照數給發。（高宗六九、二三）

(**乾隆三、六、己酉**)［直隸河道總督朱藻等］又奏：永定河挑挖北隄，所占旗民地畝，及圈入村莊户屋，刨挖麥地，請給予價值、籽本，併撥補除糧。下部議行。（高宗七一、二〇）

(**乾隆三、七、壬申**)又諭：據總督李衛奏稱，直隸被水地方，已分別輕重賑卹安插，悉心經理。惟滄州漫口二處，淹浸爲多，若不速行堵禦，則秋田既傷，明春麥又失望。此處隄工原屬天津同知楊灝所管，伊尚諳練河務；近因轄屬太遠，將滄州、南皮二處運河，分歸新設之通判陳韶兼理，該員未悉河務，而楊灝遂乘機推卸於知州陸福宜、通判陳韶，至今尚未議動何項銀兩，辦料興工。臣一面飛調楊灝回工協辦，一面飛咨河臣，早爲定議，搶築完固。其餘各處漫溢民埝，小處已多堵築，尚有工程稍大者，可否量給口糧銀兩，助其工作等語。滄州漫口二處，田廬受傷，此時堵築興修，不容刻緩。乃該管河員等互相推卸，以致遲誤工程，甚屬不合。著總督李衛、河臣朱藻、顧琮查明分別題參，交部議處。至民埝工程，雖舊例係民間自行修補，朕念兩年以來，地方疊經水患，民力艱難，其工程稍大之處，著該督等委員確查，賞給銀米。即寓興工代賑之意，俾窮民力作餬口，而殘缺隄埝，亦得速行告竣。該部可即傳諭該督等知之。（高宗七三、六）

（**乾隆四、六、辛巳**）工部議覆：直隸河道總督顧琮疏稱，滄州、青縣兩減河，自乾隆二年估挑之後，積年停淤，擬挖水面四尺，底寬三尺，照以工代賑之例興工。並請每年秋汛，查勘估挑。至閘下一帶尤為全河扼要，必須堅築樁埽，方能抵禦。南北兩岸，應建葦壩各一座，護住隄頭，以挑大溜。下接雁翅草工，再接修護隄、防風、埽由，其北岸地勢更窪，應加幫半餼，堅實簽築，共估銀六千九百五十一兩零，撥帑興修。從之。（高宗九四、一二）

（**乾隆四、六、辛巳**）［工部］又議覆：直隸河道總督顧琮疏稱：曹家務建築分水草壩，其出水一帶，俱係卑窪鹽地，渾水一過，即成膏壤，但清水無歸，恐致積澇。查曹家務以下，郭家務、小梁村等處，向有遙河一千七百丈，年久淤塞，今間段疏濬。渾水淤地，清水歸淀，共估銀一千八百六十兩零，請帑興修。從之。（高宗九四、一三）

（**乾隆四、六、丁亥**）工部議准：直隸河道總督顧琮疏稱，永定河金門閘石壩暨長安城草壩，應挑引河。查自出水護壩排樁外，至韓家營北，由常家等莊至長安城，又與長安城草壩引河合流。若兩壩水勢僅一引河宣洩，恐迅發難容。今酌分東西兩股，西股由小楊青務牤牛河至南窪，入中亭河；東股由小楊青務牤牛河至楊青口，入津水窪。應挑引河工程，共需銀四萬八千六百三十六兩零。他如隄埝、草壩、木橋、涵洞俱應量加修築，共需銀三千三百七十七兩零。照例支給。從之。（高宗九四、二二）

（**乾隆四、六、丁酉**）大學士等議覆：直隸總督孫嘉淦奏稱，天津地處卑窪，海水易於漲溢，前飭各屬疏濬積水，兼擬加培疊道，旋奉部咨，會議巡漕給事中馬宏琦請築疊道事宜。當與河臣會勘，郡城東門外至鹹水沽，舊有民埝一道，坍廢難修，惟疊道一條，河岸相離不遠，基址尚存，請照黃河遙工例，培築高厚，以頂寬二丈，底寬六丈，高六尺為準。且宣洩積水，必須多濬引河，查賀家口向有小河，分洩藍田積水。何家圈、雙港各有舊河通海，分消郭家泊等處積水。至白塘口舊河一道、石閘一座，不能盡洩大泊大淀之水，應於陂水窪起，遶藥王廟至北里口，添開引河，通白塘口石閘，以歸舊河；又自大淀起，遶大韓家莊等處，至鹹水沽，另開引河，使積水盡歸海河。以上引河六道，亟宜挑浚，除修整厚設白塘口石閘，鹹水沽木橋外，其賀家口、何家圈、雙港引河,亦應各建木橋一座。汛水長發,先將橋洞堵築,俾與隄頂相平。白露後河水漸落,仍將橋洞開通,每年開放一次,無須建閘起板。共估銀三萬兩,在司庫地丁銀內支給。應如所請。得旨:依議速行。(高宗九五、八)

(乾隆四、六、辛丑) 工部議准,直隸河道總督顧琮疏稱:大城、文安二邑,長隄殘缺,應次第興修。查艾頭村以下,營田圍埝,業經詳請修築;長隄勢不甚險,俟秋汛後估修。惟陶官營至艾頭村,長隄五百八十五丈,形勢險要,應照泥濘水方估計,共銀三千七百四十七兩零,動帑興修。從之。(高宗九五、一四)

(乾隆六、八、丙午) 工部等部議准:直隸總督孫嘉淦奏稱,正定郡城南滹沱河,屢歲北徙,將斜角隄衝塌,民莊、城垣,均屬堪虞。請於距城五里之新老岸開挑引河,河口上寬下窄,水湧沙開,自成巨流。其柳林舖之北,現在河身二百四十丈,應築挑水壩三座,並將斜角頭隄、殘提,夯硪堅築。但工程浩大,汛前斷難趕竣;若俟汛後興工,又虞衝決。請撥銀二千兩,先於斜角頭隄埽工再加修整,添築挑水壩一座,截挖沙嘴,略濬淤灘,引水南流。其管理滹沱河之正定府通判、正定縣縣丞,改爲要缺,揀選調補。從之。(高宗一四八、二一)

(乾隆六、一二、辛丑) 工部等部議覆:直隸總督高斌奏稱,永定河機宜,惟在使尾閭通暢,自然安流循軌。而下口之路必令直達大清河,順溜急趨,始可收通暢之效。請於三角淀舊淤稍淺處,挖成引河,上接鄭家樓水口,下接大清河之老河頭,共長十八里。……通共估計需銀五萬五千兩。應如所請辦理。惟所請挑挖引河,深處止一丈四尺,未足以行溜刷沙,再三角淀之南,去隔淀坦坡,不過六七里,清水盛則踰埝,渾水盛則透淀。今僅於王慶坨隄尾接築小埝,恐仍不足以遏南溜。應令該督再加詳度議辦。從之。(高宗一五六、二二)

(乾隆七、四、庚戌) 工部議准:直隸總督高斌疏報,保定縣迤西千里長隄,前經修築完固。惟頂衝迎溜埽灣及隄外深坑處所,宜再幫培。而玉帶河東束水之處,雖屬險要,究與黃河大溜有別。惟在隄工堅固,即可捍禦。現委員勘自祁州城南唐、砂、磁三河下口,匯入豬龍河起,至文安縣艾頭村東接營田圍埝止,共計二十一段,應將隄身加幫寬厚。頂衝迎溜者,外加戧隄,深坑積水者,加添高厚,請動項興修。從之。(高宗一六五、一三)

(乾隆九、一一、庚寅) 欽差協辦大學士、吏部尚書劉於義等奏:臣等遵旨酌議直隸水利,以期有益無弊。一、經理錢糧,宜由清河、天津二道縶轉，查該道原有經理河道錢糧之責。此次興修水利，二道所屬爲多。應將工程一切需用錢糧，統責其支放稽查，造册申送題銷。一、水利次第舉行，若通俟工竣報銷，案牘繁積。應令地方官等於完工日不拘一二處，分案具題請銷。一、水利工程，動用錢糧三萬兩以上者，遴委專員辦理；一二萬兩内外者，委員協同地方官辦理。仍以地方官爲專責，並嚴禁夫頭包攬。一、要工處所如必須專員董理，該督等於通省員弁内，題請移駐；其餘承辦各員，遇交代時，必將工程錢糧，逐一指交清楚。倘有漫不經心，坐廢成功者，查明參處。一、築隄、開河間有占用成熟地畝，旗地就近撥補，民地照例給價，並即開除額糧。一、工程銀兩，例用京市平發給，其平餘銀兩，扣除解部飯食、紙張等銀每兩一分外，其在工派委佐雜千把微員，以及隨工繪圖書役、丈量人等，分別給飯食工費，統於平餘銀內支銷。下部議行。（高宗二二九、一）

（乾隆一五、一二、辛巳）［軍機大臣等］又議准：高斌、方觀承奏，永定河工南北二岸工程，每年額設歲修銀一萬五千兩，疏濬下口銀五千兩，不敷，再行續請。查永定河濁流善淤，應請查明頭工至八工附近村莊，派定段目，每屆河水斷流時，約計應挑土方，集村民計日程功。每名日給米一升，折給制錢十文，鹽菜錢五文，限二十日完工。其八工下口，亦一例辦理。將額設下流疏濬銀五千兩通撥，仍請於歲修項下，加設疏濬銀五千兩，以期足用，餘剩留爲下年之用。如或不足，前後通融辦理。又請十八汛内管河縣丞、主簿，均照河員驛丞例，兼巡檢銜，將附近村莊，隸其管轄。從之。（高宗三七八、一八）

（乾隆一六、三、丁卯）是月，直隸總督方觀承奏：直隸上年被水，東西兩淀，南北運河，並白溝、唐、沙、薊運等河，先後泛漲。又天津海河倒漾，秋盡始退。各處隄埝多衝刷殘缺，須汛前修補。本年二月，親往履勘。工可緩者暫停；應題修者題修；應民修者民修。民值災後，此次酌借口糧，秋後免息還倉。惟霸州沿淀六工，雖係民埝，而漫水未涸。現飭河員指示次第，令民分年帶修。無庸議借口糧。其上下六工之間，聯成營田圍埝。四面坍缺，營田効力原任知州馮章宿捐修東南二面，西北二面，動支營田生息、書院膏火、餘存銀補築。其餘災地工程，難用民力，又不應另案動帑者，照興工代賑例辦理。得旨：著照所請行。（高宗三八五、二四）

（乾隆一六、六、壬寅）工部議覆：直隸總督方觀承奏稱，永定河工，以北埝四十八里爲下口保障，坍缺甚多，亟宜培修。其改移下口案内，應辦各工，尚有未報之處，如冰窖壩東隄身，開寬五十丈作爲河口，應行攔築土埝。南北各汛，應建汛署四處，堡房四十三間。長安城等處草壩，應於壩下背溜處，改挑倒勾引河，各汛河灘內節年衝刷水漲，不免分溜刷隄。汛過，又復水淳爲患，應將河形寬處，多築土隔，窄處全行填築。五工放淤舊溝三處，須加寬厚，南岸舊下東口隄，爲新下口外障，汕刷太甚，亟宜修補完整。以上各工所需銀兩，均請於節省項下動用。至餘存銀一千一百二十餘兩，除永清縣民願遷之秉教村所用地畝，於舊河身內撥補外，其武、東二縣願遷之李家舖、董家舖地畝，按數給價，共銀九百餘兩，亦在此項內撥給。餘入道庫存貯等語。應如所奏。從之。（高宗三九二、九）

（乾隆一七、六、戊午）是月，直隸總督方觀承奏：前奉諭將永定河工趕挑幾處、所費幾許，詳悉繪圖具奏。查新挑引渠，自頭工至六工，南岸凡七段，北岸凡五段，內裁灣取直者十二處，挑切淤嘴一處。共費帑二千二百七十餘兩。現暢下無阻，第漲發後，濁流所經，常改溜生灘，致成兜灣。須每年於河涸時，隨其形勢，酌加經理。得旨：知道了。然亦不可開以工代銷之端也。（高宗四一七、二三）

（乾隆二五、二、辛巳）諭：上年截留北倉漕米四十萬石中，祇用過米三十萬石，尚餘米十萬石，仍應運交通倉。現在直屬有應修河道、溝渠等工，刻下正值青黃不接之時，工次小民買食未免拮据。著加恩將此項米石，仍交與方觀承，即留於各該處，以爲修濬河渠，以工代賑之用。該部遵諭速行。（高宗六〇六、一二）

（乾隆二七、三、乙卯）直隸總督方觀承奏：直屬濬築各工，如文安、大城等縣之千里長隄，霸州之六郎隄，天津西沽等處之疊道南運隄埝，並牝牛、中亭、豬龍、宣惠、滹滏會流，清、羊各河工程較大，災地難以勸用民力。請照興工代賑例，每土一方，給米一升、鹽菜錢八文，令貧民於停賑後赴工就食。查續撥通倉漕米二十萬石，賑糶外尚有贏餘，應飭司照約估土方數目分撥。得旨：如所議行。（高宗六五七、七）

（乾隆二八、一、戊寅）[直隸總督方觀承]又奏：永定河於埝外築月埝，並開減河，工隸永清、東安、武清被災村民，既可赴工力食，而隄工需行破乃堅，夯破用河兵較熟，應日給飯食銀三分。得旨：以工代賑。即宜速辦。（高宗六七九、六）

（乾隆二八、二、甲寅）又諭曰：御史興柱、顧光旭奏文安、大城疏戽積水情形一摺，看來此事，方觀承派員籌畫，未免稍遲。現在正當加緊董辦，昨兆惠奏報，海河大閘口至鹹水沽等處，添開溝道事宜，並稱一面往勘文安、大城一帶，想此時正可到彼，督率該御史等尅期將事。但一切僱夫需費最關緊要，若必俟移知方觀承會同經理，則恐緩不及事。前已有旨分撥部庫銀二十萬兩，解交天津備用。該御史及鹽政所辦工程各應需用若干，兆惠應即於庫銀內一面先行酌量分給，俾得及時豫備集事。其支領仍歸地方官覈實報銷，以免稽遲。（高宗六八一、一八）

（**乾隆三二、三、乙亥**）諭：朕此次巡行河淀，閱視隄防，今由運河迴鑾，經臨筐兒港，察看減河形勢，見壩身出水處高於河底七尺，則遇汛漲時，所減之水下注過猛，易致跌落成坑，排椿不無撼動。自應於石工之外，接築灰工十五丈，使坦坡漸平，以導其勢。至王家務、捷地、興濟三處減河，皆所以宣洩盛漲，保衛隄工，別由一路入海，不使三岔河之水滙積，尤為畿南水利攸關，亦宜一律疏濬留淤。期於深通易達，再子牙河故道，自谷家莊以下至吳家溝一帶，河身窄狹，並應普律展寬，用消瀦水，以衛民田。所有各處工程，著該督方觀承按工覈實估計奏聞，動帑興修，務使疏洩得宜，俾河務民生，永資利賴，副朕省方疇咨至意。尋奏：筐兒港石工外，加築灰工十五丈，每丈拏溜四寸六分零，每五丈安排椿一路，地腳滿簽栢丁，並加築補築大小夯灰土，估需工料銀二萬八千八百二十餘兩。至壩口出水處，河槽北面淤高，應挑展斜長九十丈，自十六丈至六丈折算，均寬十一丈三尺、深二尺。又王瘸莊起至梅廠東止，淤墊一千四百八十丈，應於河底抽槽，面寬八丈、底六丈、深二三尺不等，共需銀三千一百三十餘兩。王家務壩門上首併迎水海堰南北岸淤土四段，共計一百八十餘丈，高五六尺不等，均應挑除。又水口中心，應挑河槽一道，長二百三十丈，面底均寬十三丈五尺，深三尺，共需銀二千七百五十餘兩。捷地減河自壩口起至孫正家莊止，長一萬七千六百四十九丈，興濟減河自壩口起至道口止，長一萬三千二百六十丈，均應展新舊面寬八九丈，底四五丈，深七八九尺不等，共需銀四萬一千四十餘兩。至子牙河故道，由谷家莊至吳家溝，長一千一百四十丈，普加挑展，以面寬六丈五尺，底三丈五尺，深三尺為率，其上游劉家莊以下，積淤十四段，均應於河底抽槽，共需銀二千三百六兩零。查各工惟筐兒港壩面灰土應俟汛過辦理，其四減河及子牙故道，均擬於汛前辦竣。得旨：如所議行。（高宗七八〇、二七）

（**乾隆三六、一二、壬辰**）又諭：據高晉、裘曰修、周元理等查勘永定河、北運河各工，事竣來京復命，將應行疏築事宜，詳晰議奏，已依議行矣。至所稱估需工銀四十九萬六千餘兩，現在直隸藩庫，無款可動，請飭部撥發濟用等語，此項工程，關係緊要，著戶部即於部庫內撥銀五十萬兩，令周元理即日委員赴領，以便及時鳩工興築。該部遵諭速行。（高宗八九九、三三）

（乾隆三七、一、癸亥）諭：上年因永定河、北運河等處，遇夏秋雨水過多，每不免於漫溢，宜亟籌修治宣洩之方，以杜後患。特派高晉、裘曰修，會同總督周元理，履勘覈辦，業允所請，發帑興修。現在春和冰泮，正屆開工之期，自應及時經理興作。但此兩河應辦工段，極爲繁重，所派承辦之員甚多，動用錢糧亦大，必須逐一妥協稽覈，庶工程得歸實用。周元理一人耳目，恐難遍及，且該督有地方之責，亦未必能常至河干。著尚書裘曰修前往協同周元理，將一應修濬工程及支銷錢糧等事，董率各員妥辦，實力稽查。裘曰修仍不時往來其間，悉心欸助，務使大工迅速告成，永資怗鞏。（高宗九〇一、二一）

（乾隆三七、四、甲午）[直隸總督周元理奏] 又奏：永定河上下，共設河兵一千二百三十名，原爲濬河之用，水中挑淤，必須船隻，方爲有濟，並令河兵撐駕，無庸另設犲夫。如遇挑淤工大，添僱民夫，即於額設中流挑淤項內支銷。至所需濬船，應照五艙民船大小造用，扣滿十年，拆造一次，准以舊料作三成算用。其造船等費，即在每年額設挑淤銀內動用，無庸例外請給。今擬設五艙船八十，三艙船四十，給配十八汛內應用。五艙、三艙船並器具，估給銀兩，即於道庫現存節省銀內動用。得旨：如所議行。（高宗九〇七、四六）

（乾隆三七、四、甲午）[直隸總督周元理奏] 又奏：正定縣城西北，有泉四道，流至刁橋村，滙而爲一。至栢棠村設閘一座，依時蓄洩，附近村莊，引流灌溉，有益民田。其水又由栢棠東流八里，歸獲城河，繞至城東大道河，由藁城縣境而出滹沱河。近年汛水異漲，刁橋、栢棠各河身淤塞，田禾漫淹，行旅不便。現在各村農民稟請，自備人夫，大加挑濬，經臣批准。惟護城河周圍四千三百餘丈，工段綿長，民力難繼，應官爲動項，照工賑之例，按土方給發銀米。臣已委員確估，該縣并無領存通米，請折中給價，即於大工節省項下給發，毋庸另行請項。得旨嘉獎。（高宗九〇七、四七）

（乾隆四〇、八、癸巳）諭曰：周元理奏，永定河歲搶修等工，請仍循舊例一摺。因乾隆三十八年，報銷疏濬搶修等工銀兩，工部以所報之數，與尚書裘曰修議定大工章程案內，較有浮多，駁令删減。周元理復將歷來通融辦理緣由，據實聲明，籲請仍舊。朕閱此案，工部之駁，固屬照例。而周元理之請，自亦實情。今朕爲之準酌折衷，所有此案動用工程銀兩，仍准其照舊報銷，不必復行駁減。惟是永定河歲搶修疏濬等工，每年定額三萬四千兩，並准節年通融辦理，不逾此數。雖若示以限制，實聽儘數開銷，未爲允協。夫永定河水勢靡常，工程亦因而增減，即如歲修一項，水大之年，粘補必多；水小之年，費用較省，此理之一定者。又如搶修量工之平險，疏濬視淤之淺深，亦難繩以一律。若如向時所定，籠統發銀，不問工之鉅細多寡，任其牽匀銷算，則與庖人攬辦筵席何異，殊非覈實辦工之道。治河所以衛民，果屬緊要工程，於閭閻實有裨益，經費原所不靳。若永定河舊例未妥，以致每年浮耗，久之不但用涉虛糜，且恐工無實濟。何如隨時確覈，實用實銷之爲愈乎？除業經辦過工程，事屬已往，毋庸另議外，嗣後應如何刪去舊額，覈實辦理，酌定章程之處，著軍機大臣會同周元理，悉心妥議具奏。尋奏：永定河每年歲需銀三萬四千兩定額，永遠刪除，嗣後每年於秋汛後，先令永定河道，將下年歲修疏濬各工，細勘確估，督臣再親勘覆覈，將銀數先行奏明。領項備料，於次年開凍後興工，照估辦理。其搶修一項，係臨時相度，難以豫估，應請先發銀一萬兩，存貯永定河道庫，令其酌量工程，派員辦料備用。倘有不敷，一面具奏，一面將庫項墊發。至於另辦加培土工，不在歲修鑲埽之列，仍照舊另案奏辦。從之。（高宗九八九、三）

（乾隆四〇、九、甲戌）是月，直隸總督周元理奏：七月初旬，水勢迅驟，永定河工，合龍後又致漫口，所有用過工料銀八千二百九十兩，請於一年內繳歸道庫。得旨：此項永定河漫工銀兩，其初次堵築所用工料，仍應照銷六賠四之例辦理，周元理毋庸將銷六之項獨賠。至合龍後，又復漫開，自係辦理不善之故。周元理既願認賠，著將此項銀兩，令其完交。（高宗九九一、三三）

（乾隆四四、二、甲申）是月，直隸總督周元理奏：天津、武清二縣境，舊有東隄並斜埝一道，因修葺年久，間段被水衝缺，請撥永定河道庫節年扣存河院書吏飯食銀，交天津、武清二縣趕汛前修竣。報聞。（高宗一〇七七、四一）

（乾隆四九、九、丁丑）諭：昨因盧溝橋下淤沙過甚，命金簡會同劉峩前往查勘。茲據金簡等奏稱，擬於中泓五孔之上游下游，抽溝三道，如川字形，各寬五六丈等語。盧溝橋下積淤年久，必須挑濬寬深，大溜方可直達，若僅抽溝三道，水緩不能刷沙，日久又復淤墊。著依中泓五孔口面，全行相連挑挖，俾上下游一律寬深，河流暢達，永無淤沙停蓄之患，方爲有益。此事即交金簡率同永定河道陳琮辦理，並著和珅派撥步軍分段挑挖。所需銀兩，即於五城平糶麥石錢文，搭放兵餉餘剩項下動支，如有不敷，即行奏請支領。所有一切估辦事宜，仍著和珅、金簡酌擬具奏。（高宗一二一五、一一）

（乾隆五四、九、庚子）直隸總督劉峩奏：加培隄工，例不在歲修鑲埽之內。永定河南岸四工以下至六工、北岸三工十五號以下至六工，各土隄均經加高培厚。惟頭二、三工並七、八、九工，未經估辦。本年夏秋間，汛水盛漲，南北岸頭工、三工、北岸七、八、九工，疊被汕刷。該處隄身卑薄，須擇要加培。共估需銀三千六百六十一兩，請動項興築。報聞。（高宗一三三九、四）

（乾隆五五、一、庚子）直隸總督劉峩奏：直省長隄疊道等工，因上年秋雨漫溢衝刷，前經奏請興修。現勘清河、天津二道屬之千里長隄，潴龍河、大清河等隄，及西沽、南倉、海河等處疊道，並永定道屬之鳳河東隄，均關水利民田廬舍。除汕刷無幾，仍勸用民力培修外，其衝塌過甚，需土較多，災歉之後，民力拮据，應請照工賑例，每土一方給米一升，銀一分。如工程險要，土性浮鬆者，給減半夯硪銀一分八釐零。米石於賑剩米內撥給，銀兩於沙灘地租及水利平餘項下支用。報聞。（高宗一三四七、六）

（乾隆五六、二、丙寅）直隸總督梁肯堂奏：清河道屬之千里長隄、潴龍河隄、大清河、蘆僧河等隄，大名道屬之衛河紅花隄，天津道屬之宣惠河，通永道屬之還鄉、薊運、黑龍、小泉等河，隄埝各工，均關水利，民田廬舍，必須亟籌，以資防護宣洩。請照以工代賑例，每土一方，給米一升、銀一分。其工要土鬆者，照歷年成案，每方酌給減半夯硪銀一分八釐三毫。乘春融上緊趕辦，並令該道等實力督查。得旨：用之以實可也。（高宗一三七三、一二）

（乾隆五六、三、己卯）直隸總督梁肯堂奏：永定河附近牝牛河、減河、鳳河、龍河分消永定河之水，爲河工最要。各河身淤沙漸高，間段阻塞，應及時挑挖，一律深通，不惟分洩盛漲，兼於濱河民田廬舍有益。估需銀三萬八千五十餘兩，請於永定、通永、天津各道庫，存河淤地租平餘飯食銀兩內，動撥興修。並派隣近州縣辦理，仍令該管河廳，分駐監督，以專責成。報聞。（高宗一三七四、一〇）

（乾隆五八、三、乙巳）直隸總督梁肯堂奏：直隸文安等處千里長隄，及天津海河疊道格淀隄等工，向例小修，用民力，工鉅費多，奏明以工代賑酌修。茲查工段間有缺損，例應民修。但上年被災，民力拮据，請照工賑例，分別酌給銀米興修。得旨：如所議行。（高宗一四二四、一八）

（嘉慶六、七、己丑）撥部庫銀五十萬兩、廣儲司庫銀五十萬兩，解往永定河工次，採辦料物，准照市價報銷。（仁宗八五、一三）

（嘉慶七、二、壬子）諭軍機大臣等：那顏寶等籌議永定河加培疏濬一摺。挑挖淤沙，固爲治河不易之法，但永定河南北兩岸，長一百數十餘里，自不能將全河淤沙挑挖净盡，該侍郎等相度形勢，裁灣取直，疏通梗塞，並將卑矮隄身加高培厚，添做埽工，護隄束水，藉以攻沙，祇可如此辦理。惟當督飭工員，於新舊埽工，實力鑲築，以資捍衞，斷不容有偷工減料，以致工程卑薄，不能經久。其河身高仰處所，亦須間段挑濬，俾無阻梗，方爲妥善。至所稱河工水勢，大小不同，動用銀兩，亦應多寡不一，每年歲修、搶修銀兩，似難限以定額等語，永定河每年歲修、搶修銀兩，向來定額二萬九千有餘，就目下情形而論，雖稱不敷應用，但每屆歲修，亦須酌定銀數，方有限制。設遇搶險工程較多年分，原不妨據實估計，且距京甚近，可以隨時奏請辦理。所有永定河歲修，每年實在需銀若干，並動用何項之處，仍著那彥寶等公同確勘，悉心妥議具奏。將此諭令知之。尋議奏：永定河舊設埽工一千八百餘丈，此次新增埽工二千餘丈，較之舊埽，加至一倍有餘，每年均須如式加鑲。物料、夫工之費亦多至一倍有餘，請於從前奏定歲修銀一萬兩、搶修銀一萬二千兩之外，酌增歲修銀一萬兩，搶修銀一萬二千兩。其疏濬中泓下口銀一萬兩，石景山歲修銀二千兩，無庸酌增。每年仍照舊定章程，於年前先後赴部請領，覈實報銷，如有餘剩，歸入下年動用。經户、工等部議准，應如所請。從之。（仁宗九四、八）

（嘉慶七、三、甲申）又諭：陳大文奏請動款修築河間縣高家口漫工，派令王念孫到彼督辦一摺。上年雨水盛漲，河間縣高家口隄埝衝決之水，自南而下，灌注文安，致積潦日久未消，自應亟爲堵築，以資捍禦。其應需工料銀三千九十五兩零，著准於天津、清河二道庫貯河淤地租銀兩內動撥。至原任永定河道王念孫，係履勘原估之員，於該處情形自爲熟悉，著那彥寶等飭令王念孫，酌帶永定河歷辦埽工之河兵，即赴河間，會同地方官趕緊興工堵築，務臻穩固。(仁宗九五、一四)

（嘉慶七、六、丙午）諭内閣：永定河石隄工程，所用灰斤，較成例多至一倍有餘，前經該部照例覈駁，已依議行矣。今那彥寶等奏稱，永定河一帶石隄，每次歲修，不過零星黏補，上年工程係通身修砌，加灌汁漿，所用灰斤因照常例倍增。所奏自係實在情形。著加恩將此次多用灰斤價銀二萬一千一百餘兩，准其照數開銷，並著工部存記。如保固例限内，致有損漏，仍著落承辦之員賠補。此後永定河歲修工料，俱照部中成例辦理，即他項工程，亦不得援以爲例。(仁宗九九、八)

（嘉慶一〇、六、己卯）諭內閣：熊枚奏，遵旨趕辦永定河要工，並連日水勢長落情形一摺。覽奏俱悉，此次永定河水勢驟長，北二工第十三號漫溢三十餘丈之外，北下頭工第二號地方，隄埽又衝刷九十餘丈，幸口門過水約三四分，尚不致掣動大溜。熊枚現飭趕緊鑲埽裹頭，免致再行衝刷，所辦甚是。連日水勢消落，天氣朗晴，正可趕緊堵築，俾不至再有衝刷。現已面諭那彥寶，於閏六月初二日，馳往督辦，所有一切料物，著熊枚派委妥員及早購備。伊摺內稱存工銀兩甚少，請於司庫內撥銀五萬兩動用等語。此時辦理要工不得不寬備料物，看來五萬兩尚未必敷用，而直隸藩庫現在清釐之際，若再行動撥，恐款項不無輾轉。著即於造辦處撥銀十萬兩發往備用。現在購料緊急，領項不可遲緩，熊枚接奉諭旨，迅即派員，儘一二日內來京，領運前往。仍一面先行購辦料物、運工，俟銀兩一到，即行給發價值。至此項銀兩到工之後，著即交顏檢、朱應榮二人專司收發，俟用過後照例著賠。如有寬剩料物及留存銀兩，將來即歸於河工歲修項下動用。……（仁宗一四五、三〇）

（嘉慶一一、一、戊午）諭內閣：據衮行簡奏，直隸舊有千里長隄，自乾隆三十七年大加培築之後，已閱三十餘載。其新舊格淀隄，自乾隆十年、二十二年增築以來，亦久未辦理。現在隄工卑薄處所，多被衝刷，河水淤塞，各水縱橫，四注平野，不可不亟講疏築。請先撥帑銀四十萬兩，趕緊興修，仍於蘆商本年鹽價內，每斤酌增制錢一文，以贏餘所入之數，補工程撥用之需等語。直隸千里長隄及新舊格淀隄兩項工程，年久塌卸，附近民田，多成巨浸，自不可不講求疏築，俾霑樂利。但如衮行簡摺內所稱，在於蘆商鹽價內，每斤酌增錢文以資撥用，此則不可。鹽斤加價一事，原為卹商起見。從前間因商力疲乏，錢價過賤，暫時准行，但究屬病民，非可引以為例，屢經降旨飭禁。此時辦理工程，與商人全無干涉，伊等有何賠累之處，轉欲藉此增加鹽價乎？朕於民生利賴之舉，即多費帑金，從無靳惜。所有此項隄工，需銀約四十萬兩，即著撥動正帑。交戶部查明，在於長蘆鹽課項下酌撥應用。若該處課項不敷，並著另行籌撥，以資興築各需。該署督惟當督飭承辦工員，認真經理，確估實銷。務期工堅料實，俾小民永資利益。無庸於鹽務中屑屑籌費為也。（仁宗一五六、一六）

（嘉慶一二、九、辛亥）諭內閣：溫承惠等奏，淀津隄河各工告成，恭請鑾輿巡視一摺。淀津隄河各工，關繫畿輔水利，我皇考高宗純皇帝法駕頻臨，躬親周覽，舉凡宣防要術，悉秉睿謨，為億姓之所利賴。自嘉慶六年雨水過多，隄河間有衝潰，特發內府帑金六十萬兩，飭令鳩工疏治，用以保護民舍田廬，俾得安瀾永慶。茲因修築竣事，署總督溫承惠、學政劉鐶之、提督色克通阿、鹽政李如枚合詞籲懇，請於來春鑾輿巡視，自應俯如所請，敬紹先謨，省方敷治。著諏吉於明春三月初五日啓蹕，恭謁東陵，取道南苑，巡幸淀津；四月初二日還宮。所有一切事宜，著各該衙門查照向例，先期豫備。（仁宗一八五、一一）

（嘉慶一三、四、壬辰）又諭：溫承惠奏，查勘滏陽河淤阻情形，請挑挖水占糧地以資行運一摺。滏陽河係直隸運鹽要道，向由寧晉之黃兒營一帶與滹水合流，至天津入海。今既據溫承惠委員查勘，黃兒營一帶因滹水泛漲，日久淤高，難以挑復，自應另籌運道，以利民生。著即照該督所請，將現在水占之耿家莊等處，分段挑挖成河，俾商艘民船不致阻滯。其所需工料銀三萬九千八百二十餘兩，亦著照所請知會長蘆鹽政，於本年秋後將商捐銀兩照數撥發。選派幹員，帶同誠實商人赴工挑挖。一切夫料工價，俱由商人自行經手，仍著該督派委道府大員駐工督率。其河身所占地畝應納錢糧，俟造冊具題時加恩豁免。（仁宗一九四、二四）

（嘉慶一四、二、戊午）諭內閣：昨日溫承惠奏，永定河添備料物，豫支銀一萬兩，懇請增入歲搶修報銷。已降旨每年加增五千兩作爲定額，並准於例支歲搶修項下，每年豫支一萬兩，以備工用矣。因思上年伏秋大汛時雨水連綿，永定河水漲發，險工疊出，經該督飭令道廳各員支領銀兩，添備料物，堆貯工所，隨時鑲護，得資穩固。是上年備料銀一萬兩，尚無浮冒情弊，著加恩准其另款題銷。嗣後歲搶修已加賞銀五千兩，不得於額外復有增添。（仁宗二○七、三四）

（嘉慶一四、一一、甲戌）又諭：溫承惠奏，堵築任邱縣民隄漫口，借動銀兩，請攤徵歸款一摺。任邱縣濱臨河淀，建設隄埝，每遇汛水衝刷，向係村民修築。本年七月雨水較多，河泊並漲，該縣迤西之七里莊民修隄岸，汕刷缺口四十餘丈，經該府縣圈築月隄，排籤進埽，覈實估計，需用工料銀四千七百三兩零。該督飭司先於地糧項下借支，堵築完竣，所借銀兩，例應居民按數完繳。惟念該處係積歉之後，一時驟難歸款，著加恩將此項借支銀四千七百三兩零，暫緩催徵。自十六年爲始，在於該縣闔屬地糧項下，分作三年帶徵歸款，以紓民力。（仁宗二二一、五）

（嘉慶一五、五、壬戌）諭軍機大臣等：溫承惠奏，直隸河淀淤墊情形一摺。畿輔水利，關繫民生，必須盡心講求，通盤籌辦。今唐河等河七十二川之水，向之由西淀入東淀，分三股下注者，近年自趙北口十二連橋以外，已多淤墊，又北股、中股悉皆淤塞，僅存南股一線單渠，以洩上游諸大川之水，其勢自難容納，而東淀下游至楊家河一帶二百餘里，又復節節淤淺，以致上游往往潰決，附近各州縣村莊地畝，處處被淹，小民種藝無成，逃荒失業，每年議蠲議賑，補救不遑，而各處大道通衢，亦常被水淹浸，以致車馬不便，有礙經行，殊非體制。溫承惠摺內稱，約計需數百萬金，一時礙難請撥，且南河大工尚在未竣，應俟經費充裕，再行辦理，今先委員將趙北口以下淤沙，擇其至要之處，相機疏導，並勸用民力辦理等語。所見尚淺。國家經費有常，原不可以濫用，然關繫生民要務，則雖多不容靳惜，若如溫承惠之意，必俟南河一切工竣，始行興辦，則南河工程甚多，難以剋期辦竣，豈有因此而令畿輔要工日久延誤之理？至於民力有限，勢必不敷，徒滋科派之累，此事竟當通籌全局，發帑興辦，以籌水利而衛民生。因思天津鹽務加價一項，本為南河辦工而設，今即移以辦直隸河工，同係正用，此外尚有天津關稅一項，著溫承惠即與嵩年會查，此兩項每年應解戶部、內務府者，共有若干，直隸籌辦水利，通計實需銀兩若干，幾年可敷辦竣。著覈算明析，據實奏聞，候朕降旨施行。將此諭令知之。（仁宗二二九、七）

（嘉慶一六、二、辛巳）又諭：永定河南北兩岸，上年漫溢之後，現須大加疏培，以禦盛漲，又石景山東岸亦有應添要工，皆係亟須辦理。所有溫承惠奏估需五萬四千五百四兩，著准其在大工項下動支，督飭承辦各員，實力妥辦。其另請於歲、搶修項下添銀八千兩之處，雖據該督奏稱，下年不得援以為例，但永定河歲、搶修銀兩，從前那彥寶已奏明於舊額二萬二千兩之外，添至一倍，嗣又據該督奏請五千兩，並據聲稱作為定額，今甫隔年，即續有加增，安知來年該督不又託詞多請？殊非慎重經費之道，著不准行。尋據溫承惠覆奏：上年水勢異漲，現在即需加鑲，並多拆做之處，仍懇賞銀八千兩，購料貯工修防。將來仍不得援以為例。從之。（仁宗二三九、一）

（嘉慶一六、四、丁卯）命修築直隸任邱等州縣長隄，並雄縣疊道，以工代賑。（仁宗二四二、二一）

（嘉慶一七、一、己丑）諭內閣：據溫承惠奏永定河下口情形，請加培辦理一摺。永定河下口近多險工，亟須籌辦。所有加培隄岸、挑挖引河，及接築草壩、土壩等工，共估需銀一萬九千九百餘兩，著照所請，准其於藩庫內如數動支。該督即督飭該道，分率廳汛員弁，認真修辦，勒限於大汛前一律告竣，毋許稍有草率、偷減，務令料實工堅，俾資捍衛。（仁宗二五三、八）

（嘉慶一七、三、丁酉）諭內閣：溫承惠奏，勘明天津、靜海兩縣境內急須修濬各工，請動項興辦一摺。天津、靜海一帶，河道淤墊，連年被水，居民田廬未能涸復，有妨耕作，自應亟為疏築，以利農田。但該處地近海濱，本係汙下之區，必須勘明宣洩渠道，使水有所歸，則修築之後，方可收一勞永逸之效，不致頻年糜帑，徒煩工役。所有此二處工程，著照該督所請，在於鹽引加價項下，撥銀八萬八千八百八十餘兩，由天津運庫就近發交天津道李鑾宣承領，分給各委員趕緊興辦。並令祥紹不時前往稽查，如有草率、偷減情弊，即嚴參究辦。工竣後仍著温承惠親往驗收，覈實題銷。(仁宗二五五、二三)

（**嘉慶二四、七、壬午**）諭軍機大臣等：那彥寶奏，永定河北岸二工南岸四工漫溢情形一摺。前因永定河水勢盛漲，特派那彥寶前往查看，茲於二十日午刻北二南四兩工同時漫溢。著派吳璥、那彥寶分投籌辦，各將水勢情形、口門丈尺及水歸下游，淹浸何處，先行查明，各自具摺奏陳。其所需工料銀兩，亦各自約計數目，先行奏明，由部庫撥給，以便籌備料物，定期興工。將此諭令知之。(仁宗三六〇、一八)

（七）其他各地河工水利工程

（**康熙三三、二、甲申**）諭大學士等：朕巡視所至，見運河及渾河決口，民田淹沒，甚爲可憫。著直隸巡撫郭世隆、天津總兵官李鎮鼎，會同倉場侍郎常書，自通州至西沽兩邊隄岸，再自西沽至霸州決口宜修之處，閱視明白，速行修築。(聖祖一六二、一五)

（**康熙三三、五、丁巳**）諭工部尚書薩穆哈、倉場侍郎常書：河隄關係運道、民生，甚爲緊要。春間令天津一帶決口速行修築，因時方東作，雨澤未霑，甚切憂慮；今新隄已成，復得時雨，良慰朕懷。爾等從陸路先至所築新隄處，朕即乘舟往觀，兼閱民田；或新隄有應增修處，即令繕治。(聖祖一六三、一三)

（**乾隆一、二、丁丑**）設沁河隄工長夫。諭：朕聞河南武陟縣木欒店沁河隄工，關繫民居廬舍，每年派民夫修築，以防水患。里民按畝派錢。約計二千四百餘兩，頗爲地方之累。若設立長夫三十名，歲支工食三百六十兩，即可省民間二千餘金之幫貼。著該部傳諭河南總河白鍾山，照此辦理。其設立長夫，每年應領工食，即動豫省存公銀兩給發，不得絲毫累民。永著爲例。倘胥吏土棍等，仍有借名科派者，交與該管官嚴查，從重治罪。(高宗一二、二二)

（**乾隆二、八、乙酉**）[工部]又議覆：大學士管浙江總督事務嵇曾筠疏言，嚴州府屬淳安縣境內，有大河一道，發源徽州，建瓴而下，急湍奔流，衝刷地畝，並侵廬舍，議築石磯八十五丈，以資保護，共估需銀二千七百兩

有奇,應如所請辦理。從之。(高宗四九、一三)

(**乾隆二、八、乙酉**)署理河南巡撫尹會一奏:豫省賈魯、雙泊、汝、潁、沙、渚、淇、衛等河,支派不一。每遇夏秋大雨,宣洩不及,遂致衝塌隄岸,淹沒民田。應飭該地方官,查卑薄虛鬆之處,督民增培高厚,以爲來歲捍禦之計。除豐收地方聽民自行修築外,其被水歉收處,仰懇格外施恩,每挑土一方,酌給飯食銀四分、加夯硪銀一分,於司庫存公項下支給,以民力衛民田,貧民亦得以力作度日。得旨:好。此係極應如是辦理者,但須嚴察吏胥,務使百姓均受實惠。(高宗四九、二〇)

(**乾隆二、閏九、庚辰**)工部等部會議:署湖廣總督史貽直等條奏,洞庭湖舵桿洲石臺工程善後事宜。一、臺之北面宜增築護隄,以緩水勢。一、存剩帑銀,宜交商生息,以資歲修。一、歲修石料,宜豫爲貯備。一、每年歲修宜委岳州府同知就近經管,仍令岳常澧道稽查。一、舵桿洲等處,宜添設救生船隻。均應如該督所請辦理。從之。(高宗五三、一三)

(**乾隆二、一二、壬寅**)[工部]又議覆:陝西巡撫崔紀疏稱,龍洞渠爲陝省水利最要工程,上承涇水,中納諸泉,應於龍洞內築一石壩,不使漏入涇河;龍洞南畔等處石隄,亦應加高,並添築壩工。再迤北開溝一道,使山水直達涇河,以防衝淤。除原估銀一千二十二兩,尚需增修銀五千三百七十五兩有奇。應如所,請。從之。(高宗五九、八)

(**乾隆三、三、戊午**)工部議覆:河南巡撫尹會一疏稱,鄭州中牟縣賈魯河修築隄堰,動支土方銀二千七百二十八兩有奇,責成鄭州吏目、中牟縣典史管理,並請每三里設隄老一名。應如所請。從之。(高宗六四、一三)

(**乾隆五、七、丁酉**)大學士等議覆:雲南總督公慶復等奏,開鑿通川河道,實爲滇省大利。已兩次委員查勘,自東川府由小江口入金沙江,沿流至新開灘一路,直通四川瀘州,雖崎嶇險阻,要皆人力可施,堪以化險爲平,以資利濟。惟沿江一帶,人煙稀少,募匠設廠,遠運米糧,工費約需數十萬金。滇省現運銅觔,若得改由水運,每歲可省運腳之半,約計三四年,省出運費,足以興修永遠鉅工等語。查此項工程,千數百里,長灘巨石,必令興修之後食貨轉輸一勞永逸,庶國帑不至虛糜。應令該督等遴委賢員,確實估計,詳慎舉行。至估計一定,經秋水涸,有宜先動帑金,將緊要工段開鑿疏通者,應如所請,隨時奏聞辦理。(高宗一二三、二五)

(**乾隆五、七、戊戌**)[河南巡撫雅爾圖]又奏:豫省水利工程,現在惟上蔡等縣估建隄壩,係防蔡河異漲之水,應行修築。其餘汝、溵河等處隄堰,向係民修。應勸諭田頭地主,自行修補。至開濬汝河、潁河等處工程,

第三章　財政支出／1175

從前估需銀二十六萬四千六百兩，現經逐細查訪，均非急應辦理者，請概行停罷，以節糜費。得旨：辦理甚妥。知道了。(高宗一二三、三一)

（乾隆五、九、辛未）[工部]又議准：調任山東巡撫碩色奏，東省河道，自山頭店至軍張閘、清沙泊，河身淤塞，應行挑深，堤埝殘缺，應行修整，並圈築月堤。至軍張閘，應改爲滾水石壩，俾河水正流，由壩滾入支脈溝，以達寬闊梢；支脈溝兩岸土埝，舊僅盈尺，應各築大隄一道；下截河道，自灣頭至淄河門，尤須分疏支流，以緩水勢。樂安縣境內，有福民河一道，應加挑深廣；又有蒼頭溝一道，應開通，兩岸隄埝，均應培築；南岸自邱家屋子起至萬兒莊，並宜修築隄工；又於新開河頭估建石閘一座，春夏閉閘灌溉，伏秋啓閘暢流。以上各工，估需工料銀五萬三千九百四十餘兩，請動項興修。從之。(高宗一二六、四)

（乾隆五、一二、己未）大學士等會議：雲南總督公慶復奏，開修金江通川河道事宜。一、修鑿各灘工程，應分別緊緩，次第興修。查金江瘴氣最盛，惟自十月至四月，可以施工。今該督乘冬春水落之時，將最要之大毛、大漢等灘，先行開鑿，如果有成效，則依次興修，爲力較易。其分別緊緩及應停工施工之處，俱應照所奏辦理。一、委辦人員應各專責成。查通川河道工費浩繁，自應遴委文武各員，分任辦理。至各員役等照滇省舊例，分給養廉、飯食、盤費之處，均應入於工費估題冊內分晰題報。一、僱募工匠，宜寬裕給與工價。查原奏內稱，鐵石木匠，每日工銀一錢二分，小工一錢，俱仍給食米一升。較尋常工價，實屬寬裕。應令該督確查該地情形，實難減少者，即照數支給。一、現修緊灘，應設草房，以資住宿、防護。查工所堆貯物料米鹽及匠役等住宿，即資沿江竹木搭蓋草房，所費無幾。應如所奏辦理。一、豫備船隻，接濟工所食用。查設立站船，轉用川省米鹽，而更番往來，又可熟習水性，所辦俱屬妥協。其需用站船工費，及僱船接運等銀兩，俱准支銷。一、請動項以濟諸用。查通河辦理各務，需費甚多，應如所請，暫將銅息銀四萬兩動支，俟部撥到日歸款。一、大工需用殷繁，應給青錢以資實惠。查東川開爐鼓鑄，業經該督另摺奏明，毋庸再議。一、米鹽均應預爲赴川購買，查工所米鹽最關緊要，自應如所奏，趂川省秋收後採買米石併鹽觔存貯備用。從之。(高宗一三三、一一)

（乾隆六、八、丙午）大學士會同工部議准：河南巡撫雅爾圖奏稱，豫省開挑賈魯新河，建設閘座，及乾河涯開濬溝渠、砌立橋閘、溝洞、水門等工，一切善後事宜。一、豫省土性浮鬆，今新河開成後，必須歲加疏瀹，始免淤墊。請於藩庫節年存留耗羨銀內，每年動支四千兩，爲挑濬新河、并乾河涯等工修補之需。於霜降後，專管官會同印官，估報請修。如本年不須修濬或所費無多，即存貯司庫，留為下年之用。一、挑河之土分積兩岸子堰，以備汛漲，其民田洩水之路，應聽民議留開放，隨時宣洩堵閉。該管官員不時巡察經理。至挖傷地畝，如係行糧熟地，應令該州縣查明實在畝分及條銀漕米，如數豁除。一、河道挑成後，應需專員各按地界巡查疏濬。除杞縣、睢州舊有水利縣丞、州判應歸專管外，所有祥符縣紅沙灣、中牟縣西十五里舖二處閘座，及乾河涯至汪家囤，並省城浚儀渠各處工程，查有開封府照磨一員可以兼管。其中牟、陳留、鹿邑、柘城、淮寧五縣境內河道，應令各該典史管理。一、開封府照磨，向例每歲給養廉銀八十兩。今既兼管工程閘座，應添給養廉銀八十兩。一、省城添設水門洞，仍責令門軍看守啓閉。其中牟縣西大閘，應設閘夫八名；祥符縣紅沙灣閘，應設閘夫四名。每名月給銀五錢。一、新河開就，舟楫可抵省城。或遇水小之年，上流涓細，商船淺滯難行。應照原議，每年於秋分前後，酌量截壩蓄水，立夏後大雨時行，恐有暴漲，應開壩放水，以待汛臨宣洩。於農田、商船，兩有裨益。從之。（高宗一四八、一九）

（乾隆七、二、丙辰） 工部議准：雲南巡撫張允隨奏請，濬築保山縣黑龍硐、魯甸、箐口河、思安縣龍硐、李子灣、水塘壩、灑魚河等處泉源水閘，於官莊變價銀內支銷。從之。（高宗一六一、一〇）

（乾隆七、六、乙未） 工部等部議准：甘肅巡撫黃廷桂疏報，寧夏大清、唐、漢三渠及各大小支渠，前因該處地震搖塌，各渠所有裂縫處甚多，急需修築埧岸橋閘，並老埂長堤各工，請動項興修。從之。（高宗一六八、一三）

（乾隆九、八、庚午） 工部議覆：兩廣總督調任閩浙總督馬爾泰奏稱，潮州府屬之海陽縣，地勢低窪。本年入夏後，陰雨數日，潦水陡漲，東南北三隄，不無衝決。請動生息銀兩，及時搶修堅固。應如所請。從之。（高宗二二三、二一）

（乾隆九、一〇、辛亥） 工部議覆：河東河道總督完顏偉疏稱，儀封汛北岸楊家橋隄工，對岸淤長沙灘，全黃大溜北趨，直偪隄根，亟應乘時挑挖引河一道，分順水勢。應自王家莊起，至趙家寨前止，共工七百七十五丈五尺，於河庫銀內，先行給發興挑。照例動撥司庫本年地丁銀兩歸款。應如所請。從之。（高宗二二六、八）

（乾隆九、一一、乙未） 工部議覆：河東河道總督完顏偉疏稱，河南下北河廳屬蘭陽縣汛，北岸耿家寨臨河隄工，地處上游，最關緊要，乾隆七、八兩年南岸漸長淤灘，大溜由北岸衝激，離隄漸近。本年五月，陰雨連綿，河水長發，全河直射隄根，勢甚危險。隨經下埽保護，又值汛水陡長，大溜奔騰，滙注舊隄坦坡。土鬆蟄卸，帶動新隄，隨鑲隨蟄，晝夜搶護，並內外月隄，搶幫寬厚各工，實估用銀二萬八千四百一十兩零。先於河庫并各該年存貯銀兩物料內，借撥動用，應照例動支司庫銀兩歸款。至下北河同知孫淅名下，應賠漂走埽料銀一萬一千一百四十兩零，並覈減買土銀二千八百三十九兩零，亦先於司庫銀內，照數撥歸原款，一面勒追，解司完項。應均如所請。從之。（高宗二二九、五）

（**乾隆九、一二、庚申**）雲南總督張允隨奏：大關境內鹽井，渡通川河道，與金沙江相爲表裏，經奏請借動陸運銅腳開修，凡閱三載，業已工程完竣，銅運坦行，商貨駢集，克收成效。所有用過工費銀六千七百八十五兩，即將水運京銅省出腳價歸款，並酌定歲修銀三百兩，亦於節省項下支銷。至承辦官員大關同知，今陞麗江府知府樊好仁等，皆能實心出力，合併聲明。得旨：此事卿擔當妥辦之處，實可嘉悅。若如所言，永收利賴之益，則甚美而又盡善矣。至在工官員，勤勞可嘉，有旨議敘。……（高宗二三一、二）

（**乾隆一〇、三、己卯**）諭軍機大臣：據總河白鍾山奏請，修芒稻河東西二閘，共估工料銀三萬兩零。向來河渠建閘，每座不過數千兩。今芒稻河閘工，雖未知其大小寬狹何如，亦何至於三萬兩之多？爾等可寄信與白鍾山，令其悉心查覈確實數目，毋許屬員朦混開估，致有浮冒侵蝕之弊。著白鍾山具摺回奏。尋奏：芒稻河東閘有三金門，西閘有七金門，中間各設大石磯心，約寬三丈。自雍正十三年移建以來，衝刷日久，多有塌損，非小補可期完固。原估工料銀兩，再四確覈，實無浮冒。得旨：外省工程無不浮冒，而河工爲尤甚，惟應時常留心查察。至於汝等大員，皆受朕深恩，亦知輕重，豈復有染指於其間？第屬員之欺隱，豈能保其全無？慎之勉之。（高宗二三六、六）

（**乾隆一〇、三、庚寅**）工部議准：署湖廣總督鄂彌達疏稱，鎮筸向無通商水道，請將鎮城溪河一百二十餘里，開鑿深通，工費在辰關稅項下動支。從之。（高宗二三七、三）

（**乾隆一〇、四、庚申**）［工部等部］又議覆：貴州總督張廣泗疏稱，黔省威寧、大定等府州縣，崇山峻嶺，不通舟楫，所產銅鉛，陸運維艱。合之滇省運京銅，每年千餘萬觔，皆取道於威寧、畢節，馱馬短少，趲運不前。查有大定府畢節縣屬之赤水河，下接遵義府仁懷縣屬之猿猱地方，若將此河開鑿通舟，即可順流直達四川重慶水次。委員勘估水程五百餘里，計應開修大小六十八灘，約需銀四萬七千餘兩。此河開通，每年可省腳價銀一萬三四千兩。以三年餘之節省，即可抵補開河工費。再黔省食鹽，例銷川引，若開修赤水河，鹽船亦可通行，鹽價立見平減。大定、威寧等處，即偶遇豐歉不齊，川米可以運濟，實爲黔省無窮之利。應如所奏辦理。從之。（高宗二三九、一一）

（乾隆一〇、四、辛酉）［工部］又議覆：河東河道總督完顏偉疏稱，河南下南河廳屬祥符汛南岸十三堡，臨河掃壩，坐當大溜搜刷，屢蟄屢鑲，勢甚危險。今查得北岸范家灘南坐成兜灣河頭，已有吸川之形；下至徐家場灘勢灣曲，河尾又有建瓴之勢。應乘時挑挖引河一道，俾河勢順直，全黃大溜，分洩東趨，則南岸十三堡要工，得以鞏固。估需銀一萬三千七百八十兩零。因關係緊要，業通融河庫銀兩，給發該廳等，上緊興挑。應如所請。從之。（高宗二三九、一三）

（乾隆一〇、七、丙子）工部議准，河東河道總督完顏偉等議覆，前任山東布政使包括條奏東省挑河泉夫，酌減工食，就近改募一摺。查山東有泉十七州縣，向設泉夫七百八十四名。春夏秋三季，在本境疏泉栽柳。冬月調赴濟寧，協挑運河。裹糧遠役，既屬艱難，而又素非習諳挑河之人，倩代賠累，勢所不免。請將距河窵遠之泰安、平陰、萊蕪、肥城、新泰、寧陽、泗水、曲阜、鄒縣、滋陽、蒙陰等十一縣，協挑泉夫五百七十四名，改令近河各州縣，代爲募僱。其泉夫每名額支工食銀十兩，每年扣減六兩，彙解河庫，轉發沿河州縣，就近代募。餘銀四兩，照舊支給泉夫，止令專司本地疏泉栽柳，免其挑河。至近河之滕縣、嶧縣、魚臺、濟寧、汶上、東平等六州縣，泉夫二百十名，仍令協挑，無庸扣銀另募。從之。（高宗二四四、一〇）

（乾隆一〇、七、甲申）諭：從前石林口衝決，用過修築工料銀二十三萬九千一百餘兩，部議著落該管河員，照數賠補。原以該處舊有土壩，致被衝決，應照疎防之例賠修。第聞石林土壩，係乾隆五年間河臣率民修築之工，並未動用錢糧，與永定官隄疎防衝決者有間。且七年黃水異漲，亦非尋常可比。動項既多，該管各員，勢必艱於賠償。著格外加恩，免其追賠。嗣後凡有隄防處所，務須先事綢繆，毋得再蹈前轍。若稍有疎虞，決不寬貸。該部即遵諭行。（高宗二四四、一七）

（乾隆一一、四、壬午）諭軍機大臣等：據張廣泗奏稱，開修河道工價，原估銀四萬七千餘兩，約以三年運鉛腳價節省銀兩補還，不必另動帑項。今河工已竣，用過銀三萬八千餘兩，較之原估節省將及萬金。所有開河工費，祇須二年，即可補苴還項等語。可傳諭詢問張廣泗，此項節省銀兩，既係從前張廣泗所奏，改陸運爲水運，通計鉛、銅兩項，每年可節省一萬三四千兩之内，今河工告竣，較之原估，又有節省，作何歸結，並將來開河工費歸還之後，所有節省如何辦理之處，令其具摺以聞。（高宗二六五、三）

（乾隆一一、六、癸酉）又諭：據張廣泗奏稱，開修赤水河一道，所有用過銀三萬八千餘兩，係於黔省鉛觔腳價内二年補足，其滇省銅運腳價，每年可節省若干，應聽滇省查辦等語。可傳旨詢問張允隨，滇省銅觔由赤水河運送，較之從前陸運，每年腳價，可節省若干之處，令其查明具奏。（高宗二六八、二〇）

（乾隆一四、三、庚午）諭軍機大臣等：據雲貴總督張允隨奏，金沙江用過夫役帑金各數清單，内稱共給過銀一十九萬三千四百餘兩。除將水運銅斤，節省過運腳銀五萬二千六百餘兩抵補外，再加六年節省運腳，即可全抵原款等語。誠如該督所奏，則歷年節省運腳，除抵補用過工費外，向後所有節省之項，於國家經費實有裨益。但不知盤駁諸費，曾否開除，並有無歲修工程。其江岸綿長，若每歲加工修護，所費應用幾何，須將盤駁歲修等用，一切開劃清楚，再有餘剩，方爲實在節省。著將清單鈔寄新柱，令其帶往，與舒赫德公同閱看，將此處一併詳悉查明，遵照前旨，不可聽其浮冒，亦不可有意苛求，秉公據實，妥協查辦。（高宗三三七、一二）

（乾隆一四、五、癸亥）欽差戶部尚書舒赫德奏：履勘金沙江，從前新柱、尹繼善等會勘議修，自新開灘至黃草坪五百八十餘里，實有益應留之工，其從前奏停，經滇督奏開之蜈蚣嶺等十五灘，則有損無益，現仍須陸運滇督辦理此事，竟有附會錯誤之處。奏入，諭曰：舒赫德奏履勘金沙江工程一摺，所見甚屬公正。該處情形，朕早已料及。在張允隨因鄂爾泰立意興舉鉅工，遂爾附和，固難辭咎。但念伊久任苗疆，辦理諸務，尚爲妥協，若因此事遽加嚴譴，未免可惜，且此案所有糜費帑項，例應著賠。今從寬令張允隨在任彌補，既可陸續清還，亦於事理允協。前已詳悉降旨，傳諭舒赫德，伊具奏時尚未接到，可再行傳諭，令其接到後遵照辦理。（高宗三四一、二）

（乾隆一四、六、癸巳）工部議覆：河東河道總督顧琮疏稱，德州哨馬營河、海豐縣馬頰河、聊城縣徒駭河、東平州引河、濟寧州董家口，亟應疏浚開挖，修埝築壩，建設涵洞，估需銀九萬九千六百兩零等語。先經大學士會同臣部，議令將濟南等五府，應行修浚各工，確估具題在案。應令該督動款興修，以資蓄洩，工竣造冊題銷。至各州縣境内，如有應行興舉各工，該督飭地方官，隨宜欽遵辦理，從之。（高宗三四三、五）

（乾隆一四、六、庚子）諭：據舒赫德、新柱查奏，金沙江工程，自新開灘以上至黃草坪，尚屬有益，其餘上游四十餘灘，實係難行。張允隨附會粉飾，請交部嚴加察議，其用過工費銀八萬餘兩，應令原辦之人賠補。張允隨賠繳六分，承辦各員分賠四分。再據該撫圖爾炳阿奏稱，該省承辦各員，以工程浩繁，勢必覈減，於上游各員，扣留銀二千七八百兩，下游各員，留貯一萬六千餘兩，以備報部覈減完繳之用。應將扣貯之司道等員及批准之大員，交該撫查明，交部察議等語。金沙江工程，原因銅運艱難，期於一勞永逸。先經原任大學士鄂爾泰倡議，而張允隨附和，陳請開鑿。今上游四十餘灘，既不能化險為平，且蜈蚣嶺十五灘，已議停止，而張允隨又復奏請開濬，以至妄費多金。張允隨之固執迴護，自應嚴行議處，所有帑項，著落賠補。但下游各灘，尚足以資銅運，計歷年積省腳費五萬二千餘兩。雖係下游節省較多，但總係張允隨承辦者，亦非全無裨益，尚有可原，著從寬姑免議處。其上游糜費八萬餘金，更加恩准將下游節省銀兩抵補，其不足者，照所議，著張允隨及承辦各員四六分賠。至於工程報銷，自應據實具報。乃豫備覈減，扣貯抵補，似此舞弊玩公，不可不加嚴懲，諒該督等亦無辭可辯也。此項扣貯銀兩，著追入官，其詳請之司道等，及批准之上司，著查明交部嚴察議處。圖爾炳阿身為巡撫，一任伊等朦朧作弊，及朕問彼，始行奏出，亦屬不合，一併嚴察議奏。（高宗三四三、一三）

（乾隆一六、五、甲辰）工部議准，陝西巡撫陳宏謀疏稱，鄜州石隄，乾隆十四年被水衝塌。請於軟沙處下樁，改建月隄。所需工料，令承辦之員，在原估銀內通融辦理。從之。（高宗三八八、一〇）

（乾隆一六、一一、甲申）諭曰：河道總督大學士高斌、巡撫陳宏謀來京召見時，面奏堵築陽武漫口，辦理物料，計動帑金三十萬餘兩。初於附近州縣採辦，旋因工鉅費多，漸及次近。最後搶築，乃至赴遠地辦覓。民情俱為踴躍，及時輸運來工，得以告竣等語。中州民風，素稱淳樸。當此緊急大工，辦料殷繁，其應副儲備，不無浮於動帑購採之數，乃民情毫無勉強。且能尅期畢赴，効用爭先。甚屬可嘉，應行獎勵，以為急公趨事之勸。其如何酌量加恩之處，軍機大臣會同高斌、陳宏謀，速議具奏。尋議：查此項辦運工料，俱按地畝分購，應仍於地畝錢糧內酌蠲。從之。（高宗四〇三、九）

（乾隆一七、五、戊子）工部議准：調任河南巡撫陳宏謀疏稱，豫省武陟、獲嘉、新鄉、延津、滑縣等五縣古隄，年久殘缺。去秋陽武漫口，黃流灌入，致直屬被災，請發帑興修。從之。（高宗四一五、二三）

（乾隆一九、二、庚戌）欽差侍郎嵇璜等奏：堰盱石工從前約估石料十六萬四千餘丈，今因積水漸涸，將坍卸舊石，儘數選用。覈計止需新石十二萬九千餘丈，較原定數目，可減四萬餘丈。當即移咨江南山東督撫，將業經採辦多餘之石，仍陸續運送堰盱工所，以備將來隨時修砌之用。其尚未採辦者，即行停止，以免繁費。得旨：甚妥。(高宗四五七、一四)

（乾隆一九、一一、甲辰）兩廣總督楊應琚奏：粵西興安縣陡河，俗名北陡，爲轉運楚米、流通商貨之要津，久未修濬，壩身坍損，河流漸致淺涸，舟楫難通；臨桂縣陡河，俗名南陡，下達柳慶，溉田運鉛，亦關緊要，近日陡壩傾頹，且有陡門相離太遠，並需酌添閘壩之處。均請動項興修。得旨：如所議行。但期帑歸實用，永資保障可耳。(高宗四七七、二八)

（乾隆二四、九、乙亥）又諭：甘省山丹縣渠壩工程，向係民修，前據該撫吳達善奏，請借帑修築，照例按年催徵還項，但念該處秋成稍歉，民力未免拮据。所有官借修築渠壩工程銀兩，著加恩一併豁免，以示體卹邊氓至意。該部遵諭速行。(高宗五九七、三○)

（乾隆二六、一○、庚午）諭軍機大臣等：據裘曰修奏，沁水隄埝民工，其天師廟、尋村二處及各段大小缺口，皆爲急不可緩之務。現據該府縣估需銀四萬兩，士民籲請借領庫項，亟爲動工，分作十年清還等語。此等隄埝，雖係民修，現經被水之後，秋成未免歉薄，若借給庫項，乘時修築，事屬可行。著傳諭胡寶瑔，即照所奏速爲辦理，但工程用至四萬兩，雖由士民借領，亦必須專派一地方大員，董率稽查，庶隄埝可期穩固，而銀兩亦歸實用。(高宗六四六、一○)

（乾隆二八、一、戊寅）[直隸總督方觀承]又奏：現在疏消積水爲先務，幸淀水大落，文安、大城積水歸淀甚速，涸出處已種麥。其水深二三尺、約四五月始消者，亦不誤種秋禾，民間稻種不足，應請借給，或其時不能盡涸，即用戽斗助以人力。天津東南，興寶坻、寧河，視海水爲長落，按時開閘排放。河間、獻縣、任邱、大城水有阻於官隄者，有阻於鄰縣曲防者，權其輕重，破其畛域，或暫爲開隄、或入於溝渠案內，勘定章程，長遠除害。上年開溝疊道未竟工良、涿一路，正月畢。新、雄、河、景一路，二月畢。田間溝洫，次第經理，不妨農，不誤公。報聞。(高宗六七九、六)

（乾隆二八、一○、癸丑）是月，河東鹽政李質穎奏：河東姚遏渠，前薩哈岱奏准，令南北堰居民，每年出夫挑濬渠底淤墊，給發半價，事屬創始，民力難支。查姚遏渠三年輪修，例支銀五千兩。請將輪修改作歲修，即將三年輪修之項，分作每年修濬之需。報聞。(高宗六九七、二○)

（乾隆二九、七、己卯）廣西巡撫馮鈐奏：粵西陡河，自乾隆十九年修理後，隄岸溝渠，不無坍淤，應行修補。查每陡相距半里至一二里不等，惟新陡至竹頭陡，中隔五里，路長水散，舟行多阻。此處有舊陡基三處，應仍添設三陡,以利行舟。估銀三千二百餘兩,應於鹽道庫內羨餘項下動支。得旨:如所議行。但須細爲查察,毋令冒銷,工歸實濟可耳。(高宗七一五、二一)

(乾隆三七、四、甲午)河南巡撫何煟奏:省城祥符縣境惠濟河,計長一百餘里,因上年秋水較多,淤沙阻塞。又開封城內舊有東渠、浚義渠爲積水之區,各有小河引水,由南北水門達於城濠,另有乾河一道,達於惠濟河。近因城濠及乾河淤墊,以致城內渠道阻塞,遂成積潦。以上各工,例係民夫辦理,惟惠濟河工,向雖撥用民夫,每名酌給飯食銀一分六釐,現有歲修本款存貯司庫,應即動支挑濬。其省城內外渠濠河道,仍照例令地方撥用民夫,及時挑挖,無庸動款。得旨嘉獎。(高宗九〇七、五〇)

(乾隆三七、六、戊辰)工部議准:署河東河道總督姚立德疏稱,山東各處泉源,運道攸關,自宜修治,俾水泉常旺,以資浮送。請將泰安等州縣,泉夫協挑運河扣銀僱價內,每日給銀六分,照額募鄉夫改給五分之例,酌減一分,以資修砌泉池之用。從之。(高宗九一〇、五)

(乾隆三九、一、癸未)又高晉奏:安省宿州濉河,因上年伏汛逾誌,自石澗溝漫缺分流,下游正河淤塞,亟應開挑。並於石澗溝築攔草壩一道。又南股、北股兩河,及沙溝閘外引渠,亦間段淤淺,其巴河尾段及砂礓河,均因黃疃閘堰工被衝,黃水串入,淤成平陸。又該州境內之沱河,自徐溪口以上,符離集以下,尚有殘缺應補。各工共估需銀二萬三千六百餘兩。例應民修,但費用浩繁,去夏偶被偏災,民力實有未逮。請將從前水利大工案內原存銀借動,仍於該州額賦項下,按田攤派,分作八年帶徵還款。得旨:如所議行。(高宗九五一、二七)

(乾隆四三、三、庚寅)又諭:據姚立德奏:河南祥符、陳留、蘭陽、儀封、考城等五汛,隄工卑矮,應豫爲籌辦,及早加高。約需土方價銀四萬兩,請於藩庫內撥用,勻作兩年,於河銀內照數扣還歸款等語。自應如此辦理。著即於該省藩庫內撥銀四萬兩,督率河員,趕緊實力妥辦。但黃河水溜沙重,必須河底刷深,溜流暢駛,方不致沙停水緩。若僅將隄岸加高,不爲疏刷深通,以致沙底停淤,日漸加長,則隄愈加而河底亦隨之愈高。設遇盛漲陡發,稍有潰決,沿河一帶,爲患轉甚,不可不豫爲之計。著傳諭姚立德一面將祥符等汛各隄酌量加高,仍一面將河身淤淺處所,設法疏挑,務使大溜暢刷,一律深通,不致稍有淤墊,以爲久遠安瀾之策。將此由四百里傳諭知之。仍將如何設法辦理情形,迅速覆奏。尋奏:祥符等五汛隄工,因上年長水漫灘,灘地停淤,故較他汛卑矮。自竭力疏濬以來,復築順隄河頭,草

土夾壩，河流順軌，其淺處溜勢湍激，日漸寬深，無虞停滯。至加培隄工，當逐處履勘。期歸實用。報聞。(高宗一〇五三、二〇)

(**乾隆四三、一一、丙辰**) 是月，署兩江總督江南河道總督薩載等奏：鎮洋縣境內劉河，爲太湖下游，藉資宣洩，現在河身淤淺，應自該處西陳門涇上頭起，至王家港止，興工疏濬。照例借帑估挑，於沿河民田，分年攤徵歸款。報聞。(高宗一〇七一、三九)

(**乾隆四六、一、癸卯**) 湖北巡撫鄭大進奏：湖北各屬水陸墩塘一千一百二十七座，偶遇水漲衝塌及年久頹壞過多，應請動項報銷其常年黏補揭蓋，均係文員自行修整。惟各州縣衛，有日久並無修理，或數月屢次補葺，彼此偏枯，致多諉卸。請按所管水汛塘房一座，每年扣存養廉銀一兩，陸路塘房一座每年扣存五錢。交代時，按日計算造報。遇該境有應葺塘房，准承修之員詳動修理報銷。迨移營給兵，亦責令汛弁查察。定以水汛保護二年，陸路保護三年，倘限內任意踐毀，汛弁徇縱，即參治著賠。得旨：覽鑒。(高宗一一二三、一八)

(**乾隆四六、八、庚辰**) 又諭：本日李奉翰等會勘青龍崗堵築壩工及擬挑引河情形一摺，已於摺內詳悉批示矣。據稱青龍崗至孔家莊一帶，正河身內，抽挑引河尚易。其孔家莊迤南，舊河身一千五六百丈，淤與老灘相平，急應開挑。其餘閒段淤墊，厚薄不一，約計二千餘丈，亦須一律挑浚，方可以資通暢。現在確估分頭趕辦，於東省附近地方僱撥民夫一萬名挑挖，俾引河速得挑成，大溜全入正河，壩工易於堵合等語。所奏甚是，然不可因欲速而致疎忽。(高宗一一三八、二〇)

(**乾隆四七、六、己丑**) 諭軍機大臣等：據明興覆奏，籌辦協濟豫工人夫一摺。內稱五月下旬貧民紛紛赴工。現在東省民夫，在豫省工次，實屬不少，其沿河一帶附近之地，未經受僱民人，非老弱不能前往，即屬稍可自食其力，不願赴工受僱之人。現仍飛飭沿河各州縣，并該管知府，再行剴切勸諭，將續得僱募人夫，派員押赴工所，並飛咨豫省，彼此酌商，通融辦理等語。此等人夫稍能自給，即不願裹糧前赴工所，朕從前早已慮及於此，是以節次降旨，令於被有水災地方。小民思以力作餬口，俾得計工授食，在閭閻既得以工代賑之益，而於緊要工程，亦可及時趕辦。今據明興所奏情形，果不出朕所料，但此時東省協濟人夫，既稱自五月下旬紛紛趨赴，則豫工人夫，諒已敷用。至明興摺內所稱，續得僱募之夫，派員押赴工所一節，大約鄉愚小民，一經官辦，即非樂從；若至押送赴工，殊非朕軫念災黎、以工代賑之意。明興當與李奉翰、韓鑅、富勒渾等，再行悉心商酌。現在東省已有應辦土方，如豫工人夫，就近足敷應用，即不必再令東省幫僱，致以利民之事，轉致累民也。著將此各傳諭知之。（高宗一一五九、一三）

（乾隆四七、六、甲午）諭軍機大臣等：據李奉翰查勘，現在新工及豫省僱夫不敷情形一摺。內稱人夫一項，因正當中伏炎暑，大雨時行，未能即時雲集。而附近各處，將屆秋糧收割之時，農民各顧本業，僱募究屬不敷，其勢不得不藉資鄰省。將來東省人夫足用，原可毋庸向直省代僱。現與韓鑅、富勒渾面商妥辦，時屆白露，即可完工等語。看來直隸、山東皆以辦夫為難，而河南則以協辦人夫為急。朕意豫工需用人夫，自應在本省僱備為便，從前屢降諭旨甚明，李奉翰等當酌量情形，妥為僱覓，該處人夫，斷無不踴躍赴工之理。若謂此時將屆秋糧收割，農民各顧本業，方當六月下旬，未免指稱時候太早，轉似藉詞推諉。總之令直省代僱一說，固不必提，即東省協濟之夫，除已經陸續赴工外，倘豫省召募足數，亦即飛咨停止，以免鄰省跋涉之苦，李奉翰等務當遵照妥辦。……尋薩載等奏：據地方官稟報，添僱協濟豫省人夫，俱憚遠離，不肯應募。現於緊接曹縣村莊之豫省工段，先令施工，以次溯挑而上，逐步漸進，不致有頓令遠涉之形。俟赴工人多，即遵旨停止。……（高宗一一五九、二一）

（乾隆四七、七、丙申朔）諭軍機大臣等：據李奉翰等奏，直隸、山東、江南各省附近豫工各屬，代僱民夫，派員帶領來工，指與工段，即令該省委員駐工，督率人夫興挑等因一摺。此項協濟人夫，直隸、山東等省其僉派押解，小民不盡踴躍樂從，朕從前早經見及，屢次傳諭甚明。而此次李奉翰、韓鑅等摺內，但知借資隣省，並未通盤籌畫，以朕觀之，其中實有礙難辦理情形，以致曉曉不已。轉若有互相推諉之意，已於摺內詳晰批示矣。李奉翰等應遵照節次諭旨，務盡本省人夫召募僱用，蓋開挑引河，原因堵築漫口，為民田廬舍奠安之計，乃驅率隔省不樂從之夫，押解赴工，是欲利民而轉以病民，甚非朕軫卹窮黎、厪念要工之意。即如直隸民夫，修墊道路，最為熟習，然設令畿輔民人，修理他省道路，即有遷地弗能為良之勢，且不特此也。古者八家同井，同養公田，此亦宜於古而不宜於今。若用此法，必致八家各顧其私，互相觀望，公田竟至荒蕪不治，李奉翰等何未念及此乎？再代僱之夫，無論裹糧遠出，不願前往者居多，即所奏直省派委官員，令押帶民夫赴工，分段承辦，一切呼應不靈，動多掣肘，隔省差員豈能如本省屬員之畏上司？即李奉翰、韓鑅等管理直省委員，亦不能如本省屬員，如臂指之相使也。看來李奉翰、韓鑅、富勒渾等於此事工大任重，竟至畏難茫無主見矣。且河南之工，富勒渾自當身任其事，今貧民無地可耕者甚多，豈一省之

中，不能得十數萬夫，而必借資鄰省乎？……（高宗一一六〇、一）

（**乾隆四七、七、丙申**）諭軍機大臣等：……昨令阿桂起程赴工，或順道由山東運河一帶，查勘河湖形勢。本日據韓鑅等奏到，縴道及糧艘北上情形，俱屬安穩。看此光景，阿桂不必由東省查勘，應即由京徑赴豫工，督辦一切。日內即酌定出京日期，一面起程，一面具奏。至直省現在僱備夫五千名，著傳諭鄭大進，如此項人夫尚未起身，即可停止。如已起身前往，恐前派之員，不足以資彈壓。即派清河道永保，並帶同幹練丞倅等官，管領夫役，前往幫辦一切，或尚得力。總之引河工程，其刨挖溝槽及隄工基址，大局已定。即眼前人夫，不能十分齊集，就本處僱覓，儘屬從容，亦毋庸藉資鄰省。況前已降旨，將開放之期，寬限至霜降節邊。現在伏汛已過，秋汛將臨，設霜降時候，所有開挑工程，尚不能一律完竣，即緩至冬間，甚或遲至明春桃汛以前開放，一舉集事，亦無不可。此等機宜，阿桂至彼，會同李奉翰等，悉心籌酌，妥為辦理，朕可稍紓厪念。所有李奉翰等原摺，并糧船催過濟寧一摺，俱著鈔寄阿桂閱看，並將此由六百里一併諭令鄭大進、薩載、李奉翰、韓鑅、富勒渾、明興知之。（高宗一一六〇、三）

（**乾隆四七、七、己亥**）諭軍機大臣等：據鄭大進覆奏，代僱豫工人夫，遵旨停止一摺。此事在豫省，則以幫夫為急，在直隸、山東等省，則以辦夫為難，從前閱伊等所奏情節，朕早經料及，是以節次降旨，諭令李奉翰、韓鑅等，即在本省儘數僱募。今直隸已經受僱之夫，相隔月餘，尚未起身，則可知小民裹糧遠涉，俱非樂從，果不出朕之所料。又本日明興奏到摺內，亦稱各村莊可以傭作之人，俱不願受僱。現在飭令委員，將曹縣境內應行挑挖工程，先儘力趕辦。俟夫役漸增，再將豫省工程，協助施工等語。所奏亦屬實在情形，只可如此辦理。……（高宗一一六〇、一〇）

（**乾隆五六、三、丁亥**）河東河道總督李奉翰、山東巡撫惠齡奏：東省上年雨水較多，濟南武定等屬，支幹各河，多有淤淺。經前撫臣長麟奏准，借帑興挑。又臣李奉翰奏准籌洩東昌坡水，由徒駭河歸海。今勘得徒駭、馬頰二河，大概深通，因去年雨多淤淺，估挑土二十四萬五千三百二十餘方；又趙牛小支沙河三道，宣洩坡水，由徒駭河歸海，河形淺狹，共估挑土四十二萬八千二百二十餘方；又四女寺哨馬營支河，宣洩漳衛之水，現在滾壩迤下河身淤淺，應一體挑濬，估挑土六萬九千四百八十方零，即於司庫春撥餘項下借動，遴員督修，定於四月內完竣，其項分年攤徵歸款。得旨：著照所請行。該部知道。（高宗一三七四、三一）

（**乾隆五六、四、甲戌**）是月，陞任兩江總督協辦大學士吏部尚書孫士毅奏，查勘玉山縣城工，並挑溝建閘，共需銀一萬八千四十三兩。即著錯估知縣程肇豐、丁如玉二員分賠。得旨：允行。（高宗一三七七、三〇）

（**乾隆五六、六、壬子**）軍機大臣奏：旱河工程，應修者三處：廣仁嶺迤東，山溝水發，沙石衝入旱河，現在河底，高於大路二尺有餘；又鐘鼓樓至大河沿，旱河底與岸平；又河屯協署前，河身亦經淤塞，共估需銀三千九十兩零，即日興修，仍請撥熱河道庫備賞銀五萬兩，交典生息，為歲修費。從之。（高宗一三八〇、一七）

（**乾隆五六、一一、庚子**）河東河道總督李奉翰、巡視東漕給事中窩星額奏：會勘應挑工段，上河、捕河、運河、泇河四廳屬，共應挑土十五萬九千餘方，實應添募夫銀六千八百九十兩零。得旨：有省，有多費，原不出常年之數，亦不細究矣。（高宗一三九一、二六）

（**乾隆五八、七、丙辰**）諭：據穆和藺覆奏，查明河內、武陟二縣被水情形，酌籌撫卹一摺。內稱該二縣被水之處，地止一隅，高處田畝全無妨礙，即低窪之處，高粱尚可有收，惟秋禾雜糧等項，間有傷損，請量為撫卹等語。河內、武陟係連年積歉之區，今秋禾猝被水淹，小民生計不免拮据。所有各該村莊坍塌草房，每間著賞給修費銀五錢，無力貧民，賞給一月口糧。其涸出地畝，實在無力之戶，每畝借給籽種銀兩，以資接濟。其各該村莊應完新舊錢糧，並節年借欠銀穀，應於五十八年秋後徵收者，著緩至五十九年麥熟後開徵。應於五十九年麥後開徵者，著緩至五十九年秋熟後開徵。其五十七年緩徵之漕糧，著展至五十九年帶徵。本年新漕，緩至六十年帶徵。所有豆麥，俱照舊例，在於通縣及鄰縣應徵粟米內，改徵起運，以紓民力。又該撫奏稱，該二縣堰工，例應民築民修，遇有修築，准其動項，共用工料銀九千八百九十兩，請分作五年，攤徵還款等語。該工雖例應民修，但該二縣係積歉之區，且猝被水災，民力更形竭蹶。所有此次漫溢堰工，應行修築銀兩，著加恩准其官為堅實補築開銷，以示體卹。該撫務須徧貼謄黃，咸使聞知。並督率所屬，實力妥辦，俾小民均霑實惠，不致一夫失所。毋任胥吏從中侵冒，以副朕軫念災黎，有加無已至意。該部即遵諭行。（高宗一四三三、一四）

（**乾隆五八、八、庚寅**）是月，江西巡撫陳淮奏：南昌府屬豐城縣，濱江兩岸，向建石隄捍衛。本年七月初旬，連日大雨，風浪衝擊，致東岸二黃廟、官湖墰兩段石堤，坍塌五十四丈五尺，又周公墰、橫港口、角公嘴、龍王廟四處石隄，俱有損裂，亟須修復，所需修費，請由節年積存歲撥鹽規項下動支。得旨：用之以實，勿資浮冒。（高宗一四三五、三三）

（嘉慶一五、三、癸酉）諭內閣：恩長奏，籌辦挑濬趙王河上游之陶北河，酌議動項歸款一摺。陶北河界在直、豫兩省之間，爲趙王河上游，自應挑挖疏通，以蓄陂水而資利濟，現經陳鳳翔、恩長查估豫省應辦工段，並遴委工員，協同地方官僱集人夫，剋期興舉。該督撫等務當督飭所屬，上緊辦理，以期妥速蔵事。所有需用例幫兩項價銀一萬五千四百五十餘兩，著照所請，在於封邱、蘭陽、考城等縣地丁內，自嘉慶十六年爲始，分作八年攤徵歸款。(仁宗二二七、一八)

（嘉慶一七、五、庚辰）諭內閣：長齡奏，孟縣小金隄工，請借項修築一摺。據稱孟縣近年河勢北徙，逼近護城隄根，時虞汕塌，本年先經借帑修築，尚有小金隄一道，必須趕緊鑲築，以資保衛等語。著照所請，准其先於藩庫內酌發銀一萬兩，分給河內溫、孟等縣，迅速採辦稭麻料物運工，調撥河營椿埽備弁兵丁，上緊興築，以禦汛漲。所有動用錢糧，俟工竣後，照例覈實攤徵歸款。(仁宗二五七、二〇)

（嘉慶一七、一二、甲子）諭內閣：同興奏，籌辦挑濬東平州境內河道一摺。山東東平州境內小清河，爲分洩汶河盛漲之所，安流、龍拱二河，疏消州境積水，民便河匯注泉源達汶濟運，均與民田、運道攸關。現據查明淤塞，亟應勘估興挑。該處本係民辦之工，所需工銀三萬六千三百七十五兩零。著照向例，先於該省節年地丁項下，如數借支，飭令及時興辦。至此項借支銀兩，向係攤徵完款，念該州頻年積歉，並加恩照該撫所請，於發商生息項下提取息銀三萬兩，再交東商生息，以息銀分年歸還借款，以裕民力。(仁宗二六四、二八)

（嘉慶一八、七、庚辰）河南巡撫長齡奏，賈魯河及惠濟、廣惠等河，現已挑竣，惟該處土性鬆浮，上游滎陽一帶，每遇山水漲發，挾沙下注，易致淤阻。從前惠濟河設有歲修銀四千兩，在於耗羨項下動支。自乾隆十年大挑後，未經動用。請復循舊制，於此項銀兩內每年支銀四千兩，作爲歲修之用，俟報銷完竣後，再於耗羨項下扣支。如無需疏濬，即將銀兩存貯。從之。(仁宗二七一、二八)

（嘉慶一九、五、丙辰）諭軍機大臣等：那彥成奏，大名、清豐、南樂三縣疏濬積水情形一摺。大名等縣七十餘莊地畝，前因衛水倒漾，頻年淹浸，茲據各村民人情願自行出夫挑挖，並請官爲彈壓。積水淹浸田畝，鄉民自願疏消，以利耕種，自應俯順輿情，令其興辦。該督並飭知地方官妥爲彈壓，勿令胥吏人等藉端滋擾。至該處與豫、東兩省毗連，人夫聚集之時，易於藏奸，現在未獲要犯祝現等及次要犯共六十餘名，或溷蹟其中，亦未可定。那彥成當密飭該道府州縣及委員等留心察訪，遇有形蹟可疑之人，即詳加盤詰，勿稍疏漏。又另片奏，保定及省南一帶，時疫頗多，所請辟瘟丹方，已飭令抄錄發去，該督即照方配製，廣爲散給，以拯災黎可也。將此諭令知之。（仁宗二九一、二一）

（嘉慶二一、一二、己亥）諭內閣：葉觀潮等奏，請將上河廳屬各汛隄堰，加幫培厚，並加高臨清板閘一摺。東省臨清閘外衛河，連年高於汶水，倒灌捫口，自應蓄高汶水，以敵衛河，得收刷滌之效。據該河督等勘明籌議，請將閘內隄堰增培高厚。著照所請，上河廳屬，自聊城汛周家店起至臨清汛磚板閘止，內聊城、堂博、清平、臨清四汛官隄七十一段，估需土方銀一萬七千七百一十九兩零。准其由該省司庫節年地丁銀內，照數動撥。其民堰八十四段，估需土方銀一萬七千一百八十四兩零，除聊城、堂博、臨清四（三）州縣照例由民間修築外，清平一縣，由該縣捐辦。其出夫挑土，仍令民間自行辦理，不許胥役經手，以杜弊端。至加高板閘兩層，估需銀一千三百一十四兩零，亦著由該省司庫動支。統限於明年四月內一律完竣。官隄閘工，由該河督覈明具奏。民堰土工，由該撫照例查辦。（仁宗三二五、一三）

（嘉慶二三、八、己丑）諭軍機大臣等：據吳璥奏，武陟、河內二縣境內沁河兩岸大隄沙土浮鬆，歷年風雨淋卸，隄身多有卑薄。本年沁水盛漲，隄頂僅高水面一二三四尺不等，並有水與隄平及漫過隄頂之處，必須擇要增培，派員逐處履勘。除緩辦各工外，武陟縣境內，應增培隄工一萬四千五百餘丈，估需銀三萬九千五百餘兩，河內縣境內應增隄工一萬五千六百餘丈，估需銀一萬七千三百餘兩。懇請照例借動司庫銀兩，先行興修，分年徵還等語。著陳若霖再行遴員覆加查覈，如係必應修築之工，所估土方銀數亦無浮冒，即據實奏明，於今冬明春派員照估興修，俾資保障。其借動銀兩分別年限，攤徵歸款。將此諭令知之。（仁宗三四五、一八）

（八）河工糜費侵蝕與積弊

（康熙五、一、癸巳）河道總督朱之錫奏銷康熙三年歲修錢糧。得旨：運河關係國家漕糧，水淺則疏濬，水大則預爲堵築，始稱盡職。今據奏，修理河工所用錢糧，以數萬計，乃於去年旱時以水淺船不能行具奏，後又以水溢隄決船不能行具奏，則前此修理者何處？原以朱之錫才堪任用，畀此重任，今並未躬親嚴察，但草率委之屬官，殊負簡任之意。如果親到工所，率領屬員力加堅修，豈至於淺阻衝決？本應從重議處，念係已往之事，姑從寬免。（聖祖一八、三）

（康熙三九、一、丙辰）工部議覆：浙江道御史廖騰煃疏言：原任河道總督董安國，糜費歲修及各案大工帑金不下四五百萬，于成龍任内，又幾及二三百萬，河工無一案報竣，追賠及款亦無一案還項，請嚴定考成，酌立限期。應將管河各官俱革職，勒限半年賠修，其分管道官，各降四級督賠，工完開復。如限内不完，將承修官革職，分管道官降四級調用，總河降一級留任，未完工程，仍令賠修。追賠銀兩，亦勒限半年。如限内不完，分管道官不行揭報，總河不行題參，照徇庇例議處。又疏稱，修工人員雖有一定丈數，然地名繁雜，必畫一定界，表以石樁，庶免推諉。應如所請，令總河將見今所修隄岸，於接連交界之處，各立石樁，上鐫號數，下鐫修理人員姓名。其舊隄岸，鐫舊隄字樣，亦立石編號。從之。(聖祖一九七、三；東續一四、二六)

（康熙三九、一〇、己巳）工科給事中慕琛疏言：安東縣楊家馬頭一案，經前任河臣于成龍題報，於康熙三十八年六月内漫溢三十餘丈，不即搶修，延至一載有餘，而所謂三十丈者遂變爲一千二百丈之多。請嚴定處分。又馬家港漫缺，據河臣張鵬翮題報，本年四月合龍，旋於六月初旬被水衝開，承修之馮大奇等，始則草率完工，隨修隨壞。及其既壞，復抗延不即辦料。請敕將馮大奇等議處，抑臣更有請者。近見河臣帑金糜費一疏，止參賠修未完，而並未及承追之官。嗣後當年衝決者，勒令承修官速賠，不准請帑。如限内不完，將承催不力之官，一并列參，照例處分。又各工完日，該督應即委道員踏看，出具甘結。倘隨修隨壞，及三年内衝決者，請將出結之官，照徇庇例重處。得旨：著張鵬翮明白具奏。(聖祖二〇一、二一)

（康熙三九、一二、丁丑）諭大學士等：張鵬翮奏修築下河事宜，深爲得當，誠如此修築，錢糧節省，底續亦易。于成龍爲修下河，曾屢疏具題，未得其宜，朕俱不允。此並非可徇情面之事。朕於奏章，必是非昭然，毫無可疑者方允舉行。雖日後有失，朕直受之，斷不委之他人。此等事，諒記注官必備載之。于成龍在日最有聲勢，交與亦廣，即爾諸臣，誰與抗衡？凡于成龍所奏事，於理不符者，朕皆窮詰不行。今張鵬翮所奏事，俱合理，朕皆照所請行。朕並非偏向張鵬翮也，初張鵬翮曾奏請改流白馬湖事，毫無裨益，朕不允行。今所奏事，實爲有益，因皆允之。朕觀河工之弗成者，一應弊端起於工部，凡河工錢糧皆取之該部，每事行賄，貪圖肥己，以致工程總無成效。張鵬翮亦曾面奏云武弁藉空糧，文官賴火耗，河工官員別無所獲，惟侵漁河工錢糧，所以河務無成。今張鵬翮所用錢糧，俱非部支，並無掣肘。自到任以來，一文不肥己，正項河銀俱實用於河工，此河事所以得有成

效也。（聖祖二〇二、十四）

（**康熙四〇、二、丁丑**）先是，直隸巡撫李光地疏參王新命等修河錢糧並無著落，上命內閣學士法良、吏部侍郎徐秉義同往察核。至是，法良等覆奏：察勘永定河挑挖新河工程錢糧不清，王新命朦混虧空。得旨：王新命、白碩色等著拏付吏、刑、工三部，嚴加議處。（聖祖二〇三、一二）

（**康熙四四、閏四、丙午**）諭河道總督張鵬翮曰：河工積弊，汛官利於隄岸有事，修建大工得以侵冒河帑，又希圖修橋建閘，興無益工程，於中取利。著嚴飭各官，痛改前非，加謹修防，倘有故違，定行正法，以示懲戒。其地方有司官員漠視河工，致有貽誤者，爾題參到日，將地方官亦行正法。河官平時須預備物料，以為不時修防之需。若物料不備，遇工程險要，倉皇無措，雖將該管官重處，亦屬無濟。（聖祖二二〇、一七）

（**乾隆四、三、戊午**）又諭：國家興修工作，僱募人夫，原欲使小民實受價值，以為贍養身家之計。至於荒歉之年，於賑濟之外修舉工程，俾窮民赴工力作，不致流移，更非平時可比。其安全撫卹之心，亦良苦矣。凡為督撫大吏及地方有司，自當承宣德意，敬謹奉行，使閭閻均霑實惠，方不愧父母斯民之職。朕訪聞得各省營繕、修築之類，其中弊端甚多，難以悉數。或胥役侵漁，或土棍包攬，或昏庸之吏，限於不知，或不肖之員，從中染指。且有夫頭扣尅之弊，處處皆然。即如挑濬河道一事，民夫例得銀八分者，則公然扣除二分；應做工一丈者，則暗中增加二尺。或分就工程，用夫一千名者，實在止有八九百人。以國家惠養百姓之金錢，飽貪官污吏、奸棍豪強之谿壑，其情甚屬可惡，是不可聽其積弊相沿，而不加意釐剔者。嗣後凡有興作之舉，著該督撫轉飭該管官員實力稽查，務使工價全給民夫，無私毫扣尅侵蝕之弊。倘該管官員稽查不力，督撫即行嚴參。如徇庇屬員。或失於覺察，朕必於該督撫是問。（高宗八八、一七）

（**乾隆九、八、癸丑**）又諭：江南總督尹繼善奏稱，淮徐海道黃蘭谷總理銅、蕭等處水利工程，漫不經心，從未親身一到，以致承修之員，任意草率偷減，甚屬曠誤，應請旨嚴加議處等語。黃蘭谷著交部嚴加議處，其淮徐海道員缺，著徐州府知府莊亨陽補授；徐州府知府員缺，著內閣侍讀定長補授。（高宗二二二、一四）

（**乾隆一一、一二、辛巳**）署漕運總督左都御吏劉統勳奏：臣等會審原任葦蕩營參將韓烈用正額荒柴七千餘束，以作纜心，計值銀一百四十八兩零，並採辦餘柴存剩銀一百八十四兩零，湊給打纜工價，均屬挪移。應依律杖一百，流三千里。係雜犯，准徒四年免剌。餘犯照例分別辦理。其失察衙役犯贓之淮揚道葉存仁、河庫道吳同仁，相應附參，聽候部議，至各項虧欠銀兩，應於各犯名下照數追繳。再韓烈係奉旨解任之員，今既審明挪移是實，應請革職。得旨：韓烈著革職，餘著該部覈擬具奏。（高宗二八一、九）

（乾隆一八、八、庚子）諭軍機大臣等，南河此番發覺之案，殊出意外。當富勒赫奏到時，朕意高斌、張師載渾厚易欺，爲屬員蒙蔽，咎止失察耳。乃據高斌所奏，九萬餘兩之數，既經查出，仍不行參奏，而聽河員之自爲彌縫，是竟成通同故縱。雖高斌、張師載身無染指，而明知侵冒，其罪非僅失察公過而已。今全河積年陋弊，盡行敗露。若不極力整頓，將來仍不過革職留任，勒限著賠。則國家之功令不行，不但河員視侵虧爲分所當然，將各省督撫瞻徇屬員，通同舞弊之惡習，何所底止耶？但俟策楞、劉統勳逐一清查具題著追，則虧空人員，久不離任，將益肆侵虧。又一時不得如許接辦之員，亦非所以慎重河務。著傳諭策楞、劉統勳就所查出及得之採訪者，約舉大數，一面奏聞。請揀發道府以下人員，往南接辦，一面將虧空各員摘印看守。策楞暫行署理南河河道總督印務，并高斌、張師載應得處分俱俟奏到日另降明旨。所有虧空之項，竟不必行文原籍查產，蓋河員信息最速，一聞清查之信，隱匿寄頓，亦無所不至，其前任應賠之河道何熼等輩，欽差甫出郡門，其貲財先已密爲運寄，即照例行文查產，亦復何益。將來惟予限一年，限內不全完者，無論本年勾到不勾到，即行正法。庶河員稍知儆畏，嗣後工料尚不至全歸子虛，朕意如此。將此一并諭策楞、劉統勳知之。（高宗四四五、二）

（乾隆一八、八、乙巳）諭軍機大臣等：向來河工最爲弊藪，久被不肖工員，相沿朦混，特未經發覺耳。今南河積弊，甫一查覈，立即敗露，是其明驗。其河東及直隸各工，此等虧料侵帑情弊，舉所不免。不但顧琮易於欺蔽，大概有工即有弊，不可不逐一徹底清查，庶嗣後可使帑歸實用。已降旨令舒赫德俟劉統勳差竣之後，前赴山東、直隸地方，會同查辦。可密行傳諭劉統勳於南河查勘清楚。及災賑辦有頭緒，即將何日可到山東之處，先行知會舒赫德，令其前往。又此事應嚴密辦理，不可先露風聲，致有補那之弊。（高宗四四五、九）

（乾隆一八、八、丁未）諭軍機大臣等：策楞、劉統勳奏河工陋弊一摺所稱，本任調任陞任，及緣事各員其經手錢糧，大都牽前扯後，以致多有侵虧。看來此等俱係向來積弊。高斌、張師載久任河臣，非漫無知覺者，特延玩瞻徇。遂致國家正帑，久肥若輩之橐而莫之禁，即如今歲桃源廳孫廷鈫陞任梧州交代時，高斌勒令通完欠項始准赴任。此不過因富勒赫在工，乃不得已如此辦理。若係高斌於虧空人員，俱如此辦理，則伊等亦何至積至九萬餘兩之數乎？此番徹底清查，若不重加懲治，無以力挽頹風。此必非僅予革職著追可以了事者。前已降旨，令策楞、劉統勳就所查出約舉大數，一面奏聞，請揀發人員接辦，一面將虧帑各員摘印看守。策楞等想尚未奉到，今所奏僅屬查訪陋弊大概，其實在侵虧之員，尚未逐一查奏。所奏高斌一節，亦屬率就。但高斌等此時現在堵築漫口，尚未竣工。將來策楞等逐一查清得實，具摺奏聞後，則漫口亦當堵閉。自當明降諭旨，著傳諭策楞、劉統勳。令其仍遵前旨。確查據實具奏。（高宗四四五、一三）

　　（乾隆一八、九、庚申）諭曰：策楞、劉統勳奏到，查出南河河員積年虧空未完工料銀兩，數盈鉅萬。已降旨將高斌、張師載革職，留工効力贖罪。虧帑之員，革職挐問，勒限一年。如限滿不完，即行正法。今又續據查出覈減未完，辦料未交，各廳員多至十餘萬。此皆高斌、張師載積年徇縱，不行實力清查所致。由此觀之，各省督撫之徇縱屬員者，當不乏人。其謂功令森嚴，並無虧空者尚可信耶！論高斌、張師載之罪，即挐問重治其罪，亦所應得。但高斌，尚屬舊人，其在河工久經出力；張師載恂謹自守，素無劣蹟，且係隨從高斌，是以姑從寬典，其應賠之項，必不再寬。至各省督撫，若効尤試法，朕自不得不盡法繩之。勿謂教之不豫，處之不公也。其查出虧帑河員，例應於任所原籍抄查貲産。朕見邇來人心日壞，平昔糜帑縱欲，自知無所逃罪。輒先期密爲運寄，嘗見虧帑纍纍，貲財無幾，上司因巧爲開脫。甚或所虧雖自無多，而因力難彌補，知必敗露，遂肆意侵欺，別爲寄頓者。此固由心習澆漓，而實上司之徇縱，有以啓之。是以此番概不必抄查貲産。惟以奉旨之日爲始，勒限一年全完者據實請旨；限内未能全完者，該督撫於限將滿之前，請旨即於該處正法。虧帑著落上司分賠。此次續參各員著即挐問，遵照此旨辦理。朕於此案實爲寒心，不惜三令五申。各督撫其咸知所儆。（高宗四四六、五）

　　（乾隆一八、九、庚申）諭軍機大臣等：策楞等查辦南河工員虧空，續據查出十一萬五千餘兩。此悉由高斌、張師載平時捏飾徇縱，以致不肖之員肆無忌憚，竟以誤工虧帑，視爲尋常。積習相沿，牢不可破。論高斌等之罪，即挐問抄家，亦所應得。但念高斌尚屬舊臣，久經出力，而張師載亦拘謹自守，尚素無劣蹟，是以僅予革職，尚令在工効力贖罪。此出朕格外之恩。伊等若反以罷斥爲幸，自謂可以蕭然事外，則罪滋甚矣。現在虧帑各員，雖經降旨勒限一年，追賠還項。但各員力量能完與否，高斌等自所深知。可傳諭策楞、劉統勳，著詢問高斌、張師載。從前既已不能實力稽查，因循徇隱，致使屬員俱罹法綱，至於此極。將來限滿之日，虧空是否俱能全完，高斌等當如何設法分賠之處。令其據實詢明具奏。若彼二人亦於此際，即先設法寄頓，使錢糧歸於無著，則彼二人自知之。尋奏：傳旨詢問，據高斌、張師載稱，虧帑各員，平時既不查察，事後又不參追，皆高斌等之罪。倘有未完，自當竭力設法盡數賠完，斷不敢使帑項無著。報聞。（高宗四四六、六）

（乾隆一八、九、丙子）諭：策楞等奏，銅山縣小店汛，七月間溜逼南岸，曾經淮徐道張宏運查勘下埽後，溜勢無定。至九月初間，隄外柳灘，全行刷去，大溜直逼隄根。該管同知李焞、守備張賓，並未及時分報。直至隄頭坍卸，始行具報，以致漫溢，貽誤疏防，罪無可寬。請將李焞、張賓一併革職拏問，並請將淮徐道張宏運交部嚴加議處；遊擊張吉解任効力等語。銅山南岸隄工潰決，前經鄂容安等奏報，已降旨將李焞、張賓革職拏問，但該處本非頂衝險工，且曾經查勘下埽，乃該同知等以平日侵蝕既多，隄工不能鞏固，現奉清查，將來獲罪必重，幸乘水漲，遂任其衝決，不加搶護，意謂即以誤工革職拏問，亦事屬因公，未必遽正典刑，不思歷年來之公帑付之波臣，數郡之田廬，俱遭蕩析。現在堵禦工程，糜帑復數十萬，是豈尋常貽誤工程可比。若不嚴加治罪，何以蔽厥辜而昭國憲？李焞、張賓著即於該工正法。使在工人員，知所懲戒。然此皆高斌、張師載負恩徇縱，實無可貸，但朕究念高斌尚係舊人，不忍即置重典。高斌既得邀恩，張師載因並寬宥。然國有常刑，雖朕於法外矜全曲宥，亦不可不使知警畏。著將高斌、張師載一同綁赴行刑處所，令其目覩李焞、張賓行刑訖，再行宣示恩旨釋放。使伊二人知罪實自取，而李焞、張賓亦知孽由自造，雖死無怨也。如此處分，既以正高斌等平時負恩玩縱之辜；亦以洩下游數郡被災者之恨。然朕於伊二人，姑息已甚，亦惟高斌施此格外恩耳。朕已誤用於前，復曲宥於後，將使天下督撫議朕用刑不當，朕心實有愧焉。今年南河固屬天災，然亦因年來工非實工，料無實料，遂至於此。高斌平時豈不料及，第以官至大學士，自分眷遇尚優，未必即重治其罪。不過賜予罷斥，猶得優遊林下，安富尊榮。舉泛濫巨災，皆可置諸度外，居心如此，實為天地鬼神之所不容。遂至潰敗決裂，一至於此。而議者轉謂高斌節省工程，覈減過刻，致使一切隄防，舉無足恃。爲此言者，非以摘高斌之短，亦非欲解高斌之罪，不過冀幸接任督臣，爲所搖惑，任其浮銷，肆行侵蝕耳。不知此等不肖之員，覈之愈寬，誤工愈甚。河工督臣，苟能察屬精名，豈致爲所欺蔽。若更上下相蒙，則將來獲罪必更甚於高斌、張師載矣。遊擊張吉著革職，留工効力贖罪。其參革道員張宏運，曾經查勘下埽，即與該工員弁同有責成；李焞、張賓既以正法，豈可獨使漏網，著交策楞等，將該員從前如何督看下埽之處，另行查明續參，從重治罪。策楞、富勒赫俱係新任，本無應得之罪，著免其交部。（高宗四四七、一七）

（乾隆一九、三、辛亥朔）吏部議覆：據欽差尚書劉統勳等參奏，自乾隆十一年後歷任河員動支河庫辦公銀項，較從前達部數目，每年多用五七千兩至一萬九千餘兩不等，又將存庫水利餘平銀五萬七百餘兩，全行支用等語。除高斌、張師載、何焞、李宏業經革職外，應將前任江南河道總督，今調河東河道總督顧琮照存心浮冒例革職。得旨：顧琮著來京候旨。其員缺著白鍾山補授。（高宗四五八、三）

（乾隆一九、閏四、己巳）諭軍機大臣等：南河工員陳克濬等，侵帑誤工，上年先後查出虧空，多者至數萬兩，任意侵蝕，貽害民生。此等劣員，即於各該地方立行正法，亦不足以蔽辜。其勒限嚴追，已屬法外之仁。今限期將次屆滿，各犯名下應追帑項，現在曾否完繳。及完欠分數若干，並各該員於被參後，有無畏懼，勉力設措交納，抑或甘心延玩，以身試法情形，及尹繼善如何設法勒追之處，即速詳悉奏聞。其限內全完者，俟通案完結之日，再覈定其應得之罪。若逾限不完，定即於各該處明正典刑。屢次所降諭旨甚明，朕法在必行，斷不能少容饒倖。但將來本犯既已正法，未完之項，著落伊等家屬完繳，其終不能完繳者，即當於高斌、張師載二人是問。高斌、張師載上年皆有交銀二萬兩，以希贖罪之請，此何等罪犯，可以言贖。伊二人從前捏飾容隱，肮法養奸，釀成錮習，是屬員之虧空，皆伊二人之虧空。著落賠補，作何定以限期，如逾限不完，又應作何治罪？亦當令尹繼善於此時擬定奏聞。至現在監追限期將滿各犯，如有畏罪情急，別生事端，及自戕隕命，致逃顯戮者，恐尹繼善不能代伊等擔任也。尹繼善之能辦此事與否，及嗣後尚能承受恩典與否，皆於此案此時爲斷。可一併傳諭知之。尋尹繼善奏：侵帑誤工一案，現在極力催追。宋應麟業經全完，王連璧、于鼇可於限內全完，其陳克濬等十一人，飭令極力設措，如限滿未完，即行正法。至高斌、張師載徇縱工員侵帑，是屬員之虧空，即伊二人之虧空。各犯中終不能完者，請勒限一年，著落二人代繳。逾限不完，即將高斌、張師載請旨正法。得旨：知道了，諒汝於此案，亦不敢復蹈故智耳。（高宗四六三、六）

（乾隆二一、六、己酉）諭軍機大臣等：尹繼善題參孫廷鏘、熊會玨等營私侵帑一摺，已有旨令該督會同莊有恭、當勒赫嚴審究擬矣。該犯等係道府大員，互相揭稟，其中情弊，非尋常參處案件可比。且南河經朕前番整頓之後，實不意尚有通同分肥、侵帑冒工，竟至於此者。其惡習錮蔽，恣不畏法，實國法所不容。若不根究明白，嚴加治罪，何以懲貪示儆？著傳諭尹繼善等即速審擬，定案奏聞，毋得稽延時日。其該犯家產應封查者，即先行封查，勿致稍有隱匿寄頓。尹繼善素有和事老人習氣，前此審擬鄂樂舜一案，已深負委任，若於此案仍不逐一審出實情，但各與以罪名，將就朦朧，希圖苟且了事，朕必另降諭旨，將該犯等提解京師，特派大臣審究。則該督更何顏見朕耶？可將此傳諭知之。(高宗五一四、一九)

（乾隆二六、五、庚子）又諭曰：高晉參奏桃源同知張樹玉有覈減銀一萬八千三百餘兩，又賠補火燬蕩柴銀三千二百餘兩，均未完繳，請革職勒限嚴追，並著落該管上司分賠等語。河工向來積弊相沿，朕曾命劉統勳等徹底清釐，力爲整頓。其事近在數年之內，一切發帑查工，自應遵奉章程，實用實銷，何得邃有任意浮開，覈減銀數，多至二萬餘金之事？看來必係前任河督白鐘山與河道王鴻勳及廳員張樹玉俱係漢軍，其中不無彼此瞻徇，釀成此事。而王鴻勳以本道專管錢糧，承上接下，是尤爲此案關鍵，高晉何得僅請將廳員奏請革追，而於浮冒覈減緣由，竟爾置之不問？且據奏著落該管上司分賠一節，未免有自居膜外之意。試思上司爲誰？在白鐘山固不能辭其責，而高晉獨非簡任副總河有年者乎？即尹繼善亦以總督兼管河務，雖比總河較輕，亦豈能袖手事外？況高晉乎？高晉著傳旨申飭，其此案該員因何冒領於前，上司等既毫無節制，並該員因何任意開銷於後，而上司等又不隨時查察，以致帑項虛懸之處，著高晉逐一根究確實具奏，毋得少有迴護。尋奏：查白鐘山平日於料物錢糧，甚屬小心。而張樹玉歲搶工段，辦理失宜之處，即嚴行覈減，復於大計案內，與臣商定，以才力不及糾參。河道王鴻勳於該員交代限滿，將未清錢糧查明，據實呈報。似均無瞻徇情弊，至臣身任副總河，而督臣尹繼善亦兼管河務，將來該廳覆減銀兩，若限滿不清，俱應一體分賠，前奏內並未聲明，實屬糊塗！得旨：謂後之揭報查參，非瞻徇可也，而前之姑容，亦非瞻徇乎？但白鐘山已故，汝故爲此和事老人之舉耳，若事事如此，甚非朕所望於汝者。慎之。(高宗六三六、四)

（乾隆三二、一〇、庚寅）山東巡撫李清時奏：東省應修城垣四十四處，業經奏准動帑興修。查各處城基原屬堅固，止須刨槽添換磚石，不必那動舊址。現在最應嚴查者，一在底面高寬，不得偷減尺寸；一在燒磚不得雜用沙土及燒未透熟，易致剝落；一在裏皮中心灰土不得減少。若不及時督辦，俟告竣後始經查出，即將承辦之員參處，而已成之工不能復爲拆造，斷難經久。現飭各道府巡查，並多委試用知縣，分段監工。臣仍與藩司不時親勘。

得旨：好，實力爲之。（高宗七九七、一七）

（乾隆五〇、一一、乙亥）諭軍機大臣等：工部議駁豫省儀封大工加價案內，豫備庚子年歲麻浮多，請旨飭查一摺，所駁甚是。該省每年歲搶修所用檾麻，不過一萬五千七百餘觔，而乾隆四十四年豫備四十五年歲麻，竟辦買至一百五十三萬五千觔。河工歲修料物，備用固應充裕，亦不過多至一倍或十倍而止，何以該省是年所備之數，較所用之數加多將近百倍？且該省既有此項檾麻存積，即應於每年歲搶修撥用，而歲搶修又另有開銷，則此項豫備麻觔，堆積工次，作何動用？殊不可解。著傳諭蘭第錫、畢沅詳悉查明，據實覆奏。此係四十四年採買豫備，均非蘭第錫、畢沅任內之事，該督等無所用其迴護也。將此由四百里傳諭知之，工部原摺並鈔寄閱看。（高宗一二四三、一九）

（乾隆五〇、一二、丁酉）又諭（軍機大臣等）：工部奏駁東省大挑運河工程所估砂礓土方與歷次成案不符，駁令刪減一摺，已依議行矣。摺內稱，歷來挑挖運河成案，八閘以內所估土方，俱係按照小砂礓例，估銀一錢五分，並未開有大砂礓方價二錢之例。迺毓奇等奏稱，八閘以內工程，盡係大砂礓，而薩載驗收工程時奏稱，或係淤土，或係大小砂礓，是該處挑挖工程，明有小砂礓土方。何以毓奇所奏，又盡係大砂礓？情形既有不同，即薩載所稱有大小砂礓之處，亦與歷次准銷成案不符。且該督等奏稱大泛口內，緣山水漲發，挾沙入運停淤，亦應一律估挑。此等停淤，尤非砂石硬礓可比，何得亦照大砂礓之例開報？覈計共多用銀一萬四百餘兩，恐工員有冒銷情弊。著傳諭蘭第錫、明興確查八閘以內及大泛口等處挑挖工程情形究係若何，詳晰查明。並諭薩載、毓奇，一併據實覆奏，毋得稍存迴護。工部摺著鈔寄閱看。（高宗一二四五、八）

（嘉慶一一、一〇、己丑）諭內閣：河工用費浩繁，所撥帑銀，動即盈千累萬。國家經費有常，所應支銷者，不止河工一事，如果銀兩均歸實用，原所不靳，然撥帑如此繁多，若謂竟無冒濫，何以每年要工屢見疊出？若盡歸實用，即不應屢報搶險。即如直隸省官吏，以徵解有定之款，尚敢勾串司書，通同舞弊，釀成巨案。況河工歲修、搶修，及報險各工段，俱由河員開報，領銀辦理，工成後又無人查收。即該河督等毫無沾染，而工員捏報浮開，實難保其必無。前據戴均元奏例價不敷，請照時價實用實銷，並據吳璥等亦請將東河工料，一律覈實報銷，當以河工採辦料物。近年市價增昂，向定例價不敷採辦，自係實在情形，均經降旨允行，並令江南、河東各河督，及江南、山東、河南各督撫，將河工料物、土方、運腳例價不敷之處，公同詳覈，各就地方情形，妥議具奏。在該河督等之意，以河工例價不敷，向來辦理報銷時，因將例外支銷之款，於工段丈尺內通融開報，以免部駁；若仍前辦理，則河員等浮冒虛銷，視爲泛常。該河督等明知所報不實，祇因例價不敷，屬員藉口賠累，不能逐加釐覈。積習相沿，竟係上下相率爲僞，大乖政體。現據戴均元奏，上年堵閉義壩，用銀三十二萬餘兩，照例應銷者僅六萬餘兩，其餘皆懸款待銷。似此者難以悉數，例價開銷不過十分之三，不能開銷者十分之七等語。是例價較之時價，相去懸殊，若任其浮開工段丈尺，以抵例價之不足，則河臣所報，部中所覈，均屬紙上空談。自應據實報銷，以清弊源。然竟照時價開報，部中又無例可循，日久易滋流弊，仍恐河員等既按時價報銷，復有虛開工段，亦復無從究詰。此事全在河督等各秉天良，覈實辦理，不獨潔己奉公，遂爲盡職也。朕思例價係多年奉行，時價早晚更易，此後河工報銷，將定例准銷若干，不敷若干，照時價應增若干，隨案詳晰聲明具奏，以憑鉤考，不得絲毫牽混。所有河工現在未經題銷各案，即遵照此次諭旨辦理。至河員冒銷積弊，牢不可破，在伊等百計彌縫，固難一時查出。然其中有肆意侵吞，劣蹟昭著，如前此河員內莊剛、劉普者，必應查明參奏，嚴懲一二，以儆其餘，庶工員漸知儆畏。該河督等惟當破除情面，隨時查訪，據實參辦，明抵於法，以期力挽錮習，俾工歸實用，帑不虛糜。毋得再涉因循，自干重戾。將此通諭知之。（仁宗一六九、一）

（嘉慶一五、一〇、癸卯）諭軍機大臣等：近年以來，南河工程所費帑金，不下數千萬兩，而漫工倒灌，歲有其事，偶值風雨，即不能防守平穩，且每有一處漫工，遂請帑大辦，其歲、搶修銀，仍不能少減，無日不言治河，究之毫無功效。朕爲民生運務，日夜焦勞，原不惜多用帑金，惟於國事有濟，即千百萬不爲濫費，若置之無用之地，雖銖兩亦屬虛糜。因思節年所發帑項，或未必盡實用在工，又有如從前莊剛、劉普借端侵蝕，私飽囊橐者，不可不加以確覈。著松筠密行查訪，自吳璥、徐端以至道廳營汛等官，其中有無借工支銷，將所領帑項上下朋分，及私侵入己者，一經得有實據，即據實密奏，朕將大加懲創，置之重典，以除積弊。若係辦理不得其當，妄興無益工程，以致帑項多歸虛擲，亦應據實奏聞，但不許籠統聲敘，以虛言覆奏，總須查明某項工程，如何不應興修，係某員經手，濫用帑項若干，逐案指明，以憑究辦。松筠素日辦事公正，且係新到江省，從前各工均未經手，即留心密查，或遴選親信之人察訪，亦不限以時日，查得時即行密奏，毋稍隱諱。將此密諭知之。（仁宗二三五、二三）

（嘉慶一五、一一、甲子）諭軍機大臣等：松筠密奏一摺，朕詳加披閱。

内稱吳璥議論河務，多有不實，徐端祇知做工，欠曉機宜，查伊二人任内經手工程，如堰盱改建甎石各工、老壩工改挑毛家嘴、移建束清、禦黃二壩、迴龍溝挑挖引河、清口攔做圈堰，種種辦理失宜，峰山壩現又堵閉遲逾。此外如毛城鋪率請修復，海口仍稱高仰，語皆擣飾。又所用屬員，如葉觀潮、張文浩、繆元淳等，皆委任不當，或應參不參，或應賠不賠，以致各處工員無所儆畏，現在即查有墊款應領銀九十餘萬，恐有虛捏報帳情弊，必須查辦，以杜浮冒等語。近年河工費用帑銀，多至數千萬，迄無成功，其中自難保無弊混失當之事，松筠所奏各款，著即秉公參奏，朕自當執法辦理。至摺内稱，懇請將伊調補總河，以便查弊，並可遴選工員，講求河務等語。河工弊壞已極，正當辦理棘手之時，人人視爲畏途，松筠現任總督，管理地方，不但不藉詞推諉，轉肯銳意自任，毫不畏難，全是一片公忠，實心爲國，覽奏實爲可嘉。但河工與地方究有不同，經理機宜，實非易易。松筠雖能實心任事，而於河務素非所長，且廳營中不肖者甚多，其詭詐伎倆，無所不至，設見松筠接手之後，諸事生疏，因而假公濟私，乘機慫慂，弊混多端，萬一稍有貽誤，則松筠徒然爲其所累，仍於公事無益。此時徐端已明降諭旨革職留於工次效用，其總河一缺，既據松筠另片奏稱蔣攸銛可勝斯任，已降旨將蔣攸銛補授。俟伊到任之後，松筠惟當與之實心講求，相助爲理，並將河工各弊端，會同查奏可也。將此諭令知之。（仁宗二三六、一六）

（嘉慶一五、一一、甲戌）諭内閣：據阿克當阿奏稱，前任揚河通判繆元淳，於本年承辦揚河隄岸工程，共領銀五六千兩，止用錢一千八百餘串，人言藉藉，無不切齒痛恨等語。近年南河糜帑甚多，而工程仍未能保護平穩，意工員内自必有草率偷減情事，今果查有此案弊端，亟應徹底究訊。繆元淳已因另案革職，著托津、初彭齡前往查辦，傳旨拏問，嚴審定擬具奏。吳璥此時病體就痊，自已來至清江，並著會同查辦，勿稍瞻徇迴護。看來河工此等弊端尚多，未必止繆元淳一人，如續經查出另案浮冒之處，即行嚴參辦理。現據阿克當阿摺内稱，本年吳璥路過揚州時，曾向伊述及廳員營弁中誠實者少，不肖者多，不願無事，只求有工，曾有人稟報工程一段，伊親往查看，直不用辦；又如外河廳同知王世臣承辦土壩一段，伊親往查勘，將壩刨開，祇有一半工程；更有並未辦工之人，輒具稟先行借支銀兩，以便私用，云俟將來辦工時再行扣除，自係從前有人辦過，方敢如此肆行無忌；又伊從前修辦四五座壩工，止用銀十萬兩上下，如今修辦一壩，竟用至十餘萬兩，伊在任前後六七年，止用銀一千餘萬，此數年來，竟用過三四千萬，實在可怕，因此晝夜焦急，病勢益劇等語。吳璥既知此等弊端，何以不行參奏？除一面降旨飭詢外，著托津、初彭齡於到彼後，會同松筠、蔣攸銛將此數年來河工用過款項，通行覈實鈎稽，如查有弊混之處，即行參辦，其吳璥稱虛報工段者何人，稟借銀兩者何人，並著逐一指出，同辦工偷減一半之王世臣，一併查明參奏，歸案覈辦。至阿克當阿，於河工弊竇既有聞見，著於查收海口工竣，即行回赴清江，將摺內指陳各條，以及續行訪聞一切確實憑據，俱面告托津等，以憑按款查辦。(仁宗二三六、二五)

（嘉慶一六、二、丁亥）諭內閣：托津等奏，查明南河節年銀款工程，分別覈辦參奏一摺。近年以來，南河鉅工林立，費用綦繁，統計各項銀數，不下數千餘萬，而每年歲、搶修各工，甫經動項興修，一遇大汛，即有蟄塌淤墊之事，甚至上年堰盱甎石各工，掣塌四千餘丈之多，恐承辦各員，自不免有偷減浮冒情弊，是以特派托津、初彭齡前往徹底查辦。茲據覆奏，到江後，即親赴工次徧加察驗，並將各年文卷印領，逐層覈對，所發銀兩，與各工所領數目，均屬相符，是銀款出入，尚無虛捏情弊。惟支領後，該工員不能如式實心辦理，以致新工未竣，舊工復生，而歷任河督等，又未能經理協宜，均難辭咎。其中有自乾隆五十七年起至嘉慶十四年止，已經題銷尚未找領之款銀六十萬六百兩零，據查此款虛懸日久，工程已無可考，且經手工員，又多升遷事故，未便復行找領，致滋冒濫等語。著照所請，所有前項未領一款，竟無庸再行找發，以歸覈實。其十四、十五兩年，加培黃、運中河大隄土工、夫役增價，覈計多用銀四萬八百餘兩，及上年挑復海口時，酌量接濟疲累工段，所借銀數，覈計共有十萬六千餘兩，均著陳鳳翔分別勒追，以清款項。又挑挖淮北鹽河一事，雖係豫行挑挖，以備宣洩盛漲，但於減壩興工之前，該河督等未經先行奏明，殊屬疏忽，且查所辦工段，已有淤墊處所，所有此項工用銀八萬三千餘兩，著吳璥、徐端照數分賠完繳，均仍交部嚴加議處。其另單所開承辦工員，除已故及革職治罪各員外，其餘四十五員名，均著照所請革職。但念概令離工，一時全易生手，未免貽誤，且未便令其置身事外，著將各員弁中，現任者姑留本任，候補者留工効力，各限三年。如果各知奮勉，所修工段並無掣塌，屆時再請開復，如限內再有疏失，著陳鳳翔隨時參奏，定當加倍治罪。至原任道員葉觀潮，所管地方屢有漫口大工，實屬漫不經心，著即革職，留工以觀後效。歷任河督，除徐端前已降旨懲處外，戴均元、吳璥均在任年餘，著交部分別嚴加議處，那彥成在副總河任內，已歷數月，亦著交部議處。尋議上。得旨：吳璥素曉河務，前後在任年分最久，因循貽誤，且任內又有挑挖鹽河應奏不奏一案，伊現已衰病，豈能勝尚書之任？著照部議降四級調用，仍於補官日降三級留任；戴均元在任年餘，亦不能查出弊端，姑念河工非所素悉，其在任年分，較吳璥爲淺，著加恩改爲革職留任；那彥成本不諳河務，在任僅止數月，著加恩改爲降四級留任。(仁宗二三九、九)

(嘉慶一六、七、癸未) 諭軍機大臣等：李亨特奏，請將河庫錢糧濫支冒領之道廳分別辦理一摺。據稱查覈接管卷內，有已革開歸道林樹芳具報，於上年霜降後十月起，至十二月止，共借給南岸七廳銀二萬八千九百五十兩。查黃河各廳，霜降以後，並無搶辦緊急工用，何至借銀二萬八千九百五十兩之多？且並不遵照飭定章程隨時報明，實屬有心朦混，當經飭查。旋據下南、蘭儀、儀睢、睢寧四廳將所借之銀如數完解，其餘三廳所繳銀兩，均未及十分之四，捏稱前項借款，係購備橛木、逼凌椿把、紆繩、匠工、及歲料例幫二價不敷，並鑲埽夫工等項之用。現飭開歸道嚴飭未完三廳，將借項追還道庫歸款，其濫支庫項、已經另案革職、發往伊犁効力贖罪之原任開歸道林樹芳，係專管河庫經手之員，未便令其置身事外，所有前項銀二萬八千九百五十兩，在於該革員名下照數罰出充公，以昭炯戒等語。河庫錢糧，絲毫皆關帑項，豈容濫支冒領，藉詞捏飾？如果前項銀兩，並非豫購料物，備辦工程，該員等通同擅支擅借，盈千累萬，私肥囊橐，是直與侵蝕無異，豈革職追繳遂足蔽辜？仍當治以應得之罪。李亨特所奏，名爲從嚴，轉不免失之寬縱。若係向來河員豫備次年工料，於秋冬間物價平賤之時，借項購買，不過一時借用，將來仍於報銷抵補，自有冊籍可稽，則事屬因公，其所辦又未免過當，長齡甫經到任，無所用其迴護。著將李亨特所奏，逐細查明，並調取案卷詳覈，如各廳員果有捏冒借支情弊，即行嚴參懲辦，儻係因公豫借，亦即據實奏明，總須秉公覈定，毋得稍存偏倚之見。將此諭令知之。(仁宗二四六、七)

(嘉慶一七、二、乙巳) 諭軍機大臣等：河工向有代廳員辦工之幕友人等，名曰外工。此項人等，本非在官人役，自恃熟悉工作料值，各處攬辦工程，其中偷減侵蝕等弊，大半皆出其手。迨至所辦之工或有疏失，工員罰賠治罪，而伊等轉得置身事外，實爲積蠹。嗣後著該工員等，承辦工程，如需用代辦之人，即先將伊等姓名造冊，報明河督存案，設有貽誤，一併攤賠治罪。將此傳諭知之。(仁宗二五四、四)

(嘉慶一七、八、壬子) 諭內閣：據百齡奏，陳鳳翔於禮壩要工，自四月開放後，並未親往查看，迨至六月，水已衝動壩下土舌椿木，道廳節次稟報，始往察看；行至高堰，仍不親身籌辦，僅委遊擊陳岱堵築，陳鳳翔復藉查陳家浦埽工，遠赴海口，至八月初二日始行赴壩；並查河庫所發堵築禮壩工銀，已至二十七萬七千餘兩之多，仍未竣工，清水大洩，下河州縣被水成災，據實奏聞等語。陳鳳翔在河督任內，上年王營減壩及李家樓各工漫口，皆其貽誤所致，嗣經簡用百齡督率辦理，將各漫口次第堵合。朕念陳鳳翔亦隨同幫辦，加恩賞給三品頂帶，以觀後效，乃陳鳳翔於禮壩要工，仍不及早親往籌辦，因循玩誤，糜帑殃民，此而不加懲創，尚復何所儆懼？陳鳳翔著革職，留於河工，交百齡等差委，令當勞苦差使。其禮壩工程所用銀二十七萬餘兩，本應令伊一人賠出，但為數過多，即責令賠繳，亦未必能如數全完。陳鳳翔著罰賠銀十萬兩，其餘十七萬七千餘兩，交該督等照例覈辦。所有江南河道總督員缺，著黎世序以三品頂帶署理，俟三年後如果實能稱職，再行降旨補授。(仁宗二六〇、四)

二、城工

（康熙三一、四、乙巳）議政王大臣等議覆：寧古塔將軍佟寶等疏言，圖什屯四十里外，有白都訥地方，係水陸通衢，可以開墾田土，應於此地，修造木城一座。席北、卦爾察等所住鄉村，於此處甚近，俟城工完日，由水路搬移。查前議，科爾沁之王、台吉等，將所屬席北、卦爾察、打虎兒等一萬四千四百五十八丁進獻，內可以披甲當差者一萬一千八百五十餘名，分於上三旗安置。今議齊齊哈爾最為緊要形勝之地，應於席北、卦爾察、打虎兒內揀選強壯者一千名，令其披甲，並附丁二千名，一同鎮守齊齊哈爾地方，令副都統品級馬補代管轄。兩翼各設一防守尉，每旗各設防禦一員，俱屬將軍薩布素統領管攝。白都訥地方修造木城一座，將席北、卦爾察、打虎兒內揀選強壯者二千名，令其披甲，即住所造新城，令副都統巴爾達於彼教訓管轄。兩翼各設一防守尉，每旗各設防禦一員，俱屬將軍佟寶統領管攝。再將席北、卦爾察內與烏喇相近居住者，揀選三千名，移住烏喇地方，令一千名披甲，二千名為附丁。從之。(聖祖一五五、七)

（康熙三四、六、乙未）遣官修築平陽府地震倒壞城樓、衙署、倉庫。(聖祖一六七、七)

（康熙三七、二、辛未）河南巡撫李國亮疏言：滎澤縣城，北臨黃河、丹沁二水，會歸黃流，逼城甚險，舊滎陽郡基址高阜，請將縣城移建此地，以免衝決。從之。(聖祖一八七、一四)

（康熙四六、三、壬戌）刑部議覆：陝西巡撫鄂海疏言，興安州被水衝塌城垣隄岸，請准令廢官捐造贖罪。應如所請。得旨：此城垣隄岸，不必捐修，所需錢糧，著該撫明白估計，動正項錢糧修理。(聖祖二二九、三)

（康熙五八、五、丙戌）兵部議覆：廣東廣西總督楊琳疏言，廣東沿海險要地方修造礟臺、城垣、汛地，共一百二十六處；蓋造營房，共一千三百八十間；撥守官兵，共三千九百九十一人；安礟八百零七位。但各礟臺悉係踞高臨險，海風潮氣，易於殘缺，是必定歲修保固之法，方爲永遠善後之圖。請嗣後責成州縣官不時查看，一有損壞，立即修整。應如所請。從之。（聖祖二八四、一三）

（雍正一、七、丙戌）工部議覆：川陝總督年羹堯疏奏：布隆吉爾地方，北連哈密，西接沙州，去嘉峪關約五百餘里，請建城一座，屯兵駐守，則柳溝、赤金，始得屛捍。應如所請。從之。（世宗九、八）

（雍正一〇、九、丙申）工部議覆：湖南巡撫趙弘恩疏言，六里苗疆新設永綏協駐劄兵丁，查有吉多坪，地勢寬廣，實爲扼要，請建造城垣、官署，並設倉廒數間貯穀，以備兵食。至乾州向設百戶，請照舊安設，令與汛弁一同居住。額徵雜糧，即令各百戶按數徵收。（世宗一二三、一四）

（乾隆一、二、壬申）又諭：良鄉縣密邇京師，其城垣久未修理，不足以肅觀瞻。著該督李衛，遴選賢員，料估奏聞，即行興修。其工費若干，於存公項內動支。如不敷用，即於正項錢糧內補足。准其報銷。（高宗一二、一二）

（乾隆一、四、甲戌）總理事務王大臣議：稽察歸化城軍需工科掌印給事中永泰條奏，一、歸化舊城，修整完固，於城東門外，緊接舊城，築一新城。新舊兩城，搭蓋營房，連爲犄角，聲勢相援，便於呼應。一、右衛駐防兵丁，不宜遷移。鎮守仍照舊制，庶於地方有益。一、歸化城一帶地畝，不便改爲民種陞科。得旨：築城、開墾事件，交通智總管辦理。俟城工告竣之時，先派家選兵二千名，熱河兵一千名，前往駐防。其家選兵照八旗另記檔案人例，另記檔案。將來補授驍騎校等微職，不可用至大員。右衛兵丁，暫行停止遷移，仍著在本處駐防。歸化城週圍田地，悉行開墾。俟積穀充裕之時，於京城八旗閒散滿洲內，將情願者挑派三千名，以爲新城駐防兵丁。其錢糧家口米石，及拴養馬匹，俱著照熱河兵、家選兵例。右衛兵丁，既停止遷移，將軍、副都統、筆帖式等，俱仍駐本處。新城著設將軍一員，副都統二員。俟應行派往之時，著該部再行請旨具奏。筆帖式著照例補放遣往。（高宗一六、一六）

（乾隆二、二、乙丑）工部議准：辦理歸化城事務副都統瞻岱疏稱，歸化城建城，週一千九百六十丈，高二丈四尺，底寬三丈五尺，頂寬二丈三尺；將軍、副都統官員等瓦房三千八十三間，土房一千六百五十三間；兵丁土房一萬二千間；鋪面房一千五百三十間，共估銀一百二十四萬一千九百兩有奇，請敕戶部解發。再歸化城都統衙門，現存償還商人在軍營交納銀兩，又買馬餘剩銀，共一十一萬五千一百兩有奇，請就近移作城工之用。從之。（高宗三六、一〇）

（乾隆三、四、丁亥）工部議准：青州將軍阿思海，疏請設青州城營房木柵，並挑濬城壕。從之。（高宗六六、八）

（乾隆三、五、庚午）〔大學士仍管川陝總督查郎阿〕又奏報：涼州、莊浪建造滿城併衙署營房，專委涼莊道阿炳安、榆葭道王凝總理。工程既能速蕆，帑項亦多節省。且番民土人習耐勤勞，是以事半功倍。節省銀至三萬二千九百餘兩之多，請即以此項餘銀。修葺肅州城垣。得旨：鄉若此據實陳奏，著照所請行。至阿炳安等辦理亦屬可嘉也。（高宗六九、一一）

（乾隆三、一〇、己亥）工部議覆：調任福建巡撫盧焯疏言，福、興、延、建等府屬，城垣官署等項，水衝坍損，確估共須工料銀五萬一千三百六十六兩有奇，請動司庫存公銀興修。應如所請。從之。（高宗七九、四）

（乾隆三、一〇、庚子）工部議准署理蘇州巡撫許容疏報：沛縣城垣，年久頹廢，請確估分別修葺。從之。（高宗七九、六）

（乾隆三、一〇、戊申）〔兩江總督那蘇図〕又奏：江蘇各屬本年被旱之州縣衛，業經題明蠲緩折徵，分別賑濟。惟是地廣民多，乾隆二年曾奉諭旨，令各省督撫將城郭工程，豫為估報。遇有水旱，即可以工代賑。今查江蘇被災縣內，並沿江沿海緊要處所，應修城垣，確估共需銀三十一萬一千餘兩，除可緩銀十七萬八千餘兩。急需工料銀十三萬三千餘兩，並前咨准部覆。各屬已經發修城工，應找銀九萬八千三百餘兩，共急需銀二十三萬一千三百餘兩，將存庫匣費，儘數支給，尚缺銀一十六萬餘兩。請撥發正項，及時興修，工竣後，仍於匣費內陸續歸還。得旨：著照所請，具題辦理可也。（高宗七九、一六）

（乾隆三、一二、甲申）工部議准署理蘇州巡撫許容疏報：濱江之金山衛，城垣坍塌，估需工料銀六千八百十七兩有奇。除動支司庫現存匣費銀三千九十七兩，給該管官加緊修理外，餘俟報有工次，再行續給。報部覈銷。從之。（高宗八二、一二）

（乾隆三、一二、庚寅）工部議覆：四川巡撫碩色疏報，舊保縣地方應修建城垣、衙署、營房、隄岸等項，共需工料銀二萬五百九十一兩有奇，請動支司庫地丁銀給修。其委員、匠夫及運解工料等費，於本年鹽菜耗羨銀內支給。應如所請。從之。（高宗八二、二七）

(乾隆四、三、壬申) 工部議覆：川陝總督鄂彌達奏，寧夏舊城身薄，址又近水，請照滿城高厚之式，於舊址內收進二十丈建築。所圈民地，即將官地照數撥補；如欲領價者，給價免糧。再被災滿漢兵民五萬戶，雖經給與房價，而器具多被損燬，無力購買，並請每戶賞銀一兩。均應如所請。從之。(高宗八九、一三)

(乾隆四、七、戊申) 江蘇巡撫張渠疏稱：無錫縣城垣，坐落湖濱，年久坍塌，修葺難緩。下部議行。(高宗九六、五)

(乾隆四、七、丙辰) 工部等部議覆：浙江巡撫盧焯疏稱：金華府屬東陽縣地方，上年偶遇旱蟲災傷，已蒙蠲賑；惟是該縣種麥者少，全賴早晚二稻，今賑期將竣，收成尚遠，必須興舉城工，俾貧民傭工就食。查該縣城垣，先據原任總督嵇曾筠確估報部，令地方官於農隙及時修補，今該撫既有以工代賑之奏，應如所請。從之。(高宗九六、一四)

(乾隆四、七、己巳) 陝西巡撫張楷奏：西安省城城垣，及四城門樓，必須修葺。下部議行。(高宗九七、一一)

(乾隆四、八、癸未) 江蘇巡撫張渠奏：揚州府城及所轄之瓜洲城，坐落沿江，年久坍塌。又太倉、鎮洋二州縣，同城合治，地處海濱，坍塌更甚，修葺均難遲緩。下部議行。(高宗九八、一八)

(乾隆四、九、辛亥) 工部等部議覆：署廣東巡撫王謩疏稱，惠來縣靖海、神泉二處，城垣坍塌，先經具題請修，覆准在案。估報之後，復被風雨倒塌，請添撥銀二千五百八十二兩三錢興修。應如所請。從之。(高宗一〇〇、一三)

(乾隆五、八、庚子) 工部議覆：調任江蘇巡撫張渠奏，山陽縣城垣，年久坍頹。委員會估，分別緊緩各工，共需銀三萬六千六百九十五兩零。請先動項，將緊工修築，其餘俟緊工完日，次第興修。應如所請。從之。(高宗一二四、四)

(乾隆六、五、辛卯) 工部議覆：署廣西巡撫楊錫紱疏言，太平府寧明州改築磚城。明江修築土城，並營房塘汛，動項興建。應如所請。從之。(高宗一四三、二一)

(乾隆六、七、乙酉) 工部議准：署貴州總督、雲南巡撫張允隨疏稱，南籠廳改設府治，永豐添設知州、州同、州判，並捧鮓設營，建石城、土城，永豐宜建文廟，以重祀典，請撥銀建造。從之。(高宗一四七、一三)

(乾隆六、八、己酉) 工部議准：原任江蘇巡撫徐士林疏稱，沛縣城垣，年久坍頹，前經題准部咨陸續修築，今被水浸激，續坍四十二丈，請撥項興

修。從之。（高宗一四九、二）

（乾隆六、九、庚辰）工部議准：原任浙江巡撫盧焯疏稱，省會城垣，關係綦重。所有仁和、錢塘二縣，城身、垛口、官廳等項，年久新坍，請撥項興修。從之。（高宗一五一、六）

（乾隆六、一〇、己未）工部議准：原署兩江總督楊超曾等，奏請修築九江府及吉水縣城垣。從之。（高宗一五三、二〇）

（乾隆七、四、乙卯）工部議准：直隸總督高斌疏請，修理獨石口城垣，並挑築河壩各工，估需銀七萬七千四百九十餘兩。從之。（高宗一六五、二〇）

（乾隆七、五、癸酉）[大學士等] 又議覆：川陝總督尹繼善奏稱，寧夏應修城工，統計二十四處。除寧夏滿漢兩城、靈州屬之靈沙堡、中衛縣屬之廣武營、寧朔縣屬之北鎮堡，俱經完竣。並將次告竣之中衛縣城所屬之棗園、石空、鎮羅三堡，寧朔縣之平羌堡，靈州屬之橫城、紅山二堡，並平羅縣衙署角樓等，未完工程無幾。又靈州州城，及所屬之清水營、花馬池、興武營，平羅縣屬之洪廣營，均邊塞重地，自應及時修理。惟寧朔縣屬之玉泉營，靈州屬之毛卜喇，平羅屬之鎮朔、威鎮二堡，尚有城身屹立，足資捍禦，應停緩。其中衛縣屬之寧安堡，並無弁兵駐防，居民情願自行黏補。又靈州屬之韋州堡，並無民人居住，已屬廢城，均可無庸修建。應如所奏辦理。從之。（高宗一六六、三三）

（乾隆七、一一、丁卯）工部議准：浙江巡撫常安奏稱，玉環山城垣，於乾隆六年七月，遭颶風坍壞城身、垛口、城樓，該地孤懸海外，非同內地，城垣最關緊要，亟宜修整，以資捍衛。請動支玉環經費銀興修。從之。（高宗一七八、二四）

（乾隆七、一二、庚子）工部議准：安徽巡撫張楷奏稱，滁州城垣，於估修後復多坍壞，應請動項速修。從之。（高宗一八〇、二〇）

（乾隆八、三、辛巳）工部議准：江西巡撫陳宏謀奏請興修豐城、進賢、萬載、金谿、宜黃、南豐、廣昌、玉山、廣豐、鄱陽、餘干、建昌、湖口、彭澤、大庾、贛縣十六屬已坍城工，以代賑上年災民。從之。（高宗一八七、一三）

（乾隆八、四、癸丑）工部議准：甘肅巡撫黃廷桂疏稱，寧夏府城舊制，門外原建南北關廂，自乾隆三年地震倒塌後，修築郡城，未經一併估建；又護城濠一道，亦因地震搖平，未估疏濬。請復舊制修理。從之。（高宗一八九、二一）

（乾隆九、二、戊寅）直隸總督高斌奏：面奉諭旨，天津、河間等處地方，若城垣有應行修築之處，興工代賑。今查大城、阜城二縣，本應修築；但磚城工大費繁，惟照景州、滄州土城之例修築土工，小民得以力作餬口，爲合以工代賑之意。得旨：好。知道了。（高宗二一一、二四）

（**乾隆九、三、丁未**）〔山東巡撫喀爾吉善〕又奏：德州、海豐、惠民三州縣應修城垣，俾窮民相率趨事以資養贍。得旨：好。以工代賑，可行之事也。（高宗二一三、二一）

（**乾隆九、四、戊申朔**）直隸總督高斌奏覆：臣前於正月內面奏築城燒甎，僅有益於工匠，無益於貧民者，陳奏未能明晰。伏思以工貸賑，最有益於貧民者，首惟挑河，次築隄，次修土城，又次修甎城。蓋挑河，無論丁壯老幼男婦，均可赴工擡土；築隄，有夯硪潑水等工，多須丁壯；城工，則土城僱用夫工爲多，甎城，備辦灰甎料物，工匠爲多，雖所用夫工，於窮民亦有益，但未若挑河擡土，民易趨赴。再永定河、石景山、興隆廟前，應修石工，挑挖引河，以及南岸修滾水草壩，北岸建滾水草壩，並永定河下口疏濬引河，挑挖淤墊工程，俱現在興工辦理。得旨：統計現今工程，可以稍濟窮民幾何。若所費不甚過多，河間城工，亦應議修耳。尋奏覆：河間府城，分別拆修、補修等工，估需銀七萬七千四百餘兩，即於司庫正項內，先撥銀五萬兩，備辦興工。報可。（高宗二一四、一）

（**乾隆九、四、丁巳**）工部議准河南巡撫碩色疏請：興修陽武、封邱、滎澤、孟縣、鞏縣、伊陽、長葛七縣城垣文廟，以工代賑，所需工料銀兩，在乾隆八年耗羨銀內動支。從之。（高宗二一四、九）

（**乾隆九、四、丁丑**）〔山東巡撫喀爾吉善〕又奏：興修德州等四處城垣，以工代賑，原爲補救良圖。若辦料需時，轉恐有名無實，請將各該處現在確估工料，即行動項購辦，及時興工。得旨：知道了。辦料速畢，即可興工耳。（高宗二一五、二九）

（**乾隆九、六、庚戌**）直隸總督高斌奏：請修理天津府屬之静海、青縣、南皮、鹽山、慶雲五縣，河間府屬之東光、交河、吳橋、寧津、故城五縣十處城垣以工代賑。得旨：好。知道了。（高宗二一八、四）

（**乾隆九、六、辛酉**）貴州總督張廣泗議奏：署貴州按察使宋厚條奏苗地建城一事，黔省各處城垣，建自明季，迄今塌廢幾盡，甚有向無城垣者，其界在內地郡邑，自應以工代賑，猶可緩圖。惟下遊新闢苗疆，除台拱、都江、朗洞、荔波、八弓、松桃等處，俱已建有石城，丹江地勢險峻，雖係土城，亦易防守，均毋庸議，至古州、清江、八寨三處，雖有土城，然係一時權宜之計，必應建造石城，方爲鞏固。又上游新闢苗疆長壩、捧鮓俱有石城，其長寨營暨歸化營之威遠汛，皆深處苗穴，並無城垣可恃，議建亦不可緩。又如黎平、大定、都勻、安順四府城垣，年久傾頹；平遠、獨山二州以及草壩地方，原未建城，雖係内地，而四面環夷，亦應急修。共確估需銀二十四萬六千餘兩。但工費浩繁，若請動撥帑項，則從前經理苗疆軍需以及修理鎮遠城垣，所費已多，若俟水旱不齊，以工代賑，則又黔省之所罕觀。惟查黔省辦解京鉛，向係官爲收採，轉售京商運局，所獲餘息，留爲本省公費、養廉，嗣於雍正十二年停止商辦，令黔省動帑收買，委員解京，除陸運腳價外，每百觔照例給水腳銀三兩。則官運既無餘息，養廉、公費無項補苴。因節據各運員册報，水腳每百觔，祇用一兩五六錢不等，節省原定之半。經臣題請，以此節省之項，留充公費、養廉。第乾隆八年以前，解鉛止一百七八十萬觔，水腳節省無多；嗣因京局添鑄，自乙丑年爲始，歲解黑白鉛四百五十四萬二千餘觔，則節省水腳，較前加倍，歲可餘銀六萬餘兩，除公費、養廉外，尚可餘銀三萬餘兩，請即以此項爲修建城垣之用。又黔省兵額，止共二萬三百六十名，迨雍正四年以後，有湖廣、四川、粵西等省，先後改歸黔省之州縣十餘處，其額兵亦隨地改隸；更加以苗疆初定，添設營汛，是以共有四萬三千九百二十名。經臣密奏議裁四千六百名，現今苗境安帖，又可酌減一千餘名，歲可節省餉、乾、月米銀二萬餘兩。城垣既已修整，原不在多設兵丁，況城工需費於一時，較多設兵丁，長年糜餉，似於錢糧有益。得旨：所奏甚屬妥協，分案具題可也。（高宗二一八、一六）

（**乾隆九、九、癸卯**）直隸總督高斌奏：估修直屬各城，以工代賑。查冀州城垣頹缺，武強前歲被災，均請列爲要工。其深州、任邱、肅寧三處，請列爲緩工。又，天津府屬之慶雲縣，現以偏災查賑，亦請列爲要工。得旨：好。知道了。雖云以工代賑，亦不可聽不肖屬員，冒銷侵蝕，則工不固而民亦鮮得實惠，將兩無功矣。（高宗二二五、二二）

（**乾隆九、一〇、癸酉**）直隸總督高斌奏：勘估昌平州、居庸關、居庸上關、八達嶺南口、沙河、鞏華城、三河、薊州、玉田、豐潤、盧龍、撫寧十二處城工，應行修理。得旨：去年經過三河，看來尚屬整齊，豈即有坍塌，此城有保固否？查明再奏。餘依議修理。尋奏：遵旨查明三河縣城垣，雍正五年原未全修，乾隆三年亦祇將坍塌工段修整，俱滿三年保固例限。此次估修工段，係從前未修之處。得旨：知道了。三河仍照議修理可也。（高宗二二七、一六）

（**乾隆九、一二、壬申**）[直隸總督高斌]又奏：修理直隸城垣，請將密雲、石匣、懷來三處，列爲要工。東安、永清、固安、涿州、定興、新城、

雄縣七處，列爲緩工。分別估需動支，派員領辦承修。得旨：皆准興修。拱極城，亦應略爲修補。（高宗二三一、一六）

（乾隆一○、四、己酉）工部等部議覆：江蘇巡撫陳大受疏稱，江都縣瓜洲城垣，因乾隆六年七、八月，狂風大雨，江潮漲漫，將護城石岸衝損；並致城垣倒卸。勘係江防要地，亟宜修固。估銀九百九十二兩，請於匱費項下，支給興修。應如所請辦理。從之。（高宗二三八、一二）

（乾隆一○、四、辛亥）工部等部議覆：貴州總督張廣泗疏稱，黔省上下兩游新闢，新設苗疆之古州、清江、八寨、長寨、歸化，及逼近新疆之黎平府，提臣駐劄之安順府、都勻、大定、平遠、獨山、黃草壩等處各城垣，均關緊要，宜急興修。請將黔省辦運京鉛水腳節省銀內，除動支公費，尚有餘銀，酌量各該處工程緩急，次第興建。應如所題。從之。（高宗二三八、一三）

（乾隆一○、四、丙寅）工部等部議覆：協辦大學士、吏部尚書、暫署直隸總督劉於義疏稱，准督臣高斌移交題稿一件，內開查冀州城垣，頹缺甚多；武強縣係乾隆八年偏災稍重之地，元氣未復；又前估天津府屬之慶雲縣城，因該縣復被偏災，現在查賑，應列爲要工。其應需銀兩，於山東、河南、山西等省，解到充公耗羨銀內動撥。先發十分之六購料興工。應如所題。從之。（高宗二三九、二七）

（乾隆一○、八、庚戌）工部議准：欽差戶部侍郎三和等奏稱，甘省各處邊牆城堡，坍損所在多有，第城垣爲兵民倚賴，較邊牆尤關緊要，應先修葺。查甘州、狄道、河州、平涼、固原、古浪等府州縣，或控制邊口，或路當孔道，請修建城垣。至肅州鎮屬金塔一協，設在邊外，其城垣改建之處，俟督臣查明辦理。從之。（高宗二四六、一七）

（乾隆一○、九、戊戌）署兩江總督、協辦河務尹繼善等議奏：安省各屬城垣，應修葺者，計三十九座。臣等酌情形之緩急，估銀數之多寡，挨次興工。先儘地當衝途、沿江沿河者修理，次及可緩工程。估計少者先修，多者後修。修竣，仍責成該管府州，每年親加履勘，並飭各州縣實力保護。得旨：知道了。修理之法照議，查察則仍汝等專責，不可謂一奏了事也。（高宗二四九、二一）

（乾隆一○、一○、己酉）工部等部議准：湖北巡撫晏斯盛疏稱，武昌省城坍塌，上年曾題估修。嗣因積雨，坍塌更多；請於原估外，續加確估興修。從之。（高宗二五○、二五）

（乾隆一○、一○、丁卯）直隸總督那蘇圖奏：宣化府城，西門外連南北兩角，飛沙積與城齊，應急刨去。刨平後，於舊沙堆邊，挑壕一道。外築長隄，密種箕柳，沙可刷落，不至復堆城下。且宣化現在被災，來春動工，於窮民有益。得旨：著照所請行。各屬城垣，尚恐有似此者，徐徐留心辦理可也。（高宗二五一、一七）

（**乾隆一〇、一二、丁巳**）工部議准：閩浙總督馬爾泰等覆奏，查明浙屬，除向無城垣，及現在堅固，並尚可緩修者，無容置議外，其沿海、近海之平湖、鄞縣、慈谿、奉化、鎮海、象山、山陰、會稽、臨海、寧海、太平等十一縣，城垣緊要，應即修理。從之。（高宗二五五、一五）

（**乾隆一一、三、戊辰**）禮科給事中劉方藹奏：前因直省城垣多缺，諭各督撫留心整飭。據撫臣碩色奏請，分別工程一千兩以上者，俟以工代賑之年，動項興修；一千兩以內者，令該州縣分年修補；除土方小工，酌用民力外，餘於公費項下支修。夫同此城垣，同為編戶，固當一視同仁，乃彼縣工程多者，給以夫直，此縣工程少者，俾任空勞，明明歧視，此疆彼界，何以平其心而使之帖然服役？且地方官，以酌用民力之呼應艱難，或寬估以就千兩以上之興修動項，則工程轉至多費。碩色所奏，原未能周詳允協，各督撫難於照辦。不得已而開捐土方，或官捐養廉，又請按田起夫，暫借稅息，紛紛摺奏。在各督撫皆熟計土方小工，酌用民力，必不免偏累佃田之家、傭力之民，於勞則未均，於勢則難強，於事則難濟，所以合群策而不得一用民勿累民之善術也。臣愚以為酌用民力，又窘於無法可設，勢必至增征力役。可否將州縣城垣，無論工程千兩上下，統令動項修補，俾天下佃田食力之窮民，勿致苦累。得旨：劉方藹所奏是。著照所請行。該部知道。（高宗二六〇、二）

（**乾隆一一、四、壬申**）工部議准：山西巡撫阿里袞疏稱，大同、朔平二府所屬州縣，乾隆十年，夏雨愆期，秋禾復被偏災，業經題請賑卹，並將新舊錢糧，分別蠲、緩帶徵，復於閏三月加賑一月，小民已承厚澤。惟是地近塞垣，砂土瘠薄，氣候較遲，麥收須俟六七月，秋穫則在八九月，值災歉後，謀食艱難。該州縣地處邊疆，城垣自宜修整，若以工代賑，地方民生，均有裨益。查應州、大同、山陰、靈邱、陽高、天鎮、朔州、馬邑等八州縣城垣，均應修葺。飭令各州縣，務於四月初旬，同時興舉。該道府稽查，催儹完竣。庶災地窮黎，餬口有資；邊方城郭，乘時修葺鞏固。得旨：依議速行。（高宗二六四、一〇）

（**乾隆一二、七、戊午**）[直隸總督那蘇圖]又奏：雄縣城垣頹壞，亟應修整。又該縣南門外之瓦濟橋，年久坍塌，趙北口之易陽橋，亦多朽壞。均

請動項興修。報聞。(高宗二九五、二三)

(乾隆一三、閏七、辛酉) 又諭：著寄字與直隸總督那蘇圖，直省應行修補之城，共有幾處，現在飭交徐杞、陳宏謀、陳惠華、高山等修理之城工，約於何時告竣，若修理別處城垣，動用若干萬銀兩之處，著查明具奏。尋奏：直屬一百四十三州縣衛城垣，連沿邊關口，及緊要城堡，共計一百六十四處。除已修四十六處外，現在陳宏謀承修之定州，因匠值農忙，量給假期，約於明年夏間告竣。陳惠華承修之安州，於明年四月內可完工。至徐杞承修之沙河鞏華城，潘思榘承修之涿州，高山承修之豐潤，俱未興工。其餘前督臣高斌任內估計城工，尚有二十處未修，共需銀三十九萬五千三百餘兩。其坍塌未經估報者，業已委員分路勘估，統俟報齊覈計，分晰議奏。報聞。(高宗三二〇、一八)

(乾隆一三、一一、庚申) 工部等部議准廣西巡撫鄂昌奏修靈川縣城垣。從之。(高宗三二八、三五)

(乾隆一三、一二、辛卯) 工部等部議准：浙江巡撫方觀承奏，請修被風潮衝塌之海鹽縣城垣、衙署。從之。(高宗三三〇、三〇)

(乾隆一三、一二、丙申) 工部等部議准：廣西巡撫鄂昌奏，請修被水衝塌之義寧縣城垣。從之。(高宗三三一、五)

(乾隆一四、七、丙子) 諭軍機大臣等：直隸各處城工，前經高斌奏明，有三省幫貼銀兩，此項曾否全數解到，修城用過幾何，修過城工幾處，有無別項那用，其餘剩未動銀兩若干，存貯何處，可傳諭署督陳大受，查明詳悉奏聞。再近年來效力贖罪修城之人共若干員，修過城工幾何，已完若干，未完若干，直隸應修城工，尚有若干處，并估修銀兩數目，俱著逐一查明具奏。尋奏：河南、山東、山西，共幫貼銀七十萬兩，俱於乾隆九年全數解到，修過密雲等縣共三十二處。此項動用借給細數，及效力贖罪之金文淳等十五員，指定城工十二處，已未完繳細數，另具清摺呈覽。再前督臣高斌、李衛任內，已估未修者尚有五十一處，另行確估籌辦。報聞。(高宗三四五、二〇)

(乾隆一四、一一、甲戌) 署浙江巡撫永貴奏：浙江海塘各處工程，西自蕭山縣起，東至鎮海縣招寶山止，逐加勘視，無亟需興舉之工。惟鎮海縣城年久傾圮，經前撫臣常安請修，又經方觀承奏准，先修北城一面，與塘工并力兼修。舊城即在塘上，勢重難撼，工程愈固。今塘工告竣，城可隨辦。面飭乘此冬餘興修。得旨：覽奏俱悉。(高宗三五三、一六)

(乾隆一五、二、癸卯) 是月，直隸總督方觀承奏：京南州縣城垣，向係里民自行分段修補，近皆蒙恩動帑。今趙州、沙河、邯鄲、磁州城垣，初次興修，請將磚灰、木植、匠工動帑，其土作夫工，仍歸民力。惟修城例當農隙分年粘補，今一時趕修，用力頗多，請於各州縣倉糧內，酌借口糧，以資工作。米給一升，穀則倍之，秋後免息還倉。至應官修需費之數，計現交城工捐贖一項，尚不敷用，請暫於協耗內借撥，另於捐贖項下歸款。再新城縣磚城坍塌之處，亦請動項併修。得旨：所有酌借口糧，著賞給，餘如議。（高宗三五九、二二）

（**乾隆一五、八、戊寅**）諭軍機大臣等：據長蘆鹽政麗柱奏，請動用運司庫貯商捐銀兩，修理天津城垣一摺，著抄寄方觀承，令其將摺內事理，詳悉議奏；有應行會同地方官修理之處，著即會同修理。尋奏：天津城節經商人承修，今據該鹽政請於商捐餘剩銀動用，應如所奏。一面飭天津道，督縣確估，並派熟諳工程之員，會同分司，照估妥辦。仍令該道、運使，公同稽查。至稱事竣造冊報部覈銷之處，查此項銀，平時原聽商竈借領，非正、雜項錢糧可比。如造冊送部，即應具題，似於體制未協。應令該鹽政於工完日，覈實具奏查覈，免其題銷。嗣後有應修處，亦應如所奏，令地方官報明鹽政，酌量興修。但或係商捐，或撥庫項，均應奏明辦理。報聞。（高宗三七〇、一五）

（**乾隆一六、閏五、甲戌**）軍機大臣等議覆：河南巡撫鄂容安奏稱，豫省辦理工程差務，紳民樂輸，原議每正賦一兩，出夫三名，折銀二錢四分。除上年被災地畝及軍屯不納外，通省應輸銀七十二萬八千九百餘兩，現未經交納者二十四萬一千三百餘兩，除陸續繳還司庫及酌留修理甘露寺工程等項，實存銀十九萬九千九百餘兩。前撫臣碩色奏明，豫省城垣，應修理者三十餘處估銀二十餘萬兩，請將此項辦理城工等語。查該省城垣既經奏明，自應隨時興修，若日久續有坍塌，原估勢必加增。應如所請辦理。但三十餘處似不必一時並修，且有續收銀兩，將來亦可動用。請將餘存銀兩，一半留豫省修城之用，一半解交直督，查明直隸各處城垣有坍塌者，確估動修。俾近京小民，得以傭工餬口，於直、豫兩省城垣，均為有益。從之。（高宗三九〇、一八；東一二、一二）

（**乾隆一六、閏五、戊寅**）又諭：山東、山西、河南三省，有歷年積餘耗羨銀兩。著將山東、山西各撥十萬兩，河南撥五萬兩，解交直隸，以為修理城工之用。（高宗三九〇、二四）

（**乾隆一六、一一、壬辰**）署兩廣總督、廣東巡撫蘇昌奏：粵東省內外重城，城上礮房四百四五十間，皆用細杉木作柱，雨淋蟲蛀，常需修葺。今秋復遭颶風，坍損過半。請將內城礟房，改用磚柱及堅實木材。其依山瀕海險要之所，應酌量增修。帖近民居處，減修一百餘間。共增建修造二百四十九間。在外城者，建造年淺，仍照舊修一百五間。城上馬道，並應填築高厚。得旨：著照所請行。但期工歸實用可也。（高宗四〇三、二五）

（乾隆一七、一二、己丑）工部議覆：陝甘總督黃廷桂等奏稱，本年西、同等屬旱災，現今賑恤，然當來春青黃不接之時，仍恐民食拮据。查寧羌、靖邊、延川、米脂、長武等五州縣城垣，前經題准興修，又被災之永壽、武功、興平、富平、藍田、鳳翔、岐山、扶風、大荔等九縣城垣，應緩修。今為調停民食起見，應將寧羌等五州縣城工暫停，其題准估項，移為永壽等九縣修城之用；其寧羌等五州縣城垣，俟工竣再修。均應如所請。得旨：依議速行。（高宗四二八、六）

（乾隆二〇、一〇、丁巳）［大學士管陝甘總督黃廷桂、四川總督開泰、四川提督岳鐘璜等］又奏：打箭爐地當邊衝，向無城垣，宜建設。勘得城基，周六里餘，長千一百四十丈有奇，高自七八尺至一丈二三尺。請照番民壘碉法，砌石為城，堅實省費。得旨嘉獎。（高宗四九九、六）

（乾隆二一、三、丁酉）甘肅巡撫吳達善奏：準噶爾平定，西路即應駐兵。除巴里坤貯糧房屋已奏修，茲擬糧所添蓋庫房，以貯餉銀、茶封、緞疋。其土城一座，坍裂塌卸處，即宜修葺。哈密庫舊貯修城器具，採買之件，約費一二百金。巴里坤防兵及修理山梁兵，可撥作工役。既有月支鹽菜口糧，毋庸另給工銀，請比照修理山梁例，日加麵四兩。得旨：好。又奏：修城力役，事勞日久，請格外月犒二次。得旨：是。（高宗五〇九、二五）

（乾隆二二、四、丁丑）工部議准：貴州巡撫定長疏稱，黔省苗疆城堡，最關緊要。請將貴築等九處、定番州等五處、道義縣等五處城垣，分別最急、次急，按三年興修。從之。（高宗五三七、二）

（乾隆二二、一二、癸酉）改築直隸河間府景州城垣，從總督方觀承請也。（高宗五五二、三三）

（乾隆二三、八、癸未）是月，直隸總督方觀承奏：天津地處虛濕，城垣易於蟄損，前鹽臣麗柱奏，撥雍正十年商捐項下修葺，並請嗣後總歸鹽政衙門辦理。查商捐一項，係助窮乏商竈之用，現陸續借出，完納無多。此次修費，請於司庫動撥，嗣遇興修，亦酌動公項，或殷商自願捐修者聽。從前捐項，仍留接助窮乏商竈。得旨：如所議行。（高宗五六九、二三）

（乾隆二四、一一、癸丑）諭軍機大臣等：劉慥題參靜樂縣知縣陳景星本內，有估修城工銀兩，業經歷任各員及該員陸續備足，並不具報興工，明有挂報侵虧情弊一款。修葺城垣，自有一定程限，乃該縣以十九年估修之案何至遲延數載，尚未興工？且稱此案係照豫省奏明分限遞年修復之例。而豫省因何定例原委、並現在作何按限督催，事理均未明晰。直省各屬城工，向雖有分別緩急、次第修葺之議，但內有動帑修理者，亦有自行酌量修葺者。在動帑興修之工，固當嚴立章程，依限報竣，以防侵蝕；即係自行修葺之款，亦應按限察覈。或遇新舊交代未及興工者，將動用之項繳存藩庫。至應修時再行詳請領修，不得任其自行辦理，以致日久侵那轉成弊竇。況設立城垣，原以係衛民居，每遇小有損塌，地方官果能加意督率，隨宜修整，自不至費大工繁；此正爲民率作興事之意，並非派累閭閻也。若平時漫無經理，任其坍塌，且一聽匪民竊取磚石自用，而不爲拏禁，及屆應修之期，輒假工程繁費爲詞，隨意遷延，實爲外省相沿陋習。身任封疆者理應及時悉心整理，毋稍懈弛。即如直隸所屬各城，向來應修之處頗多，近經設法修繕，以次整齊完固。其由坐臺繳贖充用各項，尤當隨時查明，督催辦理，不得聽其遲延，使地方緊要之工日就因循曠廢。著於各督撫奏事之便，詳悉傳諭，令其督率所屬，留心經理，實力從事。有應酌議奏聞者，即就各本省情形妥議規條，奏明辦理。其豫省分限定例，此時作何舉行，並直隸現應繳辦城工之項若干、及作何勒限興修報銷稽覈之處，該督撫一併查明具奏。（高宗六〇〇、一九）

（乾隆二四、一一、甲子）又諭：前經降旨，令方觀承查明直省現應繳辦城工之用共有若干，並作何勒限興修稽覈之處，詳悉具奏。今查自乾隆十四年起至今，凡坐臺捐贖，交與直隸城工應用，共銀十九萬七千一百兩。又牛兆泰名下捐贖銀五萬兩，此等俱關係城工，計歷年所積銀兩，儘足敷繕修之項。現在各員是否按數繳足，不致久延，並本人各項完欠若何？或尚留直，或已回籍，其已交銀兩作何支銷存貯？至所修之工，何處已竣？何處正在興舉？雖非別項工程必須按例報部察覈者可比，但督催察覈亦應隨時聲明摺奏，庶公用皆歸實濟，而要工不致稽遲。將此一併傳諭方觀承，令其詳悉查明具奏。（高宗六〇一、六）

（乾隆二五、四、癸卯）諭軍機大臣等：據吳達善奏，甘省現在興修狄道等處城工，並分派道府大員，各經理一二處往來稽查督理等語。前此准該督等所請，修葺城垣，原因該省被災民人，得藉此就工覓食起見。今既經相度估計，有需帑至三萬兩及五六萬兩以上者，動用既多，而興工又非一處，自應實力責成董率大員，以杜侵蝕那移之漸。迺吳達善並未將所派道府等開列名單，各分處所，是雖有稽察之名，而無專任之實，其何以重帑項而杜侵肥?著傳諭吳達善,令其詳慎遴派,分段督修,仍不時親行悉心查覈,一面先行繕單奏明。倘不肖之員有從中滋弊,官帑不歸實用,以致年限未滿,工程不能堅固,在專督之大員,固罪無可逭,而該督身任總理,亦咎有攸歸也。(高宗六一一、一三)

(乾隆二五、五、辛亥)雲貴總督愛必達等奏:滇省各屬城垣,其給發工帑及既經修竣保固,並無庸修之處,謹就本省情形設立章程、酌擬條款,以期經久完善。一、原估銀數在千兩及萬兩以上者,先發五分,俟工程將半再發三分,收工時發一分,扣留一分,俟報部准銷,再行找發。如有覈減,即於此內扣除。一、工程銀數在千兩、五千兩以上者,定限六個月完工;一萬及二萬兩者,八個月;二萬至三萬兩者,一年;責成該管道府查催。一、未修城垣,小有坍塌,隨時可修整。如坍塌過多,即將丈尺通報立案,於農隙時酌撥民夫,次第修理。責成該地方官確估,不得扶捏。一、既修城工,保固三年,後責成現任地方官隨宜修葺,毋致積久傾圮。一、動用民夫,應查額糧若干,需用民夫若干,公平輪撥,不得藉端加派。一、滇省城垣,現經分年興修,即不應有坍塌,地方官交替時,遇有坍塌,新任官即行揭報,勒令前任賠修。一、滇省各府城垣,每年應責成迤東、迤西兩道巡查,其各廳、州、縣城垣,責成該管知府督查隨宜修繕。一、城工向有官民捐修之例,如遇坍損,地方官及富民紳士有急公好義者,應從其便,仍照定例分別辦理。得旨:如所議行。(高宗六一二、一八)

(乾隆二六、六、辛巳)又諭:工部議駁常鈞請停代賑城工一本,內稱安省乾隆二十四被災案內,請以工代賑之潛山、太湖二縣城工,何以不即興舉,接濟飢民,及遲至二十六年,始行請帑興修。應令該撫據實查參等語。已降旨依議矣。以工代賑,原屬地方偶爾被災、隨宜調劑之一法,常鈞所言,固未免因噎廢食。但如原摺所指安省舊案,則事理實不可解。試思被災之年,既經題准,自應及早興修,以資災民口食,即云勘估請帑需時,亦不過旬月間耳,何以遲至三年,始議舉行?且其年正值豐收,何名代賑,尤足令人失笑。高晉前任安撫,素屬曉事,何以竟不自覺耶?著傳諭該督,令將前後辦理緣由,明白回奏。尋奏:查潛山、太湖二縣城垣,於乾隆二十四年,因該二處秋禾被災案內,附請興修,嗣因該二縣城垣原估之後,續有坍塌,詳請一併估修。當即勘估,需銀二十餘萬兩,較原估錢糧數倍,恐有浮冒情弊,駁飭藩司,另委妥員確估。臣去冬奉召入都,尚未詳到,是以不及辦理。此等實情,未經呈奏,咎實難辭,請將臣嚴加議處。得旨:該部察議具奏。(高宗六三八、二一)

（乾隆二七、四、丙子）軍機大臣等會同兩江總督尹繼善、江蘇巡撫陳宏謀議奏：蘇州布政使安寧奏稱，各州縣修城一千兩上下之工，均令州縣分年設法籌辦；二千兩以上，始准請帑等語。查城工至一千兩上下，若令地方官自辦，恐勉強奉行，有名無實，且易藉端派累。請嗣後城工在三百兩以內，令地方官自辦，其在千兩上下，報司勘估，動帑興修。從之。（高宗六五八、二一）

（乾隆二七、八、庚子）參贊大臣阿桂奏：伊犁城垣公署，於二月二十五日起工，七月初八日告竣。回人等在固勒扎建造城垣，與烏哈爾里克城相倣，所造房屋，亦俱竣工。報聞。……（高宗六六八、一一）

（乾隆二七、一一、辛未）喀什噶爾辦事尚書永貴等奏：前因喀什噶爾舊城地狹，奏請修築新城。於本年四月興工，八月告竣。計四門，周二里五分。造倉庫房屋七十八間，所有官兵及錢糧、軍裝，俱行移駐。至臣等公署四百餘間，有布拉呢敦等入官房屋，移至新城改建。其兵丁營房，據衆伯克等願捐木料三百間，臣等允其所請。俟交收全完，將稅款贏餘，酌量賞給，以示體卹。得旨：新城距舊城道里遠近及駐劄處所，俱著繪圖呈覽。（高宗六七四、二〇）

（乾隆二八、八、癸巳）烏嚕木齊辦事副都統侍郎旌額理等奏：烏嚕木齊駐劄舊城，初係土堡，周圍一里六分，現在街市房屋，漸加稠密，擬將城垣加高一丈六尺，厚一丈，添建四門，八月內即可告竣。再特訥格爾新開屯田，建造營房一千二百間，築城一座，規制相倣，計至冬初亦可竣事，仰懇照從前城堡之例，賜以嘉名。報聞。……（高宗六九二、一三）

（乾隆二八、一一、戊辰）工部議奏：各省工程，從前送部物價成規，體例非一。江、浙、閩、川四省，一物開一價，餘省開緩、急二價，亦有開平、緩、急三價者。約計急價增二三成，緩價減二三成，平則酌緩急之中。但立案久，名目繁，弊竇即起。現在各省城工，不過量分先後，次第興修，乃竟有以先修者爲急工急價，次修者爲緩工平價，浮銷錢糧，章程日紊。嗣後除江、浙、閩、川止開一價，無庸議外，請將多開名目者，止准就緩價報銷，其平急名色，概令芟去。若臨時果有一二物料偶昂，該督撫於題估冊內，將此物因何價昂緣由聲明，由部覈定，照本年京中工作暫時加價例酌減。從之。（高宗六九八、二〇）

（乾隆二八、一二、丁酉）諭：據託庸奏，亳州、懷寧二城，現在修竣，將來如續有坍卸，即照今次捐修例，聽民自爲經理修補一摺。其言雖爲慎重工程起見，但此端一開，有司奉行不善，必致爲閭閻苦累，不可不防其漸。

城垣所以衛民，如有應修之時，士民中有急公任事、出貲承修者，原有議敘之例，以示鼓勵。至現在完竣之處，保固自在，工員與地方官，使竟定爲民修，不惟在事者得以藉口，且恐不肖胥吏，從中因緣苛派，所關尤非淺鮮。設現今修理之城垣，附近居民，轉或有偷竊磚料作踐等情事，自宜嚴禁，犯者治以應得之罪可耳，何得竟定爲閭閻認修之例，致滋弊累耶？託庸著飭行。仍將此通諭各督撫知之。（高宗七〇〇、一五）

（乾隆二九、二、辛亥）[陝甘總督楊應琚] 又覆奏：前任甘肅布政使吳紹詩以上年甘涼等處偏災，奏請興修張掖等八州縣廳城垣，以工代賑。當飭司道查勘。内惟鎮番縣城，議請緩修，其張掖、永昌、高臺、碾伯、撫彝、隆德、泾州七處，共需銀二十二萬八千餘兩，且各該處被災較重，均應動項興修，俾災民藉資餬口。得旨：如所議行。又奏：鎮番鄰近邊塞，今東西北三面，内外砂與城齊，幾無城垣形跡。先當勸民刨運砂土，於近城處種柳成林，俟足禦風砂之後，始可徐議修葺。至鎮邑貧民，自可赴永昌等縣就近傭工。得旨：此法甚善，宣化府城，已得其利，宜亟力行之。（高宗七〇五、二一）

（乾隆二九、四、丙午）科布多參贊大臣雅郎阿奏：前因參贊大臣扎拉豐阿商辦築城事宜。查屯田兵四百名内，以二十名備造器具，餘三百八十名。除屯田外，派出八十名築城。又於屯田兵三百名内，派出三十人協助，本年即可完竣。但喀爾喀兵，俱依水草，離修城之地稍遠，未免有誤工作。請將烏里雅蘇台倉貯米茶賞給，城工得以速竣。報聞。（高宗七〇九、一一）

（乾隆二九、一二、丙午）護理貴州巡撫錢度奏：黔省城垣共八十五座，除全行完固六十餘處外，安南、普安、綏陽等三縣，坍塌無多，均經修整。惟貴陽府城及鎮寧州城，應須拆修。又天柱、開州、廣順、石阡、思南、永寧、普安、畢節、甕安、湄潭、龍泉、婺川、印江等十三處城垣，均應修建。但黔省錢糧無幾，未便概行興修，俟明歲將貴陽、鎮寧酌辦後，再行分別緩急，次第辦理。報聞。（高宗七二五、三一）

（乾隆三〇、三、乙巳）諭：安徽修理城垣，俱經報竣。所有該省收捐監生等項銀兩，除撥協江蘇城工外，尚有餘剩。現在直隸城工，亦有應修葺之處，著該督等，即於此内撥銀二十萬兩，解交方觀承備用。（高宗七三三、二四）

（乾隆三〇、八、癸酉）是月，大學士管兩江總督尹繼善奏：江蘇省修理城垣，現飭江寧、江蘇兩藩司分別緩急辦理，其修費浩繁處，督、撫、藩例應親勘，並擇通省佐雜中熟悉工程者，帶往確估。工費在萬兩以内者，責成本地方官承辦，道府往來督查；如數逾二三萬兩，除本地方官外，或委府屬丞倅，或派無城工處州縣，分段興修，同時畢舉，庶可剋期告竣。再修城物料，磚塊灰漿，俱關緊要。購辦後，本管道府親驗果否與估冊相符、物料如式，如一時不能辦齊，俟續購有成數，再行報驗，毋許將未經驗過者偷用，並禁匠役把彼注茲，那前掩後。修竣後，若徒丈量尺寸，即行收工，仍恐以舊作新，不能堅久，督、撫、藩須親往查勘，間段拆開，視其果否如式；稍有弊混，即將承辦及督查之員，一併參處，著令分賠。得旨：甚好。交高晉照此查驗。（高宗七四三、一五）

（乾隆三〇、一一、丁丑）又諭：戶部議奏，各省修理城垣事，宜請停止勸捐；其直隸、山東、陝西、浙江、廣西、山西等省，估需不敷銀五百三十一萬餘兩，於該省偶遇水旱不齊之年，該督撫照以工代賑之意，酌量奏請辦理等語。所議停止勸捐之處，頗合朕意。但直隸等六省，應修城工甚多，若俟該省水旱不齊之年，再行奏請以工代賑，未免曠日持久，完工無期，而已經損塌之城垣，愈至艱於修整。據摺內所稱，直隸等省不敷銀不過五百餘萬兩，現在軍需已罷，各省多報有收，正府庫充盈之際，而朕所念者，庫中所存者多，則外間所用者少，即當動撥官帑，俾得流通，而城工亦藉以整齊。且如戶部收捐貢監一項，每年約計可得百餘萬，若以五年為期，即可敷所需之數。著該部按照各該省需用銀數多寡，每年酌撥銀一百萬兩，統計五年，而各省城工遂可一律告竣。其如何分別省分酌量派撥之處，仍著該部妥議辦理。（高宗七四八、一一）

（乾隆三〇、一一、己卯）諭軍機大臣等：據高晉奏，託庸欲將安省修城餘剩銀二十七萬餘兩，全撥直隸協濟修城之用，與尹繼善原請撥給江蘇十四萬餘兩之奏不符，請旨遵行等語。安徽捐修餘剩之項，已准尹繼善所奏撥給江蘇十四萬餘兩，以補該省城工不足之數，今若全解直隸，則江蘇又須另為籌辦；況直隸各省城工，現在降旨酌動帑項五百餘萬，分年撥修，更可無需多為協濟。著傳諭高晉、託庸，直隸止須撥銀十萬兩，其撥給江蘇及酌留安徽備修城工之項，仍照各原奏辦理。並諭莊有恭、方觀承知之。（高宗七四八、一六）

（乾隆三〇、一二、丁巳）諭曰：方觀承奏籌辦城工一摺，內稱，界連驛路之懷安等縣土城，現在勘估改建磚城，其餘偏僻小邑，仍就土城黏補修葺，工費較省等語。所奏尚未悉辦理城工之本意。前因各省應修城垣，費繁工鉅，特發庫帑五百萬兩，分撥各省一律興修。祗期於衛民有益，雖多費亦所不較；況頻歲年穀順成，庫藏極為充裕，因思天下之財，止有此數，庫中所積者多，則民間所存者少，用是動撥官帑，俾得流通，而城工亦賴以完整，此朕本意也。且國家一應工作，料物皆按值購辦，食用亦計日給資，閭閻不但無力役之煩，而無業窮民，並得藉力作以餬口，實寓以工贍民之意，是一舉而數善咸備，更無庸較量工費，意存節省。至土城改建磚城，雖現在爲費略多，其實壯觀瞻而資鞏固，且省不時修葺之勞，視土城尤爲經久。即出於原估五百餘萬兩之外，正亦何妨？朕惟期有益於民，豈計所費之多寡乎？但承辦之地方官，能實用實銷，不致浮開糜費，則工程自然堅固；而夫役工料等事，皆實發價值，絲毫不科派里下，庶於民生實有利賴。前已降旨，令各督撫遴委大員，分辦經理，以專責成。如各省或有土城應改建磚城者，並著一體確估覈奏。該督撫等務飭督辦各員，實心查察；設致不肖有司，冒銷侵蝕，草率了事，及藉端擾累者，若經發覺，則該督撫不得辭重咎。著將此通行傳諭知之。（高宗七五一、一；東二一、二八）

（**乾隆**三一、二、**己巳**）〔直隸總督方承觀〕又奏：直隸通省應修城工，共估需銀三百餘萬兩，分五年領辦。本年現修之通州、拱極、蘇州、三河、盧龍、永年、磁州、獲鹿八處，又估辦之懷安、安肅、定興、望都、欒城、栢鄉、內邱七處，通計需銀六十四萬餘兩。除奉撥安徽省三十萬兩、並直隸水利節省等銀撥用外，尚需請領二十六萬九百餘兩。請將積存回贖旗地租銀內照數動撥，可省一領一解往返腳費。得旨：如所議行。（高宗七五五、二九）

（**乾隆**三一、二、**己巳**）山東巡撫崔應階奏：東省城垣共一百零七處，除前撫臣阿爾泰查明完好者三十一處，勸民黏補者十九處，臣任內勸民黏補者九處，尚有應修城垣共四十八處。內除曹縣、城武二縣城，被黃水衝決，修費繁重，另請確估題修，又文登、蓬萊二處，因地處海疆，亦經專案題修外，其應修之四十四處，按地方之衝僻，定辦理之先後，共分五次興修。現令將第一次應修之齊河等六處，即動支藩庫錢糧給發。先行燒造磚灰，清釐基址，仍委司道分路稽查督辦。又查東省各縣土城，共二十一處，如齊河、禹城、高唐、恩縣，路當孔道，利津、濱州地處海濱，荷澤爲曹州府治，以上七處，應請改建磚城，其餘似可仍循舊制。下部知之。（高宗七五五、三〇）

（**乾隆**三一、三、**己亥**）刑部尚書署陝甘總督舒赫德奏：甘省賑務城工，均關緊要。部撥城工銀二十萬兩，約計三月二十後抵蘭，急工已於藩庫酌發三五千兩爲辦料資，以次續給。加賑部項，查入甘大路，多係被災處所，應即留於適中之平涼府，令被災州縣就近請領，俾災黎早得餬口。得旨嘉獎。（高宗七五七、二三）

(**乾隆三一、九、丙申**) 是月, 兩江總督高晉、江蘇巡撫明德奏: 安東縣城垣, 歲久傾圮, 現在估修。該處係濱海之區, 地瘠民貧, 本年被災較重, 請趁此歉收之年, 以工代賑。即於本年冬間, 購辦物料, 明春即行開工。得旨嘉獎。(高宗七六九、二二)

(**乾隆三二、一、甲午**) 陝甘總督吳達善奏: 甘省應修次急城工九處, 內金縣等七處均經購料興工, 惟安西府屬淵泉縣城, 緣從前駐劄提督, 規模宏敞, 今提督已移駐烏魯木齊, 往來改由新路, 該處竟成僻徑; 且地勢潮礆, 春冬消長不一, 城垣率多坍塌, 駐兵僅六百名, 人烟無多, 舖戶亦止二十餘家, 似無需重費帑金, 修此曠僻大城。現已飭該道府踏勘妥協地方, 另爲籌議。至巴里坤城垣, 經前督臣奏准, 俟玉門、敦煌二城工竣接辦。查乾隆二十一年, 係奏准派兵修理。今該處已非往來衝途, 差使簡少, 計需匠夫三萬七千二百二十餘工, 仍應於存城鎮標兵內, 挑其年力壯健者二百五十名, 派撥諳練工程把總、外委各一員, 管領督率。該兵等雖有坐糧, 但既任以力役, 應每名每日酌給銀六分, 毋庸另給鹽菜口糧雜麪等項。其土坏木料, 即令購買牛車, 派做工兵拽拉, 俟事竣變價歸款。得旨: 如所議行。(高宗七七七、三三)

(**乾隆三二、一、甲午**) 四川總督阿爾泰奏: 川省應修城工, 需費繁多, 原議撥用鼓鑄餘息及餘茶生息等項。除將現存撥應急工外, 其餘按年所獲, 統計祗七八萬兩, 若俟陸續撥用, 城工未能速竣。查川省試銷餘鹽, 量徵公費, 經臣奏充辦理夷務。接年共收公費銀三萬四百餘兩, 而夷務業經完結, 與其另款久貯, 不若撥爲修城之用。再各竈戶配引外, 又有零星餘鹽, 自數十勐至一二百勐不等, 若按井竈增課, 於額引勐數不敷, 請仍照試銷例一體報官, 併湊成數, 交商代銷, 所徵公費銀統歸城工撥用。報聞。(高宗七七七、三四)

(**乾隆三二、三、癸巳**) [山東巡撫崔應階] 又奏: 東省城工, 原估未盡妥協。如東平州土城, 周圍十六里, 估銀十八萬六千四百五十九兩零。惟導汶濟運以來, 兗泰各處山泉, 俱歸汶河, 環遶州城。每遇伏秋漲漫, 土城易於浸塌; 又居民稀少, 西南隅多係空地。請將西面收撙二里三分, 改土爲磚, 城身祗高二丈, 應改估銀十六萬五千四百餘兩。又臨清州磚城, 原估銀十一萬二千八百五十五兩, 係將西南二面拆修、東北間段挖補。但磚塊多係酥裂, 應手坍落, 若僅以挖補完結, 恐新工甫竣, 舊牆又坍, 更費周章。應將原議城高二丈六尺之處, 撙低五尺, 即以所減項作東北二面全行拆修之費。又滕縣磚城, 原估銀八萬三千九十三兩零, 嗣因該縣知縣僅擬黏補殘缺，估銀一萬三千七百餘兩。目下現應興工，但城牆坍損不堪，實非黏補可完，即原估之數，尚恐不敷，仍應據實另估題修。得旨：如所議行。（高宗七八一、三三）

（**乾隆三二、八、丁卯**）工部議覆：調任山東巡撫崔應階疏稱，泰安縣城垣，因三十一年七月大雨，衝塌六十三丈。業經委員勘估，懇請動項興修。應如所請。從之。（高宗七九二、三）

（**乾隆三三、一一、戊戌**）諭軍機大臣等：前以各省城垣工繁費鉅，特頒諭旨給發帑金修築，俾閭閻得資保護。而地方並肅觀瞻司事之臣，益當實力奉行，屛除積弊。況屢經諭該督撫專派地方大員，督辦稽查，指名奏聞，俟報明工竣之日，朕當特派大臣前往查勘。如有侵冒草率諸弊，惟督撫及專派大員是問。所以提撕警覺之者，不啻至再至三。乃近日如江南之宿遷城工，現已查有不符原估之事，而湖南茶陵州亦有首報工冊，多寡互異一案，俱已派員前往查辦。是各省辦工之員，總不能覈實釐剔，大概可知。現在雖未盡發覺，恐不止江、楚二省為然。且聞不肖官吏，竟有視城工為利藪，多思於中染指肥橐，喪良蔑法，更不可問。著再傳諭各督撫嚴飭指派大員，將所屬城工已修者詳慎勘覈，未修者據實估查。總期工程益加堅緻，而帑項不致浮糜。倘仍視為具文，將來或經欽差查出，或別經發覺，該督撫恐不能當此重戾，亦斷難曲為寬宥，毋謂朕言之不深切著明也。著於奏事之便，詳悉傳諭知之。（高宗八二二、二四）

（**乾隆三三、一一、戊戌**）又諭：近以江南宿遷縣、湖南茶陵州皆有承修城工情弊，因通諭各督撫實力嚴查矣。茲據楊廷璋奏，估辦己丑年城工五處一摺。直隸近在畿輔，司事之員或尚有所顧畏，不敢肆意侵冒，但該督初蒞直省，見聞恐有未周，斷不可稍有疎略，致官吏等欺朦舞弊，逐漸開肥橐之端。著楊廷璋實力留心查辦，並將現辦五處城工詳加覈估，毋少輕忽自誤。（高宗八二二、二五）

（**乾隆三三、一二、甲戌**）改建山東東平、禹城二州縣磚城，從前任巡撫富尼漢請也。（高宗八二五、九）

（**乾隆三四、六、辛酉**）又諭曰：楊廷璋覆奏，查驗直省城工一摺，據稱與藩臬兩司，親赴查覈，以期工歸實用，帑不虛糜，覈實辦公之道，固應如是。至所稱從前修葺，復稍殘缺者十九處，應黏補者五處。此項城垣，修築未久，何以復有殘缺，及應需黏補之處，非當日經手之員，辦理草率，即係浮冒開銷，工無實濟。恃向例不過保固三年，僅為敷衍目前之計，幸逾例限，即可脫然無累。似此隨修隨損，勢將何所底止？是從前帑項竟為徒費，而工作不幾有名無實乎？且城牆自應堅厚牢築，非尋常牆垣屋宇及細巧工作可比。一經鳩葺，自當屹峙數十年，何至蕆功未幾，又煩鬢治？若不嚴以程限，將不肖之吏，相習效尤，止顧侵漁而罔思鞏固，豈朕發帑衛民之本意乎？著楊廷璋將甫修旋缺、復需黏補各城，逐一查明，係何年興修，何員承辦。如有應行整理之處，即著經手之員如式賠修。嗣後各省新修城工，總以三十年爲率，如未逾年限，復需修整者，即照此著賠。其有原估磚工，酌改土城之處，並須加意確覈，毋任絲毫冒濫。近日山東濱州等處，改築土城，磚石各項，即有希冀混開者，經工部覈駮。地方官遇有城工，輒思從中取利，恐不獨山東一省爲然，不可不留心查察。若仍漫無稽覈，惟任劣員弊混，不特總辦、督辦之大員責有攸歸，即該督撫亦難辭咎也。並將此通諭知之。（高宗八三六、二一）

（**乾隆三六、一二、甲戌**）諭軍機大臣等：據阿爾泰奏，納谿縣士民自願修築城垣，應飭該縣督率，上緊修理完固等語，所辦非是。築城所以衛民，各省士民踴躍樂輸者，當地方無事時，原可准令捐修，俾申其急公之願。今川省現辦進勦小金川之事，雖一切軍需供用，絲毫不累閭閻，而輓運執役，亦不能不有資民力，正當示之體卹。納谿城工，有何迫不及待，而必於此時令其復操版築之勞？阿爾泰此奏，殊不知事體輕重。著傳諭桂林，即行查明，如該處尚未鳩工，即行停止。若工作已興，料物已備，民間不以兼顧爲難，或可聽從其便，否則不妨稍緩。前曾有旨，以桂林初任總督，令阿爾泰諸事相助，同心經理，此事著阿爾泰幫同桂林一體妥辦。將此遇有軍報之便，傳諭知之。（高宗八九八、一五）

（**乾隆三七、一、癸丑**）軍機大臣等議准：伊犁將軍舒赫德等奏，前因瑪納斯地處烏嚕木齊、伊犁適中，擬將派駐烏嚕木齊兵移駐。嗣因距巴里坤遠，奏請駐庫爾喀喇烏蘇、濟爾哈朗、布勒噶齊等處。茲勘明該處情形，雖可建城，但地不產煤，多兵難久駐。請將西安滿兵二千，移駐巴里坤。現派涼州、莊浪滿兵三千，全駐烏嚕木齊，隨時派往瑪納斯等處巡查。所需城垣、倉庫、兵房等項，酌定派內地綠營兵一千五百，春間趕赴烏嚕木齊修造，工竣，分撥屯田，歲收穀，支放兵糧。其應移烏嚕木齊兵，今秋移一半，餘俟來秋再移。從之。（高宗九〇一、二）

（**乾隆三七、一、乙丑**）陝甘總督文綬奏：准伊犁將軍舒赫德咨稱，烏嚕木齊移駐滿兵，前經奏明，挑選綠營兵一千五百，建築城署兵房，工竣屯田。查此項兵，本年春前即應挑抵烏嚕木齊，若於陝甘各營勻派，未免稽遲。酌於就近甘州、肅州、寧夏三提標營，每處派精壯兵五百；兵一百，派

千、把各一，外委一，分領；派肅州鎮幹練遊、都各一，統率前往。報聞。（高宗九〇一、二四）

（乾隆三九、八、戊子）軍機大臣議覆：陝甘總督勒爾謹等奏稱，巴里坤原駐滿兵二千名，因糧料不敷，經臣奏准分撥一千名，移駐古城。但一切房屋城垣，必須另行修建。臣等酌勘，於新堡之西南里許，地勢平衍，井泉柴薪，足供取用，堪以建城駐劄。至工作之需，應照烏嚕木齊等處從前修建城房，酌用綠營兵丁例，支給鹽菜口糧，以省糜費。擬派員督令巴里坤鎮屬原建滿城兵丁，於明春興工，趕緊修建，來秋全行移駐。再查滿兵一千名，歲需糧料一萬八千七百八十餘石，按古城現貯餘糧及每年收成覈計，足敷搭放。惟查古城爲烏嚕木齊、巴里坤適中之地，北通烏里雅蘇臺，爲諸路總滙。若駐劄滿兵一千，應添設領隊大臣一員，就近彈壓。均應如所請。從之。（高宗九六四、一六）

（乾隆三九、一一、壬戌）又諭：新疆一帶修建工程，均係派撥兵丁砍伐木植，築打土方，支給該處，兵丁耕種，所收米麪青稞等項。較之採買物料，僱覓匠夫者，本屬減省。今烏嚕木齊新建滿兵城房工程，既較內地應用銀數有減無浮，又何必復照內地之例覈算？所有用過銀兩，即著照數准銷，毋庸再行交部查覈。嗣後新疆等處工程，派撥兵丁及砍伐木植修建者，俱不必照依內地定例覈銷。（高宗九七〇、二九）

（乾隆四三、八、己巳）諭：昨因盛京各處城垣多有坍塌，令軍機大臣會同將軍弘晌，將應行修築事宜，詳查妥議具奏。今據議稱，各屬城垣必應修築，共有十八處，分爲三次修葺，並請簡派大員稽查督辦等語，已依議行矣。此項工程，著派邁拉遜、德成督辦，伊等接奉諭旨，即馳驛前至行在，候朕面降諭旨，即可會同將軍、府尹赴各屬勘估，以便發帑興工。所有工部尚書事務，著金簡暫行署理。（高宗一〇六四、二一）

（乾隆四四、一、己酉）直隸總督周元理奏：直屬威縣土城，年久坍塌。玉田縣磚城，水衝蟄陷，均應估修。阜城、安州、新安三處土城，工不經久，請一體改建磚城，並動司庫旗租銀項，委員督辦。下部知之。（高宗一〇七五、一八）

（乾隆四四、六、己未）又諭（軍機大臣曰）：據福康安奏，岫巖城兵役下鄉，採買柴薪，藉端派擾，以致斃斃人命一摺，事關地方官辦料，縱役滋事，該府尹難辭失察之咎。若令其查審，不免瞻徇迴護，已有旨交盛京刑部侍郎穆精阿嚴審究擬矣。至府尹銘通曾任太僕寺少卿，因赴商都等處，查馬事竣，至熱河奏聞，朕召見時，看其人尚屬黽勉，且旋擢用爲奉天府尹。上年朕詣盛京召見，觀其人才，不過中平，未必能大有出息，尚不知其在任辦事究屬如何，著福康安悉心體訪，據實覆奏。又據福康安奏，查勘岫巖舊城基址，週圍量長四百六十五丈五尺，飭令照例確實估計，較原估約計節省銀三萬餘兩等語。此項工程，若原估後另有刪改之處，則覈減多至三萬餘兩，尚屬情理所有，若工段料物，俱係照舊，即覈減節省，止應在數千上下，何至三萬餘兩之多？是否原估浮冒，抑或另有別情？並著福康安查明，據實詳悉覆奏。將此由四百里諭令知之。尋奏：工部原咨內開，岫巖新修城垣一座，量長八百九十四丈，估計工料銀七萬四千五百七十一兩零，今查勘舊城基址，較原估新修城垣處所，地勢既高，而週圍城根土牛尚屬堅實，自應照舊城基址修築，隨量長四百六十五丈五尺，並將城根現存土牛折抵土方，實估計銀四萬一千二百六十七兩零，是以較原估節省，並非原估浮冒。至岫巖城因兵役下鄉，採買柴薪，牌頭劉發興藉端派擾，以致殿斃人命一案，現咨明刑部侍郎穆精阿，嚴審定擬。府尹銘通係一謹慎老實之人，雖才具未能開展，居官為人，小心黽勉，並無別項劣跡。報聞。(高宗一〇八四、一〇)

（乾隆四六、一一、辛酉）諭：據袁守侗奏，密雲、石匣、順義三處城工，現在勘估修整，請發帑銀二十萬兩，以備工用等語。直隸州縣城垣，年久坍塌，自應及時修葺，且該省尚有已修各城，未領工料，均須找發，恐二十萬兩，不敷動用。著撥給廣儲司銀四十萬兩，發交該督派員請領。直省如有他處城工應修整者，亦著查明確估，於此項內動支修理。(高宗一一四五、一三)

（乾隆四六、一一、戊辰）諭：本年豫省青龍岡漫口，黃水灌入東省湖河，江南之沛縣，正當下游，受患較甚。該處城垣，經漫水淹浸，不無坍損，居民避水移徙者，田廬亦間有漂沒，從前已屢經降旨，加恩撫卹。現在豫省漫口，業經合龍，所有該縣被淹地方，全可涸出，城垣廬舍，必須亟為補葺。著於兩淮鹽課內撥給銀五十萬兩，交與薩載，將該處城垣修理完整。並查明移徙戶口，設法招徠安撫，酌給寧家繕葺資費。該督務須董飭所屬，悉心勘估，實力上緊辦理，以副朕厪念災區，惠愛黎元之至意。(高宗一一四五、二二)

（乾隆四七、三、丙寅）是月，欽差工部左侍郎德成、陝西巡撫畢沅奏：西安省外磚內土城垣一座，因年久坍損，亟須拆修。查四門正樓四座、箭樓四座、外層礮樓四座、角樓四座、卡房九十八座、看守樓座官廳四座、週圍大城並城臺、礮臺、角臺、外皮牆身，除揀選舊料抵用外，應添新木植磚石等項，共估工料銀一百五十六萬六千餘兩。報聞。(高宗一一五三、二〇)

（**乾隆四八、一、戊申**）諭軍機大臣等：據福康安奏，四川成都城年久傾圮，恩准動項興修，酌定章程一摺，自應如此辦理。省會城垣工程浩大，動帑數十餘萬，自所必需。此項銀兩是否於軍需存剩銀兩動用，摺內聲敘並未明晰，著傳諭福康安再行詳悉查明，據實覆奏。……（高宗一一七三、二）

（**乾隆四八、三、戊申**）又諭曰：江南徐州府屬之沛縣，連年因豫省黃水下注，被淹最重。節經降旨撫綏，並著加恩常予賑恤。今豫省漫口合龍，黃河已復故道，從此可以永慶安瀾。但沛縣當豫省下游，地勢低窪，現在僅能涸出基地，亦必重新修建，因思欲使閭閻永遠安堵，不得不酌籌遷移，為一勞永逸之計。自應照豫省儀封、考城辦法，於沛縣境內各鄉履勘高燥地方，建立城垣，俾百姓易地安居，永無水患。該處民人屢經蕩析，自必樂從。著傳諭薩載相度地勢情形，如有高阜可遷處所，即親往履勘，妥為經理，並一面奏聞，一面即鳩工庀材，作速興修，務於歲內辦理完竣，以備明春省方臨幸，方為妥善。倘該處實無高阜可遷之處，亦即據實奏明，不必拘泥此旨。將此由六百里加緊傳諭薩載，仍著迅速覆奏。尋奏：查沛縣西南三十里有戚山，地勢較高，可移建新城；其北面太行隄，連年衝缺，應修復；南面縷水隄一道，東首疊路三十里均須加培。又該縣所轄之夏鎮，居民所萃，舊有磚城，並應估修。得旨：好，如所議行。（高宗一一七七、六）

（**乾隆五〇、三、戊寅**）四川總督李世傑奏：四川省會城垣，年久傾圮，經前督臣福康安奏准發帑六十餘萬估修。現在外皮城牆將竣，所有城身裏皮，亦應次第刨築。但查裏皮舊址，根腳穩實，且歷年久遠，蔓草叢生，盤結牢固。若照原估另行刨築，一律加寬，究不如多年舊土之堅實。茲擬將城頂原估寬五丈，收為寬四丈，宇牆即砌於城身四丈之上，更足以資鞏固，並可節省銀七萬六千六百七十餘兩。得旨：好，知道了。（高宗一二二七、二四）

（**乾隆五一、一一、丙子**）諭軍機大臣等：據保寧奏四川省會城垣工程，俱已全行完竣，請派大臣驗收等語。前經降旨，令工部侍郎德成前往西安，將該處城垣履勘查收，現在想已將次勘估完竣。該處距川省不遠，著傳諭德成於驗竣西安城工後，即前往四川，將該處城垣各工，是否如式堅固，及從前估計有無浮冒之處，據實查勘具奏。（高宗一二六八、一〇）

（**乾隆五三、一、丁卯**）又諭：現在臺灣府廳縣，應行改建城垣。德成於工程事務，素為熟諳，著即馳驛速赴臺灣，會同徐嗣曾將該處應辦城工，悉心估勘。（高宗一二九六、五）

（**乾隆五三、五、癸亥**）欽差協辦大學士、陝甘總督辦理將軍事務公福康安、工部侍郎德成、福建巡撫徐嗣曾奏：臺灣改建城垣，用磚既難拉運，用石尤易矬蟄，請築土城，高一丈八尺爲率，除南、北、東三面照依舊基外，惟西面一帶濱海，應收進一百五十餘丈，共添建城樓八座、西門券臺一座、卡房十六座、兵房八座；至鳳山縣城，逼近龜山之麓，地勢低窪，請移於十五里埤頭街地方，仍用莿竹圍插，其舊城基址，與彰化縣西八卦山，均應添設石卡一座。駐兵防守。得旨：諸凡皆妥。知道了。（高宗一三〇四、三）

（乾隆五三、七、辛未）諭：前據圖桑阿、陳淮奏，荊州江水泛漲，隄塍潰決，以致府城及滿城均被淹浸，覽之惕然惻然。已屢有旨。諭令舒常等迅速前往，詳晰查明，妥加撫卹矣。看來荊州被淹情形甚重。本日又據圖桑阿奏，該處城垣四十四、六兩年，曾兩次被淹，城垣亦不堅固，此次被淹更重等語。荊州城垣，既兩被水淹，此次因衝開西北兩門，水直入城，城內水深一丈餘尺，雖漸次消落，而城垣經此一番淹浸，基址必至鬆動閃矬，勢須另行修建。朕意該處城垣，既屢被水淹，自因江水頂衝之故；而城內水至丈餘，其地勢亦必低下可知。但該處爲古來重鎮，近乃屢被淹浸，殊非捍衛久安之道，或江路有所遷移乎？茲既另須修建，何必與水爭地，莫若擇一地勢較高及非頂衝之處，酌量移建，庶可以一勞永逸。若該府民人安土重遷，或難改徙，不妨將城垣衙署，酌移高阜處所，收小改建，亦無不可。至該處城工既需另建，而衙署倉廠監獄，以及駐防官兵房屋一切，亦被水淹，均須查明分別修建，其被災人口，尤應亟行撫卹，需項浩繁，該省藩庫所存銀兩，必不敷用。著於戶部庫內，動撥銀二百萬兩，並派戶部司員二人，每人管解銀一百萬兩，逕送荊州應用。並著沿途各該督撫，速備人夫車駄。直隸著派梁肯堂、河南著派景安、湖北著派李天培，並各派出道府營員，一體護送，以期迅速解到。……（高宗一三〇八、二七）

（乾隆五四、七、丙戌）諭軍機大臣等：據德成等奏查勘嘉峪關一帶邊牆情形。該處多係浮沙，所有此項壕塹牆垣，修補挑挖，仍屬不能經久，毋庸辦理。惟查嘉峪關係西陲門戶，爲外藩朝賀來往通衢，舊有門樓等項局面狹小，並有觕朽閃裂之處，應請另行修建等語。邊牆道里綿長，今昔異勢，且該處取水既難，沙性又復鬆浮，旋修旋圮，究屬不能經久，何必從滋勞費。德成等所奏甚是。至嘉峪關爲外藩朝賀必經之地，該侍郎等因舊有城樓等項規模狹小，年久未免觕朽閃裂，請另行修築，估需工價不過五萬餘兩，爲數無多，著即如所請辦理，以昭整肅而壯觀瞻。將此諭令知之。（高宗一三三四、八）

（乾隆五五、九、丙午）諭軍機大臣曰：託倫奏，玉山縣城垣，自乾隆八年以後，迄今並未興修，城身間有臌裂塌陷，其城樓水洞石墈亦皆坍卸，均應及時修葺，委員勘估，實需銀一萬三千七百四十餘兩等語。玉山縣城垣日久未修，間有坍塌，自應量爲修理，以肅觀瞻。今據託倫委員勘估，雖於摺內聲明，會同孫士毅合詞具奏，但孫士毅甫經到任，江西是其所轄，或於今冬明春無事之時，應前往江西查閱地方。著傳諭孫士毅即於查閱之便，就近赴玉山勘明，會同確切覈估，妥行辦理。（高宗一三六三、三九）

（乾隆五五、一二、庚戌）諭軍機大臣等：據惠齡彙奏通省城工一摺，內稱陽穀等縣四十二處，係前撫臣長麟奏准借帑生息興修；其福山縣一處，現據報本年雨水過多，坍塌城垣段落，已飭府查勘，另行辦理等語。東省應修之陽穀等縣四十二處城垣，經長麟奏明借帑交商生息，分限興修。此項工程浩大，爲各處地方保障，長麟前經估奏，未及興修，交與惠齡接辦。所有一切應辦事宜，該撫務須按照章程，即行詳查，確加覈定，不得任聽屬員，草率從事，致有偷減情弊。其福山縣城垣，既據奏稱坍塌段落，亦著該撫勘明，另行辦理。將此諭令知之。（高宗一三六八、一一）

（乾隆五六、九、戊子）又諭：據勒保等奏，潼關城垣工程修理完竣，請派大臣前往驗收等語。潼關城垣，雖因年久多有坍損，但所需工料等項，何至用銀一百三十五萬餘兩之多？著派和琳馳驛前往，詳查確勘，大加刪減，毋任稍有浮冒。（高宗一三八七、一）

（乾隆五六、九、庚寅）又諭：昨因勒保、秦承恩奏，潼關城垣，修理完竣，所需工料等項，用銀至一百三十五萬餘兩之多，已派和琳馳驛前往查勘，大加刪減，覈實報銷。今復思勒保等摺內，有僱覓各項諳練匠作之語。察其語意，含而不露，其中似有情弊。此項工程，原係德成前往勘估，豫料收工時，亦必仍派伊前往，是以將包攬工程匠頭，自京帶往，以爲冒銷弊混地步。而該省即用所帶匠役承修，任其浮冒開銷，不復過問。若祇係用本地土匠，則西安城工，甫經修竣，何患匠役無人，又須向他處僱覓耶？朕於辦理要工，從不存惜費之見，即如西安城工，已不惜多費帑金，豈於潼關城垣，轉爲斤斤較量。但因一城樓所用工料，多至一百三十五萬餘兩，其爲藉端浮冒，情弊顯然。且該督撫摺內字句，自露間隙，隱躍其詞，尤屬可疑。著傳諭秦承恩，即將修理潼關工程，是否用德成所帶京中匠役，據實明白回奏。秦承恩曾任西安藩司，久在工所，督飭趲辦，並不將浮冒情弊隨時參奏，已有應得之咎。茲特降旨詢問，若再意存徇隱，一經察出，決不能再邀寬貸也。和琳此次奉命前往，務須將該處工程，詳加覆覈刪減。並將此項工程，是否係德成帶往匠役修理之處，一併嚴查據實具奏，勿稍徇隱干咎。此旨著交和琳開看後，仍發交秦承恩閱看。將此各諭知之。（高宗一三八七、九）

（乾隆五六、一〇、癸丑）諭：據勒保等奏，潼關城垣工程，修理完竣，請派大臣驗收，當經派和琳馳驛前往，詳查履勘。據和琳奏稱，該處工程，從前經巴延三、德成會同勘估時，將不應添修之水關泊岸等工，率行浮估，並城上添建堆撥房七十二座，尤屬虛糜帑項，以致用銀一百三十餘萬兩之多，現擬大加刪減等語。因令軍機大臣傳到巴延三、德成面加詢問，伊等俱自認糊塗錯誤，咎無可辭。是其任意浮估，已屬顯然。現在和琳會同秦承恩在該處覈實查辦。巴延三、德成俱係革去頂戴之員，即著革任，自備資斧，速行前往潼關工所，眼同和琳等當面講求，以服其心。……（高宗一三八八、二四；東四五、一七）

（乾隆五六、一二、庚午）陝西巡撫秦承恩奏：查勘潼關城垣，不應添修一案。所有刪減原估銀兩，臣應分賠銀十萬一千四百五十五兩零。現完銀二萬四千兩，兌收貯庫，餘請分作三年交完。批：竟可作五年。此係汝附和之咎，以汝張皇錯辦，軍機大臣寫旨，令汝賠繳，朕俱寬免矣。（高宗一三九三、二〇）

（乾隆五八、一、甲辰）諭軍機大臣等：陝西潼關工程案內應賠銀兩，該督撫等，養廉優厚，自應將此項銀兩，及早完交，以清帑項。乃事隔一年，尚未據一律全完，殊屬延緩。所有勒保名下未完銀五萬兩、秦承恩名下未完銀六萬兩，著限兩年，於本年完交一半，明年完交一半，毋得再有遲延，致干咎戾。其餘各員，除和寧名下應賠銀兩，已繳過半外，其未完銀一萬兩，亦著於本年一併完交。又原任華州知州李帶雙、汪以誠，洋縣知縣許光基名下，各應賠銀九千六百餘兩，爲數無多，乃該員等全未完交，實屬任意拖延。著該督撫即令該員等，於原籍、任所，勒限於本年內全數完繳，若本年再逾限不完，即將該員等革職監追治罪，斷不寬貸。（高宗一四二〇、一三）

（乾隆五八、一、甲辰）又諭：陝西潼關工程案內應賠銀兩，現任山西歸綏道恭安名下，應賠銀六萬八千七十餘兩，全未完繳。恭安係現任道員，兼管稅務，乃並不上緊完繳，實屬任意延緩。著該撫飭令該員，將未完銀兩，勒限兩年，於本年完交一半，明年完交一半。若本年完不及半，即將該員革職監追治罪，決不寬貸。（高宗一四二〇、一四）

（乾隆五九、四、癸酉）又諭：據吉慶奏，浙江省會仁和、錢塘二縣所轄城垣，間段坍損，應行及時修整等語。此項城工，若祇交地方官辦理，恐於工程多未諳悉。且一任承辦官吏浮冒開銷，未可憑信。全德近在同城，伊係內務府司員出身，於一切工程素所熟練。所有仁和、錢塘二縣應修城垣，著該鹽政會同該撫，確估督辦，以期工料堅固，實用實銷，毋任草率偸減，俾可久資捍衛。全德現在來京，除面行諭知外，將此傳諭吉慶知之。（高宗一四五一、四）

（嘉慶一三、一、丁巳）諭內閣：金光悌奏請修省會城垣，仰懇捐辦一摺。據稱，江西省城工，自乾隆四十九年修葺之後，城身多有坍塌傾卸，並有應修護城城樓及添砌排垜等處，估需工料銀二萬四千五百餘兩，勘明實無浮冒。並稱此項城工，從前失於培護，原應分別著賠，是以不敢復請開銷，懇先於司庫減半平餘項下照數動借，在於該撫及兩司道府養廉內，分作六年攤捐還墊等語。所奏殊未明晰。城垣保障居民，省城更爲觀瞻所繫，既有坍塌等事，自應修理整齊。但向來辦理城工，均有一定年限，如在限內坍塌，自應著落賠修；如在限外興修，即應動支公項。其賠修者並當查明承修、查驗各員，照例分別辦理。今金光悌摺內但云此項城工從前失於培護，應行分別著賠，並未將限內、限外切實聲明，殊屬含混。至捐廉辦公，久經飭禁，此項城工如果查明係在限內塌損，即應查明從前經手各員，並近在同城不行查察之巡撫、司道、知府等員分別賠出；即本員身故，亦有代賠、分賠各定例。如金光悌到任未久之員，即可不必攤賠，其餘不同城之道府，更無關涉，又何得派令一體捐廉？有乖政體。所有此項城工應需工料銀兩，著先在司庫減半平餘項下動支，交該撫遴委妥員，一面興辦，仍著該撫一面確實查明究係限內、限外坍損，及應否著落賠修之處，詳悉奏明，分別覈辦。（仁宗一九一、一二）

（嘉慶一五、九、庚申）諭內閣：那彥成奏請修理城垣，以工代賑一摺。據稱甘肅固原等各州縣，均有應修城工，業經報部，除涇州等處尚可從緩興修，惟皐蘭、固原二處，城身臌裂，亟宜趕修等語。皐蘭、固原城垣，坍塌過甚，自難緩辦，且本年該處田禾被旱，現雖加恩賑濟，而來春青黃不接之時，必須豫爲籌畫。著照那彥成所請，於來年開凍後，即行修理皐蘭、固原二處城工，以工代賑，俾貧民得資餬口。至該督估需工料銀約計三十萬兩，請在辦賑銀一百萬兩內動支之處，亦照所請行。（仁宗二三四、七）

（嘉慶一六、一〇、壬戌）建福建臺灣噶瑪蘭城樓四座、北關一座、礮臺一座，並立山川社稷壇廟。設通判、縣丞、巡檢各一員，聽淡水同知就近控制；守備、千總各一員，把總、外委各二員，額外外委三員，戰兵二百五十五名，守兵一百四十名，歸艋舺營遊擊兼轄。建設衙署，給予關防。從總督汪志伊請也。（仁宗二四九、一五）

（嘉慶一七、三、戊子）諭內閣：董敎增會同那彥成奏，請改建寧陝廳城垣一摺。陝省寧陝廳新舊二城，前因舊城被燬，議將新城培築，作爲廳治。嗣該處士民以新城取水較遠，舊城井泉甘美、居民稠密，呈請仍就舊城基址建築。經該撫委員查勘，情形屬實。著照所請，即依舊城基址建築城垣，以爲廳治。其應築正城五百五十餘丈，估需工料銀七萬九千八百餘兩，覈實興辦，照例題銷。至新城現駐官兵，就所存土堡，收進一百四十餘丈，因山增堞，加修海漫，所需工費，亦著一併估計覈銷，無庸該同知捐辦。（仁宗二五五、一七）

（**嘉慶一八、五、癸未**）諭軍機大臣等：百齡等奏詳勘徐城等處工程趕辦以資保護一摺。據稱徐州護城石工，因河底漸高，愈形卑矮，一經風浪，危險異常。現估辦石工二千五百七十九丈，加砌二三四五層，並於石工外添築越隄二百六十丈，包砌碎石，共計用銀九萬八千餘兩。又清江浦汰黃隄外加築重隄，以資保衛，俱屬必不可緩之工等語。該二處臨黃土石各工，既據該督等查明情形扼要，不能不趕緊興修，著即照所請辦理。該督等務督率工員認真修築，俾工堅料實，用資捍衛。惟是摺內聲稱，徐城東門一帶石工本高出城上，汰黃隄外灘面，現高於隄內民居、街市幾及二丈。該二處形勢若此，甚屬危險。總緣河底日高，隄防亦隨之增長。以目下情形而論，加高培厚，亦係不得不然之勢，但似此逐歲加增，將來伊於胡底？該督等總當探本窮源，盡心講求，能使河底刷滌日深，則水由地中，一切隄堰倍臻鞏固，即修防之費，亦所省實多，較之隨處補苴，不啻事半功倍。現在重運已全數渡黃，即日將禦黃壩堵閉，令黃流全勢東趨，兩岸固守隄防，正可收束水攻沙之益也。……（仁宗二六九、一〇）

三、倉廩添建

（**康熙二四、九、乙酉**）戶部題：張家口諸處倉廠，應令地方官設法修造。得旨：若令地方官設法，勢必加派於民，著即以本處稅銀修建。（聖祖一二二、一五）

（**康熙二八、閏三、庚戌**）增造在京倉廠三十座。（聖祖一四〇、十六）

（**康熙三二、六、庚子**）戶部、工部議覆：四川陝西總督佛倫疏言，西安府省城駐防官兵家口約有數萬，本色糧草俱於西安、鳳翔所屬州縣徵取，百姓苦於解送。查離省城四十里有曹店地方，可通水路，宜於彼處設立倉廠，派官管理。其通水路之州縣，令其運至曹店交兗入倉；其不通水路之州縣，有近省城者，有近曹店者，聽民就近運送。應如所請。從之。（聖祖一五九、一五）

（康熙四一、一二、丙申）停止大通橋監督運送京倉米石，歸并坐糧廳管理。添設京八倉厫四十一座，通倉厫二十四座，修葺倉厫共二百七十四座。（聖祖二一〇、二〇）

（康熙五一、一二、辛酉）戶部議覆：正白旗滿洲副都統吳爾德黑條奏，請增造通州中南、大西倉厫座，應不准行。上諭大學士等曰：增添厫座，乃一善事。蓋厫座增設之後，則入新收貯，換陳放出，厫座一空，又將新者收入，不但米不致耗費，而出入之數亦清。每年放給米石，皆有一定之數，如此一清，則各倉之弊可絕矣。爾等會同九卿、詹事、科道詳議具奏。尋會議：中南、大西二倉共添設倉厫一百座。從之。（聖祖二五二、一七）

（康熙五五、六、壬子）議政大臣等議覆：尚書富寧安疏言，布隆吉爾等處所種田禾，俱可豐收，應造倉厫併收貯農器房屋，請派官豫為修理。應如所請。從之。（聖祖二六九、四）

（康熙六一、一一、丁酉）又諭：先因京師米價騰貴，皇考宵旰焦勞，特命朕查視各倉。彼時見倉糧充溢，露積不少，因請將應行出倉之米，迅速辦理。蒙旨俞允。朕今仰體皇考軫念民生至意，務令米價漸平，交與監督張坦麟、陳守創等，會同倉場總督，帶領工部賢能司官，將倉厫確實料估，應修補者，速行修補；應添建者，於明歲春初添建。所需錢糧，動用捐貯驛站銀兩。其應否補項之處，再議。此事並非此時應下之旨，係遵奉皇考原下之要旨，是以特諭。（世宗一、一三；東續一、二）

（雍正五、六、癸巳）諭內閣：倉場米石，乃國家第一要務。試思此項米石，民間輸納，何等辛苦；官員徵解，何等煩勞；糧艘運送京師，何等繁難。一顆一粒，皆當愛惜，不忍輕忽。朕為此時加訓飭。曾降旨，令修理倉厫，不惜多費帑金，務期完固。托時、陳守創身為倉場侍郎，自當仰體朕心，悉心料理。昨朕特遣大臣等前往查看京、通各處倉厫，屋瓦滲漏、牆壁損壞者，十居八九。所貯米石，漸至潮濕霉爛。夫以如珠如玉之米糧，而視為泥沙棄擲，忍心害理，莫此為甚。若不嚴行稽察，無以儆怠忽而清弊端。在京十倉，每倉派都統或副都統各一員，御史中不論滿漢，每倉各派一員，專任稽察之責。所有米石出入、支放、奏銷事件，仍屬倉場侍郎管理。其房屋滲漏、牆垣損壞與倉內鋪墊，及匪類偷竊，一切情弊，俱交與派出之都統、副都統、御史稽察。遇有查出之處，即行知倉場侍郎。若倉場侍郎等不即辦理妥協，敢致遲延，著都統、副都統、御史奏聞。儻有應行查出之處，不行查出，將缺少米石，著落倉場監督等官與派出之都統、副都統、御史分

賠。其通州三倉，交與通永道、通州副將稽察。亦照依京倉例行。（世宗五八、一二）

（**雍正五、六、癸丑**）諭內閣：倉場米石，乃國計民命所關，顆粒皆當珍惜。必廒座堅完，米粟方不至於霉爛。朕宵旰勤勞，百計經營布置，即如廒底之板、四圍之牆，不惜數十萬帑金，創造修整。則身任倉場之責者，自當加意慎重，以仰副朕懷。托時、陳守創身任倉場，全不實心料理，以致倉廒損壞、滲漏處，凡九百二十九座，米粟竟有霉爛者，托時、陳守創並無一語奏聞，甚爲溺職。著將托時、陳守創及各倉滿漢監督，盡行革職解任。御史殷式訓專司查倉之責，乃敢扶同徇隱，亦著革職解任。凡各廒座損壞、滲漏之處，俱著動支正項錢糧修理，若仍交與舊任各官，必致苟且塞責，虛費錢糧，不能實在完整。著欽差都統、御史、通永道等，同新任倉場侍郎、監督官員實心料理，務期完固。仍著托時、陳守創、殷式訓及解任之舊監督，一同看視。每倉修理，動用錢糧若干，著本倉監督與托時、陳守創、殷式訓分賠補項。霉爛米石，亦著伊等照數分賠。其舊任監督，著議政王大臣會同大學士，詳加訊問。如有本倉廒座全無損漏者，仍留原任，將新補監督撤回。如從前曾將滲漏之處詳報倉場者，著將情由聲明奏聞。吏部右侍郎岳爾岱、順天府府尹劉於義著補授倉場侍郎，順天府府尹事務，著左僉都御史申大成暫行署理。（世宗五八、三五）

（**雍正六、七、辛酉**）戶部議覆：倉場侍郎岳爾岱等奏言，現今天庾充盈，倉廒不足存貯，請另加建造。應如所請。除京師九倉現有廒座外，應相擇高敞之區，與車運相近之處，建倉廒一百七十一座，收貯新糧。從之。（世宗七一、一五）

（**乾隆一、三、辛亥**）總理事務王大臣議覆：署陝西總督劉於義等奏稱，哈密地方，舊有倉廒二十間，收貯青稞。今請於城北圈築倉廒，總收散貯糧石。令司糧文員專管。並設墩台四處，撥兵看守。新城東門外，建築關廂，移城內客民，開列市肆。其城內房屋，給價官買，居住防兵。應如所請。從之。（高宗一五、二）

（**乾隆一、七、丁酉**）戶部議准廣東巡撫楊永斌奏番禺、歸善二縣，添建常平倉六座。從之。（高宗二二、七）

（**乾隆一、八、乙酉**）工部覆准總督倉場戶部右侍郎宗室塞爾赫等奏，請於京倉各處，添建廒九十三座。從之。（高宗二五、一七）

（**乾隆一、一一、丙申**）戶部等部議覆：廣西巡撫金鉷疏言，百色地方，建造城垣，駐劄官兵，應積貯米穀，建立倉廒，歸該同知就近管理。應如所

請。從之。(高宗三〇、九)

（**乾隆三、四、辛亥**）四川巡撫碩色奏：社倉積貯，次第舉行，現已貯有五萬四百三十石有奇。並請照常平倉之例，每四百石建廠一間，即於耗羨公用銀內動建。得旨：知道了。積貯社倉，甚屬美政，但行之必須妥協耳。(高宗六七、三三)

（**乾隆三、一二、癸未**）戶部議覆：大學士前總理浙江海塘管總督事嵇曾筠疏言，杭、嘉、湖三府屬補貯米石，業經題明，委員赴江、廣地方，採買運貯。所需倉廠，照從前杭、嘉、湖三府修建穀倉之例，每間估銀二十兩；米性較穀堅實，須防霉顯。從前貯穀，每間五百石，貯米以四百石為率，共應建倉二百五十六間，需銀五千一百二十兩。查溫、台二府倉廠，每間貯米六百石，工料相符，大小自必畫一。今稱貯穀五百石，視溫、台二府，已少一百石，即以貯米已有空處可以透氣，應仍照每倉一間貯穀五百石之數，建倉分貯。從之。(高宗八二、七)

（**乾隆四、七、甲戌**）戶部議准：浙江巡撫盧焯疏稱，奉發永濟倉米一萬五千石，撥貯溫州府一萬石，應易穀二萬石，需倉三十四間；撥貯台州府米五千石，應易穀一萬石，需倉一十七間，應請撥項建造。從之。(高宗九七、二一)

（**乾隆五、三、庚午**）戶部議准：盛京戶部侍郎雙喜疏稱，奉天所屬錦州、義州、廣寧等三城，先據奉天將軍額洛圖，以每年應收地米，惟錦州設有倉廠，義州、廣寧並無倉廠，交米人等俱運至錦州倉交納，路途窵遠，請將廣、義二城，援照錦州之例，建設旗倉，並派員責令辦理倉務，實與官兵人等，均有裨益。查廣寧界旗地，每年應徵米五千一百六十九石零，酌建倉廠三十間；義州界旗地，每年應徵米四千零八十七石零，酌建倉廠二十五間。至廣寧、義州二處，各該倉官一員，照開原等城，畫一辦理，俱照例於各該城派委官兵看守，挑取倉軍充役。從之。(高宗一一三、一〇；東三、二一)

（**乾隆六、三、庚午**）建甘肅皋蘭縣倉廠，從巡撫元展成請也。(高宗一三八、八)

（**乾隆六、三、甲午**）[川陝總督尹繼善]又會同陝西巡撫張楷，奏請添建陝西糧道倉七座。得旨：著照所請行。(高宗一三九、三八)

（**乾隆六、六、戊午**）戶部議覆：吏部尚書署理兩江總督楊超曾疏言，安省常平倉收捐穀石，應需倉廠。各府州縣內，安慶、鳳陽二府，並桐城、潛山、太湖、宿松、望江、歙縣、休寧、婺源、祁門、黟縣、績溪、宣城、南陵、涇縣、寧國、旌德、太平、青陽、銅陵、石埭、建德、東流、當塗、繁昌、無爲、巢縣、壽州、宿州、鳳陽、臨淮、懷遠、定遠、虹縣、靈壁、鳳臺、阜陽、潁上、霍邱、亳州、蒙城、太和、六安、英山、霍山、泗州、盱眙、天長、五河、滁州、全椒、來安、和州、含山、廣德、建平等五十五州縣，原有倉廒，現在不敷應用；又太湖縣有舊倉三間，不堪多貯。共不敷貯穀九十三萬三千九百八十石，需添建廒倉二千三百四十二間。應如所請。從之。（高宗一四五、一四）

（**乾隆六、八、癸卯**）户部議准：總督倉場侍郎塞爾赫等奏稱，京倉廒座，不敷積貯。請於京城內外，建廒九十八座，以足新舊千座之數。從之。（高宗一四八、一七）

（**乾隆六、一〇、辛亥**）添建陝西潼關縣倉廒一百五十間，貯供兵額徵餘糧，以便撥運。從川陝總督尹繼善請也。（高宗一五三、四）

（**乾隆六、一〇、甲寅**）添建直隸邢臺縣常平倉廒，從總督孫嘉淦請也。（高宗一五三、一二）

（**乾隆七、二、甲寅**）户部議覆：署閩浙總督策楞奏稱，福寧府新設，計應貯穀四萬石，僅有倉三十七間，應增建十三間。從之。（高宗一六一、九）

（**乾隆七、四、辛丑**）户部議准：甘肅巡撫黃廷桂疏請，添建秦安縣倉廒三十間。從之。（高宗一六四、三一）

（**乾隆七、四、癸卯**）户部議准：調任閩浙總督兼浙江巡撫宗室德沛疏報，浙省之仁和、錢塘、海寧、嘉興、秀水、嘉善、平湖、石門、長興、安吉等州縣，向按米數建倉。現因易穀，不敷存貯，應添建廒座。從之。（高宗一六四、三六）

（**乾隆七、六、丁巳**）户部等部議准：署閩浙總督策楞疏請，添建福寧府屬新設福鼎縣倉廒。從之。（高宗一六九、二四）

（**乾隆八、三、壬申**）[户部]又議准：江西巡撫陳宏謀疏稱，瑞州、臨江、建昌、廣信、饒州、南康、九江、撫州八府，及星子、德化、新建、清江、新淦五縣，均有上年加貯穀石，請添建倉廒共七十九間。從之。（高宗一八七、七）

（**乾隆八、七、癸巳**）諭軍機大臣等：前經降旨，令韓光基、三和修建倉廒。朕思今年直隸天津、河間被旱，先後撥米五十萬石，以備賑卹；又江蘇、安徽、浙江、江西、湖北、湖南各截留漕米十萬石，又撥運福建、廣東二省米二十萬石，是明歲漕糧較之往年，已爲減少，所有倉廒，諒已足敷存貯。可寄信三和，令其傳旨韓光基，將此項倉工，暫爲停止；俟乙丑年應需添蓋之時，另行請旨辦理。再桃花寺、白澗、燕郊三處行宮工程，現令三和於今歲辦料，明歲興工。第思燕郊爲回鑾駐蹕之所，此處工程，不過略加修飾，所添房屋，又屬無幾。若於十月內可以告竣，即一面辦理，一面具摺隨本奏聞，倘不能及時告成，亦著伊具奏。其桃花寺、白澗行宮，仍照原議辦理。(高宗一九六、一九)

(乾隆八、九、癸卯) 戶部議准：甘肅巡撫黃廷桂疏請，於寧夏縣添建倉廠十座。從之。(高宗二〇一、一三)

(乾隆九、二、戊辰) 工部議覆：直隸總督高斌疏稱，滄州新添滿兵二百名，連舊共五百一十一名，每歲截留漕米一萬一千四百石。舊無倉廠，請建倉廠一十五間收貯。應如所請。從之。(高宗二一一、一二)

(乾隆九、五、己亥) 護理廣東巡撫布政使託庸奏：龍門協撥穀一萬石，請令移駐龍門之廉防同知經管。至建倉工料銀，除合浦、靈山二縣，撥運監、穀五千石，動用原收倉費外，其廉州府並欽州，撥運五千石，既係買貯之項，應在火耗公用項內動支。下部議行。(高宗二一七、一一)

(乾隆九、一一、癸卯) 豁免浙江修倉案內，無力完繳之民人朱有章名下應追銀七百七十兩。(高宗二二九、一四)

(乾隆一〇、八、庚子朔) 戶部議准：奉天府府尹霍備疏稱，義州每年徵收糧額二萬八千餘石，前請建倉二十間，止貯米一萬二千石，餘仍租賃民房，零星堆貯。請添蓋倉廠四十間。從之。(高宗二四六、二)

(乾隆一〇、一二、癸丑) 工部等部議准：甘肅巡撫黃廷桂疏稱，西寧縣舊有倉廠一百四十五間，內鎮海、威遠、北川等處共一百二十五間，年久損壞，應請修理。從之。(高宗二五五、五)

(乾隆一〇、一二、甲寅) [戶部] 又議覆：甘肅巡撫黃廷桂疏稱，肅州原建倉廠五十三間，因潮倒塌十五間。乾隆五年，移建高燥處所，七年，又生潮。現剩糧石，借貯寺廟、民房。請將損壞倉廠，移建本城大倉東北高燥處所。應如所請。並令該撫轉飭該州詳勘，實係高燥處所，妥協建造。從之。(高宗二五五、七)

(乾隆一一、二、丙午) 戶部議覆：陝西巡撫陳宏謀疏稱，陝省各州縣，每年出陳易新，糶少借多，即糶後貯額仍須買補，所有收捐監糧，實無空倉收貯。前請建廠九百七十六間，並宜川貯糧一千四百八十三石零，亦應建廠三座。均應如所請。從之。(高宗二五八、一〇)

(乾隆一一、二、壬戌) [戶部] 又議覆：甘肅巡撫黃廷桂疏稱，中衛縣舊倉，除通融滿貯各糧外，統計無廠存貯之糧，共六萬餘石。內乾隆九年採買糧二萬石。應於通省需建廠座案內，另請估建。尚有無廠收貯糧四萬餘石，請添建倉廠五十間。應如所議。從之。（高宗二五九、二一）

（**乾隆一一、二、甲子**）[戶部]又議覆：甘肅巡撫黃廷桂疏稱，甘肅通省應建倉廠一千四百餘間，已准部咨彙題。共估需工料銀七萬八千八百一十餘兩有奇。食爲民天，水旱俱倚倉儲爲備，勢難俟經費有餘，再行動修。查前奏准興修之甘州、河州、狄道州城工，目前尚可暫停，請即以修城估項，移作建倉廠之用。應如所請。得旨：依議速行。（高宗二五九、二七）

（**乾隆一一、六、丙子**）戶部議覆：湖南巡撫楊錫紱疏稱，各屬社倉穀，散貯私家，侵挪不免。請於適中之地建總倉，工料並基地及看守住房等項，估銀二萬一千八百三十五兩。查自乾隆三年起，九年止，共收息穀四萬五千七百七十六石零，照各屬時價，約計可變價銀二萬二千四百八十五兩零，足敷動用。至社穀既建總倉，自應歸併收貯，而原貯處所，距新倉遠近不一，請照撥運常平倉穀水陸程途之例分別給運，即在各該年息穀內支發，不敷，於前項辦工餘銀內撥給。若時價平減，盈餘無多，即動本穀找給。至社穀原貯各鄉，每年春借秋還，祇就各處斛斗出入。應令各州縣照依常平倉斛，每總倉製造一二副，較準印烙，轉發各社，悉以官斗爲定，多者作盈餘存貯，少者作虧折豁除。又每總倉設看守斗級一名，即於息穀內，每年給工食銀六兩；每倉選殷實良民，承充正副社長。均應如所請辦理。從之。（高宗二六八、二二）

（**乾隆一一、七、丁酉**）戶部議覆：陝西巡撫陳宏謀奏稱，常平倉糧貯城中，近城窮民，最霑實惠。遠鄉之民，遇有平糶賑借，往返維艱。查西安府屬臨潼縣之關山鎮，盩厔縣之祖菴鎮，渭南縣之下邽鎮，富平縣之美原鎮，離城隔遠，四處皆有城堡，縣丞駐防；又同州府屬之離城較遠者，蒲城縣之永豐鎮，巡檢分防；興安州之恒口舖，雖無佐雜分防，舊有官倉九間，附近防汛兵弁，足資防護。以上六州縣，請分建倉廠，即著各鎮堡兵弁等，就近稽查；其建倉之費，除恒口舖毋庸另建外，餘在倉費內動支。應如所請。從之。（高宗二七〇、五）

（**乾隆一二、一〇、己未**）戶部議覆：福建巡撫陳大受疏稱，前奏准籌貯臺郡倉穀四十萬石，應勻撥分貯。但臺灣府倉無多，鳳山、諸羅、彰化三縣倉，有在府城者，有在本邑者，淡防廳向無倉，續建亦爲數不足。纍計共應添建倉一十四間。又知府經管之倉，貯穀頗多，除交盤出結，責成該府，細事統令府經歷兼管；至廳縣之倉，仍令各該同知、知縣經理。又舊倉如勘有應修之處，分別咨部。未買之穀，務於今冬足數收貯。均應如所奏。從

之。(高宗三〇〇、二)

（乾隆一三、五、丙午）户部議准：直隸總督那蘇圖疏稱，泰寧鎮兵米倉九間，應改建易州城内，並添貯陵糈倉五間，請動項興修。從之。(高宗三一五、二四)

（乾隆一三、七、辛丑）户部議准：陝西巡撫陳宏謀疏稱，懷遠縣餘剩并續收糧三萬一千餘石，無廠收貯，應添建窨倉十座。從之。(高宗三一九、六)

（乾隆一三、七、辛亥）户部議准：陝西巡撫陳宏謀疏稱，隴、神、靖三州縣採買糧食，又葭、定、神、靖、隴五州縣收還糧石，廠座不敷，應添建一百五間。從之。(高宗三一九、三三)

（乾隆一四、七、戊辰）户部議准：甘肅巡撫鄂昌疏請，添建寧夏縣城倉四十間，寧朔縣城倉八十間，鄉倉十間，靈州城倉一百二十四間，鄉倉二十間，肅州城倉四十間，鄉倉十間。從之。(高宗三四五、一三)

（乾隆一六、二、乙酉）工部議准：奉天府府尹圖爾泰疏稱，海城縣額貯米豆及莊頭窖穀等項，糧數甚多，倉廠朽壞，除該縣前經捐貲粘補大倉六十三間外，仍應修葺一百間。請將舊百間拆卸，併修五十間。從之。(高宗三八三、三)

（乾隆一六、四、丙申）陝西巡撫陳宏謀奏：陝省各屬社倉，原議每穀一千石上下。建倉一處。現在每社貯穀，自一千石至二千石不等，或舊倉不敷盛貯，或村莊窵遠，借還艱難。臣督飭各屬，視社本多寡、村莊遠近，計已估未建之新社二十餘處。請將各屬常平空廠，酌留數間，以資曬晾。其傾圮無用者折卸移建新社；如無應建新社者，變價解司，撥給應建社倉之用。庶常平空廠，不致朽棄，而添建社倉，多分新社，於鄉民借還，更爲近便。得旨：如所奏行。(高宗三八七、二四)

（乾隆一八、二、癸丑）[户部]又議覆：黃廷桂奏請停修城垣，急建倉廠。甘省連年採買，穀石日增，各屬舊倉不敷，隨地寄放，州縣難於照料，道府難於盤查。添建倉廠，實難再緩。甘州、河州、狄道州三處，前議急修城垣款内，除狄道州城西，修築石岸，挑挖引河，動用銀一萬七千二百四十一兩有奇，應行修挖外，其三處城垣，目前尚可暫停。請即以原估工銀七萬四千一百四十餘兩，移作建倉之用，所少無多，撥補亦易。應如所請。從之。(高宗四三三、一八)

（乾隆一八、四、丁酉）户部議覆：直隸總督方觀承疏稱，萬全縣倉，舊建於本城、張家口、洗馬林三處，計八十間；今例存米穀，及額徵屯糧、兵米等項，僅敷存貯。所有張家口同知，積存採買穀一萬六千餘石，請於張

家口下堡，建倉十二間，洗馬林口內、萬全縣倉旁，建倉八間另貯。應如所請。從之。（高宗四三六、一六）

（**乾隆二一、二、甲寅**）甘肅巡撫吳達善奏：巴里坤向無倉廠，將來設駐防兵，宜籌蓋藏之所。查有將軍舊廨二十三間，間架猶存，略加修整，便可囤貯。該處現有工料，匠人即用防兵，毋庸議給工銀，加恩日增雜麪四兩。俟凍解興工。得旨：好。（高宗五〇七、二）

（**乾隆二三、四、癸酉**）［户部］又議准：直隸總督方觀承疏稱，通州四旗，倉廠不敷貯米，請添建廠座二十間，所需工料，於建倉銀內動撥。從之。（高宗五六一、五）

（**乾隆二四、八、己卯**）［軍機大臣等］又議准：陝甘總督楊應琚奏稱，哈密爲辦理糧餉總滙之區，各處撥運及防兵口糧，皆取給於此。現又將道員副將等移駐，需用糧石尤多，宜籌備積貯，添建倉廠等語。應如所請，令其委員相度隙地，即照前督臣黃廷桂奏明貯糧四萬石，建倉廠五十間。從之。（高宗五九四、五）

（**乾隆二四、一一、甲子**）管理屯田副都統定長奏：闢展等五處屯田收穫後，積貯應建倉堡。查闢展已有舊設倉堡，仍需添葺，其喀喇和卓新建倉二十四間、托克三二十間、哈喇沙爾十五間、烏嚕木齊二十四間，各築堡一。闢展添倉三十間及修葺舊堡，照巴里坤修城例賞給銀兩。報聞。（高宗六〇一、一〇）

（**乾隆二五、三、壬申**）户部議覆：雲南巡撫劉藻疏稱，永北等十一府廳州縣常平倉穀，并稅秋兵米，原設倉廠，不敷收貯，請添建永北府倉十三間，景東府掌印同知六間，嵩明州六間，羅平州三間，魯甸通判六間，恩安縣十二間，會澤縣四間，寶寧縣三間，昆明縣十五間。又年深霉爛，應行拆蓋之永北府倉四十間，大理府倉二十七間，馬龍州倉十八間，均請動項修造。應如所請。從之。（高宗六〇九、二四）

（**乾隆三一、五、戊子**）户部議准：直隸總督方觀承奏稱，右衛移駐張家口滿洲、蒙古官兵，每歲約支米豆一萬九千餘石，應需倉廠收貯。查萬全縣縣丞倉十七間，原備收貯牧丁口糧及採買兵米之用，今牧丁口糧改支折色，兵米分貯於宣化、萬全、懷安等三縣倉內，無庸運貯，至縣丞存剩口糧及過往員役歲需行糧，撥倉二間，足備收貯。除將倉十五間歸張家口同知收貯移駐官兵歲支米豆一萬二千四百餘石外，請於下堡地方添建倉廠二座，計十四間，官廳三間，大門一間。每間倉約貯米六百石，除貯米六千六百石外，尚稍寬裕，以備翻晾。木料就近於富貴山砍用，工料需銀一千六十六

兩，又圍牆基地共需工料地價銀一百兩零，於司庫節年地糧銀內撥給與建。從之。（高宗七六一、七）

（**乾隆三二、三、癸巳**）江西巡撫吳紹詩奏：江省各州縣社穀通計七十五萬八千七百六十餘石，惟倉厫甚少，多係零星寄貯。雖經前撫臣飭議士民捐建，僅據武寧縣具報興工，且易滋勒派擾累，應即酌撥息穀，變價興修。現已責成府州親赴各屬，勘明各村適中之地，統計社穀多寡，酌定間數，建設總倉收貯。仍遴選社長、社副，加謹主守，春借秋還，冊報州縣。報聞。（高宗七八一、三〇）

（**乾隆三四、七、己酉**）添建雲南和曲、姚州、雲州、馬龍、定遠五州縣社倉。從調任巡撫喀寧阿請也。（高宗八三九、二七）

（**乾隆三五、六、乙未**）又諭：戶部議覆黃登賢條奏二摺，所駁甚是，已依議行矣。如所請添建倉厫一事，當黃登賢面奏時，朕即諭以二十二州縣，概行增置，恐事理繁重難行，而彼以需費無多爲解。今戶部議以歷來各省並未有因倉厫短少，誤漕滋弊之事；各督撫等，亦未有因不敷收貯，籌爲添倉之請。至水次兌漕，爲期不過一兩月，開兌以後，即有厫座，亦爲虛設。且漕弊之有無，又不在倉厫之多寡。是黃登賢於此事，並未悉心講及，已屬冒昧。至請將岳州之船，分撥荊河等四衛兌運一節，黃登賢止知岳州一衛，田少船多，欲爲調劑，而不知該省屯田，向係官爲徵租，按船覈給，歷久相安，並無偏枯之處。若如黃登賢所奏，則荊河四衛船增，而津費轉減，即岳州撥出之船，所得亦較前更少，是愛之適所以害之。戶部所覈，乃節年辦理成案，黃登賢豈未加詳考，而貿貿然爲此奏耶？……黃登賢著傳旨申飭。（高宗八六三、一四）

（**乾隆三七、八、乙丑**）戶部等部議准：直隸總督周元理奏稱，古北口爲畿輔重鎮，兵民食指殷繁，米糧須多儲備。查密雲縣向有邊儲米石一項，於古北口設倉厫十五間，貯米一萬餘石。第此項專爲籌備兵食而設，請再添貯三萬石，以備緩急。該處接壤之熱河、四旗、喀喇河屯、三廳，常平貯穀充盈，動用亦少，可勻撥穀六萬，作米三萬石，運交古北口存貯。除舊厫十五間外，應於迤北高阜地，添建倉厫六十間，移駐滿缺同知一員經理。其密雲縣所需兵米，即於此項動支。該同知在口外產米各廳買補，出舊易新。請將密雲縣每年採買兵米一項停止。從之。（高宗九一四、四）

（**乾隆四一、三、辛丑**）陝甘總督勒爾謹奏：撫彜廳額徵常平各項糧十五萬二千餘石，舊倉不敷收貯，應添建厫座八十間。清水縣舊倉，年久傾壞者三十二間，應重建。請動項興修。諭部知之。（高宗一〇〇五、四〇）

（乾隆四三、三、庚辰）諭軍機大臣等：據索興阿奏，開原縣倉現貯米、穀、豆五萬九千餘石，盤查大數雖屬無虧，但該縣倉廒共一百四間，內三十六間全行倒塌，其餘牆壁亦多歪斜，木植齡朽，所貯米石率多色變黴爛。詢據該縣稱，歷任詳請重修，經府尹委勘駁查，以致辦理遲緩。請勒該府尹等趕緊修建，其黴爛米石，即著落富察善等分賠等語。所奏甚是，已於摺內批示矣。開原縣倉廒既多倒塌，自應據詳題請趕緊修葺，乃因委勘駁查之故，延擱累年，以致米多黴爛。富察善、銘通實不能辭其咎。所有此項米石，即行查明數目，著落富察善名下賠完，仍將辦理怠緩緣由，據實明白回奏。至該縣存貯米穀豆石，全數實有若干，是否俱係額徵？向來作何支用？滿貯廒座若干？據奏，每廒貯穀八九百石至千餘石不等，合計五萬餘石之糧。不過數十間已敷存貯，何至一百餘間之多？與其空廒不用，一任倒塌，何如按照存糧實數，酌留數十間，趕緊歸併修葺，俾歸實濟，且省物料。開原一縣如此，其餘各州縣是否亦有似此者，著傳諭富察善、銘通即行逐細查明，覈實存糧數目，應留倉廒間數，酌量上緊修蓋，以節糜費，而歸實用。（高宗一〇五三、五）

（乾隆四三、三、辛巳）戶部議准：直隸總督周元理疏稱，泰東陵歲收漕糧二萬二三千石，今本年添截七千餘石，又添鎮國公綿德護軍藍甲一年米一千餘石，暨泰寧鎮加增兵丁米五百餘石，舊有廒座不敷存貯，請添建倉廒二十間。從之。（高宗一〇五三、九）

（乾隆四三、四、丙午）戶部議覆：湖廣總督三寶奏稱，遠安等十三州縣買貯穀七萬二百七十五石零。無倉存貯，請添建倉廒七十四間。應如所請。從之。（高宗一〇五五、八）

（乾隆四三、閏六、丁亥）陝甘總督勒爾謹奏：安西、肅州、西和、大通、徽縣五州縣，請建貯糧倉廒二百二十五間，共需銀二萬四千九百餘兩，即於捐監項內動支。報聞。（高宗一〇六一、二二）

（乾隆四三、八、戊寅）添建湖北京山、東湖、枝江、應城、保康、來鳳等六縣倉廒三十九間。從巡撫陳輝祖請也。（高宗一〇六五、一一）

（乾隆四三、一一、辛亥）增建直隸新城縣白溝河倉廒二十間，從總督周元理請也。（高宗一〇七一、二二）

（乾隆四四、九、甲申）添建甘肅大通縣倉廒二十五間，從署陝甘總督陝西巡撫畢沅請也。（高宗一〇九〇、四）

（乾隆四五、二、壬子）添建甘肅隆德縣倉廒五十間，安西州倉廒一百間，從總督勒爾謹請也。（高宗一一〇〇、三）

（乾隆四六、五、甲申）增建湖北棗陽、均州、興山三州縣常平倉厫一十七間，從巡撫鄭大進請也。（高宗一一三〇、二四）

（乾隆四六、七、癸丑）又諭：昨據戶部奏，甘肅監糧自開捐以後，節據該督造報糧石，並以各州縣舊有倉厫，不敷存貯，共請添建者，二十六案，估需銀一十六萬一千八百餘兩。經戶部准令添建，即於所收捐監倉費銀內動支，造報工部覈銷在案。今查明此項，既無本色糧石，則從前該省請添建倉厫，何糧可貯？顯有捏冒情弊，不可不徹底查辦等語。所奏甚是，本日又據工部將該省請建厫座，現在覈議及從前准銷未銷各案，請一併勅交阿桂、李侍堯徹底查明具奏一摺，與戶部所奏，事屬一例。建立厫座，原爲收貯糧石而設，甘省自乾隆三十九年勒爾謹奏准開捐以來，即私收折色，通省糧石，盡屬紙上空文，即現有之倉厫，已爲虛設，何得又請添建？其爲捏報蓋造、侵蝕公帑，已無疑義。著傳諭阿桂等，將請添厫座之各州縣，派令滿漢軍機章京，分路前往查勘，有無厫座，據實覆奏。（高宗一一三六、三三）

（乾隆四六、八、壬午）欽差大學士公阿桂、署理陝甘總督李侍堯奏：甘省請添倉厫一節，據工部單開，共二十七案。臣等將各廳、州、縣未開捐時糧數與添建時糧數比較，其西寧、大通、靜寧三處，尚不及三十九年前舊存之數。其隆德、淵泉、安西、玉門、敦煌、肅州、高臺、古浪、三岔州判、禮縣、西和、清水、徽縣、洮州廳十五處，雖較從前增減不等，但現據各該員供稱，以銀抵糧，並不買補還倉，何用添設厫座？明係藉端捏冒之計，請俟分發人員到省，即先革審，並無論曾否建蓋，概不准銷。至撫彝廳及張掖、永昌二縣，存糧較多，已派軍機司員敷倫泰往勘。諭：甘省監糧一項，既屬紙上空文，乃該員復借建倉爲名，恣其侵冒，是又於冒賑開銷之外，設法侵欺，其情節較冒賑各員更重。將來審明定案時，必當加倍治罪，以爲貪婪狡詐者戒。（高宗一一三八、二五）

（乾隆四六、八、乙未）欽差大學士公阿桂、署理陝甘總督李侍堯奏：臣等飭查撫彝廳、張掖、永昌三處所添厫座。永昌縣共添建七十間，現空六十五間；張掖縣於四十五年添建二百間，現空一百三十二間。空間既多，何用添設，顯係借名侵帑。請將此二案，照西寧等案例，概不准銷，惟撫彝廳添建八十間，張掖縣四十一年添建八十間，俱係實貯，而工料率多偷減，容臣李侍堯盤查覈減。外有成縣知縣譚可則，並未捐監辦災，第擅請建倉，亦屬弊混，請旨革職。下部知之。（高宗一一三九、三〇）

（乾隆四八、一一、辛卯）又諭：據綽克托奏，請於烏什設立義倉穀石，借支回民，俟秋收後照數歸還等語。向來回疆從無呈報水旱等事，若照內地設立義倉，出入穀石之時，必生弊端，於回民仍屬無益。著傳諭綽克托等，將所立義倉裁徹，其存倉穀石，酌量情形辦理，以歸簡易。(高宗一一九二、八)

四、其他工程

(順治一二、五、甲午) 禮部奏言，營造和碩鄭親王寢園，照例應給銀五千兩。得旨：著再加銀五千兩。(世祖九一、一四)

(康熙二二、九、壬辰) 諭工部：明歲甲子年，一切工程，俱宜停止。(聖祖一一二、一六)

(康熙二五、七、辛卯) 工部題參：修造陵工明樓等處，浮多錢糧一萬九千五百餘兩，應令監修官員賠補。上曰：朕閱所修陵工，堅固精好，著從寬免其賠補。(聖祖一二七、四)

(康熙三四、五、辛未) 諭大學士等：覽八旗都統所察，無房舍者七千有餘人，未爲甚多。京師內城之地，大臣庶官富家，每造房舍，輒兼數十貧人之產，是以地漸狹隘。若復斂取房舍以給無者，譬如剜肉補瘡，其何益之有？貧乏兵丁，僦屋以居，節省所食錢糧，以償房租，度日必致艱難。今可於城之外，按各旗方位，每旗各造屋二千間，無屋兵丁每名給以二間，於生計良有所益。此屋令毋得擅鬻，兵丁亡退者，則收入官。大略計之，約費三十餘萬金，壁之國家建一大宮室耳。敕下欽天監相視，汝等及八旗都統身往驗看宜建造之處。奏聞。(聖祖一六七、三)

(康熙四○、七、己亥) 工部議覆：江南道御史張瑗疏言，京畿墊道，大興、宛平兩縣，每年原有工價銀一萬餘兩支銷，至五城所派夫役，並無分毫工食。乞將五城應墊之道，統歸兩縣經理。應如所請。從之。(聖祖二○五、五)

(康熙五七、一二、甲子) 四川總督年羹堯疏言，成都駐劄滿兵，已經議設副都統以下官五十三員，甲兵一千六百名，其官署兵房，令臣料理。今應造官房七百三十二間，兵房四千八百間，見在備料鳩工。報聞。(聖祖二八二、一五)

(雍正五、一一、庚午) 理藩院遵旨議覆：澤卜尊丹巴胡土克圖請加封澤卜尊丹巴喇嘛，遣官齎捧敕印，送至喀爾喀庫倫地方。得旨：澤卜尊丹巴胡土克圖，與班禪額爾得尼、達賴喇嘛等之後身，出處甚確，應封於庫倫地方，以掌釋教。朕爲普天維持宣揚教化之宗主，而釋教又無分於內外東西，隨處皆可以闡揚。昔達賴喇嘛與班禪額爾得尼在西域時，其居住青海之厄魯特爾實汗等，實與之鄰近，相與護持，故其教盛行於西藏，自此各部落俱爲檀越，踵而行之有年矣。蓋宣揚釋教，得有名大喇嘛出世，即可宣揚，豈僅在西域一方耶？澤卜尊丹巴胡土克圖，其鍾靈原有根源，乃與達賴喇嘛、班禪額爾得尼相等之大喇嘛也。故衆喀爾喀俱尊敬供奉之。且伊所居庫倫地方，弟子甚衆，著動用帑銀十萬兩修建大刹，封伊後身。俾令住持，齊集衆喇嘛，亦如西域講習經典，宣揚釋教。再多倫腦兒地方，乃衆喀爾喀歸順時，我皇考巡狩於此，衆喀爾喀齊來朝覲會盟之地也。應造寺宇以表彰之，俾去世之張家胡土克圖居住。張家胡土克圖者，西域有名之大喇嘛也，唐古特人衆，敬悅誠服，在達賴喇嘛、班禪額爾得尼之上，各處蒙古亦皆尊敬供奉。今其後身稟性靈異，確實可據。著將多倫腦兒地方寺宇，亦動帑銀十萬兩，修理寬廣，使張家胡土克圖之後身住持於此，齊集喇嘛，亦如西域講習經典，以宣揚釋教。蒙古汗、王、貝勒、貝子、公、台吉等，既同爲檀越。朕如此推廣教法，建造寺宇，一如西域令喇嘛居住講習經典，於伊等蒙古之誦經行善，亦甚便易。蓋禮佛行善，無分遠近，宣揚釋教之處愈多，則佛法可以日廣。即澤卜尊丹巴胡土克圖、張家胡土克圖，皆前世達賴喇嘛之弟子，伊等豈肯忘其宗派耶。（世宗六三、一九）

（**雍正一三、九、丁酉**）又諭：雍和宮工程，現在修理，時屆初冬，且值陰雨，所有在工夫役，服勞可念，其工價著加一倍賞給。（高宗二、二）

（**雍正一三、一二、丁丑**）工部議准：直隸總督李衛疏稱，宣鎮新添官兵，應需衙署營房。原議存城兵丁，建造六欏大房，其沿邊隘口，建造三欏小房二間，共估需銀三萬七百五十三兩零。分別實給折算，在司庫地糧銀內撥給，從之。（高宗八、二四）

（**乾隆一、三、甲子**）閩浙總督銜專管福建事務郝玉麟奏稱：海澨安瀾，賈舶輳集，皆由風神默佑。廈門商民，願捐資建立風神專祠奉祀。得旨：極好之事，自應敬謹建立。即動用公項，官爲建立亦可。（高宗一五、三二）

（**乾隆三、八、丁亥**）諭：川省遠在西陲，道路之難，甲於天下，其中棧道偏橋，更爲險隘；每年資藉民力，隨時修補，未能一勞永逸，行旅跋涉艱辛，深可軫念。著四川巡撫碩色，會同西安巡撫張楷，委員確勘，將應行修理之處，分別南棧、北棧，兩省分任修理；即動用該省存公銀兩，以爲工費。將來工竣之後，交與地方官，不時稽查；如遇暴雨大水，衝塌過多之時，仍准詳報，酌動公項修整，俾永遠堅固，以便行人。（高宗七四、一五）

（**乾隆三、一〇、癸卯**）工部議覆：湖廣總督宗室德沛奏，湖北施南府屬各縣衙署、祠宇、橋梁、道路、船隻等項，均須修葺，確估共需工料銀四

萬四千九十二兩有奇，動支乾隆三年地丁銀興修。應如所請。從之。（高宗七九、九）

（**乾隆三、一二、己丑**）［工部］又議：調任兩廣總督鄂彌達疏報，廣東惠州府北門外五眼橋，路通博羅、東莞，行旅絡繹，年久被水衝坍，請動支本年各屬田、房稅羨銀給修。應如所請。從之。（高宗八二、二六）

（**乾隆四、四、丙申**）工部議准直隸總督孫嘉淦疏稱修葺墩臺營房。除永清等二十三州縣，地非衝要，向未設立，并霸州等十一州縣，土墩土草營房，均完固外，至東西南北四大路，並陵寢大道，五十州縣，共土墩臺四百七十一座，土草營房五千三百六十八間，俱應勘估，改建磚瓦。再新設承德州於熱河地方，進口程途二百餘里，應請設汛十九處，墩臺十九座，營房一百九十間。從之。（高宗九一、五）

（**乾隆四、五、乙丑**）工部議准：西安巡撫張楷疏稱，遵旨修理西陲道路，查陝西寶雞縣起，至褒城縣以北爲北棧，沔縣以南，至川省廣元、昭化爲南棧，道路險峻，橋梁朽壞，共估修理銀一萬八千九百十二兩零。從之。（高宗九三、七）

（**乾隆四、九、己酉**）又諭：據王常、王山等奏稱，建造綏遠城城垣、衙署、營房等項工程，工部原估工料銀一百七十五萬九千四百六十三兩零，經臣王山會同瞻岱等，覆估銀一百二十四萬一千九百九十二兩零，較原估已去銀五十一萬兩有餘，嗣又添兵房、窰瓦，城垣加灰，以及增建衙署、置買地基等項，係續添於復估之外，已經奏明咨部在案，通計按例應增添銀五萬八千一百九十四兩零。臣等一時愚見，以物價尚有節省，即可抵用，未曾奏請錢糧。詎料物價較前騰貴，不敷採辦，各商紛紛陳訴。臣等前經具奏，奉硃批該部覈議，隨經部議，從前未經奏明，不准添給。伏查口外工程，非比內地，原無一定價值。瞻岱等招商認辦於前，臣等接辦於後。前後年歲豐歉不齊，近則連年歉收，米糧昂貴，人工、車腳以及物料之價值，亦因之而頓加，各商環繞籲懇添給。臣等細察情形，此中並無浮冒，仰祈照數飭發。仍請即於綏遠城糧餉庫貯開墾銀兩內，暫那散給，統於工料册內彙總報銷。則商匠人等，均得早回安業。臣等從前辦理疎忽，並請交部議處等語。王常、王山均係實心辦理工程之人，其所奏自是實情，無有浮冒。著照所請，增添銀五萬八千一百九十四兩零，即於綏遠城開墾銀兩暫那散給，王常等不必交部。（高宗一〇〇、七）

（**乾隆五、一一、甲午**）兵部議覆：直隸總督孫嘉淦疏稱，熱河河屯營改設營制官兵案內，八溝營、波羅樹地方，新添千總、外委把總、兵丁等，應需衙署、營房、馬棚，請於司庫地糧銀內估撥建造，其外委把總一員，即在波羅樹汛馬兵內拔補等語。均應如所請。又稱，從前八溝等汛，勘定地基，撥用旗地六十五畝零，現查無入官地土，可以撥還等語。應行令熱河總管將此項地畝，照數開除差糧。從之。（高宗一三一、一二）

（乾隆六、九、壬申）工部議准：四川巡撫碩色疏稱，川省會城、滿城并省城文廟均關緊要，請撥項興修。從之。（高宗一五〇、一二）

（乾隆七、三、辛未）工部等部議覆：河南巡撫雅爾圖奏稱，豫省伏牛山，需員彈壓稽查，應建移駐之通判、州同、州判、守備衙署，各營房、馬棚、墩台、旗纛廟、烟墩、牌坊、門樓，共估地基工料銀六千一百七十兩零。……應如所請。從之。（高宗一六二、一九）

（乾隆七、一一、己巳）工部議准：兩江總督宗室德沛奏稱，鎮江府添設之船政通判，應建衙署。查有入官房屋五十五間，披廈七間，原估價銀三百一十五兩，應請撥改。從之。（高宗一七八、二六）

（乾隆八、三、辛酉）諭軍機大臣等：……又各省啓建寺院廟宇甚多，久之榱桷傾頹，不蔽風雨，何如使靈宇寶相，永保其舊，以昭誠敬。朕從前降旨，惟許將舊有者重爲修葺，其欲特創寺觀神祠者，必呈明督撫，具題奉旨，方准營建。乃近見京師近地寺廟，舊者傾圮如故，而新建者仍復有之，畿內如此，他者亦必皆然。可見朕之前旨，各督撫等亦未實力奉行。著一并傳諭知之。（高宗一八六、八）

（乾隆九、七、甲辰）［湖南巡撫蔣溥］又奏：湖南水陸汛地，營房、墩臺、望樓等項，舊多殘缺。前會同督臣阿爾賽奏請，動用舵桿洲工程節省銀一萬兩，分別修建，陸續將次告竣。得旨：實力爲之，以期營伍漸有起色可耳。（高宗二二一、三七）

（乾隆一一、四、己卯）軍機大臣等議覆：直隸總督那蘇圖奏稱，熱河、喀喇河屯、化育溝等處，駐劄新舊滿兵官房，節年坍塌共二千七百二十一間，亟需修理。應如所請。備辦工料，於明春興工；即令熱河總管就近料理，悉心妥辦。從之。（高宗二六四、一八）

（乾隆一二、七、戊午）山東巡撫阿里袞奏：東省墩臺、營房，年久破損，若拘泥成例，令地方官捐賠，恐事非急務，日漸傾頹，應動項興修，庶足以資守禦。前經委員查勘，所估銀數，未免浮多。應酌量覈減。中路自德州至臺莊，東路自德州至紅花埠，共一百三十六座，每座先發銀六十兩；沿河沿海地方六十一座，每座先發銀三十兩；僻路九十九座，每座先發銀二十兩。歷城縣黃岡地方，現係土墩草房，應改建磚瓦墩臺，先發銀一百兩。益都縣北關，向無墩台，亦應照僻路添建一座，先發銀五十兩。請於司庫餘平充公銀內動支，如有不敷，再行增給。得旨：照汝覈減之數修理，亦足以壯守禦而肅觀瞻，不必再增。仍督令毋得侵冒可也。（高宗二九五、二五）

（乾隆一六、一〇、甲辰）軍機大臣等議覆直隸總督方觀承等奏籌辦圓明園水操船隻事宜。一、每年入塢苫蓋，出塢油艌，請照海船舊例。應如所請。其銀用司庫存公耗羨，按年解交內務府，會同健銳營大臣經理。至船塢，擬於鳳凰墩西南山灣處。挑河一道，並於近岸建庫房七間，收貯篷桅等項；小房三間，令隨船弁兵居住看守。一船在平水，修造年分。似無庸拘海船成例。查新船雖在平水。每年操演，上親臨校閱，宜堅固以供駕駛，應仍照成例。一、風篷二年更換。繩索篸纜等件，按年添補。查船在湖中，非海洋風篷可比。現議建庫房，不致損壞，應定三年更換；至繩索等，隨時添修，難拘年分。統令健銳營查明，移咨天津水師營，採買南料應用。一、新船八隻，需把總銜兼正舵四員、正舵工四名、副舵工、正繚手、正椗手、正阿板、正䑸板各八名，係由水師營分撥。應令把總銜四員分管舵工人等，統歸健銳營約束，就近支領錢糧及操演火藥。伊等均有眷屬，請賞給把總、正舵每員房三間，餘俱二間，於附近處酌建。均應如所請。從之。（高宗四〇〇、一五）

（乾隆二一、三、丁酉）安徽巡撫高晉奏：虹縣西南二門弔橋及南關木橋，於十八年為黃河決口水衝坍，查係往來要道，應支藩庫匣費項下銀動工，兼資災民口食。下部知之。（高宗五〇九、二四）

（乾隆二四、六、戊寅）兩廣總督李侍堯奏：南雄至省河道一千一二百里，恐因阻風淤淺誤公，上年十二月間，諭臣於傍山陸路，將祇可人行之處略為展寬，以便行馬馳遞。查粵東至京驛路，計程五千五百八十里，除限三百里事件，從無貽誤，至限行六百里者，每歲不遇數件。惟由江西入粵至省，計程一千二百餘里。向經題定，每晝夜限行三百里，今即改設馬遞，晴明減程無幾。遇風雨泥濘及渡河阻滯，較前不過減一二日，而改設經費，歲需數千金，於馳遞仍不能迅速，可否毋庸更易。得旨：如此則仍舊貫可也。（高宗五八九、二四）

（乾隆二六、一二、丙戌）諭軍機大臣等：金輝奏估修天津船塢一摺。此項工程年久傾圮，自應照例修理。但據摺內所開物料工價等項，不下一二萬金，即非尋常粘補可比。向來地方官往往藉端興工，以為冒銷之地，徒致虛糜帑項，於工程毫無實濟。著傳諭金輝，令其留心，實力稽查，將來倘有草率浮冒之處，該鹽政不能辭其咎也。（高宗六五一、九）

（乾隆二七、二、甲申）四川成都副都統富椿奏：成都駐防兵，向給官房，馬甲每名三間，匠役二間，其步甲、礮手未給。計初設駐防，至今四十餘年，生齒漸繁。步甲礮手缺出，俱以滿洲幼丁挑補。閒散者尚六百餘名。每名步甲家屬四五口至六七口不等，皆於隙地壓蓋草房，易致朽爛。查現無官房者四百四十八名。請動馬廠開墾窪地租銀二千餘兩，於滿城西南附近教場空地，建瓦房一百四十四間，分給每名二間。再此項地租，每歲收銀八百餘兩，並請嗣後三年一次，奏請添建。約至六次，步甲礮手等，皆得棲止。得旨：著照所請行。（高宗六五五、六）

（乾隆二七、一一、戊子）［陝西巡撫鄂弼］又奏：川陝接界各屬，自寶雞以南，由漢中、鳳縣、褒城、寧羌至四川廣元，綿長九百餘里，悉皆棧道，遇山水驟漲，泊岸易坍。經臣奏准於生息案內動支餘息銀兩，爲修理之需。查乾隆二十一年，曾估計需工料一萬七千餘兩，未及辦理。現委員查勘，通計殘缺應修各道，實估銀一萬三千餘兩，較之從前有減無浮，擬於冬春之交興工。報聞。（高宗六七五、一八）

（乾隆二八、一〇、戊戌）吏部議准：直隸總督方觀承奏稱，磁州所屬彭城鎮窰戶鱗集，多係豫晉民人，良莠雜遝，須設專員稽查。請將磁州州判移駐彭城，應需衙署，動項興建。換給磁州彭城鎮分防州判關防。從之。（高宗六九六、一七）

（乾隆二九、一一、丁丑）四川總督阿爾泰奏：准部咨由西安移駐成都滿洲、蒙古兵一千五百名，匠役五十四名，官二十五員，按例覈給房間四千八百四十二間，並購買地基，展修城垣，行令川省估辦。臣即親詣滿城勘查。於北門之西，拆牆一百三十丈。南北築牆一百八十餘丈，可建房一千八百餘間。又西南隅空地，可蓋房二千餘間，尚不敷移駐官兵居住。查該處城牆外，居民僅止數家，於此處裁取建蓋八百餘間，拆建百餘丈牆垣，併作滿城，庶可從容安置。至工料所需，查有寶川局，加卯鼓鑄，平價出易案內，積有利銀二十六萬兩，即於此項內動支辦理。擬於兩年內建蓋完竣。移咨西安將軍料理兵丁起程。報聞。（高宗七二三、一七）

（乾隆三〇、三、丙申）諭：據舍圖肯等奏稱，地震倒壞官舖房間，請動滋生餘息銀兩，交與承辦滋生銀兩官員，會同工部，委員監修；其將軍衙門等處官房，請交盛京工部修理等語。舍圖肯等所奏應修各項官房及官舖房間甚多，需帑浩繁，若僅委屬員承修，難免浮冒開銷。所有各工，著交舍圖肯、倭陞額，會同該部侍郎，督率修理，毋令下屬任意冒銷。（高宗七三三、一〇）

（乾隆三一、三、辛卯）諭：京城内外河道溝渠，前經動帑興工，以資濬治。迄今雖閲有年，物料或漸朽敝，亦究因估辦之初，未能覈實經理所致，是以每歲仍事補苴，難以經久完善。今據該管大臣等議覆御史戈濤請修街道、溝渠條奏，估需銀十七萬餘兩。此項工程，關係緊要，原不惜多發帑金，以爲永遠利民之舉；然非悉心籌辦，實用實銷，徒費多帑，於事終爲無補。現今估料大修，非從前隨時修治者可比，惟在董辦大臣稽覈精詳，毋使工程稍有偷漏，庶從此經途平垣，溝道宣通，足垂悠久。現在如阿里袞等每日入直内廷，管理事務殷繁，勢難親身督辦；著派英廉、期成額，會同該管大臣，實力興修。其應需分辦人員，不必泥於成例，僅在工部司員中揀擇，著於各部院衙門，遴選明幹司官，奏派委用。令其分段承修，妥協辦理，以專責成。阿里袞等仍不時前往查察。務期帑不虛糜，工歸實用。事竣後，當派大臣覆勘，倘工程仍前草率，一經查出，或朕別有所聞，不惟該管大臣及承辦之司員咎無可辭，英廉等係特行添派大臣，責任較重，更難寬貸也。（高宗七五七、一二）

（乾隆三五、六、乙未）諭軍機大臣等：昨據三和面奏古北口被水情形，已降旨派侍郎伍訥璽，帶銀二萬兩，馳驛迅往，會同王進泰妥協查辦。今據王進泰奏到，潮河漲發，兵民房屋被水衝去泡倒者甚多，應急爲經理，俾之各得安居。昨已諭令照二十四年之例，加倍賞給。但二十四年撫卹熱河民房，每間賞銀二兩，即倍數加賞，亦僅得銀四兩，尚不免拮据。著照乾隆九年每間賞銀五兩之例，查明實在被水房間，按數賞給，令其上緊自行葺理，以資棲息。此項費用較多，昨所撥銀數，恐尚不敷，已諭令内務府再撥銀二萬兩，解往該處備用。其城牆經水傾圮者，速行確估興工，補築完固；官廨營房，亦即一律修整。至隄壩各項，除尋常緩工仍聽地方官覈辦外，其關係緊要工程，並著速估妥覈，趲期修築，以資捍衞。且災後辦工，使乏食貧民藉以餬口，於事亦爲兩便。所有應行動用銀兩，均著據實奏明，由内庫撥發，不必報部覈銷。……（高宗八六三、一三）

（乾隆三六、六、壬申）又諭：昨據福隆安等奏，議將直隸所辦車輛，令和爾精額、永和酌量存熱河，以備赴工運料之用。較之由京運送，自爲便捷，且因廟工尅期趕辦，不得不令口内車輛前往協濟，乃一時權宜調劑之法。但各車戶前赴熱河當差，離家稍遠，所有議定按日官給之項，務宜令其全數實領，以資辦公。若由管工官員給發，恐不免偏向窰人等，不知體卹車戶；而所屬經管分發之人，難保其不從中扣剋，致車戶或有賠累，殊屬未便。因思熱河道明山保，係地方大員，其於内地車戶民人，自應一體愛惜；

且現在兼管工程，於該工覈實支銷之處，稽查亦易。所有各車應給每日腳費等項，著交與明山保專司支發，實力妥辦，毋得假手吏胥，稍致短少，自可杜工員私扣累民之弊。若明山保不實心經理，致車戶等不能均得實濟，楊廷璋一有訪聞，即可隨時參劾，惟明山保是問。即將此傳諭明山保，並令楊廷璋知之。（高宗八八六、四）

（乾隆三六、七、甲寅）諭軍機大臣等：工部題駁山西省豐鎮、寧遠二廳建蓋衙署營房等項一疏，已依議行矣。此案所建衙署，不過守備、巡檢等微員居住，並非大員居住閎敞、房屋繁多者可比。至營房、墩房各項，所用材料，亦無須高大，何至共報銷銀一萬一千三百餘兩之多？其中承辦之員，有無浮滋情弊？著傳諭鄂寶，即行據實詳查，分別覆奏，毋得稍有徇飾。尋奏：查衙署、倉庫均符原冊，惟兵房簷柱、山柱，分寸稍有不符。二廳工程，事屬一案，而物價間有參差，請一律覈減，並將承辦官交部嚴議。得旨：該部議奏。（高宗八八九、一）

（乾隆三七、八、壬申）又諭：工部覈銷三官廟工程銀兩一摺，內開承修監督，請銷工料銀二萬一千二百四兩零，比較原估，節省銀三百四十六兩零，該部按冊覈減銀一千一百九十三兩零，請將覈減銀兩，并自行節省銀兩，交納戶部歸款等語。雖係照向例辦理，未為妥協。夫所謂節省者，本謂無可覈減而能節省而言，若既經覈減，則造報時所開實銷銀數，已屬浮多，便不當復云節省。況節省一款，與覈減條目並傳，轉不足以服承辦人員之心。嗣後該部覈銷各處工程，除報銷時自行節省而該部無覈減者，仍准存節省名目外，其有呈報節省復經該部覈減者，即將節省銀數并入覈減款內，毋庸另開節省條目，以免重複，於事理方為允協。著為令。此摺即交該部照此覈辦。（高宗九一四、二二）

（乾隆三八、一一、辛未）又諭：今日據程景伊等奏銷修理吏部衙署用過錢糧數目一摺。內有行取戶部顏料，值銀八百三十三兩零；取用工部杉木，值銀八十六兩零；工價錢六千一百九十串零，按依時價，覈值銀六千六百一十兩零，亦令該部扣完還項等語。各衙門奏請借項修葺衙門，分年扣完者，止應就採辦物料給發匠工各項費用，按數歸還。若戶部顏料、工部木值及工價錢文，皆係部內現有之官物，只須覈實報銷。若亦令作價扣繳，竟是將官物出售，成何事體？是因謹慎錢糧，而生鄙吝之見也。所有此項價值銀六千六百十兩，即毋庸扣還。嗣後各衙門有借項修理奏請分扣者，均照此辦理。將此通諭知之。（高宗九四七、二）

（乾隆三八、一一、癸未）諭軍機大臣等：據英廉等奏，應運圍場木植，尚存二萬九千四百餘件未運出山。查係所僱車戶，領價逃匿，且原發大車價銀，而以雙套小車充數，以致遲誤。請交該道、廳查催趕運等因一摺。自應如此查辦，此項僱運木植，原因三全等呼應不靈，特交地方道廳查催督辦。乃全領官價之車，計有三千餘輛之多，而屢次飭催，所到尚不足三分之一；且既領大車之價，輒以小車充數，不能裝載大木。奸商頑戶，得施其騙詐之術，殊爲可惡。皆由該道廳等不能實力嚴查督催所致，若仍交伊等查辦，終屬有名無實。著將英廉等原摺，發交周元理，將領過官價之車戶，按名查催，務令明春車輛全數進山拉運。如有領銀逃匿車戶，亦即嚴行查辦，毋得再任玩延遲誤。將此諭令周元理知之，仍將辦理情形若何，即行覆奏。尋奏：此時圍內，冬寒凍阻，固難拉運，催令明春全數進山，其有逃匿車戶，一面查拏，一面著落承辦各員墊僱。報聞。（高宗九四七、二五）

（**乾隆四二、一〇、庚子**）又諭：陝西華嶽廟，自三代以來，即爲望秩之地。規模宏壯，體制尊崇。近來風雨調勻，屢昭靈應。昨據該撫畢沅奏稱，因年久傾頹，亟宜葺治，約估需銀十二萬餘兩等語。此項工程甚鉅，理宜發帑興修。著於內務府撥銀十二萬兩，交畢沅覈實辦理，造報內務府覈銷。務俾工程堅固，廟貌鼎新，以妥神庥而昭秩祀。（高宗一〇四二、一三）

（**乾隆四三、七、己丑**）又諭：據鄭大進奏，估勘修建嵩嶽廟工程及圍牆內外各廟宇，一併葺治。其所需經費，該撫及前撫徐績併現在之藩臬道府，共捐銀三萬八千兩，又各州縣呈請公捐養廉，共銀八萬兩，通計共十一萬八千兩，派委專員經管辦理等語。該省敬修嶽廟，仰報神庥，撫藩大吏及前任撫臣，自應首先出資修葺。其現任知府以上，身爲方面大員，所得養廉亦厚，自可聽其捐資，以襄盛舉。至各州縣請分別缺分大小攤捐之處，既非政體，且牧令非大員可比，每歲所得廉俸本屬無多，若因公扣捐，所餘不敷贍給，必致藉端擾累閭閻，與其整飭於事後，毋寧防之於未然，所有州縣公捐之請，不准行，其捐款外所需銀八萬兩，著用內務府庫銀，令鄭大進、榮柱等覈實辦理，造報內務府覈銷，至此項銀兩，即著該撫，於應解戶部正項內扣用，咨部備覈，仍令內務府照數撥還戶部，以省解送之煩，該撫等務須實力查察，妥爲經理，俾廟貌巍峩，工作鞏固，以照靈佑。（高宗一〇六二、二）

（**乾隆四五、一、己亥**）又諭：朕翠華南苑，問俗省方，道經山左，因念各處舊有行宮，久未臨幸，地方官逐程修葺經理，不免稍需用度。該省又添建座落二處，亦不無所費。著加恩於山東鹽課內賞給銀三萬兩，以示體恤。（高宗一〇九九、四）

（**乾隆四六、閏五、癸卯**）軍機大臣議奏：大學士阿桂奏稱，各省營房墩臺木樓等項，每年是否必需歲修，抑係相沿舊例，指項開銷，交部行查。現據陸續奏到，除直隸、湖北、山東、福建、四川、湖南、浙江、廣東、甘肅九省，並無歲修報銷之例。及山西一省，不定保固年限外，其江蘇、安徽、江西、陝西、河南、雲南、廣西、貴州八省，或於耗羨銅息項下動支，或於公費養廉項內扣存，或於充公閒款及餘租變價租息銀內撥給，歷經報部覈銷在案。請仍令各該省，遇有修理之時，按照保固年限，動款支給，勘明葺治，並令地方官隨時查察，以期經久。報聞。（高宗一一三二、五）

（**乾隆四八、七、乙卯**）又諭：熱河工程處備用銀兩，著撥銀十萬兩，交熱河道庫應用。（高宗一一八五、一三）

（**乾隆四九、一〇、辛卯**）陝甘總督福康安奏：陝甘原設額兵，因節次裁撥移駐新疆，乾隆四十六年添兵一萬二千七百餘名，合舊額約有七萬。惟是甘省自蘭州迤東至涇州一千餘里，道長地險，外則番族環居，內則民回錯處，各府州縣大路，原設防兵墩戍甚少，請酌量添設，以資防衛。查平涼府爲甘省門戶，擬添兵一百五十名，外委一員，額外外委三員；六盤山要隘處所，添一營汛，設千總一員，外委一員，兵一百名；靜寧州添兵一百十五名，外委一員，額外外委一員；隆德縣添兵二十四名，額外外委一員，並於大路汛戍空濶處，添設墩堡三十九座。又通渭所屬之馬營監，爲舊時縣城，民稠地衝，擬於該處酌添一營，設遊擊一員，守備一員，把總二員，外委三員，額外外委四員，兵五百名，內三百名存營，餘分派扼要之所，安墩堡四十座。清水縣添兵十名；通渭、寧遠、伏羌、漳縣各添兵十五名；禮縣、西和、秦安、兩當各添兵二十名；莊浪添兵三十名；三角城等處添兵四十名。又自固原至靖遠四百餘里，回民雜處，靖遠至省三百餘里，山險迂紆，墩戍寥寥，擬添兵二百二十名，分安墩堡四十四處。查陝省下馬關一營，止設兵二百二十餘名，該營有守備一員，足資統轄，其遊擊一員，裁移馬營監分防管領。此外於西安軍標撥出守備一、千總一、把總二、經制外委三，固原提標撥出把總一、經制外委二，寧夏鎮標撥出經制外委一，足敷分駐，額外外委即在兵數之內。所需兵一千三百四十名，於督撫提鎮各標及各協營內，擇其不近邊關，又非大路，並無番回錯處，兵額較多之處，將零星尾數，裁移抽撥，已敷應用。至應需衙署房間，及新添墩堡，需工料銀二萬四千餘兩，酌於新兵緩立馬匹，節省草乾料豆銀兩內，動用建蓋。得旨：著軍機大臣會同該部議奏。（高宗一二一六、一九）

（**乾隆五二、一、壬申**）諭：現在熱河備工銀兩較少，著於廣儲司撥銀十萬兩，照例運至熱河備用。（高宗一二七二、七）

（乾隆五二、一二、丁未）諭軍機大臣等：據劉峩彙奏報銷已未完一摺。所有橋道河道城工，凡有關動用錢糧報銷各案，分開四單，其未經請銷者，統計共有七十五案。此等報銷案件，原應隨時造報，迅速完案，方不至積壓遲延。直隸本年報銷案件，尚未造報者，至七十餘案之多，劉峩辦理地方，諸事廢弛，於此可見。又據奏十一月分糧價單內，於開寫各屬糧價數目之後，僅聲敘比較上月稍增稍減字樣，而於現在之價值，究竟或貴或賤，及價中價平之處，並不詳悉註明，實屬疏漏。該督於陳奏糧價單，亦未諳悉體例耶。劉峩著傳旨申飭。所有報銷未完案件，並著該督嚴飭屬員，上緊趕辦，造報完案，毋得再有遲逾，致干咎戾。（高宗一二九四、二三）

（乾隆五三、九、戊子）是月，欽差大學士公阿桂、工部侍郎德成、湖廣總督畢沅奏：荊州滿城營房，應新蓋一千五百三十四間，添料補蓋者一千五百三十一間，量加粘補者三千五十七間，補築院牆者一千六百七十間，並補砌門樓三千八百九十六座，又築牆湊長二萬三千三百七十六丈，共估銀十二萬二千九百八十二兩零；又辦事公所並演武廳步營堆撥房一百七十五間，內新蓋、補料、砌牆、揭瓦並院牆湊長，共估銀四千九百五十三兩零，均請動項官修。至協領等各衙署，應建蓋粘補者計一千十五間，共估銀三萬九百七十三兩零，雖俱經邀恩賞俸一年，而被衝之重輕不一，扣還之多寡不齊。請將協領應扣之三千兩，即於該十員中攤扣；佐領應扣之一萬一千兩，即於該四十六員中攤扣；防禦驍騎校俱照此辦理。惟筆帖式每年得俸二十一兩，尚不及披甲錢糧，該三員衙署共需費四百六十二兩零，請照兵丁恩賞，免其扣還。其將軍、副都統、衙署，業奉旨借項興修，地方文武衙署，亦先予借項，於廉俸扣還。又倉厫、監獄已據革職知府俞大猷、知縣屈振甲呈請賠修，均毋庸估計。得旨：如所議行。（高宗一三一三、四三）

（乾隆五五、二、乙丑）兵部等部議覆：陝甘總督勒保疏稱，陝甘各營應添庫房、藥局、馬棚等項，經前督臣福康安通飭籌辦，茲查明實在情形，除舊有修補外，計應添督標、固原提標中左右三營，並城守營、平涼城守及華亭、白水二汛、靖遠協藥局三十二間，庫房三間，馬棚二百五十一間；甘肅提標五營、河州鎮標左右二營、循化營、保安營、奇台堡、蘭州城守營、洮岷協、鞏昌營、泰州營、西固營、庫房十九間，藥局四十間，馬棚一百二十九間，土房及兵丁上宿房五間；寧夏鎮屬中衛營、廣武營、玉泉營、大壩堡、平羅營、花馬池營藥局二十一間，馬棚十二間；肅州鎮屬金塔協、嘉峪關營、高臺營、布隆吉爾營藥局十二間，馬棚三十三間，庫房及草料房十二間；西寧鎮屬貴德營、喇課營、南川營、巴燕戎格營、西寧城守營、威遠營

庫房及料草房四十一間，藥局十七間，馬棚二十八間。請動項建蓋。從之。（高宗一三四八、二六）

（**乾隆五七、七、庚申**）諭軍機大臣等：工部題銷四川省新疆五營修建教場、藥局、庫局等項，覈減款項一本。細閱册內，該省原題用過工料銀四千六百餘兩，工部准銷銀止二千五百餘兩，竟係對半覈減。向來辦理工程，覈減不過十之一二，多者亦不過十之二三，從無對半覈減之事。所有川省修建教場等項，如果承辦之員，不照定例估報，任意浮開，於例價多至一倍，該部即當參奏，不應僅以覈減了事。向來工部於外省奏銷事件，書吏人等，得有使費，即爲照例覈銷，其不得使費者，往往吹毛求疵，任意駁減。今川省此案工程，竟減至對半，或係索費不遂，有意從刻，亦未可定。著傳諭留京王大臣，會同該部，即將此案覈減銀兩，是否照例辦理，有無別情。及若應覈減屬實，何以不將該省浮報官員參奏之處，詳細查明，秉公具奏，勿稍迴護。（高宗一四〇九、一五）

（**嘉慶二三、一、丁卯**）撥借盛京閒款銀三萬兩，給地方官分辦道路橋梁。（仁宗三三八、二二）

第六節　賑貸支出

一、賑貸的政策法令和執行情況

（**順治八、八、辛亥**）刑科給事中趙進美奏言：江浙財賦重地，今歲荒潦異常；山東洪水肆虐，民不堪命。查蠲恤舊例，必經勘明災傷分數，部行之督、撫、按，下至監司、府、州、縣，文移往來，動經時月。請飭撫、按照道里遠近，嚴定限期，蚤報蚤覆，違者參究。勘過州、縣，暫停徵比，以俟恩命。其各省備賑倉穀及養士學田，當速爲賑發。他如通糴平價、勸施煮粥之類，苟行之不力，究無實濟。請敕撫、按，擇廉能方面官專董其事，巡歷查訪，不時舉報，以爲有司考成，則災黎得以全生矣。得旨：所司查議速行。（世祖五九、四）

（**順治一〇、一〇、庚寅**）工科給事中魏裔介條奏拯救兵民八事：一、發倉減價，糶與八旗及京師窮民。一、流民所至，地方官給印票，准其入籍墾荒。一、流民既棄其鄉，所遺戶丁差徭，即行豁免。一、各處給發軍餉，取營兵實收結狀，每季彙報，以杜侵剋。一、各撫鎮死亡兵馬未支糧餉，宜分賞見在軍士。一、查荒不許過一月，其已蠲者，有司造册呈報，使民沾實惠。一、存留錢糧，如里馬、鄉飲、修署、坊銀諸不急務，清算節省，以備賑貧。一、災傷地方，禁屠戶乘賤宰殺耕牛。下所司酌議。（世祖七八、一七；東四、三六）

（康熙四、一、戊申）山東巡撫周有德疏請復孤貧口糧舊額，以恤無告。得旨：直隸各省孤貧口糧，前因大兵出征，錢糧不敷，暫裁扣充餉，今後仍著照額支給。地方官務期盡心給發，俾得實惠，違者察出治罪不貸。（聖祖一四、七）

（康熙七、五、乙巳）戶部議准陝西巡撫賈漢復疏請將西安等四府積穀變價生息。得旨：出陳易新，原以爲民，若將利息報部，恐反累百姓，著停止生息。（聖祖二六、二）

（康熙七、六、辛巳）戶部遵更定事例，查報災定例，夏災不出六月，秋災不出九月，但踏勘於收穫未畢之先，始可分別輕重，請嗣後報災限期，夏災不過五月初一，秋災不過八月初一，踰期仍如例治罪。得旨：凡被災州縣，有司必先勘察申報，該撫然後具題。地方遠近不一，若限期太迫，被災之民恐致苦累，其仍如舊例行。（聖祖二六、九）

（康熙九、七、乙亥）戶部議覆：浙江福建總督劉兆麒疏言，請展報災限期。查康熙七年會議，夏災不過五月，秋災不過八月，地方官每慮愆期，匿災不報。應如所請，仍照順治十七年定例，夏災不出六月終旬，秋災不出九月終旬。從之。（聖祖三三、二三）

（康熙一○、四、癸未）山東道御史徐越疏言：淮、揚饑民，現議賑恤。臣謂及今賑濟之法，宜於各府、州、縣分設米廠，廠不一處，使饑民無奔赴、守候、擁擠之患。然後計人給米，每日人各一升，每三日一放。則一石米，可以養活一人於百日矣；萬石米，即可以養活萬人於百日矣；即多至十萬災黎，亦止需十萬石米耳。伏乞敕部差賢能司官，每府各一員，協同地方官，親身遍歷，如法賑濟，至麥收後停止。疏入，上是其言，命差往賑濟侍郎田逢吉等速如議行。（聖祖三五、一八）

（康熙三六、一一、甲辰）諭大學士等：各省被災地方巡撫先行奏聞，俟部覆之後，始行察勘被災分數，直隸、山東近地猶可，若遠省則往返奏請，爲時既久，雖議蠲賑，與民無及。嗣後有被災宜報者，即將分數一並察報，該部亦一並議覆。（聖祖一八六、八）

（雍正九、七、辛未）諭内閣：朕因河南上年有被水之州縣，今春小民乏食，特命侍郎王國棟前往賑濟，動用倉穀五十餘石，續經該侍郎查有不應賑濟而冒領者，議令著落該州縣追比。朕思發粟蠲租，乃國家愛養黎民之大典，豈容冒濫升斗以滋弊端？但今年夏月，豫省州縣又有雨澤愆期之處，朕心甚切憂勞，惟恐收成歉薄，正遣大臣官員前往查勘，其從前冒領之人，未必皆係殷實之家，今按數著追，未免竭蹶，用沛格外之仁，將未完米石緩其追比，俟將來年穀豐稔，再行徵收還項。（世宗一〇八、八）

（雍正一〇、五、辛未）大學士、九卿等遵旨議奏：近因京師少雨，直隸、山東雨澤未遍，上厪聖心，將用人行政，應行應改之處，令臣等陳奏。謹將現在賑恤事宜十款條列：一、刑部等衙門現將監禁者查明保釋，其直隸、山東各州縣，情罪較輕及干連待質人犯，亦暫行保釋，至八旗緩決人犯，有情罪稍可寬貸者，刑部查明，分別奏請，減等發落。一、被災州縣，該督撫查明分數，將本年錢糧照例奏免外，其有雖不成災而收成歉薄，應徵錢糧，亦暫緩追呼，或分年帶徵，以紓民力。一、凡州縣地畝相錯，有田在被災境內，而納糧在別縣者，亦應查明，一體賑恤。得雨以後，無力農民不能置辦秄粒，應令該地方官查明，酌借秄種銀兩，秋成後交還。一、耆老義民，量其捐穀多寡，或給匾額，或給頂帶榮身；生監人等，或准作貢生；縉紳人等，或刻石書名，以爲衆勸。候補、候選有力之家，捐貲多者加級；更多者，照本職加銜。其地方官有能捐俸糴穀，廣行賑濟者，量其所捐，分別議敘；有因公罰俸降級停陞者，准予開復。一、商賈米豆船隻，既奉恩旨，免其關稅樑頭，地方官派員巡察，禁止搶竊；至於價值，聽民間照時糴買。一、賑濟成例，凡有地可種者，不在應賑之例。但有地畝之家，現在無收，實與無地畝者同受飢餒，應查驗酌賑。又有逃荒出外，聞本地受賑，舉家歸里，往往以造册已定，不能添入爲辭，應嚴飭地方官，一體補入加賑。一、散賑平糶之外，有盈餘穀石，聽民間借貸；或令田多之家，具呈領穀，聽其轉行分給，到秋收逐户收繳。一、兗、東二府未經賑濟之先，或已有轉徙他鄉者，地方官即行查報，酌量安插，俟秋成資遣回籍；其經過鄰省地方，仍照雍正九年之例，週給資遣。一、禮部現同各部院諸臣，在顯佑宮等處虔誠祈禱，查有天神壇、地祇壇、太歲壇及四海龍王之神，亦應虔誠祈禱。得旨：照所奏速行。（世宗一一八、一二）

（雍正一三、一〇、辛未）嚴禁地方官匿災。諭曰：洪範庶徵，凡雨暘之愆和，關人事之得失，所以著感應之理，使修人事；然水旱之災，雖堯湯不能免，惟有勤恤民隱，竭力補救，可以化災沴而成太和，總在積至誠以昭假，不可萌一念之欺罔也。督撫身任封疆重寄，奏報收成分數，乃關繫地方民命，必確實無欺，始得議行蠲賑，以甦民困。朕平日留心此事，見各省陳報收成分數，或有只據一方豐收數目爲定；雨水過多之處，以高阜所收爲準；亢旱時有之年，以低下所穫爲准；並不分析某處豐收，某處歉穫，其意祇圖粉飾，以邀感召和氣之名。而不知即此一念欺罔，已爲穫罪於民，穫罪於君，而穫罪於天矣。夫至誠格天，乃聖人體信達順、參贊化育之事，爾等督撫，即使辦理妥協，亦不過仰承皇考聖訓，遵循罔越，豈得因年歲之豐阜，貪天之功爲己功乎？若歲豐可引爲己功，則必歲歉懼爲己罪；捏報豐收，不恤民艱，使饑凍流亡之慘，不得上聞；蠲免賑恤之恩，不得下逮。職思其故，誰爲厲階；清夜捫心，何以自問？且朕體皇考敬天勤民之意，膺君國子民之任，豈肯姑貸此等督撫，以爲民害耶？嗣後務各警醒，所奏報各地方收穫分數，不得絲毫假飾，以干重戾。（高宗四、一八）

（乾隆一、六、壬辰）河南巡撫富德奏：救荒之策，止憑社倉册籍，尚未盡善。請令各該地方官，每於冬間春初，點查保甲時，即將逐户男婦大小名口，填註册内。則無事之日，貧富已按籍而瞭如指掌，設遇賑濟，自無脱漏，而胥役之浮冒侵漁，均無所容其伎倆。得旨：此事已遍密諭各省督撫，原各令其因地制宜，以期有利而無弊也。可照汝此議，先行於豫省。一二年後俟有成效，他省若不如此，則朕再降諭旨耳。（高宗二一、三〇）

（乾隆一、七、丁酉）諭：地方偶有水旱之事，凡查勘户口，造具册籍，頭緒繁多，勢不得不經由胥役、里保之手。其所需飯食、舟車、紙張等項費用，朕聞竟有派累民間，並且有取給於被災之户口者。若遇明察之有司，尚知稽查禁約；至昏憒庸懦者，則置若罔聞，益滋閭閻之擾矣。嗣後直省州縣，倘遇查勘水旱等事，凡一切飯食、盤費及造册紙張各費，俱酌量動用存公銀兩，毋許絲毫派累地方；若州縣官不能詳察嚴禁，以致胥役、里保仍蹈故轍，舞弊蠹民者，著該督立即題參，從重議處。該部即通行曉諭知之。（高宗二二、六；東一、四八）

（乾隆二、五、戊申）山東巡撫法敏條奏賑卹事宜。得旨：若果如所奏辦理，而汝等又不時查察，則飢民可以無流離溝壑之苦矣。此事亦交總理事務王大臣速議。尋議：一、踏勘被災州縣，宜分別方隅。查東省春麥被旱，原屬偏災，若不查明歉收分數，概行賑卹，恐滋冒濫。所奏派委郡守、丞倅等官，分路會同地方官履畝踏勘，將被災幾分，親註門牌，以便分別賑卹；倘假手鄉保吏胥，即行參處。應如所奏行。一、查造户口，宜分別極貧、次貧，預給印票，以定賑數。查東省春麥雖有無收之處，而秋田多已播種，現今該撫奏報。已得透雨，可望有收；其在六七月之間，乏食貧民，宜量加賑卹。所奏委員查造户口，分別極次，預給印票，交該户收執，以免移換添改等弊，俱屬應行。應照所奏辦理。將極貧賑三個月口糧，次貧兩個月口糧，大口每月給穀三斗，小口穀一斗五升。統於六月爲始，動用存倉穀石。文武生員，有真正赤貧者，亦一體賑恤；其商賈、吏役，紳衿大户之莊佃，及家有儲蓄者，不准入册。再，東省歉收，已蒙聖恩蠲免本年正項錢糧一百萬兩；此次賑給穀石，原指極貧、次貧，應令該撫嚴飭委員確查，不遺不濫；該撫仍不時訪察奏聞。一、散賑宜運穀四鄉，先示賑期，以免請領守候。離城遼遠之鄉，即遵照平糶例，動用腳價運往。酌定某某村莊貧民，赴某廠請領，先期出示，某日賑某幾村；於辰刻開賑，申刻停賑，男女分別。先賑某村，即將該村照票，先行查收，唱名給發；如老弱疾病，不能親身赴領，許親族隣佑，代爲持票保領。倘敢冒領扣剋，地保舉報著賠；地保扶同分肥，一體坐罪。倉夫斗級人等，毋得抛撒剋減；賑官徇庇失察者，參處。所奏散賑之法，頗屬詳悉，均應如所奏行。一、籽種、工本，宜照所種秋田畝數，酌定借給。查春麥歉收之後，借給工本、籽種，俾得盡力南畝，以冀秋收，固屬應行之事。但按照田數，每畝借給銀一錢，恐民人祇圖目前之便，人人俱捏稱借領，到手花銷，轉瞬秋收，即應照數徵還，少或延緩，勢必徵比；且不肖官吏，亦難保無侵扣、冒濫情弊。應令該撫飭行各州縣確查，如果實係極貧，方准借給；緩至十月間，照數徵還。如有侵扣、冒濫情弊，即照溺職例參處。其不願借者聽。一、查造賑濟之册票，監查役員之盤費，宜行議給。查賑濟攢造册票，官役應用盤費，俱屬必需。今酌定數目，於存公項内支給，事竣歸賑案報。應如所奏行。一、司賑各官，宜委道員督率稽察。查賑濟爲格外聖恩，地方各官，自應實心實力辦理，但不定以勸懲，恐不肖有司，草率從事，有名無實。所奏實心辦事之員，保題優敘，辦理不能妥協之員，嚴參治罪。派委各道稽查、督率之處，均應如所奏行。從之。（高宗四三、五）

（**乾隆二、六、丙寅**）命寬免息穀。諭總理事務王大臣：朕聞各省出借倉穀，於秋後還項時，有每石加息穀一斗之例。朕思借穀各有不同，如地方本非歉歲，祇因春月青黄不接，民間循例借領，出陳易新，則應照例加息；若值歉收之年，其乏食貧民，國家方賑恤撫綏之不遑，所有借領倉糧之人，非平時貸穀者可比，至秋後還倉時，止應完納正穀，不應令其加息。將此永著爲例，各省一體遵行。該督撫仍當嚴飭有司，體恤民隱，平斛收量，毋得多取顆粒；如有浮加斛面，額外多收，及胥吏苛索等弊，著該督撫嚴參治罪。（高宗四四、一二；東二、一二）

（**乾隆二、七、辛亥**）户部議覆安徽布政使晏斯盛條奏：一、勘災先宜查報應賑戶口，以速賑濟。嗣後如遇地方水旱，一面題報情形，一面查明應賑飢口，即先發倉賑濟，於四十五日限內，題明加賑等語。應如所奏辦理。俟賑務竣日，將賑過戶口、需用糧石題銷。其被災頃畝、分數及應免錢糧數目，覈實造報。一、丁漕銀兩，應一體蠲免。田地被災，錢糧得蒙蠲免，漕項銀兩，例不准豁。惟是漕項出於田畝，與地糧解款雖分，民間歷係一條鞭徵，通行完納，並不分晰何項爲地，何項爲漕，或免或不免，則災前已完在官，及次年補徵應完之銀，查扣紛雜，小民難於周知，吏胥乘間影射，易啓重徵。請一併准照成災分數蠲免。再丁銀一項，原係另款徵收，不在田畝出辦，是以被災例不蠲免。江省自雍正六年題明，將丁銀攤入地畝徵收，則被災亦應蠲免等語。查漕糧凡遇災蠲，例惟改折，間有異災係奉特免；又災地漕米，例按分數改折，或災重亦准全折。蓋漕糧不容缺額，即漕項輕齎等銀，亦係辦漕必需，隨漕交納，是以從前祗有改徵折色之例，間有蠲免，乃出特恩，原非定例。請嗣後有被災地方，令督撫勘實，或應分年帶徵，或按分數蠲免，臨時具題請旨。至丁銀，自攤入地畝均徵之後，設有災荒，亦應如所請酌免。一、停徵宜查照四鄉收成分數，分晰酌辦。除豐收之鄉，照常催徵，毋庸再議外，所稱成災田地，應將都圖里甲花名，飭令州縣於實徵册內剔出，另造一册存案；俟次年啓徵，另行設櫃，仍於完票內，填明災戶等語。應如所奏辦理。一、補徵宜將新舊錢糧分別。災地例於次年麥熟後補徵，若新舊並納，小民不無拮据，似應將災地錢糧，於次年開徵時，只催舊欠，其當年錢糧，准於九月後催徵。至災地有延至深冬方得雨雪，及積水方退者，逾時始得佈種。此等地畝，應令地方官查實，將新舊錢糧，概緩至秋成收納。應如所請，通行各省一體遵照。從之。（高宗四七、二一）

（**乾隆二、八、壬戌**）戶部議覆：內閣學士凌如煥奏言，本年七月內，盧溝橋一帶水災，奉旨特派侍衛等齎銀前任，會同地方官查明安頓。該處幸以地近郊畿，不俟地方官奏報，遂得早達宸聰，悉邀拯濟；至如直隸各省，凡遇偏災，例由州縣申詳、督撫委員確勘，始行疏報，必俟部文到日，然後推恩，恐已經流離之民，難以懸待。請嗣後直省州縣，倘有被水及蝗蟲、冰雹、颶風等災驟至者，督撫聞報日，即酌撥存公銀，委員帶往，會同地方官查明，量給安頓；其急需賑濟者，亦許地方官將倉穀量賑報銷，均不必俟部交到日。再，被災時，鄉里富戶有能出貲安插，不致窮民失所者，地方官查明申報，另加優賞。均應如所請。惟蝗蟲爲災，例應該地方官撲滅掩蓋，非水災驟至可比，應仍俟奏報，請旨遵行。從之。（高宗四八、六）

（**乾隆二、九、乙卯**）四川巡撫碩色疏奏：前奉恩旨，各省出借倉穀，至秋成後還倉，若值歉收，免其加息。查川省春借倉糧，無論豐歉，概不加息，應請仍照舊例。得旨：自應如是辦理者。豈有向無加徵，而反因此加徵者乎？（高宗五一、二九）

（乾隆二、一〇、癸丑）[孫國璽等] 又續奏：酌定米價，賑給半銀，以便災民糴買雜糧充食，俾益饒裕。得旨：知道了。該部知道。（高宗五五、一二）

（乾隆三、二、乙巳）免歉年常平倉穀息。諭：乾隆二年六月朕曾降旨，各省出借倉穀與民者，舊有加息還倉之例，此在春月青黃不接之時，民間循例借領，則應如是辦理，若值歉收之年，豈平時貸穀可比？至秋收後，祇應照數還倉，不應令其加息，此乃兼常平、社倉而言也。今聞外省奉行不一，凡借社倉穀石者，照此辦理；而借常平倉穀者，遇歉收之年，仍循加息之成例。似此則非朕降旨之本意矣。嗣後無論常平、社倉穀石，若值歉收之歲，貧民借領者，秋後還倉，一概免其加息，俾蔀屋均沾恩澤。將此永著爲例。（高宗六三、七）

（乾隆三、四、辛亥）戶部議准廣東巡撫王謩題請：各屬社倉民借穀石，概行停止加息。從之。（高宗六七、三〇）

（乾隆三、五、甲子）戶部議准：廣西巡撫楊超曾疏言：粵西各州縣社倉穀石，民間歲歉偏災借領者，即遇豐收，免其收息。如係青黃不接之時，循例借領者，儻遇歉歲，祇還本穀；其在豐收之年，秋後還倉，則照例收息。從之。（高宗六八、一八）

（乾隆四、一、壬子）又諭：上年江南地方收成歉薄。民食維艱，朕宵旰焦勞，多方籌畫，惟恐一夫不獲其所。其賑濟之例，據部臣與該督撫定議，極貧之戶口賑四個月，次貧者賑三個月，又次者賑兩個月，俱以本年二月爲止。朕思三四月間，正青黃不接之際，在官倉雖有平糶之米，而無力之窮民，仍苦糴買無資，難以餬口，良可軫念。下江地方，著將極貧之民加賑一個月。上江去歲歉收，較下江爲尤甚，著將被災五分以上之州縣，加賑極貧、次貧者一個月；被災四分以下之州縣，加賑極貧者一個月。該部可即行文該督撫豫先籌辦米穀，並飭有司實力奉行，俾閭閻均沾實惠。（高宗八四、五）

（乾隆四、九、辛未）[戶部] 又議覆：貴州總督張廣泗疏稱，黔省社倉，不應減息收耗，應將出借社穀，比照部行出借倉穀之例，收成五分以下，緩至次年秋後還倉，六分者本年還一半，次年還一半，均免加息；七分者本年全還，亦免加息；收成八分、九分、十分者，本年秋收，照數加息還倉。應如所請。從之。（高宗一〇一、一五）

（乾隆五、九、己卯）戶部議覆：大學士等奏，賑恤夏災秋災，應分別定議等語。查夏月被災，除補種秋禾者，應俟秋間勘明分數，另行辦理外，或有得雨稍遲，佈種較晚者，應令該督撫酌量接濟。至秋月被災，固非夏災可比。請嗣後凡被災地方，勘明五分，於春月酌借口糧；六分，極貧者，加賑一個月；七、八分，極貧者，加賑兩個月，次貧者，加賑一個月；九分，極貧者，加賑三個月，次貧者，加賑兩個月；十分，極貧者加賑四個月，次貧者，加賑三個月。其餘一切應行賑恤事宜，仍令該督撫因時因地，題明辦理。再各省賑給米數，多有參差。請嗣後每大口，日給米五合；小口減半，以歸畫一。得旨：此奏依議。賑濟之事，最關緊要，固不可不先定條例，以便遵行，然臨時情形，難以預料，雖定例千百條，亦終不能該括，惟在該督撫因時就事，熟籌妥辦而已。夫雨暘不能必其時若，旱潦不能保其全無，即一省一邑之內，亦或參差不齊。如果應行賑濟，即於常例之外，多用帑金，朕亦無所吝惜。倘該督撫不留心稽查，以致有司奉行不當，徒飽奸胥猾吏之私橐，小民不沾實惠，則虛糜國帑，究何裨益耶？蓋各省遇有水旱，皆係朕與督撫諸臣，平時政事，不能感召天和。潛消災沴，已應抱愧，若復經理未善，使閭閻至於失所，則父母斯民之責，返躬自問，又何忍乎？將此並諭督撫等知之。（高宗一二六、一六）

（乾隆六、四、癸亥）〔安徽巡撫陳大受〕又奏：據布政使託庸詳稱，向來社倉米穀出借，至秋收催還時，兼收雜糧，即以彼時市值計其本息。時價消長不同，殊難稽覈，似應折中酌定。小麥、粟米，每一石抵還稻米八斗。大麥、秫秫，每一石抵還稻米五斗。統計所借米穀，按數折收。得旨：所奏俱悉……（高宗一四一、一六）

（乾隆七、二、己未）是月，御史沈世楓、郎中官保奏：賑例，凡家有斗儲及執藝者不與，又一家數口不徧給。臣奉使經過上江，男婦老幼，尫羸呼籲，知為成例所拘。請飭下欽差、督、撫一體加賑。得旨：此奏著寄與周學健看。尋周學健奏：奉寄閱御史沈世楓等奏加賑一摺，徐州府屬災民，應就原賑戶口，於恩旨外，加賑一兩月不等，並收養外籍流民。得旨：所奏俱悉。若往返待旨，恐緩不濟急，汝可便宜從事。一面辦理，一面奏聞。（高宗一六一、一六）

（乾隆七、四、己酉）大學士等議覆：御史李清芳奏稱，地方被災，有夏旱、夏水、遭風、冰雹各項，部議謂遭風、冰雹及夏天被水，均不動賑等語。查夏災後不能補種秋禾，即與秋災無異。現在直隸、江南、福建等省，夏災較重，仍照例加賑。並未著有概不准賑之條；至冰雹災多在夏月，向例有貸無賑,是以原議令查勘情形,照夏災例辦理,其風災一項,原議令該督撫確勘,如果民食艱難,即於常平倉穀內酌借,倘損傷大田,必需賑濟者,即具題請旨遵行。是一切夏月水旱風雹各災,俱應臨時酌籌賑卹,使皆歸實際。嗣後各省賑務,均照此議辦理。從之。(高宗一六五、一二)

(乾隆七、九、庚辰) 戶部議覆侍郎蔣溥條奏江省被災地方賑卹事宜。一、江省災黎,或群聚一處,或流散四方,饑寒所迫,最易煽動;該地方官,應將前後所奉恩旨,隨時隨地,宣揚化導,俾知朝廷德意,無微弗逮;再有司辦理荒政,應兼留心防察奸宄。其流民所到之處,業蒙諭旨,使各該省隨地安插留養,並令訓諭約束;而未經流出之人,又現奉諭旨,令該督撫於常例外加意賑卹,則災民自不致乏食。中有游手好閒不安本分之徒,藉被災爲由,煽惑愚氓,肆行掠食搶奪者,應令大吏董率文武,留心稽查,隨時化導;不遵約束,即行查拏,嚴懲首惡,以儆其餘。一、賑卹重務,該州縣不能分身兼顧,非濫即遺,是以委員協辦;倘本地方牧令,視爲客官,不能和衷共事,則胥吏呼應不靈,必妨賑務。應令該督撫嚴行訓飭,屛除積習,一體辦公,不可妄生畛域,致委員掣肘貽誤。一、散賑地方,或有本籍紳士,及殷實之戶,能出己資,分任賑務,實心效力者,係本地人,自能熟悉本地情形,應令地方官覈實詳報,分派各村鎮辦賑。如果有益災黎,請照樂善好施之例,酌量分別議敘。一、散賑分設各廠,需用胥役甚多,皆有額設工食,而此輩往往乘機侵蝕,散米,則用小斗量出,或攙和糠粃;賑粥,則夾入硬灰,偽作稠穄,因而剋扣米石。在國帑已大爲糜費,而窮民未得被恩膏,徒有賑濟之名,而無領賑之實。應令該督撫轉飭所屬辦賑之員,務須親身查察,倘有前項情弊,即於散賑處所,嚴懲示衆。一、窮黎被水之後,露棲夜處,寒濕交侵,易致疾病;該牧令均有父母斯民之責,自當加意撫卹。應令地方官開設藥局,選擇良醫,推廣皇仁,加意全活,毋致虛應故事。均應如所請。從之。(高宗一七五、一一)

(乾隆八、七、癸未) 諭軍機大臣等:辦理流民一事,朕前降旨,令各省督撫,務於平日諄切勸諭,俾各知安土重遷;及至歉象已形,漸不能支,即設法安頓,不致越境四出。原欲其先事綢繆,臨時調劑也。但恐地方官錯會朕旨,不善撫循,惟事攔禁不許出境,轉致阻其謀生之路。爾等可傳諭各省督撫,轉飭屬員,如有本地災民,加意經理安插,其有不得不流移他處者,所到之處,該地方官亦必善爲撫恤,無使失所。(高宗一九六、三;東六、八)

(乾隆八、九、戊申) 諭:常平等倉穀石,民間於春月青黃不接之時借領者,例應秋後加息還倉;朕曾降諭旨,若值歉收之歲,祗應完納正穀,不應令其加息,永著為例。後經部議,秋成八分以上者,徵收息穀;收成七分者,秋後止徵本穀,免其加息。但專指本年春借秋還者而言,其帶徵舊欠穀石,不在此例。今聞河南秋收,多有歉薄之處,若本息兼徵,民力未免難支。著將豫省帶徵乾隆七年以前民借未還穀四十六萬四千餘石,止徵本穀,概准免息,俾輸將不致拮据。該部即遵諭行。(高宗二○一、二五)

（乾隆九、五、乙巳）大學士鄂爾泰等議奏:左副都御史勵宗萬條奏,直省災民到境,或棲寺廟,或設蓆棚,或勸諭殷實之家,隨力周給,或該地方有曠土可耕,工程可作,隨宜處置,務遂其生。所奏悉屬安頓良法,應令奉天、山東、山西、河南各督撫,遵照辦理。又奏,近來資送流民之例,原以保聚流離,但果有業可歸,自能回籍;若無可歸,姑就資送,是途中暫有餬口之資,而歸後轉無可生之路。倘故土豐登,情願復業,官與路引,聽其自歸,毋庸差役押送。查舊例流民入境,即加意賑撫,春融時有願回籍者,始行給資護送,並非災黎甫集,即行押回,不容逗遛也。若聞本地得雨,情願復業,聽其自歸,則沿途資斧無出,且押送無人,或致聚衆生事,自應仍照例辦理。至稱興工代賑,甄工利歸窰商,不若興修土城,得以挑築傭工為有益。應令直督將河間等處城垣現在興修者,速飭辦理外,其餘應修者,再行估題代賑。又稱,將來普賑興工,所費不貲,請於江南限滿停捐之後,改於直省收捐。現在樂善好施之例,雖經減四,終覺太多,其途亦尚可增益,請照雍正五年怡親王等題定營田事例,分班銓選。查從前直屬被水,興舉營田事例,至乾隆七年,兩淮水患,上下兩江,又議開樂善好施事例,今直屬疊被災傷,賑卹工作需帑浩繁,該副都御史請照例開捐,彌補工賑之費,實權宜應行之舉。惟是捐納人員,急公效力,藉為進身之階,必須力所能為,庶免逡巡觀望。江賑例款,自減四收捐,較原定銀數,已屬從減,該副都御史以為數尚多,其途尚可增益,請照營田舊例收捐。查營田事例與户部糧運事例,輕重髣髴,應將江賑例內,除與營田糧運事例相同,並多寡不甚懸殊者,毋庸更正外,其有較二例過輕過重之條,悉照二例酌為增減;並將舊例所有、江賑所無者,酌量添入,另定條款,照營田糧運之例,在户部收捐。至於郎中、員外、主事、知府、知州、知縣,若准一概捐陞,恐礙正途;今各款既議加增,其途已廣,應酌定京官自中、行、評、博以下,外官自同知以下,准捐。仍令吏、兵二部,將各項滿漢文武,應增應減之項,作何分班銓選之法,詳加參酌,具奏遵行。再兩江捐例,已展限一年,應至乙丑年十月停止,若俟限滿,部捐始開,未免緩不濟急。所有江南捐例,仍於限滿停

止外,戶部即奉旨之日開捐。從之。(高宗二一七、二四)

(乾隆九、八、甲戌) 是月,直隸總督高斌奏:查定例,農民值青黄不接時,領借籽種、口糧二項,籽種免加息,秋收後,止將本數還倉。口糧酌秋成分數,其八分以上者,加息還倉。直隸順天等府、州、廳,上年被災,今春又值少雨,所有貧户新舊借貸口糧,懇恩免其加息。奏入。報聞。(高宗二二三、二五)

(乾隆一〇、八、甲辰) 諭:江蘇各屬,向有學租一項,以供給發廪生,並賑卹貧生之用,此固國家體恤士子之恩也。但聞向來學臣賑貧,每於各處考試事竣,始據各學册報給發,其中弊端種種,不一而足。朕思與其散賑於考試將竣之日,何如散給於士子雲集之時?則耳目眾多,貧者不致遺漏,而不貧者亦難以冒支。嗣後著各該學政,轉飭各學教官,確查極貧次貧,造具花名細册,於按臨之日投遞,該學臣核實,即於三日內逐名面賑,則貧生均霑實惠。該教官等,如有濫開混報等弊,亦易查出參處。(高宗二四六、五)

(乾隆一〇、一一、丁酉) 護蘇州巡撫安寧奏:辦理賑務,例動常平米穀。因飢口眾多,有折銀給賑之例;但地方被災,米價必貴,終不若放給本色,於貧民更為有益。本年淮、徐等處被災,查明各該處,原有常平及監穀共四十七萬一千四百餘石,陸續撥運江蘇等屬穀十九萬六百餘石;嗣奉諭旨,截留上下江漕糧十萬石,本色充裕。因令各屬察看情形,如米價尚平,兼給折色;米貴,即給本色。得旨:知道了。督率屬員,妥協為之。又批:此係朕本意,向來亦曾諭各督撫,而彼等總以銀米兼施為便,此朕所不解,汝奏正合朕意。(高宗二五三、一八)

(乾隆一一、二、丙寅) 陝西巡撫陳宏謀奏:陝省常平倉穀共三百三十萬餘石,定例每年存七糶三,出陳易新,但民間利於借,不利於糶。前與督臣酌定規條,及時出借。每當青黄不接,米價不致大昂,窮民頗得其益。春借秋還,欠者亦少。惟西、同二府,積欠日多,其中挓冒包侵,皆所不免。幸去秋豐收,可以暫停出借,乘此亦得清查舊欠,倉儲不致有虧。至社倉穀本,亦經酌定條例,及時出借,接濟農民;並慎選社正副,分別勸懲。民間就近借穀,取攜甚便,始知社倉之有益,適值豐收,輸捐踴躍。自此經理得人,斂散如法,源源生息,積漸加多,可備救荒一策。得旨:惟在得人辦理而已。知道了。(高宗二五九、四一)

(乾隆一一、八、辛巳) 大學士等議覆,奉天府府尹蘇昌奏請,奉屬流寓民人,應否賑恤一摺。查直省災賑條例,向只農户分別賑恤。自乾隆三年,大學士伯鄂爾泰議准御史張重光條奏以後,始將無地貧民,一體給賑;

若外來流寓，偶然停住者，原不在賑恤之例。奉省流寓民人，蓋房租地，多係久居，非暫時托足可比，是以乾隆七年賑案內，戶部議准前任府尹霍備所請，一體給賑。今奉天寄居民人，現辦清查回籍，伊等既不入籍，又不歸家，偶被災歉，仍與土著一體賑恤，愈開觀望逗遛之漸。臣等酌議，除一切游食之徒，不在應賑外，其實在無地貧民，被災乏食，與其動項賑恤，止濟一時，莫若即照資送流民回籍例，酌給路費口糧，俾歸故土。得旨：此議是，依議。交達勒當阿、蘇昌，悉心實力妥辦。（高宗二七三、七）

（**乾隆一一、一二、辛未**）戶部議覆：調任湖北布政使嚴瑞龍條陳災賑事宜。一、查報被災戶口，宜與頃畝分數，勒限辦理。查蠲免以分數為憑，賑濟以戶口為據。如被災較重，而戶口繁多者，概令依限查報，恐承辦各官，草率了事。請嗣後查勘分數限內，除戶口繁多，難一時並舉者，照例另報外，其戶口較簡者，即令乘便帶查。一、勘災限內，有續經被災村莊，酌量展限，查續被災荒，亦應早為勘報。若於正限外加半扣展，反致藉端稽誤。請嗣後除旱災以漸而成，仍照舊例辦理外，如查勘水災限內，有續被水村莊，距原報期已過十五日者，方准聲明展限二十日。一、本管道府親督查災賑。查各省委查災賑道府，多有止據印委各官印結，加結詳報者，應令各督撫嚴飭道府，務須親身督察，實力稽查。從之。（高宗二八〇、一七）

（**乾隆一一、一二、壬午**）署江南河道總督顧琮奏：本年淮、徐等屬被水貧民，業遵定例分別加賑。臣於附近淮屬地方，聞有貧困婦女，擁擠求賑，民情不甚寧謐，雖經地方官彈壓，不致滋事，然皆係被災九分之極貧次貧。臣訪察其故，蓋緣成災分數，專視其地畝被災之輕重；至於分別極次，則又視其生計之艱難。其被災七八分者，尚與十分者相隔。至被災九分者，則與被災十分者，情形不甚懸殊，而加賑俱少一月，是以九分之極貧次貧，僉謂貧苦與十分者無異，希與十分者一例邀賑。可否將九分之極貧次貧，於例賑外，量加半月或十日，則九分者仍與十分者有間；其八分者，自不得藉詞與九分者相等，遞生覬覦。得旨：如汝所言，則八分者不將覬覦九分者乎？所見甚鄙。又批：斷無因貧民鬧賑而即為加賑之理。全不知治體，奈何？又諭軍機大臣等：顧琮此摺並朕硃批，一併抄錄，交與尹繼善、安寧閱看。若因鬧賑而即加增，此風甚不可長。但顧琮既有此奏，或百姓實有向隅者，或因屬員辦理不善，著尹繼善、安寧悉心查明，毋因朕旨而遷就，毋姑息屬員，亦莫長民之刁風，亦莫玩民之疾苦。並將被災貧民，或應加賑，與不應加賑之處，酌量定議，即速奏聞。（高宗二八一、一〇）

（**乾隆一一、一二、庚寅**）是月，兩江總督尹繼善奏：向遇地方歉收，貧民例應散賑，惟營兵以有月支糧米，概不予賑。查營兵所支月餉，原不能養贍多口，若因一人入伍食糧，使一家多口，不得與災民均霑惠澤，似屬可憫，但一概入賑，又覺過濫。現據各屬紛紛稟請，臣思兵丁糧餉一分，尚可養贍三四口；請將坐落被災地方營分，除兵丁本身及家屬在三口以內者，俱不准入賑外，其多餘家口，應各就被災處所，分別極貧次貧，編入飢民册內給賑。得旨：照所議盡心辦理。(高宗二八一、二三)

(乾隆一四、四、丁未) 諭戶部：嗣後查報各省收成分數，應以八分以上爲豐收，六分以上爲平收，五分以下爲歉收。(高宗三三九、四一)

(乾隆一六、六、辛酉) 諭曰：江西巡撫舒輅奏請。分晰江省賑卹事宜一摺，內稱，江西省夏月溪澗水發爲患，例係有貸無賑。乾隆七年以前，地方官隨時籌辦，或動閒款，或自捐資，通報查覈。今則無論夏秋，一遇水發，地方官即攜銀前往撫卹。在小民以爲例當如是，望恩幸澤無有饜時，所費實多無益，亦於風俗有關。現擬分晰辦理等語。舒輅此奏非是。他方偶遇旱潦，雖屬偏災，而所關於民瘼者甚重，竭力補救，尚恐小民或有向隅。督撫身任封疆，正當隨時體察。先事綢繆，豈得因愚民望澤無饜，豫存裁抑之見。況今當國家全盛之時，中外乂安，兵革不試，經朕輪免天下田賦一周，而大農歲積甚充；即間有興作，悉給自內府，並不動支正供。實可云庫有餘帑，倉有餘粟，何必以一方偶需賑卹，鰓鰓計較。且朕宵旰勤求，恫瘝在己，時切於懷，亦何忍以嗷嗷待哺之窮黎，撙節錙銖升斗之米，即慮時有冒濫，亦祇應嚴飭地方有司。辦理妥協，俾實惠及民，毋令中飽滋弊而已。至奸徒因事造端，逞強肆橫，自應盡法懲創，以儆刁風；督撫之盡心盡職，正在於此，若云多費錢穀，則所損於國儲者無幾，而災黎之所全實多，豈得謂之無益？爲督撫者苟如此居心，必致貧民失所，殊非朕委任司牧之意。舒輅著嚴行申飭。並將此通行各督撫知之。(高宗三九三、一一)

(乾隆一六、九、戊寅) 又諭 [軍機大臣等]：各省辦理賑務，向無一定章程，多有冒濫中飽之弊，而實在貧民，轉多遺漏，不能均叨賑卹之恩。蓋地方災賑，全在清查戶口，以杜遺濫。封疆大吏。統馭全省，既難躬親其事，即被災之州縣。其應辦事務實繁，如止一隅偏災，尚可自行查辦，若災地稍闊，必不能分身兼顧，而本處一二佐雜教職，亦難徧歷村莊，勢不能不假手於書役鄉地，所以易滋弊混。近詢之直隸總督方觀承，據稱該省向來俱另委廳印，帶同佐雜等官分查，視災地之大小，以定派員之多寡。其巡查登籍、散票給賑諸法，其屬妥協周詳。浙省今年被旱成災，應賑之州縣甚多，若辦理稍有未善，既恐遺漏滋弊，且恐總理大員，見戶口過多，率意裁減，益致向隅。而胥吏之冒濫作奸，仍復不免，災黎何由得霑實惠。可將方觀承所開説貼，抄寄喀爾吉善、永貴等，令其仿照辦理，於賑務實爲有益。其各省州縣中，有被災應賑者，遇奏事之便，一併抄寄。令該督撫等酌現在辦賑尚有未協之處，可擇善而從；若已定有章程，大意相同，而果能信其實無弊混，亦不必因有此旨，遂復行從頭另辦，轉致更張滋擾。直隸總督方觀承陳奏辦賑事宜説帖：查向來直隸辦理災賑，俱係另委廳印，帶同佐雜等官分查，視地方之大小，定派員之多寡。廳印或一員，或二員，佐雜並能辦事之教官，或三四員，或五六員，各給號記一；其廳官之才幹者，或一員兼管兩州縣。派員既定，令總理賑務之道員，照議定查户規條，帶領各廳印清查一二日，俾皆領會；廳印又帶同派隨之佐雜教官，清查一二日，俾皆領會；然後各照派定村莊，四出分查，庶可畫一。委員等各帶賑票多張，上用本州縣印信，加用委員號記，庶見票即知爲某委員所查；委員於清查時，將票上填明極次貧户、大小口數，隨查即按户散給；另用帳簿一，將一日所查村莊成災幾分、某户極貧、某户次貧、大口若干、小口若干逐日登記；又按一日所查共若干户口，總記於後，用本人印信戳記鈐蓋。查完日，通計一州縣應賑確數，一面申報上司查覈，一面送被災之本州縣照簿計口，驗票給賑；該管道府仍於巡歷之次，按簿抽查，如有濫遺，惟承辦之員是問。至本處書吏衙役，惟按各委員派給一名，以供繕寫使令，不許干與查户之事。如此，則户口無從朦混，而貧民均霑實惠矣。（高宗三九八、二六）

（**乾隆一八、三、乙酉**）貴州巡撫開泰奏：黔省存倉米穀，數多時久，不特平糶有限，出易難週，縱設法增糶，而買補尤艱。請嗣後免息出借，俾借一還一，民無升斗之損；春借秋還，量爲出易，不待買補，更不致有妨米價。得旨：覽奏俱悉，亦密諭部並議矣。（高宗四三五、二六）

（**乾隆一八、一〇、甲申**）諭軍機大臣等：莊有恭奏稱……淮、揚、徐、海等屬，被水成災，已督率所屬，分別妥辦。至災地情形，有地先涸而麥已種者；有水雖涸而仍泥濘者；有積水仍深、涸復難定者。除江寧、江浦、六合係偏災賑卹外，所有最重次重各州縣衞，明歲自春徂夏，民食必艱。查乾隆七年、十年、十一、十二、十五、十六等年，淮、徐被水各屬，均蒙加賑；則爲明歲災黎之計，亦惟懇恩再沛深仁。又查乾隆七年，因次年四月逢閏，復加賑一月，明歲四月亦逢閏，可否加賑。並懇先頒諭旨遵辦。得旨：覽。早憶及此，已令軍機處，記於明歲初正，降加賑之旨也。莊有恭又奏：前奏米價未增，實因上年揚屬豐登，今蘇、松、常、鎮等屬，竚看晚稻登場。舊穀既須出糶，而官又不採買，是以糧價不昂。至被災地方，前據高郵

州報，傷損人口，業經據實奏聞；餘屬未報者，臣屢飭員弁嚴查，並親身確勘，實無損傷。得旨：覽奏稍慰。（高宗四四八、九）

（乾隆一八、一〇、辛丑）又諭［軍機大臣等］：據衛哲治奏，災地飢民外出者，飭行所至州縣。照例留養，一俟春暖，資送回籍，俾令各安本業等語。此雖係循照從前辦賑舊例。其實辦理流民之道，惟應各聽其便。蓋窮黎避災他出，或因有戚友可倚，或因鄰邑豐收，可以傭工餬口；若必令地方官逐一稽查，分佈安插，未免於伊等謀生之計，轉致拘礙，且不肖奸民，聞有留養之例，勢必乘機混冒，而愚民輕去其鄉者，亦恐因此益衆。是留養資送不特有名無實，更易滋弊，匪曰愛之，其實害之，國家亦無此政體也。可傳諭衛哲治知之。（高宗四四九、九）

（乾隆一八、一一、丙辰）諭曰：御史魏涵暉因淮、徐等處被水，奏請飭諭江南隣省督撫，照舊例留養流民，春融資送回籍等語。留養流民之法，從前曾已行之，不過有名無實，轉滋多事，且於災民實無裨益，導之使輕去其鄉耳。近日巡撫衛哲治已經摺奏，故未准行。蓋與其留養於異方，何如厚加賑卹，使不致流移轉徙之爲愈？今年淮、徐等處被水，朕疊次降旨，多方籌濟，截漕撥餉不惜數百萬帑金，加恩撫卹，以留養資送之費計之，何啻百分之一二，豈有愛焉？若以留養資送所需，增爲本地賑濟，豈不更霑實惠乎？且災地賑務，俱令該督撫親行查辦，又特派大臣前往督察，小民雖一時艱食，原可靜待賑濟，其扶攜四出者，大率無藉之徒，必非安分良民。且自山東聞賑而歸者，屢遇於南來之人。此近日問之董邦達而知者，夫以災地派委多員，挨戶查賑，尚恐不能一無遺濫；隣省州縣各有本任應辦事務，又何從辨其是否災黎？徒滋奸民，在本地則乘機混冒，及資送則聚衆強搶，去而復返，日不暇給；而實在被災流民，或依傍戚屬、或傭工餬口者，又必逐一稽留安插，於伊等生計益致拘礙。此臨政日久、閱歷而知之最切者，故停止此例。魏涵暉原摺著發還，并宣諭中外知之。（高宗四五〇、九；東一三、一七）

（乾隆一九、一、壬子）諭：江南淮、揚、徐、海，及靈、虹、睢、宿一帶地方，上年被災甚重，經朕降旨，截漕撥帑，增給賑銀，多方籌辦，并勅地方官加意撫綏，災戶俱已得所；其積水漸消之地，亦皆次第補種，二麥可望有收。惟是今年閏月，節候較遲，麥秋尚早，例賑之期，已將屆滿，窮黎餬口之資，更宜豫爲區畫。著該督撫等，就各州縣衛災地重輕，查明極次貧戶，再行分別加賑一月兩月；其毋庸加賑者，仍酌量平糶，以濟民食。一面督率所屬實力查辦，一面奏聞。該部即遵諭行。尋兩江總督鄂容安奏：上江災重之宿州、鳳陽、臨淮、懷遠、虹縣、靈壁、泗州、盱眙、五河，并長淮、鳳陽、泗州十二州縣衛無分極次，俱加賑兩月。次重之壽州、鳳臺、天長、潁上、霍邱五州縣，無分極次，俱加賑一月，貧生兵屬，一體加賑。下江災重之阜寧、鹽城、興化、海州、沭陽五州縣，無論分數極次，俱加賑兩月。次重之山陽、清河、桃源、安東、高郵、泰州、甘泉、寶應、銅山、沛縣、邳州、宿遷、睢寧十三州縣，九、十分災，極貧，加賑兩月，次貧，加賑一月；七、八分災，極貧，加賑一月，稍輕之江都、蕭縣、碭山、豐縣、贛榆五縣無論分數，極貧，俱加賑一月。鎮江、淮安、大河、揚州、徐州五衛災軍及貧生兵屬，俱隨坐落州縣，一體加賑。得旨：如所議行。（高宗四五四、二）

（乾隆二三、九、庚子）大學士管陝甘總督黃廷桂奏：向例遇有偏災，本折兼賑，銀糧各半。本省偏旱各處，現奉恩旨每石加銀三錢四錢不等。如該處一隅偏災，糧價不甚昂貴，民間得領加折，多買雜糧，可資糊口。請將初賑、加賑全折。若災地廣闊，糧少價昂，又以少支折價，多散本色為妥。應請因地制宜，無拘銀糧各半成議。得旨嘉獎。（高宗五七一、二）

（乾隆二四、九、丁丑）山西巡撫塔永寧奏：山西通省常平積儲，出借在民及連年災區停緩徵收者，不下二十餘萬，亟宜籌備補額。請將民借倉穀，無論高梁、莜麥、蘼子，悉按市價折算粟穀徵收，明歲出借時，即照折收之數按穀數給領。秋成以粟穀還倉。得旨：如所議行。此係權宜，不可為例。（高宗五九七、四七）

（乾隆二五、四、庚午）山西巡撫鄂弼奏：晉省上年秋禾被旱，省南十一府州民借常平義社倉穀，酌予緩徵，或徵半緩半，於次年麥後完納。今平陽等屬麥收豐倍常年，但民借必令易穀交倉，糶糴時一出一入，未免虧折。現在飭屬曉諭，凡借穀一石者，按一穀六米，交麥六斗還倉，與民情較便。貯倉之麥，至明春糶借案內先儘動放。得旨：甚好。（高宗六一一、一一）

（乾隆二六、九、庚子）調任河南巡撫常鈞奏：辦災不難於查地畝，而難於查戶口。蓋村莊被水，民多寄居，易滋書役濫開之弊。現令委員攜戶口冊赴鄉，如水涸村莊，逐戶點驗。其現在被淹未復故居者，先驗民戶，再赴災民棲息所，分戶以驗口數，則戶與口俱實。又被浸倉廒，自難存貯，請先以此項米穀煮粥散賑，並作現給口糧之用。得旨：覽奏俱悉。（高宗六四四、六）

（乾隆二六、九、乙丑）江蘇巡撫陳宏謀奏：淮、徐等屬豁糧減則之戶，既不報災，自不應給賑。惟是向來有糧之地，被水成災，例應賑卹，凡同在成災之村莊，一切無業貧民，均得徧給。今擬將豁減之戶，其不住糧地成災之村者，既不報災，原不查賑。若現居糧地成災之村，實係乏食者，似應與災地無業貧民一體賑卹。再此等窪地，當未經豁減以前，幾無不災之年，亦無不賑之歲。今業蒙豁減，請將成災甚輕查者，無庸給賑。是較之從前辦理已有分別。得旨：正自不然。然傷惠於民猶可，若徒飽貪官污吏，則將來必有受其責者。爾等慎之！（高宗六四五、二四）

（乾隆三三、二、辛巳）又諭曰：方觀承奏，乾隆二十七年賑卹案內，所有應扣建曠日期及粥廠內有接賑二十日，經戶部駁令刪除，懇請一體准銷一摺。在該部議駁，原係遵照成例辦理，但據方觀承所奏，地方急賑，本有扣足一月之例，而粥廠亦以京師五城煮賑未停，是以隨同接辦，亦屬地方實情。國家加惠閭閻，遇有偏災，無不格外從優體卹，此案該督既經通融籌辦，自毋庸援例斥駁。所有應扣建曠日期及應刪減二十日米薪等項，均著加恩准其開銷。（高宗八〇五、二一）

（乾隆三九、四、壬子）署湖廣總督湖北巡撫陳輝祖奏：直省社倉，借放收息，原期緩急有備。近各鄉社長等，恃有附案請豁之例，群懷觀望。請嗣後出借社穀催收時，如人產現存，不過一時無力，或先令還半，或展限清還，不得遽作無著請豁。若果有失業逃亡，再行遵例請豁。得旨：如所議行。（高宗九五七、三二）

（乾隆四〇、一一、甲戌朔）諭軍機大臣等：據李質穎參奏署來安縣候補縣丞李奉綸查報災賑事務辦理不善等因一摺，已著革職，交與該撫審擬具奏矣。李奉綸查辦賑務，輒將縣差斗級代書門斗等，概行列入。且開報外來之人，轉多於本地民數，並將開鋪貿易者，亦併入冊，均屬違例。此等劣員，自應據實參革，以示懲儆。……（高宗九九六、二）

（乾隆四七、一一、戊戌）諭曰：明興來京陛見，面詢以該省辦災事宜。據稱，濟寧、曹州等府，所屬各州縣中，其被水淹浸之鄉，所有村莊，查明分數，即遵照恩旨，不拘月分，給予常川賑卹。至未經被水各鄉，所有莊戶，收成原屬豐稔，是以仍照例徵收地丁銀糧等語，各省辦理災賑事務，雖例應確查實在被水鄉莊，給予賑卹，毋致冒濫。但一州一邑之中，其未經被水鄉莊，究與災地不遠，該處鄉隣，敦任卹之誼，有無相通，自所必有。是未被災之隣村，亦應加意休養，使得分其有餘，以濟不足。著將山東被水各州縣中，成災在五分以上者，其成熟之各鄉莊，概予緩至明歲秋季徵收，以紓民力，其與東省毗連之江南徐州等屬，並著薩載等查明，遵照一體辦理。嗣後各直省遇有災賑事務，將成災五分以上州縣之成熟鄉莊，俱著照例一體緩徵，俾得通融周濟，以示朕軫念災黎，有加無已之至意。著爲令。（高宗

一一六八、一〇)

(乾隆四八、六、戊辰)又諭:據薩載等奏分別辦理展賑情形一摺,內稱有退涸最早,種麥有收者,農民口食有資,先經飭令展賑至三月底停止;其退涸較遲,止種秋糧者,距秋收之期尚遠,應展賑至五月底停止;其甫經退涸,尚難施犁翻耕,秋收無望者,應展賑至六月底停止等語。所辦甚是。展賑地畝,雖均係九、十分災,貧民被水本重,但災地之退涸遲早不同,自應察覈情形,量為區別。江省如此辦理,不致濫遺,災黎得霑實惠。至山東兗、曹二府暨濟寧所屬,同被恩旨展賑至六月停止,乃該撫僅籠統具奏,止稱被水最重之貧民六月以前照常領賑,並未將如何查辦之處奏聞,豈不論退涸之遲早,栽種之先後,一概展賑,漫無區別耶!著將薩載等原摺鈔寄明興閱看,令將是否如此,分別覈辦之處據實具奏。尋奏:菏澤、定陶、城武、曹、單等縣水涸較早,展賑一月,鄒、滕、嶧等縣地處下游,未能全涸,展賑兩月,現俱停止。惟濟寧、金鄉、魚臺地勢極窪,即涸出後,不能播種,請展賑至六月停止。報聞。(高宗一一八二、一七)

(乾隆五一、一一、辛卯)諭:據謝墉條奏賑濟暨水勢情形一摺。朕詳加披閱,內有礙難施行者,如所稱賑濟,請除去錢米,統用銀兩,按照戶口,定為一次給發等語。自古救荒本無善策,惟平時於常平、社倉詳細講求,務期積貯充盈,以備歉收賑濟之用。蓋荒歲收成失望,米糧價值自必昂貴,小民嗷嗷待哺,非散給米穀,不足以充飢。朕軫念窮黎,每過各省奏報偏災,不惜千百萬帑金,加恩賑卹。仍恐各該省倉貯不敷給賑,屢經降旨截留漕糧,並諭各該督撫,於鄰近豐收省分,設法採買糧石,運往災區,源源接濟。所以籌畫民食者,無微不至。而銀米兼放,原屬不得已之計。若如謝墉所言,除去錢米,統用銀兩,則小民計口給銀,所得無幾,勢必不能於穀貴之時,市易升斗,以資養贍。且災歉之區,米糧難購,是名為賑饑,而於小民之生計,轉無裨益。又所稱賑銀在五十萬兩以上者,請派近信大臣一員,前往查察等語。地方辦理賑務,原難保不肖官吏侵漁中飽,惟在督撫、司、道督飭所屬,層層周密稽查,自不致滋生弊端。若又揀派大臣前往,是該督撫皆不可信矣。如果派往之人,公正實心,於事不為無益;而一省州縣村鄉,亦必不能分身周歷。設其人於外省情形,不能熟悉,徒生枝節,轉致掣肘紛更;甚或扶同瞻徇,一味模稜,地方官徒增酬應之繁,而於賑務,究不能查出弊竇,是簡派大臣仍屬有名無實。此揆之事理,斷難准行者。其餘所言,或有可採,仍著大學士、九卿詳議具奏。(高宗一二六九、八)

(乾隆五六、四、己酉)諭:前年因參革府經歷沈寧仁署理鳳陽縣任內,辦理災賑，覈減銀至一萬餘兩之多，顯有侵冒情弊，交前任巡撫陳用敷查辦。嗣據該撫審明，稱係多帶夫役、濫用多費，委無捏飾侵吞之事，將沈寧仁發往伊犂充當苦差，並將各前任失察官，分別著賠，業經照擬完案。朕思沈寧仁以微員署理縣篆，經管賑務，浮開銀兩，該省自行覈減至一萬餘兩，其爲藉端侵冒，情弊顯然。陳用敷查審此案，僅稱該員所派人役過多，復延時日，致例外多有糜費，並未將濫領冒銷之弊查出。問擬發遣，已屬從輕辦理，案已久定，朕亦不加深究矣。今因該旗查辦著賠之人，有因濫賑覈減之一語，偶觀之，不勝儆惕。朕自臨御以來，迄今五十餘年，勤求保赤，補助多方，每遇偏災，無不預籌賙貸，偶值旱潦災祲，不惜千百萬帑金優加賑卹。並每諄諭封疆大吏，寧濫無遺，不得稍存靳惜，務使蔀屋窮簷，胥霑實惠，此天下臣民所共知共見者也！因濫賑而治罪者爲誰？沈寧仁承辦賑務，果能毫無欺隱，惠及閭閻，即使多費帑金，尚當加之獎擢，茲覈減過多，乃因其違例私用，但非侵冒入己，故從輕辦理耳。若侵冒入己，必當正法，豈祇發遣著賠乎？今軍機大臣及該旗部所辦不周，竟稱因災賑覈減，此語雖小不用心之誤寫，實大有關係，朕不肯受，亦不忍受也。使天下後世，謂因多賑覈減，治人之罪，則朕爲何如主。且此案正賑加賑帑項，就鳳陽一邑而論，已費銀二十餘萬兩，豈於此萬餘金而轉有所吝，命覈減之理？此案乃沈寧仁浮開銀數，爲家人胥吏從中侵冒所致，是以將伊治罪，特無入己之贓，故未正法耳，並非於災賑帑銀，嫌其多費也。若如軍機大臣及旗部所稱，因災賑覈減，則以後各省凡遇災傷，地方官必豫存恐因賑覈減之心，以致撫卹不周，災民失所，其弊尚可問乎？無知狂徒，正可妄言謂朕爲吝賑不愛百姓矣。故此一語之失，事雖小而所關者大，不得不費辭。此諭著通行各省大小衙門，各書一道，永遠示警，知朕愛民不惜費也。（高宗一三七六、四）

（嘉慶四、三、庚午）諭內閣：景安前在河南巡撫任內，駐劄南陽一帶，堵禦湖北教匪，毫無佈置，一任闌入豫境，又不敢迎頭截勦，惟知遠避賊鋒，尾隨探信，粉飾奏報，以圖塞責。縱令賊匪由南陽一帶，直出武關，竄赴陝境。其畏葸退縮，於帶兵諸臣中爲尤甚，以致有迎送之號，朕所深知。近聞其辦理撫卹一事，將從前歸併之案，復分次辦理，而又不查明戶口，按名散給，每縣止發銀一千餘兩，但儘此數，不准多開，所辦尤爲乖謬。地方大吏，安集招徠，自應查明各處戶口實數，分別辦理；若一概定以成數，則流離較多之處，必至口食無資，而未被賊擾之區，亦得濫支官項。毋怪乎小民失所，官吏冒銷也……（仁宗四〇、二五）

（嘉慶六、八、壬申）諭軍機大臣等……百姓等偶遇水旱偏災，餬口無資,自當加意賑卹,俾無失所。若地方官吏有捏報戶口,多領少發,種種侵蝕情事,必應嚴辦示懲。若辦理本屬認真,偶爾遺漏一二口,或將不應賑給之人,照例刪除,而伊等即肆行怨訕,甚或挾制官府,此風亦不可長。即如本年直隸被災州縣較多,節經發帑截漕,蠲賦給賑,並特派卿員等四路查勘,辦理急賑,所以軫卹災黎者,固已無微不至。而文安一縣,前此即有匿名揭貼,控告該縣減賑私徵之事,經朕派令熊枚前往訪查。昨據熊枚奏,該縣又有匿名揭貼,指稱欽差到彼,僅閉門算命,並未查訪賑務,編造歌詞,盡情詆毀,自即係該處城內生監妄爲編造。生監等例不給賑,原以身列膠庠,不等齊民之列,而其中實在艱窘者,亦俱行令該教官照災案定例,撥給銀兩,以供饘粥,何得輒生觖望?總之民間疾苦,必當實心撫輯,而士習澆漓,亦須加之整飭。所有兩次編造匿名揭貼之人,陳大文務當遵照節降諭旨,飭屬嚴緝,照例懲辦。現在將屆開放大賑之時,陳大文於查察吏胥侵冒諸弊外,仍當隨時曉諭,俾百姓咸知感朝廷賑卹之恩,尊敬長吏,方爲妥善。將此諭令知之。(仁宗八六、三二)

(嘉慶六、一一、癸未)諭軍機大臣等:熊枚奏,查勘武清、香河、寶坻三縣賑務情形一摺,覽奏俱悉。……寶坻縣賑務,經熊枚派令隨帶司員,查出該縣圈子莊鄉保劉大用,有混冒領賑情事,現交同知方其畇等嚴行審辦。該縣王鎧本有疏漏,以致不應領賑之人,朦混冒領,其辦理無能,已可概見。熊枚現派同知方其畇、知縣朱杰幫同經理,所辦甚是,務當飭令該同知等認真詳查,按名散給,勿自遺漏冒濫。至寶坻縣圈子莊既查有鄉保劉大用冒賑之事,該縣村莊不止此數,恐他處鄉保不免此弊,熊枚務當一律嚴查,隨時懲辦。再寶坻縣例不給賑民戶及業經領賑貧民於熊枚入境時,紛紛求賑,經熊枚親自覆查,其丁壯男民均各躲匿,聳令婦女等雜沓擁擠,求賞賑票。是該處百姓不知感戴朝廷賑濟之恩,轉思挾詐逞刁,希圖冒領,此風亦不可長。並著陳大文明白出示,飭屬嚴行禁止爲要。將此傳諭知之。(仁宗九〇、一三)

(嘉慶一八、一一、己卯)又諭:御史汪梅鼎奏請申明放賑定例,以重民瘼一摺。各直省偶遇偏災,施恩賑卹,原期實惠及民,不使一夫失所;地方官自應遵照定例,於查報戶口之初,官給冊費,親勘填冊,按戶散放,並將應散銀米數目、戶口、姓名明白刊示,以杜胥吏中飽之弊。近乃里保申報、書吏造冊,均索使費,官又輾轉剋扣,以銀易錢,減價侵漁,種種流弊,不一而足。本年直隸、河南、山東、安徽、湖北、陝甘等省,各有歉收處所,已節次降旨賑卹;而直、豫、東三省交界毗連之處,兼有賊匪蹂躪,小民顛沛流離，尤堪憫惻；若地方官當此之時，辦理賑務及撫卹難民，仍不認真經理，竟有侵蝕剋扣等事，非我臣僕，其情難恕。一經發覺，必立予正法，以爲玩視民瘼者戒。各該督撫等，務當督飭所屬，實心撫卹，用副朕惠愛黎元至意。（仁宗二七九、二）

（**嘉慶二一、一、庚戌**）諭內閣：景安等奏，覈議甘省出借籽種、口糧限期一摺。前據藩司嚴烺奏，請酌定甘省出借籽種、口糧，詳奏限期。當經降旨，令景安等查覈具奏。茲據景安等奏稱，甘省距京路途較遠，若如該藩司所議限期，恐致稽延，另行酌議，奏聞請旨。著照所請，嗣後儻遇歲饑，仍照例隨時撫卹外，其偶被偏災之區，應於該年冬間出借口糧者，於九月內具奏，收成不及六分暨六分有餘，應於次年春間出借籽種口糧者，於年前十一月內具奏；歉收處所，應於青黃不接之時出借口糧者，於二月內具奏。該州縣道府如有詳報覈轉遲延者，查明分別嚴參。仍著該督隨時酌量，如計程不誤限期，照常差人齎遞，儻民食孔亟，准其由驛具奏，以重民瘼。（仁宗三一五、二三）

二、全國、兼省賑貸及各省、區的賑貸支出

（一）全國及兼省賑貸

（**順治九、八、丙辰**）江南江西總督馬國柱以兩省旱災奏報。得旨：江南、江西二省荒旱異常，朕心儆惕，恐致百姓流離。著該督、撫、按多方救濟，地方有樂輸義助者，彙造姓名，送部酌奏。救荒事宜，著速議施行。（世祖六七、四）

（**康熙一八、一、戊申**）諭戶部：山東、河南二省被災，民致饑饉，深軫朕懷。若不亟行賑救，則百姓恐致流離。侍郎察庫前往河南省，侍郎薩穆哈前往山東省，會同該巡撫等確查被災輕重之處，無論正項錢糧，或漕糧，或一應雜項錢糧，酌動賑給飢民，務使得所，勿致流離，以副朕軫恤百姓至意。（聖祖七九、四）

（**雍正一、一、壬辰**）諭署直隸巡撫趙之垣、河南巡撫楊宗義：朝廷設官置吏，原以養民，遇有災荒，即多方撫恤，方不負委任之重。今據山東巡撫黃炳奏稱，直隸、河南鄰境小民，資生無策，間有攜家就近覓食者，朕覽奏惻然。當此春初，農事方興，若任其流離，則小民何所依歸？著即遴選賢員，招輯復業，覈實賑濟，務令得所，勿失農時，以副朕惠養元元之至意。（世宗三、三二）

（乾隆二、一〇、癸卯）賑恤山東齊河等二十八州縣衛被水軍民，福建詔安縣被旱災民。（高宗五五、三）

（乾隆三、一一、癸亥）賑湖北應山縣，四川忠州、萬縣、開縣本年旱災飢民。（高宗八〇、二八）

（乾隆五、一、丁未）又諭：上年兩江地方，均有被災歉收之州縣。其江蘇所屬，如安東、邳州、宿遷、睢寧等處，除秋冬散賑安插外，又分別輕重，加賑四箇月、兩箇月、一箇月不等，可以接濟至今年三月矣。其安徽所屬宿州、靈壁、虹縣、泗州、阜陽、潁上、亳州、蒙城等八州縣，被災較重，已經護撫印布政使晏斯盛題請，將極貧、次貧二等饑民，於正賑之外，加賑三月一箇月。朕思此八州縣，被災既重，其又次貧民，亦須照下江之例，加賑一箇月，庶不至於失所。朕又聞廬江、鳳陽、懷遠、臨淮、盱眙、五河、太和七縣，及鳳陽、泗州、長淮三衛，雖被災稍輕，但值連歲歉收之後，民食未免艱窘，今當青黃不接之時，應將極貧、次貧之民，加賑三月一箇月，以資其力作。又聞宣城、銅陵、巢縣、鳳臺、含山五縣，宣州一衛，雖勘不成災，而收成亦薄；懷寧、桐城二縣，均有被旱缺米之村莊。俱在朕心軫念之中。其如何發穀平糶及確查貧民分別賑卹之處，著該督撫即速辦理，毋得稽遲。該部可即行文前去。（高宗一〇八、二）

（乾隆七、八、辛丑）諭：今年上下兩江水災甚重，朕宵旰憂勞，百端籌畫，以拯吾民之困阨。但思此等窮民，在本地引領待賑者固多，而挈家四出，覓食於隣省隣郡者亦復不少。著江南及河南、山東、江西、湖廣等省督撫，各嚴飭地方有司，凡遇江南災民所到之地，即隨地安頓留養。或借寺廟，或蓋篷廠，使有棲止之所；動用該處常平倉穀，計口授糧，據實報銷；並訓諭約束，不得借端生事。至於災民聚集衆多之處，則更委道府大員，專行督察。至冬月水消及春初耕種之時，有願歸本鄉者，即資送回籍，知照本籍照例安插，並給以麥種，俾得及時趕種；其不願回籍者，亦不必強。悉遵前諭行。（高宗一七二、三七；東五、一六）

（乾隆一四、四、壬午）諭軍機大臣等：向來各省被有偏災地方，貧民餬口維艱，難資力作，或並無牛隻，拋荒田地，經各該督撫，奏請借給籽種、口糧、牛草等項銀米，以爲調劑，例應按照年限徵還。乃頻年之借項甚多，而完納頗少，該督撫自應將實在情形具奏。著傳諭伊等，所有乾隆九年以前籽種、口糧、牛草等項積逋，查明確數，並將能否陸續徵還之處，具摺奏聞。尋據直隸、江蘇、安徽、河南、山東、陝西、甘肅各督撫先後覆奏，前項積逋,直屬之天津、涿州等二十九州縣,江蘇之淮、揚、徐、海各屬,及豫、陝兩省,有議定分年帶徵,且尾欠無幾,今歲麥收豐稔,可陸續交納,照舊催徵;其東、甘兩省並安屬之宿州等十九州縣,積欠尚多,地瘠連歉,似難全完。各報聞。(高宗三三八、九)

(乾隆一七、一、丁亥) 諭:上年江南、安徽所屬之績溪等州縣衛,江蘇所屬之江浦等州縣衛,被水被旱,致有偏災,一應賑卹事宜,已令該督撫等照例辦理,並經降旨加給折賑銀兩。第此內或地處深山,或民當積歉,今賑期已畢,麥秋尚遠,閭閻謀食維艱,深堪憫惻。著加恩將被災最重之歙縣、績溪、廣德、建平、銅山、沛縣六州縣極次貧民,各加賑兩個月;次重之銅陵、壽州、宿州、靈壁、虹縣、邳州、蕭縣、宿遷、睢寧九州縣極次貧民,各加賑一個月。貧生飢軍,隨所在地方,一體給賑。俾災地窮黎,得資接濟。該督撫等董率有司,實力查辦,毋致遺濫。該部遵諭速行。(高宗四〇七、九)

(乾隆二七、二、己巳) 又諭:上年江省被災各州縣,已疊頒諭旨,加恩賑卹。但念時值春和,東作方興,民力不無竭蹶。著再加恩將高郵、寶應、甘泉、泰州、山陽、安東、桃源、清河、銅山、沛縣、睢寧等十一州縣,無論極次貧民,俱加賑一月。至安徽省之太和、亳州、阜陽、潁上、靈壁等五州縣,亦著一體加賑一月,以示惠養黎元至意。該部遵諭速行。(高宗六五四、五)

(乾隆三三、一〇、丙辰) 又諭:今歲山東、河南、兩江等省州縣,間因得雨稍遲,收成不無歉薄,業經節次降旨,分別賑卹緩徵。其直隸省霸州等處,又因秋雨稍多,間被淹浸,亦諭令該督即行勘查,加意撫綏,無致閭閻失所。各督撫等自當遵旨實力妥辦。但恐被災稍重處所,明歲青黃不接之時,民力未免拮据。著傳諭各該督撫將被災州縣,明春是否尚須加賑,或借給籽種之處,詳悉查勘,據實奏聞,候朕酌量加恩。(高宗八二〇、二)

(乾隆三四、一〇、辛亥) 諭軍機大臣等:今年安徽、湖廣、江西等省,各有被水州縣,西成未免歉薄。其江蘇、浙江二省,又因雨水連綿,低田間被淹浸。福建、山東、廣西亦有山水陡發,一隅偏災。陝、甘一帶,夏間得雨稍遲,並雨雹之處。節次皆經降旨,分別賑卹緩徵,並諭酌借籽糧,毋令黎民稍致失所。各該督撫自當仰體朕心,實力妥辦。但恐被災略重處所,明歲二、三月間,青黃不接之時,民食或有拮据。著傳諭各該督撫將所屬被災各州縣,明春是否尚須加賑,或再借籽種牛具之處,詳悉查勘,據實迅速覆奏。候朕酌量加恩。(高宗八四四、六)

（乾隆三六、一〇、丙戌）諭軍機大臣等：直隸今秋雨水稍大，瀕河窪地多被偏災，雖屢經發帑出粟，優加賑䘏，但賑濟例有定期，恐尚需另籌接濟。山東秋禾，被水成災者亦多，業已賑緩兼行，而災重之區，民力自不無拮据。甘肅積歉之後，今年復報夏災，已爲撥帑運糧，多方賑贍，不使一夫失所，今秋田雖幸豐收，而元氣恐未能遽復。江蘇、安徽二省，均有被水州縣，現亦議䘏，其災重者，口食或不免稍艱，當明春青黃不接之時，貧民待哺尤切，不可不豫爲籌畫。著傳諭各督撫，將各該省災賑情形，逐一確覈，有無應行籌辦及作何加恩之處，即行據實覆奏，候朕酌量分別，於新春特降恩旨。（高宗八九五、一〇）

　　（乾隆四〇、一、癸丑）又諭：昨歲豫、楚二省，俱獲豐收，惟河南之信陽、光州等處，湖北之安陸等州縣衛，均因夏秋之間，偶爾缺雨，間成一隅偏災，秋收未免歉薄。業經照例分別撫䘏加賑，小民已不致失所。但今歲青黃不接之時，窮黎口食，未免拮据。著加恩將河南之信陽、羅山、光州、光山、固始五州縣，極次貧民，概行加賑一個月；湖北之安陸、京山、隨州、孝感、應山、棗陽六州縣及屯田坐落六州縣之武昌、武左、德安、襄陽四衛，將成災七、八分極次貧軍民，於例賑之外，各加賑一個月；其餘五、六、七分災之鍾祥、荊門、雲夢、應城、襄陽、宜城等民屯地畝，並著該督撫酌看情形，分別借給籽種，以濟春耕。該督撫等其董率屬員，實心經理，務俾茅簷均霑實惠，以副朕軫䘏民隱至意。該部遵諭速行。（高宗九七四、一〇）

　　（乾隆四七、一〇、戊辰）又諭〔軍機大臣等〕：本年各省，被有偏災地方，如江蘇被災較重之沛縣、豐縣、銅山、邳州四處，山東兗州、曹州二府屬被災最重之各州縣衛，均加恩不論月分，常予賑䘏外，又豫省黃河北岸一帶，被水各州縣並汝寧等府屬，逼近汝河，被水淹漫，俱經降旨，令該撫查明，加賑展賑。又安徽之鳳陽、潁州二府，並泗州等屬州縣，因淮水泛漲，田畝俱被淹浸，經該撫等奏明，量給賑借。但念各該省，除江蘇、山東被災最重州縣，常予賑䘏，俟漫水稍退，再行停止外，其餘被災地方，明春正賑已畢，青黃不接之時，民食不無拮据，是否尚須賑䘏？並此外被災較輕及勘不成災之處，尚恐民力未能驟舒，應否量予加恩，分別酌借口糧籽種？著即一併查明，據實覆奏，候朕於新正再降諭旨。將此旨由四百里諭令知之。（高宗一一六六、八）

　　（乾隆五八、一〇、癸酉）諭軍機大臣等：本年豫省河內、武陟二縣，因沁河驟漲，秋禾猝被水淹；浙江湖州府屬烏程、歸安等縣，及杭州府屬之仁和縣，因夏秋雨水較多，低窪地畝，間被淹浸；江蘇海州、沭陽等州縣，及安徽無爲、銅陵、繁昌等州縣，亦因夏間雨水稍多，江淮盛漲，低田積水未能全消；江西南昌、新建、豐城、德安等各縣，瀕江沿河窪地被水，收成究未免歉薄。業經降旨賞給口糧，酌借秄種，並將應徵帶徵等項分別緩徵。令該撫等實力查辦，以示體恤。第念各該處被水地方，秋收既未豐稔，明春青黃不接之時，民力究恐不無拮据。是否應需接濟之處，著傳諭穆和蘭、吉慶、奇豐額、朱珪、陳淮，即行體察情形，據實覆奏，候朕於新正酌量加恩降旨。(高宗一四三八、一七)

（嘉慶一九、一、乙亥）又諭：據吳璥奏稱，山東曹州府屬及金鄉、魚臺一帶，向來匪黨本多，至今強悍之風未息。聞良民或因舉報餘孽，或因團練防堵，以致結恨成讐，匪徒尚思報復。其被賊蹂躪之區，飢民群聚、良莠難分。豫省睢州工次，並偶有焚燒料垛之事；寧陵、考城、滸、滑、封邱等處，難民、災民不少，間有土匪搶掠；開封及河北三府，二麥未種，人心尚難大定。請飭諭該督撫實力安撫，加意防範等語。現在該三省本各有未徹防兵，著該督撫密飭帶兵將領，鎮靜彈壓。其有私藏器械，夜聚曉散，妄冀勾結報復者，均令紳士、耆民指名報官。儻有拒捕情事，州縣官就近移會駐兵大員，帶兵擒捕。統俟麥熟後，人心大定，再行奏聞，將留駐之兵全行裁徹可也。上年荒旱之區，豫省最甚，撫卹尤爲最要。方受疇當深體朕懷，力爲拯救，於賑卹之外，多設粥廠，以期多所全活。並著曉諭飢民，使其自相保認，如有習教從賊之犯潛來粥廠，伊等即當密首，立時拏辦。務使良莠不致混淆，閭閻自長臻安輯矣。將此諭令知之。(仁宗二八二、一八)

（嘉慶一九、二、丙辰）又諭：本日吳璥、方受疇奏到會籌睢工漫口，因購料維艱，時日已遲，勢難興舉，請先培大隄，以工代賑等語。豫、江兩省正河，因睢口奪溜之後，水落停淤。大隄愈形卑薄，自應趁此時壩工未動，先行培築，即可以工代賑。該督等履勘確切，據實估計，並飭承辦各員，實心經理。再本日御史孫世昌奏，上年睢州漫口，豫、安兩省下游被災州縣窮民流散在外者，百十爲群，隨處覓食，道路相繼等語。百齡、方受疇務飭所在地方官，妥爲全活資遣；其已回鄉土者，當加意撫綏，無俾失所。將此諭令知之。(仁宗二八五、一八)

（二）政府對各省區的賑貸

1. 奉天

（康熙三四、五、庚寅）諭大學士等：副都統齊蘭布等自盛京還，奏言，今歲盛京亢旱，麥禾不成，米價翔貴，雖市有糶粟，而窮兵力不能糴，遂致重困。盛京根本之地，可令侍郎朱都納、學士嵩祝等馳驛迅往，會同盛京將軍、副都統諸臣，詳察窮乏者，於去歲海運米二萬石中，動支一萬石，計會散給，令可食至秋成；餘一萬石，平價糶之，兵民均有裨益。又諸地有告糧乏者，遣城守尉部員賢能者，亦賑給之。如二萬石不足散給發糶，其速以聞。(聖祖一六七、六)

(**康熙三四、七、庚午**) 兵部侍郎朱都納、內閣學士嵩祝往盛京賑濟回奏。上問曰：盛京田禾及環近各城田苗何如？嵩祝奏曰：上下不等。盛京地方，比年失收，今歲雖有收，難支來歲。上曰：盛京所貯之米，尚有幾何？若將賑給，可支幾月？嵩祝奏曰：臣等差往賑濟，計五十日，所用不至二萬石。今自天津海口所運及錦州積貯之米，共十二萬石有餘，若將賑濟，可支六七月。上曰：海運皆有定時，不可妄行，來歲著令再運。(聖祖一六七、一四)

(**康熙三四、九、癸未**) 奉差盛京散米兵部侍郎朱都納、內閣學士嵩祝請訓旨，上諭之曰：將軍等請給米，但言兵丁而已，其陵上執事人等及眾百姓，並不言及，此皆朕赤子，爾等亦可會同將軍查明，一並散給。若使海運之米明年可到，盛京兵民方可無慮。嵩祝奏曰：臣等前次散給，正當甚乏之時，故計口，月給倉斗一斗五升；今總發數月，宜計口，月給倉斗一斗。明年麥收後，尚可度日，酌宜給至四月。上曰：爾等可照先數目，月給倉米一斗五升，勿行減省，麥收如可續食，可給至四月。爾等親加覈散。(聖祖一六八、一五)

(**康熙三四、一一、庚申**) 奉差盛京散賑兵部侍郎朱都納、學士嵩祝回奏：臣等遵旨以盛京倉米計口給散，兵丁執事人等，均霑實惠。報聞。(聖祖一六九、一)

(**乾隆二、閏九、壬午**) 戶部議覆：奉天將軍博第疏報，小清河驛被水衝塌民房，沙壓站丁地畝，請加賑恤；並另行丈給兵丁荒甸，俾資久遠耕作。從之。(高宗五三、一四)

(**乾隆七、一二、庚戌**) 戶部議准：奉天副都統哲庫納奏稱，奉天遼陽、牛莊、廣寧、寧遠等處，秋間被水，所有未獲收穫之旗人，應請於明歲耕種時，酌量在附近旗民倉米內，照時價減等糶買。得旨：依議速行。(高宗一八一、一七)

(**乾隆七、一二、庚戌**) 加賑奉天承德、遼陽、海城、錦縣、廣寧等五州縣水災饑民。(高宗一八一、一七)

（乾隆一一、五、甲寅）户部議准：盛京户部侍郎宗室蘊著奏稱，岫巖城八旗兵丁，去年所種地畝，雨水過多，收成歉簿；所買糶三米，至六七月間，已覺乏食。請照乾隆七年之例，於該城旗倉存貯米内，借給一千五百石；交城守尉，勻借兵丁。秋收後照數還倉。得旨：依議速行。（高宗二六七、七）

（乾隆一一、七、癸丑）諭曰：奉天將軍達勒當阿等奏稱，廣寧地方，五六月間，陰雨連綿，山水驟發，兵丁房舍所貯米糧，均被淹没。業與侍郎蘊著會議，一面奏聞，一面將本城倉米，借與兵丁等每人一月口糧，以資接濟等語。此項借支米糧，著加恩作爲賞給，免其償還。至用過米石數目，著盛京户部查明，俟應買補時，動項照數採買還倉。（高宗二七一、五）

（乾隆一一、一一、戊申）又諭曰：將軍達勒當阿奏稱，奉天所屬錦州府義州境内七家屯等十六村所種米穀，秋收在邇，忽被雹災等語。所有該處旗人本年應交米豆，著查照從前被水免交之例，寬免追徵。其有口糧不繼者，著該將軍查明，亦照成災之例，動用各該處倉貯之米賑濟，令其不致拮据。（高宗二七九、六）

（乾隆一五、九、乙卯）貸奉天牛莊等處被水旗民，併減價平糶。（高宗三七三、二）

（乾隆一五、一二、庚午朔）賑卹盛京高麗堡、舊邊、句驪河、白旗堡、二道京、小黑山等六站本年分水災飢民有差。（高宗三七八、三）

（乾隆一五、一二、己丑）加賑盛京承德、遼陽、鐵嶺、開原、錦縣、廣寧等六州縣本年分水災飢民有差。（高宗三七九、八）

（乾隆一六、七、乙酉）豁免奉天寧遠州乾隆七、八年分民欠口糧米四千二百石有奇、八、九年分民欠籽種穀八百四十石有奇。（高宗三九五、一四）

（乾隆三一、一〇、己酉）諭曰：舍圖肯、永寧奏，盛京禮部、工部所屬壯丁耕種田地，今夏被旱，入秋被霜，未免收成歉薄，請照盛京旗民地畝，一體辦理。俱著照所奏行。（高宗七七〇、二〇）

（乾隆五三、一〇、壬辰）諭：據慶桂等奏，奉天所屬等處，自六月至七月，澍雨屢降，廣寧等七城被水成災五六分不等，應行賑濟、豁免之處，容另行查明辦理等語。本年雨水過多，奉天所屬廣寧等七城地方被災，殊堪憫恤，自應妥爲接濟，無致失所。著交慶桂等查明被災人數，應行酌借口糧、蠲、賑各事宜，照例即行辦理。但黑龍江偶被水災，早經具奏，何以慶桂等遲延至今，始行查明具奏？其應行賑濟之事，尚未即辦理，仍稱另行請旨，更屬拘泥。慶桂等著飭行。（高宗一三一四、七）

（乾隆五四、三、戊辰）諭：上年奉天所屬廣寧等七城，被水成災，曾經降旨，交慶桂等查明被災旗民人數、應行酌借口糧蠲賑各事宜，妥爲辦理矣。本日雅朗阿復命，詢以該處情形，據奏米糧價值尚未平減等語。廣寧等七城，上年被有水災，現屆青黃不接之時，米價較昂，民食究恐不能充裕，著加恩將廣寧、承德、遼陽、開原、海城、鳳凰城、牛莊等七城，再行展賑一月，即可接至麥收，口食有資，以示朕軫念陪都，有加無已至意。該部即遵諭行。（高宗一三二四、二五）

（乾隆五五、七、丙申）諭：據嵩椿等奏，大凌河河水漫溢，錦州九關臺旗民房屋被水等語。本年六月，因雨水較大，河水漫溢，錦州九關臺旗民房屋被水，殊屬可憫，窮簷口食不繼，未免失所。著加恩無論旗民，統各賞給兩月口糧。且似此災黎，理宜急速救援，一面賑發，一面具奏。乃嵩椿等尚以暫行貸給，秋後追償爲請，候命下日始行賑發等語，甚屬拘泥，竟不曉事體之緩急！嵩椿等俱著嚴行申飭。現在九關臺地方被水甚重，嵩椿著不必來京，於何處接奉此旨，即速赴九關臺。宜興亦著赴錦州九關臺地方，一同查勘。辦理此事妥協後，伊二人再回盛京。（高宗一三五九、三）

（乾隆五五、八、丙辰）諭：據嵩椿奏，錦州等處河水消落，各處旗民已經賑給口糧，所有高阜地畝及去河較遠之處，田禾俱無損傷，尚能收穫等語。所辦尚屬周到，稍覺舒懷。所有應行賑給，並淹斃人口，倒坍房屋，俱照嵩椿等所奏，分別賞給銀兩、米石。但九關臺邊塞，係衝當大路關衢，今既被水衝毀，復行修建，其應仍舊址，或別於高阜建立之處，俟酌定後始可辦理。著交嵩椿等，俟將應建邊界之處，詳驗奏到時，再候朕另派熟悉工程人員前往估計辦理。（高宗一三六〇、一三）

（乾隆五五、一二、壬戌）賑卹盛京鳳凰城、雪裏站、通遠堡、沙河站、東關、寧遠等六驛本年水災站丁，並奉天錦縣、義州、海城等三州縣本年水災貧民。（高宗一三六九、一）

（乾隆五六、九、甲申）又諭曰：台斐音奏，錦州所屬于家屯、霍家臺等處，於九月初一日猝被風雹，刮倒旗民房屋，壓斃人口，損壞禾稼。所有被災旗民，業經捐資掩埋，並開倉查照人口，散給一月口糧等語。錦州地方，偶被風災，旗民俱有受傷，禾稼間有損壞，殊堪軫念。該副都統務須會同將軍府尹等，督率地方官詳悉查勘，實力撫卹，俾旗民得資接濟，無使一夫失所。其被災地畝、倒壞房間，並著查明咨部辦理。（高宗一三八六、二五）

（乾隆五六、九、辛丑）豁免奉天錦州府廣寧縣乾隆五十三、四兩年分，

因災貸欠未完糧米七千六百四十七石有奇。(高宗一三八七、三二)

（乾隆五六、九、辛丑）諭：據嵩椿等奏稱，錦州所屬旗民驛丁屯戶等，田地間有被災，自五分至七分不等，請先行借給一月口糧，以資接濟。所有應行賑濟、蠲免、緩徵各事宜，另行具奏等語。著照嵩椿等所請行。但錦州地方，適遇風災，人口房屋，多有傷損，復又被旱成災，該將軍理宜親往查辦。……(高宗一三八七、三一)

（乾隆五六、一二、戊午）賑貸奉天錦縣本年風雹旱災飢民。(高宗一三九三、五)

（嘉慶三、一〇、甲午）賑盛京承德、遼陽、海城、鐵嶺、開原、廣寧六州縣被水災民。(仁宗三五、四)

（嘉慶七、一〇、乙卯）賑盛京廣寧、牛莊、白旗堡、小黑山、遼陽、巨流河、承德等處水災旗民有差，並貸籽種口糧。(仁宗一〇四、一一)

（嘉慶一〇、八、丙午）給盛京承德、遼陽、廣寧、海城、鐵嶺五州縣被水，及正紅旗界內三家寨等五處村莊被雹災民一月口糧。(仁宗一四九、三一)

（嘉慶一一、四、乙酉）展賑奉天承德、遼陽、海城、廣寧四州縣上年被水災民。(仁宗一五九、一〇)

（嘉慶一一、七、己未）撫卹盛京承德、廣寧、遼陽、海城、蓋平五州縣被水旗民，並給房屋修費。(仁宗一六四、一九)

（嘉慶一二、一、丙午）給甘肅寧夏、寧朔、平羅三縣上年水災貧民一月口糧，並貸被水各堡籽種。(仁宗一七三、五)

（嘉慶一二、三、戊申）展賑奉天承德、廣寧、遼陽、海城、蓋平、復、錦、鐵嶺八州縣上年水災旗民，並平糶倉穀。(仁宗一七六、七)

（嘉慶一六、一、甲寅）展賑奉天承德、遼陽、牛莊、熊岳、復州、金州、岫巖、鳳凰城、蓋平、興京、撫順、白旗堡、小黑山十三處上年被水旗民。(仁宗二三八、二)

（嘉慶一六、一一、乙酉）緩徵奉天復、寧海二州縣歉收貧民本年借欠米石及帶徵銀米。(仁宗二五〇、一一)

（嘉慶一六、一二、癸丑）賑奉天岫巖、復、寧海三州縣被風災民。(仁宗二五一、九)

（嘉慶一六、一二、甲子）諭軍機大臣等：松寧奏，近有奉省流徙飢民，由威遠堡一帶邊門，潛越入境，現在飭員妥爲驅逐等語。所奏非是。本年奉省復州等屬歉收，飢民流徙。前賽沖阿曾奏明札致松寧，於該處煮賑妥爲安撫。今松寧以流民例禁出邊，飭將飢民概行驅逐，各災黎等已離故土，遠出邊門，今復遭驅逐，嚴冬沍寒，凍餒無依，豈竟聽其輾轉溝壑，莫爲軫恤？識見竟與觀明相同，所奏錯謬矣。著松寧將各飢民照賽沖阿所奏，暫爲安頓。並明白曉諭：以爾等原籍被災歉收，已奉旨將爾等本年應徵錢糧加恩蠲緩，並諭令地方官迅速辦理賑務，爾等若速歸原籍，尚可在家領賑，免至流離遠徙；且來年耕穫有收，亦可不至失業，即或年歲稍歉，地方官亦斷不敢諱災不辦，必能加意撫綏，無虞失所。如此剴切曉諭，該飢民等稍有家業者，當必相攜回籍。其實在無力者，松寧督同地方官，查明户口，分設粥廠，妥爲照料，俟來歲春融，再行籌遣回籍。或無籍可歸之人，口數無多，即於本處編户安插可也。（仁宗二五二、一二）

（嘉慶一八、一、庚午）展賑盛京承德、廣寧、牛莊、錦州、遼陽、復州、熊岳、鐵嶺、蓋州、金州十處上年被水旗民。（仁宗二六五、一）

（嘉慶一九、五、壬寅）平糶奉天鐵嶺、開原二縣倉穀。（仁宗二九〇、一七）

（嘉慶一九、九、庚戌）賑奉天遼陽、牛莊、廣寧、承德、鐵嶺、開原、蓋平等城被水旗民。（仁宗二九七、二三）

（嘉慶二〇、一、丁亥朔）展賑奉天遼陽、牛莊、廣寧、承德、鐵嶺、開原、蓋平七處上年被水旗民。（仁宗三〇二、一）

（嘉慶二一、一、甲申）展賑奉天承德、鐵嶺、金州、牛莊、岫巖、廣寧、巨流河、撫民廳八處上年水災旗民。（仁宗三一五、二）

（嘉慶二三、一、丙午）展賑奉天復州、寧海、寧遠、金州四處上年被旱旗户，並貸貧民口糧。（仁宗三三八、五）

（嘉慶二三、一一、己亥）貸奉天遼陽、廣寧、承德、海城、寧海、岫巖六處被水災民一月口糧。（仁宗三四九、七）

（嘉慶二四、一、丁酉）展賑奉天遼陽、廣寧、承德、海城、寧海、鳳凰、岫巖、牛莊、小黑山、白旗堡、巨流河十一處及錦州撫民同知所屬上年被水旗民。（仁宗三五三、六）

（嘉慶二五、一、戊午朔）展賑奉天開原、遼陽、廣寧、鐵嶺、承德、海城、金州、牛莊、小黑山、白旗堡、巨流河十一處及錦州撫民同知所屬上年被水災民。（仁宗三六六、一）

2. 吉林

（康熙二〇、一〇、丁亥）賑濟寧古塔地方雹災兵丁。（聖祖九八、四）

（乾隆一五、七、乙丑）諭：據船廠副都統松阿里奏稱，今年六、七兩月，船廠地方陰雨連綿，江水漲溢。該處城內城外旗民房舍田畝，以及倉糧，俱被水淹，人亦間有被傷者。朕聞之，深爲軫念。恐被災之後，糧價騰貴，或致乏食。著照松阿里所請，將被災乏食旗人，於彼處倉儲內，先借給三月口糧。民人，著動用該同知所管倉糧，按照人口，散給一月。有應行借給者，亦准其借給。仍交松阿里、立柱辦理。此外有應接續散給之處，作何籌辦，方令不致失所，並將被傷人數，漂没房間地畝數目，一面即行詳查。應如何悉心籌畫，妥協辦理之處，著速行具奏。（高宗三六九、一四）

（**乾隆一五、一〇、丙戌**）内務府議准：打牲烏拉總管綏哈納奏請借給打牲人户糧石，並將十三年所借糧石暫緩，自十六年起，分兩年徵收。得旨：本年打牲烏拉被水較重，現在借給糧石，不必歸納，即行賞給；其十三年所借糧石内，尚有兩年未完者，著照所請，自十六年起至十七年，徵收存倉。餘依議。（高宗三七五、五）

（**乾隆一五、一一、癸丑**）貸吉林烏喇、寧古塔、伯都訥、拉林、三姓等處本年分水災飢民、兵丁籽種、口糧。（高宗三七六、三一）

（**乾隆一六、一二、戊戌**）貸船廠琿春地方本年水災旗户。（高宗四〇四、八）

（**乾隆一九、一〇、辛未**）貸三姓琿春地方本年水災飢民口糧。（高宗四七五、一六）

（**乾隆二三、一一、庚子**）貸吉林三姓地方本年水災飢民。（高宗五七五、一〇）

（**乾隆四五、九、乙巳**）賑吉林琿春地方水災飢民，並予葺屋銀兩。（高宗一一一五、二六）

（**乾隆五四、九、辛卯**）又諭：據吉禄奏，本年雨水較多，松花江一帶河水漲溢，打牲人等所種地畝，多被浸淹等語。著交吉禄查勘被水情形，妥爲辦理，給與口糧，以資接濟，勿使一夫失所，以副朕軫卹災黎之至意。（高宗一三三八、一二）

（**乾隆五四、一〇、乙卯**）又諭：據内務府議奏，請糶與打牲人等口糧四千餘石，以資接濟，所糶銀兩，於明年秋季餉銀内坐扣等語。本年六月雨水較多，松花江、舒蘭河水溢，打牲烏拉等所種田地被衝，理宜接濟。現在所需口糧，即照所請糶與，併著加恩賞給一半。其應扣一半銀兩，自明年秋季爲始，分三年坐扣，以示體卹。（高宗一三四〇、四）

（**乾隆五九、一〇、甲子**）又諭：據秀林奏，本年三姓地方，田禾水淹，復經霜災，已咨該副都統，令將被災人等接濟口糧，查明另行具奏等語。三姓地方被災，各處田禾，收成歉薄，自當接濟口糧，不令失所。今秀林既已咨行額勒伯克，令其確查辦給，但該處所存糧石是否敷用，及被災輕重情形，並未聲明。著秀林悉心查明，奏聞妥辦，以副朕軫念災黎至意。（高宗一四六二、二〇）

（嘉慶三、一〇、癸丑） 貸吉林被水打牲人口糧。（仁宗三五、一三）

（嘉慶一〇、三、庚子） 發吉林三姓倉穀一萬石，減價平糶。（仁宗一四一、一一；東七、三）

3. 黑龍江

（康熙三六、九、乙巳） 黑龍江將軍薩布素疏言：沿河被水之十八莊，請計其人數，將舊貯米糧散給。上諭戶部、理藩院曰：朕前至寧夏，黑龍江將軍薩布素曾奏伊處收貯糧米三萬餘石，年久漸朽，與其積之腐爛，何若散之爲有益乎？且出陳可濟軍糧，易新便於收貯。宜如所請行。（聖祖一八五、一〇）

（康熙五七、八、壬午） 黑龍江將軍托留等疏報：六月初九日夜，索倫地方山水突發，衝沒人口、牲畜及房屋、地畝，請將倉內米石，動支借給。得旨：見今戶部帶來銀兩內，動支一萬兩，遣學士、副都統、戶部賢能司官各一員，速行前去，將被災人口、牲畜查明，酌其輕重散給；其需用米石，著照該將軍等所議行。（聖祖二八〇、一〇）

（康熙五七、八、癸未） 上命內閣學士渣克旦、副都統薩爾禪等前往索倫賑恤，諭曰：索倫人等效力圍場，甚屬年久，亦有見在出兵之人。今被水災，朕甚惻然，令爾等前往散賑。爾等會同將軍、副都統，將被災之人逐一查明，無房屋者即給房屋，無衣服者即給衣服，務令均沾實惠，以副朕軫恤至意。（聖祖二八〇、一〇）

（康熙五七、閏八、庚午） 內閣學士渣克旦等疏報：索倫近被水災，臣等遵旨前往賑恤，將索倫男婦人口傳集，賞給馬牛、帳房、衣服、銀兩。其有現在出征兵丁之妻子，加倍給與銀兩。皇恩丕徧，歡聲動地。報聞。（聖祖二八一、七）

（乾隆二、一〇、丁未） 賑貸黑龍江被水災戶口糧。（高宗五五、九）

（乾隆六、一二、丙申） 貸黑龍江坤阿林、拖爾莫、武克薩里等處被水災八旗官兵、水手、拜唐阿各戶口糧。（高宗一五六、一四）

（乾隆一一、一二、乙丑） 戶部議准：黑龍江將軍傅森疏稱：八旗官兵人等墾種地畝，被水歉收，請將十年分借給備存倉糧一萬一千二十八石零，與本年借給糧二萬七千三百二十二石零，均展至丁卯、戊辰兩年，補還入

倉。從之。(高宗二八〇、八)

(**乾隆一二、二、戊子**) [户部] 又議准：黑龍江將軍富森疏稱，呼蘭地方官莊五十座，内除能滿交額糧外，其成災之八座，共需口糧一千一百十九石。現收穫細糧四百十三石八斗八升，尚不敷糧七百五石一斗二升，請於本處備存倉糧内動支借給，次年秋收，催還入倉。從之。(高宗二八五、一二)

(**乾隆一五、一〇、戊戌**) 貸黑龍江呼蘭口、七家、雅拉城旗民口糧有差。(高宗三七五、二三)

(**乾隆二〇、一〇、甲寅**) 賑給黑龍江、齊齊哈爾等城本年田禾被水霜災八旗官兵餘丁、官莊驛站打牲人等口糧。(高宗四九八、二七)

(**乾隆二〇、一二、己未**) 賑給索倫達呼爾本年水災霜災打牲人等口糧有差。(高宗五〇三、一二)

(**乾隆二一、閏九、庚戌**) [户部] 又議准：黑龍江將軍綽勒多奏稱，黑龍江地方田禾被水之七百七十户，共需口糧一萬一千七百七十八石八斗零，籽種糧二千八百二十六石零，動支借給。從之。(高宗五二二、二一)

(**乾隆五四、九、辛卯**) 又諭：據都爾嘉等奏，本年黑龍江等處口糧不敷，屯丁能否納糧之處，俟查明另奏；又打牲索倫達呼爾等，穀亦歉收，請借給齊齊哈爾、墨爾根城兩處倉貯穀一萬石，以資接濟等語。都爾嘉著即前往黑龍江所屬地方，辦理借給倉穀、接濟口糧等事。其上年接濟打牲人等穀石，毋庸展限補還，著加恩豁免，以示軫恤。(高宗一三三八、一二)

(**乾隆五五、一〇、甲寅**) 諭：據烏雅勒達奏稱，查明黑龍江各屬地方收成分數，打牲烏拉之鑲白等四旗、齊齊哈爾地方，田禾歉收等語。本年打牲烏拉之鑲白等四旗、齊齊哈爾地方，田禾被旱，收成歉薄，未免乏食。著交都爾嘉確實查明應行接濟口糧、借給籽種之處，即行撥給具奏，勿使生計有失。(高宗一三六四、八)

(**乾隆五五、一一、己亥**) 又諭：本年齊齊哈爾田苗，被旱歉收，著加恩照都爾嘉等所奏，官屯人等欠交倉穀七千五百石，免其補交。(高宗一三六七、一九)

(**乾隆五五、一二、己未**) 又諭：據都爾嘉等奏，打牲索倫達呼爾等馬匹牲畜，頻遇瘟災，兼之田禾歉收，生計拮据。請將現在捕貂之丁役四千六百五十六名，各賞借銀十二兩，即將打牲地方牧養之滋生馬匹變價充用等語。打牲索倫達呼爾等均賴牧養馬匹、打獵爲生。今值頻年瘟疫，馬匹牲畜，多有傷耗，加以田禾歉收，自應加恩量予接濟。著照所請，每名各賞借銀十二兩，即將滋生駒馬五百餘匹，全行變價，以爲賞借之用。如有不敷，

即於庫貯穀價銀兩內動支。其應行賠補之倒斃馬匹，並免賠補。以示朕軫念世僕之至意。（高宗一三六八、二二）

（**乾隆五八、一〇、癸亥**）諭：據明亮等奏，黑龍江所屬各處耕種米穀，均屬豐收。齊齊哈爾、打牲烏拉二處，從前支借未繳穀石，請自明年起徵，限作五年完繳等語。本年黑龍江所屬各處耕種米穀，雖俱豐收，但齊齊哈爾、打牲烏拉二處，從前支借未繳穀石，若自本年立限，令其繳還，伊等明年籽種、口糧等項，未免竭蹶。著加恩，將應行繳還穀十三萬三千四百餘石，豁免一半，其餘一半，著自明年秋季起徵，限作三年完繳，以示體恤之意。（高宗一四三八、二）

（**嘉慶三、九、丁丑**）貸齊齊哈爾所屬被旱災民穀。（仁宗三四、八）

（**嘉慶四、一〇、戊戌**）貸齊齊哈爾被旱八旗驛站屯丁口糧，並免應交穀石。（仁宗五三、一八）

（**嘉慶六、三、壬寅**）諭軍機大臣等：瑚圖靈阿等奏，查明齊齊哈爾撫卹口糧情形一摺。據稱，現在災戶人等正需接濟，若俟黑龍江等處糶糧價銀再行給放，不若即在庫貯銀兩內動用，照市價折給等語。此事總因景熠、恆伯彼此各逞己見，議論參差，以致去年十二月應給之糧延至本年二月始行放給，已屬遲緩。又二月內甫放一次，即以無糧停止，災戶豈能久待？著即照瑚圖靈阿等所請，准其動用庫貯銀兩，照市價按戶折給，俾災戶早沾實惠，仍嚴查侵冒等弊。其災戶應領六月、八月之糧，亦准其作為一二次，如數併月給予，以贍生業而免紛繁。……（仁宗八一、一一）

（**嘉慶六、一〇、辛未**）緩徵索倫達呼爾、齊齊哈爾旱災本年應還糧石。（仁宗八九、二一）

（**嘉慶九、五、甲辰**）免齊齊哈爾貧丁舊欠倉糧。（仁宗一二九、一四）

（**嘉慶九、一〇、癸酉**）賑黑龍江、墨爾根、打牲烏拉等處被水災民。（仁宗一三五、一六）

（**嘉慶九、一一、癸丑**）貸黑龍江、墨爾根、齊齊哈爾、打牲烏拉等處被水旗民糧石。（仁宗一三七、二七）

（**嘉慶一〇、九、丁巳**）緩徵齊齊哈爾、打牲烏拉、黑龍江三處旗屯驛戶舊借口糧。（仁宗一五〇、一〇）

（**嘉慶一二、一〇、甲申**）貸黑龍江打牲烏拉、齊齊哈爾旗民口糧，並展緩應還糧石。（仁宗一八六、一七）

（**嘉慶一二、一一、己未**）貸黑龍江貧丁銀米。（仁宗一八八、一〇）

（**嘉慶一三、一一、己巳**）緩徵黑龍江齊齊哈爾貧民舊借口糧。（仁宗二

○三、五）

（嘉慶一四、一一、壬戌）撥黑龍江倉穀，賑被旱災民。（仁宗二二〇、十二）

（嘉慶一六、一一、庚辰）給黑龍江被水災民口糧。（仁宗二五〇、三）

（嘉慶一七、一〇、乙丑）緩徵黑龍江墨爾根災民借支糧石。（仁宗二六二、一九）

（嘉慶一八、一〇、丙申）緩徵黑龍江墨爾根貧民舊借口糧。（仁宗二七六、一〇）

4. 直隸

（順治一一、三、丙申）敕諭賑濟直隸大臣巴哈納等曰：直隸各府係根本重地，去年水潦爲災，人民困苦，飢餓流移，深軫朕懷，晝夜焦思，不遑寢食，特命發户、禮、兵、工四部庫貯銀十六萬兩；聖母昭聖慈壽恭簡皇太后聞之惻然，特發宮中器皿並節省銀共四萬兩；朕又發内府節省銀四萬兩，通共銀二十四萬兩，分給賑濟。茲命爾等齎銀前往各府地方，督同該道、府、州、縣、衛、所等官，計口給賑。須賑濟如法，及時拯救，毋論土著、流移，但係飢民，一體賑濟，務使均沾實惠；不許任憑胥吏人等侵剋冒支。其應徵、應停、應免錢糧，查照該部題定則例，逐一明白開列，示諭小民，無使姦猾吏胥及糧長、土豪，通同作弊。承行各官，實心任事、有益荒政者，會同督、撫，優與獎薦；其貪殘縱役、怠忽民生者，即行劾奏。儻有無知棍徒，借饑荒名色，搶奪害民者，爾等即會同該地方官拏問處治。近京地方，米價騰貴，飢民得銀，猶恐難於易米。殷實之家，有能捐穀麥，或減價出糶，以濟飢民者，爾等酌量多寡，先給好義扁額及羊酒幣帛，以示旌表，仍具疏奏聞。若有里甲人等，指稱拖欠錢糧，奪取賑濟銀兩，或富豪挾逼賑銀以償私債，俱許飢民控告，即時重處。其被災人户，已去復歸者，倍與賑濟銀兩，俾得復業。其他境移來者，既與賑濟，仍加意安插，使之得所。衛、所屯丁，與百姓一體賑恤。飢民内年七十以上者，著該州縣官增給布一疋，造册開銷。其遺棄子女，設法收養；若民間有能收養四五口以至二十口者，爾等亦酌給羊酒幣帛、好義扁額，具疏奏聞。其飢殍屍軀，著有司隨時掩埋，毋致暴露殘毀，以傷和氣。凡詞訟，除強盜、人命外，其餘户婚、田產一切小事，暫停受理，違者參奏。饑荒地方人民，有往豐收去處，糴買米糧者，不許恃強之徒，遏閉攔截，犯者拏問，情重參處。爾等經臨處所，凡鋪設支應，酒席餽送，一切浮費，悉皆停罷；仍須減省騶從，問民疾苦，毋致科派里甲，重累飢民。敕內開載未盡事宜，聽爾等斟酌奏請施行。事完之日，通將賑過州、縣、衛、所人民，用過銀兩數目，詳明造册奏繳。爾等受茲委任，必須持法奉公，殫力任勞，悉心經畫，務使恩溥人安，庶仰副聖母、朕躬軫恤小民至意。如或遷延玩忽，具文塞責，罪有所歸。爾等其勉之，慎之。(世祖八二、一〇)

(康熙四、五、辛丑)……直隸巡撫王登聯疏報大名府屬十一州縣旱災。俱命速發常平倉穀賑之。(聖祖一五、一二)

(康熙五、五、甲辰)直隸巡撫王登聯疏報：河間、任邱、獻縣災祲之後，又值青黃不接之時，民食艱難，已將存貯倉糧給發賑濟。下部知之。(聖祖一九、六)

(康熙八、四、癸未)先是，真定饑，上命多方賑濟。至是期滿，巡撫金世德以各屬尚有飢民，請再發賑。得旨：覽奏，真定府屬飢民甚多，深爲可憫。可如撫臣所請，動銀二萬兩，速行賑濟。(聖祖二八、二一)

(康熙八、四、辛卯)諭直隸巡撫：獲鹿、栢鄉二縣去年水災，雖經賑濟，飢民尚多。著動支公帑，再賑一月。(聖祖二八、二一)

(康熙一九、三、癸卯)戶部議覆：護理直隸巡撫事守道董秉忠疏言，請發積穀賑濟霸州等八十二州縣衛飢民。應如所請。得旨：著遣爾部堂官一員，速往察明，即動支正項錢糧賑濟，務令飢民咸霑實惠。(聖祖八九、五)

(康熙一九、四、庚辰)諭戶部：前差爾部侍郎薩穆哈賑濟直隸飢民，僅至春麥收成之時停止。今聞春麥已枯，秋成難保，其間災重地方，麥既無望，飢民何以聊生？可憫殊甚。仍著薩穆哈等前往賑濟，直接秋收，勿令災黎有失生理。(聖祖八九、二二)

(康熙二四、三、己巳)戶部議覆：直隸巡撫崔澄疏言，順德、廣平二府屬暨真定府屬之棗强縣、晉州、深州被災窮民，宜加賑恤，見在勸諭捐輸，給散銀米賑濟，且嚴飭地方官加意撫恤，勿使飢民失所，應如所題。得旨：順德等處飢民，當此青黃不接之時，恐致流離失所，該撫酌量動用正項錢糧，速行賑濟，務令各沾實惠，以副朕愛養至意。(聖祖一二〇、七)

(康熙二八、一二、戊子)又諭大學士等：近直隸巡撫于成龍奏稱，直隸地方被災之民蠲免錢糧，又行賑濟，俱獲生計，止有旗下莊頭度日維艱等語。大臣官員及富家莊頭，其業主猶可給粟贍養，若窮兵何能養及莊屯之人？其被災州縣居住旗人，有不能贍養伊莊屯人口者，亦應察明賑濟，爾等可與九卿酌議以聞。(聖祖一四三、二〇；東一一、三六)

(康熙二九、一、戊午)戶部議覆：直隸巡撫于成龍疏言，直屬清苑等州縣賑濟饑民，若米穀不敷，請動正項錢糧賑濟。應如所請。又疏稱，未報成災州縣，間有饑饉民人，請一體議賑。應無庸議。得旨：未報成災州縣饑民，著照該撫所題賑濟，餘依議。（聖祖一四四、一〇）

（**康熙三五、一二、辛亥**）又諭：去歲霸州等處州縣，曾運通州之米，與被災百姓，減價平糶，閭閻甚爲得濟。今年水災更甚，應如去歲運米於各州縣平糶。可敕直隸巡撫沈朝聘，何州何縣當運米若干與民懋遷之。其作速詳具摺奏聞，勿緩俟開印時也。（聖祖一七八、二二）

（**康熙五五、閏三、壬午**）諭大學士等曰：直隸巡撫趙弘燮因順天、永平兩府所屬地方米價騰貴，民多乏食，奏請借帑銀差官貴買賤賣，再借莊頭積貯之米，減價糶賣。朕思治天下之道，以養民爲本；當此太平之際，而使民乏食，可乎？從前如福建、廣東遠處，偶遇災荒，猶海運賑濟，況京師畿輔之地乎？去年順天、永平、保定、河間、宣化五府，因雨水過多，米穀歉收，已將錢糧盡行蠲免，積貯之米減價糶賣。見今閭閻積貯無多，若又以銀買穀，則米價益加騰貴。今京倉、通倉之米甚多，將倉內所貯之陳米發二十萬石，差堂司官運至各處地方，不論旗民，確查賑濟，窮民始得均沾實惠。且直隸北四府地方，有水路可通，即由旱路運去，亦不甚遠，不過在人區畫而已。至於運米腳價，以米給之亦可；煮粥之柴，以米易之亦可。果如是，更爲有益。當青黃不接之時，發通倉米於近京之地減價糶賣，今又發陳米賑饑，則小民斷無乏食之虞矣。

又諭曰：朕聞今年直隸南四府地方，麥苗甚好，但麥收時亦止有地之人得食而已，未種麥之人，何由而得？朕意此番賑濟，須至九月，民方不致乏食。每歲五城煮粥施濟，至三月即止，今尚未停止，於民大有裨益。古之人君，居深宮之中，不知民間疾苦者甚多，朕巡行各處，曾目擊之，故知之甚確；又於直隸各省年穀豐歉，時加訪問，地方大吏，所以不敢隱瞞。朕凡事但求實濟，不務虛名，即如積貯之事，聞之似善，而行之甚難。從前連歲豐收，朕曾諭地方官令民間節省積貯，但窮民一年所得，餬口之外，別有費用，何得餘剩？至於社倉一事，李光地任直隸巡撫時，曾以此爲有益，卒不能行。今太平已久，生齒甚繁，而田土未增，且士商僧道等不耕而食者甚多，或有言開墾者，不知內地實無閒處。今在口外種地度日者甚多。朕意養民之道，亦在相地區處而已。陝西臨洮、鞏昌等地方，雖不可耕種，若於有水草之地效蒙古牧養，則民儘可度日，而百姓但狃於種地，不能行此。昔年去山東賑濟人員曾云，或有人在牛傍，不知取乳而食，竟坐以待斃，此皆不習之故耳。爾等將趙弘燮所奏之事，會同九卿確議具奏。尋大學士、九卿等議覆：將京倉、通倉米發二十萬石，於大州縣先運三千石，小州縣先運二千石，揀選各部院賢能官員，親往散賑，俟九月秋收時停止。得旨：依議速行。（聖祖二六八、八；東一九、二〇）

（**康熙五五、閏三、丙戌**）戶部題：散賑順、永兩府所屬貧民，請差大臣監視。得旨：著倉場侍郎荊山、張伯行，副都御史阿錫鼐，通政使楊柱，前往監視。（聖祖二六八、一二）

（**康熙五九、六、丙辰**）諭大學士等曰：朕聞保安、懷來等處地震，宜速遣大臣前往賑濟，若俟部中啓奏，恐致遲延。著副都御史楊柱、屠沂速自京城出居庸關，前往延慶、保安、懷來、沙城等處查閱，一面奏聞加恩，並查驗蔚州、廣昌、渾源等處，如果被災，著一併加恩。直隸守道李維均，亦著量帶地方官數員，前往賑濟。（聖祖二八八、九）

（**雍正三、七、辛酉**）諭直隸總督、山東、河南巡撫：今歲夏秋以來，直隸、山東、河南三省，雨水過多，小民謀生無術者有之，朕心甚爲憫惻。茲秋成將屆，憂念彌深，該督撫可速委能員，實心詳察，其有生計蕭條，升斗無資，以及田地被淹、房廬倒塌者，即一面賑恤，一面具奏，務使窮幽極僻之區，亦不至一夫失所。至所遣官吏，或有草率將事及隱匿不聞，甚至捏報賑給，侵漁朦混，使澤不下究者，察出，將該管官一併從重治罪，斷不姑恕。爾督、撫等，尤宜實心誠求，竭力料理，如恤子孫，如辦家事，勿視爲具文。以副朕宵旰憂勞之至意。（世宗三四、一九）

（**雍正三、八、癸未**）諭大學士、九卿等：今年夏秋，直隸地方，雨水過多，恐秋禾歉收，窮民乏食，已降諭旨，令該地方官詳查賑濟。朕早夜思維，深切軫念。若於賑濟之外，有城工應修理者，即行修理，俾窮民傭工，藉以養贍，更爲有益。著於六部中，選擇司官六員，編檢、庶常內選擇四員，御史內選擇二員，中書內選擇一員，俱在漢官中擇其爲人老實、謹慎可用者，帶來引見，候朕指示修理城工地方，令其前往。……（世宗三五、一四）

（**雍正三、一〇、庚寅**）賑直隸霸州、保定等六十九州、縣，天津、梁城、茂山三廳所水災饑民。（世宗三七、一四）

（**雍正三、一二、丁亥**）諭大學士等：今歲直隸地方被水，小民乏食，朕軫念維殷，已截漕發粟，多方賑恤。但恐停賑之後，正值東作之時，農民謀食無策，著再加賑一月。如從前所發之米，不足賑糶，著署理總督蔡珽確查奏請增發米石，以副朕愛養黎元之意。（世宗三九、二八）

（**雍正四、二、丙子**）命倉場侍郎：再發通倉米二萬五千石，運往保定，減價出糶，以濟民食。（世宗四一、一五）

（雍正八、七、乙未）遣正紅旗漢軍副都統韓光基、户科給事中羅鳳彩，賑濟直隸宣化府屬西寧、蔚州、懷安等處旱災饑民。（世宗九六、二五）

（雍正八、八、己亥）諭户部：前聞直隸地方，有被水之州縣，朕心軫念，已星遣侍郎牧可登、副都統阿魯等，分路前往，蠲賑兼施。兹據署督唐執玉奏稱，各屬被水情形，消長不一。有上諭所及之處，而水勢消落，可免成災者；亦有上諭未及之處，而田廬被災，急須拯恤者。著行文交與牧可登、阿魯等，照該督所請，悉心查勘，核實通融；其前諭未及之處，有應行賑濟者，即交附近差往之大臣官員等，速行料理，務令得所，以慰朕拯恤災黎之至意。（世宗九七、一）

（雍正一一、八、辛酉）加賑直隸武强、武邑二縣被水饑民。（世宗一三四、八）

（雍正一一、一二、庚戌）大學士張廷玉摺奏：臣行經直隸州縣，知今年豐稔之處居多，惟近河漥地，遭值水患；仰蒙天恩賑濟，窮黎得以存養。但被水地方，輕重不同，其中有偏重之處，積潦未消，難以種麥，恐明歲二三月間，青黄不接，民食倍艱。仰請敕令督臣確查，於明春加賑一月或四十日；再敕督臣河臣，查該地方應修工程，酌議舉行，俾窮民得以傭工餬口。得旨：著直隸總督李衛妥議料理。（世宗一三八、一）

（乾隆二、七、癸巳）諭總理事務王大臣：朕覽策楞、五十七等奏摺，内稱沿河西北修家莊、沙窩村等處，居民房屋，有被水浸坍者，有全行衝没無存者，並有男婦被水淹没者。朕思房屋坍塌之家，所有蓄積，未至漂蕩，尚可餬口，至房屋全行衝没者，所有蓄積，自必無存，未免有艱食之虞，甚屬可憫。著策楞、五十七等詳細查明，於賞給造房銀兩外，量給口糧，無致飢餒；其淹没之人口，亦查明賞卹。（高宗四六、七）

（乾隆二、七、戊戌）又諭：前因文安、霸州等處，地勢低窪，被水居民，情可憫惻。特命松福、馬爾拜前往賑卹。今據總督李衛奏稱，文安、霸州，原係水鄉，田地皆在圍埝以内，居民歲賴菱、藕、蒲、魚之利，伏天發水，該處以爲豐年等語。朕思此番水勢驟漲，該處正在下流，即圍埝以内，亦恐有被災之處；著伊等詳悉查明，照盧溝橋一帶賑卹之數，減半發賑。若已經出示，或已經給發者，不必退回。其固安、永清、東安三縣，原未在查賑之内，但係貼近渾河，漫流衝溢之地，其中被災人民，松福等可查明一體賑卹，毋令失所。前所齎銀兩不足，即咨部領取。（高宗四六、一七）

（乾隆二、七、壬寅）户部議覆：直隸總督李衛疏報宛平、霸州、保定、文安、大城、房山、永清、昌平、懷柔、延慶、通州、武清、寶坻、清宛、滿城、安肅、定興、唐縣、博野、慶都、容城、完縣、蠡縣、祁州、束鹿、安州、高陽、新安、玉田、河間、獻縣、阜城、肅寧、任邱、交河、景州、吳橋、東光、故城、天津、滄州、静海、井陘、獲鹿、元氏、欒城、贊皇、晉州、廣宗、鉅鹿、内邱、磁州、邯鄲、成安、肥鄉、曲周、廣平、雞澤、威縣、清河、宣化、蔚州、萬全、懷安、西寧、蔚縣、懷來、冀州、新河、棗强、武邑、衡水、趙州、深州、武强、安平、曲陽、深澤、易州、淶水、廣昌等八十一州縣衛，二麥歉收，動支存倉穀石，分別賑濟。得旨：依議速行。（高宗四七、二）

（乾隆三、二、壬子）是月，直隸總督李衛奏報：直隸雨水短少，請先將存倉米穀平糶。得旨：所奏情節俱悉，但直隸去歲歉收，今春雨澤又在仰望甚殷之際，我君臣不可不敬畏自省，先事豫籌也。（高宗六三、一七）

（乾隆三、五、己巳）緩徵霸州、永清、新城井田屯戶領借穀石。（高宗六九、八）

（乾隆三、九、癸丑）諭：天津地方，居九河下游，今年河淀諸水稍大，雨水較多，田禾被淹，比他處爲重。目今現在查賑，聞有司奉行不善，所查者多係有地之家，而無業窮民，轉致嗷嗷待哺。以朕所聞如此，著總督李衛留心確查，嚴飭地方官妥協辦理。務令被水之戶口及無業之貧民，均霑恩澤，不致失所。（高宗七六、四）

（乾隆四、一、乙丑）諭：上年直隸地方收成歉薄，民食艱難，朕多方籌畫，諸政畢舉，務期茅檐蔀屋，無失所之黎民。幸荷天恩屢降瑞雪，將來麥秋似有可望。惟是青黄不接之時，若將賑米停止，貧民仍難餬口。應行加恩，於從前定議之外，著該督即行確查，將災重之地方，各户加賑一個月；其災輕之地方，將老弱貧民資生無策者，加賑一個月。並嚴飭有司實心奉行，俾閭閻不至飢餒。各盡力於南畝，以副朕宵旰焦勞之至意。（高宗八五、一）

（乾隆四、六、甲辰）〔直隸總督孫嘉淦〕又奏：長垣縣被水，房舍淹塌，請給一月口糧。得旨：知道了。被災之人，加意撫恤可也。（高宗九五、一七）

（乾隆六、一〇、己亥）蠲免直隸雄縣被水災貧民所借籽種、口糧九千四十餘石代賑。（高宗一五二、九）

（乾隆七、五、庚辰）諭：春夏以來，京師雨澤愆期，仰望殷切。十七日夜，荷蒙上天降賜甘霖，秋成可冀，朕心爲萬姓稱慶。今年畿輔遠近地方，得雨多寡不等，有先後霑足者，有未曾普徧者。是以二麥收成分數，豐歉不齊。日據高斌奏報，朕時刻留心體察。如磁州、永年、曲周、邯鄲、成安、肥鄉、廣平、雞澤等八州縣，麥收甚爲歉薄，計此時去夏田收穫尚遠，貧乏之民，餬口維艱，恐致失所，應加恩於常格之外。著於六月內，將窮民給賑一個月，以資接濟。并令各該州縣，動銀購買高粱、穀、豆、蕎麥等項秆種，因地隨時，借給補種，以待有秋。再將現存倉穀，減價平糶。倘有不敷，即於隣近倉貯盈餘州縣，撥運濟用。仍俟赴豫採買麥糧到日，多撥平糶。著該部即速行文該督高斌，轉飭有司實力奉行。(高宗一六七、八)

(乾隆七、一○、壬子) 賑直隷薊州、雞澤、西寧三州縣水災飢民。(高宗一七七、一六)

(乾隆八、六、丙子) 諭軍機大臣等：據高斌奏稱，天津、河間二府所屬地方，雨澤愆期，秋成失望，百姓流移外出者甚多。臣現在出示曉諭，俟秋成時，所有歉收之處，自蒙聖恩賑恤，不使一夫失所等語。朕批示曰，若俟秋成再行賑恤，恐民去者愈多。可將朕已發粟十萬石，仍有續發之處，曉諭貧民。更將賑恤之處，速爲辦理。朕所謂曉諭辦理者，乃曉諭黎民，不可輕去其鄉。如果成災，自有賑恤之恩澤。至於開賑，原有定期。若於此時即行開賑，則將來事更難辦矣。但民人既有流移覓食者，又不可聽其失所。可寄信密諭高斌，或先將極貧戶口，先爲賑恤。或借與秋麥，一得雨澤，即勸民耕種，以安民心，諸事須善爲撫綏。目前秋汛在邇，高斌現在固安查看河渠，可因巡河之便，至天津一帶，鎮靜妥辦。即回保定，不必送駕，俟回鑾時接駕可也。(高宗一九五、一九)

(乾隆八、六、庚辰) 是月，直隷總督高斌奏天津、河間賑濟事宜。一、令地方官赴鄉，先查戶口，分別極貧、次貧，並就近曉諭，不可離鄉外出，再選一二賢能佐雜協辦。至强勁勒借之風，更宜嚴禁；一、將恩賞通倉運津備賑糶粟米，分運各州縣，照該地方時價，大加覈減，以平市價；一、地畝無論旗民，但查無力購種者，即借與麥種，趕種秋禾。如地主外出，即責成該地鄰右承種。倘地主聞信歸來，計到日遲早，所收之麥公平分給；一、開賑不宜太早，自今冬十一月起，至明春三月止，極貧賑五個月，次貧將日期伸長，賑四個月。其十月以前，惟於極貧戶中，令道府親查實在乏食飢口，酌給口糧；一、口外地方，連年豐收，請於各該處添建倉厫收貯，以及運薊運通，且徑運津屬，以濟賑務。得旨：所奏俱妥，即照此實力爲之。(高宗一九五、二七)

(乾隆八、七、甲午) [直隷總督高斌] 又奏：現在委員，先將極次貧民戶口，分別查明，以爲辦賑之地。但先經奏明十一月開賑，屆賑期尚有三月餘，貧民實有迫不及待之勢。應請照先賑一月之例，每於查明一州縣之後,即先賑一月,以安民心,其極貧內之老弱孤寡贏疾,量加續賑。並十一月開賑之期,俱仍照原奏辦理。得旨:是。知道了。(高宗一九六、二一)

(**乾隆八、七、丙申**)御史胡寶瑔奏:天津、河間被旱,業已蒙恩撥米五十萬石,以濟冬賑。請敕下督臣高斌,速將現奉運米賑卹之諭旨,徧行曉諭,俾土著之民,欲覓食他處者,靜以待賑,不必輕離鄉井。其各處流民,亦令曉示,本無職業者,或應留養,或應約束,毋令滋事外,情願歸耕者,皆資送回籍,趕種春麥,不致田畝久荒。得旨:著高斌速議具奏。尋覆奏:現在各事宜,俱已如所奏辦理。奏入報聞。下部知之。(高宗一九七、一)

(**乾隆八、八、辛酉**)戶部議准御史周祖榮奏稱:直隸河間、天津所屬被旱地方,現開賑例,正在詳報之時,災民紛紛轉徙;請令該地方官切實開導,毋令遷流,並確查老弱廢疾之極貧者,先行撫卹。再鄰省亦有貧民流入直省,地方官酌量資送回籍,令其速歸。從之。(高宗一九八、一八)

(**乾隆八、九、己酉**)[直隸總督高斌]又奏:天津、河間、深、冀等屬俱於八月內戶口查完之日開賑,先普賑一月,銀米各半,其極貧內之孤寡老疾尤困苦者,計至十一月大賑前,俱按日續賑,全活甚多。從前外出流民,聞賑紛紛回籍,沿途資送。通計原題二十五州縣,續報之天津、大城二縣查明應賑極貧、次貧口數,共約大小口一百八十九萬餘口,約共折大口一百五十八萬餘口,合普賑加賑月分,銀米兼賑,約共需米五十七萬五千餘石,銀八十六萬餘兩。除恩賞通倉米五十萬石,俱已領運分派各州縣外,又添撥各該處倉穀約十五萬石,已足敷用。得旨:所奏俱悉。(高宗二〇一、三三)

(**乾隆八、一〇、辛酉**)戶部議覆:直隸總督高斌疏稱,霸州、豐潤二州縣營田,被旱成災,本非官田地畝賦額有定者可比,不能援請蠲免;請將額解通米,在於不被災營田所收穀內,通融碾米完納,餘米變充公用。又豐邑營田內,有鹻荒無收及高鹻改種雜糧地畝,霸州營田內有低窪改種葦藕地畝,並無分收稻穀,亦令於其餘營田收穀內通融完納,其被災各佃借領籽本,暫緩徵收。應如所請。從之。(高宗二〇二、二九)

(**乾隆八、一一、甲午**)諭軍機大臣等:河間、天津等處來京就食之民,日益衆多。蓋因愚民無知,見京師既設飯廠,又有資送盤費,是以本地雖有賑濟,伊等仍輕去其鄉而不顧;且有已去而復來者。不但拋荒本業,即京師飯廠聚人太多,春暖恐染時氣,亦屬未便。爾等可寄信與高斌,令其設法安

插，妥協辦理。(高宗二〇四、二一)

（**乾隆八、一一、壬寅**）加賑直隸天津、大城二縣被旱災民。(高宗二〇五、八)

（**乾隆八、一一、甲辰**）命署直隸清河道王師傳諭直隸總督曰：近來京師流民甚多，多是滄州人，景州尤甚。資送盤費，每日六分，僅足抵家，嗣後如何過活……須委大員逐一妥協辦理。傳諭總督知之。(高宗二〇五、八)

（**乾隆八、一一、己酉**）大學士鄂爾泰等議奏：京師流民日多，已於五城飯廠增米。又議，於明年二月內，將在京流民，概行資送回籍，交地方官安插，無誤春耕；並諭各安室家，勿復外出。但貧民接跡而來，州縣豈能概阻，不可不於近京州縣，妥協撫綏。請於京東之通州，京西之良鄉，分設飯廠二處，搭蓋棚舍，俾續來流民，得就食宿，明春即在該處資送更便。通州交倉場侍郎辦理，良鄉交直隸總督派委道員料理；米石柴薪，照五城例支給。至在京流民，有願赴通州、良鄉者，即給路費分遣；再至城內者，交五城御史即行遣送。從之。(高宗二〇五、二〇)

（**乾隆八、一一、己酉**）是月，直隸總督高斌奏：……又有人奏今年流民，亦祇三四千之數，較之雍正二、三年，數至盈萬者，尚爲減少。……(高宗二〇五、二二)

（**乾隆八、一二、戊寅**）是月，直隸總督高斌奏：本年河間、天津等處被旱災民，入冬以來，祁寒可憫，已會同鹽臣伊拉齊及各司道，並勸紳士商民等，公捐棉衣四萬三千六百九十一件，查明極貧者，於領賑時當面散給。得旨：知道了。(高宗二〇七、二七)

（**乾隆九、一、丁亥**）諭大學士等：上年直隸天津、河間等處，收成歉薄，冬月雨雪又少；今當東作方興之時，麥秋未卜，深廑朕懷。是以前經降旨，令高斌詳察本地情形，若於從前定議賑恤之外，有應加賑月分者，據實陳奏，朕當格外加恩。今據高斌覆奏，天津府屬之天津縣，河間府屬之蕭寧、故城、寧津，順天府屬之大城，保定府屬之束鹿、深州，並所屬之饒陽、安平，冀州屬之衡水，又續報保定府屬之新城，共十一州縣，原屬偏災，業按分數給賑，民情大勢寧謐，但與災重之十六州縣，地界毗連，青黃不接之際，生計仍屬艱難，應請遵照恩旨，按前賑戶口，再加賑一月，以資接濟，於地方實大有裨益等語。著即照高斌所奏，將此十一州縣，按册再加賑一月。該部即遵諭速行。(高宗二〇八、七)

（**乾隆九、二、丁卯**）諭：朕因直隸天津、河間、深州等處，上年被災較重，今春雨澤未降，麥收未能期必。恐停賑之後，貧民不免乏食。著高斌分別妥議，於從前定議之外，再加賑月分，以接濟窮民，並豫籌米穀，以備臨時之用。今據高斌奏稱，查現在次貧之民，前議賑至二月止；極貧之民，賑至三月止。今遵旨加賑，應將次貧再加三月一個月，極貧再加四月一個月。但次貧情形不一，各村莊被災輕重亦不同，除次貧內現在乏食，仍需接濟者，照常加賑一月外，其有加賑一月，尚不能支持，無異極貧者，若祗照次貧加賑一月，仍恐不能自存，應同極貧一例加賑至四月爲止。此應賑之民，若全給本色，更於民食有益，約計需米三十萬石。仰懇敕下倉場侍郎，於通倉內照數給發。即令被災州縣，自僱船隻，赴通請領。其水腳照例報銷等語。著即照高斌所議速行。其一切查辦事宜，著飭原辦之道府，親赴各州縣督率辦理，務令貧民均霑實惠。(高宗二一一、九)

(乾隆九、四、甲戌) [直隸總督高斌]又奏：請借各州縣貯備米石，爲大城、寧津、故城、肅寧、衡水、深州、安平、饒陽、新城、雄縣、霸州、文安十二州縣災民口糧，共需三萬六千石，秋收後民力未紓，更請豁免。得旨：著照所請賜予，秋收後不必還倉。該部知道。(高宗二一五、一八)

(乾隆九、八、丙寅) 諭：上年天津、河間等處，被旱成災，朕於常格之外，加恩賑恤，不使窮民失所。今春雨澤又復愆期，麥收歉薄，朕心更爲憂慮，幸於五月半後，天賜甘霖，通省霑渥，禾稼豐稔倍常，朕爲萬民額手稱慶。念從前天津、河間被災最重之二十六州縣，並續報偏災之霸州等五州縣，目下秋田雖復有收，恐元氣一時未復，著將所借麥種、牛力、牧費、制錢等項，悉行豁免。俾積歉之區，民力寬裕，示朕加恩休養之至意。該部遵諭速行。(高宗二二三、一五)

(乾隆一○、三、乙亥) 賑直隸大城、天津、西寧三縣乾隆九年雹災飢民。(高宗二三六、三)

(乾隆一○、八、乙巳) 總理事務王大臣等議奏密雲、古北一帶，應行借糶賑卹事宜。前奉諭旨，令臣等咨商督臣那蘇圖，公同酌議，復諭議定後，即交保祝就近辦理。今那蘇圖與臣等會同定議：如果密雲、古北二處，秋收歉薄，自應籌辦賑卹；現在旱象已成，請將該處運到漕糧一萬五千餘石，先行平糶，俾米價不至加增。其口外四旗通判所屬，及喀喇河屯等處，常平倉貯，并內務府倉糧，共有一萬二千餘石，亦應酌撥平糶。如貧民無力糶買者，量行酌給，於明歲麥熟後，收補還倉；兵丁無力者，一體借支，於月餉內扣還。其應作何借糶之處，即交提臣保祝，相度辦理。至宣化府屬各州縣，現存倉糧二十萬餘石，亦令照例速辦。又臣等會商：八溝等處秋成有望。若於收穫後，前往該處採買，就近接濟熱河一帶，實屬有益。亦應令保祝委弁協辦。至薊、遵、豐等處陵糈，從前議令每年酌量口外情形，就近採買，原屬相機辦理。今口外既經缺雨，恐致歉收，應遵旨仍按舊例，將豫、東二省糧石，運往供應。得旨：依議。宣化一帶，著開泰前往董率妥辦。（高宗二四六、八）

（乾隆一○、八、己酉）諭軍機大臣等：前曾降旨，將密雲、古北、熱河一帶糧石，酌量情形，或賑、或平糶，交與提督保祝，就近督率辦理。今已連次得有透雨，未知該處情形如何，是否成災？前次運往密雲米一萬五千石，果否足敷賑糶之用，抑或尚需八溝米石接濟？再密雲米石動用之後，今歲尚能買補還項與否，保祝現在如何辦理？可寄信詢問，令其詳悉奏聞。尋奏：密雲、古北，運到通米一萬五千石，現分三處平糶，兼以連日得雨，晚禾可望薄收，糧價有減無增。其熱河一帶，及中關、波羅河屯平糶事宜，恆文業經辦理；該處糧價亦稍減，現據四旗、熱河兩廳請照市價平減即止之議停止。查中關、波羅河屯二處，登場不遠，自可無煩再糶；惟熱河及喀喇河屯等處，災象已成，其平糶是否可停，現照會熱河道，查明酌辦。再密雲、古北，平糶米約算可至西成，如有不敷，古北現有倉穀四千石，密雲有倉穀八千餘石，可備賑糶，無需八溝接濟。若密雲倉穀動用之後，仍應於鄰近有收地方，補買還倉。其通倉運到之米，原係南漕，所有平糶價銀，似應解歸藩庫，無庸採買。得旨：與督臣酌議行。（高宗二四六、一四）

（乾隆一○、八、丙辰）兵部侍郎開泰奏：宣化府屬被災各州縣，現在督臣委員確勘，陸續散賑。但該處向例相沿，既行散賑，則平糶稍緩。查宣屬山僻，且被災較重，若拘泥緩糶之說，恐米價漸增。臣酌令地方官查明曾開糶之處，如米價猶昂，不必速議停止；其未開糶者，即量行出糶，以平市價。得旨：所奏俱悉。（高宗二四七、一）

（乾隆一○、九、庚辰）戶部議准：直隸總督那蘇圖奏稱，直屬被旱之七十六州、縣、衛、廳，現據各屬分別詳報，內惟故城、慶雲、贊皇、臨城、高邑、威縣、宣化、延慶、保安、懷安、西寧、萬全、龍門、懷來等十四州縣，及延慶衛災象已成，臣酌辦賑卹事宜。請將被災戶口，先行急賑一月，再查極次貧民，分別加賑。即動支各處倉糧，及派撥領運米石。如有不敷，再在鄰近州縣撥給。至宣化府屬，倉貯不足濟用，其加賑請兼用銀穀米。並令各屬酌借貧民麥種工本，以資播種。有應蠲、應緩錢糧，勘明分數題請。其被災旗戶，令地方官會同旗莊官查勘，一例賑濟。再續報被雹、被水、被霜各州縣。已經成災者，均照例查辦。得旨：依議速行。（高宗二四八、一五）

（乾隆一〇、一一、庚午）賑貸直隸香河、三河、昌平、密雲、延慶衛、新安、容城、易州、吳橋、交河、景州、獻縣、故城、天津、慶雲、靜海、鹽山、滄州、正定、元氏、藁城、無極、贊皇、鉅鹿、廣宗、內邱、唐山、平鄉、栢鄉、高邑、臨城、威縣、清河、宣化、萬全、懷安、西寧、蔚州、蔚縣、延慶州、赤城、龍門、懷來、保安、熱河、張家口、獨石口、喀喇河屯等四十八州縣衛廳旱災居民。（高宗二五二、六）

（乾隆一〇、一一、癸巳）諭：宣屬今歲被旱，歉收地方，經朕降旨加賑一月，閭閻尚不致失所。第念天津府屬慶雲縣，僻處海濱，頻年被旱，恐明歲停賑之後，青黃不接，貧民餬口無資。著加恩於明年三月內，再行普賑一月，以示朕重恤災黎之意。該部即遵諭行。（高宗二五三、一四）

（乾隆一〇、一一、癸巳）直隸總督那蘇圖奏：宣化府屬被災州縣，除業經題明賑恤外，遵旨酌量情形，請於明年三月內，無論極次貧民，再加普賑一月。並將銀、米、豆三項兼賑。得旨：著照所請行。該部知道。（高宗二五三、一四）

（乾隆一一、閏三、己亥）諭：上年宣化所屬地方，被旱歉收，朕已疊沛恩施，俾災黎不致失所。查從前定議賑濟之期，至今年二月停止，經朕復加恩，不分極貧次貧，於二月之外，再普行加賑一個月，以資接濟。今思宣府被災之後，春間雨澤又少，且彼地不種二麥，此時去大田收穫之期尚遠，青黃不接，窮民難以餬口，朕心深爲廑念。著於三月加賑一月之外，再加賑閏三月一個月。著即傳諭該督那蘇圖，遵旨速行辦理。（高宗二六二、八）

（乾隆一一、閏三、辛丑）又諭：直隸州縣中，惟慶雲縣最爲寒苦，近年以來，連遇荒歉，朕心深爲廑念。昨據那蘇圖奏稱，三月停賑之後，查明成災村莊，酌借口糧，以資接濟。朕又經降旨發帑買牛、穿井、種樹，俾瘠土得有起色。今思本年適值閏月，當此青黃不接之際，小民謀食，更屬艱難，著於停賑之後，再加賑一個月。可即傳諭那蘇圖，速行辦理。（高宗二六二、一四）

（乾隆一一、五、丙申朔）諭：畿輔地方，自閏三月、四月以來，屢次獲有甘霖，四野霑足。惟是鹽山、慶雲、寧津三縣，雖亦各得雨澤，究未深透。鹽山、慶雲，原屬上年災重之地，彼地貧民，先經借給籽種口糧，料此時想已告匱；著按照大口小口，再借口糧一個月，以資接濟。其寧津一邑，上年雖非災歉，而目今雨澤稍愆，著按畝借給籽種粟米四升，以資耕作。再此三邑，民間米糧，未免短少，市糴艱難；著於糴三之外，多撥倉糧，每石大爲減價，城鄉設廠糶賣，俾閭閻不至乏食。該部遵諭速行。（高宗

二六六、一）

（乾隆一一、七、丁未）貸直隸武清、吳橋、寧津、天津、青縣、滄州、南皮、慶雲、鹽山、固安、永清、昌平、通州、三河、薊州、寧河、河間、獻縣、阜城、肅寧、任邱、故城、東光、獲鹿、平鄉、廣宗、鉅鹿、内邱、威縣、清河、磁州、蔚州、西寧、蔚縣、冀州、南宮、新河、武邑、衡水、栢鄉、臨城、高邑、寧晉、深州、武強、饒陽、安平、易州、淶水、延慶衛、喀喇河屯等五十一州縣衛屯被旱災民；寶坻、薊州、寧河、灤州、東光、西寧、萬全、玉田、豐潤、八溝同知等十州縣廳被水災民，井陘、平山、贊皇、藁城、獻縣、唐山、保安、蔚州、宣化、萬全、懷來、西寧、蔚縣、赤城、武強、饒陽、易州、廣昌、曲陽等十九州縣被雹災民。（高宗二七〇、二二）

（乾隆一一、九、丙午）直隸總督那蘇圖奏：直隸秋收豐稔，所有節年、本年民借口糧、籽種等項，應令及時交還。但查各屬情形，或係積歉之後，元氣未復，或係被災之後，地方出借數多，一時新舊並追，民力未免拮据。今各屬借項，自萬石至六萬石不等，内鹽山、慶雲二縣，民欠最多；請將所借米穀，分作三年帶徵。其河間、故城、寧津、獻縣、景州、任邱、吳橋、滄州、南皮、静海、雄縣、新城等十二州縣，請將新舊借項，分作二年帶徵。交河、阜城、青縣、威縣、清河、深州等六州縣，請將本年借項全還；其節年舊欠，分作二年帶徵。又宣化府屬十一州縣，上年被災，本年亦多被雹，請無論所欠多寡，統分作二年帶徵。得旨：著照所請行。該部知道。（高宗二七四、二一）

（乾隆一二、七、丙午）賑卹直隸固安、永清、香河、武清、涿州、霸州、大城、薊州、玉田、新城、容城、蠡縣、雄縣、祁州、束鹿、安州、高陽、新安、易州、淶水、河間、獻縣、阜城、肅寧、任邱、寧津、吳橋、故城、東光、天津、南皮、正定、井陘、藁城、冀州、南宮、新河、武邑、衡水、趙州、栢鄉、隆平、高邑、臨城、深州、武強、饒陽、安平、沙河、南和、平鄉、廣宗、鉅鹿、内邱、永年、曲周、雞澤、邯鄲、成安、威縣、清河、磁州、宣化、赤城、萬全、懷來、蔚州、蔚縣、西寧、懷安、喀喇河屯通判、獨石口同知、熱河、八溝同知、四旗通判等七十五州縣廳被水、被旱、被雹飢民。（高宗二九五、七）

（乾隆一二、九、甲寅）諭軍機大臣等：據直隸總督那蘇圖奏稱，山東被災，有攜眷、單身貧民，前往口外熱河等處，投親種地覓食，經由直隸地方，其中不無有衰老孱弱者。時屆寒冬，請於通州總路，派員設廠，將東省衰老孱弱貧民，日給通倉色米留養等語。朕思東省與直屬接壤，其出外覓食之人，經過地方，遠近不同，亦不止通州一處。若於通州設廠，雖倉厫近便，而路遠不及抵通之貧民，無由覓食，且貧黎聞有此信，勢必奔赴來通。將來聚集多人，轉恐派員料理，未能周到。不若於直屬附近東省州縣，遇有前來覓食貧民，隨其所至地方，就近收養，酌給口糧，以度隆冬，俟春和資遣回籍。可傳諭那蘇圖董率屬員，妥協辦理。(高宗二九九、一七)

(乾隆一三、二、甲子) 又諭：上年直屬被水成災，天津等十五州、縣、廳，業已加恩賑濟，小民不致乏食。但念天津、靜海、文安、大城、霸州、永清、武清、慶雲、津軍廳等處，被災較重，目下停賑將屆，麥秋尚遠，恐不足以資接濟，其河間、任邱、南皮、青縣、滄州、寶坻六州縣，因被災較輕，業已停賑，貧民未免拮据。今朕巡幸所及，慶惠宜施，著加恩將此十五州、縣、廳，再行加賑一月，俾得普霑惠澤。所需米石，令該督於北倉存貯漕糧內動撥。該部即遵諭行。(高宗三〇八、九)

(乾隆一三、七、辛丑) 賑恤直隸青縣、交河、東光、寧津、天津、滄州、南皮、慶雲、鹽山、靜海、寧河、香河、保定、大城、延慶、沙河、廣宗、邯鄲、肥鄉、廣平、蔚州、蔚縣、武邑、臨城、高邑、深州、武強、饒陽、安平等二十九州縣旱災貧民。(高宗三一九、七)

(乾隆一五、七、丙午) 又諭曰：直隸總督方觀承奏，六月二十八九等日，易州地方山水陡發，兵房民舍，間被衝塌，人口亦有傷損等語。著該督速即查明，加意撫卹，毋至失所，一面辦理，一面奏聞。該部遵諭速行。尋奏：臣與藩司恆文籌議，即令前赴易州，將被水窮民，照現在固安奏准事宜，查明五口以上者，給米四斗，四口以下者，給米三斗，動倉穀散給。兵丁七百餘名，已將下季糧米預行借支。衝坍草土房屋，共一千九百九十餘間，分別修整。又半壁店一帶，御道經由，被衝房屋，已委員與該州速辦。並飭凡陵寢所需料物，如地方官就近辦理，較工部爲速者，即行敬辦，以期要工早竣。得旨：覽奏俱悉。又奏：據該司查明兵民房舍人口，衝坍傷損各情形，詳議賑卹事宜。除八旗衝塌營房，現經尚書海望查明修理，兵丁男婦，經總理衙門議卹，均毋庸再議。又按地畝成災分數，分別加賑月分，並地畝有水衝砂壓，不堪種植者，統於災賑案內彙題辦理外，所有被衝兵民瓦草房屋，續查出八百餘間，共二千八百餘間。內民房一千二百餘間，牆圮而瓦木猶存者，照例每間給銀一兩，土草房每間五錢，瓦木全無者，酌量將瓦房每間給銀一兩五錢，土草房八錢。又衝去民一百五十七名口，大口酌賞銀二兩，小口一兩，於司庫部平飯銀內動給。其綠營兵營房，衝塌一千六百餘間，俟查明確估另奏。再八旗、綠旗被水各弁兵，情甚拮据，應請於司庫建曠項下，均借給兩月錢糧，分四季扣還歸款。又半壁店等處買賣舖房，客商等有力難速修者，擬於司庫無礙閒款內，酌借銀兩，由該州取具互結，派專員督令速修完整。所借銀，限一年內免息歸還。再查綠旗當差值宿之千總劉度瀛，外委李恒彪、潘世德及兵丁二十二名，水發時，不敢擅離汛地，以致被衝，可否照內河因公飄沒分別賞卹之例查辦？統於災案內題明，聽候部議。得旨：如所議行。（高宗三六八、七）

（**乾隆一六、一、癸丑**）又諭：直隸州縣內上年間有被災之處，當諭該督方觀承照例加意撫恤，復經降旨，將十二月內應止賑各戶，加恩展賑一月，貧民雖不致失所，但今東作方興，被災貧民，未免仍屬拮据。朕巡行畿甸，軫念維殷，著再加恩將七、八分災之極貧，九、十分災之極次貧，各加賑兩個月；六分災之極貧，七、八分災之次貧，各加賑一個月。令該督方觀承轉飭各屬，俾得均霑實惠，以資力作。該部遵諭速行。（高宗三八〇、二〇）

（**乾隆一六、五、庚戌**）諭：據直隸總督方觀承奏稱，霸州等處，上年勘不成災，及歉收各村莊，所有借給籽種、口糧，例應按期催追還倉。但現在各處麥收，雖屬可期，而米穀無出，民力不無拮据等語。著照所請，將霸州、涿州、寶坻、薊州、豐潤、清苑、雄縣、完縣、祁州、容城、河間、肅寧、任邱、天津、青縣、靜海、定州、曲陽、宣化、懷安、萬全、蔚縣等二十二州縣內，從前借給各村莊米穀，無論加息免息，俱緩至本年秋成後，照數完交，以抒民力。該部遵諭速行。（高宗三八八、一五）

（**乾隆一六、一〇、己未**）賑貸直隸武清、寶坻、薊州、寧河、昌平、大城、東安、永清、宛平、豐潤、玉田、灤州、昌黎、樂亭、東光、天津、青縣、靜海、滄州、南皮、鹽山、慶雲、任縣、長垣、東明、開州等二十六州縣，本年水雹成災飢民并旗戶竈戶。（高宗四〇一、一九）

（**乾隆一六、一一、乙亥**）諭：直隸長垣、東明、開州三州縣，今歲夏秋之間，黃水淹浸地畝，業已加恩賑恤，但現在積潦未退，秋麥已逾播種之期，貧民生計維艱，朕心深爲軫念。著將從前極貧、次貧之戶，例應加賑兩月、一月者，俱再加賑一月。令該督方觀承分別辦理，務使貧民均霑實惠。該部遵諭速行。（高宗四〇二、一一）

（**乾隆一七、一一、丙戌**）諭：直隸開州、東明、長垣三州縣上年曾被水災，今歲秋成，亦未豐稔，所有積年民借籽種口糧並麥種銀兩，例應於開徵之期，照數徵還，但念災地民氣未能驟復，一時新舊並徵，不無拮据。著加恩將開州、東明、長垣三州縣上年被水村莊，應完乾隆十六、十七兩年所

借籽種口糧穀石，並十六年借給麥種銀兩，俱緩至來年麥秋後照例徵收，以紓民力。該部遵諭速行。（高宗四二七、一四）

（**乾隆一九、六、辛酉**）諭軍機大臣等：方觀承奏，本月初七日永定河盛漲，隨飭將舊河身內穿隄引河頭開放，分流北注，工程均各平穩。再河身內舊有董家務、惠元莊居民瓦土草房悉被淹淤，墾量爲賞給每戶倉穀一石等語。穿隄引河，惟藉分減盛漲，此次開放，自因水勢陡漲，一時難以宣洩，但祇可偶一行之。今盛漲既消，即仍應堅固堵閉，令大溜由南隄行走，方爲妥協。至董家務、惠元莊二處居民，從前屢經曉諭，雖伊等不願遷移，亦彼時經理各員未能周妥，因循貽害。此番既被淹浸，宜乘此時給予搬移之資，務令遷徙隄外，不可姑息。若有仍行廬處河身，藉稱不願遷移者，將來惟該督是問。著將穿隄引河，於何日堵閉，董家務等處居民如何遷移之處，仍具摺奏聞。至所請每戶賞給穀一石，著准其賞給。尋奏：河水自十五日以後，漸次消退，可免出槽。至兩岸村莊共十八處，現飭地方官查辦。於隄外指給村基，給予移資，悉令遷徙。再永定舊河身內穿隄引河，奉諭仍應堅固堵閉，俾大溜由南隄行走。今遵於引河頭舊南隄，堵築攔河橫埝一道，長九丈、頂寬一丈、底寬三丈、高六尺，於六月十九日完工。報聞。（高宗四六六、一五）

（**乾隆二一、七、丙申**）是月，直隸總督方觀承奏：束鹿縣賈百戶村，緊逼滹沱河，因六月河水陡發，浸坍民房，晚禾淤壅，現已勘實，應請給價修葺。其被淹地畝，穀豆損傷缺乏之戶，應請借給籽種。至河灘貧民，房間坍塌，糧食浸壓，應請撫卹。人口多者，每戶給米四斗，少者給米二斗。得旨：如所議行。仍督率屬員，善爲撫卹，俾霑實惠。（高宗五一七、一九）

（**乾隆二一、一〇、己卯**）賑直隸延慶、薊州、延慶衛、保安、宣化、萬全、西寧、懷來等八州縣衛本年水旱雹災飢民，借給籽種。（高宗五二四、二六）

（**乾隆二二、六、癸未**）諭曰：方觀承奏，直隸魏縣漳河暴漲，城鄉居民房屋俱有倒塌，田禾亦多淹浸，現已查勘賑給口糧等語。魏邑猝遇水災，秋成失望，若照例俟查明成災分數始行賑卹，未免少需時日，嗷嗷災黎，深堪軫念。所有被水貧民，著照乾隆八年之例，於急賑一月後，按月給予續賑，銀、米兼發，用資生計。其倒塌房屋，亦著照撫卹成例，速行查辦，俾得早獲寧居。至水退後如可播種秋麥，勸諭農民及時播種，並著按畝借給麥種銀兩，以資力作。該督其董率屬員，妥協經理，務使均霑實惠，副朕懷保至意。（高宗五四一、一六）

（**乾隆二三、一、癸巳**）又諭：上年直隷大名府屬之大名、魏縣、元城、南樂、清豐，廣平府屬之清河、威縣，河間府屬之景州、故城、交河、吳橋被水各州縣，業經降旨撫卹，賑借兼施，災黎自可得所。惟是例賑應至正二月爲止，貧民仍不免拮据。著加恩將大名等各州縣內九、十分之極次貧民，再各加賑一個月，以示軫卹。該部即遵諭行。（高宗五五四、一五）

　　（**乾隆二四、五、丙申**）又諭曰：富當阿等奏稱，達什達瓦屬人等已到熱河，一切辦理，尚需時日。先按人口每月給米二斗、銀三錢，暫行接濟。俟查明戶口若干，以定官兵額數，給與錢糧養贍，另行具奏等語。富當阿此奏稍覺稽遲，已差三和前往辦理賞給。所奏支領米石，即准其散給。至賞給銀兩，三和現在辦理，或已經分賞，亦不必追繳。其將伊等作爲官兵酌給俸餉之處，著詳議具奏。伊等未經出痘，應授官職人等，不必送京，候朕駐蹕熱河時，再行帶領引見。（高宗五八七、三）

　　（**乾隆二四、七、辛未**）貸直隷南皮、滄州、吳橋、東光等四州縣本年水災飢民籽種。（高宗五九三、二〇）

　　（**乾隆二六、八、壬申**）諭：今歲直隷各屬，麥收豐稔，秋禾暢茂。緣七月間雨水過多，濱河及低窪地畝，遂被淹浸。已降旨將固安、永清、東安、武清四縣，照例撫卹，並酌借麥穀，俾涸出之地，得以及時佈種。其文安、大城、霸州、保定等屬，因漫口被淹各村莊，並著照前旨，一體查辦。至同時被潦之寧河、寶坻、薊州等屬，雖所損不過十之一二，但現在天晴水涸，正可乘時補種晚稼及明年春麥。並著該督方觀承查明有地無力之戶，酌量借給倉穀，俾貧民力作有資，以裨生計。該部遵諭速行。（高宗六四二、一一）

　　（**乾隆二六、八、癸酉**）諭：直隷被水各州縣，節經降旨加意撫卹。今據該督方觀承查奏，永平、慶平等府所屬州縣，雨水亦已消退，不致爲災。惟冀州、衡水、武邑三州縣，因近滹沱，被水較重，窮民生計，未免拮据。著加恩照固、永等縣一體撫卹，俾災黎無致失所。該部遵諭速行。（高宗六四二、一四）

　　（**乾隆二六、八、丁亥**）諭：直隷毗連豫省之開州、長垣、東明等州縣，及附近運河之景州、清河二屬，因秋雨過多，田禾間有淹浸，所有被水貧民，深堪軫念。著該督方觀承照固、永等屬之例，一體加意撫卹，並各先給口糧，以資安頓，毋致失所。該部遵諭速行。（高宗六四三、八）

　　（**乾隆二六、九、丁巳**）諭軍機大臣等：據方觀承奏，北運河東岸之馬家莊、孤雲寺、于家莊三處隄埝，漫溢汕刷一摺。該處係南北運河交錯之區，關係緊要，亟宜上緊堵塞。該督現已回至通州親往查勘。應即速率屬協力償辦，務期刻日竣工。所有附近被淹村莊，一面即行查明照例撫卹，毋致失所。將此傳諭知之。（高宗六四五、九）

（乾隆二六、九、乙丑）是月，直隸總督方觀承覆奏：北運河東岸漫口三處，馬家莊、于家莊水僅數尺，兩日內即可竣工。孤雲寺地稍寬，十日內亦可竣工。至隄外一帶悉係水鄉，並無村莊。其天津、武清境內，先經瀝水淹及之處，業經查明撫卹。得旨：具圖來看，更覺明白。（高宗六四五、二三）

（乾隆二七、一、戊申）加賑直隸文安、大城、天津、津軍、冀州、武邑、衡水、長垣、八州縣廳，並固安、霸州、保定、安州、開州、東明、清河、新河、南宮、武強、隆平、寧晉、寶坻、武清、高陽、新安、肅寧、交河、東光、滄州、大名、元城、永年、成安、廣平、雞澤、威縣、深州二十八州縣水災村莊饑民。（高宗六五二、一三）

（乾隆二七、十、戊午）是月，直隸總督方觀承奏：直屬被災地方，應籌平糶，但各屬倉儲多經動缺，計惟口米，尚可挹注。查口外八溝廳貯米，已經撥充薊州、豐潤、玉田三州縣借糶；其四旗廳貯米六萬九千九百四十三石，塔子溝廳貯米五萬七千九百七十一石零，原備內地撥用，請乘冬月人畜空閒時，於該處僱車分運通州。春融後，飭令附近水次州縣領回，分別定價應糶，仍將糶價存俟秋後補倉。再昌平、順義、懷柔、密雲四州縣，來春修道開溝，應需代賑米，即於進口時酌撥充用。報聞。（高宗六七三、二三）

（乾隆二七、一二、壬寅）諭軍機大臣等：莊存與奏，籌辦災賑條款一摺，已批交方觀承速議矣。朕因今歲直屬被災較重，一切截漕加賑各事宜，飭令該督悉心妥辦，不得稍遺餘力。即近日該督查覈極次貧戶與被災稍輕之極次貧戶，所有展賑、加賑及例不應賑之貧民，量賑一月。餘並准其赴工就食各條，業已詳入恩旨，於明年新正頒發，特外間尚未之知，即莊存與所列條內，尚有請寓賑於工一節，亦屬早已指揮之事。但伊既有此奏，可將原摺即速鈔寄方觀承，令其閱看，中如有可採取之處，即著該督妥速議行。尋奏：莊存與陳奏各條，均早經奉旨遵辦，惟謹就現在情形，再加籌畫。直屬毗連災地各州縣，共設粥廠八十九處。係官民樂輸，年內足敷接濟，擬於來春二、三月，另議動撥官米，於各處適中地方，不越二十里外，增添粥廠，使貧民日可往返。其離鄉就食者，於春融遣散時，酌給口糧。報聞。（高宗六七六、二四）

（乾隆二八、一、庚申）諭：去歲直隸各屬雨水過多，其偏災地方，已經加恩賑恤，並酌籌以工代賑，俾窮黎不致失所。但時屆春月，例賑將停，麥秋尚遠，正當青黃不接之際，農民口食，未免拮据，深爲軫念。著再加恩將被災較重之霸州、保定、文安、大城、永清、東安、武清、寶坻、寧河、薊州、安州、新安、天津、青縣、靜海、滄州、寧晉等十七州縣之極次貧户口，暨被災稍輕之大興、宛平、順義、固安、涿州、新城、雄縣、香河、豐潤、玉田、灤州、昌黎、樂亭、清苑、望都、高陽、河間、任邱、交河、景州、東光、南皮、鹽山、慶雲、冀州、武邑、衡水等二十八州縣之極貧户口，均於停賑之後，概予展賑一個月，以資接濟。並於通倉所存乾隆二十四年以前稄米，撥運十二萬石，以充展賑之需。該督方觀承其董率屬員，實力奉行，務令貧民均霑實惠，副朕愛養黎元至意。該部遵諭速行。（高宗六七八、二）

（乾隆二八、一、壬戌）諭：上年直隸各屬雨水過多，所有被災稍重之極次貧民，及被災稍輕之極貧各户，業已加恩展賑，以示惠養。更思被災稍輕之次貧，及勘不成災與毗連災地之貧民，雖不在定例應賑之內，而其中實在不能自存、有類極貧者，當此青黃不接之時，饔飧不繼，深堪軫念。著格外加恩，將大興等二十八州縣內之六分災次貧，及毗連災地之五分災貧民，其中酌量極貧户口，一體給賑一個月，以溥渥澤。其餘貧民，均著於現在興修工作之處，准令赴工就食，俾資餬口。該督方觀承逐一查明，妥協經理，副朕愛養黎元有加無已至意。該部遵諭速行。（高宗六七八、六）

（乾隆二八、一、戊子）是月，直隸總督方觀承奏：直省六、七分災地方，上年十一二月已停賑，望澤甚殷。賑米俟凍開始赴領，現飭各州縣先發領到半銀。薊州應撥加賑米八千餘石，水運道迂，陸運費重。查薊、遵尚有口米轉輸，全給銀較便。其應添粥廠，統於二月初一日起至三月底止，准撥義社米、柴薪動公項。報聞。（高宗六七九、一七）

（乾隆二八、二、庚戌）諭：直隸去秋被水低窪地方，近因巡省之次，復疊降恩旨，多借籽種，以資東作。其定例應賑、不應賑極次貧民，均予加展一月，並加撥部庫銀八十萬兩濟用。更念現在青黃未接之際，米價未能驟平，災黎即格外得銀，猶或艱於糴食。著再加恩截留河南、山東新運漕糧十五萬石，分撥水次附近被災州縣。俾得銀米兼賑，閭閻既餬口有資，即市集米價，益就平減。該部遵諭速行。（高宗六八一、一〇）

（乾隆二八、二、丁未）諭軍機大臣：朕祇謁東陵，所過京東地方，見去年被水之區，情形實多竭蹶，悉心爲之擘畫，已明降諭旨，將成災極次貧民及五分災極次貧户，三月之後，再行加賑一月。其無力不能乘時播種者，並令地方官迅速查明，分別借給籽種。並將勘不成災，於例不應緩徵之處，一體加恩停緩。又恐一切需用不敷，並撥戶部庫銀八十萬兩，以資應用。該督奉到此旨，當速飭各屬實力奉行，務令澤必下究，副朕軫念。至所過廣平、大名等處，該督自已督率籌辦。如其中尚有應行酌量加恩之處，並著即速奏明辦理。可一併傳諭知之。（高宗六八一、八）

（乾隆二八、三、甲子）諭：前因直屬去秋被水窪地，雖屢經加恩撫恤，但當此青黃不接之際，民力猶恐拮据。已降旨將被災六分以上各州縣暨被災五分者，概予加賑展賑一月，以資接濟。茲恭謁東陵、西陵，所過通州、三河、良鄉三州縣，其成災分數，皆不及應賑之例。念其地近輦道，上年歲事歉薄，閭閻生計維艱。著格外加恩，將通州等三州縣不應給賑村莊，地方官確查實在貧民，均予加賑一個月。該督其率屬悉心體察，毋任胥吏侵蝕中飽。俾澤必下究，副朕加惠黎元至意。（高宗六八二、一二）

（乾隆二八、三、丁卯）戶部議准：巡漕御史朱續經奏稱，直隸被災州縣，應用常平穀賑者，請以穀折米，聽民自行碾食，不得仍發舖碾滋弊。瀕水之區有先經乾涸、民已種麥、復被衝淹者，地方官以報種在先，不合賑例，請查明一體酌借籽種。州縣設留養局，收卹老弱貧民，其外來流移貧民例不給賑者，請一體入局。從之。（高宗六八二、一四）

（乾隆三三、一一、丙戌）賑直隸河間、鹽山二縣本年被水、蟲災飢民。（高宗八二二、四）

（乾隆三四、一、丙戌）又諭：直隸各屬，上年間被水災，業經加恩分別賑卹，現在時屆東作，尚恐被災貧民際此青黃不接之候，生計不無拮据。著再加恩將霸州、保定、安州、文安、永清、東安、寧晉等七州縣被災六分之極貧及七、八、九、十分之極次貧，均加賑一個月。其大城、靜海二縣，雖有代賑工程，尚恐不敷接濟。又災分稍次之任邱、肅寧、慶雲三縣內，成災九分村莊極次貧民，均著於停賑後各加賑一個月。該督其務董率屬員，實力查辦，無任胥吏中飽，俾小民均霑實惠，副朕加惠黎元至意。該部遵諭速行。（高宗八二六、二）

（乾隆三五、七、甲子）諭：順天府屬武清、東安、寶坻、寧河、永清、香河等六縣，因閏五月內雨水稍多，河水泛溢，村莊禾稼，不無傷損。若待冬月給賑，為期尚遠。所有武清等屬被災旗民，自六分以上至十分者，不分極貧次貧，著於八月內先行普賑一月，至冬初再行照例加賑，庶貧民得資口食接濟。再直隸加賑，向例銀米各半給發，現在所需米石，如有不敷，前曾降旨，將運通漕糧，截留二十萬石，存貯天津，即著於此內酌量動撥，以濟

賑需。該督務須董率屬員，實心妥協經理，無使胥役從中滋弊，副朕軫卹災黎至意。該部遵諭速行。(高宗八六五、九)

(乾隆三五、八、甲戌朔) 諭：昨已降旨，將被水之順天府屬武清等六縣，於八月內普賑一月，以資接濟。其霸州、固安、薊州，及天津府屬之天津、靜海等五州縣，今年被水亦重，窮民待哺。若待冬月給賑，爲期尚遠。著加恩，將此五州縣被災村莊，不分極貧次貧，亦均於八月內，先行普賑一月。至九、十兩月，摘賑極貧，及銀米兼賑之處，並照武清等六縣，一例辦理。該督務須董率屬員，實心妥協經理，毋使胥役從中滋弊，副朕軫卹災黎至意。該部遵諭速行。(高宗八六六、一)

(乾隆三六、一、甲辰) 諭：上年直隸地方，因夏間雨水過多，各州縣被災較重，屢經降旨加恩，並先後動撥部庫銀八十萬兩，又撥通倉并截留漕米共六十萬石，令該督加意撫卹，銀米兼賑，俾無失所。第念新春東作方興，距麥秋尚遠，無力貧民口食，尚未免拮据。著再加恩，將被災較重之武清、東安、寶坻、寧河、永清、香河、霸州、固安、薊州、天津、靜海等十一州縣，自六分災極貧，至七、八、九、十分極次貧旗民，再行加賑一月；至大興、宛平、通州、青縣、滄州等五處，並著一體加賑，俾春初力作之時，得資接濟。該督其董率所屬，實心經理，務使窮簷均霑實惠。該部遵諭速行。(高宗八七六、二)

(乾隆三六、七、乙巳) 又諭：據王進泰奏，古北口地方雨水情形一摺，已於摺內批示。至城牆當水被衝之處，竟可無庸補築，止須於所存堵頭，修砌完整，以備城形，使水得暢流，可無復衝之患。其應行撫卹事宜，現派侍郎桂林，先行啓程，帶內庫銀一萬兩，前往該處，會同王進泰查勘辦理。如被水情形，與上年相仿，即照前辦理。若較去歲爲輕，不妨減半賞給。其應行開倉平糶之事，亦即照去歲辦理，以裕兵民口食。……(高宗八八八、一二)

(乾隆三六、七、庚戌) 又諭：昨雨後白河驟漲，密雲縣城外，瀕河民房，間有被水傾損者。布政使楊景素，現在該處辦理差務，著即就近查明，照例賞給銀兩，俾資葺蓋安居，副朕軫念貧黎至意。該部即遵諭行。(高宗八八八、二八)

(乾隆三六、七、壬子) 直隸總督楊廷璋奏：大興等十七州縣，與霸州等十二州縣被淹，臣確查分數，大興、宛平、良鄉、固安、永清、東安、霸州、武清等八州縣頗重；涿州、密雲、懷柔、通州、昌平、雄縣、安州、蠡縣、新城、文安、保定、香河、寶坻等十三州縣次重；三河、高陽、任邱、安肅、南樂、懷來、定州、元城等八州縣較輕。已批司委員確勘，先飛飭借給每户義穀四斗，其坍塌房屋者，瓦房給銀一兩，土房五錢，仍俟勘得成災與否，分別辦理。又蔚州、延慶、西寧三屬，前據禀報，有被雹村莊，亦經飭查，統歸秋災案内撫卹。得旨：另有旨諭。又批：此皆外省俗例，足見非實心辦事也。不可。諭軍機大臣等：據楊廷璋奏，查辦被水各州縣災務一摺，……現在被災，計二十九州縣，恐賑借等項需用較多，已降旨令戶部撥庫銀五十萬兩，發交該督備用。該督其董飭屬員，實力妥辦，務使貧民均霑實惠。若辦理稍不盡心，致有侵扣冒濫諸弊，惟於該督是問。仍將被災情形，速飭確查，分別辦理，據實明白回奏。尋奏：被水之大興等二十九州縣外，又據續報天津、清苑、房山、新安、正定、薊州、大城、靜海、寧河、豐潤、玉田、藁城十二處被災，已飭令確勘，分別撫卹。所有恩撥庫銀五十萬兩，收兌藩庫備用，將來應撫應賑，臣當遵旨悉心妥辦，務使災黎均霑實惠。得旨：覽。（高宗八八八、三三）

（乾隆三六、八、丙子）諭：今歲秋雨過多，河水漲發，近畿一帶窪下地方，田禾不免淹浸。節經發帑五十萬兩、截漕五十萬石，並令該督楊廷璋，勘明成災州縣情形，分別照例辦理。其成災較重村莊，小民口食維艱，若統俟冬月給賑，待哺尚覺需時，朕心深爲軫惻。所有宛平、良鄉、涿州、東安、永清、固安、霸州、文安、大城、通州、寶坻、香河、武清、新城、雄縣、天津、靜海、寧晉等十八州縣，成災八分以上者，無論極次貧户，俱著於八月內，先行給賑一月口糧，以資接濟。該督務董率屬吏，實力妥辦，俾閭閻均霑實惠，副朕厪念災黎至意。該部遵諭速行。（高宗八九〇、一一）

（乾隆三七、一、戊戌）諭：直隸省去歲秋間雨水稍大，濱河窪地，偶被偏災，疊經降旨，發帑出粟，賑卹有加，貧黎諒不至有失所。第念賑期有定，而待哺殊殷，當此始和布令，畿輔近地，允宜再沛恩膏。所有上年被災較重之宛平、良鄉、涿州、東安、永清、固安、霸州、文安、大城、通州、寶坻、香河、武清、新城、雄縣、天津、靜海、寧晉，及被災次重之保定、三河、薊州、寧河、豐潤、玉田等二十四州縣，自六分極貧至七、八、九、十分極次貧，均著加恩，於本年三月，再行展賑一月，俾青黃不接之時，小民口食有資，得以安心力作。此外如有缺乏籽種之户，及糧價稍貴之區，該督仍隨時體察，酌量糶借兼行，務使一夫不致失所，以副朕軫念民依至意。該部遵諭速行。（高宗九〇〇、二）

（乾隆三七、一、己酉）又諭：上年直隸地方，因秋雨稍多，濱河窪地，間被水淹，已降旨撥給銀五十萬兩、米八十萬石，以資撫恤。復於新春降旨，將被災較重之宛平等二十四州縣，再行展賑一月。并有缺乏籽種，及糧價稍貴之處，隨時糶借兼行，俾貧民得資口食。今據周元理奏稱，從前奉撥銀米，尚在不敷動用，懇恩再行酌量賞撥，以濟加賑借糶之需等語。著照所請，再於通倉內撥米十八萬石，部庫內撥銀二十五萬兩，交與該督周元理，董率所屬，實心經理，務使窮簷均霑愷澤，不致稍有遺濫，副朕加惠閭閻至意。該部即遵諭行。（高宗九〇〇、二六）

（乾隆四〇、一、庚戌）又諭：直隸天津、河間等屬，上年偶被偏災。業經賞撥通倉米十萬石，以備賑濟之需，民食無虞缺乏。惟念被災各戶，計至昨冬，正賑已畢，今春青黃不接，二麥尚未登場，民間口食，未免拮据。著加恩將天津、青縣、靜海、滄州、南皮、鹽山、慶雲、獻縣、交河、東光、武邑、武強、霸州、文安、大城、寧河等十六州縣，無論極次貧民，應於正月起，均予加賑兩個月，俾資接濟。再景州以西地方，有與武邑災地毗連村莊，河間、肅寧與獻縣災地毗連各村，並阜城毗連交河災地各處，經該督覆勘，應入六、七分災者，並著一體查明給賑，以示一視同仁至意。該部即遵諭行。（高宗九七四、四）

（乾隆四〇、一〇、己丑）諭：今歲畿南一帶，因七月間雨水稍多，低窪村莊，間被淹浸。現據該督查明題報成災之保定、文安等四十七州、縣、廳，照例撫卹賑濟；並將此次被災較重之霸州、永清、新城、雄縣、安州、新安等六州縣，先於九、十兩月，摘出賑給，貧民已可不致失所。第念此等摘賑各戶，尤係災黎中窮乏之民，惟是大賑定期，須在十一月，今年孟冬適當置閏，此等貧民，於摘賑完畢以後，距大賑尚需待哺一月，未免餬口無資，深爲軫念。著加恩將災重之霸州等六州縣應得大賑，即於閏十月開放，俾得接濟無缺。該督務飭所屬，實心妥辦，以副朕加惠窮黎至意。該部遵諭速行。（高宗九九二、二七）

（乾隆四〇、一〇、己丑）諭軍機大臣等：據戶部議覆，周元理題報霸州等五十二州、縣、廳被災賑卹一本，已依議速行。並另降旨，將應加摘賑六州縣大賑之期，改至閏十月開賑，俾極次災黎均得早霑渥澤。至本內將喀喇河屯水衝沙壓地畝一體列入，未免漫無區別。口外山田寬廣，所種莊稼，大半皆在高坡，其瀕臨溪河之地，大率皆瘠薄，遇山水衝壓，爲數亦屬無多，非口內被水村莊可比。本年應辦之處，何亦隨同畿輔九州縣一體具題耶？且如乾隆三十五六等年，熱河等處被水較重，朕即特發帑金，派令大臣前往賑卹，並不待地方官之查覈，即此可見口外各廳之不應入於常例題辦矣。著傳諭周元理，嗣後口外地方田畝，有被水衝沙壓者，祇須照例妥辦，毋庸增入賑濟案內題達。將此諭令知之。（高宗九九二、二八）

（乾隆四一、一、甲戌）又諭：昨歲畿南一帶，因夏秋間雨水稍多，濱臨河淀州縣之低窪村莊地畝被潦，均不及一隅。業經該督勘明保定、文安等五十二州縣廳成災之處，照例撫卹賑濟。並降旨將較重之霸州等六州縣，應行摘賑，提前一月，俾與大賑接濟無缺，貧民已可不致失所。第念新春正、二月正賑已畢，距麥收尚遠，茅檐口食，或恐不無拮据。茲當履端肇始，宜沛恩施。著加恩將被災較重之霸州、永清、新城、雄縣、安州、新安六處，及次重之文安、保定、武清、大城、清苑、天津、静海、青縣八處，均各展賑一個月，俾窮黎益霑愷澤。該督其董率所屬，實心經理，以副朕加惠畿民至意，該部即遵諭行。（高宗一〇〇〇、七）

（乾隆四三、四、己未）是月，直隸總督周元理奏：大名、廣平二府，二麥歉收，現又未續需雨澤，秋成尚遠，貧民餬口維艱。擬將該處義社倉儘數借出外，倘有不敷，即將未經買補常平穀價，及旗租銀兩酌撥，照例每穀一斗以銀六分折色借給。查明極貧之户，大口月給穀三斗、小口月給穀一斗五升，自五月起借給兩個月口糧。其鰥寡孤獨、困苦無依者，大口日給穀五合、小口三合。再順德屬之邢臺、任縣、沙河、内邱四縣，情形亦屬相同，請一律酌辦。得旨：如所請行。該部知道。（高宗一〇五五、二七）

（乾隆四四、二、戊寅）諭：直隸大名、廣平、順德三府屬，因上年夏麥歉收，節經加恩緩徵，並賞借貧民五、六兩月口糧，以資接濟。第借過口糧，應於本年麥熟前，照數徵還。惟現在地丁錢糧，亦屆開徵之期，若新舊並徵，閭閻未免拮据。著再加恩，將直省上年夏間出借口糧，社、義倉穀十三萬二千五百餘石，常平糶價銀十一萬二千八百餘兩，俱緩至本年秋成後徵收，以紓民力。該部遵諭速行。（高宗一〇七七、三〇）

（乾隆四六、二、辛未）直隸總督袁守侗奏：直省去秋被水貧民，節經賑卹。惟自文安等處千里長隄，暨天津、静海一帶海河疊道格淀隄埝等工，向遇小有殘損，俱用民力培築。上年河水漲盛，衝刷過多，災民勢尤拮据，除坍卸無幾者，仍勸用民力。其衝塌過甚、需土較多之處，請照以工代賑例，分別險要工程土方，酌給銀米。下部知之。（高宗一一二五、二二）

（乾隆四六、一〇、丁亥）加賑直隸天津、静海二縣本年被水災民。（高宗一一四三、九）

（乾隆四七、一、庚子）又諭：上年直隸各屬，雨水調匀，秋收尚屬中稔，惟天津、静海等縣，低窪田畝，間有積水。屢經降旨，該督確切查勘，分別賑卹。第念今春正賑已畢，尚屆青黃不接之時，民力不無拮据。著再加恩，將天津、静海二縣，被災七八分極次貧民，并六分災之極貧，加賑一個月；其天津、静海二縣，被災六分次貧與五分災之極貧，以及東明、長垣、青縣、滄州、鹽山、慶雲等六州縣，五分災之極貧，概行給賑一個月，仍照例銀米兼放，儻運米維艱，即用折色，在於上年賑剩銀內動支。如有不敷，再於節年地糧項下添撥。該督務須飭屬，分別實力辦理，俾窮黎均霑實惠，以副朕愛惠元元，有加無已之至意。該部遵諭速行。（高宗一一四八、九）

（乾隆四七、七、甲辰） 又諭：承德府屬平糶餘米，業經展糶三千石，以資接濟。茲恐民食尚有不敷，著再加恩平糶一千石，以副朕軫恤窮黎至意。（高宗一一六〇、二三）

（乾隆五〇、七、甲戌） 直隸總督劉峨奏：鉅鹿一縣與被災較重之廣宗接壤，雨水缺少，秋收必減，請添借貧民一月口糧。得旨：允行。（高宗一二三五、三二）

（乾隆五二、六、庚申） 諭軍機大臣等：據烏爾圖納遜奏，張家口等處自春間得雨，未及一寸，高阜之地，至今尚未耕種。該處氣候早寒，立秋以後，雖得微雨，亦不能趕種等語。張家口一帶，春夏以來，雨澤稀少，大田尚未布種，農民不無失望。彼處即係宣化所屬，戶口亦為繁庶，前已諭令劉峨查明撫卹。嗣據該督奏，已飭該府親往各屬，查勘實在情形，豫行酌給籽種口糧，俟查覆到日，再行照例辦理等語。現在已屆立秋，該處地近邊疆，天寒較早，晚禾恐不及趕種，著傳諭劉峨即將宣化近邊一帶地方，迅速確查，如有業經成災者，即行實力撫卹，毋使一夫失所。尋奏：宣化、懷來、保安、西寧、懷安、萬全等六州縣，及萬全縣之張家口，被旱較重，請借給兩月口糧。得旨：允行。下部知之。（高宗一二八三、一六）

（乾隆五四、七、丁酉） 諭：據劉峨奏：原報被水之安州復於六月二十三四等日大雨如注，上游諸河並漲，以致該州隄埝漫溢，被水較重，請先行撫卹，酌量摘賑；又河間、保定府屬等八州縣均有被水較重之處，請一體先行借給口糧，並予以摘賑等語。本年夏秋以來，近畿一帶雨水較多，諸河並漲，民田廬舍間被淹浸，該督既飭屬查勘，亟應妥為撫卹。所有安州被水之六十餘村莊，及河間府屬之河間、任邱、獻縣、阜城、景州，保定府屬之清苑、雄縣、新安等八州縣，無分極次貧民，俱著先行借給口糧，酌量摘賑，以資接濟；並著查明成災輕重，按月給賑；其大名、宣化二府屬，亦有被水地方，並著一併勘明，如有成災處所，即行分別辦理；該督務須督飭所屬，實心經理，俾小民均霑實惠，毋致一夫失所，以副朕軫念災黎至意。該部即遵諭行。（高宗一三三四、三九）

（乾隆五四、七、癸丑） 是月，直隸總督劉峨奏：肅寧縣近河窪地，被淹成災，乏食貧民，現於義倉內酌動穀二千石，每戶借給三斗。批：竟當賞給。又稱，被水地畝，應查明確數給賑。批：妥協爲之，俾受實惠。又稱，清苑等縣間被淹浸，現飭屬查勘。批：不可諱災，詳悉查辦。（高宗一三三五、三九）

（乾隆五四、八、甲戌）諭曰：馮光熊奏，勘得保定府屬之清苑、安州、新安、雄縣，河間府屬之任邱、河間、獻縣、肅寧、阜城、景州，天津府屬之天津、靜海、滄州、青縣、鹽山，順天府屬之大城、武清、東安、永清等處地畝，被淹成災，自五、六、七分至八、九分不等，緣各災戶距麥收未遠，農民薄有儲蓄，復蒙恩賞口糧，先行撫卹，不至流離急迫。俟清查戶口，分別極次貧民，覈實給賑摘賑；所有續報東光、新城等十五處，統歸秋災案內分晰查辦等語。本年直隸各府大田本可望豐收，乃因夏秋雨水過多，河淀並漲，被潦成災，地方較廣，雖據馮光熊周歷親查，並遵旨酌給口糧，目下民情均各安帖，但現距明歲麥秋尚遠，恐貧黎餬口不繼，朕心深爲廑注。著交與劉峩督率藩司確查妥辦，加意撫卹。向來各省辦賑，多有本折兼放者，此次均著給與本色，庶災黎不至覓食維艱，於生計更爲有益。第恐直省常平社、義各倉，不敷散給，著將北倉上年截存米十一萬九千餘石，概行賞給。倘尚不敷用，劉峩即行奏聞，再於通倉酌撥。該督宜董飭所屬，實心經理，仍設法疏消積水，俾及時趕種秋麥，以爲明歲接濟。務使閭閻均霑實惠，元氣速紓，以副朕軫念畿輔黎庶，有加無已至意。倘該督不能妥協辦理，朕明春巡幸山東，經過直省各州縣，見該處災民尚有菜色，則惟該督是問。（高宗一三三七、一四）

（乾隆五五、一、乙酉）諭：上年直隸保定、河間、天津、順天等府屬各州縣，因夏秋雨水較多，河流漲發，田禾被淹成災。節經降旨，銀米兼撥，令該督實力撫卹，分別賑濟，小民自可不致失所。第念今春正賑已畢，青黃不接之時，民食恐不無拮据。著再加恩，將順天府屬之霸州、文安、大城、武清、東安、永清，保定府屬之清苑、安州、雄縣、新安、高陽，河間府屬之河間、獻縣、阜城、肅寧、任邱、景州，天津府屬之天津、青縣、靜海、滄州、鹽山等二十二州縣，成災七八分之極貧，並九分災之極次貧民，俱展賑一個月，以資接濟；其成災八分以下各州縣，及勘不成災地方，仍著該督察看情形，或酌借口糧、籽種，或減價平糶，分別籌辦。該督務督飭所屬，實心經理，俾災黎均霑愷澤，以副朕普錫春祺，有加無已至意。該部即遵諭行。（高宗一三四六、一一）

（乾隆五五、二、辛未）又諭：上年順天及保定、河間、天津等府屬各州縣，因夏秋雨水較多，田禾被淹，秋收稍歉，節經諭令該督實力撫卹，銀米兼賑，春初正賑畢後，又加恩展賑一月。今朕巡幸山東，經行畿輔，見田畝均已播種，徧野青蔥。但距麥收爲期尚早，災歉之餘，元氣未能驟復，自當再霈恩施，以期益臻康阜。著將現在經過及回鑾經過之雄縣、任邱、河間、獻縣、阜城、景州、滄州、天津、青縣、靜海、武清等十一州縣，照二月展賑之例，再加賑一個月。該督務督飭所屬，實心經理，俾閭閻均霑愷澤，以副朕行慶施惠，有加無已之至意。（高宗一三四九、八）

（乾隆五五、七、乙酉）諭曰：閆正祥奏，據山永協副將黃大謀稟報，六月下旬，雨水連綿，永平府城外河水漲發，由南水門漾入城內，低窪地方，水深一丈有餘，至八九尺不等。駐防官署及守備衙署兵民房屋，被水淹浸坍塌，城外各鄉村水勢漫溢，人口亦有被淹之處。現在一面僱覓水手，將淹浸地方及壓傷人口分往救護，一面將本身應得養廉，備具印領，支借倉米五十石，賞給災民等語。永平府城河水暴漲，兵民倉猝被災，殊堪軫憫。著梁肯堂即派委妥幹道員一人，馳往該處確切查勘。將被淹戶口，給予口糧，分別撫賑。其壓傷人口，亦即查明，酌給銀兩，以示體卹。並著該督嚴飭所屬，實心經理，妥協賑給，毋使一夫失所，以副軫念災黎至意。至該副將黃大謀於郡城猝被水患之時，即帶同兵役協力保救，並指廉借領米石，散給災民，俾資口食，尚有見識。黃大謀著交部議敘。（高宗一三五八、八）

（乾隆五六、一、己卯）諭：上年直隸永平、天津、河間等府屬各州縣，夏秋雨水較多，河流漲發，田禾被淹，致成偏災。節經降旨，令該督實力撫卹，並於天津北倉截留漕米，及通倉撥給米石，分別賑濟。毋使一夫失所。第念今春正賑已畢，青黃不接之時，小民生計維艱，口食恐不無拮据。著再加恩。將順天府屬之文安、寶坻、大城、武清、寧河、永清、東安、霸州、薊州、保定，永平府屬之樂亭、灤州、盧龍、昌黎，保定府屬之清苑、新城、雄縣、高陽，河間府屬之河間、獻縣、阜城、交河、東光、景州，天津府屬之天津、青縣、靜海、滄州，遵化州屬之玉田、豐潤等三十州縣，所有八分災極貧、九分災極次貧民，俱著加賑一個月，俾民食得資接濟。至被災較輕之六七分及八分災之次貧，並勘不成災地方，仍著該督察看情形，或酌借口糧、籽種，或減價平糶，分別酌辦。該督務須督飭所屬，實心經理，俾災黎均霑愷澤，以副朕普錫春祺，恩加無已至意。該部即遵諭行。（高宗一三七〇、四）

（乾隆五七、六、壬辰）諭：據梁肯堂奏，河間、保定、天津等屬，受旱較重，請分別賞借口糧等語。本年河間等屬，雨澤短缺，近雖得雨數次，爲時已遲，所有被旱較重之處，無力貧民，口食未免拮据。著加恩將河間府屬之景州、河間、獻縣、阜城、任邱、吳橋，保定府屬之雄縣、束鹿八州縣貧民，於七、八兩月內，先行賞借兩月口糧。其河間府屬之肅寧、交河、東光，保定府屬之清苑、滿城、安肅、唐縣、博野、望都、完縣、蠡縣、容城、新安，天津府屬之青縣、南皮、滄州、鹽山、慶雲等十八州縣，酌借八月一月口糧，以資接濟。該督務須董飭所屬，實力稽查，妥爲經理，毋任胥役人等，捏冒滋弊，俾小民均霑實惠，以副朕軫恤窮簷，有加無已至意。（高宗一四〇七、一一）

（乾隆五七、六、丙申）又諭：現因京南被旱地方，無業貧民，就京覓食者較多，特令五城添設粥廠煮賑。朕現在駐蹕熱河，恐口內貧民，出口至此者必多，自應特沛恩施，俾得均霑愷澤。著承德府道府等，酌量設廠，撥米煮賑，使乏食民人，得資口食。並著實力稽查，妥協經理，務使均霑實惠，以副軫念民依，有加無已至意。（高宗一四〇七、一九）

（乾隆五七、七、甲寅）又諭：據梁肯堂奏，查勘河間府屬受旱輕重情形。內景州、任邱二州縣，成災約五、六、七、八分不等等語。本年河間等屬，雨澤缺少，雖得雨數次，爲時已遲。內景州、任邱二州縣地勢又多高阜，早晚田禾，未能一律秀實，受旱較重，民食未免拮据。著加恩將該州縣應賑戶口，即照河間等縣急賑一月口糧之例，一體散賑。其獻縣等縣，著於酌借口糧之外，凡缺乏麥種之戶，再行添借籽種，俾資接濟。該督務須董飭所屬，實力稽查，妥爲經理，毋任胥役人等，捏冒滋弊，俾小民均霑實惠，以副朕軫恤窮黎，有加無已至意。該部即遵諭行。（高宗一四〇九、四）

（乾隆五七、七、辛丑）諭軍機大臣等：前因直隸省京南被旱各州縣無業貧民，至京就食者日衆，並多有出口覓食者，已有旨令梁肯堂，速赴河間、景州一帶，周歷查勘，即時散賑，俾資餬口。但恐該督接奉前旨，錯會朕意，或慮貧民赴京日多，懼干咎戾，令地方官先行攔阻，則此等乏業貧黎，無從得食，豈不竟至轉於溝壑，更非朕痌瘝在抱之意。此時京城各廠，領賑者已不下二萬人。今年京南各屬，被旱較廣，地方官散賑恐有未周，若不設法辦理，則京城熱河就食者，日聚日衆。古語救荒無善策。現詢據熱河道府等稱，熱河領賑貧民，有每日赴廠食粥者，有領過一二次，不復再來者。該道府訪問情形，此等領賑貧民，並非俱藉粥賑度活，其稍有力者，即分赴他處手藝傭工，各自謀生等語。可見領賑貧民內，稍資接濟，原即有可以自謀生計之人，並非一律嗷嗷待哺，專資粥賑度日。除已令熱河道府，就近曉諭各貧民，由張三營、波羅河屯等處，分往各蒙古地方謀食者不禁。其京南地方，亦應一體妥辦。著梁肯堂即轉飭各州縣，於赴京出口通衢，令各地方官遇有貧民，詳晰曉諭。今年關東盛京及土默特、喀爾沁、敖漢、八溝、三座塔一帶，均屬豐收，爾等何不各赴豐稔地方，傭工覓食？俟本處麥收有望，即可速回鄉里。如此遍行曉諭，並令其或出山海關赴盛京一帶，或出張家口、喜峰口，赴八溝、三座塔暨蒙古地方，不必專由古北口出口，則貧民中稍可力圖自給者，知有長遠覓食之路，自必分投謀生，不至齊赴粥廠，致滋擁擠，人多致病，庶更妥協。但總須善爲開導，不可加之攔阻。此事該督貽誤於前，再不實力稽查，任令地方官吏剋扣浮冒，其咎已不止於革職留任。若復將赴賑貧民，阻其生路，則其咎更重，斷不能稍爲寬貸也。將此再傳諭知之。仍即將如何發賑，及勸諭分赴各處就食情形，迅速覆奏。（高宗一四〇八、五）

（乾隆五八、一、己亥）諭：上年直隸順德、廣平、大名三府，並保定、河間、天津等府屬，因夏秋雨澤缺少，被旱成災。節經降旨，令該督實力撫卹，並截留漕糧，動撥銀米，分別賑濟，俾災黎餬口有資，毋使一夫失所。第念今春正賑已畢，青黃不接之時，小民生計維艱，口食恐不無拮据。著再加恩，將順天府屬之保定、文安、大城、武清、寶坻、寧河，河間府屬之河間、任邱、景州、獻縣、交河、阜城，天津府屬之青縣、慶雲、鹽山，保定府屬之清苑、束鹿、滿城、望都、容城，趙州屬之寧晉，共二十一州縣，成災七八分之極貧，概行加賑兩個月，以資接濟。至被災較輕各州縣，仍著該督察看情形，分別借糶，妥爲籌辦。該督務須董飭所屬，實心經理，俾災黎均霑渥澤，以副朕軫念窮簷，普錫春祺，有加無已至意。該部即遵諭行。（高宗一四二〇、三）

（乾隆五九、四、庚辰）諭軍機大臣曰：梁肯堂奏，保定一帶仍未得雨，現在敬率司道虔誠步禱等語。直隸甘膏未霑，梁肯堂身任地方，自應焦急，而軫念民依，因此宵旰靡懷，倍爲殷切。該督現在率屬籲求，固爲民事起見，但雨澤未霑，惟當敬謹祈禱，應天以誠，以冀感召麻和，不可因盼澤焦急，輒聽道流妄用符籙法術強求，轉致褻瀆也。至該督奏請於上年採買穀石內，照市價酌減出糶，以平市價。自應如此辦理。梁肯堂務宜督飭所屬，俾得實惠及民，毋任吏胥侵漁滋弊，方爲妥善。將來如有尚須酌借籽種之處，仍著該督察看情形，隨時具奏。再據蘇寧阿奏，滄州、景州一帶，於四月初五、六等日及十二、三、四日連次得雨，惟高阜之地，尚在望澤，日內如霑渥澤，大田播種尚不爲遲，民情尚俱安堵。覽奏稍慰。其所奏挑挖運河古淺，分別發價，俾小民藉工得錢一節，此即以工代賑，所辦亦好。現在保定

省城及景州一帶，曾否得有甘霖，並著梁肯堂等迅速具奏。將此傳諭梁肯堂，並諭蘇寧阿知之。(高宗一四五一、一二)

（乾隆五九、五、己丑）諭軍機大臣曰：梁肯堂奏二麥收成分數一摺。內稱，計十一府六州，通共約收四分有餘等語。麥秋僅止四分，是夏收竟不及半，況此內尚有宣化、承德等府所收六七分不等，通勻牽算，始有四分，則其餘缺雨處麥收歉薄，已可概見。雖上年直隸通省秋收豐稔，現復降旨緩徵平糶，但究恐民食維艱，不可不亟籌接濟。著傳諭梁肯堂即行查明，入於夏災案內速行辦理，並董飭所屬，認真妥辦，務使閭閻均霑實惠，不致稍有失所，以副朕惠愛黎元，有加無已至意。所有缺雨各州縣，若日內一得透雨，仍著迅速馳奏。(高宗一四五二、四)

（乾隆五九、六、丙辰朔）諭：前因直隸保定等府屬，麥收僅止四分以下，降旨賞借貧民口糧，因思山東東昌、武定等各府屬，未得透雨，麥收歉薄，恐亦有急需接濟之處，諭令福寧詳悉查明，一面妥辦，一面奏聞。茲據福寧奏稱，濟南、東昌、武定、臨清等府州縣，暨毗連各屬，麥收僅二分有餘，現在大田均未播種，即間有偏得雨澤，已經播種，亦尚待雨滋長，民力不無拮据等語。著加恩將歷城、章邱、長山、鄒平、新城、長清、齊河、齊東、濟陽、禹城、臨邑、陵縣、德平、德州、平原、淄川、惠民、青城、陽信、海豐、樂陵、商河、霑化、蒲臺、濱州、利津、聊城、堂邑、博平、茌平、清平、莘縣、冠縣、館陶、恩縣、高唐、臨清、夏津、武城、邱縣、壽張、陽穀、范縣、觀城、朝城、博興、樂安、高苑、臨淄、東阿、平陰等五十一州縣，暨坐落衛所之鰥寡孤獨老幼殘疾貧民，賞給六月分一月口糧。其餘乏食貧民，酌借一月口糧。該撫務須督飭所屬，悉心妥辦，使貧民均霑實惠，以副朕軫恤窮黎，有加無已至意。該部即遵諭速行。(高宗一四五四、一)

（乾隆五九、七、丁亥）諭軍機大臣曰：梁肯堂奏，保定、正定等府屬地方，因滹沱等河水勢驟長，田禾房屋，間有淹浸，現已分飭司道前往查勘，分別酌辦等語。保定等府屬各州縣，因雨水稍多，河流漲發，田禾房屋，間有被淹，雖係一隅中之一隅，但該處居民田禾房屋，既有間被淹浸，自應酌加賑卹。現在天氣晴霽，水勢自已消落，著傳諭梁肯堂即飭令司道等查勘明確，如有應行撫卹、賑濟之處，務當實力妥辦，毋以偏災即存大意，致令稍有失所，方為妥善。(高宗一四五六、二)

（乾隆五九、七、戊子）又諭曰：梁肯堂奏永定河伏汛漫口，趕緊堵築一摺，已於摺內批示。該處入伏以後，水勢增長，更兼風雨驟激，以致漫過隄頂，塌去隄身，自屬人力難施。現在北岸二工漫口，幸已斷流，自應趕緊補築完竣。其南岸頭工漫口較寬，當此天時晴霽，水勢漸消，尤當迅速調集夫料，挑挖引河，上緊堵築，以期剋日蕆工，不可稍有怠忽。所有漫水經過之良鄉、涿州、固安、永清等州縣，如田禾廬舍，或有淹浸，即應迅速查明，其有應行撫卹者，即照例撫卹，毋使小民稍有失所，此爲最要。梁肯堂務須妥慎詳查，迅速辦理，不可稍存諱飾。至該督前次請撥部帑八十萬兩，業據奏稱順德、廣平等府，可以趕種有秋，毋須動撥。今永定河水勢漲漫，良鄉、涿州等處，多有被淹，辦理賑卹，不無需用。如有應撥帑接濟之處，即著酌定數目若干，速行奏明撥給。至該督等所請交部嚴加議處，統俟漫口堵築完竣，具奏到日，再行覈辦。並著將現在漫水是否業已全消，何時可以趕築完竣各情形，迅速由六百里覆奏，以慰廑注。（高宗一四五六、五）

（**乾隆五九、七、壬辰**）諭曰：尚安奏經過固關地方，目擊被水情形，酌量撫卹一摺。内稱，自六月十九日至二十二三等日，連值大雨，山水陡發，固關城内外，水深數丈，淹斃兵民男婦二十五名口，衝去内關門一座，城樓三間，城牆三十餘丈。兵民房屋一百九十餘間，俱被衝塌。又固關以外平定州及井陘縣所屬，兵民房舍，亦有被水衝塌之處，當委參將馬國銳，確查户口，分別酌給銀兩，並令井陘縣知縣毛哲，趕運糧石至關，以資接濟等語。固關内外地方，猝被水衝，人口間有損傷，城垣廬舍，多被衝塌，已降旨令梁肯堂、蔣兆奎親赴查辦矣。尚安於經過固關時，並不視同膜外，即督令參將知縣等，給銀撫卹，運糧接濟。所辦實屬可嘉。著交部從優議敘，並賞給大荷包一對，小荷包四個，以示獎勵。至該處因山水陡發，淹斃人口，兵民房屋，多有衝損，情殊可憫。所有坍塌房間，應行給予修費，及被淹人口卹賞銀兩，著加恩按例加兩倍賞給。該督撫務須詳悉查明，妥爲賑卹，俾小民均各安居復業，不致一夫失所，以副朕格外軫恤至意。（高宗一四五六、一六）

（**乾隆五九、七、癸巳**）諭軍機大臣曰：梁肯堂奏大名、元城水漲漫口，井陘縣被水較重一摺。據稱大名、元城二縣，因漳、衛二河上游水長，漫口四處，村莊被淹。井陘縣地方，亦因山水驟至，致固關城垣被衝三十餘丈，坍塌房間，淹斃人口，已飛飭藩司道員，親往勘辦等語。已有旨令梁肯堂，即帶同鄭製錦馳往分投查勘，妥爲經理。其永定河漫工，已派慶成前往，幫同該道督辦。梁肯堂此次發摺時，自尚未接奉前旨。永定河漫口，本屬易辦。慶成、喬人傑惟當督率工匠，實力堵築，務須認真鑲做，以期永臻鞏固。……（高宗一四五六、一八）

（**乾隆五九、七、甲午**）諭軍機大臣等：項據梁肯堂奏報直省被水地方，除正定、井陘、大名、元城等州縣外,又據博野、盧龍、樂亭、新樂、行唐、平山、磁州、武清、保定、深州、冀州、安平、饒陽等州縣,具報同被水淹,均須切實勘辦等語。此次直隸各屬,山水下注,河流漲漫,被淹處所竟多。雖各州縣因地在下游,漫水經過,水勢易就消落,但各該處民人,猝被水災,殊爲可憫。梁肯堂接奉前旨,自已馳抵該處,悉心勘辦。所有應行賑卹事宜,務須實力詳查,一面奏聞,一面辦理,不可稍存惜費之見,總期災民口食有資,得安棲止,共霑實惠,不致一夫失所,方爲妥善。至前此梁肯堂以大名等府無需接濟,不必請領帑項,昨因良鄉、涿州一帶多被水淹,已令該督查明需用幾何,奏請撥給。今正定、井陘等州縣,被水地方甚多,均須賑卹。著再傳諭梁肯堂詳悉籌畫,共應需用若干,即覈定數目,迅速奏聞,以便即行撥給。將此由六百里諭令知之。仍著將如何籌辦撫卹及積水是否漸消,民情俱就安帖各情形,迅速六百里覆奏,以慰厪注。(高宗一四五六、二一)

(乾隆五九、八、乙卯朔)諭曰:梁肯堂奏勘明藁城、無極等縣被水情形,及赴河間、景州等處查辦各摺,已於摺內批示。藁城、無極、寧晉、隆平四處被水較重,現經梁肯堂酌動倉穀,碾米賞給,並委員分勘,一體賑濟,小民自可不致失所。其應賞房屋修費,俱著加兩倍賞給,以示優恤。……(高宗一四五八、一)

(乾隆五九、八、壬戌)諭軍機大臣曰:梁肯堂奏勘明河間、任邱二縣被水情形,分別撫卹事宜各摺。任邱、河間二縣村莊,多被淹浸,高地秋禾,尚可薄收,其低窪田禾,已屬無望。大名府屬之南樂縣,亦被淹四十餘村。看此情形,直省被水地方甚重,深堪憫惻。應辦一切事宜,該督惟當倍加奮勉,盡心經理,俾小民均霑實惠,不使一夫失所。又該督辦理賑務,應需銀兩,前據奏請撥帑四十萬兩,漕米十四萬石,早經照數撥給。今被水地方較廣,前項銀米倘有未敷,並即覈明數目,再行奏明請撥。……(高宗一四五八、二六)

(乾隆五九、一〇、丁卯)賑卹直隸霸州、保定、文安、大城、固安、永清、東安、宛平、良鄉、涿州、通州、武清、寶坻、薊州、寧河、香河、灤州、昌黎、樂亭、清苑、滿城、安肅、新城、博野、望都、容城、蠡縣、雄縣、祁州、束鹿、安州、高陽、新安、河間、獻縣、阜城、肅寧、任邱、交河、景州、故城、吳橋、東光、天津、青縣、靜海、滄州、津軍廳、正定、井陘、阜平、行唐、平山、晉州、無極、藁城、新樂、南和、平鄉、鉅鹿、任縣、永年、邯鄲、成安、肥鄉、曲周、廣平、雞澤、威縣、清河、磁州、大名、元城、南樂、豐潤、玉田、冀州、南宮、棗強、新河、武邑、衡水、趙州、隆平、寧晉、深州、武強、饒陽、安平、定州、曲陽、深澤九十二廳、州、縣，本年水災貧民。(高宗一四六二、二五)

（乾隆六〇、一、乙酉）又諭：上年直隸春間被旱，夏秋之間，近畿通州、涿州一帶，及保定、正定、河間、天津、廣平、大名、遵化等府州屬，因雨水較多，河流漲發，地畝被淹。業經節次降旨，各加兩倍賞卹，並豁免秋糧，及該年漕糧，蠲賑兼施，俾無失所。第念該州縣自撫卹以來，戶口雖俱完聚，而現屆始和方布，宿麥初萌，正在青黃不接之時，恐民力未能接濟。所有被災最重之天津、景州、河間、獻縣、任邱、武清、寶坻、薊州、正定、藁城、清苑、清河十二州縣，八分災極貧，展賑兩個月；八分災次貧及七分災極貧，展賑一個月。被災次重之通州、涿州、良鄉、寧河、豐潤、玉田、大名、元城八州縣，八分災極貧，並霸州、文安、武邑、衡水之八分災極貧，亦俱展賑一個月，以資補助。該督其矢誠飭屬，宣惠有孚，毋任官侵吏蝕，俾窮簷胥霑實惠，以示三輔班春，敷錫新祺至意。該部即遵諭行。(高宗一四六八、二)

（嘉慶四、二、戊午）又諭[內閣]：胡季堂奏，查明抄案糧食，請賞借文安、大城二縣被水村民一摺。文安、大城二縣，年前被水淹浸，現在低窪處所，積水未消，自應量為接濟。著照所請，將查抄和珅家人呼什圖米麥穀豆雜糧一萬一千六十五石零，以八成撥給文安縣，以二成撥給大城縣，賞給被水村民，作為口糧；其已涸之地，無力購種者，即於此內借給籽種，均俟豐收年分，再行免息交倉，俾東作之際，早資耕種，民力得就寬舒。(仁宗三九、三九)

（嘉慶五、一、辛酉）加賑直隸霸、河間、任邱、隆平、寧晉、定六州縣水災、蟲災飢民；並貸文安、清苑、蠡、雄、安、新安六州縣災民籽種口糧；免大城、文安二縣無地貧民應還官穀有差。(仁宗五七、五)

（嘉慶六、一、己卯）加賑直隸霸、文安、大城、安、新安、河間、景、寧晉、隆平九州縣被水被雹災民；並貸雄、高陽二縣災民籽種口糧。(仁宗七八、一)

（嘉慶六、七、癸巳）諭內閣：本年京師自六月初旬大雨連綿，河水漲發，直隸所屬各州縣民田廬舍，多半被淹。災祲示警，朕心深為兢惕。當即簡派卿員，分路查勘，諭令一面奏聞，一面開賑；節降諭旨，分別蠲免錢糧，截留漕米六十萬石，動支庫項十萬兩，交熊枚等酌量分撥急賑。並於京城附近地方撥發銀錢米石，設廠分給；又令興工代賑，以期安撫窮黎。當此霪潦爲災，百姓流離失所，嗷嗷待哺，儻不立時降旨，發帑開倉，多方拯救，其過在朕；若既有銀米，而地方官經理不善，以致惠不逮民，則咎在臣下矣。本日九卿等議駮御史胡釣璜、和靜條奏一摺，胡釣璜則請令在京王大臣官員及各廟宇鋪戶等分養災民，和靜則奏請京師限定賑期，曉諭災民早回鄉里。伊二人雖主見不同，均以各州縣災黎來京就食者多，鰓鰓過慮。試思各州縣被災百姓，如果紛紛赴京就賑，必因州縣散賑，或侵肥入己，或假手吏胥從中冒濫，有名無實，致百姓不能存活，棄家覓食；否則人情莫不繫戀鄉土，孰肯舍近圖遠？假如京師辦賑並不認真，則近者必致失所，遠處災黎，亦豈肯聞風踵至乎？該御史等並未將如何辦賑之法悉心條奏，其議均不可行。和靜摺內詞意尚無紕繆，無庸置議。至胡釣璜請將被水男婦發給京城內外廟宇及王公大臣官員、鋪戶之殷實有力者，如僱工之例，各處分養，則荒唐已甚。此等被災男婦，令其入廟居住，必至男女混淆；若責令王公大臣官員等分撥豢養，視如僱工，災民必不樂從，難保無別滋事端。且以待賑之民，下儕廝僕，與犯屬發給大臣之家爲奴何異？試問前代救荒之策，有如此辦理者乎？今該御史妄逞臆見，以必不可行之事冒昧瀆陳，本應照九卿所請交部議處，念其究係言官，若因所奏失當遽予處分，恐有奏事之責者，因此心生疑懼，緘默不言；但似此識見庸陋，亦難勝臺諫之任。胡釣璜不必交部議處，著斥退御史，仍回本衙門以原官補用。向來各部院衙門保送御史，往往將年老才庸者列名塞責，竟以風憲衙門，爲投閒置散之地，殊屬非是。各堂官於屬員中優等出色者，自必留於本衙門辦事，但亦應將才具稍次、明白有識之員，愼選保送，豈可令衰庸之輩忝居言職，致陳奏多屬不經。嗣後各衙門保送御史，務須認真遴選，勿得率意充數，自干濫舉之咎。(仁宗八五、一四；東四、一三)

（嘉慶六、七、戊戌）給熱河地方被水災民口糧。(仁宗八五、二四)

（嘉慶六、一一、乙酉）又諭：外省辦理諸務，每多疲玩，而直省積習懈弛尤甚。本年直屬被災州縣較多，賑務綦重，經朕節降諭旨，令該督嚴飭所屬認真經理，並特派左都御史熊枚，周歷被災各州縣，確切稽查。地方官自當共知謹凜，悉心妥辦，俾得實惠及民。乃本日陳大文參奏藁城縣知縣路元錫，於十月十八日始行開賑，距應行開賑日期，遲至半月有餘，且於撥給漕米，並不運齊，每日止放米一百石，民間嘖有怨言。又大城縣知縣錢桂，於清查戶口，延宕至十一月初四日始行開報，貧民守候需時，未能得賑，均屬延玩已極。路元錫、錢桂俱著革職，交該督查明，該參員等如有別項情弊，即嚴行審訊，據實續參。此外辦賑各州縣，並著陳大文一體傳知，設有

似此玩誤之員，即立時參辦，庶該州縣等共知儆惕，於應辦賑務，實心經理，期於窮黎均有裨益。(仁宗九〇、三〇)

（嘉慶六、一二、丙午）加賑直隸大興、宛平、通、武清、寶坻、香河、寧河、霸、保定、文安、大城、固安、永清、東安、涿、房山、良鄉、順義、清苑、安肅、新城、博野、雄、蠡、容城、束鹿、安、新安、河間、獻、肅寧、任邱、交河、景、東光、天津、青、靜海、正定、藁城、無極、阜平、新樂、平山、豐潤、玉田、冀、武邑、衡水、新河、趙、栢鄉、隆平、寧晉、深、武強、饒陽、安平、定、深澤六十州縣被水災民。(仁宗九二、四)

（嘉慶六、一二、乙卯）加賑直隸薊、三河、定興、望都、高陽、滿城、滄七州縣被水災民。(仁宗九二、二〇)

（嘉慶七、二、辛酉）諭軍機大臣等：上年十二月，曾允陳大文奏請，賞給旗租銀二十萬兩，交該督於直隸被災之六十餘州縣。除大賑之外，自本年正月起，至四月麥收時止，各按地方村莊多寡遠近，廣設粥廠，無論極次貧民，一體賑給。乃近日來京就食貧民，已多至二萬餘人，自係直隸各州縣並未認真辦理，災民無從餬口，聞京師五城各廠散給粥飯，較為得實，是以扶老攜幼，相率來京。當此青黃不接之時，該州縣不能於所屬災黎妥為撫卹，則前此賞發銀二十萬兩，不知所辦何事，豈此項旗租銀兩，並未徵解齊全，實領實支，竟以災賑為名，借詞開銷耶？著陳大文詳確查明，如賑卹銀兩實有不敷，不妨據實奏請；若係地方官玩視民瘼，藉端侵蝕，即指名嚴參，以示懲儆。轉瞬三月初旬，朕恭謁西陵，若蹕路所過，經朕目擊各州縣有災黎失所之處，惟陳大文是問。將此諭令知之。(仁宗九四、一七)

（嘉慶七、二、戊辰）諭內閣：陳大文奏，直省被災各屬，請大加減糶，以濟民食一摺。上年直隸被災州縣較多，經朕疊沛恩施，設法賑卹，並豫行降旨，令奉天、山東、河南三省採辦米、麥、高粱三十萬石，以備平糶之用。現屆青黃不接之時，該省市糧稀少，價值增昂，小民糴食維艱，著照所請，將前項糧石，按所減價值，分別派撥糶賣。該署督務須嚴飭各屬實心經理，俾市價日就平賤，毋任胥役人等藉端滋弊。(仁宗九四、二八)

（嘉慶九、一、甲午）展賑直隸長垣、東明、開三州縣被水災民。(仁宗一二五、三)

（嘉慶一一、一、壬子）貸直隸宛平、固安、永清、東安、雄、任邱、邢臺七縣被水、被旱災民籽種口糧。(仁宗一五六、七)

（嘉慶一二、三、庚申）卹賞直隸、天津遭風淹斃船戶水手三百餘名口。

(仁宗一七六、二三)

（**嘉慶一三、一、己亥**）貸直隸霸、大城、安、新安、肅寧、青、滄、大名、南樂、清豐、冀、衡水、寧晉、鹽山、高陽、任邱十六州縣被水、被旱災民倉穀。(仁宗一九一、四)

（**嘉慶一三、八、戊午**）賑察哈爾、穆霍爾、噶順等三驛上年旱災貧戶。(仁宗二〇〇、二七)

（**嘉慶一四、一、壬戌**）展賑直隸雄、安、高陽、新安、任邱五州縣上年被水災民。(仁宗二〇六、六)

（**嘉慶一四、二、甲午**）命於直隸被水地方，減價平糶賑餘漕米。(仁宗二〇七、七)

（**嘉慶一五、一、己未**）展賑直隸安、新安、高陽、雄、任邱五州縣上年被水旗民。(仁宗二二四、五)

（**嘉慶一六、一、甲寅**）展賑直隸霸、保定、文安、大城、固安、永清、東安、宛平、涿、良鄉、雄、安、新安、任邱十四州縣上年被水災民。(仁宗二三八、二)

（**嘉慶一六、二、乙酉**）命直隸上年被水各州縣，以給賑餘米減價平糶。(仁宗二三九、八)

（**嘉慶一七、一、庚子**）給直隸灤、樂亭、昌黎三州縣上年被水災民兩月口糧。(仁宗二五三、一八)

（**嘉慶一八、一、庚午**）貸直隸博野、蠡、祁、束鹿、河間、獻、景、故城、吳橋、元氏、贊皇、邢臺、沙河、南和、平鄉、鉅鹿、唐山、内邱、任、永年、邯鄲、成安、肥鄉、廣平、雞澤、磁、開、元城、大名、南樂、清豐、東明、冀、棗強、武邑、隆平、臨城、寧晉、深、滄、鹽山、豐潤、新河、龍門、延慶四十五州縣上年被旱、被水、被雹災民口糧。(仁宗二六五、二)

（**嘉慶一八、四、甲寅**）賑直隸邢臺、沙河、南和、平鄉、鉅鹿、唐山、内邱、任、廣宗、永年、邯鄲、成安、肥鄉、廣平、雞澤、磁、曲周、威、清河、開、元城、大名、南樂、清豐、東明、長垣、冀、棗強、武邑、新河、南宮、隆平、臨城、寧晉、高邑三十五州縣被旱災民。(仁宗二六八、一四)

（**嘉慶一八、九、丁卯**）賑直隸平鄉、隆平、南和、廣宗、鉅鹿、肥鄉、曲周、廣平、雞澤、威、邯鄲、寧晉十二州縣被旱災民，並給清苑、定興、新城、完四縣被雹災民口糧。(仁宗二七三、四)

（嘉慶一八、一〇、甲寅）給直隸開、長垣、東明三州縣被賊難民兩月口糧，並避難客民回籍路費。（仁宗二七七、一一）

（嘉慶一八、一二、丁未）給直隸元城、大名、南樂、清豐四縣被旱災民兩月口糧。（仁宗二八〇、二四）

（嘉慶一八、一〇、甲午朔）賑直隸鉅鹿縣被旱災民，並給順德、廣平、趙三府州屬貧民兩月口糧。（仁宗二七六、三）

（嘉慶一九、一、庚午）展賑直隸平鄉、南和、廣宗、鉅鹿、肥鄉、曲周、廣平、雞澤、威、邯鄲、隆平、寧晉十二縣上年被水、被旱、被雹災民有差；貸邢臺、沙河、唐山、內邱、任、永年、成安、磁、元城、大名、南樂、清豐、開、東明、長垣十五州縣口糧有差，並給籽種牛具。（仁宗二八二、一〇）

（嘉慶一九、一、己丑）補給直隸開、東明、長垣三州縣未被賊擾貧民四月口糧。（仁宗二八三、二二）

（嘉慶二〇、九、丙午）賑直隸永清、霸、東安、武清、雄、安、高陽七州縣被水災民。（仁宗三一〇、二二）

（嘉慶二二、一、丙午）給直隸安、新安、雄、高陽四州縣上年被水、被雹災民一月口糧；貸任邱縣被水災民籽種。（仁宗三二六、二）

（嘉慶二三、一、丙午）給直隸大興、宛平、清苑、滿城、望都、完、安、雄、容城、束鹿、博野、定、曲陽、行唐、武強、唐、新樂十七州縣上年被旱災民一月口糧。（仁宗三三八、五）

（嘉慶二四、一、丁酉）給直隸清河、宣化二縣上年被水、被雹災民一月口糧。（仁宗三五三、六）

（嘉慶二四、七、戊寅）賑直隸密雲、灤平二縣被水災民，並給房屋修費。（仁宗三六〇、一六）

（嘉慶二四、七、丁亥）諭軍機大臣等：據英和、長申奏永定河漫水溢入南苑情形，並現在籌辦避災難民事宜；劉鐶之、韓鼎晉等奏派員查勘被水村莊及領銀籌辦撫卹各一摺。現在漫水浸入南苑草甸熟地，水勢漫溢，寬至六七里，深至三四尺。著英和俟漫水稍消，遴派善於乘騎員弁，赴該二處行宮，詳加履勘情形，據實具奏。至苑內避災難民一千數百餘名，英和等於未經接奉諭旨之前，已派員於高阜處所，搭蓋席棚，散給口食。所辦甚是，甚合朕心。著韓鼎晉、奎耀即在南苑以內，將給發廣儲司銀兩，專辦該處難民撫卹事宜，長申亦即在彼，會同韓鼎晉等，妥協料理。如查明團河南衙門行宮有被水情形，長申自往辦理行宮事務。韓鼎晉、奎耀俟將各難民撫卹安全，移出苑外，再回本衙門辦事。此次北頭工漫口三百餘丈，下游被災之區必不止數十村莊。汪如淵係順天府尹，不必會辦南苑撫卹事宜，著即親往下游被水地方，督率同知何貞寧、雲鵬等周歷查勘漫水流及何處，即查至何處，將被災輕重情形詳細勘明。應如何賑卹之處，會同劉鐶之據實具奏，不可稍有隱漏，以副朕軫念災黎至意。將此諭令知之。(仁宗三六〇、二三)

（嘉慶二四、七、己丑）諭內閣：朕昨經由古北口一帶地方，乘馬目擊被水村莊情形較重，深堪矜惻。前已降旨加倍撫卹。外省疲玩性成，動輒累月經年，若俟保定藩庫撥銀到日，再行散放，轉乎溝壑者益衆矣。著派內閣侍讀學士嵩安，率同灤平縣知縣，先領行在廣儲司庫銀三千兩，即日前往被水各村莊，按依灤平縣原報戶口清冊，遵照前降諭旨，分別大小口先行散給，俾災黎早沾實惠，用副朕恩膏速逮至意。其房間修費，地方官續行放給。所有動用廣儲司銀兩，由熱河道庫撥還，俟藩庫解到時，再歸道庫之款。其該縣原報簿冊，即著照錄一分，先報行在軍機處，以備查覈。(仁宗三六〇、二五)

（嘉慶二四、八、丁酉）命直隸固安、永清、東安、霸四州縣被水地方設廠煮賑。(仁宗三六一、一〇)

（嘉慶二四、九、壬午）展賑直隸固安、永清、東安三縣被水災民。(仁宗三六二、二〇)

5. 北京

（順治一二、一二、癸亥）戶部奏言：今年雖云小豐，而京師尚有飢民。請照十年例，每日每城發米二石、銀一兩，自本年十二月至次年三月，煮粥賑饑，用廣皇仁。得旨：所請正合朕意，著如議行。(世祖九六、五)

（順治一四、一二、丙申）諭戶部：皇太后聖體違和，今已大豫，朕心甚爲欣慰。八旗及畿輔人民，應加恩賚，以洽歡心。茲發內帑銀十萬兩，一半給八旗兵丁，一半遣官賑濟畿輔貧民。爾部即遵諭行。(世祖一一三、二〇；東六、二一)

（順治一五、一一、癸卯）戶部奏：請照例煮粥，賑濟京城饑民。從之。(世祖一二一、一九)

（康熙七、八、乙未）諭戶部：今歲水災，順天等府所屬地方，田禾淹沒，廬舍傾圮頗多，除被災田畝，俟該督撫親勘輕重分數，具題酌免。但被災之民，無以資生，必致流離失所，應作何賑恤，爾部速議以聞。尋戶部議：發常平倉糧賑濟；如不足，計數報部。近畿之地，從通倉動給，遠者令

附近省分協濟。從之。(聖祖二六、二四)

　　(康熙一八、一〇、辛巳)諭五城御史：流民就食京城甚多，賑濟銀米，皆增一倍。(聖祖八五、一五)

　　(康熙一九、三、己未)巡視中城御史洪之傑疏言：饑民自去冬流集京師，五城賑粥全活，且復屢寬賑限，至三月終停止，今爲期已滿。請將五城賑餘銀米，酌給遣回。得旨：今非麥熟之時，若資遣還鄉，仍恐失所。著添設賑廠於五城關廂外，再行賑粥兩月，俟麥收之時，聽其各回鄉里。(聖祖八九、一三)

　　(康熙一九、四、庚申)諭大學士等：陰陽不和，蓋由人事失當，思欲感通，必須處置得宜。頃者年復不登，饑民就食，多聚京師，故令增設各廠煮糜救饑。今四方失業之民，因此而來者愈衆，反致流離道路，有轉徙溝壑之虞。且天氣漸向炎熱，老幼羸弱聚之，蒸爲疾疫，轉益災沴，朕甚憂焉。作何設法，令其各歸原籍，仍令各該地方官拊循周恤，毋致流移失所。饑民內有疾疫者，令五城作何給以藥餌，醫治拯救？去歲三冬無雪，今春無雨，刑獄淹禁，恐有冤抑，應作何清理？乞食饑民，不許入裏城，今應否聽其出入？用兵地方，殉難諸臣卹典，原該事平定議，今應否即與舉行？以上數事，皆朕意念所及，爾等會同各部院詳議具奏。此外如有應行、應革、關切時務者，可各抒所見，一并議奏。於是大學士會同六部、都察院議奏：饑民若令各回原籍，給以路費，恐近處饑民聞風而至，則給費遣回之事似不便行，應展限兩個月，仍煮粥賑濟；其饑民內有患病者，應令太醫院及五城醫生診視，遣員管理；至於淹禁人犯，應令三法司再加詳審，有應寬釋者即題請寬釋；其乞食饑民，若特傳諭令其入城，未免煩雜，若下令禁止，又恐將有事之人一概阻絕，似亦不必另議；至各處用兵地方官員殉難者，應令該部酌議，即行敘卹。從之。(聖祖八九、一四)

　　(康熙二三、一〇、戊申)諭大學士明珠：三冬時令嚴寒，窮苦小民，恐其無以資生餬口，故於五城地方，各支銀米，設廠煮粥，散給貧窮戶口，原係朝廷撫恤小民之意。今奉行日久，經管各官，視爲具文，虛應故事，以致貧民嗷嗷待哺，罔獲宿飽。其令部院嚴飭巡城御史及司坊官員，必令親視散給，毋得假手胥役，侵漁虛冒，務俾小民均沾實惠，部院堂官仍不時稽察，如有故違者，題參治罪，以副朕愛養窮黎至意。(聖祖一一七、五)

　　(康熙二八、一〇、己巳)戶部題：冬月五城煮粥賑濟，應照例行三月。得旨：今歲年穀不登，民人就食者必多，朕深爲軫念。煮賑銀米，著加一倍，展限兩月。專差官員，親身散給，俾貧民得沾實惠，勿致胥役侵蝕中

飽。仍著都察院堂官不時察看。(聖祖一四二、一一)

（康熙二九、二、乙丑）諭內閣、九卿、詹事、科道等：昨歲畿輔荒歉，朕慮民食維艱，或至流離失所，既蠲除其田租矣，復特發帑金三十萬兩，並動支常平等倉粟，令該撫徧行賑貸，蓋期災黎得所，毋使離散也。今聞通衢相近之民，雖已獲沾恩澤，而僻壤窮簷，究不能以自存，至於越鄉去土者甚衆。夫小民流移若此，則司牧大吏，所賑救者安在耶？前所發三十萬帑金，未審如何散給，所在人民，有無轉徙？應遣部院大臣往加詳察。至於四方流民，率多就食京師，今年五城粥廠，雖倍給銀米，寬其期日，但恐饑氓漸集，無以徧贍，罔克均沾恩惠。宜增設粥廠，擇各部滿漢賢能司官，俾親賑焉。爾等其會議以聞。尋議覆：遣部院堂官，分爲四路察勘，有賑濟不實者，令即參劾。其五城粥廠，再添設五處，各遣賢能司官親往散給；每日給米二十石、銀十兩；並前五城原設粥廠，俱令散至六月終止。得旨：著侍郎索諾和、阿山、席珠、齊穡、李振裕、李光地、王維珍、徐廷璽分四路馳往巡察，並遣滿漢賢能司官，於五城增設粥廠賑濟。(聖祖一四四、一四；東一一、二)

（康熙二九、四、己巳）諭戶部：京城八旗官員、兵丁暨各屯中家口貧苦者已被恩澤，但直隸地方防守官兵家口尚未沾恩，其間有艱難困苦者，爾部遣司官等往察，以便賑恤。(聖祖一四五、一三)

（康熙三五、一二、辛丑）諭巡城御史等：隆冬煮粥賑貧，定例自十月朔起至歲終止；今歲歉收飢民覓食猶艱，著展限兩月。(聖祖一七八、一九)

（康熙四三、三、庚戌）諭八旗都統：聞京城附近有山東之民、河間之民，已於五城給食，而施與未均，竟不徧及。著八旗各於本旗城外，分三處煮粥飼之。八旗諸王亦於八門之外施粥，大爲利濟。今已派出諸人赴山東養民。此輩因京城地方大，俱來就食，若不如此設法賑濟，則皆立斃矣。茲派出鑲黃旗舅舅佟國維，正黃旗內大臣明珠，正白旗內大臣阿米達，尚書馬爾漢，伊家人衆，監散爲易；其他五旗，著派大臣家計殷實者監賑。凡粥廠所飼之民，病則醫治，歿則棺斂，至給粥時，皆詳識認，恐此處既食，又顧之他。務使清楚周徧爲善，如或怠玩，施不周徧，察出並罪都統、副都統，斷不輕恕。至漢大臣自仰副朕旨施賑者，亦分爲三處，內務府大臣亦將內務府人分爲三處，俱令殷實可託之人監賑。(聖祖二一五、一八)

（雍正一、二、丙寅）諭戶部：治天下要道，莫過安民。朕纘承大統以來，軫念蒼生，痌瘝時切。直隸、山東、河南連年歉收，特命緩徵額賦，遣官賑濟；至於京師，每年自十月初一日起，至三月二十日止，五城設立粥廠，令巡視五城御史煮粥賑廠。今尚在青黃不接之時，著展期一月，煮粥散賑，至四月二十日止。但四方窮民，就食來京者頗多，著每日各增加銀米一倍，務使得霑實惠，以副朕憫念窮黎至意。(世宗四、一五)

(雍正三、一〇、戊子）諭都察院：五城煮賑，舊例自十月初一日起，至次年三月二十日止，每城每日發米二石，柴薪銀一兩。今歲直隸各州縣截留漕米二十三萬石，仍復運送通倉米十萬石，令散賑平糶。但恐來京就食之民尚多，每城日給米二石，或不敷用，著每日各增米二石，柴薪銀亦倍之。各該巡城御史親率司坊官散給。爾等不時稽查，務使窮民得霑實惠。(世宗三七、一三)

(雍正四、一、壬戌）命增給五城飯廠米石，並於東直、西直、安定、右安、廣寧五門增設飯廠，以惠窮民。(世宗四〇、三四)

(雍正八、八、戊午）命鴻臚寺少卿顧祖鎮、內務府郎中鄂善、戶部郎中阿蘭泰，帶內庫銀二萬兩，前往京師附近地方察看地震情形，加恩賑給。(世宗九七、一三)

(雍正一三、九、戊午）戶部奏請五城煮賑。得旨：依議。這五城施粥廠，著御史親往驗散，俾貧民均沾實惠，毋令胥役染指。都察院堂官，不時前往察看。(高宗三、一四)

(乾隆一、九、己酉）戶部奏：定例十月初一日起，至次年三月二十日止，臣部交五城官員煮粥賑濟，御史親臨監看。得旨：煮賑銀米，著五城御史，親身散給，務使貧民得沾實惠，勿致胥役侵蝕中飽。仍著都察院堂官，不時察看。(高宗二七、二)

(乾隆二、九、丁未）定閏年飯廠增半月之例，諭總理事務王大臣：京師輦轂之下，民人衆多，更有外省失業之民，來京覓食者，定例於十月初一日，五城設立飯廠十處。以濟貧乏。朕思今年適值歲閏，天寒較早，閏九月十五日，便是立冬節令，恐待哺貧民，不無凍餒之患。著加添半月之期，於閏九月十五日，即行開廠，不必拘十月初一之例。都察院堂官，可督率五城御史，稽查經理，實心任事，務令小民均沾實惠。(高宗五一、六)

(乾隆三、九、癸亥）又諭：每年十月，京師五城設廠煮粥，以濟貧民。今歲米價昂貴，恐小民乏食者多，著照常年設廠早半月之期，於九月後半月舉行。該衙門即速辦理。(高宗七六、一六)

(乾隆四、三、丙辰）諭：五城散賑，例於三月二十日停止。貧民自應散歸本籍，各務農業。上年曾降諭旨，每名賞給口米，以資歸途日用。今年停賑之日，著照上年之例，仍按食粥人數，每名賞給口米一斗，勸諭速歸本

土,勿誤春耕。可傳諭都察院知之。(高宗八八、一一)

(乾隆八、一一、戊子)順天府府尹蔣炳奏:京城外來流民,除陸續資送回籍外,現在五城十廠,約三千餘名口,各廠多寡不等。查廣寧門外普濟堂,每年冬月,堂內收養貧病之人,堂外每日施粥,窮民藉以存活者甚眾。本年直屬歉收,堂外就食者,比往年更多,所有恩賞錢糧,及租息各項,恐不敷用。請賞給京倉老米二百石,俾窮民日食有資。得旨允行。(高宗二〇四、一四)

(乾隆九、五、甲午)直隸總督高斌奏:順天府文安縣地方,上年秋收歉薄,蒙恩借給口糧,共米三千石;現在尚不敷用,應量加二千石。再上年同被偏災之固安及未成災之永清、東安、香河、保定五縣,亢旱日久,應一體借給口糧。保定需米一千石,餘四縣各需米二千石,一例秋後還倉。得旨:允行。下部知之。(高宗二一七、三)

(乾隆一六、三、丙午)左都御史木和林等奏:京師五城煮賑,例自十月朔起,次年三月二十日止。今值閏年,節候較遲,請展賑十日。得旨:今歲京師米價昂貴,又係閏年,春寒未解,若照常年之例,停止煮賑,誠恐窮民艱於餬口,著加恩,於限外再賑一月。(高宗三八四、一一)

(乾隆二四、一〇、丙申)諭:今歲近京地方,夏間得雨稍遲,收成未能一律豐稔。時值初冬,節氣屆寒,視往年較早,現在五城設廠煮賑,貧民就食者必多,朕心深為軫念。著加恩每廠每日加給米一石,俾得寬裕煮賑,以資優卹。但向來賑廠專在外城地面,一時赴食之民,道路遠近不均。今米石既經加給,應並於內城酌量分廠,一體通融散給,俾得均沾實惠。著都察院揀派御史十員,內務府及各部亦各派賢能司官十員,會同妥協辦理。步軍統領衙門不時派員照料稽察,其內城分設各廠,並著公同相度,奏聞辦理。(高宗五九九、一〇)

(乾隆二五、一、癸丑)諭:前已降旨加增米石,於五城分廠煮賑。現在時屆春融,而貧民就食者尚多,著再加恩,於內城新設各廠內,每日加給米一石,俾得寬裕煮賑。仍著原派在廠各員,妥協經理,務使群黎均霑實惠。(高宗六〇四、一〇)

(乾隆二五、三、癸亥)諭:前經降旨,於五城內外增設煮賑各廠,並添給米石,俾就食貧民得資餬口。今該御史等摺奏,三月二十日例應停賑。朕念現在春田雖得透雨,而麥秋未屆,正值青黃不接之時,著再加恩內城展賑十日,南城展賑十五日,城外展賑二十日,以示軫卹。(高宗六〇九、六)

(乾隆二七、九、戊寅)諭:京師時屆冬月,五城設廠煮賑,俾無業貧民得資餬口。今歲近京收成稍歉，四鄉貧民赴廠就食，路遠既不無向隅，人衆亦易致擁擠。著加恩於五城例設各廠外，每城各再添設一廠，於東壩、盧溝橋、黃村、清河、樹村五處，照舊章程，一體妥辦。再增派滿漢科道各五員，會同五城御史，督率司坊官，悉心經理，毋使胥吏侵扣滋弊，俾赴食者均沾實惠。其都察院堂官，仍不時自往稽察，副朕軫念窮黎至意。該部即遵諭行。（高宗六七一、三）

（乾隆二七、一〇、丁未）諭：京師五城冬月煮賑，雖已降旨加恩於附近四鄉增廠散給，比聞村落就食之人比城內較多，所有每月額支米石恐尚不敷用，著再加恩每日每廠各加米一石。其中各廠人數不齊，或將在城之贏餘，協濟在鄉之不足，著都察院堂官等通融酌劑，善爲經理。務俾貧民並霑實惠，副朕軫念至意。該部速行。（高宗六七三、六）

（乾隆二八、二、壬寅）又諭：前經降旨，於五城內外增設煮賑各廠，並添給米石，俾就食貧民，咸資餬口。但向年俱於三月二十日停止。朕念現在雖屆春和，而時值青黃不接，貧民生計，猶未免拮据。所有今歲五城內外各廠，著加恩展賑一月，以示軫恤。（高宗六八〇、二八）

（乾隆二八、四、丁酉）諭：前經降旨，於五城內外，增設煮賑各廠，並於例賑之外，加展以至四月。第念此時雖屆清和，而麥收尚在有待。著加恩再行展賑一月，俾貧民得資餬口，以示軫恤。（高宗六八四、一三）

（乾隆三五、九、甲寅）戶部奏請：五城散給煮賑銀米。得旨：依議。這煮賑銀米，著五城御史，親身散給，務使貧民得霑實惠，勿致胥役侵蝕中飽。仍著都察院堂官不時察看。（高宗八六八、一二）

（乾隆三五、一二、壬午）諭：聞今歲五城內外粥廠，貧民就食者較多，所有例給米石，恐不敷用。著加恩每廠每日再增給米一石，以資煮賑。（高宗八七四、一六）

（乾隆三六、九、庚戌）戶部奏：五城煮賑，於十月初一日起，至次年三月二十日止，請照例舉行。得旨：依議。這煮賑銀米，著五城御史，親身散給，務使貧民得沾實惠，勿致胥役侵蝕中飽。仍著都察院堂官，不時察看。（高宗八九二、四八）

（乾隆三六、一〇、丙子）又諭：京師五城，每歲設立粥廠，每廠日給米一石，贍給貧民，現在已經開廠，窮黎自可就食。第念今年秋間雨水稍多，近京間有被澇之處，收成不無歉薄，其距京稍遠，鄉民艱於赴廠，未免向隅。著加恩，於近京四方地面，約計三四十里許，再行添設四廠，交都察院於各廠奏派滿漢科道二員，輪流駐彼稽查，妥協經理，毋使吏胥侵漁滋

弊，俾各鄉民均霑實惠。（高宗八九四、三〇）

（乾隆四三、九、戊戌）戶部奏：請給發五城煮賑銀米。得旨：這煮賑銀米，著五城御史，親身散給，務使貧民得霑實惠，勿致胥役侵蝕中飽。仍著都察院堂官，不時察看。（高宗一〇六六、三二）

（乾隆四六、一、癸巳）諭：五城內外粥廠，前於例給米石外，業經加恩，每廠每日增給米一石，以資煮賑。但向年各廠，俱於三月二十日停止，恐其時貧民就食者尚多，著再加恩展賑一月，以示優卹。該部即遵諭行。（高宗一一二三、二）

（乾隆四六、一〇、乙酉）又諭：京城廣寧門外普濟堂，冬間貧民較多，所有經費米石，恐不敷用。著加恩將倉內之小米賞給三百石，以資接濟。（高宗一一四三、三）

（乾隆四七、一一、癸丑）諭：京城德勝門外功德林，冬間貧民就食，較普濟堂人數雖減，但常例賞銀一千兩，經費尚恐不敷。著加恩將京倉內小米，賞給一百五十石，以資接濟。（高宗一一六九、六）

（乾隆四八、一一、己亥）又諭：京城廣寧門外普濟堂，冬間貧民較多，所有經費米石，恐不敷用。著加恩將京倉內之小米賞給三百石，以資接濟。（高宗一一九二、一八）

（乾隆五七、六、乙亥）諭軍機大臣等：本日據紀昀奏，直隸河間等處，二麥歉收。業蒙截漕五十萬石，以備賑濟。惟是領賑百姓，其極貧之戶，一逢米貴，即先赴京城覓工餬口，恐聚集日多，未必能人人得所。請於直隸所截漕糧五十萬石之內，酌撥京城數千石，煮米放賑等語。已交大學士九卿會議，自當准行。覈計數目，約需米六千餘石，應先於京倉支用，將來再於北倉截漕數內撥還。但京城所賑之人，即係直隸應賑之人。今既因此等貧民，先經就食京城，代為給賑，則京城多一人領賑，本處即應少一人領米。其應行散賑州縣，該督務須切實稽查，各按領賑實戶，照數給米，毋任州縣虛開戶口，冒賑侵肥。倘京城既經代為給賑，而州縣仍復浮開，一經覈對查出，恐該督等不能當其咎也。（高宗一四〇六、一六）

（乾隆五七、六、丙申）諭：前因京南諸府雨水短少，二麥歉收，貧民赴京覓食者多。令於五城展煮粥賑，俾資餬口。但念本年直隸被旱地方稍廣，各處貧民，聞設粥廠，自必紛紛就食，人衆既恐致擁擠。而相距路遠者，或不免向隅。著加恩照乾隆二十七年之例，於五城例設各廠外，在離城三四十里鎮集處所，添設五廠，照舊定章程，一體妥辦。並增派滿漢科道各五員，著留京辦事王大臣，揀選派出，不必送來引見，會同現任五城御史，督率司坊官，悉心經理。至就食人數既多，所有每日額支米石，恐不敷用，並著加恩每廠每日各加米一石，其中人數不齊，或將在城之贏餘，協濟在鄉之不足。著都察院堂官等，善為酌劑，仍不時輪往稽察，毋任胥吏侵扣滋弊，俾赴食者均霑實惠，以副朕軫念窮黎，有加無已至意。（高宗一四○七、一八）

（乾隆五八、三、庚子）又諭：上年因直隸順德、廣平、大名三府，並保定、河間、天津等府屬，被旱成災，無業貧民至京就食者多。曾降旨於京師五城內外，設廠賑濟。現屆三月，賑期將竣，雖各該處屢次得雨，麥苗業經播種齊全，但距麥收尚遠。青黃不接之時，貧民生計猶艱，餬口無資，著再加恩展賑一月，以資接濟。仍著都察院堂官，董飭五城並監放賑務之各該御史，妥協經理，以副朕行慶施惠，有加無已至意。該部遵諭即行。（高宗一四二四、七）

（乾隆六○、二、辛巳）諭：京師五城飯廠，定例應放五個月零二十日，本年係閏二月，應於閏二月二十日停止。但現在天氣尚寒，距麥收之期較遠，若遽行停止放賑，恐無業貧民難以餬口。所有本年五城飯廠，著加恩展至三月二十日停止，以示朕施惠貧民，有加無已至意。（高宗一四七一、二五）

（嘉慶一、九、丙午）加賞廣寧門外普濟堂煮賑小米三百石。（仁宗九、二）

（嘉慶一、九、壬申）命五城於冬春二季設廠煮賑。（仁宗九、一一）

（嘉慶二、九、乙酉）加賞廣寧門外普濟堂煮賑小米三百石。（仁宗二二、一三）

（嘉慶三、九、丁丑）加賞廣寧門外普濟堂煮賑小米三百石。（仁宗三四、八）

（嘉慶四、九、庚午）命五城於冬春二季設廠煮賑。（仁宗五一、三○）

（嘉慶五、閏四、甲寅）命五城設廠平糶。（仁宗六五、二）

（嘉慶五、九、辛卯）命五城於冬春二季設廠煮賑。（仁宗七四、八）

（嘉慶六、六、丁巳）諭軍機大臣等：本日據那彥寶等奏，前派查勘水災之窩星額、廣興、台費蔭、陳霞蔚等，俱為水深所阻，現仍在盧溝橋守候等語。因思被災民人，嗷嗷待哺，若俟水勢消涸之後，查奏到日，再行撫卹，未免稽遲，朕心深為憫惻。著傳諭台費蔭等查看被災地方，有急須撫卹之處，即督同地方官立時賑濟，量給銀米，一面動帑開倉，令經手之員據實報銷，以副朕軫念災黎、如傷在抱之意。（仁宗八四、一三）

（嘉慶六、六、戊午）遣官散給南苑被災苑戶兵民口糧。（仁宗八四、一三）

（嘉慶六、六、己巳）發京倉稜米二千四百石，局錢千緡，賑永定、右

安門外災民。(仁宗八四、二九)

（嘉慶六、六、壬申）命再撥大興倉穀一千石，銀二千兩，接賑被水災民。(仁宗八四、三七)

（嘉慶六、七、乙亥朔）撥京倉米二千四百石，於長新店、盧溝橋等處設廠煮賑。(仁宗八五、一)

（嘉慶六、七、乙酉）諭內閣：現因近京一帶被水窮民亟須撫卹，業經加恩多方給賑，以資餬口。但救荒之策，莫善於以工貸賑。除永定河漫口淤沙，趕緊築堵，任其傭工外，因思附近城河等處，久未挑濬，多有淤滯，以致驟雨不能消涸。著派侍郎高杞、莫瞻菉會同各該管衙門，將護城河及旱河等處通行查勘，將應行疏濬之處，即僱集附近窮民，興工挑挖。既可暢消積水，亦可安撫災黎，於工賑兩有裨益。(仁宗八五、一○)

（嘉慶六、七、壬寅）命永定、右安門外飯廠展賑一月。(仁宗八五、二八)

（嘉慶六、七、丁酉）諭內閣：京畿一帶被水災民，節經發帑、截漕、煮賑，疊沛恩施，急為賑卹；此後尚有大賑，分別極次貧民，按例辦理。而目前以工代賑，最為救荒良法。現在特派大臣，將永定河漫口淤沙，趕緊築堵，及京城護城河等處，通行查勘疏濬，僱募附近災民，俾得趁工覓食。惟向來辦理工程，俱有工頭承攬，一切僱集人夫，照料收管，皆係工頭總司其事。誠恐伊等祇招僱向日做工熟識之人，未必令災民傭工力作，則赴工之人，既誤領賑，又不得傭資，兩無所獲。是以工代賑之舉，仍屬有名無實。所有挑築永定河及護城河疏濬工程，著那彥寶、巴寧阿，會同直隸地方官高杞、莫瞻菉，會同五城御史、順天府，各行悉心籌畫，務令災民得以藉工餬口。不使工頭從中壟斷之處，酌定章程，妥議具奏。(仁宗八五、二○)

（嘉慶六、九、丁亥）命五城於冬春二季設廠煮賑。(仁宗八七、一四)

（嘉慶六、九、壬辰）加賞廣寧門外普濟堂煮賑小米五百石。(仁宗八七、一六)

（嘉慶六、一○、甲寅）又諭：明安等覆奏，商民所辦棉衣，酌量給發價值一摺。前因近京一帶被水黎禦冬無具，曾諭令明安等置購棉衣，以備賞給，經各當商等呈交棉衣六萬二千件，並懇請不敢領價，當即諭明安等仍應量給價值。復據該商等稱係當滿舊衣，所值無幾等語。此項棉衣，既經該商等呈交，即係當滿之物，亦不可令其少虧資本，著加恩賞給銀一萬二千四百兩，按各商交出棉衣多寡，均勻給發，即在提督衙門閒款項內動支。至宛平縣民人蔡永清湊辦棉衣二萬件，甚屬急公。聞蔡永清向在京城居住，每歲經理收養老病貧民及嬰孩等事，今年夏秋，曾捐資散給被水災民，茲又湊辦

棉衣，種種義舉，殊堪嘉尚。著順天府堂官備辦扁額、花紅，傳旨賞給蔡永清，以示獎勵。（仁宗八八、一四）

（嘉慶六、一〇、甲子）諭內閣：向來地方偶遇災賑，例止給發銀米，俾資食用，並無散放棉衣之事。本年近畿一帶被水較重，實非尋常偏災可比，當經降旨截留漕米六十萬石，動撥帑銀一百五十萬兩，並以工貸賑，爲費亦不下百餘萬。現屆開放大賑之期，氣候已屬嚴凝，念窮黎等無衣禦寒，特發給帑銀，置購棉衣數萬件，交順天府五城分地同日散給。……均於二十二日辰刻分賞。此實朕軫念災黎，恩施格外，並不在常例之內。在貧民等得有絮纊過冬，藉資全活，惟當安靜領賑度日，愼勿將官給棉衣付之典賣，仍復號寒無賴，甘爲宵小；或衣食粗給，仍不知守分，有鼠竊狗偷之事。轉瞬春融，務當各謀生業，勿以特恩爲可屢邀，勉爲良善，以副朕子惠困窮之意。著都察院、順天府，將此旨刊刻謄黃，令各鄉保徧行曉諭，俾衆知之。（仁宗八九、一〇）

（嘉慶六、一一、甲戌朔）命加賞五城十廠賑米，並給棲流所收養窮民棉衣。（仁宗九〇、一）

（嘉慶七、三、庚辰）諭內閣：京師五城煮賑，以三月二十日爲止。但上年被水較重，現屆青黃不接之時，貧民艱於得食，自應再爲展賑，以廣恩施。惟五城十廠分設城內城外，刻下農務方殷，近郊一帶力作者多，若仍令其進城領賑，道路紆遠，轉有不便。著加恩將五城正副十廠併作五廠，均移至城外廠內開放，俱展至四月二十日止。其盧溝橋、黃村、東壩、采育、大井等處飯廠，亦著一體展至四月二十月止，以示朕惠濟窮黎，有加無已至意。（仁宗九五、九）

（嘉慶七、四、癸丑）諭內閣：京師五城分廠煮賑，向以三月二十日爲止。前因上年被水較重，當青黃不接之時，貧民艱於得食，就賑者多，是以降旨，令於盧溝橋等處添設五廠，復經加恩展賑一月，至本月二十日停止。近據各廠監賑卿員等奏到，各該處外來貧民，因農務興作，陸續回家，領飯之人較前日減，自係實在情形。但前此酌定停賑日期，原以四月中旬以後新麥將次登場，窮民易於謀食，無待官爲賑給。近日以來，雨澤愆期，土脈稍形乾燥，恐減麥收分數。即日敬當設壇祈禱，叩籲昊恩，以期速沛甘膏，慰茲農望，而於加惠貧民之舉，轉行停徹，朕心實有不忍。除續添之盧溝橋、黃村、東壩、采育、大井五廠本係例外增設毋庸再展外，其五城內外原設各廠，著加恩再行展賑，不拘日期，總俟至甘霖大沛之後，彼時酌量情形，再行奏請停止。該御史等其妥爲經理，以副朕軫念民艱，恩施格外至意。（仁

宗九七、一一）

（嘉慶七、四、戊辰）諭內閣：前曾降旨，將京城內外飯廠加恩展賑，俟甘霖大霈後，令監放御史再行酌量情形，奏請停止。茲據五城御史奏稱，本月二十六日得有透雨，四野霑足，赴廠領賑貧民歡欣踴躍，僉稱及時播種，力作傭工，均可度日，請於五月初一日停止給賑等語。該御史等體察輿情，遵旨奏請，本應即行停止；但念端午已近，若遽行徹廠，恐貧民度節口食尚艱，著再加恩展賑至五月初五日爲止。並著五城御史曉諭領賑貧民，此係格外恩施，現在獲沛甘膏，農田均資耕作，其有可自謀生業者，日內不妨先行散歸，自初六日停賑之後，不復再行展賑，務各安靜營生，以副恩加無已至意。(仁宗九七、三三)

（嘉慶八、九、乙巳）命五城於冬春二季設廠煮賑。(仁宗一二〇、二四)

（嘉慶九、九、辛丑）命五城於冬春二季設廠煮賑。(仁宗一三四、一一)

（嘉慶一二、五、庚戌）諭內閣：據文寧等奏，本月初八日東城智化寺米廠門口，有領糶民人擠倒壓斃，計民婦七口、幼男三口、幼女五口。詢因廠門開遲，俟監糶各員到齊之後，方始放進，以致一時擁擠壓斃等語。設廠平糶，原以軫卹貧民，今因經理不善，轉致擠斃多命，殊堪憫惻。該處監糶米石，係恭阿拉、慶禧、安柱三員，慶禧前一日在圓明園該班直宿，是日下班之後，方能趕往，其遲到尚屬有因；至恭阿拉、安柱二人，均近在城內，何以不夙興到廠，及早放進？以致貧民擁擠爭先，慘罹不測。皆伊等平昔怠惰偷安，今借此差，轉可在家高臥，不以小民枵腹久待爲念，是誠何心？現據伊等自請察議，恭阿拉、安柱二人之咎較重，著交部議處，慶禧著交部察議。至擠斃男婦等十五人，據奏已飭令屍親領埋完結，所辦未協。此內大口七命，應各賞給銀十兩，小口八命，應各賞給銀五兩；即罰令恭阿拉出銀五十兩，慶禧出銀三十兩，安柱出銀三十兩，迅傳屍親給領，俾資殮埋。此次擁擠踩躪，係由監糶各員到遲之故，業經分別懲治，其餘地面章京及坊官等，尚可免其交議。嗣後各城監糶之員，其由城內赴廠者，均限於每日寅正到彼；即在園該班者，亦限於卯正趕到，先到之員，一面先行放糶，不必彼此等候。總須趁鄉民未到之前，妥爲料理，隨到隨放，俾鄉民陸續領糶，毋涉擁擠。設或監糶大員等到廠遲延，著在廠之御史據實參奏。設或御史到遲，亦著監糶大臣等參奏。(仁宗一七九、二〇)

（嘉慶一二、九、丁卯）命五城於冬春二季設廠煮賑。(仁宗一八五、三四)

（嘉慶一五、一一、庚辰）諭內閣：向來遣阿哥恭祭陵寢，本係歲時常典，朕在潛邸時，屢蒙皇考高宗純皇帝派往祭陵，往返道途，即偶遇該處歲歉，閭閻安堵如常，從未有遮道乞賑之事。昨二阿哥、三阿哥由西陵恭祭回京，據奏本月二十三日行抵半壁店，有民婦百餘人跪求賞賑，經隨往之裕全、孟住，以業已傳知該縣迅速給發，曉諭民人，始行散去。迨二十六日回至該處，復有涿州、房山老幼民婦約三四百人，環擁馬前，阿哥等奪路而走，內有扯住三阿哥馬韁者，並隨至宮門，以仍未得賑同聲呼籲，喧鬧擁擠，直至亥末方散。及詢之房山縣，猶以此項賑銀於本月初九日領到，逐加分派，必須由近及遠，勢不能一時同放爲詞。此事殊出情理之外，地方偶有偏災，不惜帑金，予以賑濟，原期窮黎早沾惠閫，今房山縣知縣於初九日業將賑銀領到，距二十六日爲時已逾半月，儘可按戶放給，何以遷延不發，致小民屆此嚴冬嗷嗷待哺？其辦理遲延，獲咎甚重。房山縣知縣沈一仁，著革職拏問，涿州知州查係何人，一併革職拏問，加等定擬，押解來京。總督溫承惠、藩司方受疇，地方是其專責，乃於所屬領到賑銀後，任聽延玩，並不隨時稽查，令其及早散給，俾災黎口實有資，實屬玩視民瘼。溫承惠著降爲二品頂帶，拔去花翎，方受疇著降爲三品頂帶，並俱著交部嚴加議處。此案著派勒保、英和、盧蔭溥，馳驛前往查辦。該州縣究於何時領到賑銀，因何不即發給，有無侵挪情弊，嚴審定擬具奏。並將主使婦女乞賑之人，究出從重治罪。（仁宗二三六、三三）

（嘉慶一六、五、戊子）以米價昂貴，命五城設廠平糶。派都察院左副都御史潤祥等十員監糶。（仁宗二四三、一三）

（嘉慶一七、九、乙酉）命五城於冬春二季設廠煮賑。（仁宗二六一、一五）

（嘉慶一九、二、壬子）展五城飯廠及普濟堂煮賑一月。（仁宗二八五、一二）

（嘉慶一九、九、壬寅）命五城於冬春二季設廠煮賑。（仁宗二九六、三二）

（嘉慶二二、九、丁未）命五城於冬春二季設廠煮賑。（仁宗三三四、四）

（嘉慶二二、九、甲子）發京倉粟米三千石，給直隸大興、宛平二縣煮賑。（仁宗三三四、一八）

（嘉慶二二、九、己巳）復賞大興、宛平二縣倉米八千石煮賑；加賞廣寧門外普濟堂煮賑小米五百石。（仁宗三三四、二一）

（嘉慶二四、八、乙未）命直隸大興、宛平二縣被水地方設廠煮賑，派都察院副都御史齡椿等十二員，督同給放。（仁宗三六一、五）

（嘉慶二四、一二、壬子）給直隸大興、宛平二縣被水災民口糧有差。（仁宗三六五、三二）

6. 河南

（**康熙一八、一、壬戌**）河南巡撫董國興疏言：陳留等二十一州縣，災疫並行，請發州縣存貯米粟賑救。得旨：著先差往汝陽等處賑濟官員，會同該撫，速行設法賑濟。（聖祖七九、八）

（**康熙二三、三、癸未**）河南巡撫王日藻疏請以常平積穀散賑饑民。得旨：設立常平，原以備荒，著速行賑濟。（聖祖一一四、二五）

（**康熙二三、四、丁酉**）遣户部郎中吳什巴往河南賑濟饑民。上諭曰：賑濟饑民，最爲迫切，爾其馳驛速往，同該撫確察，務令得沾實惠。其被荒地方錢糧，亦詳查奏請，酌量蠲免；不得借端將未被荒地方錢糧，混入數内，概行奏請。須嚴飭該司道官員，令其確查申報。（聖祖一一五、一）

（**雍正二、二、己酉**）以河南彰德、衛輝、懷慶三府及開封府屬之陽武、原武、封邱、延津四縣麥收歉薄，民食稍艱，發倉穀賑濟，從撫臣石文焯請也。（世宗一六、一三）

（**雍正四、一、癸亥**）賑河南汝州、延津等十八州縣水災饑民。（世宗四〇、三四）

（**雍正四、三、壬子**）賑河南汝州、襄城等二十三州縣水災饑民。（世宗四二、一四）

（**乾隆一、七、辛酉**）河南巡撫富德奏鄢陵、扶溝等州縣，雨水稍多，秋禾被淹情形。得旨：似汝此等巡撫，何能慰朕懷耶！（高宗二三、二六）

（**乾隆一、七、辛酉**）河南布政使徐士林奏鄢陵、淮寧、石梁等州縣水災賑貸情形。得旨：知道了。（高宗二三、二六）

（**乾隆一、八、己卯**）賑河南南陽、新野等五縣水災飢民，並停徵本年分額賦有差。（高宗二五、五）

（**乾隆一、一一、己未**）河南巡撫富德奏請：加賑永城縣被水災民兩月，並借給社倉穀石。得旨：知道了。（高宗三一、一二）

（**乾隆二、閏九、甲子**）諭内閣：朕因豫省臨河州縣於夏秋之交雨多水溢，有淹没田禾之處，諭令該撫悉心查勘，撫綏安插……至永城等八縣，雖勘明俱不成災，但彼地既有被水之鄉村，其中必有乏食之貧户。著該撫委員確查，將不能餬口者，於冬末春初賑濟兩個月，務令均沾實惠，毋使一夫失所。此朕格外之恩，至尹會一所奏，該部仍照例速行議覆。（高宗五二、一〇）

（**乾隆三、一〇、癸未**）貸河南信陽、罹山、正陽、光州、光山、固始、

息縣、商城等八州縣本年旱災貧民口糧、籽種,並開倉平糶。(高宗七八、一三)

(乾隆四、六、甲辰)河南巡撫尹會一奏:開封府省城,被水成災,請賑卹一月。得旨:所奏情節,知道了。加意警省,毋得復如前因循怠忽也。(高宗九五、一九)

(乾隆四、七、壬申)戶部議覆:河南巡撫尹會一奏報,豫省六月十二、十三、十六等日雷雨交作,晝夜如注,山水驟發,平地水深三四五尺不等;田禾被淹,官署、民房在在倒塌。請將開封府之祥符、陳留、杞縣、通許、尉氏、洧川、鄢陵、中牟、陽武、封邱、蘭陽、儀封、鄭州、滎澤、歸德府之鹿邑、虞城、睢州、考城、柘城、彰德府之湯陰、內黃、衛輝府之汲縣、新鄉、輝縣、獲嘉、淇縣、延津、滑縣、濬縣、懷慶府之原武、南陽府之新野、裕州、葉縣、汝寧府之西平、陳州府之淮寧、西華、商水、項城、沈邱、太康、扶溝、許州府之石梁、臨潁、襄城、郾城、長葛、新鄭等四十七州縣,其房屋倒塌者,動用公項,極貧一兩,次貧五錢,以資修葺。餬口無資者,動常平倉穀,大口三斗,小口一斗五升,先賑一月,並令減價平糶,以資接濟。應如所請。從之。(高宗九七、一九)

(乾隆四、八、辛巳)河南巡撫尹會一續報商邱、寧陵、永城、夏邑、南陽、鄧州、舞陽、汝寧、上蔡、遂平、禹州、伊陽等州縣,秋禾被水情形。得旨:該部速議具奏。尋議,應如所請,急速撫卹。從之。(高宗九八、一五)

(乾隆四、九、戊申)河南巡撫尹會一彙報:秋禾被水尤重之祥符、陳留、鄢陵、淮寧、西華、扶溝、郾城等七縣,加賑五個月;其次則杞縣、通許、尉氏、洧川、中牟、陽武、封邱、虞城、考城、柘城、汲縣、延津、濬縣、原武、沈邱、太康、臨潁、石梁、長葛、新鄭等二十縣,加賑四個月;又其次則蘭陽、儀封、鄭州、滎澤、鹿邑、睢州、湯陰、內黃、新鄉、輝縣、獲嘉、滑縣、葉縣、西平、商水、項城、襄城等十七州縣,加賑三個月。其五個月者,自今冬十月開賑,至來年二月止,分作三次散給;其三、四個月者,自今冬十一月、十二月開賑,俱至來年二月止,分作兩次散給。得旨:下部速議具奏。尋議:應如所請,分別辦理。從之。(高宗一〇〇、五)

(乾隆四、九、癸亥)[戶部]又議覆:河南巡撫尹會一續報商邱等十二州縣,並兩次被水之新野縣秋禾被水情形。應如所題,除勘不成災之遂平、禹州、伊陽外,將被水較重之商邱、寧陵、永城、夏邑、南陽、新野等六縣,准其加賑四個月;被水稍輕之鄧州、舞陽、汝陽、上蔡等四州縣,准其

加賑三個月。得旨：依議速行。（高宗一〇一、七）

（乾隆四、一二、壬寅）河南布政使朱定元奏：本年豫省水災，隆冬加賑，現在催督各屬，業將初次加賑散給，災黎均霑再造。得旨：賑濟一事，最難妥當，汝其加意辦理，務期毋濫毋遺，豈紙上空談數語所能了事耶？（高宗一〇七、二七）

（乾隆七、八、丙辰）河南巡撫雅爾圖奏：豫省各屬秋禾茂盛，豫卜有秋，惟開、歸、陳三府，前次被水各縣，不無損傷；又汝寧、許州所屬，間被淹損，不過偏隅。現爲撫綏，務俾得所。得旨：如此據實陳奏方是。雖云偏災，彼被災之人，爲苦則一耳，可不撫卹耶？（高宗一七三、四二）

（乾隆八、一、甲申）河南巡撫雅爾圖奏：去歲上下兩江，被水歉收。豫省密邇江南，收養流民，約已三千餘口。復恐秋末冬初，難禦嚴寒。各州縣皆捐備棉衣散給。時屆春融，有願還鄉耕作者，即給口糧資送。如因青黃不接，仍有續來就食者，一體安插收養。得旨：好。知道了。（高宗一八三、一四）

（乾隆八、四、戊申）諭：河南開歸、陳汝所屬之鄭州等十三州縣，舊有乾隆五、六、七三年民借未完之常漕義社等穀，共一十一萬八千石有零，例應今年一併催徵完項；但此十三州縣，上年收成歉薄，若於本年麥熟之後，既徵應納之新糧，又完累年之舊欠，則民力艱難，可爲軫念。著將乾隆五、六、七三年動借各項倉穀，於乾隆甲子年起，分作三年帶徵，以紓民力。該部即傳諭河南巡撫知之。（高宗一八九、一五）

（乾隆八、一〇、丁巳）賑貸河南中牟、河陰、新安、羅山、長葛、伊陽等六縣續報被旱災民。（高宗二〇二、二六）

（乾隆八、一〇、庚午）分別加賑河南祥符、陽武、封邱、鄭州、滎澤、新鄭、輝縣、獲嘉、河內、濟源、修武、武陟、孟縣、溫縣、洛陽、偃師、鞏縣、孟津、宜陽、永寧、靈寶等二十一州縣被旱災民。（高宗二〇三、九）

（乾隆八、一〇、甲戌）加賑河南中牟、河陰、新安、羅山、長葛、伊陽等六縣被旱災民。（高宗二〇三、一五）

（乾隆八、一一、甲辰）河南巡撫碩色奏：豫省常平、義社等倉積穀外，尚有存留漕穀及勸捐社穀二項，自乾隆元年至七年，借出未完之尾欠共二十三萬四千四百餘石，緣各州縣屢逢災歉，是以停緩未清。今常平、義社積穀舊欠四十六萬四千餘石，已蒙恩旨，概予免息；所有漕社二穀，事同一例，可否將二項息穀，仰邀寬免，止徵本穀。得旨允行。（高宗二〇五、九）

（乾隆一〇、六、庚午）河南巡撫碩色奏：鄧州、新野，秋禾間有淹損。

於借給籽種補種外，復按戶口大小，酌借倉穀接濟。得旨：是。被災處所，加意撫綏之。（高宗二四三、二六）

（乾隆一〇、九、乙亥）賑貸河南永城、鹿邑、夏邑、商邱、柘城等五縣水災飢民。（高宗二四八、一一）

（乾隆一〇、一〇、戊申）加賑河南商邱、鹿邑、夏邑、永城、柘城等五縣本年水災飢民。（高宗二五〇、二〇）

（乾隆一一、九、辛丑）賑貸河南鄭州、中牟、正陽三州縣被水災民。（高宗二七四、一七）

（乾隆一二、一、庚申）河南巡撫碩色奏：開、歸、陳、汝、許所屬，上年被水災黎，疊蒙賑濟，現俱得所。惟被災五六分之戶，正月以後，向不加賑，口食拮据。查糶借倉糧，例於二三月間舉行，但歉收之地，糧價增昂，應請於正月下旬，糶借兼行。至歸德所屬，連年被水，尤與偶遇偏災者不同，應請以平糶穀價，借給貧民，租購牛隻、籽粒，乘時播種，俟秋收徵還原借銀兩，買穀補倉。得旨：所辦頗妥。督率屬員，實力爲之。（高宗二八三、一九）

（乾隆一二、二、庚寅）河南巡撫碩色奏：歸德府各屬，因連年被水，賑恤頻施，倉儲久匱，市賣米價較昂。查光州、固始現貯穀俱五萬餘石，臣酌令光、固二州縣各動撥倉穀二萬石，共碾就熟米二萬石，由水路運至亳州，派給永城等縣，減價出糶；糶價即存貯各縣，俟麥熟秋成後，採買穀麥儲備。得旨：甚是。河南亦望雨，目下光景，有誤春耕否？（高宗二八五、二三）

（乾隆一二、三、壬寅）諭：上年豫省被水州縣，已經按例賑恤，俾災民不致失所。惟歸德府之永城、鹿邑、夏邑、商邱、柘城五縣，連年歉收。當此青黃不接之時，農務方殷，小民正資接濟，著該撫查明，將此五縣被災六分之極貧，及七分以上極次貧民，加恩展賑一月，使食用有資，安心及時耕作。該部遵諭速行。（高宗二八六、一七）

（乾隆一二、八、庚午）諭：據河南巡撫碩色奏：開、歸、陳、汝等屬，因今歲雨水過多，以致秋成失望，其鄢陵等二十七州縣，勘明已成偏災等語，朕心深爲軫念。其被災州縣，應即行賑恤，而歸德、陳州連年被水，尤宜加意撫綏。著該撫查明，或應加賑，或應借糶，督率屬員，詳悉辦理。務使小民均霑實惠，毋致失所。該部遵諭速行。（高宗二九六、一一）

（乾隆一二、九、乙未）賑恤河南通許、鄢陵、中牟、陽武、封邱、蘭陽、鄭州、商邱、寧陵、永城、鹿邑、虞城、夏邑、睢州、考城、柘城、上

蔡、西平、淮寧、西華、商水、項城、沈邱、太康、扶溝、臨潁、鄢城等二十七州縣本年分水災飢民。(高宗二九八、一五)

(乾隆一二、九、壬子)賑貸河南許州本年分水災飢民。(高宗二九九、一七)

(乾隆一三、八、丁未)又諭：河南開、歸、陳、汝、許五府州所屬之通許等二十八州縣，有自乾隆七年以後至十二年民欠未完常漕社穀，共二十三萬一千餘石，例應於本年秋成後本息並徵。但念此二十八州縣，連年被災，民多艱窘，今歲雖幸獲有收，而元氣尚須培養。若將此項穀石本息一時並徵，民力未免拮据。著將本穀於秋後按數徵收，其息穀加恩緩至次年帶徵，以紓民力。該部即遵諭行。(高宗三二三、二一)

(乾隆一四、八、癸卯)賑貸河南延津、新野、淮寧、西華、商水、項城、沈邱等七縣本年被水災民。(高宗三四七、一二)

(乾隆一六、六、甲子)河南巡撫鄂容安奏：丹、沁水溢之地，河內、武陟二邑所坍房屋，各至一二千間。豫省從前之例，極貧每戶給銀一兩，次貧五錢，不論瓦房草屋間數，概以戶計，未免有名無實。且撫卹貧民，尤非查造戶口，定期散給者比。若憑鄉地呈報，不無混淆滋弊。是以臣帶同文武親勘。查所坍何項房間，不分極貧次貧，草房給銀五錢，瓦房一兩。至借給口糧籽種，俱按地畝戶口多寡定數。得旨：所奏辦理賑卹事宜，實足慰朕。勉之。(高宗三九三、二三)

(乾隆一六、八、己未)賑河南商邱、永城、鹿邑、虞城、夏邑、陽武、封邱、祥符、延津、滑縣、河內、武陟、原武、中牟等十四縣河漲被淹成災貧民。(高宗三九七、十七)

(乾隆一六、九、辛卯)賑貸河南上蔡、潢縣、信陽州水災，羅山縣旱災飢民口糧籽種。(高宗三九九、二三)

(乾隆一六、一一、甲戌)諭：今歲豫省黃、沁等河異漲成災，業已緩徵加賑，民食有資。今據布政使富勒赫奏稱，祥符等五縣被淹村莊，尚積水四五尺及一二尺等語。念茲天寒冰凍，犁鋤難施，迨至開正，賑期已滿，佈種無資，災黎生計未免拮据，甚爲憫惻。著將祥符、陽武、封邱、延津、滑縣等五縣被淹村莊，無論極次貧戶，於加賑之外，明春再加賑兩月，以資接濟。該撫督率屬員，妥協查辦，俾窮黎得霑實惠。該部即遵諭行。(高宗四〇二、八)

(乾隆一七、九、戊寅)賑貸河南武陟縣水災飢民。(高宗四二三、一三)

(乾隆一七、一一、癸亥)諭：上年豫省陽武河工漫溢，陽武、封邱、祥符、延津四縣均被偏災，所有借給麥種銀穀，應於本年秋後徵還；但念災地甫經翻種，收成尚歉，且本年仍有應徵帶徵之項，一時并徵，民力未免拮据。著將陽武、封邱、祥符、延津四縣災民所借籽種銀穀，俱緩至明年麥後開徵，以紓民力。該部即遵諭行。（高宗四二六、一〇）

（乾隆一八、三、丁巳朔）諭：豫省今歲雨澤應時，麥秋可望豐稔。但念該省積歉之餘，民氣尚未全復，所有舊欠倉穀籽種等項，若一時並徵，閭閻生計，未免拮据。前已降旨，將陽武等縣借欠倉穀，分年帶徵；著再加恩，將祥符、陳留、蘭陽、鄭州、滎澤、河陰、商邱、永城、鹿邑、夏邑、汲縣、新鄉、獲嘉、淇縣、滑縣、濬縣、上蔡、太康等十八州縣借欠倉穀及商邱、永城、鹿邑、夏邑、睢州等五州縣借欠籽種銀兩，俱一體分作兩年徵還，以紓民力。該部遵諭速行。（高宗四三四、二）

（乾隆一八、九、壬戌）又諭：據河南巡撫蔣炳奏稱，豫省黃河秋汛水漲，於八月二十五日原武一帶漫灘之水，下注陽武，漫過月石隄三壩格隄，將十三堡大隄漫決。臣聞信即馳赴陽武隄工查看，一面委員堵塞上游，一面委員查勘被水居民，隨宜撫卹。其疎防之該管河員及地方官，會同河臣查明。另行嚴參外，臣不能先事豫防，請飭部嚴加議處等語。本年豫省沁、黃並漲，以致陽武隄工漫溢。蔣炳聞信即親往該工查辦撫卹，尚屬黽勉。其自請交部議處之處，著加恩寬免。餘俟查明參奏到日，俱著交部察議具奏。（高宗四四六、九）

（乾隆一八、一〇、庚寅）諭：河南陽武、封邱、延津及武陟等縣，疊經被水，民力拮据。所有陽武、封邱、延津三縣本年帶徵倉穀，及應還籽種銀兩，并武陟縣民欠未完籽種銀穀，俱著緩至明年麥後徵收，以紓民力。該撫仍加意撫綏。或冬春之間，尚需接濟，著照例借給籽種口糧。務實力查辦，無致失所。該部即遵諭行。（高宗四四八、一九）

（乾隆二二、二、辛未）河南巡撫圖勒炳阿奏：查夏邑縣低窪各村莊，因上年七月內雨水過多，致有積水，旋經疏濬消涸，高粱收有九分，惟穀豆減收二、三、四分不等。八、九月間糧價並未昂貴。嗣緣夏邑東連江省之蕭、碭，北近山東之曹、單等縣均有偏災，赴夏糴糧者多，致夏邑市價稍增，無力之戶未免拮据，彭家屏因有此奏。查收成七分，從無賑緩之例，惟當此新陳不接之時，自應查明接濟。當即飭屬開倉平糶，並分別酌量借給。至商邱、永城、虞城三縣界聯夏邑，其拮据情形相仿，亦一體借糶兼行。得旨：汝終不免有文過之意，是不知民瘼，今後須改過，再如此則不恕矣。餘有旨諭。諭：豫省之夏邑、商邱、永城、虞城四縣，與蕭、碭、曹、單災地犬牙相入，豈獨無災？此中州之民，淳樸風厚，不敢言災，是以賑卹未及，益用嘉憫。著該撫即速勘明積水地畝，給賑一月。其有應行平糶及量借籽種口糧之處，一併率屬實心妥協辦理，毋令抱痛向隅，以副朕惠鮮彰善至意。諭軍機大臣等：圖勒炳阿覆奏查勘夏邑等處上年被災一摺，終不免有文過之見。夏邑既與江省之蕭、碭，東省之曹、單接壤，彼此皆歉，夏邑等處寧得獨豐？特以中州民風淳樸，故去冬圖勒炳阿在彼督辦工料，並未有呼籲告災之事耳。然豈可因其未告，而竟不加體察耶？彭家屏初有此奏，朕尚恐其出於多事，或好名市惠鄉井，既而張師載所奏略同，伊素樸實，知非無因。今觀圖勒炳阿之始終文飾，益可見矣。地方鄉宦挾私妄奏，此風自不可長，而封疆大吏，玩視民瘼，尤所當懲。朕於圖勒炳阿臨行時，面諭至爲明晰，乃尚復存心迴護，著傳旨嚴行申飭。其被災各州縣，已降旨加賑，并令糶借兼行，該撫其率屬妥速辦理。此次暫爲寬恕，若再不經心，必當重治其罪。(高宗五三二、一八)

（乾隆二二、四、庚午）又諭：朕至鄒縣途次，有河南民人劉元德告伊本縣散賑不實。豫省之夏邑、商邱、永城、虞城四縣窪地，上年秋後間有積水，該撫以例不成災未報。……州縣乃民之父母，以子民而訐其父母，朕豈聽其一面之詞，開挾制把持之惡習？譬如祖雖甚愛其孫，必不使其恃恩而抗其父。此等刁風，斷不可長。劉元德已解交該撫嚴審究擬具奏。……(高宗五三六、一八)

（乾隆二二、四、庚午）諭軍機大臣等：昨夏邑民張欽，以地方官查災不實，遮道陳奏，已交圖勒炳阿查辦。今日經過鄒縣，復有夏邑民劉元德以該縣散賑不實，前來陳訴。地方被災有輕重，則加賑自有等差，其間酌籌散給，原非一例均施，漫無區別。如果州縣官辦理不善，致有向隅，亦當靜聽該管上司查秦，何得引類越疆，連日瀆訴？且兩人並係夏邑民人，此必有刁徒從中主使，不可不嚴加懲究。現據供稱，商同具詞給與盤費，令其前來控告者，有生員段昌緒、武生劉東震二人。看來此外恐尚有人爲之倡率。已有旨令侍衛成林，押帶該犯交圖勒炳阿嚴審具奏。至該縣果否辦理未盡妥協，以致災黎有未霑實惠之處，該撫亦當留心，從容查辦。此時不必即行參奏，以長刁風。著將此一併傳諭知之。(高宗五三六、一九)

（乾隆二二、四、己卯）又諭曰：圖勒炳阿於夏邑等四縣上年被災，匿不奏報；經朕訪聞降旨加賑，又不據實查辦。已將伊革職，發往軍營効力。第該處係積歉之區，流離載道，必須善爲經理，方可以扶困起斃。可即傳諭鶴年迅速前往，詳加確勘，所有應行撫卹事宜，速爲籌盡。一面辦理，一面奏聞，以慰朕念。夏邑、永城二縣知縣已降旨革職，拏問治罪。其商邱、虞城等縣辦理若何？如應行查參，即行彙奏。至中州民風，素來尚屬淳樸，但該處災傷，始由彭家屏面奏，現在屢有叩閽之事，倘有鬧賑借糧之輩，惟當從嚴辦理，不可稍存姑息，致長刁風。可將明發諭旨通行曉諭眾百姓等，再面加傳諭。如各安分待賑，朕自體卹加恩，不令向隅負疚。若因此鬧賑生事，則是奸徒，不能承受恩典矣。務使人人共曉。其夏邑生員段昌緒、武生劉東震主使劉元德告訐一事，自屬另案，仍應按例嚴究，不得因有此番查辦，遂置不問也。可將此一併傳諭知之。（高宗五三七、一一）

（乾隆二二、四、庚辰）又諭：河南夏邑、永城等四縣被災之處，朕前已命加賑一月，但圖勒炳阿始終迴護，散賑多有不實。所有實在極貧戶口，有造報遺漏者，有任意刪除者，有胥吏因緣為奸、侵蝕肥己，種種辦理不善。今特命鶴年到彼，務查明遺漏刪除，應賑極貧戶口，逐一補行賑給。此即重辦從前加賑所未到，原非另為普賑一月。在五月二麥已登，原無散賑之例。其知縣開報不實，胥吏為奸，應查參追究者，即行查辦。務體此意，善為經理。至於災地應辦事宜，又須妥協籌畫，俾貧民不致流離失所，而亦不致因朕愛民心切，為諱災已治巡撫府縣之罪而因此遂益鬧賑罷市，大長刁風。斯為善耳。可將此傳諭鶴年知之。（高宗五三七、一二）

（乾隆二二、六、壬申）諭：河南夏邑等縣被災，前經疊次降旨加恩賑卹，今歸德府屬之夏邑、商邱、虞城、永城並考城、陳、許兩屬各縣，五、六月間大雨連綿，以致窪地復有積水，秋禾被淹。已命侍郎裘曰修前往，相度疏濬，冀速為消涸。但該省濱河州縣，與山東之金鄉、魚臺，江南之宿、虹、豐、沛等處壤地相錯，屢歲被災。在山東、江南者均邀賑卹，而該省地方官從前並未細心查辦，獨抱向隅。今涸出補種之秋禾，復被漫淹，平地亦多潦浸，朕心深為憫惻。雖定例夏災不賑，而該處積歉之後，民食艱難，應加優卹。副都統三泰、郎中蘇勒德現在奉使在豫，著即率同護撫劉慥，查明被災戶口，無論極次貧民，概予撫卹一月口糧。此朕格外特恩，不在常例之內。其董率有司，實力查辦，毋俾胥役侵蝕中飽。俟胡寶瑔到豫日，三泰等再行回京。該部即遵諭速行。（高宗五四〇、二七）

（乾隆二二、六、庚寅）諭軍機大臣等：劉慥奏報河南開封、衛輝、懷慶等府屬俱被水潦，現在查明撫卹等語。該省被水情形，甚屬緊要，著傳諭胡寶瑔，令其速抵新任。該撫接到諭旨，即於所至地方，馳驛迅速前往。所有應行查勘賑卹事宜，著即董率屬員，妥協辦理。並將查勘情形，速行奏聞。（高宗五四一、四二）

(乾隆二二、七、己未)〔河南巡撫胡寶瑔〕又奏：豫省被水五十餘州縣，水勢各有不同。如河北之水，其來甚猛，泛漲高至一二丈，民情一時驚惶。幸急爲撫卹，今大水已退，民心已定。惟各處所壞房屋，多者萬餘間，其次亦數千間，現在隨查隨給修費。臣所至私訪抽查，並令加增粥廠，俾篷棲窮民，先藉救濟。向例辦給房價，皆查其田房多寡分別，然其中亦有房幾間、田數畝，而資蓄全淹者，亦不可拘爲有力之例，概不給予。至草房則貧民居多，尤應普被。詢之耆老，數十年來無此大水，勢猛易消。惟在安插窮黎，設法疏導。先涸者補種雜糧，後涸者趕種秋麥，尚可安全。開封一路，亦現在上緊查勘撫卹。惟歸德之水，五月已成巨浸，兼積年歉收，民力實爲凋敝。大抵夏、永爲一省下游，漫溢則流於鳳、宿，雖目下水已漸消，而從長計算，大費籌畫，容臣等悉心商定會奏。得旨：所見已得要領，不似圖勒炳阿之茫無主見也。救此一方災黎，惟汝是賴。勉之。(高宗五四三、三八)

(乾隆二二、八、己丑) 河南布政使劉慥奏：歸德府屬夏、永、商、虞、考五縣賑務，臣隨同欽差三泰等暨撫臣胡寶瑔，公同監放，俱於八月十五日以前散畢。計五縣應賑大小貧民共一百四十九萬七千五百餘口，給過一月口糧銀二十三萬二千兩有奇。此後尚有常例應給撫卹之口糧，及分別加賑之月分，並酌借牛具、籽種，現在悉心查辦。至汲、淇、濬、滑四縣及陳、許、開、歸、彰、衛、懷、汝等屬被災較重，當查明先給修費口糧，仍照例撫卹，現亦次第將竣。如被災尚輕者，向例加賑月分無多，若一概先給，嚴冬轉虞拮据。當令地方官確查，將撫卹一月之銀，移於冬初放給，隨後接續加賑，始不慮其空乏。報聞。(高宗五四五、三〇)

(乾隆二二、一一、乙卯) 諭軍機大臣等：今年河南衛輝等府被災，雖經多方賑卹，其應徵錢糧，亦已有旨蠲免。但現在災黎是否俱有起色？明年青黃不接之際，或尚應接濟？深爲軫念。可傳諭胡寶瑔，查該省被災各屬，如有應須加恩，作何辦理之處，即行據實奏聞，當於新正頒發恩旨也。(高宗五五一、一八)

(乾隆二三、一、己丑) 諭：去歲豫省衛輝等府被災地方，屢降恩旨，將應徵錢糧蠲免。並於普賑一月之外，疊予加賑四次，計費帑金三百餘萬，自去歲十月起，可至今歲二月矣。但自仲春以至麥收，爲時尚遠，賑畢之後，二麥未及登場，譬如赤子出慈母之懷，未能強飯，遽斷其乳，其何以堪？朕心深用惄然，著加恩將被災十分之極次貧民，暨被災九分之極貧民，再行加賑一月，俾得接至麥收，用示體卹至意。該部即遵諭行。(高宗五五四、一)

（乾隆二三、一、庚寅） 又諭：去歲河南衛輝等屬，所有官借牛具、籽種銀兩，例應於今年麥收後徵還。但該處災民餬口無資，現在尚降旨加賑，若照例徵收，民力殊爲拮据。著加恩緩作三年帶徵，以紓民力。（高宗五五四、六）

（乾隆二三、一〇、癸未） 諭：今歲豫省各屬，秋成俱獲豐稔，所有歷年借給帶緩及本年應徵各項，自應按期起徵。但念該省積歉之後，元氣初復，現在新涸地畝，尚加恩借給籽種，以資力作。若將應徵各項一時輸納，民力未免拮据。著將上年被有偏災之祥符等六十一州縣所借牛具、籽種、銀兩，緩作三年帶徵者，及今年春借常平社倉穀石並遞年借穀應分作二年、三年帶徵者，均加恩再予展限一年，於明歲秋成後按年起徵，以紓民力。該部即遵諭行。（高宗五七三、二五）

（乾隆二六、八、己巳） 又諭：河南祥符等縣，河水漫溢，已特派大臣馳驛前往，會同該撫等相度經理，所有被水村莊，並令加意撫綏。朕思被水情形，與被旱不同，蓋旱形可以豫知，地方官先事詳查戶口造冊彙報，上司覈定委員監放，尚可需時。至於水災猝至，室廬一空，災民嗷嗷，豈能遼待？著大學士劉統勳等會同該撫常鈞，嚴飭地方各官，遇應行加賑之地，隨查隨賑，無俟彙齊冊報，輾轉稽延。並於被災較重州縣，各按四鄉分設粥廠，俾得就近餬口，不致失所，副朕加惠貧民至意。但不得因有此旨，不行實力察勘，致令吏胥從中冒濫滋弊可耳。該部遵諭速行。（高宗六四二、二）

（乾隆二六、九、戊申） 又諭：昨據河北鎮總兵田金玉奉硃批回奏稱，丹、沁二河水勢暴漲，直入懷慶府城，被衝民房六萬九千八百餘間，淹斃一千三百餘人等語。前劉統勳等查奏豫省被水各屬，僅將州縣數目，分列清單，而於房屋人口，俱未經逐一詳奏，朕以爲猶待細查也，今久未詳查確奏。在懷慶府水已進城，易入難出，自與開封之水未入城者不同。則損傷房屋人口，亦惟此處爲重，別屬未必皆然。但劉統勳等董辦賑務，常鈞則有地方之責，至今查勘日久，此等被淹之數，雖一面照例撫卹，亦當將詳細情形，分晰奏聞，以慰廑念。此時常鈞想已赴江西之任，著傳諭劉統勳等，令將懷慶賑卹事宜，並其餘各屬有無似此應行查卹之處，即速據實具奏。尋奏：豫省被災州縣，輕重不同，惟懷慶府之河內縣爲最重。鎮臣田金玉所奏坍塌房屋、淹斃人口，合鄉城而計，實有此數。臣等俱經詳查，被災戶口給一月口糧，房屋給修費，淹斃給殮費。此外皆不至如懷慶之甚，惟朱仙鎮最重，均經按其輕重，加之撫卹。得旨：覽奏俱悉。（高宗六四四、一九）

（乾隆二六、九、庚戌） [欽差侍郎裘曰修] 又奏：河南彰德、衛輝、懷慶等府被水之處，業已疏消種麥，惟開封、陳州、歸德所屬州縣中，濱臨賈魯、惠濟兩河者，現爲楊橋黃水所占，即使趕緊合龍，亦在十月以後，種麥逾期。目前糧價尚平，今冬明春當豫籌接濟。豫省存倉麥，多爲撥借籽種動用，撫卹又銀米兼放，臣意趁此糧價尚平時，賑項概給折色，所有存剩倉儲，留爲春間平糶之用。如尚不敷，光州、固始產米之區亦可及時採買存貯。撫臣胡寶瑔已於本月初十日到豫，應交妥辦。再各處城垣坍塌甚多，遲早皆應辦之事，宜急覈估，於明春興工。彼時賑期已畢，貧民可以借工代賑。得旨：如所議行。(高宗六四四、二四)

(乾隆二六、九、乙丑) 賑貸河南祥符、陳留、杞縣、通許、尉氏、洧川、鄢陵、中牟、陽武、封邱、蘭陽、儀封、鄭州、滎澤、河陰、氾水、寧陵、鹿邑、虞城、睢州、考城、柘城、安陽、湯陰、臨漳、內黃、汲縣、新鄉、輝縣、獲嘉、延津、滑縣、濬縣、河內、濟源、修武、武陟、孟縣、溫縣、原武、洛陽、偃師、鞏縣、孟津、宜陽、澠池、新野、淅川、淮寧、西華、項城、沈邱、太康、扶溝等五十四州縣本年水災貧民，並豁免漂失倉穀。(高宗六四五、二三)

(乾隆二七、一、丙申) 又諭：上年河南祥符等被水州縣，已疊降諭旨，令該撫等率屬實力詳查，分別應蠲應賑，加意撫綏。第念該省當大功告成，去冬各屬屢經得雪，轉瞬東作方興，而一屆春和，例應停賑，小民生計未免猶覺拮据。著再加恩，將該處被災極重者，加賑兩個月；次重者加賑一個月。該撫等董率屬員，悉心妥協經理，務令均霑實惠，稱朕軫念災黎至意。該部遵諭速行。(高宗六五二、二)

(乾隆二七、一、甲寅) 又諭：豫省去秋被水成災之地，已疊降諭旨加恩撫卹。所有災地借給牛種銀兩，例應於今年麥熟後徵收，其乾隆二十二年舊欠未完牛種銀兩，亦應按年帶徵還項。但念災後貧黎，新舊貸項，同時輸納，未免拮据。著加恩將乾隆二十二年分祥符等州縣，舊欠未完牛種銀五萬六千餘兩，概予豁免。其二十六年分民借牛種銀兩，並著分作三年帶徵，以紓民力。該部遵諭速行。(高宗六五三、四)

(乾隆三二、閏七、辛酉) 河南巡撫阿思哈奏：署洛陽縣知縣稟報，七月二十六日大雨，近城之北邙山水發，瀍河之水亦一時俱漲，宣洩不及，以致北關東南一帶白衣堂、煤土溝等處間被水災。該縣即飛赴確查，居民房屋共衝塌二百六十七間，淹斃大小男婦四十一名口。照例給予修費瘞埋銀兩，分別撫卹。報聞。(高宗七九一、二三)

(乾隆三三、九、甲午) 諭：河南省各屬，本年夏間得雨較遲。光州等七屬，被有旱災。業經該撫題報，分別確勘，照例撫卹。其餘開封府屬之蘭陽、儀封、密縣，歸德府屬之考城，彰德府屬之安陽、湯陰，衛輝府屬之延津、滑縣，懷慶府屬之修武、武陟、原武，共十一縣，秋成僅止六分。現屆徵收漕糧之期，所有春借常社等倉穀石，若一時並輸，小民未免艱於完納。著加恩將蘭陽等十一縣民借常社等倉穀石著緩至次年秋後徵收，以紓民力。該部遵諭速行。（高宗八一八、一八）

（**乾隆三三、一一、庚子**）賑河南光州、光山、固始、息縣、商城、信陽、羅山等七州縣本年旱災飢民。（高宗八二三、三）

（**乾隆三四、一、戊子**）諭：豫省光州等七州縣，上年被旱成災，業經降旨分別蠲緩，並先行撫卹一月，仍照災分輕重加賑一、二、三月。第念該地稻田居多，收成較晚，青黃不接之時，民力未免拮据。著再加恩將光州、光山、固始、息縣、商城、信陽、羅山等七州縣被災九分之極貧，加賑兩個月；被災九分之次貧，及七、八分之極貧，各加賑一個月。仍減價平糶倉糧，水田借給稻種，俾小民生計裕如，米價不至昂貴。該撫其董率所屬，實力查辦，毋使吏胥稍有侵漁扣剋，副朕加惠災黎至意。該部遵諭速行。（高宗八二六、五）

（**乾隆三四、一、庚子**）加賑河南光州、光山、固始、息縣、商城、信陽、羅山等七州縣乾隆三十三年旱災飢民。（高宗八二七、二）

（**乾隆三六、一、戊午**）又諭：據永德奏，河北三府，兩月以來，竟無雨雪，農民望澤甚殷；開封等屬，於新正得雪二三寸，省中僅有零雨，不成分寸等語。該省河北等處，上年春雨缺少，二麥歉收。去冬經該撫摺奏，各該府大田均屬有秋，市價平減，民氣寧謐，即夏間被水之河內、武陟二縣，亦係一隅偏災，業已緩徵舊欠，借給籽種，無庸再行賑贍，故今春未降恩旨。但豫省以麥收爲重，秋田雖尚豐稔，元氣究未能驟復。今冬春以來，雨雪愆期，若此時不能即霑膏澤，麥秋分數，又必致減損，民力恐不免拮据。若目下即應加賑，著永德速行奏來，以便降旨；若實不需加恩，或開倉平糶，及酌借籽種口糧，接濟閭閻之處，著永德即速查明，一面悉心經理，一面據實具奏妥辦。事關民瘼，勿因從前無庸加賑之奏，稍存迴護。並將現在曾否得有雨雪情形，即行奏聞。尋奏：彰德、衛輝、懷慶三府屬，自上年十月得雪後，久無雨澤，至正月二十一日，得有時雨，河北各府普霑，麥收不虞減損，現在民情，亦可不需加賑。惟當青黃不接，市價恐增，當飭屬酌量糶借。其河內、武陟被水村莊，現已出借倉糧，妥協經理。得旨：嘉獎。（高宗八七七、二）

(乾隆三九、一、丙辰)諭：上年各直省奏報夏秋二熟，並皆豐稔，惟江蘇、安徽、陝西、河南四省，間有被澇之處，均係一隅偏災，俱經降旨，令各督撫分別妥爲料理。第恐今春二、三月間，民食或有拮据，因傳諭各該督撫，據實查奏。昨據何煟查奏，被水之淅川、內鄉二縣，逐一親歷確勘，二麥俱已種齊，春收有望，毋需再爲酌借籽種牛具。其被災之戶，先經撫卹得所，禦冬有資，惟其中九分、十分極次貧民，當新春青黃不接之時，口食未免拮据等語。淅川、內鄉二屬被水之處，雖已補種春麥，閭閻生計有望，但闔境共享豐登，而此等災民，相形見絀，不無情切向隅，自宜特沛恩施，以普春澤。著加恩將淅川、內鄉二縣，九分、十分極次貧民，各加賑一個月。該撫其董率所屬，悉心妥辦，俾窮黎共霑實惠。該部即遵諭行。(高宗九五〇、二)

(乾隆四〇、八、壬午)諭曰：徐績奏，河南武陟縣沁河，前因驟漲，漫開張村民堰，由班家溝入黃。今漫口已經堵閉，而被水低窪處所，收成未免歉薄，水涸後，只可趕種秋麥，以備春收等語。武陟被淹地畝，雖僅五百餘頃，不過一隅偏災，但該處民人，秋成既歉，於購備籽粒，不無拮据。且有經水衝塌草房，修葺亦復不易，殊堪軫念。著徐績即查明武陟縣被水之地，每畝先借給籽種六分，俾得及時種麥。並照例賞給修房銀兩，並撫卹一月口糧。以示朕體恤窮黎至意。該部遵諭速行。(高宗九八八、一一)

(乾隆四二、一一、己丑)諭軍機大臣等：本年豫省秋雨未能一律普霑，而汲縣、淇縣爲尤甚。八月間曾據榮柱奏，汲、淇、臨漳三縣，收成少歉，請將該處本年未完錢糧倉穀，緩至來年麥後徵收。業已允准。嗣又據徐績奏，分別籌辦該處歉收輕重情形，惟淇縣無需借給籽糧外，其汲縣、臨漳二縣，小民無力購種，應酌借籽種銀兩，俾得及時播種等語。當即降旨撥借，以紓民力。但此數縣，秋成固屬歉薄，即今年夏麥，亦未必豐收，而得雨又復較晚，民情未免拮据。近聞汲縣、淇縣，有司現辦粥賑，其荒歉情形可知。淇、汲地當孔道，人所得見，臨漳諒亦如此。似非僅緩徵借種，即可以資接濟。著傳諭徐績悉心確查各該縣實在情形，或應量予蠲免，抑或應於春間按災戶稍爲賑濟，俾皆得所。據實具奏。候朕新春降旨，毋得稍存諱飾干咎。尋奏：淇、汲、臨漳秋成稍歉，已蒙緩徵借種，並無失所。豫省每逢冬月，收養貧民，辦理粥賑，現在各該有司加意舉行。復蒙眷念，應仰體恩施，請將該三縣緩徵地丁，酌蠲十分之四。得旨：屆時有旨。(高宗一〇四五、三六)

(乾隆四三、一、戊辰)又諭：上年豫省秋雨未能普霑，二麥未能遍種，業經降旨，將收成歉薄之汲、淇、臨漳等縣，蠲免緩徵地丁銀十分之四，俾貧民不致失所。第念該省當青黃不接之時，市集糧價未免昂貴，民食不無拮据。著照例將常平倉穀，減價平糶，並將臨河三十六州縣存倉薊穀，各按州縣大小，體察情形，儘數出借，以資接濟。並著加恩自本年秋收爲始，分作三年帶徵還倉。庶閭閻生計，得以寬裕。榮柱現令護理撫篆，即著董率所屬，實心妥辦，以副朕軫念民依至意。該部即遵諭速行。（高宗一〇四八、五）

（乾隆四三、一、辛卯）護河南巡撫布政使榮柱奏：豫省上年雨雪缺少，二麥未能普種，前奉旨令將常平倉穀薊糧糶借兼施。今查開封、彰德、衛輝、懷慶、河南五府情形，尤屬拮据，應例外大加糶借，惟常平倉穀，出糶不宜過多，薊糧未能一律敷用，應請於漕穀項下，一併酌量出借。得旨：實力妥爲之。又奏：汲、淇、臨漳三縣積歉後，購種艱難，現飭詳察情形。於願領麥種者，借給籽糧；於願種雜糧而工本無出者，折給銀兩。並將儲備餘麥，糶濟民食。得旨嘉獎。（高宗一〇四九、二五）

（乾隆四三、三、壬申）諭：上年河南省雨雪短少，開封、彰德、衛輝、懷慶、河南五府屬收成較薄，業經降旨加恩緩徵。入春以來，尤殷望澤，屢經傳諭詢問，據報得雨分寸，尚未一律深透，春麥既未及期播種。現在節過清明，麥苗難望秀實，農民祇可盡力大田。但春夏之間，尚不能即資接濟，未免艱於口食。著加恩將實在麥地被旱之貧民，酌借一月口糧，並每畝借給籽種銀六分，以資耕種。其開封等五府屬，本年應徵錢糧，著再加恩，緩至本年秋收後徵收。又該五府屬，上年出借倉穀，尚有常平民欠七萬二千五百八十二石零，社倉民欠七萬二千二百一十一石零，均著緩至來年麥收後還倉，以紓民力。其存倉社穀，並著隨時借糶，俾市糧充裕。該撫務須董率所屬，妥協辦理，副朕軫念窮黎至意。該部遵諭速行。（高宗一〇五二、一六）

（乾隆四三、五、辛酉）諭：豫省自春夏以來，雨澤稀少，二麥難望有收。業經傳諭該撫，將開封等五府加意撫綏，並酌借貧民口糧籽種，以資接濟。但念歸德、陳州二府，許、汝二州待澤情形，略與開封等府相同，自宜一體撫卹，以紓民力。著再加恩，將歸德府屬九州縣，及陳州府屬之沈邱等三縣，並許、汝二州，照開封五府之例，凡無力貧民，酌借一月口糧，每畝借給籽種銀兩，以資力作。並將陳州府屬之扶溝、沈邱、項城三縣社倉民欠米石，均緩至來年麥後徵還，俾小民得盡力農田。該撫務督率所屬，悉心經理，以稱朕軫念民生，有加無已之至意。該部遵諭速行。（高宗一〇五六、五）

（乾隆四三、九、乙未）又諭曰：袁府侗奏豫省現辦撫卹災民事宜一摺。據稱，先經撫臣鄭大進派委守令等官分路救護，將災民家口移置大隄及沙河、惠濟河各隄上，並各村莊高曠地方搭篷居住，或分給米麪、或先散倉穀，並查明户口，豫給一月口糧。其災民因家有什物戀守不出者，即分乘舟筏前往勸諭接濟。至豫賑口糧一事，銀米兼賑等語，所辦甚好。鄭大進等務當督率各員，實力妥辦，使災黎均霑實惠。又據稱，商邱縣護城隄內甚寬，該府杜憲竭力保護，得免衝決，附近災民避入者數及萬口。寧陵縣護城隄幾至衝塌，該縣羅楯晝夜築防完固，復赴各遠鄉徧加撫卹。考城令王金成搭篷移置居民，該縣亦在彼居住，早晚親身查看等語。杜憲等辦理災務，俱能實心奮勉，頗屬可嘉。俟災賑事竣，鄭大進即將該員等出具考語，送部引見。並查更有似此出力者否，一併送部。將此傳諭高晉等知之。（高宗一○六六、二九）

（乾隆四三、一一、丁亥朔）諭：豫省開封、彰德、衛輝、懷慶、河南、歸德、陳州七府並許、汝二州，本年雨澤稀少，春麥未得及時播種，業經加恩，將被旱貧民，酌藉口糧籽種，俾得耕作有資。並上年出借倉穀，緩至來年麥收後徵還，以紓民力。……（高宗一○七○、一）

（乾隆四四、一、丁亥）又諭：上年豫省儀封、考城一帶黃河漫口，被災較重，朕心深為軫惻，業經降旨截留漕糧二十萬石，並留豫省新漕十萬石，又先後撥運兩淮鹽課銀一百萬兩，户部庫銀六十萬兩，命尚書袁守侗前往查辦，董飭有司，實心賑恤，並節經降旨，蠲緩兼施，災民自可不致失所。第念藉賑貧民，向資官廩，入春東作方興，正在青黄不接之際，若驟行按例停止，未免餬口維艱，深為軫念。著再加恩將被災較重之儀封、考城、祥符、陳留、杞縣、商邱、寧陵、睢州、鹿邑、柘城十州縣十分災之極貧，加賑兩個月，十分災之次貧同九分災之極次貧，各加賑一個月，咸俾惠洽始和。其餘被災較輕各地方，有應行酌借口糧籽種之處，該撫察看情形，妥協辦理，務使窮簷均霑愷澤，副朕加惠無已至意，該部遵諭速行。（高宗一○七四、三）

（乾隆四五、九、庚子）諭軍機大臣等：據福川奏，亳州、蒙城等處續報於八月二十二三等日，因豫省考城漫口，黃水下注，田廬被淹，現已星馳前往，親加履勘等語。亳州、蒙城等處前經被水淹浸，今因張家油房漫口，未能合龍，黃水下注，田廬復有損傷，殊堪憫惻。此時農起諒已到任。著傳諭該撫，即速將被災處所逐細查明，妥速籌辦，照例撫卹，無致一夫失所。……（高宗一一一五、一六）

（乾隆四六、一、乙亥）又諭：上年豫省考城、商邱等處，因芝蔴莊張家油房漫口，黃水漫注，秋禾被淹，節經降旨令該撫加意撫綏，實力賑卹。

第念今春正賑已畢，連年被水之區，民食不無拮据。著再加恩將考城、商邱、寧陵、永城、儀封等縣十分災之極次貧與九分災之極貧，於正賑外，概行加賑兩個月。其九分災之次貧與八分災之極貧，概行加賑一個月。餘著察看情形，酌量糶借，以資接濟。該撫董率所屬，實力妥辦，務使災黎共慶安全，用敷春澤。該部遵諭速行。（高宗一一二二、二）

（乾隆四七、五、戊申）又諭：豫省河工現在另籌改築南隄，開挖引河。前經降旨，將下游被水之山東曹州、兗州、濟寧等府州縣及江南徐州、豐、沛等縣，無論極次貧民，於正賑、加賑之外，復展賑三個月。該二省災黎，自可不致失所。第念豫省黃河北岸一帶各州縣，本年堵築漫口，尚未集事，附近居民被水淹浸，目下正賑、加賑已畢，民食尚未免拮据。現在興舉鉅工，其力能工作者，原可以工代賑，但究恐未能周遍，朕心深爲厪念。著富勒渾即將豫省黃河北岸一帶被水各州縣，迅速查明，無論極次貧民，俱著展賑三個月。該撫一面奏聞，一面董率所屬，實力妥辦，以副朕軫念災區，有加無已之至意。該部遵諭速行。（高宗一一五六、二五）

（乾隆四八、一、甲午）又諭：上年豫省黃河北岸，因漫口未經堵合，被淹地畝不能耕作，屢經降旨加恩展賑，俾無失所。第念今春正賑已畢，距麥收尚遠，正屆青黃不接之時，民食未免拮据，著再加恩將儀封、考城、陳留三縣北岸，無論極次貧民，再行加賑兩個月；其餘被災較輕地方，有應於今春酌量糶借倉穀以資接濟之處，並著分別辦理。該撫其董率各屬，實力妥辦，俾窮簷均霑渥澤，副朕軫念災黎加惠無已之至意。該部即遵諭行。（高宗一一七二、三）

（乾隆四八、五、乙未）諭軍機大臣等：據李世傑奏，二麥約收分數一摺，內稱，武安一縣自三月十五日得雨後，已屆一月有餘，未得雨澤，收成約止五分；又陽武等九縣，約收六分暨六分有餘。現在分飭確查，於常例糶借之外，寬爲糶借等語。前據何裕城奏，河南衛輝、彰德一帶，雨水稀少，曾經降旨詢問，於田禾有無妨礙。今李世傑奏報二麥約收分數摺內，始稱武安、陽武等縣，雨澤缺少，麥收分數僅止五、六分，未免奏報遲延。李世傑現已起程前往川省，著傳諭何裕城務須督飭所屬，詳悉查明，實力妥辦，於常例糶借之外，酌量寬爲糶借，毋使吏胥從中滋弊，俾小民均霑實惠，口食有資，以副朕軫念黎元至意，將此由五百里傳諭何裕城，並諭李世傑知之。（高宗一一八〇、五）

（乾隆四九、閏三、甲子）河南巡撫何裕城奏：豫省開封府屬儀封等縣並歸德、河南、南陽、汝寧、陳州五府，許、光二州各所屬，於三月十四、五等日得雨，自二、三、四寸至深透不等，麥苗可望豐收。此外如開封府屬祥符等縣並彰德、衞輝、懷慶三府，汝、陝二州各所屬，共三十八州縣，内有得雨一、二寸者，有未得雨者。臣與藩司江蘭酌議，除懷慶府屬濱臨沁河五縣，現在修復水利灌溉外，其三十三州縣被旱貧民，酌借一月口糧，並每畝借給籽種銀六分。批：好。……（高宗一二〇二、一七）

（乾隆四九、六、甲申朔）諭軍機大臣等：前據何裕城奏，豫省彰、衞等屬被旱之封邱、獲嘉等縣，未經得有透雨，已傳諭該撫體察情形，不必俟其成災，即行量加撫恤矣。本日據奏彰、衞、懷三府及開封所屬今年被旱共十六州縣，現在得有透雨，晚秋種齊長發者十一縣，惟衞輝府屬之汲縣、新鄉、封邱、獲嘉及開封府屬之陳留共五縣，得雨僅止一、二寸，及不成分寸等語。該處既未得續沛甘霖，看來旱象已成，撫恤難以稍緩，著傳諭何裕城即速查明汲縣、新鄉、封邱、獲嘉、陳留五縣被旱災區，分別賑恤。若此時有續得雨澤，未種地畝有可以補種晚田，應行借給籽種口糧者，即當酌量借給，務使災黎均霑實惠，不致失所。仍一面辦理，一面奏聞，以慰廑念。將此由五百里傳諭知之。（高宗一二〇八、五）

（乾隆五〇、一、壬子）又諭：上年豫省衞輝一屬雨澤愆期，農民未能一律趕種秋麥，又睢州南岸漫口，下游被水之商邱、寧陵、睢州等州縣，晚秋尚未收穫，及合龍後，地畝涸出，已不及播種二麥。雖經節次降旨，令該撫查明實力撫卹，第念今春正賑已畢，該處農民，於青黃不接之時，口食未免拮据。著加恩將汲縣、新鄉、獲嘉、輝縣、淇縣、商邱、寧陵、睢州等八州縣內十分災之極貧民，再展賑三個月；十分災之次貧並九分災之極貧民，展賑兩個月；九分災之次貧及七八分災之極次貧民，均展賑一個月；其被災五六分地畝，著酌量借給口糧。所有乾隆四十九年民欠錢糧，並於本年秋熟後徵收，以紓民力。該撫其董率所屬，實力妥辦，務使災黎均霑渥澤，用溥春祺。該部即遵諭行。（高宗一二二二、五）

（乾隆五〇、五、丙辰）諭：河南衞輝府屬被旱最重之汲縣、輝縣、新鄉、淇縣、獲嘉五縣，業經降旨，於新正加恩展賑之後，再行展賑兩月，至五月底止。但該處至今未得透雨，二麥無收，大田未種，民生拮据，深堪憫念。著加恩，不拘極次貧民，再賑三月，俾資接濟。該撫其督率所屬，實力妥辦，務使災黎均霑實惠，以副朕軫卹窮簷有加無已至意。該部即遵諭行。（高宗一二三〇、一三）

（乾隆五〇、一二、乙未）諭：據畢沅奏歸德、陳州、彰德三府屬，因秋禾被旱成災，現在賑卹，倉糧不敷動撥，請將明春應行運通漕糧三萬一千九百餘石停其起運等語。豫省災區需米放賑,且地方米石充餘則市價不致昂貴,著照所請,將明春應行運通漕糧三萬一千九百餘石停其起運,留爲歸德、陳州等各災屬賑卹之用。該部仍查照辦理。(高宗一二四五、五)

(乾隆五一、一、辛亥) 諭:豫省開封、衛輝等屬,頻歲不登,上年入春後雨澤愆期,麥收失望,夏秋雖經得雨,田禾究未免歉薄,業經節次降旨,蠲賑頻施,閭閻口食有資,不致復虞失所。惟是積歉災區,元氣未能驟復,今春青黃不接之時,農民生計,未免尚形拮据。著再加恩將被旱較重之汲縣、新鄉、獲嘉、淇縣、輝縣等五屬極貧下户,於今春賞給兩月口糧;其被旱稍輕之延津、封邱、考城、濬縣、滑縣、原武、陽武、武陟、修武等九屬極貧下户,賞給一月口糧;至秋災較重之歸德府屬永城、虞城、夏邑、柘城四屬,無論極次貧民,俱著展賑兩個月;其秋災稍輕之歸德府屬商邱、寧陵、鹿邑、睢州,彰德府屬之内黄,陳州府屬之西華、太康、扶溝八屬,無論極次貧民,俱著展賑一個月;再開封、陳州、許州、光州等府州屬,上年雖勘不成災,而秋成祇有五分,現屆青黃不接,如有拮据貧民,亦著酌借口糧接濟,以待麥秋。該撫務董飭所屬,實力體察奉行,俾災氓均霑渥澤,以副朕惠愛黎元,春祺普錫之至意。該部即遵諭行。(高宗一二四六、七)

(乾隆五一、三、癸酉) [河南巡撫畢沅] 又奏:上秋被災各屬,除永城等十二州縣,業經題明借給籽種,其連年積歉,及去秋不成災而收歉之祥符等十七州縣,現派員勘明,無力農民,酌借籽種,令於四月前補種各項秋禾。得旨:好。妥爲之,俾受實惠。(高宗一二五一、二九)

(乾隆五三、一、丙寅) 諭:上年河南歸德府屬各州縣,因黃水漫溢,田畝被淹,節經降旨,令該撫實力撫卹,分別賑濟,毋使一夫失所。第念今春正賑已畢,青黃不接之時,民力不無拮据。著再加恩,將商邱、寧陵、睢州、永城、鹿邑、柘城等六州縣被災十分極次貧民並九分極貧,加賑兩個月;其被災九分次貧及七八分極次貧民,加賑一個月,以資接濟;至被災五六分及勘不成災地方,仍著該撫察看情形,酌量分別辦理。該撫務須督飭所屬,實心經理,俾災黎均霑愷澤,以副朕加惠閭閻,有加靡已至意。該部即遵諭行。(高宗一二九六、二)

(乾隆五四、八、癸未) 河南布政使景安奏:江南碭山縣黃河漫溢,淹及豫省永城、夏邑二縣,臣督飭該府縣加意撫卹,間有江南碭山等縣災民避至豫境者,一體給與口糧,俟水陸道通,再令各回本籍領賑。得旨嘉奬。(高宗一三三七、三四)

(乾隆五五、一、乙酉)又諭：上年河南歸德等府屬永城、夏邑、安陽、臨漳等縣，秋禾被淹成災，節經降旨令該撫實力撫卹、分別賑濟，毋使一夫失所。第念今春正賑已畢，青黃不接之時，民食恐不無拮据。著再加恩將成災較重之永城一縣，九分極次貧與八分極貧災民，加賑一個月，以資接濟；其被災稍輕及勘不成災之夏邑、安陽、臨漳等縣，並著該撫察看情形，酌借口糧、籽種。該撫務督飭所屬，實心經理，俾災民均霑渥澤，以副朕惠愛閭閻，普錫春祺至意。該部即遵諭行。(高宗一三四六、一二)

(乾隆五五、七、丙午)又諭曰：景安奏查明永城、夏邑二縣被水情形一摺，內稱，現在洪溝河減水溝漲溢，係因江南碭山縣王平莊臨黃民埝漫溢過水，由毛城鋪閘口流入，以致漫及永城東北鄉潘陸道口等處村莊，又自碭山之三岔河、紀家窪漾及夏邑縣之東北鄉等處村莊。此時被水居民遷避高阜，乏食貧民酌借口糧等語。永城、夏邑二縣之東北鄉猝被水淹，雖屬一隅偏災，不可不確切查勘，加意撫卹。著傳諭景安，督飭所屬，實力妥辦。其乏食貧民，即著賞給一月口糧，以資安頓。毋使不肖吏胥從中侵蝕，務俾災黎均霑實惠，方爲妥善。……(高宗一三五九、二四)

(乾隆五五、八、戊午)又諭：據景安奏，永城被水之潘陸道口十一村莊，濱臨洪溝，情形稍重，內何家水口等五集尤爲低窪，濱河之處，消退未能迅速。該處係上年被水較重之區，茲復被淹，閭閻不無艱食等語。豫省永城、夏邑二縣，因洪溝河減水溝盛溢，境內村莊間被水淹。前經降旨，賞給一月口糧，以資養贍。茲該二縣高阜地畝及低窪地方俱已涸復，惟永城之潘陸道口等處村莊，疊經河水漲溢，民力未免拮据。著加恩於現賞口糧之外，再賞給撫恤一月，用示朕軫念民食，有加無已至意。該部即遵諭速行。(高宗一三六〇、一七)

(乾隆五七、四、壬戌)豁免河南省歷年民欠籽種牛具口糧銀四十九萬九千九百五十兩有奇，穀四萬一百六十石有奇。(高宗一四〇一、二〇)

(乾隆五八、一、丙申)諭：上年河南彰德、衛輝、懷慶等府屬各州縣，因夏間得雨稍遲，秋禾被旱成災，業經降旨截留漕糧，分別賑濟，令該撫實力查辦，妥爲撫卹，毋使一夫失所。第念今春正賑已畢，青黃不接之時，小民生計維艱，口食恐不無拮据。著再加恩，將成災八分之林縣、武安、汲縣、獲嘉、修武等五縣，無分極次貧民，概予展賑一個月；其被災七分之安陽、湯陰、涉縣、新鄉、輝縣、淇縣、延津、滑縣、原武、陽武、濬縣等十一縣，著借給一月口糧，以資接濟；至被災六分及勘不成災之區，仍著該撫察看情形，酌借口糧、籽種，分別籌辦。該撫務督飭所屬，實心經理，俾災

黎均霑渥澤，以副朕惠愛閭閻，敷錫春祺至意。該部即遵諭行。（高宗一四二〇、一）

（乾隆五九、七、丁亥） 又諭：據松筠奏，河南彰德、衛輝所屬安陽、汲縣一帶，因雨水稍多，山水陡發，衛河泛漲，於六月二十四日，長至數丈，附近居民房屋，多被淹浸等語。豫省河北三府，節年多被乾旱，今歲又因雨水較多，以致衛河泛漲，淹浸田廬。現已降旨，令穆和藺實力查明，分別撫卹賑濟矣。……（高宗一四五六、三）

（乾隆五九、八、壬戌） 又諭曰：穆和藺奏秋禾約收分數一摺。內稱，通省合算約計收成共有八分，覽奏欣慰。但閱其清單所開，衛輝、懷慶府屬之淇縣、輝縣、河內約收祇有三四分，至汲縣、新鄉、獲嘉、濬縣、修武、武陟僅約收二分有餘。看來該二府屬被水較重，秋成甚為歉薄，小民遇此水災，生計拮据，朕心實深軫念。穆和藺於此等收成最歉處所，務須盡心賑卹，俾災黎不致失所。不得以通省收成牽算，共有八分，遂爾稍存大意，致令向隅。至豫省河南、河北，係在同省，不過一河之隔，現在河南之儀封、商邱、祥符等處，收成豐稔，而河北歉收之區，民食維艱，在小民誼切桑梓，原應有無相通，毋得竟成膜視。著該撫於河南豐收之處，善為曉諭，令其將所餘糧食，運往河北三府，略為平價糶賣，以資接濟。如此通融調劑，取有餘以補不足，自於災民口食，得有裨益。但不可勒令太平過甚，孰肯去，反滋弊。穆和藺即當設法勸導，妥為經理，不可官為抑勒，任令吏胥擾累。並將該處災賑事宜，加意督辦，以副朕廑念民依至意。將此諭令知之。（高宗一四五八、二八）

（乾隆五九、一一、庚寅） 賑卹河南武陟、河內、修武、汲縣、新鄉、輝縣、獲嘉、淇縣、濬縣、延津、安陽、湯陰、臨漳、內黃十四縣本年水災貧民。（高宗一四六四、一〇）

（乾隆六〇、一、乙酉） 又諭：上年河南之衛輝、彰德、懷慶三府屬，因衛河水發，秋禾多有被淹、節經降旨加倍賞卹，並豁免秋糧，分別蠲緩，以示體恤。第念該府縣正賑已畢，此時甫屆春和，麥秋尚遠，青黃不接之時，恐民力不無拮据。所有汲縣、新鄉、獲嘉、輝縣、淇縣、濬縣、河內、武陟、修武等九縣內成災十分、九分者，無論極次貧民，展賑一個月；其該九縣內成災八分及成災僅止八分、七分之延津、安陽、湯陰、臨漳、內黃等五縣，酌為借糶，俾資接濟。該撫務須嚴飭所屬，實心經理，毋任官吏侵蝕滋弊，使閭閻均霑愷澤，以副朕敷錫春祺至意。該部即遵諭行。（高宗一四六八、三）

（嘉慶一、八、丙子）給河南永城縣被水災民一月口糧。（仁宗八、四）

（嘉慶六、一、己卯）賑河南武陟、孟二縣被水災民。（仁宗七八、二）

（嘉慶九、一、甲午）展賑河南封邱、祥符、蘭陽、滑四縣被水災民。（仁宗一二五、三）

（嘉慶九、二、己卯）給河南杞、陳留、武陟、原武四縣被水災民一月口糧。（仁宗一二六、二四）

（嘉慶一〇、一一、辛酉）貸河南新鄉、汲、輝、獲嘉、淇、河內、武陟、濟源、修武、原武、林、延津、濬、孟、温、安陽、湯陰十七縣被水災民倉穀。（仁宗一五二、二三）

（嘉慶一一、一、壬子）展賑河南新鄉、汲、輝、獲嘉、河內、濟源、修武、武陟、上蔡九縣被水、被旱災民有差，並貸籽種、口糧倉穀；貸淇、原武、林、陝、靈寶、閿鄉六州縣被旱災民籽種、口糧倉穀。（仁宗一五六、七）

（嘉慶一二、一、丙午）展賑河南温、孟二縣上年被水災民，貸內黃、安陽、湯陰三縣貧民籽種口糧，並平糶倉穀有差。（仁宗一七三、四）

（嘉慶一五、八、己亥）給河南孟津縣被水災民一月口糧，並房屋修費有差。（仁宗二三三、一八）

（嘉慶一六、四、丙辰）以河南開封、歸德、彰德、衞輝、懷慶、河南、陳州、南陽、許、汝、光十一府州屬缺雨，命借糶倉穀，並給開封駐防兵一月本色米，貸綠營兵每名穀一石。（仁宗二四二、一〇）

（嘉慶一七、一、丙子）展賑河南永城、夏邑、虞城三縣上年被水災民，並貸籽種、牛具銀；借糶孟津、孟、安陽、湯陰、內黃、滎澤、原武、陽武、正陽、羅山、信陽、光、光山、固始、息、臨漳、汲、新鄉、淇、封邱、延津、考城二十二州縣倉糧。（仁宗二五三、四）

（嘉慶一八、一、庚午）貸河南湯陰、臨漳、安陽、內黃、林、武安、淇、濬、汲、輝、新鄉十一州縣上年被旱、被水災民倉穀。（仁宗二六五、二）

（嘉慶一八、四、乙丑）緩徵河南襄城、杞二縣旱災新舊額賦，並貸祥符、陳留、禹、安陽、湯陰、臨漳、武安、內黃、汲、新鄉、輝、獲嘉、淇、延津、滑、濬、封邱、考城、原武、陽武二十州縣籽種、口糧。（仁宗二六八、二三）

（嘉慶一八、五、壬辰）給河南祥符、陳留、禹、安陽、湯陰、臨漳、武安、內黃、汲、新鄉、輝、獲嘉、淇、延津、滑、濬、封邱、考城、原武、陽武二十州縣被旱災民一月口糧。（仁宗二六九、一七）

（嘉慶一八、七、庚辰）賑河南祥符、陳留、禹、中牟、儀封、蘭陽、

杞、新鄭、許、臨潁、襄城、長葛、汝、郟、寶豐、伊陽十六廳州縣被旱災民。(仁宗二七一、二八)

（嘉慶一八、八、辛亥）賑河南祥符、陳留、禹、杞、蘭陽、儀封、中牟、新鄭、許、臨潁、襄城、長葛、汝、郟、寶豐、伊陽、鄭、尉氏、洧川、通許、鄢陵、密、太康、扶溝、裕、葉二十六廳州縣被旱災民，蠲免額賦有差。……(仁宗二七二、二六)

（嘉慶一八、一一、辛未）給河南滑、濬二縣被賊難民兩月口糧，及避難客民回籍路費。(仁宗二七八、一〇)

（嘉慶一八、一二、丙申）諭軍機大臣等：御史申啓賢奏，豫省奉旨賑卹，各州縣因將截漕米石改撥軍需，應行折給賑糧，尚多遺漏；又開封、彰德地方官亦借軍需爲名，科派草豆；並請嚴緝南汝一帶紅鬍子順刀手各等語。豫省連年歉收，現在河北一帶又被賊匪蹂躪，一應撫綏、安輯事宜，最關緊要。著該撫嚴飭所屬，將應行賑卹各州縣，按照查報戶口，妥速散放，毋任官侵吏蝕。其彰德等處，有無藉軍需苛派民間之事，併著嚴查具奏。該省南汝一帶最多匪徒，現在辦理保甲，著嚴飭地方官實力編查，妥爲鎮撫。將此傳諭方受疇知之。(仁宗二八〇、五)

（嘉慶一八、一二、丙申）賑河南祥符、陳留、杞、通許、尉氏、洧川、鄢陵、中牟、蘭陽、儀封、鄭、禹、密、新鄭、裕、葉、太康、許、臨潁、襄城、長葛、汝、魯山、郟、寶豐、伊陽、寧陵、睢、商邱、鹿邑、柘城、洛陽、偃師、鞏、登封、光、虞城、安陽、湯陰、臨漳、武安、內黃、獲嘉、輝、封邱、考城、河內、濟源、修武、武陟、原武、陽武、孟津、舞陽、羅山、淮寧、沈邱、滎澤、濬、宜陽、南陽、南召、鄧、閺鄉、西華、項城、郾城六十七廳州縣疊被水旱災民，給封邱、陽武、新鄉、獲嘉、輝、林六縣被賊難民兩月口糧。(仁宗二八〇、六)

（嘉慶一八、一二、辛亥）又諭：現在豫省軍務已竣，正在辦理善後事宜。方受疇係該省巡撫，一切皆須經理，其當務之急，尤在撫卹難民勿使失所。濬、滑、封、考一帶，係被賊較甚之區，西路輝縣等處，亦經鼠匪滋擾，其各村鎮難民，焚掠之餘，自必蕩析離居；黃河以南各州縣，本年荒旱尤甚，飢民載道。該撫務遴派實心任事之員，分赴被賊各州縣，確實查勘，速加撫卹。至黃河以南被災各該處，亦加意察看情形，飭屬妥爲辦理。該撫前此本有分設粥廠之議，但恐有轉徙道路，不能赴廠就食者，或派妥員酌帶銀米，就地安集，更爲有益。誠能多盡一分心力，即多活無數生靈。近日各督撫等多有捐廉之請，試思朕此時裁汰繁費，停止工作，豈肯受伊等進奉？

若果仰體朕惠愛黎民之心，倡率屬員賑卹災黎，以補國帑所不逮，則即係伊等盡心爲國，而全活者衆，其積德於身家亦不少矣。此時豫省情形，更較各省爲重，該撫惟當實心經理，務令實惠及民爲要。將此諭令知之。（仁宗二八一、七）

（嘉慶一八、一二、壬戌）河南巡撫方受疇奏：被賊各區現在設立粥廠，茲再同藩臬兩司各道府州縣，並捐半年廉銀，統計一十一萬兩，撥給各屬採買粟米，於二月後接續煮粥散給。得旨：實心經理，造福無量。多活一民，減我君臣一分罪孽。自求多福，不可不勉力辦理。此內若混入餘匪，仍須拏究正法，造福愈大矣。（仁宗二八一、三三）

（嘉慶一九、一、庚午）展賑河南祥符、陳留、杞、通許、中牟、蘭陽、儀封、鄭、禹、新鄭、尉氏、洧川、鄢陵、密、裕、葉、太康、扶溝、許、臨潁、襄城、長葛、汝、郟、寶豐、伊陽、魯山、寧陵、睢、鹿邑、柘城、商邱三十二廳州縣上年被水、被旱災民；給洛陽、偃師、鞏、登封、光、閿鄉、西華、項城、鄢城九州縣歉收及被霜貧民一月口糧；並貸虞城、安陽、湯陰、臨漳、林、內黃、武安、涉、汲、新鄉、獲嘉、淇、輝、延津、封邱、考城、河內、濟源、原武、修武、武陟、孟、溫、陽武、孟津、新安、澠池、舞陽、上蔡、西平、信陽、羅山、淮寧、商水、沈邱、光山、榮澤三十七州縣貧民籽種口糧。（仁宗二八二、一一）

（嘉慶一九、二、庚子）又諭：給事中李鴻賓條奏三省善後事宜一摺。所言切中時弊，皆應速辦。上年直隸、豫、東三省交界奸民滋事，皆由林清首倡逆謀。梟獍豺狼，滔天之罪，寸磔不足以蔽辜。其從逆徒黨，亦皆被其煽惑，罹刑網，伏誅夷者，殆以萬計，而良民受其荼毒，因而戕生蕩析者，更不可勝數。朕思之實爲憫惻。三省連年本多荒歉，茲又加以兵燹，閭閻凋瘵，若再不盡心撫字，其何以拯救黎元？前屢頒諭旨令該督撫等加意賑卹，分給銀米，並於各處多設粥廠，俾道路飢民咸資餬口。今據該給事中奏稱，粥廠雖設，而民居窎遠，老弱臥病，枵腹餘生，不能赴食；並有匍匐而來，未得食而先斃者，殊堪憫惻。直隸大名、山東曹州情形相同，而河南滑、濬、中牟、睢、鄭、祥符、考城、寧陵各州縣爲尤甚。夫以民就廠，何如以廠就民？此時亟應多爲籌備米粟，酌量村莊遠近，添設粥廠；或本境米糧稀少，即就近於豐熟地方廣爲採買。督撫大吏下及有司，皆有爲朕牧民之責。伊等動輒以捐廉辦公爲請，朕多不允納，若仰體朕保赤之誠，以俸入所餘，倡先施濟，使地方富戶紳民，共知則傚，能令災民多所全活，其所濟者大矣。……（仁宗二八四、一九）

（嘉慶一九、六、壬戌）諭軍機大臣等：連據同興奏報，山東通省，於正月下旬以後，俱各得雨深透。直隸各屬亦據那彥成奏稱普被甘霖。聞豫省自入夏以來，雨澤稀少，又聞有旱乾之處，朕心深爲廑念。豫省與直隸、山東接壤，近日是否均沾渥澤？著方受疇飭屬查明，迅速覆奏。再聞滑縣城鄉，因昨冬兵燹之後，氣象慘悽，居民未獲安處，著方受疇派員前赴該縣，察看情形，如尚有未埋骶骼，亟爲掩瘞，勿令日久暴露。又古有磔禳之禮，所以祓除不祥，或招延僧道，設壇建醮，爲之禳解，俾沴戾消除，庶人心日靖，亦可以感召和甘也。將此諭令知之。（仁宗二九二、二）

（嘉慶二〇、一、丁亥）給河南睢、寧陵、商邱、鹿邑、柘城五州縣上年被水災民一月口糧；貸光、固始、商城、光山四州縣上年被旱災民倉穀。（仁宗三〇二、三）

（嘉慶二〇、四、壬申）給河南睢寧、陵、商邱、鹿邑、柘城五州縣被淹民房修費，並貸耔種。（仁宗三〇五、一四）

（嘉慶二〇、一一、庚寅）給河南陝、靈寶二州縣地震災民一月口糧。（仁宗三一二、九）

（嘉慶二二、一、丙午）貸河南蘭陽、儀封、汲、新鄉、輝、獲嘉、淇、濬、安陽、湯陰、臨漳、內黃、永城十三廳縣上年被雹、被水災民倉穀。（仁宗三二六、二）

（嘉慶二三、一、丙午）貸河南安陽、湯陰、內黃、澠池、陝五州縣上年被水、被雹災民倉穀。（仁宗三三八、五）

（嘉慶二三、六、戊子）給河南武陟、修武二縣被水貧民一月口糧，並房屋修費。（仁宗三四三、二一）

（嘉慶二四、一、丁酉）貸河南武陟、修武、孟、安陽、湯陰、內黃六縣上年被水災民倉穀。（仁宗三五三、七）

（嘉慶二五、一、戊子朔）展賑河南新鄉、獲嘉、封邱、延津、滑、武陟、原武、陽武、滎澤九縣上年被水災民。貸蘭陽、儀封、杞、睢、柘城、鹿邑、考城、祥符、陳留、通許、尉氏、中牟、淮寧、西華、太康、安陽、湯陰、臨漳、內黃、扶溝、鄭、寧陵、汲、輝、濬、淇、洛陽、偃師、鞏二十九州縣災民耔種、口糧倉穀。（仁宗三六六、二）

（嘉慶二五、四、己酉）賑河南儀封、蘭陽、杞、睢、柘城五廳州縣被水災民。（仁宗三六九、二六）

（嘉慶二五、七、甲子）給河南儀封、杞、睢、鹿邑、蘭陽、柘城六廳州縣被淹災民口糧有差。（仁宗三七三、一一）